Lutherjahrbuch

Organ der internationalen Lutherforschung

Im Auftrag der Luther-Gesellschaft herausgegeben von
Christopher Spehr

87. Jahrgang 2020

Vandenhoeck & Ruprecht

Bibliografische Information der Deutschen Bibliothek:
Die Deutsche Nationalbibliothek verzeichnet diese Publikation in der
Deutschen Nationalbibliografie; detaillierte bibliografische Daten
sind im Internet über https://dnb.de abrufbar.

Satz: Dörlemann Satz, Lemförde
Druck und Bindung: Hubert & Co. BuchPartner, Göttingen
Printed in the EU

Vandenhoeck & Ruprecht Verlage | www.vandenhoeck-ruprecht-verlage.com

ISSN 0342-0914
ISBN 978-3-525-56728-9

Anschriften

der Mitarbeiter:

Dr. Ferdinand Ahuis, Hauptpastor em., Nußkamp 6, D-22339 Hamburg; f.ahuis@aol.de; Dr. Patrick Bahl, Westfälische Wilhelms-Universität, Evangelisch-Theologische Fakultät, Seminar für Kirchengeschichte II, Universitätsstraße 13–17, D-48143 Münster; patrickbahl@uni-muenster.de; Prof. Dr. Albrecht Beutel, Erich-Greffin-Weg 37, D-48167 Münster; beutel@uni-muenster.de; Dr. Michael Beyer, Pfarrer i. E., Schönbach / Kirchweg 14, D-04680 Colditz; michaelbeyer@t-online.de; Prof. Dr. Michele Cassese, Via dei Gelsi 27, I-34170 Gorizia, Italien; mcassese@alice.it; Dr. Albert de Lange, Riefstahlstraße 2, D-76133 Karlsruhe; albertdelange@hotmail.de; PD Dr. Roland M. Lehmann, August-Bebel-Str. 30, D-06618 Naumburg; roland.lehmann@uni-jena.de; Prof. Dr. Andreas Lindner, Am Stollberg 36, D-99085 Erfurt; andreas.lindner@uni-erfurt.de; Dr. Jonathan Reinert, Eberhard Karls Universität Tübingen, Evangelisch-Theologische Fakultät, Kirchengeschichte I, Liebermeisterstr. 12, D-72076 Tübingen; jonathan.reinert@uni-tuebingen.de; Dr. Jan Scheunemann, Schönbachstraße 65c, D-04299 Leipzig; jan.scheunemann@web.de; Rev.d Dr. Maurice Schild, 41 Myrtle Street, Prospect, South Australia 5082 AU; mauriceschild@bigpond.com; Prof. Dr. Dr. Dr. h.c. Johannes Schilling, Esmarchstr. 64, D-24105 Kiel; jschilling@kg.uni-kiel.de; Hilmar Schwarz, Ringstraße 54, D-99848 Wutha-Farnroda; hilmar.schwarz@gmx.de; Prof. Dr. Christopher Spehr, Fritz-Krieger-Str. 1, D-07743 Jena; christopher.spehr@uni-jena.de; PD Dr. Christian V. Witt, Leibniz-Institut für Europäische Geschichte, Alte Universitätsstr. 19, D-55116 Mainz; witt@ieg-mainz.de *für Rezensionsexemplare, Sonderdrucke, Mitteilungen sowie Anfragen:*

Prof. Dr. Christopher Spehr, Lehrstuhl für Kirchengeschichte, Theologische Fakultät, Friedrich-Schiller-Universität Jena, Fürstengraben 6, D-07743 Jena; Tel.: (03641) 942730; Fax: (03641) 942732; E-Mail: christopher.spehr@uni-jena.de

der Geschäftsstelle der Luther-Gesellschaft in der Leucorea:

Collegienstr. 62, D-06886 Lutherstadt Wittenberg; Tel.: (03491) 466233; Fax: (03491) 466278; E-Mail: info@luther-gesellschaft.de; www.luther-gesellschaft.de

Vorwort des Herausgebers

Der 87. Jahrgang des Lutherjahrbuches versammelt neun gehaltvolle Beiträge zur Luther- und Reformationsforschung. *Albrecht Beutel* spürt »Luthers reformatorischen Nebenschriften des Jahres 1520« nach und erinnert somit an die facettenhaften Publikationen des Wittenberger Theologen vor genau 500 Jahren. Neue Fakten und Zusammenhänge präsentiert *Hilmar Schwarz* zu »Luther auf der Wartburg«, wodurch sein Aufenthalt 1521/22 in den Fokus gerückt wird. In stärker exegetischer und systematisch-theologischer Perspektive widmen sich zwei Aufsätze einerseits Luthers und Melanchthons Auslegungspraxis, andererseits Luthers Ekklesiologie. So analysiert *Patrick Bahl* die Adam-Christus-Gegenüberstellung (Röm 5,12–21) bei den beiden Wittenberger Reformatoren unter der Frage »Geht Paulus mit den Römern spazieren?«, und *Roland M. Lehmann* interpretiert ausgehend von Luthers Schrift »Vom Papsttum zu Rom« (1520) dessen Kirchenverständnis unter dem Titel »Kirche glauben!«.

Zwei weitere Beiträge akzentuieren einzelne Personen der Reformationszeit: Wie ein Ordensbruder Luthers, Reformkatholik und Mitgestalter des Trienter Konzils auf die Reformation reagierte, entfaltet *Michele Cassese* gehaltvoll in seinem Panorama über den »Kardinal Girolamo Seripando«. Mit der Zuschreibung »Luthers judenfreundliche Apothekerin« befasst sich *Ferdinand Ahuis* und erkundet damit eine einflussreiche Frauengestalt des 16. Jahrhunderts, die Gräfin Dorothea von Mansfeld-Vorderort.

Dass die Lutherdeutungen im 20. Jahrhundert vielfach den politischen Verhältnissen unterworfen waren, ist für die SBZ und DDR-Zeit bekannt. Wie die konkreten Interaktionen vor Ort allerdings aussahen, ist weder von der Lutherforschung noch der kirchlichen Zeitgeschichtsforschung bisher

9

umfassend erhoben worden. Mit seiner aus zahlreichen Archiven gearbeiteten Untersuchung »Evangelische Erinnerungsorte im atheistischen Staat« schließt *Jan Scheunemann* für die Zeit von 1945 bis 1983 nun diese Lücke für Luthers Geburts- und Sterbehaus in Eisleben und trägt somit zur Erkundung der zeitgeschichtlichen Luthermemoria bei.

Mit diesem Band wird zudem eine einst bewährte Kategorie des Lutherjahrbuches aufgegriffen, die sich unter der Überschrift »Literaturberichte« expliziten Forschungsüberblicken widmet und die im Umfeld des 500-jährigen Reformationsjubiläums entstandene Literatur einzuordnen hilft. So fokussiert *Christian V. Witt* die »Reformation im Spannungsfeld der deutenden Ein- und Zuordnungen«, indem er die jüngsten deutschsprachig-monographischen Überblicke zur Reformation analysiert. Über die aktive australische Lutherforschung informiert schließlich *Maurice Schild* in seinem englischsprachigen Beitrag »Australian Reformation Research Report 2020«.

Abgerundet wird das Jahrbuch 2020 durch einzelne Rezensionen ausgewählter Werke sowie durch die internationale Lutherbibliographie.

Am Ende eines aufgrund der Corona-Pandemie in diesem Jahr besonders herausgeforderten Redaktionsprozesses möchte ich Dank sagen: Allen Autorinnen und Autoren, die durch ihre Beiträge zum Gelingen des Bandes beigetragen haben. Meinen Jenaer Mitarbeiterinnen *Petra Richter*, *Gesa Lienhop*, *Maja Menzel* und besonders *Maria Poppitz*, welche die redaktionellen Arbeiten mit großem Engagement durchführten. *Michael Beyer*, der sich erneut bei der Erstellung der Lutherbibliographie verdient gemacht hat. Sowie den Mitarbeiterinnen und Mitarbeitern des Verlages Vandenhoeck & Ruprecht für die verlässliche und umsichtige Herstellung.

Jena, den 24. Juli 2020   Christopher Spehr

Luthers reformatorische Nebenschriften des Jahres 1520

Ein achtenswertes geschichtliches Komplement

Von Albrecht Beutel

Der reformationsgeschichtliche Memorialkalender erinnerte zuletzt an Luthers reformatorische Hauptschriften des Jahres 1520. Diese längst gebräuchliche Wendung, die auch in Buchtiteln,[1] Tagungsprogrammen[2] und akademischen Lehrveranstaltungen aufschien, klingt einfach, ist aber zweideutig. Will sie behaupten, die Hauptschriften Luthers fielen allesamt in das genannte Schicksalsjahr, oder nur auf diejenigen von ihnen verweisen, die anno 1520 erschienen sind? Es spricht, meine ich, vieles dafür, der letztgenannten Deutung den Vorzug zu geben. Denn zweifellos hat Luther auch später noch reformatorische Hauptschriften verfasst, beispielsweise *De votis monasticis* (1522), die *Obrigkeits-* (1523) und *Ratsherrenschrift* (1524), ferner *De servo arbitrio* (1525), den *Kleine[n] Katechismus* (1529) oder *Von den Konziliis und Kirchen* (1539), allen zuvor freilich, in ihrer Verbreitung und Wirkung unübertroffen, seine *Biblia: das ist: die gantze Heilige Schrifft Deudsch* (1534).

---

1 Eine allgemein verständliche Einführung bieten A. Beutel / U. Wiggermann, Luther. Reformatorische Hauptschriften des Jahres 1520 (Studienreihe Luther 12), 2017. Dabei musste auf eine Darstellung von Luthers *Freiheitstraktat* verzichtet werden, weil diese Hauptschrift bereits in einem anderen Band der Studienreihe portraitiert worden war (vgl. Th. Jacobi, Zwanglos leben. Luthers Einspruch gegen die Gebotsreligion [Studienreihe Luther 9], 2016).
2 Die Luther-Gesellschaft hatte für September 2020 eine von Christopher Spehr und Wolf-Friedrich Schäufele konzipierte Tagung zu Luthers Hauptschriften aus dem Jahr 1520 angekündigt, die aber aufgrund der grassierenden Corona-Pandemie abgesagt werden musste.

Wenn nun aber die Aufmerksamkeit auf solche Hauptschriften Luthers, die er im Jahr 1520 abgefasst hat, konzentriert werden soll, wird damit selbstverständlich vorausgesetzt, dass es im selben Zeitraum auch zu etlichen reformatorischen Nebenschriften aus seiner Feder gekommen ist. Diese Unterscheidung, deren Differenzkriterium jetzt weder ergründet noch problematisiert werden soll, verweist auf ein literarisches Komplementärphänomen, das für jede Spezialbeschäftigung mit einer der Haupt- oder Nebenschriften den erkenntnisleitenden Gesamthorizont absteckt. Für das hier zu erörternde Thema dürfte es sachdienlich sein, wenn zunächst die Lebensumstände, in denen sich Luther 1520 zurechtfinden musste, skizziert, sodann seine kirchliche und akademische Pflichtenlast angedeutet und schließlich in exemplarischem Zugriff die nebenbei entstandene Produktion seines programmatischen, erbaulichen und polemischen Nebenschrifttums[3] beleuchtet werden.

I Lebensumstände

Des Längeren schon litt der Jungreformator unter notorischer Überlastung. Bereits im Dezember 1519 hatte der 36-Jährige bitter beklagt, seine akademischen, kirchlichen, monastischen und sonstigen Pflichten beanspruchten eigentlich jeweils für sich die Leistungskraft eines ganzen Mannes.[4] Zwar gehe ihm die Arbeit leicht von der Hand, auch verfüge er über ein sehr gutes Gedächtnis, weshalb das, was er schreibe, nicht mühsam herausgepresst werden müsse, sondern ihm wie von selbst in die Feder fließe. Gleichwohl aber leiste er niemals genug[5] und werde im literarischen Produktionsprozess fortwährend behindert. Als retardierend erwiesen sich zumal die Überfülle der ihm aufgebürdeten Pflichten sowie die eingeschränkte Kapazität der städtischen Druckereien,[6] dazu freilich auch die zahlreichen geselligen[7] und gesellschaftlichen Abhaltungen, deren er sich anstandshalber nicht zu

---

3 Vgl. die als Anhang beigefügte chronologische Übersicht zu Luthers nachweisbaren Schriften und Predigten des Jahres 1520.
4 Vgl. Luther an Georg Spalatin, 18.12.1519 (WAB 1; 594,10–15).
5 Vgl. Luther an Georg Spalatin, 8.2.1520 (WAB 2; 36,34–36).
6 Vgl. Luther an Georg Spalatin, 5.2.1520 (WAB 2; 30,25f).
7 Vgl. Luther an Georg Spalatin, 18.12.1519 (WAB 1; 594,13–15).

erwehren wisse.[8] So ging es mit der Adventspostille nur äußerst langsam
voran.[9] Mitte Juni 1520 gab Luther die klösterlichen Stundengebete, deren
Ausstände sich über Wochen hinweg kulminiert hatten, endgültig auf.[10]
Weitere Unterbrechungen erwuchsen ihm aus den unseligen Streitereien,
die ihm, wie er klagte, die Zeit von Jahren geraubt hätten.[11]

Tatsächlich war Luther zahlreichen heftigen, bisweilen absurden, meist
brieflich kolportierten Anwürfen ausgesetzt. Diese schreckten selbst vor
familiengeschichtlichen Verleumdungen nicht zurück, was Luther mit
der sarkastischen Bemerkung quittierte, man werde demnächst wohl auch
noch erdichten, dass er Frau und Kinder in Böhmen verstecke.[12] Die an
Bischof Adolph von Merseburg und Erzbischof Albrecht von Mainz gerichteten Briefe, in denen sich Luther gegen alle üble Nachrede verwahrte,[13]
vermochten allenfalls kurzfristige Beschwichtigung zu erwirken. An eine
Entgegnung auf die lateinische Kampfschrift *Super apostolica sede*, die Augustin von Alveldt Ende April ausgehen ließ, wollte Luther nicht einmal
Stunden verschwenden,[14] griff dann aber, nachdem alsbald eine breiten-
wirksame deutsche Übersetzung erschienen war,[15] dennoch zur Feder.[16] Im
November setzte dazu auch noch das von Thomas Murner entfachte literarische Kreuzfeuer ein.

8 Vgl. Luther an Georg Spalatin, 5.5.1520 (WAB 2; 101,18–20).
9 Vgl. Luther an Georg Spalatin, 8.2.1520 (WAB 2; 36,24–27 u. passim).
10 Vgl WAT 1; 220,9–20, Nr. 495.
11 Vgl. Luther an Gerardus Listrius, 28.7.1520 (WAB 2; 149,14–16).
12 Vgl. Luther an Georg Spalatin, 10.1.1520 (WAB 1; 608,11f). – Unter dem Lektüreein-
druck der von Jan Hus verfassten Schrift *De ecclesia* entdeckte Luther seine theologische Nähe zum Denken des böhmischen Vorreformators, die er dann auch bei Staupitz
wahrnahm, und fasste seinen Eindruck dergestalt zusammen: »Breviter: sumus omnes
Hussitae ignorantes« (Luther an Georg Spalatin, ca. 14.2.1520 [WAB 2; 42,24]).
13 Vgl. Luther an Adolph von Merseburg, 4.2.1520 (WAB 2; 25–27); Luther an Erzbischof
Albrecht von Mainz, 4.2.1520 (WAB 2; 27–29).
14 Vgl. Luther an Georg Spalatin, 5.5.1520 (WAB 2; 98,6–13).
15 Vgl. AUGUSTIN VON ALVELDT, Eyn gar fruchtbar vnd nutzbarlich buchleyn von dem
babstlichen stule […], 1520.
16 Vgl. MARTIN LUTHER, Von dem Papsttum zu Rom wider den hochberühmten Romanisten zu Leipzig, 1520 (WA 6; 277–324). – Zu dieser Kontroverse vgl. K. HAMMANN,
Ecclesia spiritualis. Luthers Kirchenverständnis in den Kontroversen mit Augustin von
Alveldt und Ambrosius Catharinus (FKDG 44), 1989, 17–123.

Parallel zu allen literarischen Querelen war seit Jahresbeginn das kirchenamtliche Verfahren gegen Luther in Gang gekommen. Dabei bedürfen die Prozessdetails der *causa Lutheri*[17] jetzt keiner Rekapitulation. Erwähnt sei immerhin, dass Johann Eck, bei dem sich positionelles Pflichtbewusstsein und persönliches Ressentiment kaum trennbar vermischten, am 25. März in Rom eintraf und eine intensivierende Beschleunigung des Verfahrens erwirkte. Am 15. Juni wurde die gegen Luther erstellte Bannandrohungsbulle am Petersstuhl ausgefertigt, drei Monate später war sie dann auch in Kursachsen allgemein bekannt gemacht worden. Anfang Oktober hielt der Reformator das Papier *Exsurge Domine* erstmals in Händen. Die gegen ihn gerichtete kirchliche Kampagne fand in öffentlichen Verbrennungen seiner Bücher bald sinnenfälligen Niederschlag. War das von Eck im Januar zu Ingolstadt geplante Autodafé am begütigenden Einwirken Johann Reuchlins noch gescheitert, so loderten Luthers Schriften Anfang Oktober in Löwen und Lüttich, kurz darauf in Köln, Ende November bei allerdings heftigem Widerstand in Mainz, Anfang Dezember in Halberstadt. Die Zeichen, kein Zweifel, standen allenthalben auf Sturm.

Unter solchen Umständen blieben Gemütsschwankungen und Depressionen bei Luther nicht aus. Einerseits verfolgte er tapfer und unbeirrt seinen Weg, andererseits brach aber auch immer wieder die Sehnsucht nach einer ganz anderen Existenzform sich Bahn. Mehrfach gestand er Spalatin, es sei sein dringlichster Wunsch, vom kirchlichen Lehramt entbunden zu werden,[18] stattdessen sein Leben privatisiert und gänzlich abgeschieden (*priuatus & latentissimus*), fernab aller Öffentlichkeit, fristen zu können.[19] So war es gewiss auch nicht kokettierend, sondern aufrichtig gemeint,

---

17 Vgl. zu verlässlicher Übersicht U. Köpf, Martin Luther. Der Reformator und sein Werk, 2015, 59–65.89–97.

18 Vgl. etwa Luther an Georg Spalatin, 14. 1. 1520 (WAB 1; 611,37–39).

19 »Omnibus notum est Eccium nulla alia causa me rapuisse in rem pontificiam, quam vt me, nomen meum, omnia mea, denique vniuersitatem nostram in ludibrium poneret & conculcaret. Nunc, cum videant homini diuinitus resisti, me glorię insanę accusant. Quid ego gloriam quaeram miser, qui aliud non peto, quam vt priuatus & latentissimus, deserto publico, agere sinerer? [...] quicquid feci & facio, coactus facio, semper quiescere paratus, modo veritatem Euangelicam non iubeant quiescere. [...] Ego miser Inuitus doceo; simul tamen pro eo patior mala, cum cęteri & libenter doceant & pro eo honorentur« (Luther an Georg Spalatin, 9. 7. 1520 [WAB 2; 135,18–23.41–43.48f]).

wenn Luther in einem am 30. August an Karl V. ausgefertigten Brief eingestand, er würde, wenn dem nicht der Wille Gottes entgegenstünde, von Herzen begehrt haben, zeitlebens in seinem klösterlichen Winkel verborgen zu bleiben.[20]

Indem er es aber anders verfügt glaubte, wusste er zugleich, dass sich die Gefahr, alsbald vertrieben oder getötet zu werden, nicht von der Hand weisen ließ.[21] Solche Gefahr wurde auch andernorts als real eingeschätzt, was sich nicht zuletzt in den mehrfach erteilten Schutzangeboten manifestierte, die ihm Franz von Sickingen, Ulrich von Hutten, Silvester von Schaumburg und weitere Vertreter der Reichsritterschaft übermittelten. Im April warnten ihn Freunde aus Halberstadt, ein Arzt, der sich durch magische Kunst unsichtbar machen könne, sei mit dem Auftrag, ihn zu ermorden, nach Wittenberg unterwegs.[22] Dass Luther dieses Zaubergerücht nicht, wie es sonst seine Art war, mit Scherz oder Hohn abtat, sondern als glaubhaft aufnahm, erhellt schlaglichtartig die abgrundtiefe Verzagtheit, die sich in schwachen Stunden seiner bemächtigen konnte.

Von der universitären Kollegenschaft wusste sich Luther auf ganz unterschiedliche Weise in Anspruch genommen. Die wissenschaftliche Potenz des jungen Philipp Melanchthon gab ihm Anlass zu überschäumender Freude.[23] Dass dessen Vorlesung über den Römerbrief von 500 Hörern frequentiert wurde, während sich unter seinem Katheder kaum 400 Studenten einfanden,[24] quittierte er mit neidfreiem Respekt.[25] Wiederholt bemühte sich Luther mit Nachdruck um eine Gehaltsaufbesserung für den Kollegen, damit dieser der Wittenberger *Alma mater* auf Dauer erhalten bleibe.[26] Zugleich besorgte es ihn, dass der ungezügelte Arbeitseifer Melanchthons zum Nachteil für dessen Gesundheit und Hauswesen ausschlug, und drängte,

20 Vgl. Luther an Karl V., 30.8.1520 (WAB 2; 176,33–39).
21 Vgl. Luther an Georg Spalatin, 13.11.1520 (WAB 2; 214,24f).
22 Vgl. Luther an Georg Spalatin, 16.4.1520 (WAB 2; 83,20–24).
23 Vgl. Luther an Gerardus Listrius, 28.7.1520 (WAB 2; 149,6–19).
24 Vgl. W. Friedensburg (Hg.), Urkundenbuch der Universität Wittenberg. Tl. 1: Geschichtsquellen der Provinz Sachsen und des Freistaates Anhalt, NR 3, 1926, 109.
25 Vgl. Luther an Gerardus Listrius, 28.7.1520 (WAB 2; 149,6–8).
26 Vgl. etwa Luther an Georg Spalatin, 25.6.1520 (WAB 2; 130,14–18); Luther an Georg Spalatin, 22.7.1520 (WAB 2; 147,22f); Luther an Georg Spalatin, 5.8.1520 (WAB 2; 164,18–21).

um Abhilfe zu schaffen, mehrfach auf eine Verheiratung.[27] Wenn Melanchthon am 26. November, unmittelbar nach dem Namenstag seiner Braut, mit Katharina Krapp in die Ehe trat, so war dies von Luther dezent herbeigeführt oder doch wenigstens zielstrebig unterstützt worden.[28]

Anhaltender Ärger verband sich hingegen mit der hebraistischen Professur. Nach dem schnellen Abgang Johann Böschensteins hatte Melanchthon die kommissarische Vertretung übernommen. Anfang 1520 kam der spanische Jude Matthäus Adriani, der seinen Löwener Lehrstuhl verlassen musste, in Aussicht. Luther kümmerte sich um dessen stattliche Gehaltsforderung,[29] bemühte sich in der überfüllten Stadt um eine Wohnung und erfüllte die vorgebrachten Bücherwünsche.[30] Ende April trat Adriani in die Wittenberger Professur ein. Wenig später begann er sich mit Luther zu überwerfen. Als hätte er dessen aktuelle Hauptschriften gar nicht gelesen, warf er dem Reformator öffentlich die vermeintliche Ablehnung guter Werke vor.[31] Luther widersetzte sich mit sachhaltiger Verachtung: »Unser Adrian, von welcher Furie auch immer getrieben, wütet heftig gegen mich [...]. Er verunglimpft meine Predigten, will mich das Evangelium lehren, während er nicht einmal seinen Mose versteht«[32]. Luther drängte auf baldige Entlassung, nach zehn Monaten war das unrühmliche Gastspiel beendet.[33]

Unterdessen ging es mit der publizistischen Verbreitung Luthers allenthalben voran. In Basel, Straßburg und andernorts kam es zu Nachdrucken seiner gesammelten Schriften. Während der Abfassung seines Sermons *Von den guten Werken* meldete Luther vergnügt, dies werde nach seinem Da-

---

27 Vgl. etwa Luther an Georg Spalatin, 5.2.1520 (WAB 2; 30,27–31,31); Luther an Georg Spalatin, 25.6.1520 (WAB 2; 130,12–14).

28 Vgl. Luther an Georg Spalatin, 5.8.1520 (WAB 2; 164,21–23); Luther an Johann Lang, 18.8.1520 (WAB 2; 167,18–20).

29 Vgl. Luther an Georg Spalatin, 24.2.1520 (WAB 2; 48,13–20).

30 Vgl. Luther an Wolfgang Capito, 30.4.1520 (WAB 2; 94,31–33); Luther an Georg Spalatin, 1.5.1520 (WAB 2; 96,5–15); Luther an Georg Spalatin, 5.5.1520 (WAB 2; 101,9–18); Luther an Georg Spalatin, 17.5.1520 (WAB 2; 104,4–9).

31 Vgl. Luther an Georg Spalatin, 4.11.1520 (WAB 2; 211,51–56).

32 Luther an Georg Spalatin, 3.10.1520 (WAB 2; 192,41–44) (in freier Übersetzung).

33 In dem aus Wittenberg stammenden Matthäus Aurogallus (Goldhahn) fand sich dann ein solider, dauerhafter Inhaber der hebraistischen Professur.

fürhalten das Beste werden, was er jemals geschrieben habe.[34] Allerdings erzeigte sich die literarische Selbsteinschätzung als unbeständig. Missmutig beklagte er Anfang Oktober gegenüber Spalatin die unaufhaltsame Vervielfältigung seiner Schriften, die er doch allesamt zerstört wissen wolle, weil ihnen aufgrund hektischer Ausfertigung die nötige gedankliche Ordnung und rhetorische Wohlgestalt fehle. Zwar sollten die Sachen, die er darzustellen versucht hatte, durchaus bekannt werden, was sich aber durch »lebendige Bücher«, also evangelische Prediger ungleich wirkungsvoller würde ausrichten lassen.[35]

Durchmustert man die zahlreichen Äußerungen Luthers, die aus der fraglichen Zeitspanne überliefert sind, so fallen dabei etliche proleptische Ankündigungen von Grundsatzentscheidungen, die er später programmatisch publik machen sollte, ins Auge. Die am 10. Dezember verwirklichte Absicht, das päpstliche *Corpus Juris Canonici* öffentlich zu verbrennen,[36] hatte Luther bereits ein halbes Jahr zuvor kundgetan.[37] Der kriteriologisch untermauerte Leitgedanke der *Babylonica*, lediglich Taufe und Abendmahl sowie allenfalls noch die Beichte als Sakrament anzuerkennen, war Spalatin schon im Dezember 1519 als unabänderlich mitgeteilt worden,[38] übrigens im Verbund mit dem in der *Adelsschrift* dann ausgeführten Konzept

---

34 Vgl. Luther an Georg Spalatin, 25.3.1520 (WAB 2; 75,8–12). – Die Ehrenbezeugung, es sei sein bestes Buch geworden, hat Luther später allerdings variabel gebraucht; sie galt nacheinander seiner *Kirchenpostille* (vgl. WA 23; 278,13f), seinem *Galater-Kommentar* von 1535 (vgl. WAT 5; 323,26f), seiner Schrift *De servo arbitrio* sowie dem *Großen Katechismus* (vgl. Luther an Wolfgang Capito, 9.7.1537 [WAB 8; 99,7f]).

35 »Ego segnius id curo, quod indigne feram libellos meos adeo multiplicari optemque eos in vniuersum semel concidere, quod sint confusanei & impoliti, quamquam res ipsas cupiam omnibus esse cognitas. sed non omnes aurum e luto colligere possunt, nec est opus, cum abundent literę meliores & sacri libri. Hoc magis cuperem, si viui libri, hoc est concionatores, possemus vel multiplicare vel tutos facere, qui eadem vulgo traderent« (Luther an Georg Spalatin, 3.10.1520 [WAB 2; 191,15–22]).

36 Vgl. KÖPF, Luther (s. Anm. 17), 91–93.

37 »Damnent exurantque mea, Ego vicissim, nisi ignem habere nequeam, damnabo publiceque concremabo Ius pontificium totum, id est lernam illam hęreseon, Et finem habebit humilitatis exhibitę hactenusque frustratę obseruantia, qua nolo amplius inflari hostes Euangelii« (Luther an Georg Spalatin, 10.7.1520 [WAB 2; 137, 27–31]).

38 Vgl. Luther an Georg Spalatin, 18.12.1519 (WAB 1; 594,19–595,25).

des allgemeinen Priestertums aller Glaubenden und Getauften.[39] Auch den im April 1521 vor dem Reichstag zu Worms als Kernbedingung gebrauchten Dual, eine Revokation seiner Lehre setze die aus Bibel oder Vernunft geschöpfte Widerlegung voraus,[40] verwandte Luther bereits geraume Zeit vorher als Prüfstein rechter evangelischer Theologie: Seine Gegner, hieß es Mitte Februar 1520, kämpften gleichermaßen gegen das Evangelium und den gemeinen Menschenverstand (*contra euangelium et communem sensum*),[41] weshalb sie, wie er wenig später in chiastischer Verschränkung ergänzte, eben damit, also mit »Vernunft und Bibel«, mit »Bibel und Vernunft« unfehlbar widerlegt werden könnten.[42] Und den Konflikt, der im Juli zwischen den Malergesellen Lukas Cranachs und einer bewaffneten Studentenschar handgreiflich eskaliert war, suchte Luther auf der Kanzel mit der prinzipiellen Verwerfung eines gewaltsamen Aufruhrs gegen die Obrigkeit zu befrieden.[43] Wenn er damit auch den selbst von Spalatin geteilten Vorwurf situationsflüchtiger Abstraktion provoziert hatte,[44] war darin doch exakt dasjenige Argumentationsmuster angelegt, das er später in der *Obrigkeitsschrift*, erst recht aber in den Wirren der Bauernkriege explikativ darlegen und rechtfertigen sollte.

II Kirchliche und akademische Berufspflichten

Luther wird das ganze Jahr 1520 hindurch regelmäßig gepredigt haben, und dies sowohl im Augustinerkloster wie in der Stadtkirche St. Marien. Im sonntäglichen Hauptgottesdienst pflegte er die Evangelien der altkirchlichen Perikopenordnung auszulegen. Dazu setzte er am Sonntagnachmittag oder auch in der Woche seine um Ostern 1519 begonnene Predigtreihe

39 Vgl. aaO., 595,25–42.
40 »Nisi convictus fuero testimoniis scripturarum aut ratione evidente [...], revocare neque possum nec volo quicquam [...]« (WA 7; 838,4–7).
41 »Impactos teneo, et tam contra iura, euangelium et communem sensum grassatos non omittam, quin futuro scripto tractem, ut intelligant, quid pepercerim eorum seu ruditati seu malitiae« (Luther an Georg Spalatin, ca. 16.2.1520 [WAB 2; 43,26–29]).
42 Vgl. Luther an Georg Spalatin, 10.7.1520 (WAB 2; 138,40–46). – Vgl. etwa auch WA 6; 184,37–185,2.
43 Vgl. Luther an Georg Spalatin, 17.7.1520 (WAB 2; 144,4–19).
44 Vgl. Luther an Georg Spalatin, 22.7.1520 (WAB 2; 147,2–11).

über das Buch Genesis fort. Die lückenhafte Überlieferung lässt nur vermuten, dass er darüber hinaus andere Reihenpredigten über neutestamentliche Bücher (insbesondere über Mt 1, Lk 1 f, Act 1–9), vereinzelt auch thematisch orientierte Kanzelreden hielt. Die terminliche Streuung der Nebengottesdienste erstreckte sich, wenn auch keinesfalls regelmäßig, auf alle Tage der Woche; die spätere Schwerpunktbildung am Mittwoch- und Samstagnachmittag war 1520 noch nicht zu erkennen.

Die fragmentarischen Zeugnisse von Luthers damaliger Predigttätigkeit verdanken sich Johannes Poliander. Dieser hatte im Vorjahr die Leipziger Disputation als Famulus Johann Ecks protokolliert, war dann aber in das Wittenberger Lager übergetreten. Große Verdienste um die Reformation erwarb er sich ab 1526 als Pfarrer an der Altstädtischen Kirche im preußischen Königsberg. Die von ihm kompilierten Predigtmit- oder -nachschriften[45] bieten ein unvollständiges Bild: Sie weisen zwischen Ende Januar und Mitte August 1520 größte Lücken, in der Adventszeit dagegen eine markante Verdichtung auf.[46] Insgesamt wird man davon ausgehen können, dass Luther in jeder Woche mindestens zwei, wahrscheinlich sogar drei Predigten hielt.[47]

Anders als der ab 1523 musterhaft tätige Predigtstenograph Georg Rörer[48] bieten die Poliander-Protokolle jeweils nur eine kurze, schematisch geordnete Gedanken- und Argumentationsübersicht. Gleichwohl tritt darin die typische Predigtweise Luthers bereits klar erkennbar hervor: Durchweg verzichtete er auf eine filigrane Gliederungssystematik, pflegte vielmehr eingangs nahezu unvermittelt den organisierenden Predigtgedanken zu nennen, der dann nicht linear entwickelt, sondern variierend umkreist wurde. Wenn er den Eindruck gewonnen hatte, die jeweilige Predigtabsicht

---

45 WA 9; 444–500.516–540.
46 In der letztgenannten Hinsicht sind vereinzelte Doppelüberlieferungen in Rechnung zu stellen.
47 Wenn Luther im Dezember 1520 von sich sagte, er sei »ein teglicher prediger«, sollte damit nicht ein quantifizierender homiletischer Arbeitsnachweis geführt, sondern der habituelle Dienstcharakter, den er als »geschworner Doctor der heyligen schrifft« (WA 7; 162,9) übernommen hatte, bezeichnet sein.
48 Vgl. B. Klaus, Georg Rörer, ein bayerischer Mitstreiter D. Martin Luthers (ZBKG 26, 1957, 113–145).

sei hinreichend deutlich geworden, brachte er den Kanzelvortrag abrupt zu Ende.

Von einer kunstfertigen rhetorischen Ausgestaltung der Predigt hat Luther bewusst abgesehen, weil er sich auch darin dem *modus loquendi scripturae* verpflichtet wusste. »Wenn das Wort Gottes«, erläuterte er im Oktober dem Zisterziensermönch Michael Muris, »mit menschlichen Fertigkeiten und ausgefeilter Eloquenz hätte beschützt werden sollen, dann hätte Christus nicht einfache Fischer dazu berufen«.[49] Als sich der Eilenburger Pfarrer Georg Kunzelt nach Luthers homiletischer Rhetorik erkundigte, gab der Reformator zur Antwort, er verweigere sich dabei insbesondere bei den rahmenden *partes orationis*, also im *exordium* und in der *peroratio*, dem *usus aliorum*: Anfangs komme er anstatt weitläufiger Vorreden sogleich zur Sache, und am Ende sage er schlicht »Davon ist gnug« oder »Ein ander mal mehr«.[50]

An dem curricularen Kontinuum seiner zweiten Psalmenvorlesung hielt Luther das ganze Jahr über fest. Er hatte das Kolleg höchstwahrscheinlich in den ersten Monaten des Jahres 1519 begonnen und trug es an zwei oder drei Wochentagen jeweils von 12 bis 13 Uhr vor.[51] Anders als in seiner ersten Psalmenvorlesung (1513–1515) teilte er den Stoff nicht mehr in Glossen und Scholien auf, sondern schritt Vers für Vers kommentierend ausführlich voran. Die zahlreichen philologischen, exegetischen und lexikalischen Hilfsmittel, derer er sich dabei bediente, stabilisierten nun auch seine eigene, gegenüber der kirchlichen Auslegungstradition unabhängige Distanz wahrende Urteilsbildung, in der sich bereits klare Konturen reformatorischer Theologie zu erkennen gaben. Die christologische Deutung der Psalmen behielt Luther grundsätzlich bei, erweiterte sie aber durch Applikationen auf die einzelnen Gläubigen sowie auf die Kirche. Schon im Frühjahr 1519 hatte Luther damit begonnen, den Vorlesungstext sukzessive zu publizieren,[52] und stieß damit auf namhaftes Interesse. Dass er dem Psalterbuch allenfalls bruchstückhaft meinte gewachsen zu sein, signalisierte

---

49 Luther an Michael Muris, 20. 10. 1520 (WAB 2; 202,17–19) (in freier Übersetzung).
50 Vgl. Luther an Georg Kunzelt, 15. 6. 1520 (WAB 2; 124,2–8).
51 Vgl. Martin Luther, Operationes in Psalmos. 1519–1521, Tl. 1: Historisch-theologische Einleitung (AWA 1), hg. v. G. Hammer, 1991, 107–113.
52 Vgl. WA 5; AWA 2.

der Titel *Operationes in psalmos*, der die damit erbrachte Leistung nicht als einen gelehrten Kommentar, vielmehr schlicht und bescheiden als Arbeiten an der biblischen Vorlage auswies.

Mehrfach beklagte Luther die erdrückende Last, die ihm diese Vorlesung aufbürdete. »Du glaubst nicht«, hieß es im Februar 1520 gegenüber Spalatin, »wie viel mir bisweilen auch nur ein einziger Vers zu schaffen macht«.[53] Ende Juli, während der Bearbeitung von Ps 18, zog er einen Abbruch des Kollegs in ernste Erwägung, setzte es dann aber doch pflichtgetreu weiter fort.[54] Die überbordende Ausführlichkeit der Darstellung war einerseits der von ihm selbst beklagten *verbositas*[55] geschuldet, andererseits aber und mehr noch dem erklärten Bemühen, sich auch den Schlichten unter seinen Hörern verständlich zu machen.[56] Als Luther die Vorlesung im Februar 1521 endgültig aufgab, war er in der fortlaufenden Auslegung bis zu Ps 22 gelangt.

Neben dem Kollegbetrieb umfasste der akademische Unterricht auch regelmäßig abgehaltene Zirkulardisputationen. Für das Jahr 1520 sind neun solcher gelehrten Übungen, denen Luther vorstand und für die er Thesen ausfertigte, nachweisbar.[57] Bisweilen flossen Überlegungen aus der laufenden Publikationstätigkeit in seine Disputationsthesen ein, wofür die Anfang August abgehaltene, thematisch auf die *Babylonica* verweisende Disputation *De signis gratiae*[58] ein treffliches Beispiel abgibt. Darüber hinaus beteiligte sich Luther gelegentlich auch an den von Andreas Karlstadt geleiteten Zirkulardisputationen. Dabei tätigte er am 28. September die überspitzte, rasch kolportierte Äußerung, Christus habe sich in Gethsemane dem Willen Gottes widersetzt, konnte die daraus entstandene Irritation aber mit dem Hinweis beruhigen, dieses Votum sei nicht als ein positionel-

---

53 Luther an Georg Spalatin, 8.2.1520 (WAB 2; 36,29f).

54 Vgl. Luther an Gerardus Listrius, 28.7.1520 (WAB 2; 149,25–150,29).

55 »Mihi certe Psalterium meum nausea est, non tam ob sensum, quem arbitrior esse genuinum, quam ob verbositatem, confusionem et indigestum cahos« (Luther an Konrad Pellikan, Ende Februar 1521 [WAB 2; 273,4–6]).

56 Vgl. Luther an Gerardus Listrius, 28.7.1520 (WAB 2; 150,27–29).

57 Vgl. die Übersicht bei R. Schwarz, Disputationen (in: Luther Handbuch, hg. v. A. Beutel, ³2017, 372–384), 377.

58 WA 6; 470f.

les Bekenntnis, sondern, den Spielregeln der Veranstaltung entsprechend, als eine provozierende These ergangen.[59]

III Nebenschriften

Eine Inspektion der reformatorischen Nebenschriften, die Luther anno 1520 verfasst oder veröffentlicht hat, wird von den 97 überlieferten Briefen, die er zwischen 10. Januar und 29. Dezember ausgehen ließ,[60] ebenso absehen müssen wie von seinen handschriftlichen Randnotizen in Werken anderer Autoren, von seinen Eintragungen ins Dekanatsbuch[61] und dem kurzen Vorwort zu einer Fremdschrift[62] ebenso wie von seinen intentionalen und materialen Anteilen an der Wittenberger Beutelordnung[63] – der letztgenannte Verzicht schmerzt mich persönlich am meisten.

Mit 25 selbstständigen Veröffentlichungen erreichte Luthers damalige Publikationstätigkeit ein höchst beeindruckendes Maß. Sie lassen sich zwanglos, wenn auch disproportional, auf die Gattungen der Programm-, Erbauungs- und Streitschriften verteilen. Diese Unterscheidung ist nicht prinzipieller, sondern pragmatischer Art, denn selbstverständlich weisen Luthers Sachklärungen stets auch erbauliche und polemische Teile auf, wie andererseits die Kampfansagen auch aedifikatorische, ja sogar konsolatorische Wirkungen freisetzen konnten.

1. Programmschriften

Von den vier Programmtexten, die Luther 1520 veröffentlicht hat, zählen der Sermon *Von den guten Werken*,[64] die *Adelsschrift*[65] und die *Babylonica*[66] zu den sog. reformatorischen Hauptschriften. Komplementär dazu

---

59 Vgl. Luther an Günter von Bünau, 28.9.1520 (WAB 2; 187,6–28).
60 Vgl. WAB 1; 608–620; WAB 2, 1–244.
61 Vgl. WA 9; 305–309.
62 Vorwort zu »Epistola divi Hulderichi Augustensis episcopi adversus constitutionem da cleri coelibatu« (WAB 2; 22f, Nr. 4217).
63 Vgl. WA 59; 62–65.
64 WA 6; 196–276.
65 WA 6; 381–469.
66 WA 6; 484–573.

mag es angezeigt sein, auf den großen *Sermon von dem Wucher*[67] ein prüfendes Auge zu werfen. Die formale Besonderheit dieser zu Beginn des Jahres 1520 erschienenen Schrift besteht darin, dass sie lediglich eine publizistische Zwischenstufe markiert, indem sie den wohl im November 1519 gedruckten kleinen *Wucher-Sermon*,[68] der in Wittenberg offenbar gewisse Irritationen ausgelöst hatte,[69] in einer erweiterten Neuausgabe fortschrieb und vier Jahre später zu der volkswirtschaftlichen Programmschrift *Von Kaufshandlung und Wucher*[70] ausgebaut worden ist.

Das diesbezügliche Engagement Luthers sah sich nicht nur durch das kuriale Finanzgebahren provoziert, sondern desgleichen durch die konkrete soziale Not, die ihm vor Ort entgegentrat: Die Missernten, die dort über Jahre hinweg zu beklagen waren, hatten etliche Bauern zu Kreditaufnahmen und unter deren Last dann nicht selten zur Besitzaufgabe genötigt.[71] Anders als zuvor erörterte Luther das Problem jetzt vor eschatologischem Horizont, weil ihm »der geytz und wucher«, der »gewaltiglich yn aller welt eyn gerissen« sei, unterdessen als Aktualisierung der in 2 Tim 3,1 prophezeiten ›letzten gräulichen Zeiten‹ erschien.[72] Der Argumentationsgang stützt sich durchweg auf zahlreiche, oft wörtlich angeführte Belegstellen aus beiden biblischen Testamenten,[73] appelliert daneben aber auch immer wieder an das natürliche Rechtsempfinden und die Vernunft.

Gegenüber allen endzeitlichen Wirrnissen mahnt Luther zu klarer, differenzierungsfähiger Urteilskraft.[74] Demgemäß unterscheidet er nun, auf die zeitlichen Güter bezogen, drei Weisen ihrer Entäußerung. Sofern sie ge-

67 WA 6; 33–60.
68 WA 6; 1–8.
69 Vgl. WA 6; 33.
70 WA 15; 279–322.
71 Vgl. H.-J. PRIEN, Luthers Wirtschaftsethik, 1992, 71–73.
72 Vgl. WA 6; 36,5–15, hier 7f; ähnlich 51,23.
73 Nach wie vor wäre es eine lohnende Aufgabe, die Übersetzungen biblischer Stellen, die Luther in seine frühen deutschsprachigen Schriften eingestreut hat, mit der Erstausgabe seines *Septembertestaments* (1522) bzw. seiner Vollbibel (1534) zu vergleichen.
74 »Derhalben es nott ist eynem yglichen menschen yn dißer ferlichen zeyt, sich woll fur sehen und yn den hendellnn zeytlicher gúter mit rechtem unterscheyd wandelnn« (WA 6; 36,12–14). – Vgl. G. EBELING, Das rechte Unterscheiden. Luthers Anleitung zu theologischer Urteilskraft (in: DERS., Wort und Glaube, Bd. 4: Theologie in den Gegensätzen des Lebens, 1995, 420–459).

raubt werden, trete die auf Rock und Mantel bezogene Weisung der Bergpredigt (Mt 5,40) in Kraft. Ausdrücklich verwahrt sich Luther schon hier, wie später in der *Obrigkeitsschrift*,[75] gegen jede Entschärfung durch eine Zwei-Stufen-Ethik, welche die göttlichen Forderungen in allgemeinverbindliche *praecepta* und monastische *concilia evangelica* aufspaltet: »Es hilfft keyn auß redt, es ist schlecht ein gepot, dem wir schuldig seyn zuvolgen, wie Christus und seyne heyligen yn yhrem leben uns dasselb bestetiget und furtragen haben.«[76] Am Ende mündet die sehr ausführliche Erörterung dieses Sachverhalts »kurtz umb« in das Fazit, »solch gepot wollen unß lößen von der wellt und begirig machen des hymelß«.[77]

Die zweite Art, sich seiner Güter zu entäußern, bezieht sich ebenfalls auf eine Weisung der Bergpredigt (Mt 5,42): »[...] wir sollen geben frey umbsonst yderman, der seyn bedarff odder begeret.«[78] Damit will Luther dem gesellschaftlichen Ärgernis des Bettelwesens und insbesondere dessen geistlicher Glorifizierung entgegentreten. Zumal für den Neubau der kurialen Peterskirche werde »der Romisch bodenlaßer [i.e. bodenloser] sack«[79] allenthalben dargeboten, so dass, »wo ein kirchwey odder jarmarckt ist, sich die selben bettler samlen, wie die flygen ym sommer«[80]. Indessen bleibt Luther insgesamt durchaus moderat, mag darum etwa das Bettelmönchtum nicht eingestellt, nur deutlich reduziert wissen. Dabei gilt seine Kritik gleichermaßen auch den weltlichen Kreisen. So pflege man seine Freigebigkeit zumeist auf den eigenen Freundeskreis zu beschränken[81] oder als seligkeitsträchtige kirchliche Spende zu investieren. Abermals votiert Luther dabei behutsam: Ein »zimlich [i.e. geziemender] kirchen baw und schmuck«[82] müsse durchaus nicht entbehrt werden, wenngleich ihm gegenüber einer Unterstützung der wahrhaft Bedürftigen allemal der Vorrang

75 Vgl. WA 11; 245,17–246,8.
76 WA 6; 39,3–5.
77 AaO., 41,6f.
78 AaO., 41,16f.
79 AaO., 46,30.
80 AaO., 44,25f.
81 »[Es] ist doch des ladens, wol lebens, essens, trinckens, gebens, schenckens keyn maß noch zall, und heyssen dennoch alle frum leut und Christen, damit nit mehr auß gericht wirt, dan des gebens dem durfftigen vorgessen« (aaO., 42,30–33).
82 AaO., 44,35.

gebühre. Überhaupt sei es die Pflicht von Papst und Fürsten, von kirchlicher und weltlicher Obrigkeit, durch wirkungsvolle sozialpolitische Maßnahmen das Bettelwesen hinfällig zu machen – was dann in Wittenberg durch die Beutel- und Kastenordnung auch mit Erfolg praktiziert worden ist.

Als dritte Art der Besitzentäußerung benennt Luther das Entleihen, das freilich ohne jede Auflage oder Zinslast ergehen müsse, weil es andernfalls als Wucher zu qualifizieren sei.[83] Die pragmatischen Einwände, das Zinsnehmen entschädige für entgangenen anderen Nutzen und sei doch überall in der Welt üblich, lässt Luther nicht gelten, da aus geraubtem oder verschenktem Gut ebenfalls kein geldwerter Nutzen erwachse und schon Moses gelehrt habe »›du solt nit folgen dem hauffen bößes zu thun [...]‹«[84] (Ex 23,2).

Der kürzere zweite Teil des Sermons nimmt sodann die spezielle Überlassungsform des Zinskaufs ins Visier. Dabei handelt es sich um »eine Art Hypothekengeschäft«,[85] bei dem der Schuldner seinem Gläubiger die Nutzung eines Flur- oder Ackerstücks abtritt und sich den dort erwirtschafteten Ertrag anteilig auszahlen lässt. Diese frühneuzeitliche Pachtform erörtert Luther umständlich und ausführlich, beargwöhnt sie dabei als den Versuch, sich ohne Sorgen und Mühen zu bereichern, bleibt aber auch dabei maßvoll realistisch, indem er einen Zinssatz von bis zu 6 Prozent unter Umständen für gerechtfertigt hält und gleichzeitig das gesetzliche Verbot eines darüber hinausgehenden Zinsfußes fordert. In der wenige Monate später publizierten Adelsschrift sollte Luther dann bereits für eine gänzliche Abschaffung des Zinskaufs plädieren, auch wenn er wusste, dass sich dies nicht über Nacht würde umsetzen lassen.[86]

Die wirtschafts- und finanzpolitischen Einlassungen des großen *Wucher-Sermons* geißeln zahlreiche Missstände des geistlichen und weltlichen Rechts, verzichten aber, was zumal beim Zins- und Wucherthema Beachtung verdient, auf alle antijüdischen Invektiven. Umso irritierender

83 »[...] darauß folget, das die allesampt wucherer seynd, die weyn, korn, gelt, und waß des ist, yhrem nesten alßo leyhen, das sie ubers jar odder benante zeyt die selben zu zinßen vorpflichten« (aaO., 48,24–26).

84 AaO., 50,18f.

85 Prien, Wirtschaftsethik (s. Anm. 71), 62.

86 Vgl. Th. Kaufmann, An den christlichen Adel deutscher Nation von des christlichen Standes Besserung (Kommentare zu Schriften Luthers 3), 2014, 487–490.

mutet es darum an, dass der ortsansässige Verleger Johann Grunenberg als Titelholzschnitt einen jüdischen Wucherer mit der Beischrift »Bezal odder gib zinß / Dan ich begere gewinß« hinzufügte.[87] Man wird vermuten dürfen, dass Grunenberg das damit bediente antijüdische Ressentiment als absatzfördernd einschätzte. Wenn Luther auch ausdrücklich hervorhob, »das [...] ich furwar die zeyt nit hab, das ich müge sehen, was der Drucker für bild, buchstaben, tindten odder papyr nympt«[88], so mag der Vorwurf, es zeige sich darin »ein mangelndes Problembewußtsein«[89], doch allemal gerechtfertigt sein.

2. Erbauungsschriften

Abgesehen von dem zweisprachig vorgelegten *Freiheitstraktat*,[90] den man im Grenzbereich zwischen Erbauungs- und Programmschriften ansiedeln mag, erstellte Luther 1520 sechs weitere, auf Erbauung abzielende Texte. Mit der *Confitendi ratio*[91] legte er eine Überarbeitung seiner im Vorjahr hastig publizierten *Kurze[n] Unterweisung, wie man beichten soll*,[92] vor. Die *Tessaradecas consolatoria*[93] boten, auf die Zahl der herkömmlichen Nothelfer anspielend, 14 biblisch untermauerte Trostgründe für die mit Mühsal beladenen Christen. Daneben ließ Luther in *Kurze[r] Form* eine katechetisch orientierte Erklärung von Dekalog, Credo und Paternoster ausgehen.[94] Zwei Sermone erteilten liturgischen bzw. ekklesiologischen Elementarunterricht.[95] Fundamentale Glaubenserbauung gewährte darüber hinaus die zum Druck beförderte Weihnachtspredigt,[96] die nun als besonderes Exemplar der Gattung knapp inspiziert werden soll.

---

87 Vgl. PRIEN, Wirtschaftsethik (s. Anm.71), 69.
88 WA 6; 82,20–22.
89 PRIEN, Wirtschaftsethik (s. Anm. 71), 70.
90 WA 7; 12–38.49–73.
91 WA 6; 154–169.
92 WA 2; 59–65.
93 WA 6; 99–134.
94 Eine kurze Form der zehn Gebote. Eine kurze Form des Glaubens. Eine kurze Form des Vaterunsers (WA 7; 194–229).
95 Sermon von dem neuen Testament, das ist von der heiligen Messe (WA 6; 349–378); Ein Sermon von dem Bann (WA 6; 61–75).
96 Ein Sermon von der Geburt Christi (WA 7; 187–193).

Das Weihnachtsevangelium aus Lk 2,1–14 bewegt Luther zu einer dezidierten Themapredigt. Sie kreist allein um die Frage, wie sich »die [...] genadenriche geburt Christi«[97] angemessen wahrnehmen und bedenken lasse. Diesbezüglich unterscheidet Luther zwei Möglichkeiten. Die meisten Menschen, führt er aus, hören und lesen zwar, was davon geschrieben steht, gehen aber, in ihrem Herzen unberührt, daran vorüber, »gleich wy ein gast vor ein wirtshaus fur vber geet«[98]. Das Bild scheint mit Umsicht gewählt! Denn der das Wirtshaus achtlos passierende »Gast« ist ja nicht ein leibesgestärkter Wanderer, der frohgemut seines Weges zieht, sondern ganz offensichtlich ein stärkungsbedürftiger Mensch, der die Bewirtungsgelegenheit des Gast-Hauses zu seinem eigenen Schaden verkennt. Die andere Möglichkeit, die Luther eröffnen möchte, besteht darin, dass man sich von der Geburt Christi in seinem Herzen bewegen lässt, denn »wan es an das hertz stosst, dan mag [i. e. kann] es nutz schaffen und frucht bringen.«[99] Den ›Nutzen‹ des Evangeliums hat Luther, am Rande bemerkt, dabei mehrfach betont, ohne damit, wie später die Aufklärungspredigt, einen zumeist unberechtigten utilitaristischen Generalverdacht heraufzubeschwören.

Der Verweis auf Bernhard von Clairvaux spielt sodann theologiegeschichtliches Bildungsgut ein. Bernhard habe, referiert Luther, in der Geburt Christi drei große Wunderzeichen gesehen: die Vereinigung von Gott und Mensch, von Jungfrauen- und Mutterschaft, von Herz und Glauben der Maria. Dies alles aber, korrigiert Luther, sei gar nicht entscheidend, zumal sich die Zwei-Naturen-Lehre zwar leicht glauben, aber kaum zu frömmigkeitspraktischem Nutzen anwenden lasse. Als das eigentliche Wunder erkennt er vielmehr, dass Maria, vorab all dieser Wunder, dem Gottesboten, der ihr erschienen war, auf sein Wort hin geglaubt hat (Lk 1,35), denn »het sie sich der wortt, die der engel zů yhr sprach, nicht ahngenommen [...], so wer der wunderzeychen keyns geschehen.«[100]

Dieser unbedingte Vorrang des Glaubens aufs bloße Wort hin erlaubt es Luther, einzelne mystische Denk- und Sprachformen ganz unbefangen

97 AaO., 188,2f.
98 AaO., 188,5f.
99 AaO., 188,15f.
100 AaO., 189,15–17.

zu adaptieren, ohne damit seinerseits ein Prediger der Mystik zu werden.[101] Denn dass sich Christus »schmeck[en]«,[102] »fůlen«[103], »in das hertze bilden«[104] und als »eyn susser Jhesus«[105] erfahren lässt, stellt für ihn nicht die Voraussetzung, sondern die Erfahrungsfolge des Glaubens dar. Deshalb solle man sich »das exempel der junckfrawen in das hertze bilden und yhr nach folgen«[106], auf dass »ein itzlicher muß sich des kindes ahn nemen, das er sag unnd glaub, das kind sey sein […], als sey es ihm allein geporn«[107].

Dabei greift Luther wieder auf das eingangs gebrauchte Bild vom Gast- und Wirtshaus zurück. Während sich leibliche Speise beim Verzehr natur- gemäß reduziere und schließlich aufbrauche, teile Gott das Christuskind nicht stückweise aus, sondern »es bleybt gantz und wirt einem itzlichen gantz gegeben«[108]. Damit sieht sich die heilsegoistische Gefahr, die einen Moment lang gedroht haben mag, ekklesiologisch eingeholt und entschärft, da doch ein jeder Christ »sich des kindes sol ahnnemen im hertzen«[109]. Mehr, gesteht Luther, vermöge er davon jetzt nicht zu sagen, weil die Glau- benspredigt nur durch die eigene Glaubenserfahrung der Hörer und Leser verifiziert werden könne.

Indessen widmet er sich noch einem komplementären Aspekt, indem er darauf hinweist, dass ein Herz, das Christus in sich aufnehmen und des- sen »sussickeit«[110] schmecken möchte, sich zuvor aller anderen Herzens- bindungen entledigen müsse. Die Art und Abfolge der Exempel, die er dafür benennt, ist bemerkenswert: »[…] wir můssen lassen faren alles was vor unsern augen gůt ist, wollust, reyssung [i. e. Reizung] zů gůttern, eer, unser

---

101 Der damit berührte Problemknoten, dessen seriöse Erörterung eine sensible Differen- zierung erfordert, kann hier nicht weiter verhandelt werden; vgl. einstweilen A. BEUTEL, »Einswerden mit Christus«. Die Aufnahme mystischer Frömmigkeit bei Martin Luther (in: Sehnsüchtig nach Leben. Aufbrüche zu neuer Frömmigkeit [Wittenberger Sonntags- vorlesungen], hg. v. P. FREYBE, 2006, 79–93).

102 Ein Sermon von der Geburt Christi (s. Anm. 96), 188,9 u. ö.

103 AaO., 189,11 u. ö.

104 AaO., 189,22f.

105 AaO., 190,25.

106 AaO., 189,22f.

107 AaO., 189,25–28.

108 AaO., 190,18f.

109 AaO., 190,36.

110 AaO., 191,2.

leben, frumkeit, weyßheit und alle unser tugent«[111]. Diese umfassende kardiale Entrümpelung sei schlechterdings heilsnotwendig, denn »das kindt [...] wil *allein* im hertzen wonenn«[112], weshalb man zwingend »ein ledige seel dem kinde bringen«[113] müsse. Das verbiete, so Luther weiter, durchaus nicht den Umgang mit weltlichen Dingen, solange man sich diese nur nicht zur eigenen Herzenssache erhebe. Damit ist zwar nicht in der Wortwahl, aber doch dem Sinne nach bereits exakt vorweggenommen, was er neun Jahre später im *Große[n] Katechismus*, das erste Gebot erklärend, auf die bekannte Formel bringen sollte: »Worauff du nu (sage ich) dein hertz hengest und verlessest, das ist eygentlich dein Gott.«[114]

Nach einer beiläufigen, den Duktus störend unterbrechenden, aber im Dezember 1520 wohl unvermeidlichen Papstpolemik[115] hält Luther am Ende summarisch fest, eigentlich bestehe das ganze Evangelium in nichts anderem als darin, »das wir uns nur des kindes allein ahn nemen«[116]. Der abschließende Hinweis, in der Nachmittagspredigt werde der Faden weitergesponnen,[117] verweist auf die unabdingbare Kontinuität homiletischer Unterweisung. Dass dieser Weihnachtssermon gleichwohl separat gedruckt und rezipiert werden konnte, bezeugt das offensichtliche Erbauungspotential, das ihm, auch losgelöst von seinem liturgischen Voraus- und Fortgang, zweifellos innewohnt.

3. Streitschriften

Mehr als die Hälfte der von Luther 1520 verfassten Texte lässt sich der Gattung der Streitschriften zuordnen. Dieses eklatante Übergewicht erklärt sich natürlicherweise aus dem zusehends forcierten Fortgang des gegen ihn angestrengten Inquisitionsprozesses. Dabei wurden nahezu alle seine Streitschriften durch publizistische Angriffe amtskirchlicher bzw. kontroverstheologischer Provenienz oder auf Anweisung seines Territorialfürsten Friedrich der Weise veranlasst. Zugleich freilich bediente die polemische

---

111 AaO., 191,6–8.
112 AaO., 191,5 f (Hervorhebung von mir).
113 AaO., 192,9.
114 WA 30,I; 133,7 f.
115 Vgl. WA 7; 192,13–19.
116 AaO., 193,8.
117 Vgl. aaO., 193,8–10.

Tonart auch ein dominantes Register seines sprachmusikalischen Temperaments.

Insofern mag man es als eine ungedeckte Bescheidenheitsfloskel abtun, wenn Luther in souveräner Gelassenheit abwinkte, das Geschrei seiner Ankläger erscheine ihm nur »wie das rauschen einer durren schweynß blaßen«[118]. Denn eigentlich wusste er ganz genau und gestand es auch ein, »daß ich viel heftiger bin, als es sich eigentlich gebührte [...], ich, der ich hitzig bin und keine ganz stumpfe Feder führe«[119]. Bisweilen zwar jammerte er, seine Gegner hängten sich an ihn »wie quot [i.e. Kot] an das rad«[120], ja die ganze Welt erhebe sich gegen ihn, »aber wenn ich nur ein wenig beiße, o Gott, wie werde ich angeklagt«[121]. In solcher Bedrängnis galt ihm polemische Gegenwehr als unvermeidlich, denn andernfalls »wurdenn zuletzt auch die badmeyd widder mich schreyben«[122]. Doch die Notwehr, das räumte er freimütig ein, entsprach zugleich seiner Natur. Da dies auch seinen Gegnern bekannt sei, rechtfertigte er sich vor Spalatin, »so hätten sie den Hund nicht reizen sollen«[123]. Das Selbstbildnis des gereizten Köters gebrauchte er mehrfach, auch gegenüber Karl V., dem er unerschrocken kundgab, »es sollt yhe billig nit wunder synn, das ßo viell reyssende Wolff eynen hund bellen, auch beyssen zwungen«[124]. Im Übrigen, hieß es in einem Brief an den Freund, Ordensbruder und auf Staupitz gefolgten Generalvikar Wenzeslaus Link, entspreche sein »bissiges Wesen« (*mordacitas*)[125] geradewegs der Streitweise des Apostels Paulus, der seine Widersacher ebenfalls mit groben Anwürfen überhäuft habe,[126] und darüber hinaus, wie er des Öfteren konstatierte, selbst dem durch Christus nobilitierten Disputationsstil.[127]

---

118 WA 6; 79,1.
119 Luther an Georg Spalatin, ca. 16.2.1520 (WAB 2; 44,65.72f).
120 WA 6; 286,21.
121 Luther an Hieronymus Dungersheim, Mitte Juni 1520 (WAB 2; 126,53–55).
122 WA 6; 324,1f.
123 »Quod cum illi non ignorent, canem irritare non debuerunt« (Luther an Georg Spalatin, ca. 16.2.1520 [WAB 2; 44,66]).
124 WA 6; 477,24f.
125 Luther an Wenzeslaus Link, 19.8.1520 (WAB 2; 168,3).
126 Vgl. aaO., 168,5–11.
127 Vgl. etwa Luther an Georg Spalatin, ca. 16.2.1520 (WAB 2; 44,74–77).

Luthers Polemik stellt eine sachlich höchst imposante, rhetorisch brillante Facette seiner kommunikationsoffensiven Sprachkompetenz dar. Die Anwürfe seiner Gegner wusste er teils süffisant, teils beißend ironisch oder sarkastisch zu desavouieren, durchweg in dem Bewusstsein der eigenen theologischen und intellektuellen Superiorität. So quittierte Luther den Vorwurf Ecks, er missachte alle kirchlichen Autoritätsinstanzen, mit dem hermeneutischen Schlüsselwort seiner Theologie: »[...] ich erhebe mich nit ubir die doctores und Concilia, ich erhebe *Christum* ubir alle lerer und Concilia«[128]. Wer ihm entgegentrat, erntete kalte Verachtung: »Du weyssist«, schleuderte er Eck entgegen, »das du in der heyligen schrifft eben szoviel kanst, als der esel auff der lyren.«[129] Auch attestierte er denen, die ihn attackierten, bisweilen verminderte Zurechnungsfähigkeit: Ihre Verdammungsurteile könne er nicht anders ansehen, als wenn »eine betrunkene Frau« ihn geschmäht hätte.[130] Eck wurde von ihm als ein delirierender Alkoholiker verunglimpft,[131] und die gegen ihn ergangene Bannandrohungsbulle, mutmaßte Luther, könne nur an einem »truncken abent« oder in der Flirrnis eines überhitzten römischen Sommertages entstanden sein.[132]

In den ersten Wochen des Jahres verfasste Luther zwei kämpferische Antworten auf die theologischen Einsprüche und persönlichen Verunglimpfungen, die sein Anfang Dezember 1519 ausgelieferter *Sermon vom Abendmahl*, der entschieden und biblisch begründet für den Laienkelch eintrat,[133] ausgelöst hatte.[134] Dem von Alveldt geführten Angriff, von dem schon die Rede war,[135] setzte er im Juni eine ironisch an den »hochberühm-

---

128 WA 6; 581,14–16 (Hervorhebung von mir).
129 AaO., 583,6f.
130 Vgl. WA 6; 190,1–4.
131 Vgl. WA 6; 583,11–14.
132 »Den ichs acht, die Bulle sey auf einenn truncken abent odder in den hundts tagen gemacht« (WA 6; 618,1f).
133 Ein Sermon von dem hochwürdigen Sakrament des heiligen wahren Leichnams Christi und von den Bruderschaften (WA 2; 738–758).
134 Verklärung D.M. Luthers etlicher Artikel in seinem Sermon von dem heiligen Sakrament (WA 6; 76–83); D.M. Luthers Antwort auf die Zettel, so unter des Officials zu Stolpen Siegel ist ausgegangen (WA 6; 135–141).
135 S. oben Abschnitt 1.

ten Römling in Leipzig«[136] adressierte, exegetisch fundierte, ekklesiologisch wegweisende Antwort entgegen.[137] Ende August signalisierte Luther auf Drängen Friedrichs des Weisen in einem die eigene Streitlust sorgfältig kaschierenden *Erbieten* seine anhaltende Friedens- und Gesprächsbereitschaft.[138] Und Mitte November erneuerte er in lateinischer und deutscher Sprachgestalt die bereits im November 1518 ergangene Appellation »an eyn Christlich frey Concilium«.[139]

Zwei Mal in jenem Jahr hat Luther darüber hinaus eine höchstwahrscheinlich von ihm aufgebrachte Indizierungsmethode angewandt, die man als Diskurszensur zu bezeichnen pflegt.[140] Diese bestand, kurz gesagt, darin, dass ein missliebiger Text unverändert, jedoch im Verbund mit einer aburteilenden Kommentierung erneut zum Abdruck gebracht und damit der Lächerlichkeit ausgesetzt wurde.[141] Das betraf zunächst die im Februar erschienene, als erste offizielle Lehrzensur von Professoren der Universitäten Köln und Löwen angefertigte *Condemnatio doctrinalis librorum Martini Lutheri*.[142] Auf der Grundlage der im Herbst 1518 bei Froben veröffent-

---

136 Diese hübsche Modernisierung des Titels verdanke ich Hellmut Zschoch (vgl. MARTIN LUTHER, Deutsch-deutsche Studienausgabe, Bd. 2: Wort und Sakrament, hg. v. D. KORSCH / J. SCHILLING, 2015, 69).

137 Von dem Papsttum zu Rom wider den hochberühmten Romanisten zu Leipzig (WA 6; 277–324).

138 Erbieten (Oblatio sive protestatio) (WA 6; 474–483).

139 Vgl. WA 7; 74–90.

140 Vgl. A. BEUTEL, Zensur und Lehrzucht im Protestantismus. Ein Prospekt (in: DERS., Spurensicherung. Studien zur Identitätsgeschichte des Protestantismus, 2013, 37–59), 45–47. – Mein hochgeschätzter Kollege Fidel Rädle, einer der besten Kenner humanistischer Literatur, bestärkte mich dankenswerterweise in der Vermutung, dass diese bis ins 18. Jahrhundert fortwirkende (vgl. aaO., 46f) Indizierungsmethode ohne Vorbilder ist und deshalb tatsächlich von Luther generiert worden sein dürfte.

141 An dieser Indizierungsmethode hielt Luther, wo es ihm nötig schien, zeitlebens fest. Zuletzt gab er im Frühjahr 1545 »Eine wälsche Lügenschrift von Doctoris Martini Luthers Tod« (WA 54; 188–194), die ihm aus Italien zugespielt worden war, in der italienischen Originalfassung sowie einer deutschen Übersetzung, deren Urheber nicht bekannt ist, zum Druck. Von der selbstentlarvenden Niedertracht dieses Pamphlets war er so überzeugt, dass er sich mit der Zufügung weniger eigener Zeilen begnügte, in denen er bekannte, er sei durch die Lektüre dieses »zornig getichte von meinem Tode [...] auff der rechten kniescheiben und an der lincken Fersen« gekitzelt worden (aaO., 193,30–34).

142 WA 6; 174–180.

lichten Basler Sammelausgabe seiner lateinischen Schriften wurden darin einzelne Lehraussagen Luthers, namentlich zu den Themen Buße, Ablass, Fegefeuer, Glaube und Werke, diskussionslos verurteilt und eine öffentliche Verbrennung der aufgerufenen Schriften gefordert. Bereits im Folgemonat besorgte Luther einen Nachdruck dieser *Condemnatio* und fügte ihr eine geharnischte *Responsio Lutheriana*[143] bei. In schärfstem Ton wies er darin die angemaßte Urteilskompetenz der Kollegen zurück. So habe sich in Bezug auf Wilhelm von Ockham, Laurentius Valla, Pico della Mirandola, Faber Stapulensis und andere Theologen die Fragwürdigkeit universitärer Lehrzensur bereits vielfach erwiesen. Hinsichtlich der ihn betreffenden Aburteilung beklagte Luther, seine selbsternannten Richter seien, indem sie ihn ohne jeden Schriftbeweis verketzerten, weder der vom natürlichen Recht geforderten *via charitatis* noch, da sie im Vorfeld der öffentlichen Beschuldigung keine persönliche Verständigung gesucht hätten, der in Mt 18 gebotenen *via iuris christiani* gefolgt.[144] An den eigenen Positionen hielt Luther, Einzelnes präzisierend, unbeirrt fest; seine Gegner, konterte er abschätzig, verstünden weder Christus noch Aristoteles, ja nicht einmal ihre eigenen Meinungen. Der Erfolg dieser publizistischen Diskurszensur war beträchtlich: In humanistischen Kreisen verspottete man das aus Köln und Löwen ergangene Lehrurteil, am kursächsischen Hof hatte man es zunächst gar für eine Satire der Erasmianer gehalten.[145] Crotus Rubeanus übermittelte seinen Beifall direkt an Luther,[146] der vorsichtige Erasmus schrieb immerhin an Melanchthon, die Antwort Luthers habe ihm außerordentlich gut gefallen.[147]

Ähnlich verfuhr Luther wenig später mit dem literarischen Angriff des Silvester Prierias, dessen *Epitoma responsionis ad Martinum Luther* er unmittelbar nach der Lektüre seinerseits in den Druck gab, vermehrt um ein bissiges Vor- und Nachwort und mit etlichen spöttischen Randnotizen versehen.[148]

143 WA 6; 181–195.
144 Vgl. aaO., 185,25–187,24.
145 Vgl. M. BRECHT, Martin Luther. Sein Weg zur Reformation 1483–1521, 1981, 322–324; R. SCHWARZ, Luther (KIG 3,1), 1986, 74f.
146 Vgl. Crotus Rubeanus an Luther, 28.4.1520 (WAB 2; 87–91).
147 MBW 1; 218,30f.
148 Epitoma responsionis ad Martinum Luther (per Fratrem Silvestrum de Prierio) (WA 6; 325–348).

Mit der Kenntnisnahme der Bannandrohungsbulle *Exsurge Domine* hatte sich die Notwendigkeit polemischer Selbstverteidigung noch einmal dramatisch verschärft. In der Annahme, die Bulle sei von Johann Eck verfasst worden, machte sich Luther sogleich ans Werk und ließ bereits Mitte Oktober die Schrift *Von den Eckischen Bullen und Lügen*[149] ausgehen. Darin bekräftigte er die unbedingte Vorordnung der Bibel vor allen kirchlichen Autoritätsinstanzen. Unmittelbar danach setzte er die literarische Abwehr mit seiner *Adversus execrabilem Antichristi bullam*[150] gerichteten Kampfschrift fort. Dabei gab er weiterhin vor, eine päpstliche Verfasserschaft der Bulle anzuzweifeln, und suchte damit den Papst gegen seine kuriale Umgebung auszuspielen. Die römischen Verwerfungen parierte Luther mit einem symmetrischen Gegenwurf, indem er alles, was dort indiziert worden war, zu Grundpfeilern des christlichen Glaubens erhob. Dieser stilistisch glänzende Widerspruch gipfelte in einer Parodie, die den aus Rom gegen ihn gerichteten Spieß kurzerhand umkehrte und nun ihrerseits, gegründet auf die in der Taufe übertragene Vollmacht, eine förmliche Verdammung des Papsttums vollzog »in nomine, quem vos persequimini, Ihesu Christi domini nostri, Amen.«[151] Unter dem Titel *Wider die Bulle des Endchrists*[152] ließ Luther, um auch die breite Öffentlichkeit auf den eschatologischen Entscheidungskampf zu verpflichten, eine freie deutsche Übertragung seiner an die Papstkirche gerichteten Gehorsamsaufkündigung folgen.

Nachdem er zunächst nur einzelne Verurteilungen der Bulle kommentiert hatte, verfasste Luther in der zweiten Dezemberhälfte, dem Wunsch Friedrichs des Weisen entsprechend, eine vollständige Zurückweisung aller mit der Bannandrohung verbundenen Lehrurteile. Diese auch bibelhermeneutisch höchst instruktive *Assertio omnium articulorum [...] per bullam Leonis X. novissimam damnatorum*,[153] der alsbald eine deutschsprachige Version[154] folgte, trug zwar im Titel die Jahreszahl 1520, kam aber erst im Januar 1521 zum Druck.

149 WA 6; 579–594.
150 WA 6; 595–612.
151 AaO., 604,37f.
152 WA 6; 613–629.
153 WA 7; 91–151.
154 Grund und Ursach aller Artikel D. M. Luthers, so durch römische Bulle unrechtlich verdammt sind (WA 7; 299–457.

Allerdings veröffentlichte er noch im Dezember 1520 eine in beiden Sprachen ausgefertigte Erklärung, *Warum des Papsts und seiner Jünger Bücher von D. Martin Luther verbrannt sind.*[155] Seine literarische Rechtfertigung des von ihm am 10. Dezember vor dem Elstertor veranstalteten Autodafés identifizierte in exemplarischem Zugriff 30 Artikel aus dem kanonischen Recht als häretisch. Den »heubt artickell«[156] erkannte er dabei in dem Postulat, »den Bapst mag [i. e. darf] niemand urteylen auff erdenn, auch niemant seyn urteyl richten, sonderrn er soll alle menschen richten auff erden.«[157] Dieses Zentraldogma habe alles Unglück in die christliche Welt gebracht; und indem das geistliche Recht nur zu dem Zweck »ertichtet« worden sei, die umfassende päpstliche Immunität abzusichern, strebe es »ynn allen stuckenn widder das Evangelium.«[158] Zwar bediente Luther eingangs wiederum die Fiktion, Leo X. habe dies nicht persönlich veranlasst und vielleicht nicht einmal gewusst, sondern sei durch »Bepstische [...] vorfurer« dazu missbraucht worden.[159] Doch in dem sich zusehends verschärfenden Fortgang des Textes fand sich davon alsbald keine Rede mehr, zumal der aktuell amtierende Nachfolger Petri zweifellos einbezogen war, wenn Luther konstatierte, »der Bapst wil yderman die augen blenden, niemant richten lassenn, sondern alleyn richtenn yderman«[160], und wenn er das historische Unglück der Kurie dahin bestimmte, dass »der Bapst [hat] noch nie keyn mal [...] mit schrifft odder vornunfft [!] widderlegt eynen, der widder yhn geredt, geschrieben odder gethan hatt, sondern alltzeyt mit gewalt«[161].

Dabei war sich Luther illusionslos darüber im Klaren, dass nun das kirchliche Band endgültig zerschnitten und jede Hoffnung auf eine gütliche Verständigung unwiederbringlich zerstoben war. So erklärte er seine Selbstrechenschaft denn auch zum Auftakt eines ganz neuen Kapitels der *causa Lutheri*: »Es sollen diße [artickell] eyn anfangk des ernsts seyn, denn

---

<hr/>

155 WA 7; 152–182.
156 AaO., 168,1.
157 AaO., 167,14–16.
158 AaO., 168,3f.17.
159 AaO., 163,2; vgl. aaO., 163,1–164,2.
160 AaO., 181,12f.
161 AaO., 181,2–4.

ich bißher doch nur geschertzt und gespielt hab mit des Bapsts sach.«[162] Tatsächlich war die Exkommunikation spätestens jetzt unausweichlich geworden. Gleichwohl erwähnte Luther in seiner zäsuralen Verteidigungsschrift den Umstand, dass er, nachdem der offizielle Teil seiner Bücherverbrennung vorüber war, auch die gegen ihn gerichtete Bannandrohungsbulle ins Feuer geworfen hatte, mit keinem Wort.

IV Summa

Ein wissenschaftlicher Aufsatz pflegt seriöser Weise in die sorgfältig komprimierte Zusammenfassung seiner Ergebnisse auszumünden. Weil aber der vorgelegte Bericht über Luthers Lebensumstände, Pflichtenlast und Publizistik des Jahres 1520 seinerseits schon eine bis an die Grenze des Zumutbaren vordringende Kompression darstellte, soll am Ende schlicht Luthers homiletische *peroratio* übernommen sein: »Davon ist gnug« oder »Ein ander mal mehr«.[163]

Anhang:

Martin Luther: Nachweisbare Schriften und Predigten des Jahres 1520
– Chronologische Übersicht –

25. Januar	Mittwochs-Predigt über Act 9,1 ff (WA 9; 444)
Januar	[Großer] Sermon von dem Wucher (WA 6; 33–60)
Januar (?)	Disputatio de circuncisione (WA 6; 30f)
Ende Januar	Verklärung etlicher Artikel D. M. Luthers in seinem Sermon von dem heiligen Sakrament (WA 6; 76–83)
3. Februar	Disputatio de fide infusa et acquisita (WA 6; 84–86)
	Resolutio disputationis de fide infusa et acquisita (WA 6; 87–98)
5. Februar	Tessaradecas consolatoria pro laborantibus et oneratis (WA 6; 99–134)

---

162 AaO., 180,4f.
163 S. oben Anm. 47.

Mitte Februar	D. M. Luthers Antwort auf die Zettel, so unter des Officials zu Stolpen Siegel ist ausgegangen (deutsch + lateinisch) (WA 6; 135–153)
25. März	Confitendi ratio (WA 6; 154–169)
Ende März	Condemnatio doctrinalis librorum M. Lutheri per quosdam magistros nostros Lovanienses et Colonienses facta. Responsio Lutheriana ad eandem damnationem (WA 6; 170–195)
8. April	Sonntags-Predigt »de testamento Christi« (WA 9; 445–450)
6. Mai	Sonntags-Predigt über Joh 16,5 (WA 9; 449–452)
17. Mai	Donnerstags-Predigt über Act 1,1 ff (WA 9; 453–456)
	Donnerstags-Predigt über Act 1,1 (WA 9; 456 f)
18. Mai	Freitags-Predigt über Act 1,1 f (WA 9; 457–459)
20. Mai	Sonntags-Predigt über Gen 15,1 ff (WA 9; 459–461)
27. Mai	Pfingstsonntags-Predigt über Act 2,1 ff / Joh 14,23 f (WA 9; 461–465)
28. Mai	Montags-Predigt über Joh 14,23 ff (WA 9; 465–470)
Mai (?)	Eine kurze Form der 10 Gebote. Eine kurze Form des Glaubens. Eine kurze Form des Vaterunsers (WA 7; 194–229)
Anfang Juni	Von den guten Werken (WA 6; 196–276)
Mitte Juni	Epitoma responsionis ad Martinum Luther (per fratrem Silvestrum de Prierio) (von Luther: Vorwort, Randbemerkungen, Nachwort) (WA 6; 325–348)
30. Juni	Von dem Papsttum zu Rom wider den hochberühmten Romanisten zu Leipzig (WA 6; 277–324)
2. Juli	Montags-Predigt über Lk 1,48 (WA 59; 227–230)
27. Juli	Conclusiones XVI de fide et ceremoniis (WA 6; 379 f)
29. Juli	Sermon von dem neuen Testament, das ist von der heiligen Messe (WA 6; 349–378)
Anfang August	An den christlichen Adel deutscher Nation von des christlichen Standes Besserung (WA 6; 381–469)
	Quaestio circularis de signis gratiae (WA 6; 470 f)
19. August	Sonntags-Predigt über Gen 24 (WA 9; 471 f)
24. August	Freitags-Predigt über Gen 23 (WA 9; 472 f)

37

Ende August	Erbieten (Oblatio sive protestatio) (WA 6; 474–483)
August	Predigt »de iustificatione« (WA 9; 370f)
2. September	Sonntags-Predigt über Gen 24 (WA 9; 473f)
8. September	Samstags-Predigt über Mt 1,1ff (WA 9; 474f)
9. September	Sonntags-Predigt über Lk 17 (WA 59; 230–234)
	Sonntags-Predigt über Gen 25 (WA 9; 475f)
21. September	Freitags-Predigt über Mt 2,1ff (WA 9; 476f)
	Freitags-Predigt über Lk 2,22 (WA 9; 477)
29. September	Samstags-Predigt »de angelis« (WA 9; 477f)
30. September	Sonntags-Predigt über Lk 2,23 (WA 9; 478f)
Anfang Oktober	De captivitate Babylonica ecclesiae praeludium (WA 6; 484–573)
7. Oktober	Sonntags-Predigt über Lk 2,33 (WA 9; 479f)
14. Oktober	Sonntags-Predigt über Lk 2,36ff (WA 9; 480f)
	Sonntags-Predigt über Mt 2,15 (WA 9; 481)
	Sonntags-Predigt über Lk 2,40 (WA 9; 482)
Mitte Oktober	Von den neuen Eckischen Bullen und Lügen (WA 6; 576–594)
28. Oktober	Sonntags-Predigt über Gen 25,23 (WA 9; 482f)
Anfang November	Adversus execrabilem Antichristi bullam (WA 6; 595–612)
	Ein Sendbrief an den Papst Leo X. (deutsch + lateinisch) (WA 7; 1–11. 39–49)
	Von der Freiheit eines Christenmenschen (WA 7; 12–38)
	Tractatus de libertate christiana (WA 7; 49–73)
4. November	Sonntags-Predigt über Gen 25,26 (WA 9; 483f)
11. November	Sonntags-Predigt über Gen 25 (WA 9; 484f)
Mitte November	Appellatio D. M. Lutheri ad concilium a Leone X. denuo repetita et innovata (WA 7; 74–82)
	D. M. Luthers Appellation oder Berufung an ein christlich frei Concilium […] verneuert und repetiert (WA 7; 83–90)
30. November	Freitags-Predigt über Gen 26,19ff (WA 9; 486f)
Ende November	Wider die Bulle des Endchrists (WA 6; 613–629)
2. Dezember	Predigt am 1. Adventssonntag über Gen 27 (WA 9; 487f)

4. Dezember	Dienstags-Predigt »de castitate« (WA 9; 489)
	Dienstags-Predigt über Gen 27 (WA 9; 489–491)
8. Dezember	Samstags-Predigt »de peccato originali« (WA 59; 235f)
	Samstags-Predigt über Gen 27 (WA 9; 492)
9. Dezember	Predigt am 2. Adventssonntag über Gen 27,28f (WA 9; 492–494)
16. Dezember	Predigt am 3. Adventssonntag über Gen 28 (WA 9; 494f)
21. Dezember	Freitags-Predigt »peri eucharisteias« (WA 9; 495–497)
23. Dezember	Predigt am 4. Adventssonntag über Gen 28,13ff (WA 9; 497f)
25. Dezember	Ein Sermon von der Geburt Christi (Lk 2,1–14) (WA 7; 187–193)
	Weihnachts-Predigt über Lk 2,1 (WA 9; 498f)
	Weihnachts-Predigt über Lk 2,1 (WA 9; 516–520)
	Weihnachts-Predigt über Lk 2,1ff (WA 9; 521–525)
26. Dezember	Mittwochs-Predigt über Act 6,8ff (WA 9; 499)
	Mittwochs-Predigt über Act 7,1 (WA 9; 525–527)
	Mittwochs-Predigt über Mt 23,34 (WA 9; 527–530)
30. Dezember	Sonntags-Predigt über Lk 2,1 (?) (WA 9; 499f)
	Sonntags-Predigt über Lk 2,1 (?) (WA 9; 530–535)
	Sonntags-Predigt über Gen 29 (WA 9; 500)
	Sonntags-Predigt über Gen 29 (WA 9; 535–537)
	Sonntags-Predigt über Lk 2,25ff (WA 9; 537–540)
Ende Dezember	Assertio omnium articulorum M. Lutheri per bullam Leonis X. novissimam damnatorum (WA 7; 91–151)
	Quaestio utrum opera faciant ad iustificationem (WA 7; 230–232)
	Warum des Papsts und seiner Jünger Bücher verbrannt sind (deutsch + lateinisch) (WA 7; 152–186)
undatiert	Ein Sermon von dem Bann (WA 6; 61–75)
	Disputatio de baptismate legis (WA 6; 472f)
	Disputatio de excommunicatione (WA 7; 233–236)
	De sacramentis disputatio (WA 9; 312f)
	Disputatio de non vindicando (WA 6; 574f)

1519–1521   Operationes in psalmos (WA 5. AWA 2)
                   Scholia in librum Genesis (Poliander) (WA 9; 320–415)

— — —

außerdem   97 Briefe (WAB 1 + 2)
                  Vorwort zu »Epistola divi Hulderichi Augustensis
                  episcopi adversus constitutionem de cleri coelibatu«
                  (WAB 2; 22f [Nr. 4217])
                  Zusätze und Nachtrag zur Wittenberger Beutelord-
                  nung (WA 59; 62–65)
                  verschiedene handschriftliche Bucheintragungen (v. a.
                  in »Theologia deutsch«: WA 59; 1–21)
                  Eintragungen ins Dekanatsbuch (WA 9; 305–309).

Luther auf der Wartburg

Fakten und Zusammenhänge zu seinem Aufenthalt 1521/22

Von Hilmar Schwarz

Das Jubiläum von Luthers Wartburgaufenthalt 1521/22 bewirkt wie üblich bei derartigen Anlässen, die zeitgenössischen Schriftzeugnisse nach Einzelheiten durchzusehen und neue Erkenntnisse zu gewinnen. Die vorliegende Abhandlung untersucht zunächst die Rolle des Burkhard Hund von Wenkheim (Wenckheim) bei der Scheinentführung des Reformators. Ein zweiter Komplex wertet vor allem die Rechnungsbücher des Amtes Eisenach aus und beleuchtet daraus das Baugeschehen auf der Wartburg, das auf der Burg befindliche Personal, die Vorgänge in der Wartburgkapelle und Luthers Verpflegung bzw. Gesundheitszustand.

I Die Rolle des Rentmeisters Burkhard Hund von Wenkheim

Burkhard Hund war aus Franken gekommen, besaß seinen Wohnsitz auf Burg Altenstein bei (Bad) Salzungen, hatte 1509 die Stelle des Amtmannes von Gotha angetreten und war 1513 zum Rentmeister des Herzogs Johann von Sachsen aufgestiegen. Eine veröffentlichte biographische Darstellung über ihn existiert bisher nicht. Meist erscheint er in der Literatur als Teilnehmer am Scheinüberfall auf Luther, was jedoch erst um 1700 fälschlich aufkam.[1] Die ältesten Zeugnisse[2] nennen ihn in diesem Zusammenhang

---

1 Vgl. dazu ausführlich H. Schwarz, Biographische Fakten und Zusammenhänge zum Wartburgamtmann und Luthergastwirt Hans von Berlepsch (Wartburg-Jahrbuch 2014, 23. 2015, 201–268), hier 222–231.
2 Vgl. den Augenzeugenbericht, den der Salzunger Kanoniker Johann König niederschrieb: Landesarchiv Thüringen – Staatsarchiv Meiningen, GHA, Sektion IV, Nr. 73, Bl. 1ʳ; vgl.

lediglich, weil der Handstreich in der Nähe, tatsächlich nur etwa zwei Kilometer, von seinem Altenstein stattfand.

Sicher nicht persönlich direkt am Überfall beteiligt, spielte Burkhard Hund in einer anderen, bisher nicht erkannten Hinsicht eine wichtige Rolle. Dazu muss man sich zunächst vergegenwärtigen, dass er auf dem Reichstag zu Worms anwesend war, der vom 27. Januar bis 26. Mai 1521 währte. Mit der Anhörung Luthers am 17. und 18. April erlebte dieser, obwohl außerhalb des eigentlichen Fürstentags, seinen inhaltlich-politischen Höhepunkt. Der sächsische Kurfürst Friedrich war mit großem Gefolge zugegen, hatte erhebliche Kosten aufzubringen und musste hohe Schulden aufnehmen.

Burkhard Hund gehörte zwar insgesamt zum sächsisch-thüringischen Anhang, doch war er als Amtmann zu Gotha anwesend und ist dort unmittelbar nach Hans von Berlepsch aufgelistet, dem Amtmann der Wartburg und zukünftigen Luthergastwirt.[3] Vor allem unterstand er als Rentmeister dem Herzog Johann und verwaltete dessen Geld seit der Mutschierung von 1513,[4] seitdem die wettinischen Brüder nicht nur die Länder, sondern auch die Verwaltung und die Kassen getrennt hatten. Kurfürst Friedrich konnte folglich Burkhard keine Befehle erteilen, sondern musste seinen Bruder darum bitten, weshalb der Vorgang in zwei Schreiben niedergelegt wurde und heute nachlesbar ist.

Am 8. April 1521 bat der Kurfürst von Worms seinen in Thüringen verbliebenen herzoglichen Bruder, dieser möge Burkhard anweisen, sich mit

auch Abdruck: H. Brückner, Möhra, Luther und Graf Wilhelm von Henneberg (ASäG 2,1864, 27–58), 54 f; Martin Luther, 1483–1546. Dokumente seines Lebens und Wirkens, Red. R. Groß, 1983, Nr. 64, 103.343; Brief Luthers an Spalatin, 4. Mai 1521 (WAB 2; 336,55–58, Nr. 410; Martin Luther. Briefe von der Wartburg 1521/1522, übers. und eingel. v. H. von Hintzenstern, 1984, 24).

3 Verzeichnis der von Kurfürst Friedrich und Johann, Herzögen zu Sachsen, zum Reichstage nach Worms 1521 aufgebotenen Grafen, Herren und Ritter, hg. v. K. VON REITZENSTEIN (ZVThG 4, 1860, 138–149), 146: Auf den Amtmann der Wartburg Hans von Berlepsch folgt »Burckhardt Hund, Ambtmann zu Gottaw.«

4 Zur Mutschierung von 1513 vgl. E. MÜLLER, Die Mutschierung von 1513 im ernestinischen Sachsen (JbRG 14, 1987, 173–182); I. LUDOLPHY, Friedrich der Weise, Kurfürst von Sachsen 1463–1525, 1984, 250–252.

den Seinen über die Bezahlung der Zehrkosten auf dem Reichstag ins Benehmen zu setzen.[5] Offenbar kam Burkhard dem Anliegen nach, denn am 24. April bedankte sich der Kurfürst beim Bruder für einen entsprechenden Befehl, seinen Leuten aus der finanziellen Verlegenheit zu helfen. Er sei momentan wahrlich arm dran, habe schon 3.000 (»iij^M«) Gulden geborgt und bisher 12.000 (»xij^M«) Gulden verzehrt, die er zur Hälfte schuldig bleiben musste.[6] Folglich stand Burkhard Hund in den Tagen zwischen Luthers Auftritt vor Kaiser und Reichsversammlung am 17. und 18. April und dessen Abgang aus Worms am 26. April 1521 in unmittelbarem persönlichem Kontakt mit der Gruppe um Friedrichs Sekretär Georg Spalatin, welche die Entführung auf die Wartburg plante.

In der Literatur wurde allerdings angenommen, dass die Idee von Friedrich dem Weisen stamme und er diese erst am Abend des 25. April an Spalatin übermittelte.[7] Nach einer Tischrede Luthers von 1540 hatte der Kurfürst die Idee, ohne selbst vom Ort zu wissen, und Georg Spalatin mit der Durchführung beauftragt.[8] Der Reformator kannte jedoch sicherlich das Vorhaben bereits bei seiner Abreise, was aus zwei Briefen hervorgeht. Am 28. April 1521 schrieb er von Frankfurt/M. aus seinem Freund Lucas Cranach d. Ä. in Wittenberg, er werde sich »eintun und verbergen«[9] lassen. Noch am 3. Mai informierte er von Eisenach aus den Grafen Albrecht von Mansfeld über sein bevorstehendes Eintun.[10] Beide Male betonte er, vom zukünftigen Ort nichts zu wissen, was wohl mehr als eine Verschleierung denn als eine Tatsache daherkommt.

Die Wartburg erreichte Luther kurz vor Mitternacht des 4. Mai und schrieb von dort an Spalatin zum ersten Mal am 14. Mai 1521,[11] von dem

---

5 Neues Urkundenbuch zur Geschichte der evangelischen Kirchen-Reformation, Bd. 1, hg. v. C.E. FÖRSTEMANN, 1842, 14, Nr. 22.

6 Vgl. aaO., 15, Nr. 23.

7 Vgl. WAB 2; 306, Anm. 3; LOTHAR VON THÜNA, Friedrich von Thun, Kurfürst Friedrich des Weisen Rat und Hauptmann zu Weimar (ZVThG 14, NF 6, 1889, 323–374), 349; vgl. POLLACK [richtig: CARL POLACK], Luther auf der Wartburg. Nach ungedruckten Aufzeichnungen über Luther's Gefangennehmung (Die Gartenlaube 39, 1867, 614–617), 614.

8 Vgl. WAT 5; 82,3–5, Nr. 5353.

9 WAB 2; 305,5, Nr. 400; VON HINTZENSTERN, Luther (s. Anm. 2), 11f.

10 Vgl. WAB 2; 319–329, Nr. 404, hier 328,266; VON HINTZENSTERN, Luther (s. Anm. 2), 12.

11 Vgl. WAB 2; 336–341, Nr. 410; VON HINTZENSTERN, Luther (s. Anm. 2), 22–24.

er am 12. Mai einen Brief erhalten hatte.[12] Folglich muss zumindest der Briefbote, wahrscheinlich von Spalatin selbst, Luthers Aufenthaltsort im Voraus erfahren haben. Angesichts der damaligen Reisegeschwindigkeiten muss das Schreiben kurz vor oder nach Luthers Ankunft auf der Wartburg abgesandt worden sein. Luther schilderte am 14. Mai die Umstände der Gefangennahme, was anmutet, als ob der hauptsächliche Drahtzieher über die Einzelheiten nicht eingeweiht gewesen wäre. Womöglich täuschte Luther die Ahnungslosigkeit Spalatins vor und wollte mitteilen, dass das Vorhaben in der vorgesehenen Weise verlaufen sei.

Hält man sich den Ablauf der Gefangennahme Luthers und die zugrunde liegende Planung vor Augen, dürfte sie Burkhard Hund nicht unwesentlich beeinflusst haben. Von Eisenach reiste der Reformator in der Frühe des 4. Mai nicht die viel befahrende Königsstraße (via regia) in Richtung Gotha durch kursächsisches Gebiet weiter, sondern zog nach Süden ins Hennebergische nach Möhra zu seinen Verwandten. Auf dem Weg von dort nach Waltershausen/Gotha geschah noch am selben Tage der fingierte Überfall hinter Schweina nahe Burkhards Altenstein. Die Entführer ritten mit ihrem Gefangenen hoch zum Glasbach und bogen in Richtung Brotterode ab, das damals wiederum hennebergisch war. Der Plan sah offenbar vor, die Aufmerksamkeit auf die Grafen von Henneberg zu lenken. Somit ist es nicht verwunderlich, dass der in Eisenach verfasste Augenzeugenbericht über die Gefangennahme am 10. Mai 1521 über den Mainzer Siegler Dr. Kaspar von Westheim bei Graf Wilhelm von Henneberg in Worms landete,[13] der vom beabsichtigten Verdacht schließlich betroffen war. Dieser Graf musste sich noch während des Reichstags zu Worms derartiger Verdächtigungen erwehren und präsentierte seinerseits einen angeblichen Entführer mit dem hessischen Ritter Hector von Mörlau, genannt Beheim, einem Feind des Kurfürsten Friedrich.[14] Zu einer hennebergischen Täterschaft passt auch,

12 Vgl. WAB 2; 337,4, Nr. 410.
13 Vgl. Brückner, Möhra (s. Anm. 2), 53f.
14 Vgl. Brückner, Möhra (s. Anm. 2), 53–55; J. Köstlin, neubearb. von G. Kawerau, Martin Luther. Sein Leben und seine Schriften, Bd. 1., ⁵1903, 433; vgl. auch Deutsche Reichstagsakten unter Kaiser Karl V., 2 (Deutsche Reichstagsakten, Jüngere Reihe), bearb. v. A. Wrede, 1896, 906,9–28.918,32–34.

dass Luther während seiner Wartburgzeit versuchte, die Aufmerksamkeit ebenfalls nach Süden – nämlich nach Böhmen[15] – zu richten.

Wer aber kannte bei der Planung in Worms wohl die lokalen Einzelheiten um Eisenach? Spalatin selbst kam aus Mittelfranken, hatte u.a. in Erfurt studiert, war kurze Zeit Lehrer im thüringischen Georgenthal und über das westthüringische Gebiet sicher nicht unkundig. Justus Jonas, der sich auf der Hinreise Luthers Reisegesellschaft in Erfurt angeschlossen hatte, war Thüringer, hatte allerdings in Nordhausen und Erfurt und nicht in Eisenach gelebt. Luther selbst kannte die Gegend aus seiner Schulzeit in Eisenach von 1498 bis 1501. Doch sicher niemand anders als Burkhard Hund wusste in Worms besser um die örtlichen Gegebenheiten, war mit dem Wartburgamtmann Hans von Berlepsch enger bekannt und kannte genauer den Zustand der Wartburg. Er besaß seinen Amtssitz in Gotha und den Wohnort auf dem Altenstein, zwischen denen er ständig hin und her ritt und dadurch mit der Umgebung des Überfalls bestens vertraut war. Als Rentmeister musste er in den Ämtern nach dem Rechten sehen und gelangte dabei wiederholt nach Eisenach und Salzungen. In die Geleitsicherung einbegriffen empfing er auswärtige Fürsten an der hessisch-thüringischen Grenze und begleitete sie auf dem Weg nach Osten.

Luther teilte in jenem Brief vom 14. Mai 1521 an Spalatin[16] mit, dass er in der Nähe der Burg Altenstein (»prope arcem Altenstein«[17]) gefangen genommen wurde. Immerhin könnte die ausdrückliche Nennung der Burg Altenstein ein Fingerzeig auf Burkhard Hund sein, den er jedoch hier nicht nannte. Anders verfuhr der auf Martins Onkel Heinz Luther zurückgehende Augenzeugenbericht,[18] der beim Altenstein ausdrücklich den Besitzer Burkhard Hund erwähnte. Dem Empfänger, Graf Wilhelm von Henneberg, war dies sicherlich geläufig und könnte ein gezielter Hinweis auf die Hintermänner gewesen sein.

---

15 Vgl. WAB 2; 367,4–8, Nr. 422; von Hintzenstern, Luther (s. Anm. 2), 58.

16 Vgl. oben Anm. 11.

17 WAB 2; 338,56f, Nr. 410. In dieser Weimarer Lutherausgabe wird hierzu Burkhard Hund teilweise mit Hans Hund gleichgesetzt, vgl. WA 2; 340, Anm. 29.

18 Vgl. Anm. 2.

Jüngst hat sich Heinz Scheible zu den unmittelbaren Teilnehmern der Entführung geäußert.[19] Dabei verwies er auf Luthers authentische Tischrede von 1540[20] und verwarf die Überlegungen von Kronenberg,[21] der sich auf den hierzu unzuverlässigen Lutherbiographen Mathesius stützte. Scheible stellte nochmals klar, dass Berlepsch und dessen Gefährte auf der Wartburg Luther empfingen und nicht selbst am Überfall teilnahmen. Vor allem identifizierte er den Mann an Berlepschs Seite als den Ritter Hans von Sternberg (†1532), der in kursächsischen Diensten stand, und wies den ›landfremden‹ Christoph von Steinberg (†1570) zurück, den Kronenberg angenommen hatte. Überhaupt besteht Scheibles Verdienst in der Zusammenstellung biographischer Daten, besonders der des Hans von Sternberg.

Allerdings bedarf seine Feststellung der Präzisierung, Burkhard Hund von Wenkheim habe den »vorgetäuschten Überfall befehligt«[22]. Luther benannte im Brief vom 14. Mai 1521[23] zwar den Altenstein, was freilich als versteckter Hinweis auf eine irgendwie geartete Mitwirkung Hunds gewertet werden kann. Sehr viel spricht auch dafür, dass die Entführer am entsprechenden Tag von der nahen Burg Altenstein, Burkhards Wohnsitz, aus starteten und auf dessen Anweisung handelten. Seine persönliche Anwesenheit bleibt jedoch überaus unwahrscheinlich. Dagegen spricht die bereits dargestellte Tatsache, dass dies nicht im zeitnahen Schrifttum erscheint, sondern erst über 150 Jahre später und dann in der unzutreffenden Gemeinsamkeit mit dem Wartburgamtmann Hans von Berlepsch. Seine persönliche Gegenwart hätte auch den Plan konterkariert, den Verdacht von der kursächsischen Seite abzulenken, da er von den örtlichen Bewohnern mit Sicherheit erkannt worden wäre.

Vor allem erschien Burkhard Hund in Weimar am 2. Mai 1521, also zwei Tage vor Luthers Verschwinden auf die Wartburg. Gemeinsam mit dem Kammerschreiber Sebastian Schade nahm er zu diesem Datum auf fürstlichen Befehl die Schulden auf, welche der verstorbene Schosser zu

19 Vgl. H. SCHEIBLE, Luthers »Entführer« hieß Sternberg, nicht Steinberg (Luther 90, 2019, 53–60).
20 Vgl. hierzu auch ausführlich SCHWARZ, Berlepsch (s. Anm. 1), 222–226.
21 Vgl. A.CH. KRONENBERG, Wer war der Entführer Martin Luthers? (Luther 89, 2018, 25–30).
22 SCHEIBLE, Sternberg (s. Anm. 19), 53.
23 Vgl. oben Anm. 11.

Weimar Endres Gräfenthal hinterlassen hatte.[24] Burkhard wurde hier mit Namen und als Amtmann von Gotha aufgeführt, handelte aber gewiss in der Funktion als Rentmeister. Sicherlich hatte er Herzog Johann über die bevorstehende Entführung Luthers auf die Wartburg informiert. Ein zweitägiger Ritt von etwa 80 Kilometern zum Altenstein bei Eisenach liegt zwar noch am Rande des Möglichen, aber wie hätte Burkhard von Weimar aus die zeitliche Abstimmung vornehmen sollen, dass Luther am fraglichen Tag von Eisenach aufbrach?

II Das Baugeschehen auf der Wartburg

Trotz mehrhundertjähriger Beschäftigung mit der Biographie des Reformators sind die archivalischen Zeugnisse zu diesem Thema längst nicht ausgeschöpft. Lutherbiographien und Reformationsdarstellungen behandeln meist auch den Aufenthalt Martin Luthers von 1521/22 auf der Wartburg, worüber außerdem etliche Spezialabhandlungen verfasst worden sind. Erstaunlicherweise stützen sie sich kaum und meist gar nicht auf die Rechnungsbücher des Amtes Wartburg/Eisenach, die nach Weimar gelangten und heute im dortigen thüringischen Hauptstaatsarchiv einzusehen sind.[25] Für die Amtszeit des Luthergastwirts Hans von Berlepsch von 1517 bis 1525 wurden sie mitunter ›angetippt‹,[26] doch existiert bisher keine einigermaßen ausführliche Bearbeitung. Vor allem können jene Aktenabschnitte zum Ausbau der Wartburg genutzt werden, die wöchentlich zum abschließenden

24 Vgl. Landesarchiv Thüringen – Hauptstaatsarchiv (LATh-HStA) Weimar, Reg. Aa 2024–2032, darin Reg. Aa 2026, Bl. 7^r.
25 Zu den Rechnungsakten des Amtes Wartburg/Eisenach vgl. SCHWARZ, Berlepsch (s. Anm. 1), 217; H. SCHWARZ, Der Grundriss der Wartburg des Baumeisters Nickel Gromann aus dem Jahre 1558 und das Schicksal der zugehörigen Wartburgakte in Weimar (Burgen und Schlösser. Zeitschrift für Burgenforschung und Denkmalpflege 60, 2019, 39–47), 41–43.
26 Vgl. P. WEBER, Baugeschichte der Wartburg (in: Die Wartburg. Ein Denkmal deutscher Geschichte und Kunst, hg. v. M. BAUMGÄRTEL, 1907, 47–165), 147–151; E. DEBES, Das Amt Wartburg im ersten Drittel des 16. Jahrhunderts, 1926; H. VON DER GABELENTZ, Die Wartburg. Ein Wegweiser durch ihre Geschichte und Bauten, ^{3}1941, 87.93.111.167f.; H. EBERHARDT / U. HESS, Die Wartburg. Quellen zu ihrer 900jährigen Geschichte im Staatsarchiv Weimar (Archivmitteilungen. Zeitschrift für Theorie und Praxis des Archivwesens 17, 1967, 190–198), 192.

Sonntag die einzelnen Arbeiter, meist Handwerker, mit ihren Arbeitstagen, Entlohnungen und Aufgaben auflisten und besonders für die unmittelbaren Geschehenisse vor Luther von 1517 bis 1519[27] sehr umfangreiches Material darbieten.

Das Hauptvorhaben des Jahres 1517 bestand in der Eindeckung mehrerer Wartburggebäude mit Dachziegeln, wovon der nördliche Torturm, das westlich angrenzende Ritterhaus, der Marstall (Gadem) und das südliche Stück der westlichen Burgmauer betroffen waren. Seit dem späten August erfolgten umfangreiche Arbeiten am Fachwerkhaus nördlich des Palas. Der Amtsantritt Hans von Berlepschs um den 22. Oktober 1517 markierte keinen markanten Einschnitt in die Baumaßnahmen, die offenbar vom Schultheißen vorbereitet und eingeleitet worden waren.

Die erst in der zweiten Jahreshälfte von 1518 einsetzenden Bauarbeiten auf der Wartburg widmeten sich erneut vorrangig der Eindeckung. Zunächst erhielt das Fachwerkaus nördlich des Palas eine Ziegeleindeckung, die zeitlich ab Mitte Oktober von der Schindeleindeckung des Palas (Schindelhaus) abgelöst wurde, was sich als ziemlicher Fehlschlag erwies und 30 Jahre später korrigiert werden musste. Wiederum waren vor allem bezahlte Handwerker im Einsatz, während Handfroner sich auf die Monate September und Oktober konzentrierten. Im Jahre 1519 blieb die Bautätigkeit immer noch beachtlich, ging jedoch gemessen an den finanziellen Aufwendungen der beiden Vorjahre auf nahezu die Hälfte zurück. Im Mittelpunkt standen die Vollendung und Nachfolgearbeiten der Schindeleindeckung des Palas und die Arbeiten an Brau- und Backhaus sowie der Badestube.

In den Jahren von 1517 bis 1519 war auf und für die Wartburg eine ganz beachtliche Anzahl entlohnter Handwerker und deren Gehilfen beschäftigt. Für das zweite Halbjahr 1517 lassen sich 24 Personen erfassen, für das

---

27 Zum Ausbau auf der Wartburg von 1517 bis 1519 vgl. jeweils LATh-HStA Weimar, Ernestinisches Gesamtarchiv, Reg. Bb., Nr. 1236, Rechnung des Amtes Eisenach 1517, Walpurgis – Martini [1.5.–11.11.1517], Bl. 107ʳ–124ʳ; aaO., Nr. 1237, Rechnung des Amtes Eisenach 1517/18, [1.5.1517–1.5.1518], Bl. 158ʳ–182ʳ; aaO., Nr. 1238, Rechnung des Amtes Eisenach, 1518/19, [1.5.1518–1.5.1519], Bl. 137ᵛ–148ʳ; aaO., Nr. 1239, Rechnung des Amtes Eisenach, 1518 Walpurgis – Martini, [1.5.–14.11.1518], Bl. 88ʳ–97ʳ; aaO., Nr. 1240, Rechnung des Amtes Eisenach, 1519/20, [1.5.1519–22.4.1520], Bl. 104ʳ–137ᵛ; LATh-HStA Weimar, Warburg-Archiv, Nr. 3190, Rechnung des Amtes Eisenach, Walpurgis [1.5.] bis Martini [11.11.] 1519, Bl. 68ʳ–91ᵛ.

Rechnungsjahr 1518/19 sind es 33 Personen und 32 für das zweite Halbjahr 1519. Hinzu kamen eine unbekannte Anzahl von Landesbewohnern im Frondienst und die vier bis acht Angehörigen des Burggesindes.

Die Menge der gleichzeitig beschäftigten, bezahlten Handwerker lag allerdings niedriger und maximal bei 13 bis 14 Mann, manchmal bei zehn, öfter bei sieben und acht sowie meist bei drei bis sechs. Ihre Leistungen ergänzte eine unbekannte Anzahl sog. Handfroner, also Bewohner aus umliegenden Ortschaften, die in Fronarbeit mit ihren Händen Arbeit auf der Wartburg verrichteten.

Wie und ob sich diese umfangreiche Bautätigkeit 1520/21 fortsetzte, entzieht sich zunächst der Überlieferung, da ein Rechnungsbuch für diese Zeit nicht überkommen ist. Für Luthers Wartburgzeit weisen die Eisenacher Amtsrechnungen also anfangs eine bemerkenswerte Lücke auf. Im Weimarer Hauptstaatsarchiv lagern sie in zwei Gruppen: die erste gehört zum Bestand »Wartburg-Archiv« und trägt zwischen 1519 und 1523 die Nummern 3190 und 3192, die zweite besitzt unter »Ernestinisches Gesamtarchiv« und Registrande Bb die Nummern 1238 bis 1242. Die Akten aus dem Wartburg-Archiv reichen bis zum 11. November (Martini) 1519 und setzen am 29. September (Michaelis) 1522 fort.[28] Bei den Akten unter Reg. Bb geht das vorherige Exemplar bis zum 22. April (Misericordias) 1520.[29] Die nächste Nummer gehört zwar laut Deckblatt nur ins Jahr 1522, beginnt aber bereits Ende September 1521 und reicht bis Anfang Mai 1522.[30] Damit überlappt sie den größten Teil von Luthers Wartburgzeit, die vom 4. Mai 1521 bis zum 1. März 1522 dauerte. Dieses Rechnungsbuch von 1521/22 weist hinsichtlich der Wartburg einen markanten Unterschied zu den Vorgängern aus der Zeit von 1517 bis 1520 auf, welche jeweils die über etliche Seiten reichenden Einschübe zu den Bauarbeiten auf der Wartburg besitzen,[31] die oben ausgewertet wurden. Derartiges fehlt nun 1521/22, was sicher nicht einer veränderten Buchführung geschuldet war. Zweifellos unterbrach der

28 Vgl. LATh-HStA Weimar, Nr. 3190, 1519 (s. Anm. 27); LATh-HStA Weimar, Warburg-Archiv, Nr. 3191, Rechnung des Amtes Eisenach, 1522 bis Misericordia Domini 1523, [29.9.1522–19.4.1523].

29 Vgl. LATh-HStA Weimar, Bb. 1240, 1519/20 (s. Anm. 27).

30 Vgl. LATh-HStA Weimar, Ernestinisches Gesamtarchiv, Reg. Bb., Nr. 1241, Rechnung des Amtes Eisenach, Michaelis [29.9.] 1521 – Walpurgis [1.5.] 1522.

31 Vgl. oben Anm. 27.

Burghauptmann während Luthers Anwesenheit die Bautätigkeit und hielt damit die Bauleute/-handwerker bewusst von der Burg fern.

Unter der Rubrik »Ausgabe Amtsgebäude auf dem Schloss Wartburg« ist während Luthers Aufenthalt die Reparatur etlicher Fenster durch Franz Erhart mit der Bezahlung zum 11. November 1521 verzeichnet.[32] Dazu gehören sicherlich die unter gemeinen Ausgaben zur Wartburg festgehaltenen 18 Dielen für Fensterläden und etliche Bänke.[33] Offenbar handelte es sich um unabdingbare Erhaltungsarbeiten auf der witterungsbedrohten Burg, auf die nicht verzichtet werden konnte. Das betraf auch die zum 22. März 1522 ausgewiesene Reparatur der Aufziehkette an der Zisterne, hier als Brunnenkette bezeichnet,[34] die für die Wasserversorgung unabdingbar war.

Jene äußerst geringe Bautätigkeit während Luthers Anwesenheit 1521/22 war offenbar nicht langfristig geplant, sondern trat plötzlich ein. Noch am 16. April 1521, also einen Tag vor Luthers Auftritt in Worms, hatte Schultheiß Johann Oswald bei Herzog Johann einen Anschlag über die notwendigen Baumaßnahmen auf der Wartburg eingereicht.[35] Burghauptmann Hans von Berlepsch hielt sich in jenen Tagen auf dem Reichstag zu Worms auf. Laut dem Text hatte der herzogliche Zimmermeister Hans Brechtel am 11. April die Burg aufgesucht und die besagte Aufnahme zusammengestellt. Demnach war das Vorhaben keine plötzliche Eingebung Oswalds, sondern seitens der herrschaftlichen Administration länger geplant. Der genaue Zeitpunkt des Vorschlags war sicherlich unmittelbar vor dem Beginn des neuen Rechnungsjahres Anfang Mai 1521 platziert, um das Ganze finanziell abzusichern. Dies steht umso mehr der ausbleibenden Verwirklichung des Anschlags im anschließenden Zeitraum entgegen.

Der Anschlag sah eine Reihe von Maßnahmen vor, die Brechtel auf insgesamt beachtliche 300 Gulden kalkulierte. Das Fachwerk über dem Gang sollte ausgebessert, dessen Fenster neu ausgebrochen und die alten Löcher zugemauert werden. An der Außenmauer sollten drei Pfeiler angebracht, die Zinnen des dortigen Ganges aufgeführt und mit einer Brustwehr versehen werden, die mit Schiefer abzudecken sei. Zwischen Küche und

---

32 Vgl. LATh-HStA Weimar, Bb. 1241, 1521/22 (s. Anm. 30), Bl. 58ᵛ.
33 Vgl. aaO., Bl. 60ʳ.
34 Vgl. aaO., Bl. 58ᵛ.
35 Vgl. LATh-HStA Weimar, Ernestinisches Gesamtarchiv, Reg. S., fol. 85a–91a, Bl. 16ʳ–17ᵛ.

Badestube sollte ein zusätzliches Häuschen eingefügt werden. Neben weiteren Vorhaben sollte schließlich der Schornstein mit »tawbstein« (wohl Tuffstein) ausgeführt werden. Im Beisein des Schultheißen verpflichtete der Zimmermeister Hans Brechtel Heinz Kesselring, das Mauerwerk fleißig aufzuziehen, und versprach ihm für seine Mühe 20 Groschen für eine Woche. Offenbar durch Luthers Erscheinen blieben die im Anschlag vorgesehenen Baumaßnahmen zunächst unerledigt. Erst die Rechnungsbücher zum Jahre 1524 halten fest, dass Heinz Kesselring als Maurerlohn auf einen Schlag ansehnliche zwei Schock und 27 Groschen für ein Stück Mauer erhielt, wofür er sich bei Hans Bechtel verdingt hatte.[36]

Die Delle in der Bautätigkeit durch Luthers Wartburgaufenthalt zeigt sich drastisch in den jährlichen Gesamtausgaben, die in den Rechnungsbüchern ausgewiesen sind. In den Rechnungsjahren von 1514/15 bis 1516/17 waren sie auf wenige Schock abgesunken,[37] um im Antrittsjahr Berlepschs 1517/18 mit über 60 Schock den Gipfel zu erlangen[38] und sich in den beiden folgenden Jahren 1518/19 und 1519/20 mit über 54 und über 33 Schock auf hohem Niveau zu halten.[39] Als dann wieder für das durch Luther geprägte Jahr 1521/22 eine Rechnung vorliegt, betrugen die Bauausgaben völlig un-

---

36 Vgl. LATh-HStA Weimar, Warburg-Archiv, Nr. 3193, Rechnung des Amtes Eisenach, Ostern 1524 – Ostern 1525, [27.3.1524–16.4.1525], Bl. 110ʳ; LATh-HStA Weimar, Ernestinisches Gesamtarchiv, Reg. Bb., Nr. 1243, Halbjahresrechnung des Amts Eisenach, 1524 Ostern – Martini [richtig: 27.3.–13.11.1524], Bl. 86ʳ.

37 Vgl. 1514/15: 2 Schock, 38 Groschen, LATh-HStA Weimar, Ernestinisches Gesamtarchiv, Reg. Bb., Nr. 1233, Rechnung des Amtes Eisenach 1515, [1.5.1514–28.4.1515], Bl. 92ᵛ; 1515/16: 5 Schock, 16 Groschen, LATh-HStA Weimar, Warburg-Archiv, Nr. 3189, Rechnung des Amtes Eisenach, Jubilate 1515 – Walpurgis 1516, [29.4.1515–1.5.1516], Bl. 97ᵛ; 1516/17: 2 Schock, 43 Groschen, 2 Pfennige, LATh-HStA Weimar, Ernestinisches Gesamtarchiv, Reg. Bb., Nr. 1234, Rechnung des Amtes Eisenach 1517, [1.5.1516–1.5.1517], Bl. 124ʳ und LATh-HStA Weimar, Ernestinisches Gesamtarchiv, Reg. Bb., Nr. 1235, Rechnung des Amtes Eisenach 1516, Walpurgis – Elisabeth, [1.5.–11.11.1516], Bl. 111ᵛ.

38 Vgl. 1517/18: 60 Schock, 3 Groschen, LATh-HStA Weimar, Bb. 1237, 1517/18 (s. Anm. 27), Bl. 182ᵛ.

39 Vgl. 1518/19: 54 Schock, 34 Groschen, LATh-HStA Weimar, Bb. 1238, 1518/19 (s. Anm. 27), Bl. 148ʳ; 1519/20: 33 Schock, 42 Groschen, 2 Pfennige, LATh-HStA Weimar, Nr. 3190, 1519 (s. Anm. 27), Bl. 91v und LATh-HStA Weimar, Bb. 1240, 1519/20 (s. Anm. 27), Bl. 127ʳ.

erhebliche elf Groschen[40] (60 Groschen = 1 Schock). Und im folgenden Jahr 1522/23 gab es hierfür gar keine Aufwendungen, was nicht etwa durch eine Fehlstelle, sondern ausdrücklich durch »vacat«[41] vermerkt ist.

III Luthers Diener

Martin Luther berichtete in einer Tischrede von 1540, dass ihm auf der Wartburg zwei Diener zur Verfügung standen.[42] Wie die beiden hießen, ist m.W. in der Literatur bisher nicht ermittelt worden. Zu suchen sind sie in den Bediensteten auf der Burg und im unmittelbaren Umfeld des Burghauptmanns Hans von Berlepsch. Zunächst könnte man sie unter der Burgbesatzung vermuten, die in jener Zeit vorzugsweise aus einem Torwärter, einem Holzhauer, einem Eseltreiber und vier Wächtern bestand, von denen einer mitunter namentlich hervorgehoben wurde. Das Rechnungsbuch von 1521/22, also für unmittelbar während Luthers Aufenthalt,[43] führt Hermann Herwig, ohne Namensnennung einen Holzhauer und einen Eseltreiber, Heintz Schrotter als vierten Wächter und vier abgeschriebene Knechte auf. Herwig war wahrscheinlich der Torwärter, als der er schon 1519/20 nachgewiesen ist. Als Holzhauer erschien 1519/20 ein gewisser Trunkenhans und 1522/23 Heintz Frankenstein. Der Eseltreiber war 1519/20 Hans Stellwagen und 1522/23 Heintz Schrotter, jener Wächter von 1521/22. Derselbe war schon 1519/20 der vierte Wächter gewesen. Die vier abgeschriebenen Knechte verkörperten sicherlich vier Wächter, die noch vom 1. Mai bis 29. September 1521 ihren Lohn erhalten hatten, inzwischen bei der Niederschrift des Rechnungsbuches nach dem 1. Mai 1522 aber entlassen worden waren. Die Anstellung in einer bestimmten Funktion galt demnach nur für wenige Jahre, manchmal nur für eines. Wer in der fraglichen Zeit seinen Dienst verrichtete, traf höchstwahrscheinlich auf Luther, doch als dessen

40 Vgl. LATh-HStA Weimar, Bb. 1241, 1521/22 (s. Anm. 30), Bl. 58ᵛ.
41 LATh-HStA Weimar, Nr. 3191, 1522/23 (s. Anm. 28), Bl. 55ʳ.
42 Vgl. WAT 5; 82,17, Nr. 5353: »duos famulos habui«.
43 Zum Wartburggesinde während Luthers Anwesenheit vgl. SCHWARZ, Berlepsch (s. Anm. 1), 236. Vgl. unter Gesindelohn zu 1519/20: LATh-HStA Weimar, Nr. 3190, 1519 (s. Anm. 27), Bl. 90ᵛ und LATh-HStA Weimar, Bb. 1240, 1519/20 (s. Anm. 27), Bl. 129ʳ; zu 1521/22: LATh-HStA Weimar, Bb. 1241, 1521/22 (s. Anm. 30), Bl. 59ᵛ; zu 1522/23: LATh-HStA Weimar, Nr. 3191, 1522/23 (s. Anm. 28), Bl. 56ʳ.

persönlicher Bediensteter dürfte er weniger in Frage kommen, da er durch die amtlichen Aufgaben nicht jederzeit verfügbar war.

Eher in Frage kommen gewiss Personen, die direkt der Verfügbarkeit Berlepschs unterstanden. Solche traten im Jahre 1518 in den Amtsrechnungen als Boten hervor. Am 21. September 1518 erhielten seine Knechte Jobst und Hans auf Berlepschs Anweisung 39 Groschen als Zehrkosten erstattet, weil er sie auf Befehl Herzog Johanns nach Marburg, Gießen, Friedewald und Kassel geschickt hatte.[44] Jobst, dem einen seiner Knechte, ließ er am 16. Oktober nochmals zwölf Groschen auszahlen, weil er in Geschäften des Herzogs nach Kassel und Münden geritten war.[45] Beide Male waren sie als Knechte Berlepschs in hessischen Städten in nicht unweiten Entfernungen und in nicht unwichtigen Angelegenheiten unterwegs, was für eine Vertrauensstellung zum Wartburgamtmann spricht.

Jener Knecht Jobst war sicherlich Berlepschs Diener Jobst Koch, der laut einer Niederschrift vom 20. November 1532 für seinen kranken Herrn in Gotha erschienen war, um über wirtschaftliche Belange wie die Zinse der Vogtei Reinhardsbrunn oder das Haus in Eisenach zu verhandeln.[46] Zwischen den Jahren 1518 und 1532 liegt natürlich einige Zeit, aber wahrscheinlich war jener Jobst Koch währenddessen Berlepschs Diener und kann 1521/22 Luther zur Verfügung gestanden haben.

IV Die Wartburg-Kapelle

Im Rechnungsbuch von 1521/22, also während Luthers Anwesenheit, hatte Emmerich Dhiel vorübergehend das Amt des Eisenacher Schultheißen und somit die Rechnungsführung übernommen,[47] die er auch im nächsten Buch von 1522 innehatte. In den nächsten Büchern ab 1522/23 versah wieder Johann Oswald wie vor 1521 das Schultheißenamt und die Rechnungsführung. In Dhiels erstem Buch von 1521/22 verzeichnete er zur Kapelle

---

44 Vgl. LATh-HStA Weimar, Bb. 1238, 1518/19 (s. Anm. 27), Bl. 109ᵛ; LATh-HStA Weimar, Reg. Bb. 1239, 1518 (s. Anm. 27), Bl. 67ᵛ.

45 Vgl. LATh-HStA Weimar, Bb. 1238, 1518/19 (s. Anm. 27), Bl. 110ʳ; LATh-HStA Weimar, Bb. 1239, 1518 (s. Anm. 27), Bl. 68ʳ.

46 Vgl. Landesarchiv Thüringen – Staatsarchiv Gotha, Ober-Konsistorium. Amt Georgenthal Nr. 46, Bl. 43ʳ.

47 Vgl. DEBES, Wartburg (s. Anm. 26), 17.

unter den Ausgaben das Öl für die Beleuchtung, nichts dagegen – wie vorher und nachher üblich – zu einem Katharinen-Altar bzw. zur Pension eines Johann Gräfenthal und nichts zum Kaplan Ebenheim.[48] Zu Gräfenthal vermerkte er im folgenden Exemplar von 1522 ebenfalls nichts, doch zu Ebenheim machte er Angaben zu 1521 und 1522. Die 1521 bis Michaelis fälligen drei Schock und 20 Groschen habe Johann Oswald, der offenbar bis zu diesem Zeitpunkt noch verantwortlich war, nicht verrechnet. Dieselbe Summe für 1522 notierte Dhiel als ausgezahlt bis Michaelis.

Als Oswald wieder ein Rechnungsbuch ausfüllte, bemerkte er zur Kapelle, dass der Lohn des Kaplans und das Geld für die Vikarie des St.-Barbara-Altars, wohl eine Verwechslung mit dem Katharinen-Altar, nicht eher als zu Michaelis fällig sei.[49] Dieser Hinweis erklärt sich mit der Geltungsdauer des Bandes vom 29. September 1522 bis zum 19. April 1523, weshalb die Auszahlung noch nicht vorgenommen, sondern erst zum nächsten Michaelis (29. September 1523) zahlbar war. Oswald legte dann auch die Übersicht vom 27. März bis zum 13. November 1524 an, in die er wieder jene drei Schock, 26 Groschen und acht Pfennige für Gräfenthal/Katharinen-Altar und jene drei Schock und 20 Groschen für Ebenheim wie vor 1520 eintrug.

Auffälligerweise hatte Oswald demnach ausgerechnet während Luthers Wartburgaufenthalt im Jahre 1521 die Auszahlung an den Kaplan Ebenheim entweder nur nicht festgehalten oder gänzlich eingestellt. Es ist nicht unwahrscheinlich, dass der unmittelbare persönliche Einfluss des Reformators eine solche Handlung verursachte. Dessen abfällige Bemerkung über das »Priesterlein auf der Wartburg«[50] datiert auf den 6. Oktober 1521. Und gerade in seiner Wartburgzeit verfasste er die Polemik gegen die Privatmessen, die er am 1. November 1521 seinen Klosterbrüdern in Wittenberg widmete und deren Manuskript er am 11. November an Spalatin nach Wittenberg schickte.[51] Genau in der fraglichen Zeit beschäftigt sich demnach Luther mit der Frage der Privatmessen.

48 Vgl. LATh-HStA Weimar, Bb. 1241, 1521/22 (s. Anm. 30), Bl. 59ʳ.

49 Vgl. LATh-HStA Weimar, Nr. 3191, 1522/23 (s. Anm. 28), Bl. 55ᵛ.

50 WAB 2; 395,14, Nr. 434: »Est in arce sacrificulus, qui quottidie missam facit, [...].«; VON HINTZENSTERN, Luther (s. Anm. 2), 93.

51 Vgl. WA 8; 398–563 (*De abroganda missa privata Martini Lutheri sententia* oder *Vom Mißbrauch der Messe*, 1521); VON HINTZENSTERN, Luther (s. Anm. 2), 163.

Die Aufwendungen für das Öl zur Beleuchtung der Kapelle hatten sich seit Berlepschs Amtsantritt von 1517 bis 1519 um die 80 Pfund pro Rechnungsjahr erhöht. Während Luthers Aufenthalt 1521/22 sanken sie auf 58 Pfund und gingen dann 1522/23 auf 25 Pfund sowie 1523/24 auf 32 Pfund zurück. Wenn man den Zusammenhang zwischen der Menge des verbrauchten Öls und der Beanspruchung für geistliche Handlungen berücksichtigt, verminderte sich der Verbrauch während und nach Luthers Anwesenheit sicherlich nicht zufällig spürbar. Unter seinem Einfluss verringerte sich offenbar der Bedarf nach geistlichen Handlungen wie etwa Seelenmessen oder Gottesdiensten.

V Gesundheitszustand und Kost Luthers

Nach oftmaliger Behauptung habe Luther auf der Wartburg durch die ungewohnte Ritterkost gesundheitliche Probleme bekommen und schwer darunter gelitten.[52] Dabei vermitteln schon seine eigenen Äußerungen einen Krankheitsverlauf, der doch ein etwas anderes Gesamtbild vermittelt. Am 12. Mai 1521, also kurz nach seiner Ankunft auf der Wartburg, berichtete er in zwei Briefen von einem harten, schmerzhaften Stuhlgang.[53] Am 10. Juni erklärt er, darunter schon seit Worms zu leiden und das Gebrechen auf die Wartburg mitgebracht zu haben.[54] Allerdings verschärfte sich Mitte Juli 1521 nochmals sein Zustand. In Briefen vom 13. d. M. an Melanchthon[55] und wohl zwei Tage später an Amsdorf[56] bekundete er, nach Erfurt ziehen zu müssen, um dort Ärzte und Chirurgen zu konsolidieren. Am 15. Juli berichtete er an Spalatin, dass die eingenommene Pillenmedizin (»medicinam

---

52 Vgl. nur einige Beispiele von vielen: A. Thoma, Doktor Martin Luthers Leben. Fürs deutsche Haus, 1883, 127; J. Köstlin, Martin Luther. Sein Leben und seine Schriften, Bd. 1, 1875, 471; K. Wessel, Luther auf der Wartburg, 1955, 33f; M. Brecht, Martin Luther, Bd. 2: Ordnung und Abgrenzung der Reformation 1521–1532, 1986, 13.

53 Vgl. WAB 2; 333,34–38, Nr. 407; von Hintzenstern, Luther (s. Anm. 2), 18; WAB 2; 334,6–8, Nr. 408; von Hintzenstern, Luther (s. Anm. 2), 20.

54 Vgl. WAB 2; 354,25–27, Nr. 417; von Hintzenstern, Luther (s. Anm. 2), 37.

55 Vgl. WAB 2; 357,14–19, Nr. 418; von Hintzenstern, Luther (s. Anm. 2), 38.

56 Vgl. WAB 2; 361,5–7, Nr. 419; von Hintzenstern, Luther (s. Anm. 2), 44.

pilularem«) zwar kurzzeitig Erleichterung verschafft, aber die Schmerzen nicht grundsätzlich vermindert habe.[57]

Die Sommermonate über verbesserte sich seine Gesundheit kaum,[58] doch Anfang Oktober 1521 konnte er eine merkliche Gesundung vermelden[59] und unterließ hinfort solcherart Klagen. In der zurückliegenden Zeit hatte er sich auch nicht über gebratenes Fleisch beschwert, sondern über Medikamente und Abführmittel ausgesagt. Demnach ist höchst zweifelhaft, dass die Verköstigung auf der Wartburg sein Leiden verursachte, zumal er im Gegenteil unter der hiesigen Verpflegung langsam genesen konnte.

In einem Brief vom 15. August 1521 beklagte sich Luther von der Wartburg, dass er auf Kosten seines Wirtes verpflegt werde.[60] Dabei war ihm wichtig, diesem nicht zur Last zu fallen, worauf Berlepsch ihm versicherte, ihn aus dem »Geldbeutel des Fürsten« (»e marsupio principali«[61]) zu versorgen. Das kann aber nur bedeuten, dass er ihn aus dem Einkommen des Amtes verköstigte. Berlepsch verfügte in jener Zeit über ein stattliches Einkommen, aus dem er noch keine eigene Familie, wenngleich seine persönlichen Knechte zu versorgen hatte. Genau aus jenem Jahr 1521 ist eine Aufstellung über seine Besoldung als Wartburgamtmann erhalten, die sich in einer Gesamtübersicht über die Ämter des Herzogs Johann in Thüringen, Vogtland und Franken (Südthüringen) befindet.[62] Zwar ist das Archivoriginal momentan verschollen, doch glücklicherweise hat Debes in seiner Studie von 1926 über das Amt Wartburg jene Aufstellung abgedruckt.[63]

Das Gehalt Berlepschs betrug 1521 in barem Geld 229 Gulden (fl.) und 17 Groschen (Gr.). Dazu kamen Naturallieferungen von insgesamt 123 Gul-

57 Vgl. WAB 2; 364,4–8, Nr. 420; VON HINTZENSTERN, Luther (s. Anm. 2), 47.
58 Vgl. WAB 2; 368f, Nr. 423 (31. Juli 1521); VON HINTZENSTERN, Luther (s. Anm. 2), 60; WAB 2; 376,102–104, Nr. 425 (3. August 1521); VON HINTZENSTERN, Luther (s. Anm. 2), 70; WAB 2; 378,17–19, Nr. 426 (6. August 1521); VON HINTZENSTERN, Luther (s. Anm. 2), 71; WAB 2; 388,27–30, Nr. 429 (9. September 1521); VON HINTZENSTERN, Luther (s. Anm. 2), 85.
59 Vgl. WAB 2; 395,5–7, Nr. 434 (6. Oktober 1521); VON HINTZENSTERN, Luther (s. Anm. 2), 93.
60 Vgl. WAB 2; 380,45–55, Nr. 427; VON HINTZENSTERN, Luther (s. Anm. 2), 74.
61 WAB 2; 380,52f.
62 Vgl. LATh-HStA Weimar, Reg. Rr., Findbuch II, Fol. 1–316, Nr. 4.
63 Vgl. DEBES, Wartburg (s. Anm. 26), 14.

den, 18 Groschen und 8 Pfennigen. Darunter waren die größten Posten: 11 Malter Korn (22 fl.), 21 Malter Hafer (21 fl.), 14 Tonnen Bier (6 fl., 14 Gr.), 3 Mastschweine (8 fl., 17 Gr.), 6 wöchentliche Dienstfische (29 fl., 15 Gr.), 1 Tonne Heringe (5 fl.) und 7½ Schock Zinshühner (14 fl., 6 Gr.). Wesentliche Posten davon finden sich auch im Eisenacher Rechnungsbuch von 1521/22.[64]

Sicherlich unterschied sich Luthers Speisekarte durch einen höheren Fleischanteil gegenüber der kargen Klosterkost in Wittenberg und Erfurt. Dass er allerdings als vermeintlicher Ritter außergewöhnlich Schwerverdauliches vorgesetzt bekam, ist zumindest zu hinterfragen. In der Aufstellung von 1521 wie auch anhand anderer Nachrichten über Berlepschs Einkommen ist davon nichts enthalten. Gewiss fanden Jagden statt, wie Luther selbst berichtete, und Wild kam auf den Tisch, doch übermäßig dürfte es nicht gewesen sein. Für das 15. Jahrhundert betrug der Wildanteil auf der Wartburg laut Knochenfunden je nach Rechenweise zwischen 5 und 17 Prozent.[65]

Übermäßig wurde der Wartburgamtmann im Rechnungsjahr 1521 nicht bedacht, wenn man markante Posten miteinander vergleicht. Die 17 Tonnen Bier erhielt er ebenso 1519/20, 1523/24 und 1524/25,[66] während mindere 7 Tonnen meist halbjährliche Abrechnungen betreffen. Die 21 Malter Hafer von 1521/22 für die Pferde lagen nicht weit von anderen Zuteilungen: 1519 (halbjährlich): 10 Malter 2 Viertel; 1519/20: 16 Malter; 1522/23: 10 Malter 2 Viertel; 1524/25: 21 Malter.[67] Ähnliches lässt sich für die Korn-

64 Vgl. LATh-HStA Weimar, Bb. 1241, 1521/22 (s. Anm. 30), Bl. 68ᵛ: 11 Malter Korn, Bl. 70ᵛ: 11 Malter Hafer, Bl. 72ʳ: 14 Tonnen Bier, Bl. 73ʳ: 1s [Schock] 52 Michaelis-Hühner und Bl. 74ʳ: 5s [Schock] 37 Fastnachts-Hühner, Bl. 74ᵛ: 4 wöchentliche Dienstfische zu je 1 Gr. 8 Pf.

65 Vgl. R.-J. PRILLOFF, Hoch- und spätmittelalterliche Tierreste aus der Wartburg bei Eisenach, Grabung Palas-Sockelgeschoss (Wartburg-Jahrbuch 2003, Bd. 12, 2004, 211–237), 232–237.

66 Vgl. für 17 Tonnen Bier: LATh-HStA Weimar, Bb. 1240, 1519/20 (s. Anm. 27), Bl. 146ʳ; LATh-HStA Weimar, Warburg-Archiv, Nr. 3192, Rechnung des Amtes Eisenach, Misericordia Domini 1523 – Ostern 1524, [21.4.1523 – 27.3.1524], Bl. 146ʳ; LATh-HStA Weimar, Nr. 3193, 1524/25 (s. Anm. 36), Bl. 137ᵛ.

67 Vgl. LATh-HStA Weimar, Nr. 3190, 1519 (s. Anm. 27), Bl. 108ʳ; LATh-HStA Weimar, Bb. 1240, 1519/20 (s. Anm. 27), Bl. 144ᵛ; LATh-HStA Weimar, Nr. 3191, 1522/23 (s. Anm. 28), Bl. 66ʳ; LATh-HStA Weimar, Nr. 3193, 1524/25 (s. Anm. 36), Bl. 136ʳ.

zuteilung vermuten, die allerdings weniger verzeichnet ist. Bei Hühnern, bei denen Michaelis- und Fastnachtshühner zusammenzuzählen sind, entsprechen die Angaben zu 1517/18, 1519/20, 1522/23 und 1524/25 denen zu 1521. Für die Unterbringung und Verpflegung Luthers genügten Berlepschs Amtseinkünfte sicherlich.

VI Resümee

Zum Abschluss bleibt festzuhalten, dass auf jahrzehnte- oder gar jahrhundertelange Forschungen gestützte Gewissheiten durch die Sichtung und Auswertung archivalischer Zeugnisse vertieft und korrigiert werden können. Wie am Anfang der Abhandlung angedeutet, konnte der Beitrag des Burkhard Hund von Wenkheim an Luthers Entführung völlig neu erschlossen werden. Auch die auf der Wartburg tätigen Handwerker, die seinerzeitige Burgbesatzung und die Luther dienenden Personen traten aus der bisherigen Anonymität hervor. Die Auswirkungen von Luthers Anwesenheit auf das Leben auf der Wartburg konnten erschlossen werden wie auch die Aussagen zu seiner Verpflegung bzw. Gesundheit auf der Burg. Die Untersuchung brachte bisher unbekannte Einzelaspekte und wertvolle Details ans Licht, welche das Gesamtbild von Luthers Wartburgaufenthalt zu vervollständigen helfen.

Geht Paulus mit den Römern spazieren?

Zu Luthers und Melanchthons Auslegung der Adam-Christus-Gegenüberstellung (Röm 5,12–21) und ihrer exegetischen Tragweite

Von Patrick Bahl

Martin Luther bezeichnet in seiner Römerbriefvorrede von 1522 die Adam-Christus-Gegenüberstellung[1] als »eyn lustigen auss bruch vnnd spaciergang«[2] und scheint damit *en passant* andeuten zu wollen, dass es sich bei dem Text – gemessen an der hauptsächlichen Argumentationslinie des Römerbriefs – um ein Beiwerk, einen Exkurs, eine Abschweifung handelt. Die Forschung hat Luthers nonchalanter Bemerkung bisher kaum Aufmerksamkeit geschenkt, obwohl in ihr eine überaus vielschichtige Interpretation des Textes zur aphoristischen Überspitzung gelangt, die auf differenzierten theologischen und rhetorischen Erwägungen hinsichtlich der argumentativen Komposition des Römerbriefs beruht. Was genau Luther *im Rahmen seiner Vorrede* unter dem »lustigen auss bruch vnnd spaciergang« versteht und welche begrifflichen Hintergründe für diesen hervorstechenden Ausdruck in Frage kommen, soll in dieser Untersuchung in einem ersten Schritt erschlossen werden (1). Von der Römerbriefvorrede ausgehend soll der Blick auf Luthers frühere Auslegungen des Textes gerichtet werden, vor allem auf die Römerbriefvorlesung, in der sich sein Verständnis von Röm 5,12–21 als Abschweifung (lat. *digressio*) erstmals formiert (2). Schließ-

---

1 Zur Problematik des Begriffs »Typologie« vgl. insgesamt K. HAACKER, Der Brief des Paulus an die Römer (ThHK 6), ⁴2012, 145. Die Übersetzung von τύπος τοῦ μέλλοντος ist vor allem deswegen so umstritten, weil sie davon abhängt, wo der Schwerpunkt innerhalb der Auslegung der Textpassage gelegt wird: auf Röm 5,12–14, d.h. die durch Adam in Gang gesetzte Unheilsgeschichte, oder Röm 5,18f, d.h. die heilsgeschichtlich ausgestrichene Gegenüberstellung von Adam und Christus. Der Begriff »Gegenüberstellung« ist in dieser Hinsicht neutraler.

2 WADB 7; 18,3.

lich wird – gewissermaßen als exegetischer Kontrapunkt – Philipp Melanchthons Interpretationsansatz zu Röm 5,12–21 skizziert, welcher dem Text eine gänzlich andere Funktion zuweist, als Luther es getan hat, nämlich die einer für den Brief zentralen, dialektischen *analysis* (3). Zuletzt werden exegetische Konsequenzen aus dem Vergleich der beiden Auslegungsansätze bedacht, denn die Diskussion über die Relevanz und argumentative Funktion der Adam-Christus-Gegenüberstellung ist längst nicht abgeschlossen (4).

I Spaziergang, Exkurs, Abschweifung – Luthers Verständnis von Röm 5,12–21 in der Römerbriefvorrede von 1522 und dessen begrifflicher Hintergrund

Luther verfolgt in der Römerbriefvorrede[3] bekanntermaßen zwei Ziele: Im ersten Teil gibt er einen Überblick über das theologische Begriffsinventar des Briefes, da es nötig sei, »der sprach kundig [zu] werden, vnd [zu] wissen, was sanct. Paulus meynet durch dise wort, Gesetz, Sund, Gnad, Glawb, Gerechtigkeyt, Fleysch, Geyst, vnd der gleychen, sonst ist keyn lesen nutz daran«[4]. Im zweiten Teil weist er jedem Kapitel des Briefes eine prägnante argumentative Funktion zu. So diene das erste Kapitel dem Nachweis der Bestrafung der »groben sund vnd vnglawben, die offintlich sind am tage, als der heyden sund waren vnd noch sind, die on Gottis gnaden leben«[5]. Das zweite Kapitel erörtere die Sünd- und Scheinhaftigkeit der vermeintlich gesetzestreuen Juden.[6] Im ersten Teil des dritten Kapitels – Luther dürfte Röm 3,1–20 meinen – werfe Paulus »sie alle beyde

---

3 Hier und im Folgenden steht die Römerbriefvorrede im Septembertestament von 1522 im Fokus. Vgl. zur Römerbriefvorrede im Septembertestament Luthers im Allgemeinen: H. BLUHM, Luther Translator of Paul. Studies in Romans and Galatians, 1984, 83–114; M. BRECHT, Römerbriefauslegungen Martin Luthers (in: Paulus, Apostel Jesu Christi. Festschrift für Günter Klein zum 70. Geburtstag, hg. v. M. TROWITZSCH, 1998, 207–225), 208–222; J. ARMBRUSTER, Luthers Bibelvorreden. Studien zu ihrer Theologie (AGWB 5), 2005, 17f.211–216.
4 WADB 7; 2,17–19.
5 WADB 7; 12,32f.
6 Vgl. WADB 7; 14,6–16.

[d.h.: Heiden und Juden] ynn eyn hauffen«[7] und bekräftige die universale Herrschaft der Sünde (Röm 3,1–18) wie auch die elenktische Funktion des Gesetzes (Röm 3,19f). Im zweiten Teil des Kapitels – gemeint ist offenbar Röm 3,21–31 – lehre Paulus »den rechten weg, wie man musse frum vnd selig werden«[8], nämlich den Glauben. Luther unterstreicht also den propositionellen und probativen Charakter der ersten drei Kapitel des Römerbriefs: Der Apostel wolle seine Lehre in Grundzügen darlegen und versehe, indem er sowohl den Nachweis antritt, dass alle Menschen unter der Macht der Sünde stehen, als auch die Überwindung der Sündenherrschaft durch Christus verkündigt, prototypisch das Amt des evangelischen Predigers.[9]

Mit dem vierten Kapitel ändert sich nach Luther die Zielrichtung des Schreibens:

> Am vierden, als nu durch die ersten drey Capitel, die sunden offinbart, vnd der weg des glawben zur rechtfertigkeyt geleret, fehet er an zu begegen ettlichen eynreden vnd anspruche, Vnd nympt am ersten den fur, den gemeyniglich thun, alle die von glawben horen wie er on werck rechtfertige vnd sprechen, sol man denn nu keyn gute werck thun?[10]

Paulus beginne in Röm 4 damit, gegnerische Standpunkte zu wiederlegen, zuerst indem er der Frage nach der vermeintlichen Tatenlosigkeit des Glaubens mit einer Auslegung des Abraham-Beispiels im Kontext der Seligpreisung von Ps 32,1f entgegentritt. Auch der erste Abschnitt von Röm 5, Röm 5,1–11, wird von Luther auf diese Argumentationslinie bezogen, d.h. auf die Entkräftung der in Röm 4 markierten Gegenposition gedeutet: Paulus spreche in Röm 5,1–11 über die »fruchte vnd werck des glawbens, als da sind, frid, freud, liebe, gegen Got vnd yderman, datzu sicherheyt trotz, freydigkeyt, mutt vnd hoffnung ynn trubsal vnd leyden«[11]. Indem Luther Röm 5,1–11 vor dem Hintergrund der Unterscheidung von »Werken« und »Früchten« des Glaubens auslegt – Begriffe, die Paulus selber bezeichnenderweise *hier* nicht verwendet, die aber Luther offenbar als positive Gegenstücke zu jenen Werken versteht, die der Apostel in Röm 4 desavouiert hatte, nämlich die Werke des Gesetzes –, bestimmt er Röm 5,1–11 als kom-

---

7 WADB 7; 14,17.
8 WADB 7; 14,24f.
9 Vgl. insb. WADB 7; 12,27–31.
10 WADB 7; 14,34–36.16,1f.
11 WADB 7; 16,30–32.

plementäres Gegenstück zu Röm 4 und als Affirmation der Abraham-Argumentation.

Röm 5,12–21, die Adam-Christus-Gegenüberstellung, nimmt bei Luther nun eine merkwürdige Zwischenstellung zwischen Röm 5,1–11 und Röm 6 ein. Die Passage scheint die vorige weiterzuführen und zu vertiefen, jedoch in rhetorischer Hinsicht deutlich von ihr abgehoben zu sein:

> Darnach thut er eyn lustigen auss bruch vnnd spaciergang, vnnd ertzelet, wo beyde sund vnnd gerechtigkeyt, todt vnd leben her kome, vnnd hellt die zween feyn gegen ander, Adam vnd Christum, will also sagen. Darumb muste Christus komen eyn ander Adam, der seyne gerechtigkeyt auff vns erbete, durch eyn new geystliche gepurt ym glawben, gleych wie ihener Adam auff vns geerbet hat die sund, durch die allte fleyschliche gepurt, da mit wirt aber kund vnnd bestettiget, das yhm niemant kan selbs aus sunden zur gerechtigkeyt mit wercken helffen, so wenig er kan weren, das er leyplich geporn wirtt [...].[12]

Diese Einschätzung der Adam-Christus-Gegenüberstellung bedarf nun in zweifacher Hinsicht einer Erläuterung. Erstens bezeichnet Luther die Passage als »auss bruch vnnd spaciergang«. Beide, hier in einem Hendiadyoin nebeneinandergestellten Begriffe verwendet Luther in ihrer substantivischen Form nur überaus selten, dann jedoch vor allem in einem rhetorischen Sinne als Bezeichnung für eine Erzählung, die den übergeordneten Text weiterführt, jedoch *in sich* geschlossen ist.[13] Als er die Römerbrief-

---

12 WADB 7; 18,3–10.
13 Laut Register der Weimarer Ausgabe handelt es sich beim »auss bruch« gar um ein *hapax legomenon*, während »spaciergang« nur in der Habakuk-Auslegung von 1526 (WA 19; 429,10–13: »[...] und musten also sich bucken und gedemütigt fur yhm werden die stoltzen hügel, die grossen hansen, die welt hügel, da er so einen wüsten spaciergang unter ihn thet auff erden.«) und der Mitschrift einer Predigt zu Röm 8 von 1544 (WA 49; 510,5f: »Ist ein spacier mit der Creatur, non solum ipsa, sed et nos, qui habemus nach der kindschafft, habemus eam, sed in fide [...].«) belegt ist und beide Male das Spazierengehen Gottes bezeichnet, also metaphorisch verwendet wird. Das Verb »Spazieren« oder »Spazieren gehen« gebraucht Luther häufiger, vor allem – noch vor dem wörtlichen Sinne, der übrigens eher negativ i.S. von »Faulenzen« konnotiert ist (in WA 1; 252,27 rechnet Luther das Spazieren zu den Verstößen gegen das dritte Gebot) – als eine rhetorische Abschweifung ganz im Sinne der Römerbriefvorrede. So kann Luther in *Von den guten Werken* (1520) die Weitschweifigkeit mancher, nicht auf das Evangelium fokussierter Prediger folgendermaßen kritisieren: »Nun wissens die selbs nit, die es predigen sollen. Drum szo gehen die predigt spacierenn in andere untuchtige fabeln, unnd wirt alszo

vorrede rekapitulierte und auf Röm 5,12–21 zu sprechen kam, hat Martin
Brecht Luther den Begriff ›Exkurs‹ in den Mund gelegt, ohne dieser Funk-
tionsbezeichnung im Einzelnen nachzugehen, da dies nicht im Fokus seiner damaligen Untersuchung stand.[14] Martin Bucer verwendete in seiner
lateinischen Übersetzung der Kirchenpostille aus dem Jahr 1525/26 an
einigen Stellen den Begriff *digredi* – und nicht etwa den Begriff *excurrere* –,
um Luthers deutschen Begriff ›Spazieren‹ zu übersetzen.[15] Das »Spazieren«
scheint in Bucers Augen – sowohl in seiner wörtlichen Grundbedeutung
als auch in seiner rhetorischen Bedeutungsnuance – unmittelbar am lateinischen *digredi* i.S. des Ab-Schweifens zu partizipieren. Beide Begriffe –
Exkurs und *digressio* – führen in die antike Rhetorik zurück, vor deren
Hintergrund es unmittelbar einleuchtet, dass Luther die Adam-Christus-Gegenüberstellung als Spaziergang, mithin als *digressio*, bestimmen
konnte. Cicero[16] möchte die *digressio* als Subtyp der *narratio*, d.h. der Dar-

Christus vorgessenn [...]« (WA 6; 231,17–19). In *Vom Mißbrauch der Messe* (1521) bezeichnet Luther seine in den Text einfließende »geystlich deutung«, d.h. typologische
Gegenüberstellung, von Synagoge und Kirche als »spacieren« (WA 8; 554,31), wobei es
sich inhaltlich bei dieser Abschweifung um eine redundante Kette von alttestamentli-
chen Belegstellen handelt, die Luther paraphrasierend kompiliert. In der Auslegung des
Magnifikat (1521) bezeichnet Luther den Abschnitt Lk 1,50–53 als ein Spazierengehen
Marias »durch alle gottis werck, die er in gemeyn wirckt in allen menschen und singet
yhm davon auch« (WA 7; 577,18f). Auch in der *Kirchenpostille* (1522) verwendet Luther
den Begriff ›spazieren‹ häufiger als rhetorischen *terminus technicus*: In der Predigt zum
Stephanstag zu Apg 6,8–14 leitet Luther, nachdem er die »hewbtsach dißer Epistell«
(WA 10,1,1; 260,5f), nämlich die Unzulänglichkeit der Werkgerechtigkeit, herausgestellt
hat, zu einer Betrachtung des Stephanus-Martyriums über und kündigt diese folgendermaßen an: »Nu wollen wyr drynnen [in der Epistel] eyn wenig spaciern« (WA 10,1,1;
260,6). In der Auslegung von Joh 21,19–24 zum Johannistag bezeichnet Luther Augustins
typologische Gegenüberstellung von Petrus und Johannes im Sinne von Repräsentanten
des »wircklich« und »beschewlich« Lebens, also der Nachfolge Christi und ewigen Be-
schauung Gottes, als »Spazier[en]« (WA 10,1,1; 318,7f. in *Ioh. tract.* 124).

14 Vgl. Brecht, Römerbriefauslegungen (s. Anm. 3), 214f.
15 Die bereits erwähnte Stelle »Nu wollen wyr drynnen eyn wenig spaciern« übersetzt er
  mit »paulisper in ea digrediemur« (WA 10,1,1; Anm. 1). Auch wenn Luther auf Augustin
  verweist, der »spazierend« Petrus und Johannes miteinander vergleicht, übersetzt Bucer
  ›spazieren‹ mit ›digredi‹ (vgl. WA 10,1,1; 318, Anm. 4).
16 Cicero kritisiert den griechischen Rhetoriklehrer Hermagoras von Temnos, der die *digressio* als eigenständigen Redeteil zwischen *confutatio* und *conclusio* verorten wollte,

legung des zur Debatte stehenden Falls, auffassen und verortet sie dementsprechend zwischen *narratio* (Rekapitulation des Falles) und *argumentatio*
(Beweisführung):

> [...] die zweite [Art der *narratio*], in der irgendeine Abschweifung außerhalb des Falles
> [digressio aliqua extra causam] entweder um der Anschuldigung [criminationis] oder
> der Ähnlichkeit [similitudinis] oder der Unterhaltung [delectationis] willen, wie sie zu
> dem zu verhandelnden Geschäft, um das es geht, paßt, oder um der Steigerung willen
> eingeschoben wird.[17]

Quintilian verwendet die beiden Begriffe *digressio* und *egressio* als lateinische Äquivalente zu παρέκβασις und problematisiert die von Cicero erwo-
gene Platzierung zwischen *narratio* und *argumentatio*: Seinem Empfinden
nach würden zu viele Redner – aus schierer Eitelkeit und zur Zurschaustel-
lung der eigenen Eloquenz – den Übergang von *narratio* und *argumentatio*
kaschieren wollen, damit jedoch einen konstitutiven Sinnzusammenhang
der Rede unterminieren.[18] Quintilian weist darauf hin, dass der Exkurs
nicht nur an der neuralgischen Stelle zwischen *narratio* und *argumentatio*,
sondern überall in der Rede Anwendung finden könne und solle,[19] immer
jedoch unter der Voraussetzung, dass »der Exkurs im Zusammenhang steht
und sich aus dem Vorausgehenden ergibt [si cohaeret et sequitur], nicht
aber, wenn er mit Gewalt eingekeilt wird und die natürliche Verbindung
zerreißt.«[20] In jedem Fall müsse er kurz sein und zum Ausgangspunkt zu-
rückfinden.[21] Materialiter sieht Quintilian verschiedene stoffliche Mög-

---

welcher der Steigerung der Beweisführung durch Lob oder Tadel dient, vgl. Cic. inv.
I,51,97 (Nüßlein, 146f): »Hermagoras äußert sich danach über die Abschweifung [digres-
sionem deinde], dann als letztes über den Schluß. Bei dieser Abschweifung aber, glaubt
er, müsse eine bestimmte Aussage eingeschoben werden, die mit dem Fall nichts zu tun
habe, die aber Lob der eigenen Person oder Tadel des Gegners enthalten oder zu einem
anderen Fall hinführen soll, aus dem sie etwas an Bekräftigung oder Widerlegung [confir-
mationis aut reprehensionis] ableitet, nicht durch Beweisführung [non argumentando],
sondern durch eine besondere Hervorhebung mittels einer Steigerung [sed augendo per
quandam amplificationem].« Cicero meint jedoch, Lob und Tadel seien keineswegs eigenständige Redeteile, sondern vielmehr Grundbewegungen der *ganzen* Beweisführung.
17 Cic. inv. I,19,27 (Nüßlein, 56f).
18 Vgl. Quint. Inst. IV,3,1–3 (Rahn, 488f).
19 Vgl. Quint. Inst. IV,3,4 (Rahn, 488–491).
20 Quint. Inst. IV,3,4 (Rahn, 490f).
21 Vgl. Quint. Inst. IV,3,8 (Rahn, 490f).

lichkeiten für den Exkurs vor, vor allem aber die der Narration zum Zwecke des Lobes und Tadels. Quintilian zählt zudem verschiedene emotive Facetten des Exkurses auf wie »Unwillen, Mitleid, Entrüstung, Schelten, Entschuldigen, Gewinnen oder Abwehr von Schmähungen«[22]. Gelungene Exkurse seien etwa das Lob Siziliens oder die Erzählung vom Raub der Proserpina in Ciceros *Reden gegen Verres*.[23]

Vor dem Hintergrund dieser antiken Überlegungen ist es leicht nachvollziehbar, wie Luther zu der Überzeugung gelangen konnte, Röm 5,12–21 als einen *Exkurs* bzw. als eine *digressio*, mithin als einen »auss bruch vnnd spaciergang« zu verstehen:

1. Die Adam-Christus-Gegenüberstellung ergibt sich aus dem vorigen Argumentationsabschnitt und führt in die vorige Argumentation zurück, insofern διὰ τοῦτο (Röm 5,12) und die rhetorische Frage in Röm 6,1, welche unmittelbar an Röm 5,21 anknüpft, als Übergangsformulierungen aufgefasst werden können. Röm 5,12–21 kann als additiv verstanden werden, insofern die Passage funktional auf Röm 1,18–5,11, vor allem aber auf Röm 4,1–5,11 bezogen wird und in besonders profilierter Weise, nämlich anhand einer kontrastiven Gegenüberstellung von Adam und Christus, dasjenige herausstellt, was bereits argumentativ erschlossen worden ist: die Unzulässigkeit der Werkgerechtigkeit. Der Text ist darüber hinaus mit der früheren Argumentation über einzelne Zentralbegriffe der paulinischen Theologie verbunden: Die in Röm 1,18–5,11 diskursiv erschlossenen Sachverhalte (Sünde, Gnade und Gesetz) werden in Röm 5,12–21 auf Adam und Christus zugespitzt.

2. Nach Luther dient die Gegenüberstellung der Steigerung der Anklage des selbstgerechten bzw. werkgerechten Menschen, dem jede Möglichkeit der Selbstrechtfertigung abgesprochen werden soll. Sie erfüllt also die Funktion des Tadels, welcher nach Quintilian Teil der *digressio* sein kann.

3. Luther hebt hervor, dass Paulus zeige, »wo beyde sund unnd gerechtigkeyt, todt unnd leben her kome, unnd hellt die zween feyn gegen ander [...].«[24] Damit entspricht der Apostel dem von Quintilian stark

---

22 Quint. Inst. IV,3,15 (Rahn, 493).
23 Vgl. Quint. Inst. IV,3,13 (Rahn, 492f) mit Verweis auf Cic. Verr. 2,1f und 4,48.
24 WADB 7; 18,4f.

gemachten ›mythologisch-fiktiven‹ Anspruch des Exkurses: Adam und Christus erscheinen als vorzeitliche, ja überzeitliche Präzedenzfälle, in denen die Verstrickung des Menschen in der Sünde wie auch seine Rettung verbürgt sind.

Dass Röm 5,12–21 nicht nur ein Spaziergang, sondern auch »lustig« sein soll, bedarf einer zweiten, wenn auch kürzeren Erläuterung. Zum einen erschließt sich die Wortbedeutung des Adjektivs »lustig« aus der bereits genannten Wortbedeutung des Spaziergangs. In der Auslegung von Lk 2 in der *Kirchenpostille* merkt Luther an, dass seine zahlenspekulative Auslegung der Prophezeiung Hannas spielerischen, heiteren Charakter hat, da sie eine mögliche, aber nicht nötige Abschweifung darstellt, geistlich erhellend, aber eben nur ein Spiel dergestalt ist, dass sie den diskursiven Kommentarcharakter des Textes kurzzeitig unterbricht.[25] Auch in der Römerbriefvorrede macht Luther dezidiert darauf aufmerksam, dass Paulus in Röm 5,12–21 vom Ursprung der Sünde und der Gerechtigkeit »ertzelet«, d.h. eine besondere Sprachform – die der Narration – wählt und auf herausragendes Bildmaterial – Adam und Christus als heilsgeschichtliche Figuren – zurückgreift. Wäre diese Brechung der streng argumentativen Form des Römerbriefs also an sich schon »lustig« zu nennen, macht Luther mit der Verwendung des Adjektivs auch darauf aufmerksam, dass Röm 5,12–21 die Hauptlinie des Textes, vor allem aber die Passage Röm 5,1–11 sekundiert: Die Gegenüberstellung mache »kund unnd bestettiget, das yhm niemant kann selbs aus sunden zur gerechtigkeyt mit wercken helffen, so wenig er

25 In der Auslegung von Lk 2,33–40 wiederum, der Prophezeiung Hannas, die als Predigttext für den ersten Sonntag nach Weihnachten vorgesehen ist, stellt Luther recht weitläufige, zahlenspekulative Überlegungen zur Frage nach der Bedeutung der in Lk 2,36f genannten Zahlen Sieben und Vierundachtzig auf, nachdem er erklärt: »Hie wollen wyr, wie S. August. pflegt, eyn wenig spaciern und spielen gehen geystlich« (WA 10,1,1; 426,15–17), und beschließt sie mit den Worten: »Das sey ditz mal gnug spacirt, auff das man sehe, wie gar keyn tuttel ynn der schrifft sey vorgebens geschrieben« (WA 10,1,1; 430,21f). Vgl. zur positiven Bedeutungsnuance von »lustig« i.S. von »freudig«, »angenehm« oder »fröhlich« darüber hinaus u.a. WA 1; 267,34.182,33.268,18; WA 2; 735,1; WA 7; 30,20.180,2.552,20.639,29; WA 10,1,1; 259,9.334,14.340,18.341,18.360,18.361,2.3 67,21.450,4.452,9.

kann weren, das er leyplich geporn wirtt«[26], drückt also einen theologischen Sachverhalt aus, der bereits in Röm 1,18–5,11, vor allem aber in Röm 5,1–11 vollständig erschlossen worden ist, wo Paulus von den Früchten und Werken, d.h. der Heiligung des Menschen gesprochen hat. Röm 5,12–21 scheint also vor allem ein »auss bruch vnnd spaciergang« zu Röm 5,1–11 zu sein und partizipiert damit an der positiven Affirmationskraft jenes Textes: »Lustig« ist der Spaziergang demnach, insofern »Christus komen [musste] eyn ander Adam, der seyne gerechtigkeyt auff uns erbete, durch eyn new geystliche gepurt ym glawben«[27]. Luther legt also den Akzent nicht auf die Erbsündenthematik, sondern auf die soteriologische Bedeutung des Textes: Röm 5,12–21 hält *auf der Linie von Röm 5,1–11* fest, was vom Glauben an Christus zu erwarten ist und dass es keinen Weg der Erlösung an Christus vorbei geben kann.

Wenn Luther in seiner Vorrede von 1522 Röm 5,12–21 als »lustigen auss bruch vnnd spaciergang« bezeichnet, geschieht dies also keineswegs leichtfertig, vielmehr sind mit dieser Bezeichnung verschiedene rhetorische und theologische Erwägungen verbunden, selbst wenn sich Luther expliziter Referenzen auf die antike Rhetorik enthält. Ein Rückblick in seine Auslegungen des Textes vor 1522 bestätigt jedoch den rhetorischen Begriffshintergrund und zeigt zudem, dass die Einschätzung des Textes als *digressio* auf einer fundamentalen theologischen Erwägung beruht.

II Eingrenzung und theologische Einschätzung der digressio von Röm 5 in Luthers Römerbriefvorlesung

Luthers Einschätzung, Röm 5,12–21 sei ein »lustig[...] auss bruch vnnd spaciergang« zu Röm 5,1–11, liegen zwei Prämissen zugrunde: *Erstens* hält er Röm 5,12–21 für eine *digressio. Zweitens* fasst er den Text als christologisch bzw. soteriologisch akzentuierten Text auf. Beide Prämissen entwickeln sich in der Römerbriefvorlesung von 1515/16 und deren Umfeld.[28]

---

26 WADB 7; 18,9f.
27 WADB 7; 18,6f.
28 Vgl. G. Schmidt-Lauber, Luthers Vorlesung über den Römerbrief 1515/1516. Ein Vergleich zwischen Luthers Manuskript und den studentischen Nachschriften (AWA 6), 1994; A. Beutel, Luther als Doktor und Professor (in: Aller Knecht und Christi Unter-

Erstens: Schon in der Vorlesung verwendet Luther den Begriff *digressio* im Zuge der Auslegung der Adam-Christus-Gegenüberstellung, bemerkenswerter Weise jedoch nicht als Bezeichnung für den ganzen Textabschnitt, sondern lediglich für Röm 5,12b–14. Nach Luther liegt das zentrale exegetische Problem der Passage in der Syntaktik von Röm 5,12. Er kommentiert den Vers folgendermaßen:

> (5,12) *Deswegen* – weil sich diese Dinge [d.h. nach Röm 5,1–11: weil Christus den Menschen den Zutritt zur Gnade erschlossen hat] so verhalten, deswegen ist es wahr, dass – *wie durch einen Menschen* [*sicut per vnum hominem*] – einen tätig sündigenden [*peccantem actualiter*], gemeint ist Adam – *die Sünde* – gemeint ist die Ursprungssünde [*originale*] – *in diese Welt* – d.h. zu den Menschen, die in der Welt sind – *hineingelangt ist* – ohne deren [der Menschen] Werk – *und durch die Sünde* – des Ursprungs – *der Tod* – beiderlei – *so ist auch zu allen Menschen* – eine Erklärung, was ›Welt‹ bedeutet, weil alle Menschen auf der Welt sind – *der Tod gelangt* – von diesem ersten immerfort bis zum jüngsten – *in der* – der Originalsünde – *alle gesündigt haben* – die Sünder sind zu solchen geworden, auch wenn sie nichts getan haben.[29]

tan. Der Mensch Luther und sein Umfeld; Katalog der Ausstellungen zum 450. Todesjahr 1996, Wartburg und Eisenach, hg. v. der Wartburg-Stiftung Eisenach, 1996, 32–36); W. Zöllner, Luther als Hochschullehrer an der Universität Wittenberg (in: Martin Luther. Leben, Werk, Wirkung, hg. v. G. Vogler, ²1986, 31–43); S. Raeder, Luther als Ausleger und Übersetzer der Heiligen Schrift (in: LWML, 253–278.800–805); J.-M. Kruse, Paulus und die Wittenberger Theologie. Die Auslegung des Römerbriefs bei Luther, Lang und Melanchthon (1516–1522) (in: Die Theologische Fakultät Wittenberg 1502–1602. Beiträge zur 500. Wiederkehr des Gründungsjahres der Leucorea [LStRLO 5], hg. v. I. Dingel / G. Wartenberg, 2002, 113–132); E. Lohse, Martin Luther und der Römerbrief des Apostels Paulus. Biblische Entdeckungen (KuD 52, 2006, 106–125); W.S. Campbell, Martin Luther and Paul's Epistle to the Romans (in: The Reformation, ed. by O. O'Sullivan, 2000, 103–114), bes. 103–106; D. Wendebourg, Der Römerbrief bei Martin Luther (in: Der Römerbrief als Vermächtnis an die Kirche. Rezeptionsgeschichten aus zwei Jahrtausenden, hg. v. C. Breytenbach, 2012, 119–134); U. Köpf, Luthers Römerbrief-Vorlesung (1515/16) – Historische und theologische Aspekte (in: Meilensteine der Reformation. Schlüsseldokumente der frühen Wirksamkeit Martin Luthers, hg. v. I. Dingel / H.P. Jürgens, 2014, 48–55).

29 WA 56; 51,19–52,7. Kursiv gesetzt ist hier und im Folgenden der fortlaufende biblische Text, recte und durch Gedankenstrich vom biblischen Text abgesetzt die Kommentierung Luthers. Die Übersetzungen aus WA 56 ins Deutsche wurden vom Vf. vorgenommen.

Dem hier zu Tage tretenden Problem des anakolutischen Komparativsatzes von Röm 5,12 widmete sich Luther ausweislich der Glossen besonders ausführlich: Sinnvoll lasse sich der Vers »Wie durch einen Menschen die Sünde in diese Welt gelangt ist« durch »So ist durch einen Menschen die Gerechtigkeit in diese Welt gelangt« vollenden.[30] Dies hole Paulus allerdings erst in Röm 5,18 nach, wo er jedoch nicht nur den in Röm 5,12 begonnenen Satz vollendet, sondern den ganzen Vergleichssatz wiederholt. Unterbrochen werde der Satz durch eine Abschweifung (*digressio*):

> Aber diesen Satz [5,12] setzt er weiter unten [hanc infra ponit] nach der Abschweifung [post digressionem] fort, die er hier unternimmt, nachdem er einen Teil des Vergleiches aufgenommen hat [hic facit assumpto uno membro comparationis].[31]

Die hier abgegrenzte *digressio* beginnt nach Luther in Röm 5,12b, wo sie den Komparativsatz unterbricht, endet jedoch nicht, wie man ausgehend von Luthers Hinweisen zu Röm 5,18 annehmen könnte, in Röm 5,17, sondern erstreckt sich lediglich auf die Verse Röm 5,12b–14. Motiviert und eingeleitet wird diese *digressio* ausweislich der weitergehenden Kommentierung Luthers durch den Einschub »und durch die Sünde der Tod« (»et per peccatum mors« [5,12]), den er folgendermaßen auslegt:

> Was er hinzufügt [gemeint ist »und durch die Sünde der Tod«], um klar zu zeigen, dass er von der Ursprungssünde spricht. Wenn nämlich der Tod durch die Sünde kommt, dann sündigen also auch die Kinder, die sterben. Aber nicht in tätiger Weise [actualiter].[32]

In eine ähnliche Richtung zielt die Kommentierung des Zusatzes »zu allen Menschen gelangte der Tod« (»in omnes homines mors pertransiit«):

> Und diese Abschweifung [hanc digressionem] schiebt er deswegen zwischen die Glieder des Vergleichs, damit man versteht, dass er von der Ursprungssünde spricht.[33]

In der Kommentierung der Adam-Christus-Gegenüberstellung der Römerbriefvorlesung verwendet Luther also den Begriff *digressio* lediglich für das Zwischenstück von Röm 5,12b–14, das im Autograph seiner Vorlesungs-

---

30 Vgl. WA 56; 52,15.
31 WA 56; 52,16f.
32 WA 56; 52,18–20: »Quod addit, vt clare oftendat se de peccato originali loqui. Quia si mors per peccatum, Ergo paruuli, qui moriuntur, peccauerunt. Sed non actualiter, ergo.«
33 WA 56; 52,21f.

notizen sogar farblich hervorgehoben ist.[34] Luther arbeitet also in der Vorlesung von 1515/16 philologisch präziser als in der Vorrede von 1522, insofern diese ›kürzere‹ *digressio* den Kunstregeln der antiken Schulrhetorik noch viel genauer entspricht als die ›längere‹ (Röm 5,12–21), denn

1. Die *digressio* entfaltet von Röm 5,12b–14 herkommend den Vers Röm 5,12a, der mit der eigentlichen Gegenüberstellung von Röm 5,15 wieder aufgenommen wird.
2. Erzählend im strengen Sinne sind nur die Verse 5,12b–14. In Röm 5,15 findet Paulus wieder zur diskursiven Sprache zurück.
3. Das erzählende Zwischenstück von Röm 5,12b–14 übernimmt hinsichtlich des eigentlichen Gegenstandes der Gegenüberstellung, der Ursprungssünde, eine unterstützende, amplifizierende Funktion.

Wenn Luther in der Vorlesung lediglich Röm 5,12b–14 als *digressio* ausweist, handelt es sich also um eine rhetorisch differenziertere Einschätzung als in der Vorrede von 1522, in der er den ganzen Textabschnitt Röm 5,12–21 als »auss bruch vnnd spaciergang« bezeichnet.

Zweitens: Auch die in der Vorrede von 1522 zu greifende, soteriologische Akzentuierung der Adam-Christus-Gegenüberstellung auf der Linie von Röm 5,1–11 hat ihren Ursprung in der Römerbriefvorlesung. So wird in den Glossen deutlich, dass Luther das fünfte Kapitel *in einem Zusammenhang* auslegen und den Schnitt zwischen Röm 5,11 und 5,12 noch nicht so deutlich setzen möchte, wie er es in der Vorrede von 1522 tut. Er versieht – in der traditionellen Annahme, die einzelnen Kapitel würden in sich geschlossene Sinneinheiten bilden – das fünfte Kapitel mit einer gemeinsamen Überschrift:

> C[asus] S[summarius]. Apostolus ostendit virtutem fidei in credentium iustificatione, quoniam regnauit mors ab Adam usque ad Christum. Capit: V.[35]

Luther sieht beide Teilabschnitte des Kapitels (Röm 5,1–11 und Röm 5,12–21) in einem engen Zusammenhang und möchte zum Auftakt seiner Kom-

---

34 Vgl. WA 56; 52, Anmerkungen zu Zeile 3.
35 WA 56; 49,1–3. »Inhaltsangabe. Der Apostel zeigt die Tugendhaftigkeit des Glaubens in der Rechtfertigung der Glaubenden, nachdem der Tod von Adam bis Christus geherrscht hat«.

mentierung die große Freude des Apostels zum Ausdruck bringen, die dieser bei der Abfassung dieser Passage empfunden haben müsse:

> Hoch erfreut und außerordentlich erfüllt mit Freude spricht der Apostel in diesem Kapitel. Und kaum ein Text in der ganzen Schrift ist diesem Kapitel darin ähnlich, es so auszudrücken. Er beschreibt nämlich auf das Klarste Gnade und Barmherzigkeit Gottes, wie beschaffen und wie groß sie unter uns ist.[36]

Luther streicht also bereits in der Vorlesung von 1515/16 den engen Zusammenhang von Röm 5,1–11 und Röm 5,12–21 und damit die soteriologische Sinnlinie des Kapitels heraus.

Dieser Eindruck bestätigt sich auch, wenn man berücksichtigt, dass Luther mit Nachdruck und in Abgrenzung zu früheren scholastischen Interpretationsansätzen betont, dass Paulus in Röm 5,12–21 von der Originalsünde, nicht von der Tatsünde spreche, was lediglich die Kehrseite dieser soteriologischen Auslegungstendenz darstellt: Nur wenn Paulus in Röm 5,12–21 von der Originalsünde spreche, könne das Heilswerk Christi universal gültig sein. Würde er hier von der Tatsünde sprechen, würde dem Menschen die Möglichkeit offenstehen, aus eigenem Antrieb und durch die bloße Unterlassung der Sünden die Gnade zu erwirken. Luther versieht die Auslegung von Vers Röm 5,12 (»Per Vnum hominem peccatum«) daher mit der folgenden, programmatischen Überschrift:

> Dass der Apostel an dieser Stelle über die Ursprungssünde spricht und nicht über die Aktualsünde, wird durch viele Gründe bewiesen und abgeleitet [...]. [37]

Diese im Folgenden aufgeführten Gründe – zehn an der Zahl – werden nun bezeichnender Weise allesamt aus der Adam-*digressio* von Röm 5,12b–14 abgeleitet und zielen darauf, dem Missverständnis entgegenzuwirken, dass der Mensch die erste Sünde Adams nur imitieren und aus sich selbst heraus die Fertigkeit besitzen würde, diese willentlich zu unterlassen, so dass die Rechtfertigung durch eine bloße Vermeidung der Sünde erlangt werden könnte. So argumentiert Luther erstens auf der Linie Augustins,

---

36 WA 56; 49,17–20: »Iucundissimus et gaudio plenissimus Apostolus in hoc c[apitolo] loquitur. Et Vix in tota Scrip[tura] textus est similis huic capitulo, saltem tam expresse. Clarissime enim describit gratiam et misericordiam Dei, qualis et quanta sit super nos.«
37 WA 56; 309,21f.

dass Paulus hier bewusst Adam als Ursprung der Sünde nenne, während der Teufel verantwortlich für die Aktualsünde sei.[38] Zweitens hebt Luther auf die Einzigkeit der Ursprungssünde in Abgrenzung zur Pluriformität der Aktualsünde ab: In Röm 5,12 spreche Paulus davon, dass die *eine* Sünde in die Welt gekommen sei.[39] Ähnlich meint Luther drittens, dass Paulus dezidiert darauf hinweise, dass die Sünde »in die Welt eingetreten sei« (»Intrat in mundum«), womit nur schwerlich die Aktualsünde gemeint sein könne, die ja nicht erst in die Welt kommen müsse oder in irgendeiner Form übertragbar sei.[40] Viertens zeige Paulus' Zusatz »per Ipsum mors« deutlich an, dass die Originalsünde gemeint sein müsse, denn »Si ergo Mors per peccatum et sine peccato non esset mors, Ergo peccatum in omnibus est.«[41] Fünftens gebe es keine generationenübergreifende Aktualsünde, die mit dem Tod bestraft werden könne, »Vt lex dicit: ›Non moriantur patres pro filiis‹«.[42] Sechstens sei hier von der Sünde im Singular, nicht im Plural die Rede.[43] Siebtens weise der Hinweis »In quo omnes peccauerunt« darauf hin, dass die Aktualsünde ein »proprium peccatum« sei, das also schon allein terminologisch von der Originalsünde unterschieden werden müsse.[44] Achtens spreche auch die von Paulus aufgezeigte Chronologie von Sündenfall und Gesetzesgabe für diese Lesart: Wenn Paulus meine, dass Sünde schon vor dem Gesetz in der Welt sei (Röm 5,13), müsse dies so verstanden werden, dass auch die Aktualsünde bereits vor der Tora existierte und angerechnet wurde (»fuit et imputabatur«), was etwa in Gottes Fluchworten über Adam und Eva (Gen 3,16–24) deutlich werde.[45] Zehntens und letztens meint Luther, dass nur Adam »forma futuri« sein könne, insofern er diejenige Originalsünde präfiguriert, die durch Christus überwunden

---

38 Vgl. WA 56; 309,23–310,10.
39 Vgl. WA 56; 310,11f.
40 Vgl. WA 56; 310,13–16: »Sed nullum actuale intrat in mundum, Sed vniuscuiusque peccatum est super ipsum, Vt Ezechiel 18.: ›Vnusquisque peccatum suum portabit‹. Ideo non intrat in alios, Sed manet in ipso solo.«
41 WA 56; 310,28f.
42 WA 56; 310,33f.
43 Vgl. WA 56; 311,1–4.
44 Vgl. WA 56; 311,5f.
45 Vgl. WA 56; 311,7–13.

werde.[46] Ein kurzer dogmatischer Exkurs »Quid ergo nunc est peccatum originale?« verdichtet schließlich diese exegetischen Beobachtungen. Hier definiert Luther im Vorgriff auf Röm 7 die Originalsünde als *concupicentia*.[47] Mit Augustin und Petrus Lombardus nennt er sie »Zunder, Gesetz des Fleisches, Gesetz der Glieder, Ermattung der Natur, Tyrann, Ursprungskrankheit«[48], er bezeichnet sie als Hydra oder Cerberus,[49] in jedem Fall aber als eine übermenschliche und überzeitliche Größe, die *von der Tat des Menschen unabhängig* wirksam ist. Ihre universale Herrschaft hat Verhängnis-Charakter und kann nur durch Christus überwunden werden.[50]

46 Vgl. WA 56; 311,14–16: »Decimo, Quia per Illud Adam est forma futuri, Sed non per actuale, alias omnes essent forma Christi, Sed nunc solus Adam propter diffusionem vnius peccati sui in omnes est forma Christi.«

47 Vgl. WA 56; 313,1–3.

48 WA 56; 313,4–6: »Igitur Sicut Antiqui patres Sancti recte dixerunt: Peccatum illud originis Est ipse fomes, lex carnis, lex membrorum, languor nature, Tyrannus, Morbus originis etc.«

49 Vgl. WA 56; 313,10–13.

50 Auch in anderen Texten vor 1522 spitzt Luther die Adam-Christus-Gegenüberstellung christologisch und soteriologisch zu. Hier seien nur drei prägnante Beispiele genannt: In der ersten Psalmenvorlesung von 1513–1515 bemerkt Luther zu Ps 49,3 (»Quique terrigene et filii hominum«), dass es im Hebräischen drei Begriffe gebe, die »Mensch« bedeuten können (*Adam, Hennosch*, und *Isch*) (vgl. hierzu S. RAEDER, Das Hebräische bei Luther untersucht bis zum Ende der ersten Psalmenvorlesung [BHTh 31], 1961, 89f). Zu »Adam« meint er: »Diese [die Bezeichnung Adam] drückt eigentlich die körperliche Natur des Menschen und den äußerlichen Menschen aus, wie er eben aus dem Schlamm der Erde geformt wurde. Adam bedeutet nun eigentlich ›Erde‹, besonders ›rote Erde‹. Und so sagt der Apostel in Röm 5 überaus deutlich, dass Adam die Form des Künftigen [forma futuri] sei, weil er als ein irdischer und körperlicher Mensch die Abbildung [figura] des himmlischen (d. h. des geistlichen) ist. Von daher sagt er [Paulus] auch [1Kor 15,49]: ›Wenn wir das Bild des Irdischen tragen etc.‹« (Übersetzung von WA 3; 273,11–16). Was sich bereits hier andeutet, nämlich dass die Adam-Christus-Gegenüberstellung auf Christus, die Gnade Gottes und die Verwandlung des Menschen abziele, verdichtet sich auch in der Glosse zu Ps 62,3. Hier spitzt Luther die Adam-Christus-Gegenüberstellung auf die Rede vom alten Adam zu, der durch Christus verdrängt und überwunden werde: »*Denn er selbst* – nicht der Mammon – *mein Gott* – nicht ich selbst – *ist mein Heiland* – er rettet mich wahrhaftig aus meinen Sünden und meinen bösen Taten – *mein Schutz* – auf seine Gnade und seinen Wohltaten, und deswegen – *werde ich nicht erschüttert* – von

Dass Luther in seiner Römerbriefvorrede von 1522 die Adam-Christus-Gegenüberstellung als »lustigen auss bruch vnnd spaciergang« bezeichnet und damit eine soteriologische Lesart auf der Linie von Röm 5,1–11 impliziert, leuchtet also vor dem Hintergrund seiner Römerbriefvorlesung von 1515/16 ein. Die Unterschiede zwischen Vorrede und Vorlesung sind jedoch ebenso bemerkenswert: Luther weitet in der Vorrede die *digressio* von Röm 5,12b–14 auf die *ganze Adam-Christus-Gegenüberstellung* aus, affirmiert den Zusammenhang zwischen dieser Passage und Röm 5,1–11 und bricht damit den Text auf seine soteriologische Bedeutungsebene herunter.

den geistlichen Gütern [a spiritualibus bonis] – *nicht noch mehr* [amplius] – d.h. weil ich, der sich mal in Adam, mal in Christus bewegte, nun nicht mehr bewege.« (Übersetzung von WA 3; 352,10–14). Die Adam-Christus-Gegenüberstellung dient auch hier nicht in erster Linie als hamartiologischer, sondern soteriologischer Referenztext, dessen Skopus in der Rettung des Menschen und in der Annahme der Gnade liegt. Die Gegenüberstellung zielt nach Luther offenbar darauf, die Hoffnung auf die Rettung durch Christus wie auch die Angewiesenheit des Menschen auf diese Gnade hervorzuheben, während die Rede von der Erbsünde vielmehr *die Angewiesenheit des Menschen auf diese Rettung* hervorhebt. Zuletzt wird auch in seiner Auslegung der Fall-Erzählung von Gen 3 diese Lesart von Röm 5 greifbar: Dass Luther die Adam-Christus-Gegenüberstellung im Kontext von Gen 3 liest, überrascht an sich nicht, da Paulus selbst mit Röm 5,12–14 auf diesen Text verweist. Es ist aber überaus interessant, wodurch Luther Paulus zur Gegenüberstellung von Adam und Christus veranlasst sieht. In einer Predigt über Gen 3 (aus den Genesis-Predigten 1519–21) deutet Luther im Abschnitt zur Verfluchung der Schlange (»Maledictio serpentis«, Gen 3,14f) an, dass Paulus Röm 5,12–21 nicht in erster Linie mit Blick auf den (Sünden-)Fall, sondern auf Gottes Verheißung der Zertretung der Schlange, also auf die Überwindung des Bösen, geschrieben haben könnte: »Zuerst wird die Schlange von ihm [Gott] verflucht, weil sie es gewagt hat, einen ersten Zweifel am Gebot des Herrn zu säen. Dieser Verfluchung wird eine Verheißung zugesetzt. Gott sagt nämlich ›Ich werde Feindschaft zwischen dir und der Frau und deinem und ihrem Samen setzen. Er selbst (so wird es nämlich auf hebräisch gelesen), d.h. der Samen selbst, wird deinen Kopf zertreten und du wirst nach seiner Ferse schnappen.‹ An dieser Stelle werden Adam und Eva getröstet, wenn sie hören, dass aus ihnen einst der Same hervorgehen wird, der das Böse fortschafft, in das sie durch ihre Schuld hineingefallen sind. Aus dieser Stelle hat Paulus schließlich auch die Analogie von altem Adam und neuem Adam, d.h. Christus, [collationem Adam veteris et Adam novi, idest Christi] gewonnen, nämlich in Röm 5. Ebenso hat Paulus in Röm 7 diese Feindschaft wortreich beschrieben. Es gibt nämlich nichts anderes als den Kampf zwischen Fleisch und Geist« (Übersetzung von WA 9; 336,10–19).

Im Vergleich zur überaus diffizilen exegetischen Operation von 1515/16 zeigt sich also in der Vorrede eine doppelte Strategie der Komplexitätsreduktion des Textes, welche offenbar dessen hamartiologischer Brisanz geschuldet ist: Um einer Fehlinterpretation von Röm 5,12–21 im Sinne eines Verständnisses der Sünde als einer Nachahmung der Sünde Adams entgegenzutreten, möchte Luther diesen Text in der Vorrede von 1522 rhetorisch marginalisieren und damit gewissermaßen aus dem Diskurs des Römerbriefs ausklammern. Die Adam-Christus-Gegenüberstellung soll nicht für sich selbst, sondern nur unter der Voraussetzung Sinn machen, dass sie auf die übergeordnete Argumentationslinie des Textes bezogen bleibt und in ihrer soteriologischen Zuspitzung verstanden wird.

III »ein von den vorherigen ganz und gar abgetrenntes Thema« – Melanchthons Aufwertung der Adam-Christus-Gegenüberstellung als ἀνάλυσις

Melanchthon geht in seiner Auslegung der Adam-Christus-Gegenüberstellung einen anderen Weg als Luther: Er versteht Röm 5,12–21 als integralen Bestandteil des Römerbriefs.[51] Die *Theologica Institutio Philippi Melanchthonis in Epistulam Pauli ad Romanos* (1520) stellt eine erste theologische und rhetorische Skizze des Briefes dar, die sich in vielen Punkten mit Luthers Vorrede berührt. Melanchthon rechnet das Schreiben dem *genus iudiciale* zu. Es bestehe daher aus einem

1. *exordium*, welches sich von Röm 1,1 bis 1,17 erstreckt und die wesentlichen Fragen vorwegnimmt: »Quid servitus legis? Servitus Christi? Quid lex? Quid Evangelium?«[52];

---

51 Vgl. hierzu abermals J.-M. KRUSE, Paulus (s. Anm. 28), 116–120; vgl. auch die überaus ergiebige, jüngere Untersuchung von R. SCHÄFER, Der paulinische Ursprung von Melanchthons Loci (ZThK 114 [2017], 21–48), bes. 28–34; vgl. auch M. DAUTRY, Melanchthon commentateur de l'Épître de Paul aux Romains: présentation, traduction d'extraits, réflexions, références à Luther (in: Positions luthériennes 35, 1987, 32–55); T.J. WENGERT, Philip Melanchthon's 1522 »Annotations on Romans« and the Lutheran origins of rhetorical criticism (in: Biblical interpretation in the era of the Reformation, ed. by A.R. MULLER, 1996, 118–140).

52 CR 21,56f.

2. einer *narratio*, die von Röm 1,18 bis 3,31 reicht und die die allgemeine Sündhaftigkeit des Menschen und seine Rechtfertigung durch den Glauben an Christus darlegt;[53]

3. einer *confirmatio* in Röm 4, die anhand des Abraham-Schriftbeweises in sechs Argumenten die Vorzüglichkeit des Glaubens gegenüber den Werken darlegen soll und die wiederum in

4. eine *amplificatio* in Röm 5,1 bis 5,11 mündet, die die Adressaten, welche Melanchthon den »gentes« zurechnet, auf den zentralen Gegenstand des Römerbriefs zurücklenkt (»detorquet«),[54] auf eine »exhortatio ad fidendum Christo«, also eine »Ermunterung zum Glauben an Christus«[55].

Erkennbar stehen sich Luthers und Melanchthons Einschätzung der argumentativen Architektur des Briefes recht nahe, auch wenn sich hie und da bereits deutliche terminologische Unterschiede abzeichnen.[56] Wie Luther erkennt auch Melanchthon in Röm 5,12 einen markanten Einschnitt, freilich aber in ganz anderer Hinsicht:[57]

> An dieser Stelle [»ubi dicit, praeterea sicut per unum hominem peccatum ...«, also mit Röm 5,12] beginnt er ein von den vorherigen ganz und gar abgetrenntes Thema [locum auspicatur seiunctum prorsus a superioribus], bei dem er Sünde, Gnade und Gesetz vergleicht. Dabei handelt es sich um ein didaktisches Thema, durch das er lehrt, was und woher Sünde, Gnade und Gesetz stammen [quid, et unde peccatum, gratia et lex].[58]

Diese Argumentationssequenz reiche nun bis zum Ende des 8. Kapitels und Melanchthon fasst den Sachgehalt dieses Abschnitts (Röm 5,12–8,39) folgendermaßen zusammen:

> Durch Adam gibt es die Sünde. Durch die Sünde den Tod. Die Sünde gab es auch schon vor dem mosaischen Gesetz. Sie wurde aber nicht erkannt. Durch Christus gibt es die

53 Vgl. CR 21,57.

54 CR 21,58.

55 Ebd.

56 Vgl. zur Entwicklung von Melanchthons Einschätzung der Disposition des Römerbriefs die wegweisende Untersuchung von R. SCHÄFER, Melanchthons Hermeneutik im Römerbrief-Kommentar von 1532 (ZThK 60, 1963, 216–235), 220–226.

57 Vgl. hierzu ausführlich und (wenn ich es recht sehe) einzig berücksichtigt und bisher dargestellt von SCHÄFER, Ursprung (s. Anm. 51), 34–38.

58 CR 21,58.

76

Gnade. Durch die Gnade das Leben. Durch das Gesetz strömt die Sünde über. Nachdem die Sünde erkannt worden ist, möge auch die Gnade übermäßig überströmen [superabundet]. Ist also das Gesetz Ursache der Sünde? Antwort: Nein. Das Gesetz ist gut. Wir sind böse. Wir gebrauchen die gute Sache schlecht, wie es für das Pferd einen Zügel gibt, weil es tobt, und es sich nicht selbst zügelt.[59]

Die hier präsentierte Reihenfolge der in Röm 5–8 behandelten dogmatischen Themen orientiert sich deutlich an der Adam-Christus-Gegenüberstellung: Auf die Sünde (5,12–14) folgt die Gnade (5,15–19), dann das Gesetz (5,20f). Auch die Rede von der überströmenden Gnade ist direkt Röm 5,20f entnommen. Die Frage »Ist das Gesetz Ursache der Sünde« stellt wiederum ein direktes Zitat aus Röm 7,7 dar. Die Feststellung, dass das Gesetz gut, wir aber böse seien, ist an Röm 7,12 (ὥστε ὁ μὲν νόμος ἅγιος καὶ ἡ ἐντολὴ ἁγία καὶ δικαία καὶ ἀγαθή), 7,16 (εἰ δὲ ὃ οὐ θέλω τοῦτο ποιῶ, σύμφημι τῷ νόμῳ ὅτι καλός) und – wenn auch gerafft – Röm 7,17–24 angelehnt. Röm 7,7 reicht nach Melanchthon wiederum bis 8,12 und thematisiert das völlige Versagen der Kräfte des Menschen: »Tantas vires esse peccato, Ut etiam in se ipso Paulo adhuc legi repugnet. Sed subinde expugnari.«[60]

Für Melanchthon erweist sich Röm 5,12–21 also als ein für Röm 6–8 richtungsweisender Text, der das wesentliche semantische Inventar der folgenden Passagen, bis einschließlich Röm 8,12, aber auch darüber hinaus bis Röm 8,39,[61] antizipiert.[62]

Nun grenzt auch Melanchthon in der *Institutio* von 1520 mehrere *digressiones* innerhalb des Römerbriefs ab, zu denen er Röm 5,12–21 jedoch gerade nicht zählt. Die erste *digressio* erkennt Melanchthon in Röm 2,1–16, wenn Paulus die Unentschuldbarkeit des Menschen feststellt. Die zweite finde sich in Röm 3,1–8, wenn Paulus der Frage nach dem Vorzug der Beschneidung nachgeht. Die dritte *digressio* komme innerhalb der großen *argumentatio* von Röm 5,12–8,39 zu stehen und betrifft Röm 6,1–7,6, was erklärt, warum Melanchthon diese Passage in der gerade zitierten *summa* nicht erwähnt:

59 Ebd. Die Absatzumbrüche sind aufgehoben.
60 Ebd. Absatzumbrüche aufgehoben.
61 Im letzten Abschnitt von Röm 8 werde die Unmöglichkeit der Freiheit und die Unmöglichkeit, »extra Christum« das Gesetz zu tun, behandelt.
62 CR 21,59.

Das ganze, sechste Kapitel mit dem Beginn des siebten, bis zum Thema ›Was sollen wir also sagen? Ist das Gesetz Sünde?‹ [Röm 7,7] ist eine Abschweifung [digressio] und enthält eine moralische Erörterung [continet moralem disputationem] und eine Unterscheidung der Herrschaft der Sünde, des Gesetzes und der Gnade [regni peccati, legis et gratiae].[63]

Mit anderen Worten: Auch wenn Melanchthon in der *Institutio* von 1520 noch keine treffende rhetorische Bezeichnung für die Adam-Christus-Gegenüberstellung gefunden zu haben scheint, deutet sich bereits an, dass er ihr eine weitaus größere Bedeutung beimessen möchte, als Luther es in Vorlesung und Vorrede tut, wenn er sie als einen auf Röm 5,1–11 bezogenen »auss bruch vnnd spaciergang« bezeichnet: Nach Melanchthon beginnt mit Röm 5,12 ein neuer, mithin *der zentrale Gedankenabschnitt* des Römerbriefs.

Die sich in Melanchthons *Institutio* anbahnende, theologische Aufwertung der Adam-Christus-Gegenüberstellung hängt aufs Engste mit der Entstehung und Weiterentwicklung der *Loci* zusammen.[64] Im Erbsündenkapitel der Erstausgabe von 1521 bezeichnet Melanchthon die Passage als *disputatio*, versteht sie also als eine wissenschaftliche Erörterung:

In Röm 5 beginnt er eine Disputation über Sünde, Gnade und Gesetz [disputationem de peccato, gratia et lege], wo er lehrt, daß die Sünde auf alle Menschen fortgepflanzt wurde.[65]

Dabei drängt Melanchthon wie auch Luther darauf, dass Paulus in Röm 5,12–21 von der Erbsünde und keinesfalls von der Tatsünde rede.[66] Zudem müsse, wenn eindeutig sei, dass es in Röm 5,12–21 um die Erbsünde

---

63 CR 21,58.
64 Vgl. R. KIEFFER, Die Auslegung des Römerbriefs in Melanchthons ›Loci communes‹ von 1521 (in: Philipp Melanchthon und seine Rezeption in Skandinavien. Vorträge eines internationalen Symposions anläßlich seines 500. Jahrestages an der Königlichen Akademie der Literatur, Geschichte und Altertümer in Stockholm, den 9.–10. Oktober 1997, hg. v. B. STOLT, 1998, 51–65); V. STOLLE, Erkennen nach Gottes Geist. Die Bedeutung des Römerbriefs des Paulus für Melanchthons *Loci communes* von 1521 (in: LuThK 21, 1997, 190–218).
65 PHILIPP MELANCHTHON, Loci Communes 1521, übers. und kommentiert von H.G. PÖHLMANN, hg. v. Lutherischen Kirchenamt der VELKD, 1993, 53–55.
66 Vgl. aaO., 54: »[...] nisi calumniari quis textum velit?«

geht, auch klar sein, dass es um *Christus* gehe: Melanchthon interpretiert die Adam-Christus-Gegenüberstellung dahingehend, dass sie ausschließt, dass Adam an seiner eigenen Rechtfertigung beteiligt sein, d.h. durch sein eigenes Wirken die Gnade verdienen könne.[67]

In seinem *Römerbriefkommentar* von 1532[68] schlägt sich Melanchthons Charakterisierung von Röm 5,12–21 als *disputatio* vollends nieder. Wiederum wird Röm 5,1–11 als Epilog der *confirmatio* von Röm 4 verstanden, »welcher die These [propositio; d.h. die These des Abraham-Beweises] wiederholt und eine Steigerung [amplificatio] über die Wirkung des Glaubens hinzufügt.«[69] Röm 5,12 erfährt nun eine noch deutlichere rhetorische und theologische Aufwertung als zuvor: Mit Röm 5,12 beginne Paulus »sozusagen ein neues Buch« (»quasi novum librum«)[70] – und zwar eine dialektische ἀνάλυσις:

Losgelöst und deutlich abgehoben und herausragend ist die Erörterung [disputatio] dieses Briefes. Wie es nämlich auch die Dialektiker lehren, eine Analyse [ἀνάλυσις] vorzunehmen, d.h. die Glieder der Thesen [membra propositionum] voneinander zu unterscheiden und einzeln nach einer Methode zu beurteilen [revocare ad methodum], so vollzieht sich auch hier eine [solche] Analyse: Die Glieder der Thesen, die er [Paulus] bis jetzt erörtert hat, werden methodisch erklärt [methodice explicantur]. Erörtert werden die Macht der Sünde, der Gebrauch des Gesetzes und die Gnade [Disputatur de vi peccati, de usu legis et de gratia]. Und diese drei Loci, die in der christlichen Lehre die herausragendsten sind, werden hier behandelt: Sünde, Gesetz und Gnade. Deshalb erwähnen wir, dass hier sozusagen ein neues Buch begonnen wird, aber dieses enthält dennoch diejenigen Themen [loci], deren Erklärung für die frühere Erörterung [disputationem] notwendig ist. Ich habe gemeint, diese Dinge hierüber sagen zu müssen, damit wir diesen Teil von den früheren losreißen und wissen, was hier getan wird. Denn der frühere [erste] Teil des Briefes ist ein Streitgespräch: er [Paulus] betreibt nämlich eine Kontroverse, wie er es im

---

67 Vgl. aaO., 55: »Ferner, wenn Adam nicht der Urheber der Sünde [auctor peccati] ist, wird nicht Christus allein [solus Christus] der Urheber der Gerechtigkeit sein, sondern auch Adam.« Melanchthon geht an dieser Stelle nun nicht näher auf den τύπος τοῦ μέλλοντος bzw. die *forma futuri* ein, sondern spricht stattdessen vom *auctor peccati* und beugt damit dem Missverständnis vor, dass hier ein Textverständnis implementiert werden könnte, das nahelegt, der Mensch würde Adams Sünde nur nachahmen.

68 Vgl. zum Gesamtzusammenhang erneut SCHÄFER, Hermeneutik (s. Anm. 56), 220–226.

69 PHILIPP MELANCHTHON, Werke in Auswahl (Studienausgabe), Bd. 5: Römerbrief-Kommentar 1532, hg. v. R. SCHÄFER, 1965, 155.

70 AaO., 169.

Streitgespräch zu tun pflegt. Der folgende Teil stellt aber keine Argumentation dar [non est argumentatio], sondern eine Analyse und eine Methode, die so zu sein pflegt, dass einzelne Themen untersucht werden [simplicia themata examinantur].[71]

Melanchthon versteht die Adam-Christus-Gegenüberstellung demnach als Auftakt zu einer dialektischen Analyse der drei wesentlichen theologischen *loci* Sünde, Gesetz und Gnade, wobei die Reihenfolge dieser Themen im Vergleich zur *Institutio* von 1520 auffällig verändert ist, als Melanchthon noch meinte, Paulus würde erstens die Sünde, zweitens die Gnade und drittens das Gesetz behandeln, was ja durchaus der Abfolge der Gegenüberstellung von Röm 5,12–14.15–19.20f entsprechen würde. Dass Melanchthon die Reihenfolge nun verändert, hängt damit zusammen, dass er die Gliederung von Röm 5,12–8,39 von Röm 5,12–21 abkoppelt und Röm 5,12–21 nicht mehr als Eröffnung der Disputation versteht, sondern meint, die in Röm 5,12 beginnende ἀνάλυσις befasse sich in drei Schritten mit Sünde (5,12–19), Gesetz (5,20–7,25) und Gnade (8,1–8). Auf diese ἀνάλυσις lasse Paulus eine *peroratio* folgen (8,8–39). Damit trennt Melanchthon im Kommentar von 1532 Röm 5,12–21 auf, schlägt die Verse Röm 5,20f dem zweiten Teil der ἀνάλυσις, dem *locus* »Gesetz«, Röm 5,12–19 dem ersten Teil, dem *locus* »Sünde«, zu. Diese Neuaufteilung steht freilich nach wie vor unter Melanchthons scharfer Ermahnung: Wer Röm 5,12–21 »de actualibus delictis«, also in Bezug auf die Aktualsünden gedeutet sehen möchte,[72] lese sie »contra sententiam Pauli«[73].

Veranlasst sind die rhetorische Aufwertung des Abschnitts Röm 5,12–8,8 zu einer ἀνάλυσις und die hamartiologische Zuspitzung der Adam-Christus-Gegenüberstellung durch zwei theologische Erwägungen, die eng miteinander zusammenhängen. Zum einen bestimmt Melanchthon im Kommentar von 1532 den Römerbrief nicht mehr als Vertreter des *genus iudiciale*, sondern des *genus didaskalikon*:[74] Ziel des Paulus sei es, »dass er uns vor allem über die Wohltaten Christi, über die Vergebung der Sünden, über die Rechtfertigung und die Gabe des ewigen Lebens unterrichtet«.[75]

71 Ebd.
72 AaO., 170.
73 Ebd.
74 Vgl. aaO., 32.
75 Ebd.

Zum anderen profiliert Melanchthon in seiner Vorrede, im »Argumentum Epistulae«, die antipelagianische Stoßrichtung seines Kommentars und fingiert mehrere scholastische Interpretationsansätze hinsichtlich des Römerbriefs, die allesamt im Zusammenhang mit der rechten Zuordnung von Sünde, Gesetz und Gnade stehen.[76] Zwischen diesen scholastischen Fehl-

---

[76] Der erste Syllogismus betrifft die Verengung der Sündenlehre auf die Aktualsünden: »Werke gegen das Gesetz Gottes sind Sünden. Also sind die guten Werke Gerechtigkeit.« Dieses Argument möchte Melanchthon dadurch entkräftet sehen, dass die Menschen gar nicht dazu in der Lage seien, das Gesetz zu befolgen: »Die Konsequenz bezieht ihre Kraft aus der Natur der Gegenteile: Die guten Werke rechtfertigen also. – Ich antworte: Die guten Werke wären die Gerechtigkeit und würden wahrhaft rechtfertigen, wenn dem Gesetz Gottes Genüge getan werden würde. Es steht aber fest, dass die Menschen dem Gesetz Gottes nicht genüge tun. Also ist es nötig, etwas anderes zu suchen, durch das wir für Gerechte gehalten [iusti reputemur] werden« (aaO. 53). Der zweite Syllogismus baut auf dem ersten auf und befasst sich mit einer gesetzesobservanten Vereinnahmung der Rechtfertigungslehre: »Ein anderes [Argument]: Die Gerechtigkeit ist Gehorsam gegen das ganze Gesetz. Die guten Werke sind Gehorsam gegen das ganze Gesetz. Also rechtfertigen die guten Werke.« Melanchthon entkräftet das Argument, indem er den Sachgehalt der Prämissen in Frage stellt: Erstens opponiere der Mensch fortwährend gegen das Gesetz und zweitens sei es gar nicht seine genuine theologische Funktion, die Rechtfertigung herbeizuführen: »Erstens ist die *minor* [d.h. die erste Prämisse] zu verneinen, denn die guten Werke sind nicht der vollendete Gehorsam gegen das Gesetz, weil die menschliche Natur gegen das Gesetz Gottes kämpft. Zweitens ist auf die *maior* [die zweite Prämisse] zu antworten: Die Gerechtigkeit des Gesetzes ist der Gehorsam gegen das Gesetz, aber weil wir über diesen nicht verfügen, deshalb ermöglicht das Evangelium die kostenlose Gerechtigkeit [gratuitam iustificationem]. Also bedeutet ›Gerechtigkeit‹ in Bezug auf das Evangelium die Anrechnung der Gerechtigkeit, durch die wir durch die Barmherzigkeit angenommen sind [accepti sumus], nicht wegen der Würdigkeit unserer Tugenden, wie ›Gerechtigkeit‹ oft in den Psalmen verwendet wird: ›Sie werden über deine Gerechtigkeit frohlocken‹, d.h. du wünscht dir, uns durch Barmherzigkeit anzuerkennen und uns zu befreien [approbare et recipere]« (ebd.). Der dritte Syllogismus hebt auf die Gottesliebe ab: »Ein anderes [Argument]: Sünde ist Hass auf Gott. Also ist Liebe [zu Gott] Gerechtigkeit.« Auch diesen Syllogismus weist Melanchthon als kurzschlüssig zurück, weil er nicht weit genug reiche – der Mensch sei nicht nur nicht zur Gerechtigkeit und zum Gesetzesgehorsam, sondern auch nicht zur Gottesliebe in der Lage: »Ich antworte: Es ist wahr, dass die Liebe die Gerechtigkeit des Gesetzes ist; aber weil die Menschen dem Gesetz nicht genügen, lieben sie auch nicht wahrhaft und sind nicht gerecht wegen der Liebe, sondern die Barmherzigkeit ist zu suchen« (ebd.). Der letzte Syllogismus betrifft einen vermeintlichen anthropologischen Kategorienfehler: »Ein anderes [Argument]: Die Gerechtigkeit liegt im Willen. Der Glaube ist

schlüssen navigiert die ganze ἀνάλυσις von Röm 5,12–8,8, vor allem aber die Adam-Christus-Gegenüberstellung, insofern sie die Sünde eindeutig als Originalsünde bestimmt, dieses Verständnis für die folgenden Begründungszusammenhänge exponiert und erst dadurch eine dialektische Zuordnung von Gesetz, Sünde und Gnade ermöglicht.

IV Die auslegungsgeschichtliche Reichweite der Interpretationsansätze Luthers und Melanchthons – Fazit und Ausblick

Als »auss bruch vnnd spaciergang« kann Luther die Adam-Christus-Gegenüberstellung in seiner Römerbriefvorrede von 1522 deswegen auffassen, weil er in ihr das besondere rhetorische Manöver einer *digressio* wiedererkennt: Nach Luther unterbricht Paulus das argumentative Gefüge seines Briefes, greift auf extraordinäre Sprachformen zurück und gestaltet die kontrastive Gegenüberstellung von Christus und Adam in einer für den Römerbrief einzigartigen Weise aus: Der Apostel »ertzelet«. Diese Auslegungsidee Luthers entsteht bereits in seiner Römerbriefvorlesung von 1515/16 und wird auch in anderen Texten vor 1522 greifbar. Damals schon gelangte der Reformator zur Überzeugung, dass es sich zumindest bei Röm 5,12b–14 um eine *digressio*, d.h. eine Abschweifung, handeln müsse. Diesen Begriff weitet er in der Vorrede von 1522 auf die ganze Textpassage von Röm 5,12–21 aus. Beide Abgrenzungen der *digressio* – von Röm 5,12b bis Röm 5,14 oder von Röm 5,12 bis Röm 5,21 – sind vor dem Hintergrund der antiken Rheto-

---

aber im Intellekt. Also werden wir nicht durch Glauben gerechtfertigt.« Diesen Syllogismus weist Melanchthon mit dem Hinweis zurück, dass es sich bei der Gerechtigkeit ja nicht um eine dem Willen des Menschen zugehörige Qualität handele, sondern vielmehr um eine angerechnete, imputative Gerechtigkeit, die sich auf etwas anderes außerhalb unser selbst (»aliud extra nos«) bezieht: »Zu diesem Argument ist auf diese Weise zu antworten: Die Gerechtigkeit des Gesetzes meint unseren Gehorsam, unsere Tugenden und unsere Eigenschaften in unserem Willen. Aber hier bedeutet Gerechtigkeit Anrechnung der Gerechtigkeit. Wir lehren nämlich, dass die Menschen als Gerechte angesehen werden, d.h. angenommen werden nicht wegen einer eigenen Eigenschaft, sondern wegen etwas außerhalb von uns [aliud extra nos], nämlich wegen Christus durch die Barmherzigkeit. Und dennoch ist es nötig, diese Barmherzigkeit durch den Glauben zu erlangen. Und der Glaube ist nicht nur eine Kenntnis [notitia], sondern ein Wollen im Willen [in voluntate velle] und ein Annehmen der Verheißung [accipere promissionem]« (aaO. 52).

rik plausibel, die Abgrenzung der kürzeren *digressio* in der Vorlesung von 1515/16 erweist sich jedoch als philologisch präziser, insofern Luther hier ausschließlich den im engeren Sinne narrativen Textanteil der Gegenüberstellung, Röm 5,12b–14, berücksichtigt. Wenn Luther jenen Spaziergang als »lustig« bezeichnet, macht er damit zum einen darauf aufmerksam, dass Röm 5,12–21 die argumentative Formstrenge des Textes aufbricht und bereits Erschlossenes noch einmal in pointierter Weise zusammenfasst. Zum anderen deutet Luther mit dem Adjektiv »lustig« an, dass der Spaziergang von Röm 5,12–21 ganz auf der Linie von Röm 5,1–11 verstanden werden muss, wo Paulus den Adressaten des Römerbriefs die Verwandlung des Menschen durch den Glauben an Christus in freudiger Weise vor Augen führte: »Lustig« ist die Adam-Christus-Gegenüberstellung, insofern sie zeigt, dass Christus die Adamssünde tatsächlich überwindet.

Luthers Einschätzung hat sich nach und nach auch im Druckbild der Deutschen Bibel materialisiert: Im Septembertestament von 1522 sind Röm 5,12–14; 5,15; 5,16f; 5,18f und 5,20f noch als gleichberechtigte Absätze voneinander abgehoben (ebenso in den Wittenberger und Augsburger Ausgaben von 1524), doch bereits in der Nürnberger Ausgabe des Neuen Testaments von ca. 1533 (durch Hergot) und der Wittenberger Ausgabe von 1534 (bei Lufft) werden für den Auftakt von Röm 5,12 Initialen verwendet, welche in beiden Drucken normalerweise ausschließlich dem Kapitelauftakt vorbehalten sind. Die deutliche, typographische Abgrenzung von Röm 5,12 ist für die folgenden Drucke maßgebend: In der Ausgabe letzter Hand (1545) und in Rörers Druck von 1546 werden die Verse 5,15 und 5,20 mit Versalien, Vers 5,12 wiederum mit einer Initiale bedacht, die Textbereiche Röm 5,12–14; 5,15–19 und 5,20f mit den Marginalüberschriften »Sünde«, »Gnade« und »Gesetz« versehen. Auch hier sind die Verwendung einer kapitelinternen Initiale wie auch die rasche Abfolge der Versalien, aufs Ganze der Drucke besehen, außergewöhnlich.[77] Das Druckbild der Deutschen Bibel leistet also Luthers Ansatz Folge, Röm 5,12 deutlich vom vorherigen Text abzugrenzen.

---

77 Über den ganzen Römerbrief werden in Rörers Druck (analog zur Ausgabe letzter Hand) kapitelinterne Versalien in Röm 1,8; 1,18; 1,24; 2,17; 2,25; 3,9; 3,21; 3,27; 4,23; 5,18; 5,31; 6,12; 6,15; 7,7; 7,13; 8,12; 9,6; 9,10; 9,14; 9,19; 9,24; 9,30; 11,11; 11,17; 11,25; 11,33; 12,3; 12,9; 13,7; 13,11; 15,8; 15,14; 15,25; 15,30; 16,3; 16,17; 16,21 verwendet.

Melanchthons Einschätzung des Textes wurde hier als exegetischer Kontrapunkt zu Luthers Auslegung aufgerufen. Er gelangt in der Zeit von 1520 bis 1532 zu der Auffassung, dass die Gegenüberstellung von Röm 5,12–21 den zweiten, großen Teil des Römerbriefs eröffnet, in dem die zentralen, protestantischen *loci* Sünde, Gesetz und Gnade zusammengestellt und unter Verwendung einer dialektisch-systematischen, d. h. wissenschaftlichen Methode behandelt werden. Auch Melanchthon versteht den Römerbrief konsequent antipelagianisch: Der großen ἀνάλυσις von Röm 5,12–8,8 kommt die Funktion zu, die Angewiesenheit des Menschen auf die Rechtfertigung durch den Glauben argumentativ zu untermauern. Insbesondere in Röm 5,12–19 werde die Sündenlehre im Sinne einer radikalen Erbsündenlehre erschlossen. Die Adam-Christus-Gegenüberstellung bildet nach Melanchthon eine der zentralen, unabdingbaren Argumentationssequenzen des Römerbriefs – es würde nicht in Frage kommen, sie zur *digressio* zu degradieren.

Die exegetische Sachfrage, ob Paulus in Röm 5,12–21 mit den Römern spazieren gehen oder aber »ein neues Buch« eröffnen wolle, hallt bis in die moderne neutestamentliche Forschungsdiskussion nach, die nach wie vor um die Einbindung des Textes in die Argumentationsstruktur des Römerbriefs,[78]

---

78 Die Verbindung zwischen Röm 5,1–11 und 5,12–21 durch διὰ τοῦτο ist höchst umstritten, vgl. zur Gesamtdiskussion P. BAHL, Die Macht der Sünde im Römerbrief. Eine Untersuchung vor dem Hintergrund antiker Argumentationstheorie und -praxis (BHTh 189), 2019, 224–239. Vgl. im Einzelnen U. LUZ, Zum Aufbau von Röm. 1–8 (ThZ 25, 1969, 161–181), 179; O. HOFIUS, Die Adam-Christus-Antithese und das Gesetz. Erwägungen zu Röm 5,12–21 (in: DERS., Paulusstudien [WUNT I,143], 2002, 62–103), 73f; E. BRANDENBURGER, Adam und Christus. Exegetisch-religionsgeschichtliche Untersuchung zu Röm. 5,12–21 (1. Kor. 15) (WMANT 7), 1962, 257–259. Sie hat weitreichende Konsequenzen für die Beurteilung der Kohärenz von Röm 5,1–11 und 5,12–21. Nach O. MICHEL, Der Brief an die Römer (KEK 4), ¹⁴1978, 46 bildet Röm 5,1–11 einen Übergang zwischen den beiden Hauptteilen Röm 1–4 und Röm 5–8. Auch hinsichtlich des Begriffsinventars erkennt Michel, aaO., 93 in Röm 5,12 eine deutliche Zäsur: »Ein eigenartiges Problem liegt darin, daß die Wortgruppe πίστις-πιστεύειν in Röm 5–8 zurücktritt. Die Adam-Christusparallele, die Tauflehre und die Entgegensetzung Fleisch-Geist arbeiten zunächst mit anderem Begriffsmaterial und anderen Denkformen als die Rechtfertigung und das ihr zugeordnete Glaubensverständnis.« Auch U. SCHNELLE, Paulus. Leben und Denken, 2003, 360, Anm. 90 betont die konzeptionelle Geschlossenheit der mit der Adam-Christus-Gegenüberstellung eröffneten Argumentation von Röm 5,12–8,4. Eine

den inneren Aufbau der Passage[79] und die Bestimmung ihres Skopus ringt.[80] Die drei exegetischen Detailprobleme kulminieren in der strittigen Frage: Handelt es sich bei der Adam-Christus-Gegenüberstellung um ein in sich abgeschlossenes Textgebilde, mithin einen Fremdkörper in der Argumentation des Römerbriefs, oder hat sie eine integrale Funktion für den Brief, insofern Paulus hier erstmals diejenigen theologischen Begriffe in ein Ver-

---

pointierte Gegenposition bezieht M. WOLTER, Der Brief des Paulus an die Römer (EKK 6,1), Teilbd. 1: Röm 1–8, 2014, 362: »Röm 5,12–21 war ursprünglich nur als eine kurze Ergänzung zu 5,1–11 geplant. Sie ist Paulus dann jedoch aus dem Ruder gelaufen und zu einer ausführlichen und theologisch gewichtigen Abhandlung über das Verhältnis von Sünde und Gnade angewachsen.«

79 Vgl. M. THEOBALD, Die überströmende Gnade. Studien zu einem paulinischen Motivfeld (FB 22), 1982, 71–73. Er spricht bei Röm 5,12–21 von einem »argumentative[n] Text« und gliedert den Text in Röm 5,12–14; 15–17; 18–21. HOFIUS, Antithese (s. Anm. 78), 63–68 versteht Röm 5,12 als »Einsatz« zur Gegenüberstellung (aaO., 65), Röm 5,13.14a als »erläuternde Anmerkung zu der Aussage von V. 12b« (ebd.), Röm 5,14b als »beherrschenden Grundsatz [...], von dem her die in 5,12–21 vorgetragene Gegenüberstellung überhaupt nur möglich ist: ὅς ἐστιν τύπος τοῦ μέλλοντος«, Röm 5,15–17 als Betonung der »Unvergleichbarkeit zwischen Adam und Christus« (ebd.), Röm 5,18f sei eine »antithetische Entsprechung« (aaO., 66) und Röm 5,20f als »Abschluß« (ebd.).

80 Vgl. exemplarisch H. WEDER, Gesetz und Sünde. Gedanken zu einem qualitativen Sprung im Denken des Paulus (NTS 31, 1985, 357–375), 362: »Der hier festzustellende qualitative Sprung im Denken des Paulus besteht also darin, dass er die quantitative Aussage des Sünderseins einiger (vielleicht vieler) übersteigt durch die qualitative Aussage, dass schlechthin alle Menschen Sünder sind. Daraus ergibt sich die These, dass Paulus die Sünde gar nicht mehr durch das Gesetz definiert sein lässt. Daraus folgt wiederum, dass Sünde nicht mehr ausschliesslich ein Tatphänomen ist, auch wenn Paulus den Tataspekt ganz und gar nicht ausschliesst«. Vgl. etwa SCHNELLE, Paulus (s. Anm. 78), 362: »Die universal-mythische Darstellung bedarf der individuellen Konkretion. Für das Verhältnis von Röm 5,12–21 und Röm 6 heißt dies: Röm 5,12–21 ist die sachliche und argumentative Voraussetzung für Röm 6; Röm 6 wiederum die notwendige Explikation von Röm 5,12–21.« Vgl. auch M. THEOBALD, Der Römerbrief, 2000, 176: »Paulus spricht von ›Sünde‹ und ›Tod‹ nur um zu erhellen, woraus der an Christus Glaubende durch Gottes überschwängliche Gnade errettet wurde«. Vgl. T. SCHREINER, Romans, [8]2009, 279; WOLTER, Brief (s. Anm. 78), 345; J.D.G. DUNN, Romans (WBC 38A), 1988, 275: »[...] it must be tied up with Paul's evident concern here to emphasize the role and power of sin and death as ultimately independent of the law [...].« BRANDENBURGER, Adam (s. Anm. 78), 181 spricht davon, dass der »Faktor Gesetz [...] neu in den Zusammenhang eingeführt wird und darin eine beherrschende Rolle spielt.«

85

hältnis zueinander setzt, die für Röm 6,1–8,39 prägnant sind? Der hier durchgeführte Vergleich der Auslegungsansätze Luthers gibt dieser neutestamentlichen Sachdiskussion drei Impulse. Er zeigt erstens, dass sich an der Einschätzung des rhetorischen Charakters der Adam-Christus-Gegenüberstellung im Gefüge der Argumentation von Röm 5 die theologische Reichweite der brisanten Erbsündenthematik entscheidet: Wer die intratextuelle Schwelle von Röm 5,11 und 5,12 bestimmt, bestimmt die Relevanz und Funktion der Adamreferenz und muss Stellung zur Frage beziehen, was die dominanten Obertöne des Textes sind: Muss man den Text *hamartiologisch* lesen, da es vornehmlich um die Adamssünde in ihrem Verhältnis zur Sünde aller Menschen geht (Röm 5,12–14); *christologisch-soteriologisch*, weil er sich um die Überbietung der Sünde durch die Gnade, wie sie durch Christi Gehorsam erschlossen wurde, dreht (Röm 5,15–19); oder vielleicht *auf die Desavouierung des Gesetzes hin* verstehen, da Paulus den νόμος aus der heilsgeschichtlichen Dialektik von Sünde und Gnade auszuklammern versucht (Röm 5,20f)? Zweitens zeigt der angestellte Vergleich, dass die historische Verortung der Adam-Christus-Gegenüberstellung im Rahmen der antiken Argumentationstheorie eine bleibende Aufgabe und eine unabdingbare Voraussetzung ihrer theologischen Interpretation ist. Dabei geht es freilich nicht nur um die Gewichtung der narrativen Anteile innerhalb der diskursiven Struktur des Textes, sondern auch um die Frage der Abmischung und Pragmatik des Wechsels zwischen analytisch-didaktischen und persuasiv-rhetorischen Sprachformen. Zuletzt zeigt der Vergleich den exegetischen Wert des auslegungsgeschichtlichen Zugangs: Die Wahrnehmung der Auslegungsperspektive stimuliert den hermeneutischen Zirkel, indem sie den Schwerpunkt auf die theologische Rezeption des Textes legt, die in ihren jeweiligen historischen Kontexten vereinnahmend, überblendend und theologisch voreingenommen sein kann und gerade deswegen zur exegetischen Stellungnahme auffordert.

An der überspitzten Frage, ob Paulus mit den Römern spazieren geht, entscheidet sich daher nicht nur die historisch greifbare und immer noch schwelende exegetische Kontroverse über Stellung und Funktion der Adam-Christus-Gegenüberstellung im Gesamtgefüge des Römerbriefs, sondern auch die Legitimität und Belastbarkeit jeder bibeltheologischen Referenz auf Röm 5,12–21 im Zuge aktueller soteriologischer, hamartiologischer oder anthropologischer Argumentationen.

Kirche glauben!
Luthers Ekklesiologie nach seiner Schrift
Vom Papsttum zu Rom (1520)

Von Roland M. Lehmann

Im Zuge der Reunionsdebatten formulierte Samuel von Pufendorf Ende des 17. Jahrhunderts als einer der ersten die Auffassung, dass letztlich nicht die Rechtfertigungslehre, nicht das Abendmahlsverständnis, nicht die Messopfertheologie, ja auch nicht das Papstamt diejenigen Streitpunkte seien, welche die katholische und evangelische Konfession prinzipiell voneinander trennen.[1] Vielmehr läge deren unüberwindbarer Gegensatz in den verschiedenen Auffassungen über Wesen und Erscheinung von Kirche.[2]

Daher ist es auch nicht verwunderlich, dass in der Lutherdekade und im Reformationsjubiläum 2017 der Kirchenbegriff programmatisch ausgeblendet wurde. Betrachtet man die Jahresthemen der Lutherdekade, so fällt

---

[1] S. PUFENDORF äußerte sich kritisch gegen ber den Reunionsbem hungen von Leibniz und Molanus in § 13 seines Werkes *Jus feciale divinum*, welches er 1690 verfasste und 1695 postum erschien (vgl. DERS., Jus feciale divinum [in: Samuel Pufendorf. Gesammelte Werke, hg. v. D. DÖRING, 2004, 20–28]). Leibniz reagierte 1695 darauf mit der Stellungnahme *Epistola ad amicum super exercitationes posthumas Samuelis Pufendorfii de consensu et dissensu protestantium* (Akademie-Ausgabe IV.6, Nr. 47), 326. Vgl. hierzu die Einleitung von D. DÖRING in: Jus feciale divinum, hg. v. DEMS. (in: Samuel Pufendorf. Gesammelte Werke, hg. v. D. DÖRING, Bd. 9: Jus feciale divinum, 2004, VII–LXXX), XLI–XLV.LXXII; D. DÖRING, Leibniz als Verfasser der ›Epistola ad amicum super exercitationes posthumas Samuelis Pufendorfii de consensu et dissensu protestantium‹ (ZKG 104, 1993, 176–197).

[2] Vgl. das Urteil von F. SCHENKE, Samuel Pufendorf und die kirchlichen Einheitsbestrebungen (Die Eiche. Vierteljahresschrift für soziale und internationale Arbeitsgemeinschaft 11, 1923, 31–35), 32. Vgl. hierzu in meiner Dissertation: R.M. LEHMANN, Die Transformation des Kirchenbegriffs in der Frühaufklärung (JusEcc 99), 2013, 153f.

auf, dass der Kirchenbegriff fehlt.[3] Ein ekklesiologisches Themenjahr hätte wohl dem Vorhaben der Evangelischen Kirche in Deutschland entgegengestanden, ein ökumenisch ausgerichtetes und auf Versöhnung setzendes Reformationsgedenken zu initiieren.[4]

Die prinzipielle Differenz in der Ekklesiologie auch hinsichtlich des Amtsverständnisses besteht in der unterschiedlichen Bestimmung des Verhältnisses von sichtbarer und unsichtbarer Kirche.[5] In seiner 1832 erschienenen Symbolik formulierte der katholische Theologe Johann Adam Möhler diese Differenz folgendermaßen:

> Die Katholiken lehren: die sichtbare Kirche ist zuerst, dann kommt die unsichtbare: jene bildet erst diese. Die Lutheraner sagen dagegen umgekehrt: aus der unsichtbaren geht die sichtbare Kirche hervor, und jene ist der Grund von dieser.[6]

Der prinzipielle Gegensatz zwischen Protestantismus und Katholizismus speist sich insofern aus der Umkehrung des Konstitutionsgrunds von sichtbarer und unsichtbarer Kirche. Während im Katholizismus die sichtbare Kirche die Repräsentation der unsichtbaren Kirche in der Welt konstituiert, beruht der Protestantismus auf dem Prinzip, dass allein der Glaube der Konstitutionsgrund der unsichtbaren Kirche sei, durch den man die sichtbaren institutionalisierten Ausgestaltungen zu beurteilen habe.[7] Auch im

---

3 Die Themenjahre lauteten: Reformation und Bekenntnis (2009), Reformation und Bildung (2010), Reformation und Freiheit (2011), Reformation und Musik (2012), Reformation und Toleranz (2013), Reformation und Politik (2014), Reformation – Bild und Bibel (2015), Reformation und die Eine-Welt (2016), Reformationsjubiläum (2017).

4 Vgl. die Ziele in der gemeinsamen Erklärung der evangelischen und katholischen Kirche in Deutschland zum 500. Reformationsjubiläum: Erinnerung heilen – Jesus bezeugen. Ein gemeinsames Wort zum Jahr 2017 (GeTe 24), hg. v. EKD, 2016, 15–17. Vgl. bereits die Schrift der EKD: Rechtfertigung und Freiheit. 500 Jahre Reformation 2017. Ein Grundlagentext des Rates der Evangelischen Kirche in Deutschland, hg. v. EKD, ⁴2015, 108f.

5 Vgl. hierzu den grundlegenden Aufsatz: U. BARTH, Sichtbare und unsichtbare Kirche. Die Tragweite von Luthers ekklesiologischem Ansatz (in: Kritischer Religionsdiskurs, hg. v. DEMS., 2014, 1–51).

6 Vgl. J.A. MÖHLER, Symbolik oder Darstellung der dogmatischen Gegensätze der Katholiken und Protestanten nach ihren öffentlichen Bekenntnisschriften, 1843, 419.

7 Erinnert sei ebenfalls an die Formel von Friedrich Schleiermacher zum Wesen des Protestantismus in § 24 seiner *Glaubenslehre*, die trotz aller Unterschiede in die gleiche Richtung zielt: Im Protestantismus werde »das Verhältnis des Einzelnen zur Kirche« abhängig gemacht »von seinem Verhältnis zu Christo«. Im Katholizismus sei dies genau

Zuge des Zweiten Vatikanischen Konzils ist der Gedanke einer Darstellung der unsichtbaren in der sichtbaren Kirche im Katholizismus nirgends aufgegeben worden.[8] Zugespitzt formuliert: Ein Katholik glaubt *an* die Kirche, ein Protestant aber *glaubt* die Kirche.

Eine solche prinzipielle Verhältnisbestimmung klärt jedoch noch nicht die Frage, wie Luther im Einzelnen die Unterscheidung von sichtbarer und unsichtbarer Kirche bestimmt hat und wie diese Unterscheidung mit seinem Verständnis von den zwei Reichen bzw. zwei Regimenten zusammenhängt. Deshalb soll hier ein erneuter Versuch unternommen werden, die Ekklesiologie Luthers insbesondere Anfang der 1520er-Jahre zu entfalten. Um ein genaueres Verständnis der Programmatik Luthers zu erzielen, werden seine Aussagen von den Deutungen der nachfolgenden Theologiegeschichte abgegrenzt. Als Hauptquelle wird dabei der gegen Augustin von Alveldt gerichtete Traktat *Vom Papsttum zu Rom* dienen, ohne jedoch die Entwicklung von Luthers Kirchenbegriff außer Acht lassen zu wollen. Bevor sich dieser Quelle zugewandt wird, sollen jedoch in einem ersten Schritt die klassisch gewordenen Rekonstruktionsversuche in der Lutherforschung erörtert werden. In einem zweiten Schritt werden zunächst Anlass und Aufbau der Schrift *Vom Papstum zu Rom* dargelegt. Danach ist in einem dritten Schritt Luthers Verständnis der unsichtbaren Kirche als *communio sanctorum* zu erörtern. Der vierte Schritt thematisiert die Multidimensionalität und Zweideutigkeit der sichtbaren Kirche, gefolgt von einem weiteren, in dem die sichtbare Kirche als Kultgemeinschaft und deren Zeichen betrachtet werden. Im sechsten Schritt werden Luthers Verständnis von den zwei Reichen und deren Unterschiede zur *Adelsschrift* und zur *Obrigkeitsschrift* beleuchtet. Ein Ausblick zur Bedeutung der lutherischen Ekklesiologie für die Gegenwart rundet die Untersuchung ab.

---

umgekehrt (CG² § 24, 137). Vgl. hierzu M. SCHRÖDER, Die kritische Identität des neuzeitlichen Christentums. Schleiermachers Wesensbestimmung der christlichen Religion (BHTh 96), 1996, 61–64.

8 Vgl. hierzu auch die Debatten um das »subsistit« in »Lumen Gentium«, Art. 8 bei P. LÜNING, Das ekklesiologische Problem des »subsistit« in (LG 8) im heutigen ökumenischen Gespräch (Cath[M] 52, 1998, 1–23); H. DÖRING, Grundriß der Ekklesiologie. Zentrale Aspekte des katholischen Selbstverständnisses und ihre ökumenische Relevanz, 1986, 76–81.

Wenn hierbei von »sichtbarer« und »unsichtbarer Kirche« gesprochen wird, dann im Sinne von methodisch-hermeneutischen Fachbegriffen. Sie repräsentieren ein ganzes Feld äquivalenter Termini wie »inwendig« und »äußerlich«, »seelisch« und »leiblich«, »sichtlich« und »unsichtlich« sowie »geoffenbart« und »verborgen«.[9]

I Die Rekonstruktionsversuche in der Lutherforschung

Seit Beginn des 20. Jahrhunderts lassen sich in der Forschung zwei Schwerpunkte ausmachen. Der eine konzentriert sich auf die Entwicklung von Luthers Kirchenbegriff. Hierzu wurde insbesondere die erste Psalmenvorlesung (1513–1515) in den Blick genommen. Auslöser für die Diskussion über Luthers Kirchenbegriff war die Debatte zwischen Hartmann Grisar und Karl Holl. Deren Ansichten bildeten seit jeher die möglichen Extrempositionen in dieser Frage. In seiner dreibändigen Lutherbiographie schrieb der österreichische Jesuit und Kirchenhistoriker Grisar, Luthers Kirchenbegriff sei erst in den Jahren 1518 bis 1521 entstanden, vorher habe sich Luther gänzlich in den Bahnen der augustinisch-scholastischen Lehre vom *corpus Christi mysticum* bewegt.[10] Holl dagegen behauptete in seinem Aufsatz *Die Entstehung von Luthers Kirchenbegriff* leicht missverständlich, Luther habe bereits in seiner ersten Psalmenvorlesung einen Kirchenbegriff formuliert, den er im Zuge seiner Rechtfertigungslehre ausgebildet und zeitlebens vertreten habe.[11] Dabei unterscheide er zwischen einem en-

---

9 Vgl. E. RIETSCHEL, Luthers Anschauung von der Unsichtbarkeit und Sichtbarkeit der Kirche (ThStKr 73, 1900, 404–456). Er weist gegenüber der älteren Forschung, vertreten durch Carl Mönckeberg, nach, dass Luther auch in seiner Spätzeit den Begriff ›unsichtbare Kirche‹ verwendete und ihn nicht aus Gründen der Missverständlichkeit fallen gelassen habe (aaO., 438). Vgl. C. MÖNCKEBERG, Luthers Lehre von der Kirche. Ein Wort des Friedens, 1876, 31.
10 Vgl. H. GRISAR, Bd. 3: Am Ende der Bahn. Rückblicke, ³1924, 775; DERS., Bd. 1: Luthers Werden. Grundlegung der Spaltung bis 1530, ³1924, 260–264. Vgl. ferner DERS., Die Literatur des Lutherjubiläums 1917. Ein Bild des heutigen Protestantismus (ZKTh 42, 1918, 591–814), hier 600.
11 Vgl. K. HOLL, Die Entstehung von Luthers Kirchenbegriff (in: DERS., Gesammelte Aufsätze zur Kirchengeschichte, Bd. 1: Luther, ⁶1932, 288–325). In der Forschung ist häufig übersehen worden, dass Holl seine Untersuchung mit der Stellungnahme beendet: »Das ist ein vollkommen fertiger, in sich abgerundeter Gedankenzusammenhang. Es ist derje-

gen unsichtbaren Kreis der wahrhaft Gläubigen und einem äußeren sichtbaren Kreis, der gute und böse Menschen umschließe. Das Evangelium binde beide Kreise zusammen.[12] Insbesondere der Identifizierung eines bereits reformatorisch geprägten Kirchenbegriffs in der Psalmenvorlesung haben mit verschiedenen Argumenten Wilhelm Wagner[13], Holsten Fagerberg[14],

nige Kirchenbegriff, den Luther zeitlebens vertreten hat« (aaO., 288f). Für Holl ist dieses Ergebnis jedoch nicht Endpunkt von Luthers Kirchenbegriff, sondern bildet vielmehr den Rahmen, innerhalb dessen Luther verbleibt, aus dem er aber im Zuge des Konflikts mit der Papstkirche immer schärfere ekklesiologische Konsequenzen zieht.

12 »Aus der Bedeutung, die das ›Wort‹ für ihn [Luther] [...] hatte, ergab sich von selbst, daß ihm jetzt das Evangelium als der wichtigste Besitz der Kirche [...] erschien« (aaO., 292). »Das Evangelium [...] wirkt zweiseitig. Es gewinnt die einen, während die andern unempfänglich bleiben. So vollzieht das Evangelium eine Scheidung« (aaO., 293). »Die Scheidelinie [...] fällt jedoch nicht mit der Grenze der äußeren Kirche zusammen; sie läuft vielmehr mitten durch sie hindurch« (aaO., 294). »So sondert sich innerhalb der äußeren Gemeinschaft ein engerer Kreis ab, der allein Kirche, d.h. Kirche Christi zu heißen verdient. Es sind die wahrhaft Gläubigen« (aaO., 295). »Diese Kirche ist aber ihrem Wesen unsichtbar [...]. Dennoch darf man niemals daran zweifeln, daß diese Kirche Christi wirklich da ist« (aaO., 297). »Und die Kirche Christi ist nicht bloß immer da, sie ist auch eine wirkliche Gemeinschaft, ja die einzig wahre, weil die innerlichste Gemeinschaft. Wohl hält kein äußerer Zwang ihre Glieder zusammen – Freiwilligkeit ist vielmehr das Kennzeichen [...], wohl sind sie räumlich voneinander getrennt und sich gegenseitig unbekannt. Trotzdem stehen sie miteinander in engster Verbindung« (aaO., 298).

13 Vgl. W. WAGNER, Die Kirche als Corpus Christi mysticum beim jungen Luther (ZKTh 61, 1937, 29–98), hier 32 und insbesondere 52f, Anm. 110. Wagner unterscheidet darin in erhellender Weise zwei mittelalterliche Linien im Umgang mit der Lehre vom *corpus mysticum Christi*. Die eine setzt den Leib mit der hierarchisch verfassten *ecclesia* gleich, die andere identifiziert ihn mit der *communio sanctorum*. In der Psalmenvorlesung, so seine Meinung, habe Luther noch die erste Linie betont (vgl. aaO., 49–52).

14 Vgl. H. FAGERBERG, Die Kirche in Luthers Psalmenvorlesungen 1513–1515 (in: Gedenkschrift für D. Werner Elert. Beiträge zur historischen und systematischen Theologie, hg. v. F. HÜBNER / W. MAURER / E. KINDER, 1955, 109–118). Im Vergleich zu Wagner macht Fagerberg darauf aufmerksam, dass Luther in der Psalmenvorlesung durchaus den *corpus mysticum Christi* auf die *communio sanctorum* bezogen hat, wenn man Luthers synonym gebrauchte Begriffe des Gottesvolkes (*populus fidelis, populus Dei, populis Christi, populus spiritualis, populus mysticus*) einbezieht (vgl. aaO., 111). Die gleiche Beobachtung hat allerdings auch schon Ferdinand Kattenbusch gemacht (vgl. F. KATTENBUSCH, Die Doppelschichtigkeit in Luthers Kirchenbegriff, 1928, 20–23). Ohne Holl im eigentlichen Sinn zu widersprechen, hebt Fagerberg den Begriff der Verborgenheit im Sinne von

Hans Joachim Iwand[15], Wilhelm Maurer[16], Gerhard Müller[17], Joseph Vercruysse[18], Scott H. Hendrix[19] und Kurt-Victor Selge[20] widersprochen. Auffällig ist jedoch, dass selbst diese Kritiker Holls Ansicht teilen, dass Luther in der Psalmenvorlesung bereits den durch das Wort vermittelten

Unergründlichkeit hervor (vgl. FAGERBERG, Kirche [s. Anm. 14], 117). Auch seine eigene Zusammenfassung gleicht eher der Position Holls, wenn er schreibt: »Die innere Geschlossenheit in Luthers Kirchenbegriff, wie dieser in den Psalmenvorlesungen vorliegt, dürfte damit aufgezeigt sein. Ihrem Wesen nach ist die Kirche populus fidelis und corpus Christi, in ihrem Äußeren manifestiert sie sich durch die eine, allgemeine und apostolische Kirche, worin die Guten mit den Bösen zusammenleben. Als Glaubensgegenstand und Träger der göttlichen Gaben ist sie verborgen, denn die geistliche Wirklichkeit, in welcher der Glaube lebt, verbirgt sich in diesem Zeitalter hinter Anfechtung, Leiden und Tod. In den Psalmenvorlesungen liegt noch nicht Luthers endgültige Anschauung vor, was sich u.a. in seinem Akzeptieren der kirchlichen Hierarchie zeigt [dies meint auch Holl, d. Vf.], aber mit dem Prinzip von der Autorität der Schrift und dem Glauben enthalten sie den Sprengstoff, womit Luther sich seinen eigenen Weg bahnen sollte, wenn die Stunde gekommen war. Er konnte es dann tun, ohne prinzipiell den Standpunkt verändern zu müssen, da er nur dem Kurs weiter folgte, der schon vorgezeichnet war« (aaO., 118).

15 Vgl. H.J. IWAND, Zur Entstehung von Luthers Kirchenbegriff. Ein kritischer Beitrag zu dem gleichnamigen Aufsatz von Karl Holl (in: Glaubensgerechtigkeit, Gesammelte Aufsätze, Bd. 2 [ThBib 64], hg. v. G. SAUTERS, ²1991, 198–239). Iwand kritisiert Holls Verknüpfung der Ekklesiologie mit der Rechtfertigungslehre, da er von einer Spätdatierung ausgeht. Er versucht, die Auffassung lapidar mit einem Zitat aus den Dictata auszuhebeln, in denen Luther seinen Ekel über die Gerechtigkeit ausdrückt (vgl. aaO., 204f, Anm. 15). Allerdings hat Luther im Zitat die menschliche und nicht die göttliche Gerechtigkeit vor Augen. Die darauffolgenden Relativierungen Iwands, es handle sich hierbei nicht nur um eine juristische Gerechtigkeit, überzeugten nicht.

16 Vgl. W. MAURER, Kirche und Geschichte nach Luthers Dictata super Psalterium (in: Lutherforschung heute. Referate und Berichte des 1. Internationalen Lutherforschungskongresses Aarhus, 18. August–23. August 1956, hg. v. V. VATJA, 1958, 85–101).

17 Vgl. G. MÜLLER, Ekklesiologie und Kirchenkritik beim jungen Luther (NZSTh 7, 1965, 100–128).

18 Vgl. J. VERCRUYSSE, Fidelis Populus. Eine Untersuchung über die Ekklesiologie in Martin Luthers Dictata super Psalterium (VIEG 48), 1968.

19 Vgl. S.H. HENDRIX, Ecclesia in via. Ecclesiological Developments in the medieval Psalms Exegesis and the Dictata super Psalterium (1513–1515) of Martin Luther (SMRT 8), 1974.

20 Vgl. K.-V. SELGE, Ekklesiologisch-heilsgeschichtliches Denken beim jungen Luther (in: Augustine, the Harvest, and Theology Essays [1300–1650]. Essays dedicated to Heiko Oberman in Honor of his Sixtieth Birthday, hg. v. K. HAGEN, 1990, 259–285).

Glauben hervorgehoben habe, mit dem allein die verborgene Gemeinschaft erfasst werden könne.[21]

Der andere Forschungsschwerpunkt konzentriert sich weniger auf die Genese von Luthers Kirchenbegriff, sondern fokussiert aus systematischer Perspektive dessen Gehalt. Hierzu betrachtete man insbesondere die ekklesiologischen Hauptschriften.[22] Auf deren Grundlage kam es zu einer

---

21 So referiert Fagerberg: »Nicht die Fleischlichen, sondern allein die Geistlichen verstehen durch fides und intellectus die wahre Wesensart der Kirche« (FAGERBERG, Kirche [s. Anm. 14], 114). Vgl. außerdem: »Wir erfassen die unsichtbare, himmlische Wirklichkeit hier bloß im Glauben« (aaO., 115). Und Wilhelm Maurer konstatiert: »In allen diesen Aussagen muß [...] die fides als das verbindende Glied zwischen Christus dem Haupte und der Kirche bzw. ihren Gliedern angenommen werden« (MAURER, Kirche [s. Anm. 16], 97). Ebenso Müller: »Luther sagt, die Kirche sei erkennbar ›per fidem‹ (WA 4; 189,17). Wo also Glaube ist, da wird die Kirche als Leib Christi, als in der Welt, aber nicht von der Welt erfaßt« (MÜLLER, Ekklesiologie [s. Anm. 17], 106).

22 Zu den ekklesiologischen Hauptwerken zählen der *Sermo de virtute excommunicationis* (Mai 1518) (WA 1; 634.638–643; LDStA 3; 1–16), die Quellen im Zusammenhang mit der *Leipziger Disputation* (27. Juni bis 16. Juli 1519) wie z.B. die *Erläuterung zur 13. These über die Gewalt des Papstes* (Juni 1519) (WA 2; 180.183–240; LDStA 3; 18–171) und sein *Sermon von dem hochwürdigen Sakrament des heiligen wahren Leichnams Christi und den Bruderschaften* (Dezember 1519) (WA 2; 738.742–758; DDStA 2; 29–67). Ferner seine im literarischen Hauptjahr verfassten Schriften *Sermon vom Bann* (Januar 1520) (WA 6; 61.63–75), *Vom Papsttum zu Rom* (Juni 1520) (WA 6; 277.285–324; DDStA 2; 72–151), *An den christlichen Adel deutscher Nation von des christlichen Standes Besserung* (Juni 1520) (WA 6; 381.404–469) und *De captivitate Babylonica ecclesia* (Aug. 1520) (WA 6; 484.497–573; LDStA 3; 174–375; StA 2; 168.172–259). Außerdem seine Streitschriften gegen Hieronymus Emser und Thomas Murner (März 1521) (*Auf das überchristlich, übergeistlich und überkünstlich Buch Bocks Emsers zu Leipzig Antwort. Darin auch Murnarrs seines Gesellen gedacht wird* [WA 7; 614.621–688]) sowie seine Streitschrift gegen Ambrosius Catharinus (Juni 1521) (*Ad librum eximii Magistri Nostri Magistri Ambrosii Catharini, defensoris Selv. Prieratis acerrimi, responsio Martini Lutheri. Cum exposita Visione Danielis VIII de Antichristo* [WA 7; 698.705–778; LDStA; 3, 417–423]). Hinzukommt das Werk *Von weltlicher Obrigkeit* (März 1523) (WA 11; 245–281; vgl. ferner die Weimarer Predigten aus dem Jahr 1522, WA 12; 327–335), sein an den Prager Stadtrat gerichtetes Sendschreiben *De instituendis ministris ecclesiae* (Nov. 1523) (WA 12; 160.169–196; LDStA 3; 576–647), zudem seine Schriften *Von der Winkelmesse und Pfaffenweihe* (Dez. 1533) (WA 38; 171.195–256), *Von den Konziliis und Kirchen* (März 1539) (WA 50; 488.509–653; DDStA 2; 530–799) und sein Traktat *Wider Hans Worst* (März 1541) (WA 51; 461.469–572).

kaum zu überblickenden Vielzahl an Untersuchungen zur Bestimmung des Kirchenbegriffs.[23] Auf zwei klassische Modelle soll hier im Vorfeld eingegangen werden, da sie von verschiedenen Ausgangspunkten die Ekklesiologie Luthers rekonstruieren. Der Hallenser Mitbegründer der neueren Konfessionskunde Ferdinand Kattenbusch entwickelte ein Modell, mit dem er eine »Doppelschichtigkeit« in Luthers Kirchenbegriff statuierte.[24] Er geht hierbei genauso wie Holl von der Idee einer *communio sanctorum* aus, die

---

23 Vgl. exemplarisch L. Pusztai, Luthers Verständnis der notae ecclesiae nach der Schrift: Von den Konziliis und Kirchen (1539), 1943; E. Kinder, Die Verborgenheit der Kirche nach Luther (in: Reformation, Schicksal und Auftrag, FS für Jospeh Lortz, Bd. 1, hg. v. E. Iserloh / P. Manns, 1958); Ders., Der evangelische Glaube und die Kirche. Grundzüge des evangelischen Kirchenverständnisses, 1958, hier insbesondere 57–69; H.A. Preus, The Communion of Saints. A Study of the Origin and Development of Luther's Doctrine of the Church (Series of Augsburg Publishing House lectureships 2), 1948; W. Höhne, Luthers Anschauung über die Kontinuität der Kirche (AGTL 12), 1963; Th. Steudle, Communio sanctorum beim frühen Martin Luther, Diss.masch., 1967; H. Schulz, Die Gestalt der Kirche. Die zentralen Lebensakte der nach dem Evangelium reformierten Kirche in den Werken D. Martin Luthers, Diss.masch., 1975; C.A. Aurelius, Verborgene Kirche. Luthers Kirchenverständnis in Streitschriften und Exegese 1519–1521 (AGTL, NF 4), 1983; V. Vajta, Die Kirche als geistlich-sakramentale communio mit Christus und seinen Heiligen bei Luther (LuJ 51, 1984, 10–62); I. Lønnig, Luther und die Kirche. Das blinde Wort und die verborgene Wirklichkeit (LuJ 52, 1985, 94–122); O.H. Pesch, Luther und die Kirche (aaO., 123–139) mitsamt den Koreferaten (aaO., 140–151); K. Hammann, Ecclesia spiritualis. Luthers Kirchenverständnis in den Kontroversen mit Augustin von Alveldt und Ambrosius Catharinus (FKDG 44), 1989; J. Lutz, Unio und communio. Zum Verhältnis von Rechtfertigungslehre und Kirchenverständnis bei Martin Luther. Eine Untersuchung zu ekklesiologisch relevanten Texten der Jahre 1519–1528 (KKTS 55), 1990; G. Neebe, Apostolische Kirche. Grundunterscheidungen an Luthers Kirchenbegriff unter besonderer Berücksichtigung seiner Lehre von den notae ecclesiae (ThBib 82), 1997; D. Wendebourg, Die Reformation in Deutschland und das bischöfliche Amt (in: Dies., Die eine Christenheit auf Erden. Aufsätze zur Kirchen- und Ökumenegeschichte, 2000, 195–224); C. Voigt-Goy, Potestates und ministerium publicum. Eine Studie zur Amtstheologie im Mittelalter und bei Martin Luther (SMHR 78), 2014; Ch. Spehr, Uma igreja cristã comum a todos. A compreensão de igreja na perspectiva de lutero / A christian Church common to all. The Comprehension of the Church in Luther's perspective (in: Reforma e Igreja. Estudos sobre a eclesiologia da Reforma na história e na atualidada, ed. por C. Schwambach / Ch. Spehr, 2015, 165–188).

24 Kattenbusch, Doppelschichtigkeit (s. Anm. 14), 70.

nur dem Glauben zugänglich sei. Diese Idee bleibe aber nicht gänzlich unsichtbar, sondern verkörpere sich durch die Liebe: »Die Gemeinschaft des Glaubens sei das Unsichtbare an der Gemeinschaft der Liebe, die der Liebe das Sichtbare an der des Glaubens«[25]. Die in der Welt sich verwirklichende *communio sanctorum* offenbare sich dabei in vielfältigen Formen. An dieser Stelle führt Kattenbusch zwei »Schichten« ein. Mit der einen Schicht sei die besondere Form der Kultgemeinschaft gemeint, in der sich die *communio sanctorum* äußere. Die andere Schicht sei das im allgemeinen Sinn verstandene und sich in allen möglichen Formen äußernde Liebeswirken der *communio sanctorum* in der Welt als Reich Gottes auf Erden, welches auch Familie und Staat umfasse.[26]

Kritik an diesem Modell wurde von Gudrun Neebe geübt.[27] Ihr zufolge hat Luther nirgends explizit die Trennung der beiden Schichten so vorgenommen.[28] Ohne bei Luther ein Hineinwirken der *communio sanctorum* in den weltlichen Bereich ganz in Abrede stellen zu wollen, betone der Reformator aus ihrer Sicht eher die Beschränkung des weltlichen Regiments auf die Aufgaben, Sicherheit nach innen und Frieden nach außen zu gewährleisten.[29] Anders formuliert hinterfragt Neebe, ob Kattenbusch

---

25 Ebd.
26 »So wie die Kirche, die communio sanctorum s. fidelium, äußerlich ›hervortritt‹, sich in der Welt geltend macht, in diesem Sinne bemerkbar wird, stellt sie sich in zweierlei Weise oder in einer Unterscheidung von zwei Schichten dar. [...] [E]s handelt sich um die ecclesia sensu generali und die ecclesia sensu speciali. Beidesmal ist die Rede von der ecclesia proprie dicta, aber so, daß zwischen zwei Formen unterschieden wird. Sensu generali ist die ›Kirche‹ die Christenheit in der begriffsmäßigen Totalität ihrer Merkmale, d.i. in der Vollvorhandenheit, Vollbetätigung als ›Volk Gottes‹ oder als ›Reich Gottes‹, schlechthin als ›das‹ corpus Christi auf Erden. Sensu speciali dagegen ist die Kirche die Christenheit in einer ihrer Formen, daß ich so sage nur eine Provinz im Reiche Gottes, nämlich in ihrer ›Besonderung‹ als Kultgemeinde« (aaO., 71). »Luther ist sich früh klar geworden, daß die Kultgemeinde nur eine (wie wichtig immer, dennoch eine begrenzte) Art von Christengemeinschaft sei, und darüber, daß Familie und Staat es seien, die weiter als solche in Betracht kämen« (aaO., 122).
27 Vgl. NEEBE, Apostolische Kirche (s. Anm. 23), 205 f, Anm. 78.
28 »Diese Unterscheidung [der beiden Schichten, d. Verf.] findet sich [...] bei Luther nirgends explizit ausgesprochen« (ebd.).
29 »Ich bestreite daher, daß Luther auch den Staat als zur Kirche als leiblicher Gemeinschaft gehörig betrachtet, in dem er doch ausdrücklich den anderen Arm Gottes am

Luthers Differenzierung in zwei Regimente bzw. Reiche genügend berücksichtigt habe.

Ein anderes Modell entfaltet Johannes Heckel, der zu den bedeutendsten deutschen Rechtshistorikern des 20. Jahrhunderts zählt. In seinem
Aufsatz *Die zwo Kirchen* interpretierte er die Schrift *Vom Papsttum zu
Rom*.[30] Anders als Kattenbuschs Ansatz, von der *communio sanctorum*
auszugehen, setzt Heckel beim Reichsverständnis Luthers an. Ihm zufolge
sei der Ausdruck »Reich« ein »personhafter Begriff«.[31] Dabei unterscheide
der Reformator zwei Typen von Reichen auf Erden: ein geistliches bzw. inneres und ein leibliches bzw. weltliches Reich.[32] Das innere Reich werde
von Christus als Haupt regiert, im äußeren tobe ein Kampf zwischen der
Herrschaft Gottes und der Herrschaft des Satans.[33] Im Reich Christi gelte
das göttliche Recht als *lex spiritualis*, nach dem sich alle Gläubigen kraft
des göttlichen Geistes freiwillig richten, das aber auch ein menschliches
Kirchenrecht verkörpern könne.[34] Das Reich der Welt beruhe hingegen auf

---

Werk sieht. Andererseits begrenzt Luther meines Wissens die Kirche als leibliche Gemeinschaft aber auch nicht ausdrücklich auf die Kultgemeinde« (ebd.). Vgl. ferner die
Rezension von Otto Ritschl über Kattenbuschs Studie in der Theologischen Literatur-
zeitung (ThLZ 5) 1929, 111–115.

30 Vgl. J. HECKEL, Die zwo Kirchen. Eine juristische Betrachtung über Luthers Schrift »Von
dem Papsttum zu Rome« (in: DERS., Das blinde, undeutliche Wort ›Kirche‹. Gesammelte
Aufsätze, hg. v. S. GRUNDMANN, 1964, 111–131).

31 »Für Luther ist das Reich ein personhafter Begriff, und zwar gleichbedeutend mit ›gemeine‹ (295, 3 und 22; 302, 8) oder Haufe (315, 13)« (aaO. 115).

32 »Eine Durchsicht der Schrift nach systematischen Gesichtspunkten ergibt wichtige
Aufschlüsse über den Stand der Rechtslehre Luthers in der ersten Hälfte des Jahres 1520.
[...] Beginnen wir mit seinen auf das Reich bezüglichen Aussagen! [...] Solche Reiche gibt
es auf Erden zwei Typen, nämlich ein geistliches (295, 22), innerliches (295, 2) oder in-
wendiges (293, 20) Reich und ein leibliches (295, 3; 302, 8) oder weltliches (293, 16; 295,
23)« (ebd.).

33 »Jenes Reich steht unter der Hauptschaft Christi, dieses unter der Hauptschaft oder Gewalt des Teufels (303, 2), aber zugleich unter der Herrschaft Gottes, der es im Kampf mit
der zerstörenden Macht des Satans erhält« (ebd.).

34 »Im Reich Christi lebt das göttliche Gesetz (291, 2 und 4; 292, 3) Gottes Ordnung (292,
22; 294, 24), das göttliche Gebot (291, 32) als lex spiritualis [...]. Das will sagen: Es fordert
unbedingten und unteilbaren (294, 25) Gehorsam des Glaubens, und es macht wunder-
barerweise zugleich frei (exemt). [...] Kurz, es hat Eigenschaften, die keine menschliche

»einer leiblichen Ordnung der menschlichen Verhältnisse«[35], die von einer Vielzahl weltlicher Häupter regiert werde.[36] Die geistliche Kirche hingegen sei kein »›leibliches‹ Gemeinwesen, sondern eine ›Versammlung der hertzen in einem glauben‹ und daher ›mit Christo in got verborgen‹«[37]. Allein Gott wisse, wer der geistlichen Kirche angehöre.[38] Davon zu unterscheiden ist die sichtbare Kirche. Wort und Sakrament als Zeichen dienten als Bindeglied der inwendigen und äußeren Kirche, zugleich aber auch als Scheidepunkt der Hörenden in Gläubige und Ungläubige.[39]

Abgesehen von der weiteren Debatte, die Althaus und Heckel über die personenhafte oder funktionale Interpretation der Zwei-Reiche- bzw. Zwei-Regimente-Lehre führten,[40] ist bei Heckel kritisch einzuwenden,

---

Ordnung besitzt. Im Gegensatz zu dessen Leiblichkeit ist es, weil Gottes Wort, ›Geist und Leben‹ (317, 13). Das schließt nicht aus, daß Menschen ihrerseits im Gehorsam gegen Gottes Gesetz eine menschliche Ordnung vorsehen und handhaben. Aber ihr Tun ist mit dem göttlichen Gesetz nur dann und insoweit verträglich, als es im ›Geist steht‹ (296, 8). Wie der Zusammenhang ergibt, spielt der Reformator damit auf das menschliche Recht innerhalb der Kirche auf Erden an, d.h. auf das menschliche Kirchenrecht« (aaO., 116f).

35 AaO., 116.

36 »Jedes politische Reich wird regiert von einem oder mehreren Häuptern [...]. Einen Weltmonarchen gibt es nicht« (aaO., 117f).

37 AaO., 120.

38 »Aber wie ist nun der Kreis derer zu bestimmen, die sich so zu verhalten haben? Wer darf nach menschlichem Urteil dazu gerechnet werden? Wer der geistlichen Kirche angehört, weiß ja allein Gott. Da die Kirche eine geistliche Gemeinde ist, kann eine Beziehung zu ihr [Kirche in der Welt] nur geistlich bestehen, und das heißt: im Glauben, welcher an äußeren, auf ihn zukommenden ›Zeichen‹ das Walten des Heiligen Geistes und damit das Vorhandensein der geistlichen Kirche vernimmt. Diese Zeichen sind Sakrament (Taufe, Buße und Eucharistie) und Evangelium (301, 3 mit 312, 4)« (aaO., 121).

39 »Und daher wirken Wort und Sakrament nicht sowohl als Bindeglied zwischen der äußeren und der inwendigen Kirche, sondern sichtend und scheidend unter denen, die es hören [...]. Deshalb trennt das Wort und Sakrament die Hörerschaft in zwei Gruppen, deren eine geistlich erfaßt und deren andere nur äußerlich davon berührt werden [...]. Man kann sich das Verhältnis der wahren und der Namenschristen als dasjenige zweier konzentrischer Kreise vorstellen, deren innerer die gläubigen Getauften, deren äußerer die getauften Ungläubigen umfasst« (aaO., 123f).

40 Vgl. J. HECKEL, Lex charitatis. Eine juristische Untersuchung über das Recht in der Theologie Martin Luthers, ²1973 und die Kritik von P. ALTHAUS, Die beiden Regimente bei

dass Luther in seiner Schrift *Vom Papsttum zu Rom* zwar ein bestimmtes Verständnis über beide Reiche mitführt, dieses aber nicht den Ausgangspunkt seiner Gedanken bildet.

II Anlass und Aufbau der Schrift

Der Franziskanermönch Augustin von Alveldt[41] aus dem Leipziger Observantenkloster wurde zum Jahreswechsel 1519/20 vom Merseburger Bischof Adolph II. von Anhalt damit beauftragt, eine Schrift gegen Luther zu verfassen.[42] Darin sollte Alveldt Luthers Ansicht widerlegen, dass man das Papsttum nach göttlichem Recht bzw. aus der Heiligen Schrift nicht begründen könne. Bereits am 7. April 1520 vollendete Alveldt sein Manuskript *Super apostolica sede*.[43] Sogleich kündigte er Luther in einem Brief seine Schrift an.[44] Weil der erste Druck durch den Leipziger Martin Landsberg jedoch

Luther. Bemerkungen zu Joh. Heckels »Lex charitatis« (1956) (in: H.-H. SCHREY, Reich Gottes und die Welt. Die Lehre Luthers von den zwei Reichen [WdF 57], 1969, 517–527). Die Entgegnung erfolgte durch J. HECKEL, Im Irrgarten der Zwei-Reiche-Lehre Luthers, 1957 (in: DERS., Lex charitatis, 317–353). Vgl. ferner H. WEBER, Die lutherische Sozialethik bei Johannes Heckel, Paul Althaus, Werner Elert und Helmut Thielicke. Theologische Grundlagen und sozialwissenschaftliche Konsequenzen, 1959; F. LOHMANN, Ein Gott – zwei Regimente. Überlegungen zur Zwei-Reiche-Lehre Martin Luthers im Anschluss an die Debatte zwischen Paul Althaus und Johannes Heckel (Luther 74, 2003, 112–138).

41 Zur Vita vgl. L. LEMMENS, Pater Augustin von Alfeld (gest. um 1532). Ein Franziskaner aus den ersten Jahren der Glaubensspaltung in Deutschland (Erläuterungen und Ergänzungen zu Janssens Geschichte des deutschen Volkes 1/4), 1899; H. SMOLINSKY, Augustin von Alveldt und Hieronymus Emser. Eine Untersuchung zur Kontroverstheologie der frühen Reformationszeit im Herzogtum Sachsen (RST 122), 1983, 9. 48–422. Vgl. ferner Vorwort und Einleitung von Johannes Karl Schlageter in: AUGUSTIN VON ALVELDT, Brot des Evangeliums – Verteidigung der Franziskus-Regel (Quellen zur franziskanischen Geschichte 2), bearb. und hg. v. J.K. SCHLAGETER, 2016.

42 Vgl. WA 6; 277. Vgl. ferner HAMMANN, Ecclesia spiritualis (s. Anm. 23), 19; NEEBE, Apostolische Kirche (s. Anm. 23), 40, Anm. 25.

43 Vgl. AUGUSTIN VON ALVELDT, Super apostolica sede. An videlicet diuino sit iure nec ne, anque pontifex, qui Papa dici caeptus est, iure diuino in ea ipsa praesideat, non parum laudanda, ex sacro Bibliorum canone declaratio, Leipzig 1520 (VD16 A 2104).

44 Vgl. Brief Augustins von Alfeld an Luther wohl vom 7. April 1520, WA 2; 79, Nr. 276.

fehlerhaft war,[45] veranlasste Alveldt durch den Drucker Melchior Lotther d.Ä. eine zweite Ausgabe.[46] Anfang Mai erreichte die Schrift Wittenberg.[47]

Zunächst wollte Luther nicht auf die in seinen Augen schwache Argumentation Alveldts antworten.[48] Stattdessen bat er seine Schüler Johannes Velcurio und Johannes Lonicer um Entgegnungen.[49] Dadurch kam es zu einer schriftlich ausgetragenen und hitzig geführten Debatte.[50] Als Luther bewusst wurde, dass die Meinungen Alveldts bei einigen Gelehrten[51] Anklang fanden und dieser eine weitere Schrift in einem *Büchlein über den päpstlichen Stuhl* in deutscher Sprache veröffentlichte,[52] entschloss er sich zu einer eigenen Stellungnahme mit dem Titel *Vom Papsttum zu Rom*, deren Druck am 26. Juni vollendet wurde.[53]

---

45 Vgl. ferner das Druckfehlerverzeichnis im Landsberger Druck, aaO., KII^v–KIII^r.

46 Vgl. VD16 A 2105. Nach dieser Ausgabe wird im Folgenden zitiert. Vgl. E.S. Cyprian, Nützliche Urkunden zur Erläuterung der ersten Reformations-Geschichte (in: W.E. Tentzel u.a., Wilhelm Ernst Tentzels Historiographi Saxonici. Historischer Bericht vom Anfang und ersten Fortgang der Reformation Lutheri, 1718).

47 »Exiit tandem frater Augustinus Alueldensis cum sua offa« (Brief Luthers an Spalatin vom 5. Mai 1520, WA 2; 98,6f, Nr. 284).

48 »[...] respondebitur ei ab aliis« (Brief Luthers an Spalatin vom 5. Mai 1520, WAB 2; 98,11, Nr. 284).

49 Die Entgegnung von Johannes Velcurio bzw. Bernhardi aus Feldkirch lautete: Confutatio inepti et impij libelli F. August. Alueld, 1529 (VD VD16 B 2036 u. VD16 B 2037); die von Johannes Lonicer: Contra Romanistam Fratrem Augustinum Alvelden, 1520 (VD16 L 2437).

50 Velcurios ›Confutatio‹ wurde beantwortet von Alveldts Konventsbruder Johannes Fritzhans. Vgl. ders., Epistola exhortatoria, 1520 (VD16 F 3037). Mit Lonicer setzte sich Alveldt persönlich in seiner Schrift *Allerbestes Pflaster, frisch bereitet gegen die schreckliche Schwäche zweier Männer, Bruder Lonicer und Bruder Luther* auseinander. Vgl. ders., Malagma optimum, 1520 (VD16 A 2093). Darauf entgegnete wiederum Johannes Lonicer. Vgl. ders., Biblia noua Alueldensis, 1520 (VD16 L 2435).

51 Luther nennt den Bautzener Propst Nikolaus von Heynitz und den Wittenberger Juristen Wolfgang Stehelin. Vgl. den Brief Luthers an Spalatin vom 17. Mai 1520, WAB 2; 104,10–14, Nr. 288.

52 Vgl. Augustin von Alveldt, Eyn gar fruchtbar vnd nutzbarlich buchleyn von dem babstlichen stule vnd von sant Peter, 1520 (VD16 A 2090–2092). Zum Inhalt vgl. Lemmens, Pater Augustin (s. Anm. 41), 33–36.

53 Der Originaltitel lautet: *Von dem Bapstum zu Rome widder den hochberumpten Romanisten zu Leiptzck D. Martinus Luther Augustiner*. Zur Datierung vgl. WA 6; 280.

Die Ausführungen in Luthers Schrift werden gerahmt durch den konkreten Vorwurf an den Papst, er betreibe Simonie.[54] Die Geldgeschäfte durch den Verkauf von Ämtern haben Luther zufolge groteske Züge angenommen. So soll Albrecht von Brandenburg – Kurfürst und Erzbischof von Mainz, Erzbischof von Magdeburg und Administrator des Bistums Halberstadt – acht Bischofsmäntel für 30.000 Gulden gekauft haben.[55] Die Simonie habe dazu geführt, dass alle, die sich dem Kauf der päpstlichen Bestätigung von Ämtern widersetzen, sofort zu Ketzern und Abtrünnigen erklärt würden.[56]

Die Schrift *Vom Papsttum zu Rom* ist in zwei Hauptteile gegliedert. Nach der Vorrede[57] und der Einleitung[58] geht Luther im ersten Hauptteil[59] auf drei Argumente ein, die Alveldt in seinen Angriffen verwendet hat. Das erste Argument speise sich aus der Unvernunft,[60] womit Luther die polemischen Beschimpfungen und Ketzervorwürfe Alveldts aufs Korn nimmt.[61] In dieser Hinsicht bekenne sich Luther als besiegt und übertroffen.[62]

Das zweite Argument sei der Vernunft entlehnt. Damit bezieht sich Luther auf den Analogieschluss, den Alveldt in seinen Schriften entfaltet hat.[63] Zunächst gibt Luther diese Analogie wieder. Eingeräumt wird in ihr,

---

54 Vgl. WA 6; 287,1–289,14 und WA 6; 322,23–323,8. Vgl. ferner WA 6; 313,36.316,27. 320,34.

55 Vgl. WA 6; 287,28–32. Vgl. B. LOHSE, Albrecht von Brandenburg und Luther (in: Erzbischof Albrecht von Brandenburg [1490–1545]. Ein Kirchen- und Reichsfürst der Frühen Neuzeit, hg. v. F. JÜRGENSMEIER [BMKG 3], 1991, 73–83).

56 Vgl. WA 6; 287,2–23.

57 Vgl. WA 6; 285,4–286,29.

58 Vgl. WA 6; 286,30–289,39.

59 Vgl. WA 6; 290,1–309,15.

60 Vgl. WA 6; 290,1–309,15.

61 »Ich befind drey starcke grund, ausz wilchenn mich angreyffet das fruchtbar, edle buchle des Romanisten von Leyptzick. Der erst und aller sterckist, das er mich schillit eynen ketzer, unsinnigen, blinden, narren, besessenen, schlangen, vorgifften wurm, und der selben namen viel mehr, nicht ein mal, sondern fast durchs gantz buchlen an allen blettern« (WA 6; 290,1–6).

62 »Musz ich mich auch gefangen geben, und bekennen, das, szo vil schelten, vormaledeyen, schmehen und lestern gilt, hat der Romanist doctor Luthern gewiszlich uberwunden und musz yhm disen grund lassen bleyben« (WA 6; 290,15–17).

63 Vgl. WA 6; 290,18–302,9.

dass letztlich alle Formen von Gemeinwesen unter dem Haupt Christi stehen.[64] Die Analogie besagt nun: Genauso wie alle Gemeinwesen auf Erden ein leibliches Haupt benötigten, so bedarf auch die Christenheit eines leiblichen Hauptes, welches der Papst ist.[65] Luthers Widerlegung bildet den Höhepunkt der Schrift, im Zuge derer er sein eigenes Kirchenverständnis entfaltet.[66] Hierzu analysiert er der Reihe nach die Bestandteile des Analogieschlusses. Dabei wendet er sich zunächst dem Begriff »Christenheit« und dann dem Ausdruck »Haupt der Kirche«[67] zu.

Das dritte Argument ist Luther zufolge der Bibel entnommen. Hier geht Luther darauf ein, wie Alveldt Altes und Neues Testament im Sinne der Figuraldeutung aufeinander bezieht. Vor diesem Hintergrund sieht Alveldt den obersten Priester Aaron als Vorausdeutung auf Petrus. Implizit belegt Alveldt damit, dass Petrus ebenfalls die Funktion des obersten Priesters innehatte.[68] Demgegenüber vertritt Luther die Auffassung, dass beide Testamente sich zueinander verhalten wie Leib und Seele. Während die Bilder im Alten Testament mit leiblichen Augen gelesen werden müssten, sei deren

---

64 »Nvlla mortalivm civilitas seu, vt dicam: pluralitas recte administrari potest citra capitis vnitatem, sub capite Christo Hiesu« (ALVELDT, Super apostolica sede, 1520, VD16 A 2105, Bl. Bjv). »Ergo catholica ecclesia [...] necessario exiget vnum caput [...] sub capite Christo Hiesu, qui Vicari Christi sit« (aaO., Bjjv f).

65 In Luthers Rekonstruktion: »A Ein igliche gemeyne auff erden, sol sie nit zurfallen, musz haben ein leyplich heubt under dem rechten heubt Christo. B Die weil dan die gantz Christenheyt ist einn gemeine auff erden, Musz sie ein heubt haben, und das ist der Bapst« (WA 6; 290,20–22).

66 Vgl. WA 6; 292,35–297,35.

67 Warum Konrad Hammann in seiner Gliederung den Abschnitt über die Bedeutungen von »Christenheit« (WA 6; 292,35–297,35) als »Exkurs« bezeichnet, ist nicht nachvollziehbar. Vielmehr ist Luthers Analyse sorgfältig in den Gedankengang der Schrift eingebettet. Die Begriffe »Christenheit« und »Haupt der Christenheit« sind Bestandteile des Analogieschlusses von Alveldt. Vgl. hierzu die Gliederungshinweise: »darumb musz ich zuvor erkleren diszem groben hyrn und andern, so durch yhn vorfuret, was doch heysz die Christenheit unnd ein heubt der Christenheit« (WA 6; 292,31–33) und »Nu wollen wir sehen von dem heupt der Christenheit« (WA 6; 297,36). Vgl. ferner WA 6; 391,11f. Außerdem ist m.E. der Schluss (WA 6; 321,31–323,8) stärker vom Epilog (WA 6; 323,9–324,8) abzugrenzen, wofür Luthers zweimaliges »Amen« (WA 6; 323,8.324,7) und die Doxologie am Ende (WA 6; 324,8) sprechen. Vgl. HAMMANN, Ecclesia spiritualis (s. Anm. 23), 56f.

68 Vgl. WA 6; 302,18–309,15.

Erfüllung im Neuen Testament dem Glauben nach zu verstehen.[69] Deshalb sei Aaron als leiblicher Priester auch keine Vorausdeutung auf Petrus, sondern auf Christus als geistlich inneren Priester.[70]

Im zweiten Hauptteil erfolgt zunächst die Exegese von Mt 16,18 und anschließend Joh 21,15–25, die von den Altgläubigen herangezogenen wichtigsten Belege zur biblischen Begründung des Papstamts.[71] Im Schlussteil wird erläutert, warum Gott zugelassen habe, den Papst so mächtig werden zu lassen. Es liegt nach Meinung Luthers letztlich am zornigen Ratschluss Gottes. Er lasse es immer wieder aufgrund der Sündhaftigkeit der Welt zu, dass sich Menschen als Plage über die Welt erheben.[72] In diesem Zusammenhang fordert Luther, dass alles, was der Papst vorschreibt, nach der Heiligen Schrift beurteilt werden müsse. Hier äußert er auch die Vermutung, dass es sich beim Papst möglicherweise um den Antichristen handeln könne.[73]

III Die unsichtbare Kirche als communio sanctorum

Luther unterscheidet in seiner Schrift *Vom Papsttum zu Rom* drei Bedeutungen des Kollektivbegriffs »Christenheit«.[74] Von der ersten spreche al-

---

69 Es »ist das offentlich, das figur unnd erfullung der figurenn haben sich kegenn ander wie ein leyplich und geistlich odder euszerlich unnd ynnerlich ding, das alles, was man in der figur hat mit leyplichen augen gesehen, des erfullung musz man allein mit dem glauben sehenn, [...] das gleich des Judischen volcks leyplich vorsamlung bedeut die geistlich, ynnerliche vorsamlunge des christen volcks ym glauben« (WA 6; 302,31–303,5).

70 »Ich sag, das Aaron ist gewesen ein figur Christi, und nit des Bapsts« (WA 6; 305,9f).

71 Vgl. WA 6; 309,16–321,30. Die Exegese von Joh 21 beginnt mit WA 6; 316,20.

72 »Die weyl wir sehen, das der Bapst ist ubir alle unsere Bischoff in voller gewalt, da hyn ehr on gotlichen rad nit ist kummenn, wie wol ichs nit acht, das ausz gnedigem, sondern mehr ausz zornigem rad gotis datzu kummenn sey, der zur plag der welt zulessit, das sich menschen selbs erheben und andere untertrucken« (WA 6; 321,31–35).

73 Vgl. WA 6; 321,31–323,8. Im Epilog schließlich stellt Luther sicher, dass seine Kritik an Alveldt diesem allein gelte und nicht an die Vertreter der Stadt oder der Universität Leipzig gerichtet sei. Vgl. WA 6; 323,9–324,8.

74 Zum Begriff »Christenheit«, den Luther gern verwendete, weil er gegenüber dem Begriff »Kirche« nicht auf den Aspekt der Organisiertheit abzielt, vgl. M. HONECKER, Evangelische Christenheit in Politik, Gesellschaft und Staat. Orientierungsversuche (TBT 90), 1998, 2f.

lein die Schrift. Darüber hinaus hätten sich – nicht allein durch den Leipziger, sondern auch durch Andere – zwei weitere Bedeutungen eingebürgert. Luther hebt somit den eigentlichen Gebrauch von zwei uneigentlichen Verwendungen des Kirchenbegriffs ab. Die Uneigentlichkeit bestehe in dem zunehmenden Grad an Verleiblichung. Die Tendenz bei den drei Bedeutungen gehe von einem rein inneren zu einem immer stärker veräußerlichten Gebrauch. So bezieht sich die dritte Redeweise von »Christenheit« *totum pro parte* lediglich auf die steinernen Kirchengebäude. Luther kritisiert hieran, dass man in missverständlicher Weise im Sinne einer *contradictio in adiecto* von den »geistlichen Gütern« im Sinne des materiellen Vermögens der Kirche spreche, obwohl diesen Gütern nichts Geistliches anhaftet. Eine solche Redensart habe sich etabliert, um diese von den zeitlichen Gütern der Laien abzugrenzen.[75]

Untersucht man den Argumentationsverlauf der Schrift, so kann man in einem ersten Zugriff durchaus davon sprechen, dass Luther in der ersten Redeweise den Begriff der unsichtbaren Kirche entfaltet, während er in der zweiten Redeweise den Begriff der sichtbaren Kirche erörtert. Bei genauerer Betrachtung ist jedoch Vorsicht geboten: Denn bereits während der Darlegung der ersten Redeweise macht Luther wesentliche Aussagen zur sichtbaren Kirche, wie auch bei der zweiten Redeweise wichtige Gedanken zur unsichtbaren Kirche entfaltet werden. Der alles entscheidende hermeneutische Schlüssel, mit dem allein jene verschränkte Entfaltung verständlich wird, ist folgende Annahme: Luthers Verständnis der sichtbaren Kirche im Kontext der ersten Redeweise ist nicht immer deckungsgleich mit dem Verständnis der sichtbaren Kirche in der zweiten Redeweise. Dieser Spur gilt es zu folgen.

Von der Christenheit redet die Heilige Schrift Luther zufolge allein in einem geistlichen, innerlichen oder seelischen Sinn. Sie entspreche im Glaubensbekenntnis dem Ausdruck »Gemeinschaft der Heiligen« (*com-*

---

75 »Der dritte weysze zu reden, heysset man auch kirchen nit die Christenheit, sondern die heuser zu gottis dienst erbawen, und weytter streckt man das wortlein ›geystlich‹ in die zeitlichen gutter, nit der, die worhafftig geistlich sein durch den glauben, sondern die in der andern leyplichen Christenheit sein, und heyssen der selben guter geystlich odder der kirchen: widderumb der leyen gutter heyssen sie weltlich« (WA 6; 297,22–27).

munio sanctorum).[76] Dabei gilt es zu bedenken, dass Luther auch von »Gemeyne«, »sammlung« oder »vorsammlung« (*congregatio*) spricht – jedoch
immer nur im übertragenen Sinn.[77] Während damit eher eine konkrete
Versammlung von Personen zu einer bestimmten Zeit und an einem bestimmten Ort gemeint ist, geht es für Luther jedoch im bildlichen Sinn
um eine »Versammlung der Herzen« oder eine »Versammlung im Geist«,
auch wenn die gläubigen Menschen leiblich voneinander tausende von
Meilen entfernt sind.[78] Zwar verwendet Luther hier wie an anderer Stelle
den Begriff *congregatio* bzw. dessen deutsche Derivate, jedoch ist in Bezug
auf die unsichtbare Kirche immer der metaphorische Gebrauch zu berücksichtigen. Zur Beschreibung der unsichtbaren Kirche ist daher der Begriff
communio am präzisesten. Die unsichtbare Kirche im Sinne Luthers kann
definiert werden als das Einvernehmen aller gläubigen Menschen im Namen Jesu. Es handelt sich um einen durch den Glauben wahrzunehmenden
Konsens aller Christen hinsichtlich der inneren Grundüberzeugungen, der
ein kollektives Einheitsbewusstsein in jedem Menschen individuell stif-
tet. Mit anderen Worten ist die unsichtbare Kirche zunächst einmal nichts
anderes als das ernsthaft empfundene und immer wieder kritisch zu hin-
terfragende Identifikationsbewusstsein, zum Christentum zu gehören und
aus dieser Grundüberzeugung heraus »in rechtem Glauben, rechter Hoffnung und Liebe« zu leben.[79] Kein Mensch kann dabei über einen anderen

76 »Die erste weysze noch der schrifft ist, das die Christenheit heysset eyn vorsamlunge
   aller Christgleubigen auff erden, wie wir ym glauben betten ›Ich gleub in den heyligenn
   geyst, ein gemeynschafft der heyligenn‹« (WA 6; 292,37–293,1).
77 Vgl. E. WOLF, Sanctorum Communio. Erwägungen zum Problem der Romantisierung
   des Kirchenbegriffs (in: DERS., Peregrinatio, Bd. 1: Studien zur reformatorischen Theologie und zum Kirchenproblem, ²1962, 279–301); P. ALTHAUS, Communio sanctorum.
   Die Gemeinde im lutherischen Kirchengedanken (FGLP 1,1), 1929, 37f.
78 »Diesz gemeyne oder samlung heysset aller der, die in rechtem glauben, hoffnung und
   lieb leben, also das der Christenheyt wesen, leben und natur sey nit leyplich vorsamlung, sondern ein vorsamlung der hertzen in einem glauben, wie Paulus sagt Eph. iiij.
   Ein tauff, ein glaub, ein her. Alszo ob sie schon sein leyplich voneinander teylet tau-
   sent meyl, heyssen sie doch ein vorsamlung ym geist« (WA 6; 293,2–6). Vgl. auch den
   bildlichen Ausdruck »ein geistlich vorsamlung der seelenn in einem glaubenn« (WA 6;
   286,5f).
79 Eine solche dreifache Verwendung des Begriffs »wahre Kirche« hat bereits Johannes Musäus in der Kontroverse mit dem Jesuitenmissionar Jodocus Kedd (1597–1657) herausge-

urteilen, ob und wie stark dieses Zugehörigkeitsbewusstsein ausgeprägt ist. Denn »niemand sieht, wer heilig oder gläubig ist«[80].

Explizit wendet Luther hier den Wahrheitsbegriff auf die unsichtbare Kirche an. Die *communio sanctorum* ist die rechte Christenheit, die allein die Menschen zu wahren Christen macht.[81] Sie ist die »Christenheit, die allein ist die warhafftige kirch«[82]. Er bezeichnet sie auch als diejenige, die »natürlich, gegründet, wesenhaft und wahrhaftig ist«[83]. So könne auch die äußere römische Kirche nicht die rechte Kirche sein, die geglaubt wird.[84] Wahr ist nach Luther somit allein die unsichtbare Kirche.

In der nachfolgenden Tradition schillert der Begriff der *ecclesia vera*. Drei Bedeutungen lassen sich unterscheiden.[85] Erstens bezog man die wahre Kirche auf die Schnittmenge von sichtbarer und unsichtbarer Kirche

---

arbeitet. In seiner Schrift *Vertheidigung des unbeweglichen Grundes* aus dem Jahr 1654 unterscheidet er erstens die Gesamtheit aller auf Erden streitenden Christen, zweitens die wahren Gläubigen der sichtbaren Kirche und drittens die sichtbaren Versammlungen, deren öffentliche Lehre und Sakramentsverwaltung. Vgl. hierzu JOHANNES MUSÄUS, Vertheidigung des unbeweglichen Grundes, dessen der Augsburgischen Confession verwandte Lehrer zum Beweis ihrer Kirchen sich gebrauchen, 1654, 7–15. Vgl. ferner H.M. ALBRECHT, Wesen und Einheit der Kirche nach der Lehre des Johannes Musäus (1613–1681). Lutherische Orthodoxie und kirchliche Wiedervereinigung (Veröffentlichung des Instituts für Europäische Geschichte Mainz 190), 2003, 128–130.

80 WA 6; 301,2. Vgl. auch die rhetorisch gemeinte Frage: »wer kan aber wissen, wilcher warhafftig gleubt odder nit?« (WA 6; 298,2f) sowie: »Item, in weltlicher vorsamlung kann ich sehenn, ob er zu Leyptzck odder Wittenberg, hie odder da mit andern vorsamlet ist, aber gar nicht, ob er gleub odder nit« (WA 6; 296,2–4).

81 »[…] nit sein in der geystlichen eynickeit, das ist in der rechten Christenheit […]. Dan wo das ware Christen machte, das man in der eusserlichen Romischen eynickeit ist, szo were kein sunder unter yhn« (WA 6; 294,10–13). »Dan ob wol disse [der zweiten Redeweise nach] gemeyne nit macht einen waren Christen« (WA 6; 297,13f), was im Umkehrschluss bedeutet, dass allein die Christenheit der ersten Redeweise nach den Menschen zu einem wahren Christen macht.

82 Vgl. WA 6; 297,37f.

83 »Die erste, die naturlich, grundtlich, wesentlich unnd warhafftig ist, wollen wir heyssen ein geystliche, ynnerliche Christenheit« (WA 6; 296,39–297,1). Vgl. auch »die naturlich, eygentlich, rechte, wesentliche Christenheit« (WA 6; 296,7f).

84 »[…] die euszerlich Romische kirche sehen wir alle, drum mag sie nit sein die rechte kirche, die gegleubt wirt« (WA 6; 299,38–300,1).

85 Vgl. hierzu LEHMANN, Transformation (s. Anm. 2), 291–294.

im Sinne der klassischen Wahrheitstheorie von Thomas von Aquin. Ihm zufolge ist Wahrheit definiert als »adaequatio rei et intellectus«[86]. Vor dem Hintergrund der Adäquationslehre hat man auch CA 7 interpretiert.[87] In der Epoche der Aufklärung entfaltete Immanuel Kant an prominentester Stelle seinen Kirchenbegriff vor dem Hintergrund einer solchen Schnittmengentheorie.[88]

Zweitens thematisierten Theologen der lutherischen Orthodoxie wie David Hollaz die Wahrheitsfrage mit Blick auf die sichtbare Kirche. Dabei ging es um die Vergleichbarkeit und Bewertung der verschiedenen konfessionell geprägten Institutionen hinsichtlich ihrer öffentlichen Lehrauffassungen. Hierbei ist zu betonen, dass Wahrheit und Falschheit nicht als Kontradiktion verstanden wurden, deren Begriffe sich einander ausschlössen. Vielmehr räumte man – entgegen des Wortsinnes – auch graduelle Abstufungen und Mischungsverhältnisse wahrer und falscher Anteile innerhalb der Konfessionsparteien und später auch anderer Religionen ein. Als vollständig falsch wollte man die anderen Konfessionen nicht mehr verurteilen. Eine gänzlich falsche Kirche könne es gar nicht geben, da man in diesem Fall streng genommen gar nicht mehr von einer Kirche sprechen könnte.[89] Somit wurde der Ausdruck »falsche Kirche« immer mehr zu einem bloßen

---

86 Vgl. Thomas von Aquin, De veritate, q. 1, 1 (lat.-deutsche Ausgabe, Bd. 1, hg. v. A. Zimmermann, 1986, 8f). In der Reformulierung Kants definiert dieser die Wahrheit als die »Übereinstimmung der Erkenntnis mit ihrem Gegenstand« (I. Kant, Kritik der reinen Vernunft ¹1781/²1787, B 82 [Werke, hg. v. W. Weischedel, Bd. 3.1, 1983, 102]).

87 Vgl. Johann Gerhard, Loci theologici, Bd. 11, hg. v. J.F. Cotta, 1772, 81–104 u. 187–216.

88 Vgl. R.M. Lehmann, Religionssoziologische und christentumstheoretische Perspektiven der Aufklärungstheologie. Der Kirchenbegriff bei Semler, Teller und Kant (in: Erleben und Deuten. Dogmatische Reflexionen im Anschluss an Ulrich Barth. Festschrift zum 70. Geburtstag, hg. v. R. Barth / A. Kubik / A. von Scheliha, 2015, 273–304), hier 262f.

89 So macht Hollaz deutlich: »Die wahre und die falsche Kirche werden hier nicht einander kontradiktorisch entgegen gesetzt. Denn nach dem Sinn wäre die falsche Kirche, die vollständig falsch ist, gar keine Kirche mehr, wie die Versammlung der Mohammedaner [...]. Vielmehr werden sie privativ einander entgegengesetzt, so dass die falsche Kirche eine verfälschte, eine verstellte, eine fehlerhafte oder unreine ist«; D. Hollaz, Examen theologicum acroamaticum universam theologiam thetico-polemicam complectens, hg. v. R. Teller, (1707) ⁴1750, 1307; vgl. auch die Anmerkung aaO., 1306.

Grenzbegriff mit Blick auf die anderen Konfessionen und der Begriff »wahre Kirche« zu einem Zielgedanken mit Blick auf die eigene.

Drittens ging man von der Überzeugung aus, dass mit der wahren Kirche allein die unsichtbare Kirche gemeint sei. Diese Auffassung erlebte gegen Ende des 17. Jahrhunderts in der Übergangstheologie und im Pietismus in Abgrenzung von der lutherischen Orthodoxie eine Renaissance.[90] Vor dem Hintergrund von Luthers Schrift *Vom Papsttum zu Rom* gibt diese Auffassung am angemessensten die Meinung des Reformators wieder.

IV Multidimensionalität und Zweideutigkeit der sichtbaren Kirche

In scharfer Weise grenzt Luther in seiner Schrift *Vom Papsttum zu Rom* alle sichtbaren Stiftungen von der unsichtbaren »Einickeit« im Glauben ab, bei der die »leibliche Versammlung« lediglich als herausgehobener Sonderfall zu interpretieren ist. Denn der Wittenberger betont, dass solche sichtbaren Formen der Vereinigung von Christenheit verschiedene Dimensionen aufweisen können, wie z.B. die »der Stätte, der Zeit, der Person, des Werkes, oder was es immer sein mag«[91]. Mit einer solchen ›Verleiblichung‹ hat er somit alle denkbaren Formen der Verwirklichung von Christentum vor Augen, seien es Rechtsordnungen, Organisationsformen, kulturelle Einrichtungen, aber auch alle Repräsentanten, Amts- und Würdenträger sowie alle kultischen, rituellen und ethischen Vollzugsformen, wie auch die

---

90 Vgl. J.F. BUDDEUS, Gesammelte Werke, Bd. 7,2: Institutiones theologiae dogmaticae variia observationibus illustratae, 1723, 1657; CH. THOMASIUS, Vollständige Erläuterung der Kirchen-Rechts-Gelahrtheit, Tl. 2: Genauere Abhandlung der eigentlichen Kirchen-Rechts-Gelahrtheit, hg. v. A.R.J. BÜNEMANN, ²1740 [ND 1981], 14f; PHILIPP JAKOB SPENER, Schriften, Bd. 3,1: Die Evangelische Glaubens-Lehre, hg. v. E. BEYREUTHER, 1688 [ND 1986], 1250–1274. Vgl. ferner M.-K. KIM, Das Kirchenverständnis Philipp Jakob Speners in seiner Evangelischen Glaubens-Lehre von 1688, Diss. 1994.

91 In diesem Sinn ist der Satz zu interpretieren: »Das heist nu eigentlich ein geistliche einickeit, vonn wilcher die menschen heissen ein gemeine der heiligen, wilche einickeit alleine gnug ist, zumachen eine Christenheit, on wilche kein [leibliche, d. Vf.] einickeit, es sey der stad, zeit, personn, werck oder was es sein mag, ein Christenheit [also bezogen auf die sichtbare Kirche und nicht in Abgrenzung von allen, auch weltlichen, Organisationsformen] machet« (WA 6; 293,9–12).

Vielfalt an Wissensmedien – insofern alles, was mit dem Anspruch auftritt, christlich zu sein. Keine dieser Äußerungsformen kann jedoch in eindeutiger Weise für sich reklamieren, eine Darstellung der unsichtbaren Kirche zu sein. Eine solche Selbstbehauptung kritisiert Luther als »grauenhafter Irrtum«[92]. Damit würde der geistlichen Kirche »Gewalt«[93] angetan. Derartige vermeintliche Bindungen wäre schlichtweg »erlogen und erstuncken«[94]. Somit unterliegt für Luther jegliche Versinnlichung des Christentums den Bedingungen der Zweideutigkeit.

Allein der Glaube in Vermittlung durch den Heiligen Geist verleiht dem Menschen die identifizierende Kraft zur Interpretation der vielfältigen Äußerungsformen des Christentums. Luther veranschaulicht dies im Rahmen seiner Figuraltheorie. Alles, was man »mit leiblichen Augen sehen kann«, verbleibt im Äußerlichen. Wohl aber kann man für sich wahrnehmen, ob es dem Glauben dient oder schadet. Metaphorisch bezeichnet er eine solche Perzeptibilität als »mit dem Glauben sehen«[95]. Dabei unterscheidet Luther zumeist den Glauben dichotomisch vom Unglauben. Jedoch kann er ihn in Verbindung mit der Liebe und in Anlehnung an Eph 4,15 auch als einen Wachstumsprozess »zu dem hin, der das Haupt ist, Christus«[96],

---

92 »Solt nu das nit ein grawsamer yrthum sein, das die eynickeit der christenlichen gemeyne, von Christo selbs ausz allen leyplichen, euszerlichen stetten und ortern getzogen und in die geystliche ort gelegt, wirt von dissen trawmpredigern unter die leypliche gemeyne, wilch von not musz an stet und ort gepunden sein, ertzelet?« (WA 6; 293,35–39).

93 »Drumb wer do sagt, das ein eusserliche vorsamlung odder eynickeyt mache ein Christenheit, der redt das seine mit gewalt« (WA 6; 294,3f).

94 »Alszo das es erlogen und erstuncken ist, und Christo als einem lugener widderstrebt, wer do sagt, das die Christenheit zu Rom odder an Rom gepundenn sey« (WA 6; 293,24–26).

95 »Zum ersten ist das offentlich, das figur unnd erfullung der figurenn haben sich kegenn ander wie ein leyplich und geistlich odder euszerlich unnd ynnerlich ding, das alles, was man in der figur hat mit leyplichen augen gesehen, des erfullung musz man allein mit dem glauben sehenn, odder ist nit erfullung« (WA 6; 302,31–35). Vgl. auch den Ausdruck »sola fide perceptibilis« (*Streitschrift gegen Ambrosius Catharinus* [WA 7; 710,3]); vgl. hierzu E. KOHLMEYER, Die Bedeutung der Kirche f r Luther (ZKG, NF 47, 1928, 466–511), hier 495. Vgl. auch die Unterscheidung von »oculis carneis« und »oculis spiritualibus« in Tessaradecas consolatoria pro laborantibus et oneratis (WA 6; 130,28f).

96 WA 6; 299,3f.

beschreiben. Für einen Entwicklungsprozess im Glauben spricht ebenfalls sein Ausdruck »Kinder in der Wiege«[97], den er auf die Heiligen bzw. die wahren Gläubigen anwendet. Dies setzt voraus, dass auch sie das Stadium der Kindheit verlassen und im Glauben noch wachsen können.

Aufgrund der Zweideutigkeit, der alles Sinnliche anhaftet, könne keine Äußerungsform des Christentums die Zugehörigkeit zur unsichtbaren Kirche zum Ausdruck bringen – auch Wort und Sakrament nicht. In konsequenter Weise folgert er: »Wenn es einen nicht zum Christen macht, unter der römischen Einheit zu sein, dann kann es einen auch nicht zum Ketzer oder Nichtchristen machen, außerhalb dieser Einheit zu sein«[98]. Die Zugehörigkeit zu einer kirchlichen Organisation garantiert insofern noch nicht die Zuordnung zur geistlichen Gemeinschaft. Allein durch die eigene Sündhaftigkeit unterliege man immerwährend der Gefahr, sich selbst von der Gemeinschaft der Gläubigen auszuschließen.[99] Daher gebe es in der sichtbaren Kirche auch eine Vielzahl an Scheinchristen.[100] Selbst unter dem Klerus, unter denjenigen, die für Christen gehalten werden, sei davon auszugehen, dass viele in Wahrheit gar keine Christen seien.[101] Im Hintergrund steht bei Luther hierbei die augustinische Lehre vom *corpus permixtum*.[102] Umgekehrt kann man aber auch unabhängig von seiner Mitgliedschaft in der sichtbaren Kirche zur unsichtbaren Kirche gehören. Sichtbare und un-

---

97 »[...] eytel kind in der wigen« (WA 6; 301,6).

98 WA 6; 294,16–18. Vgl. auch: »Nu ists klar, das die euszerliche einickeit Romischer vorsamlung macht nit Christenn, szo macht yhr euszerung gewiszlich auch kein ketzer odder abtrunniger« (WA 6; 294,22f).

99 »Vil sein unter den Christen in der leyplichen vorsamlung unnd eynickeit, die doch mit sunden sich ausz der ynnerlichen, geystlichen eynickeyt schliessen« (WA 6; 294,1–3).

100 »Die aber on glauben und an die ersten gemeyne in dieser ander gemeyne sein, sein todt fur got, gleiszner« (WA 6; 297,17–19).

101 In die Christenheit der zweiten Redeweise nach gehören »alle Bepste, Cardinel, Bischoff, prelaten, priester, Monich, Nonnen unnd alle, die ym euszerlichen wesen fur Christen gehalten werden, sie sein warhafftig, grundlich Christen odder nit« (WA 6; 297,12f).

102 Zur Unterscheidung von corpus verum und corpus permixtum bei Augustin vgl. F. Hofmann, Der Kirchenbegriff des Hl. Augustinus in seinen Grundlagen und in seiner Entwicklung, 1933, 236; A.B. Wugaa, The Church as Corpus Permixtum. Augustinian Ecclesiology in Response to the Donatist Concept of the Church, 2012. Vgl. ferner Neebe, Apostolische Kirche (s. Anm. 23), 129–134.

sichtbare Kirche verhalten sich demnach wie zwei sich überschneidende, nichtkonzentrische Kreise.

Die grundsätzliche Unterscheidung in innere und äußere Kirche hat Luther – wie auch schon Karl Holl festgestellt hat – bereits in der Psalmenvorlesung vorgenommen. Allerdings entsprach diese dem Modell zweier umfangsverschiedener, konzentrischer Kreise. Die *communio sanctorum* betraf den inneren Kreis, der das Zentrum des äußeren Kreises bildet. Dieser äußere Kreis besteht aus Menschen, die bloß dem Namen nach den Titel Christ tragen.

Als Reaktion auf die Heidelberger Disputation im Rahmen des Generalkapitel der Augustiner-Eremiten im April 1518, bei dem ihm seine prekäre Lage immer deutlicher wurde, wandte er sich aufgrund des ihm drohenden Schicksals verstärkt der Frage der Exkommunikation zu. Im *Sermo de virtute excommunicationis* unterscheidet er noch, bezogen auf die *communio sanctorum*, zwei Seiten der Gemeinschaft: die innerlich, geistliche und die äußerlich, leibliche.[103] Hier entwickelt er die These, dass der Bann lediglich den Ausschluss aus der äußerlichen Gemeinschaft, unabhängig von der innerlichen Gemeinschaft, bewirken kann.[104] Somit rücken beide Kreise auseinander. Der Unterschied zur Papstschrift besteht jedoch darin, dass Luther im lateinischen Traktat über die Exkommunikation dieses Auseinandertreten beider Kreise als Sonderfall wertet, der sich auf die ungerechte Exkommunikation bezieht.[105] In der Schrift *Vom Papsttum zu Rom* hingegen wird diese Ausnahme zum Normalfall. Insofern bildet der frühe Traktat zur Exkommunikation in gewisser Weise den Übergang der Modelle, bei der gedanklich vom ersten Modell ausgegangen wird, das zweite aber im Rahmen der Ausnahme bereits präsent ist.

---

103 »Est autem fidelium communio duplex: una interna et spiritualis, alia externa et corporalis. Spiritualis est una fides, spes, charitas in deum« (WA 1; 639,2–4).

104 »Igitur sicut priore illa spirituali communione nulla creatura potest animam vel communicare vel excommunicatam reconciliare nisi deus solus, Ita non potest communionem eandem ulla creatura ei auferre seu eam excommunicare, nisi solus ipse homo per peccatum proprium [...]. Consequens ergo est, quod excommunicatio Ecclesiastica est duntaxat externae privatio communionis, scilicet sacramentorum, funeris, sepulturae, publicae orationis, deinde aliarum (ut dictum est) corporalis necessitatis rerum et conversationum« (WA 1; 639,7–22).

105 Vgl. die Ausführungen zur »excommunicatio iniusta« in WA 1; 642,29–643,15.

V Die sichtbare Kirche als Kultgemeinschaft und deren Zeichen

Im Zuge der zweiten Redeweise von Christenheit verengt sich der Begriff der sichtbaren Kirche im Sinne der Gottesdienstgemeinde. Demzufolge kann im uneigentlichen Sinn die Christenheit auch als die konkrete »Versammlung in einem Haus«[106] bezeichnet werden. Dort werden äußerliche Gebärden wie Singen, Lesen und das Tragen von Messgewändern vollzogen.

In diesem Kontext spricht Luther von den »zwo Kirchen«[107] im Sinne der ersten beiden Redeweisen. Zur klaren kategorialen Unterscheidung verwendet er hierzu den Dualismus von Leib und Seele bzw. in Anlehnung an 2Kor 4,16 von innerem und äußerem Menschen.[108] Dabei hebt er hervor, dass er beide Kirchen nicht voneinander trennen möchte. Diese Aussage wurde von Albrecht Ritschl dahingehend interpretiert, dass es sich bei Luthers Unterscheidung von sichtbarer und unsichtbarer Kirche lediglich um einen Perspektivendualismus handle.[109] Demnach sei Luthers Kirchenbegriff weniger nach dem Modell zweier nichtkonzentrischer Kreise zu denken, sondern vielmehr nach dem Modell zweier umfangsgleicher Kreise, die lediglich unter verschiedenen Gesichtspunkten betrachtet würden.[110] Jedoch gilt es zu bedenken, dass die Aussage über eine völlige Trennung beider Kirchen ebenfalls nicht für das Modell zweier sich überschneidender, nicht deckungsgleicher Kreise gilt. Außerdem spricht Luther im weiteren Verlauf davon, dass der Leib nicht das Seelenleben garantiere und dass die

---

106 »Ubir die selben ist nu ein ander weyse vonn der Christenheit zureden. Nach der heisset man die Christenheit einn vorsamlung in ein hausz, odder pfar, bisthum, ertzbistumb, bapstum« (WA 6; 296,16–18).

107 WA 6; 296,38.

108 »[...] nit das wir sie [die geistlich innerliche und die leiblich äußere Christenheit] vonn einander scheydenn wollen« (WA 6; 297,3).

109 Diese Interpretation formulierte bereits A. RITSCHL, Ueber die Begriffe sichtbare und unsichtbare Kirche (in: DERS., Gesammelte Aufsätze, 1893, 68–99), hier 71.77. Vgl. ferner BARTH, Kirche (s. Anm. 5), 19f.

110 Vgl. die Feststellung von Walter Köhler: »die gleiche Peripherie, aber verschiedene Gesichtspunkte[?]« (W. KÖHLER, Die Entstehung der reformation ecclesiarum Hassiae von 1526 (DZKR 16, 1906, 199–232), hier 214.

Seele auch ohne Leib existieren könne.[111] Insofern geht Luther auch beim Vergleich der zwei Kirchen mit dem Leib-Seele-Dualismus von zwei nicht deckungsgleichen Kreisen aus.[112]

Die äußerlichen Zeichen der Kultgemeinschaft, anhand derer man »merken kann«, dass sich in irgendeiner Weise auch Heilige darunter befinden könnten, sind Taufe, Abendmahl und das Hören des Evangeliums in der Predigt. Gleichwohl unterlägen sie weiterhin den Bedingungen der Zweideutigkeit. Das Hören einer Predigt und die Teilnahme an Sakramenten blieben weiterhin leibliche Handlung.[113] Kein Mensch, auch nicht der Papst, könne durch Worte oder Handlungen den Glauben einflößen. Dies vermöge allein Christus.[114] Luther räumt lediglich ein, dass beim Vorhandensein solcher Zeichen zumindest niemand daran zweifeln solle, dass sich dort auch Heilige befänden, auch wenn sie nur Kinder in der Wiege seien.[115] Luther appelliert hier insofern an die Christen, Wohlwollen bei diesen Charakteristika walten zu lassen. Kritisch hingegen solle man sein, wenn andere Zeichen als christlich erhoben werden. So macht Luther dem Papst zum Vorwurf, dass er Rom und die päpstliche Rechtsgewalt zu Zeichen des Christentums erhebt. Insofern sind Sakramentsvollzug und Predigt lediglich Hinweise bzw. Merkzeichen, die den Gläubigen zur ersten Orientierung angesichts der Vielzahl an christlichen Organisationen dienen können.[116]

Es war von den Vertretern der lutherischen Orthodoxie Jahre später eine kluge Entscheidung, die internen von den externen Kennzeichen abzugrenzen (*notae ecclesiae internae / notae ecclesiae externae*). Mit ersteren sind im Sinne des Apostolikums die Eigenschaften bzw. die Wesensattribute der unsichtbaren Kirche gemeint (*una, sancta, catholica, apostolica eccle-*

---

111 »[...] gleich wie der leyp macht nit, das die seele lebt, doch lebet wol die seele ym leybe, und auch wol an den leyp« (WA 6; 297,16f).

112 Zur gleichen Deutung gelangt auch AURELIUS (s. Anm. 23), 36–42.

113 Vgl. HECKEL, Kirchen (s. Anm. 30), hier 122f.

114 »Nu mag keinn mensch des andern noch seiner eygen seelen den glauben und alle syn, willen und werck Christi einflissen, dan allein Christus« (WA 6; 298,13–15).

115 »Die zeichenn, da bey man euszerlich mercken kan, wo die selb kirch in der welt ist, sein die tauff, sacrament und das Evangelium, unnd nit Rom, disz odder der ort. Dan wo die tauff und Evangelium ist, da sol niemant zweyffeln, es sein heyligen da, und soltens gleich eytel kind in der wigen sein« (WA 6; 301,3–6).

116 Vgl. LEHMANN, Transformation (s. Anm. 2), 289.

sia). In der Lehre von den äußeren Kennzeichen der Kirche thematisierte man vor dem Hintergrund von CA 7 das *pure docetur* des Evangeliums und das *recte administrantur* der Sakramente.[117] Später unterschied Lorenz von Mosheim als Kennzeichen der unsichtbaren Kirche »Glauben« und »Heiligkeit«, während er Wortvermittlung und Sakramentsverwaltung an der sichtbaren Kirche festmachte.[118] Damit entspricht er Luthers Schrift »Vom Papsttum zu Rom«. Die Zeichen werden hier von Luther im Sinne der konkreten Predigt des Evangeliums und der rituellen Verwaltung der Sakramente verstanden und beziehen sich somit auf die sichtbare Kirche im Sinne der Kultgemeinschaft. Darüber hinaus sind jedoch neben diesen kultischen Formen auch weitere, indirektere Möglichkeiten der Vermittlung des Evangeliums, wie z.B. die pflichtbewusste Ausübung des eigenen Berufs in der Welt denkbar. Schärfer formuliert: Auch ohne Kult kann Kommunikation des Evangeliums erfolgen. Zwar kann die sichtbare Kirche mit ihren vielfältigen Zeichen auf die unsichtbare verweisen, doch gilt der Verweisungszusammenhang nicht in umgekehrter Richtung: Die Zeichen sind keine sichtbaren Darstellungen bzw. Repräsentationen der unsichtbaren Kirche. In Bezug auf die unsichtbare Kirche haben alle Zeichen lediglich eine signifikante, aber keine konstitutive Funktion. Mit Blick auf die sichtbare Kirche – auch im weiten Sinn – mögen die äußerlichen Zeichen der Kultgemeinschaft notwendig sein, sie sind aber noch lange nicht hinreichend. Ob sich in diesen Zeichenhandlungen das unverfügbare Walten des Heiligen Geistes entfaltet, kann nur der einzelne Gläubige für sich wahrnehmen. Insofern sind die *notae ecclesiae* mit den Worten Paul Tillichs ausgedrückt Symbolisierungen des Nichtsymbolisierbaren.[119]

---

117 Vgl. J.A. QUENSTEDT, Theologia didactico-polemica, 1715, 1623–1625; HOLLAZ, Examen (s. Anm. 89), 1301–1303; GERHARD, Loci (s. Anm. 87), Bd. 11, 35–37; LEONHARD HUTTER, Loci communes theologici, 1619, 126–130; JOHANN FRIEDRICH KÖNIG, Theologia positiva acroamatica (Rostock 1664), hg. u. übers. v. A. Stegmann, 2006, § 1026, 410f.

118 »Ecclesia invisibilis duas habet notas: a) fidem; b) sanctitatem. De his notis non disputatur. Nam omnes concedunt, illam ecclesiam, quae in Christum credit, et fidem per sanctimoniam ostendit, sine dubio veram esse« (J.L. VON MOSHEIM, Elementa theologiae dogmaticae, Bd. 2, ²1764, 379f). Vgl. LEHMANN, Transformation (s. Anm. 2), 290f.

119 Vgl. P. TILLICH, Das religiöse Symbol (in: DERS., Gesammelte Werke, Bd. 5: Die Frage nach dem Unbedingten. Schriften zur Religionsphilosophie, ²1978, 196–212).

VI Das Reich Christi, des Teufels und der Welt

Wie Johannes Heckel festgestellt hat, entfaltet Luther in seiner Schrift *Vom Papsttum zu Rom* bereits ein Verständnis der Reiche. Allerdings erfolgt dies eher beiläufig und dient zur Veranschaulichung der Redeweisen von Christenheit. Zur Verteidigung, dass die Bibel mit »Christenheit« allein die geistliche, innere Kirche vor Augen habe, zieht Luther Joh 18,36: »Mein Reich ist nicht von dieser Welt« und Lk 17,20 heran: »Das Reich Gottes kommt nicht in äußerlicher Weise, und niemand wird sagen: Siehe da, oder: Hier ist es, denn gebt Acht: Das Reich Gottes ist inwendig in euch«[120]. Das Reich Christi werde dementsprechend identifiziert mit der unsichtbaren Kirche.[121] Beiden gemeinsam ist die Wesenseigenschaft, verborgen bzw. heimlich in der Welt zu sein.[122]

Dennoch ist für Luther das Reich Christi nicht identisch mit der unsichtbaren Kirche. Zwei Unterschiede sind zu erkennen. Der erste Unterschied bezieht sich auf den Umfang. Luther führt dies im Rahmen seiner Unterscheidung von Haupt und Herr aus, die Alveldt ihm zufolge ungenügend differenziert hat.[123] Als Haupt regiere Christus über die gottesfürchtigen, gläubigen Christen im Sinne der unsichtbaren Kirche, als Herr jedoch sei er »Herr aller Dinge, der Guten und der Bösen, der Engel und der Teufel, der Jungfrauen und der Huren«.[124] Sowohl den Gedanken des Hauptes als

---

120 »Hie bey mussen wir nu Christus wort horen, der, fur Pilato von seinem kunigreich gefragt, antworttet alszo: Mein reich ist nit von diszer welt. Das ist yhe ein klarer spruch, damit die Christenheit wirt auszgetzogen von allen weltlichen gemeynen, das sie nit leiplich sey, unnd dieser blind Romanist macht einn leipliche gleich den andern gemeyne drausz. Er sagt noch klerer Luce xvij. das reich gottis kumpt nit mit einer euszerlichen weysze, und wirt niemandt sagen ›sih da, odder hie ist es‹, dan nempt war, das reich gottis ist in euch inwendig. Mich wundert, das solch starck, klare spruch Christi szo gar fur fastnachts larven gehalten werden von diessen Romanisten« (WA 6; 293,13–21).

121 »[…] das reich gottis (szo nennet er [Christus, d. Vf.] seine Christenheit)« (WA 6; 293,22).

122 »Also sagt sanct Paul Col. iij. das unser leben sey nit auff erden, sondern mit Christo in got vorborgenn« (WA 6; 295,34–36).

123 »Christus ist ein herr, ein huter, ein hirte, ein heubt der gantzen welt, man wil aber wil nicht« (von ALVELDT, buchleyn [s. Anm. 52], VD16 A 2090–2092, Bl. Aijᵛ).

124 »Der arm mensch wil schreybenn von dem heubt der Christenheit, und vor grosser dolheit meynet er, heubt und her sey ein ding. Christus ist wol einn her aller dinge, der

---

auch den Gedanken des Herrn wendet Luther auf das Reich Christi an.[125] Das Reich Christi war ihm zufolge zu allen Zeiten und existierte überall auf der Welt.[126]

In Anwendung auf die Kirche bestehe der Unterschied von Haupt und Herr darin, dass, in Anlehnung an Eph 4,15, ein Haupt immer einen Leib voraussetze,[127] bei dem die Gliedmaßen vom Kopf aus gesteuert werden und dessen Werk tun. So sei auch Christus Haupt seiner Gliedmaßen, bezogen auf die unsichtbare Kirche. Ein Herr hingegen setze Untertanen voraus, mit denen eine solche innigliche Verbindung nicht bestehe. Die Untertanen könnten sich den Befehlen des Herrn auch verweigern. Der Umfang des Reiches Christi, in dem Christus als Herr agiert, erfolge jedoch nicht nur in den Grenzen der irdischen Welt, sondern gehe über sie hinaus. Als Herr sei ihm »alles unterworfen«, nicht nur was »geistlich und leiblich ist«, sondern auch, was »höllisch und himmlisch«[128] ist.

Der zweite Unterschied zwischen dem Reich Christi und der unsichtbaren Kirche besteht in der Qualität der Verborgenheit, wenngleich Luther dies nur andeutet. Ihm zufolge ist keine Rechtsgewalt ohne die heimliche Anordnung Christi aufgerichtet.[129] Es gibt eine Sphäre der Verborgenheit, die über die Unsichtbarkeit der Kirche hinausgeht. Auf Gott bezogen kritisiert Luther in diesem Zusammenhang das ungebührliche Verhalten, dessen Heimlichkeit erforschen zu wollen.[130] Diese Äußerungen können

---

frumen und der boszen, der engel unnd der teuffel, der junpfrauen und der hurn, aber er ist nit ein heubt, dan allein der frumen, gleubigen Christen, in dem geist vorsamlet« (WA 6; 301,29–302,3).

125 In diesem Sinn wird hier folgender Satz interpretiert: »Gleich wie sein reich, die Christenheit, ist nit ein leiplich gemein odder reich, doch ist yhm [in seinem Reich, d. Vf.] alles unterworffen« (WA 6; 302,7f).

126 Mit Verweis auf Ps 2,8 und Ps 19,5 ist »Christus reich [...] durch die gantz welt altzeit geweszen«, jedoch »nie kein stund gantz unter dem Bapst geweszen« (WA 6; 311,11–13).

127 »[...] dan ein heubt musz eingeleibet sein seinem corper« (WA 6; 302,3f).

128 WA 6; 302,9.

129 Bezogen auf Christus schreibt Luther: »wie wol kein gewalt on heymliche ordnung sich erhebt« (WA 6; 318,26).

130 »Aber das man fragt, ob got got sey und alle sein heymlickeit erforschet mit untreglichem frevel« (WA 6; 321,15–17).

als ekklesiologische Anwendung seiner *Theologia crucis* gedeutet werden, nach der sich Gott auch in seinem Gegenteil offenbare.[131] Bereits in der Psalmenvorlesung unterschied Luther fünf verschiedene Arten von Verborgenheit (*absconditus* bzw. *incomprehensibilis*): Die Verborgenheit des Glaubens, des unzugänglichen Lichts, in dem Gott wohnt, der Inkarnation, der Kirche und des Sakraments.[132] Sowohl das menschliche als auch das göttliche Handeln sind dem Gegensatz von Sein und Schein unterworfen. Eine solche paradoxale Offenbarung Gottes betrifft die gesamte empirische Sphäre und ist nicht nur auf den Kirchenbegriff beschränkt. In Anwendung der *Theologia crucis* auf Luthers Kirchenbegriff kann man insofern von einer *Ecclesia crucis* sprechen.

Neben dem Reich Christi existiere auch das Reich des Teufels, der auf Erden seine Herrschaft aufgerichtet hat.[133] Dieses Reich kann sich nicht allein auf nichtkirchliche Organisationsformen, sondern auch auf die sichtbare Kirche erstrecken. So ist Luther zufolge der größte Teil der römischen Kirche, der sich an der Herrschaft des Papstes orientiert, mit ganzer Macht von der Hölle besessen und voller Sünde und Bosheit.[134] Die Grenzen des Teufelsreichs verlaufen jedoch diesseits der unsichtbaren Kirche. Dort habe

---

131 Vgl. U. BARTH, Die Dialektik des Offenbarungsgedankens. Luthers theologia crucis (in: DERS., Aufgeklärter Protestantismus, 2004, 97–123).

132 »Latibulum dei est tenebre: primo quia in fidei enygmate et caligine habitat. Secundo Quia habitat lucem inaccessibilem, ita quod nullus intellectus ad eum pertingere potest, nisi suo lumine omisso, altiore levatus fuerit. Ideo b. Dionysius docet ingredi in tenebras anagogicas et per negationes ascendere. Quia sic est deus absconditus et incomprehensibilis. Tercio potest intelligi mysterium Incarnationis. Quia in humanitate absconditus latet, que est tenebre eius, in quibus videri non potuit sed tantum audiri. Quarto Est Ecclesia vel b. virgo, quia in utraque latuit et latet in Ecclesia adhuc, que est obscura mundo, deo autem manifesta. Quinto Sacramentum Eucharistie, ubi est occultissimus. Unde et illud potest intelligi de incarnatione Christi« (WA 3; 123,29–39). Vgl hierzu I. MEYER, Aufgehobene Verborgenheit. Gotteslehre als Weg zum Gottesdienst (PThW 3), 2007, 153f.

133 »[...] szo besteht des teuffels reich mit grosserm hauffenn, dan gottis reich« (WA 6; 315,7f).

134 »[...] dann das mehrer teil der, die do hart haltenn auff des Bapsts ubirkeit unnd drauff sich bawenn, seinn besessen mit aller gewalt der helle, voller sund unnd boszheit« (WA 6; 314,22–24).

der Teufel keinerlei Macht.[135] Der feste, wahre Glaube widerstehe den Pforten der Hölle, auch wenn der Gläubige stets vom Teufel angefochten wird.

Das Reich der Welt hingegen ist durchzogen von einer Vielzahl an »weltlichen gemeynen«[136] bzw. an irdischen Organisationsformen. Darunter fallen Städte, Fürstentümer und Königreiche.[137] Im Reich der Welt erfolge die Ordnung der menschlichen Lebensverhältnisse. Dabei ist nicht vorausgesetzt, dass das weltliche Regiment von einem einzigen Herrn ausgeübt wird. Vielmehr gibt es verschiedene Königreiche, wie Frankreich, Polen und Dänemark.[138] Doch in diesen weltlichen Organisationsformen gibt es auch viele Fürstentümer, Schlösser, Städte und Häuser, in denen zwei Brüder mit gleicher Rechtsgewalt regieren.[139] So gab es auch in der sichtbaren Kirche in der Zeit des Urchristentums keinen leiblichen Herrn. Und es gäbe auch keinen Grund, warum in der sichtbaren Kirche nicht auch zwei Oberherren erwählt werden könnten.[140] Die kirchlichen Würdenträger der sichtbaren Kirche seien hierbei weder als Häupter noch als Stellvertreter Christi zu verstehen.[141] Dieses Amt bestehe vielmehr darin, Bote im

---

135 »Das heysset aber bestahn widder die hellischen pforten [...] in einem festen, rechten glauben, auff Christo, dem fels, erbawet, das den selben nit muge untertrucken yrgent ein gewalt des teuffels« (WA 6; 315,8–12).

136 WA 6; 293,16.

137 »[...] wie wir sagen ›die stadt ist Kurfurstisch, disze ist Hertzogisch, die ist Franckisch« (WA 6; 295,4).

138 »Item in weltlichem regiment ist kein eyniger uberher [...]. Das kunigreich von Franckreich hot seinen kunig, Ungern seinen, Polen, Denen, und ein iglich seynen eygen« (WA 6; 292,15–17).

139 »[...] wievil findt man furstenthum, schlosz, stet, heuszer, da zwen bruder odder hern gleycher gewalt regiren!« (WA 6; 292,10–12).

140 »Und ob schon keinisz regiment szo were, wer wolt weren, das nit ein gemeyn yhr selb vil uberhern unnd nit eynen allein erwelet zu gleycher gewalt?« (WA 6; 292,19–21).

141 »Fragistu aber ›Szo die Prelatenn widder heubter noch statheler sein uber disze geistliche kirchenn, was sein sie dan? a lasz dir die leyen auff antwortenn, die do sagen ›sanct Peter ist ein zwelffpot, und andere Aposteln seinn auch zwelff botten, warumb wil sich der Bapst schemen ein botte zu sein, szo sanct Peter nit hoher ist?‹ Seht euch aber fur, yhr leyen, das euch die hochgelereten Romanisten nit als ketzer vorprennen, das yhr denn Bapst wolt einenn botten unnd briefftreger machenn. Aber yhr habt werlich einen guten grund, dan ›Apostolus‹ auff krichesch heist ›ein bot‹ auff deutsch, und szo nennet sie das gantz Evangelium« (WA 6; 299,32–39).

Sinne eines Apostels zu sein. Wie es damals bei den Aposteln jedoch noch keine Hierarchie gab, so auch heute nicht bei den Boten. Denn alle hätten den gleichen Auftrag, die Herde zu weiden.[142] Damit vollzieht Luther eine Enthierarchisierung bei den kirchlichen Amtsträgern.

In diesem Zusammenhang lehnt Luther die bereits bei Leo dem Großen angelegte und ins *Decretum Gratiani* eingegangene Unterscheidung von Amt und Person beim Papst ab.[143] Nach ihr berühren Ausschweifungen und Verbrechen der Person nicht die Heiligkeit des Amtes. Luther zufolge wolle man damit jedoch lediglich die absurde Auffassung rechtfertigen, dass der Papst am heiligsten (*sanctissimus*) sei und den gehorsamen Diener Christi darstelle, auch wenn es sich offensichtlich um einen Schurke oder Bösewicht handle.[144] Durch eine solche Trennung von Amt und Person intendiere man, das Amt irrtümlich im Sinne einer weltlichen Rechtsgewalt zu deuten, die dann auch ein böser Mensch inne haben könnte. Doch auf diese Weise lässt sich Luther zufolge nicht das Amt von der Person trennen. Denn wenn der Papst sein Amt wahrhaft ausübe, wäre er Christus gehorsam und könne gar nicht böse handeln.[145]

Vergleicht man die Schrift *Vom Papsttum zu Rom* mit den nachfolgenden Schriften, so ergeben sich bestimmte Stufen in der Genese von Luthers Ekklesiologie.

Die erste Stufe betrifft Luthers Amtsverständnis. Trotz der Tendenz zur Enthierarchisierung der Geistlichkeit in seiner Schrift *Vom Papsttum zu*

---

142 »Disz botschafft heist nu weyden, regieren, bischoff sein, und der gleichen« (WA 6; 300,13f).

143 Vgl. W. ULLMANN, Kurze Geschichte des Papsttums im Mittelalter (SG 2211), 1978, 15. Vgl. auch bei Alveldt: »Aliud officium, aliud persona officio fungens« (VON ALVELDT, Super apostolica sede [s. Anm. 43], VD16 A 2105, Bl. A 4ᵛ) und »Ein anders ist das ampt, und anders die person in dem ampt. Das ampt vorgeet nicht, ab schon die person stirbt« (DERS., buchleyn [s. Anm. 52], VD16 A 2090–2092, Bl. A 4ᵛ).

144 In polemischer Weise folgert er aus der Unterscheidung von Amt und Person: »Szo musz war sein, das, wer Bapst ist und sitzt oben an, der ist Christo gehorsam und heylig, er sey ein bube, schalck, odder wie er wil. Danck habt, yhr lieben Romanisten, nu merck ich allererst, warumb der Bapst ›sanctissimus‹ heysset: so sol man Christus wort auszulegen, das man buben und schelck zu heyligen, gehorsamen diener Christi mache« (WA 6; 317,19–21).

145 »[...] wer do weydet, der ist Christo gehorsam, wer gehorsam ist in einem stuck, ist in allen stucken gehorsam und ist heylig« (WA 6; 317,15–17).

Rom spricht Luther hier noch nicht vom allgemeinen Priestertum, wonach alle Getauften prinzipiell die Befähigung erhalten, zu predigen und die Sakramente zu verwalten und weshalb die Gemeinde ihre Vertreter zur Aufrechterhaltung der Ordnung wählen und wieder absetzen können.[146] Ein solches Amtsverständnis Luthers ist zum Zeitpunkt seiner Entgegnung zu Alveldt noch nicht vollständig entwickelt. Dies erfolgt jedoch wenig später in der *Adelsschrift*, in der Luther letztlich die Aufhebung der Differenz von Klerus und Laie vollzieht.[147]

Hinsichtlich der Lehre von den beiden Reichen erfolgt bei Luther erneut ein Prozess der begrifflichen Neusortierung, was als weitere Stufe in der Genese von Luthers Ekklesiologie gedeutet werden kann.[148] Bereits in der Predigt vom 4. Mai 1522 in Borna reflektiert er Aufgaben und Grenzen der weltlichen und geistlichen Obrigkeit, wobei er hier von der begrifflichen Unterscheidung von Reich und Regiment keinen Gebrauch macht.[149] Aufgrund des Verbots von Luthers Septembertestament durch Herzog Georg von Sachsen wendet er sich erneut der Reichs- und Regimentenlehre zu und entfaltet sie zunächst in der dritten und vierten Weimarer Predigt am 24. und 25. Oktober 1522,[150] dann in seiner Schrift *Von weltlicher Obrigkeit* vom März 1523.[151]

---

146 Einen Überblick der umfangreichen Sekundärliteratur zum Thema Luthers Amtsverständnis bietet W. FÜHRER, Das Amt der Kirche. Das reformatorische Verständnis des geistlichen Amtes im ökumenischen Kontext, 2001, 22–24. Vgl. ferner VOIGT-GOY, Potestates (s. Anm. 23), 85f.

147 Vgl. WA 6; 407,10–410,2.

148 Vgl. V. MANTEY, Zwei Schwerter – Zwei Reiche. Martin Luthers Zwei-Reiche-Lehre vor ihrem spätmittelalterlichen Hintergrund (SuR.NR 26), 2005, 225f; Vgl. ferner H. JUNGHANS, Das mittelalterliche Vorbild für Luthers Lehre von den beiden Reichen (in: Vierhundertfünfzig Jahre lutherische Reformation. 1517–1967, FS für Franz Lau, hg. v. DEMS., 1967, 135–153).

149 Vgl. WA 10,3;120–124.

150 Vgl. WA 10,3; 371–379 u. 379–386. Vgl. CH. SPEHR, Luthers Weimarer Obrigkeitspredigten im Jahr 1522 (in: Weimar und die Reformation. Luthers Obrigkeitslehre und ihre Wirkungen, hg. v. DEMS. / M. HASPEL / W. HOLLER, 2016, 13–30).

151 Vgl. WA 11; 245–281. Vgl. P. BAHL, »... das sie Christen und Christus eyn herr bleyben sollen« – Fürsten- und Untertanenperspektive in Luthers Obrigkeitsschrift und Erasmus' *Querela Pacis* (LuJ 86, 2019, 52–84).

Der Unterschied zur Schrift *Vom Papsttum zu Rom* besteht darin, dass er in Anlehnung an Röm 13,1–3 und 1Petr 2,13f das Reich der Welt nun auch als von Gott eingesetzt erörtert.[152] In ihm habe das Schwert mit Gewalt zu regieren, das für Sicherheit nach innen und Frieden nach außen zu sorgen habe.[153] Stattdessen regierten im inwendigen göttlichen Reich Gottes allein Wort und Geist.[154] Er bezeichnet dieses göttliche Regiment in metaphorischer Weise als »geistliches Schwert«, das ganz allein auf Freiwilligkeit basiere und wodurch keinerlei Zwang ausgeübt werde.[155]

Ferner kommt es in der »Obrigkeitsschrift« neben einer personenhaften Unterscheidung,[156] in der die Gläubigen des Reiches Gottes von den Übrigen im Reich der Welt abgegrenzt werden, auch zu einer funktionalen Deutung der beiden Reiche. Denn der Christ lebt auch im weltlichen Reich. Hier soll er das weltliche Regiment unterstützen, ohne ihm im eigentlichen Sinn unterworfen zu sein. Denn er tue dies nicht aus Eigennutz, sondern allein aus Nächstenliebe.[157] Insofern könne ein Christ auch die Berufe Hen-

---

152 »Auffs erst muessen wyr das welltlich recht und schwerd wol gruenden, das nicht yemand dran zweyffel, es sey von Gottis willen und ordnung ynn der wellt« (WA 11; 247,21–23).

153 »Alßo das gewiß und klar gnůg ist, wie es Gottis will ist, das welltlich schwerd und recht handhaben zur straff der boeßen und zů schutz der frumen« (WA 11; 248,29–31).

154 »Darumb hatt Gott die zwey regiment verordnet, das geystliche, wilchs Christen unnd frum leutt macht durch den heyligen geyst unter Christo, unnd das welltliche, wilchs den unchristen und boeßen weret, daß sie eußerlich muessen frid hallten und still seyn on yhren danck« (WA 11; 251,15–17).

155 »Nu gehoert zů seynem reych nicht, das er ehlich, schuster, schneyder, ackerman, furst, hencker oder boettel sey, auch wider schwerd noch welltlich recht, sondernn nur Gottis wort und geyst« (WA 11; 258,20–22).

156 »Hie muessen wyr Adams kinder und alle menschen teylen ynn zwey teyll: die ersten zum reych Gottis, die andern zum reych der welt« (WA 11; 249,24f).

157 »Hie sprichstu: Weyl denn die Christen des welltlichen schwerds noch rechts nichts beduerffen, warumb spricht denn Paulus Ro: .13. zů allen Christen: ›Alle seelen seyen der gewallt unnd uberkeytt unterthan‹? Und S. Petrus: ›Seyt unterthan aller menschlicher ordnung &c.‹, wie droben ertzelet ist. Anttwortt: itzt hab ichs gesagt, das die Christen unternander und bey sich und fur sich selbs keyns rechten noch schwerds duerffen, Denn es ist yhn keyn nott noch nuetz. Aber weyl eyn rechter Christen auff erden nicht yhm selbs sondern seynem nehisten lebt unnd dienet, ßo thut er von art seyns geystes auch das, des er nichts bedarff, sondern das seynem nehisten nutz und nott ist. Nu aber das schwerd eyn groß nodlicher nutz ist aller welt, das frid erhalten, sund gestrafft

ker, Gerichtsdiener, Richter, Herr oder Fürst ausüben, wenn er sich dafür geeignet halte.[158] Dabei unterliege es seinem Ermessen, wenn er der Betroffene einer Rechtswidrigkeit ist, ob er aus Gründen der Nächstenliebe die Bestrafung zur Besserung des Anderen in Anspruch nehme oder auf sie verzichte und somit Gnade vor Recht walten lasse.[159] So habe er gemäß der Bergpredigt in seinem Fall die andere Wange hinzuhalten, falls er geohrfeigt werde.[160]

In anderer Hinsicht solle sich der Christ aber nicht nur auf die Einhaltung des weltlichen Schwertes beschränken, sondern darüber hinaus auch zusätzliche Werke der Liebe üben.[161] Der Christ steht insofern in beiden Welten, wird jedoch vom Geist regiert, nach dessen Maßstab er auch in der Welt lebt. Idealiter komme es hierbei zu keinem Konflikt zwischen den Regierweisen. Falls dieser jedoch eintrete, habe der Christ in Bezug auf seine eigene Person die Drangsale durch die weltliche Obrigkeit hinzunehmen. Widerstand habe er allein zu leisten, wenn sich der Fürst in das geistliche Regiment einmischt. Auch bei der Annahme, das Reich Gottes würde sich ausdehnen, bleibt die Bipolarität beider Regimente unauflöslich.

und den boesen geweret werde, ßo gibt er sich auffs aller willigst unter des schwerds regiment, gibt schos, ehret die uberkeyt, dienet, hilfft und thut alles, was er kan, das der gewalt fodderlich ist« (WA 11; 253,17–29).

158 »Da ist das ander stueck, das du dem schwerd zů dienen schuldig bist und fodern sollt, wo mit du kanst, es sey mit leyb, gůt, ehre und seele. Denn es ist eyn werck, des du nichts bedarffest aber gantz nutz und nott aller wellt und deynem nehisten. Darumb wenn du sehest, das am henger, boettell, richter, herrn oder fursten mangellt und du dich geschickt fundest, solltistu dich datzu erbieten und darumb werben, auff das jah die noetige gewallt nicht veracht und matt wuerde oder untergienge« (WA 11; 254,34–255,3).

159 »Also sind die exempel des schwerds auch frey, das du yhn magist folgen oder nicht, On wu du sihest, das deyn nehister bedarff, da dringet dich die liebe, das zů thun noettlich, das dyr sonst frey und unnoettig ist, zů thun unnd zů lassen« (WA 11; 256,20–23).

160 »Denn fur dich selbs bleybstu an dem Euangelio und heltist dich nach Christus wort, das du gern den andern backen streych leydest, den mantel zum rock faren lassest, wenn es dich und deyne sach betreffe« (WA 11; 255,9–12).

161 »Gleych wie er auch alle ander werck der liebe thut, der er nichts bedarff (denn er besucht die krancken nit darumb, das er selb davon gesund werde, Er speyset niemant, das er selb der speyße duerffe): also dienet er auch der uberkeyt, nicht das er yhr beduerffe, sondern die andern, das sie beschuetzt und die boesen nicht erger werden« (WA 11; 253,33–254.2).

Luther hat sein gesamtes Kirchenverständnis kongenial in seiner deutschen Übersetzung des Apostolikums zusammengefasst.[162] In ihr bündeln sich alle Aussagen wie in einem Brennglas. In der Schrift *Vom Papsttum zu Rom* übersetzte er das Glaubensbekenntnis wie folgt: »Ich gleub in den heyligen geist, ein heilige christliche kirche, gemeyne der heyligenn«[163]. Es ist ein Unterschied, ob man an die Kirche glaubt oder schlicht die Kirche glaubt.[164] Im Protestantismus gilt nicht die Aussage: Ohne Kirche kein Glaube, sondern umgekehrt: Ohne Glauben keine Kirche. Das ist jedenfalls für Luther der Grundsinn der ekklesiologischen Aussagen des Glaubensbekenntnisses.

VII Ausblick

Es mag aus gegenwärtiger Sicht befremdlich erscheinen, dass Luthers Ekklesiologie trotz aller ökumenischen Annäherungen der letzten Jahrzehnte die unüberwindbare Hürde bleibt, die den Katholizismus vom Protestantismus trennt und das Wesen des Protestantismus markiert. Ein Mensch mag sich heutzutage fragen: Handelt es sich eigentlich nicht um kaum mehr nachvollziehbare Distinktionen, die ins museale Archiv der Kirchengeschichte gehören? Doch gilt es zu berücksichtigen, dass es gerade Luthers Ekklesiologie gewesen ist, durch die sich ein Tor zur Neuzeit öffnete. Geprägt durch die Reformation und durch das Zeitalter der Aufklärung hat sich das Christentum zu einer Religion der Moderne transformiert. Drei relevante Gedanken sollen zum Abschluss hervorgehoben werden.

Der erste bezieht sich auf die Enthierarchisierung der sichtbaren Kirche. Adolf von Harnack hat einmal zum Ausdruck gebracht, dass nicht nur die christentumsgeschichtliche, sondern auch die religionsgeschichtliche Leistung von Luther darin bestehe, in prinzipieller Weise das Zwei-Klas-

---

162 Vgl. KATTENBUSCH, Doppelschichtigkeit (s. Anm. 14), 43.

163 WA 6; 300,32f. Vgl. außerdem: »Ich gleub in den heyligenn geyst, ein gemeynschafft der heyligenn« (WA 6; 293,1).

164 Zum Verständnis der lateinischen und griechischen Fassung des Apostolikums im Sinne Luthers vgl. E. JÜNGEL, Credere in ecclesiam. Eine ökumenische Besinnung (in: Kirche in ökumenischer Perspektive. Kardinal Walter Kasper zum 70. Geburtstag, hg. v. P. WALTER / K. KRÄMER / G. AUGUSTIN, 2003, 15–32).

sen-Christentum abgeschafft zu haben.[165] Damit ist nicht nur die Absage
an das Mönchtum, sondern auch im generellen Sinn die Aufhebung der
Differenz von Klerus und Laie gemeint. Aus Luthers Sicht widerspricht
eine solche Unterteilung dem Universalismus der evangelischen Botschaft.
Sein Kirchenbegriff verfolgt ein strikt egalitäres Programm religiöser So-
zialisation.

Hieraus ergibt sich der zweite Gedanke: Die Ekklesiologie Luthers beruht auf den Säulen eines Konzepts religiöser Mündigkeit. Tief empfundene
Glaubensüberzeugung ist allein an Gott gebunden und unvereinbar mit
ideologischen Autoritätsanmutungen oder institutionellen Herrschafts-
ansprüchen von Seiten Dritter. Freilich bedarf es Formen der Vermittlung
als notwendige Garanten der Tradierung. Diese können jedoch niemals den
Anspruch auf sakramentale Repräsentanz des Heiligen erheben. Ihre Gültigkeit entscheidet sich im Glauben des Einzelnen. Religiöse Mündigkeit
meint hierbei nicht nur das Recht, ab einem bestimmten Alter über die religiöse Zugehörigkeit entscheiden zu dürfen. Vielmehr liegt ihr das Konzept
eines selbstdenkenden Christentums zugrunde, bei dem, wie es Emanuel
Hirsch formuliert hat, alle religiösen Ausdrucksformen dem Prinzip der
»freiwilligen Gegenzeichnung«[166] unterworfen sind.

---

165 »Worin besteht also die religionsgeschichtliche Bedeutung der Reformation? Darin, daß
sie die Religion aus allen Verklitterungen herausgezogen, alles Peripherische und Halbe
abgestoßen, alle äußeren Autoritäten beseitigt und sie ausschließlich auf ihren heiligen
Ernst und auf ihren Trost beschränkt hat [...]. Indem man ihr das zugesteht, erscheint
sie wirklich als eine neue Stufe der Religionsgeschichte; denn wo findet sich hier etwas
Ähnliches, wenn man hinzunimmt, daß sie bei solcher Haltung nicht einem asketischen
Ideal das Wort redete, sondern die Religion mitten in das Leben, wie es gelebt wird, hin-
einsetzte. Die Letzten sind hier die Ersten geworden; denn wenn im Katholizismus die
Ordnung galt, daß das Mönchtum den Höhepunkt der Christlichkeit bezeichnet, und
der Glaube etwas nur Vorläufiges ist, so wird hier alle Kräftigkeit der Religion an dem
Glauben allein bemessen«; A. VON HARNACK, Die religionsgeschichtliche Bedeutung der
Reformation Luthers (in: DERS., Aus der Werkstatt des Vollendeten. Als Abschluss seiner Reden und Aufsätze, hg. v. AXEL VON HARNACK, 1930, 86–99), hier 98; vgl. ebenso
A. VON HARNACK, Das Wesen des Christentums. Sechzehn Vorlesungen vor Studieren-
den aller Fakultäten im Wintersemester 1899/1900 an der Universität Berlin [...], hg. v.
C.-D. OSTHÖVENER, ³2012, 161. Vgl. ferner K.H. NEUFELD, Adolf von Harnack. Theologie
als Suche nach der Kirche (KKTS 41), 1977, 147.
166 Vgl. E. HIRSCH, Christliche Rechenschaft, 1989, Bd. 1, 16f.30f.154f; Bd. 2,1.

Und schließlich markiert Luthers Ekklesiologie die wesentliche Differenz von Christentum und Kirche. Der Protestantismus hat das Schicksal, sich am Paradox der Institutionalisierung des Nichtinstitutionalisierbaren abzuarbeiten. Das bedeutet vor dem Hintergrund der Überlegungen von Trutz Rendtorff, dass das Christentum mehr ist als Kirche und auch außerhalb von Kirche existiert.[167] Der Geist Gottes lässt sich nicht in Institutionen einfangen. Das Christentum geht nicht in seinen kirchlichen Ausdrucksformen auf, sondern ist tief in die Sphären der Kultur eingesenkt. Recht und Ethik, Politik und Ökonomie, Wissenschaft und Kunst bilden auf verschlungene Weise das Erbe einer zweitausendjährigen Kulturgeschichte. Der Gedanke der unsichtbaren Kirche bildet insofern aus dogmatischer Perspektive den Topos einer Theorie des Christentums vor dem Hintergrund einer neuzeitlichen Kulturhermeneutik.

---

167 Vgl. T. RENDTORFF, Theorie des Christentums. Historisch-theologische Studien zu seiner neuzeitlichen Verfassung, 1972; DERS., Kirche und Theologie. Die systematische Funktion des Kirchenbegriffs in der neueren Theologie, 1966; DERS., Christentum außerhalb der Kirche. Konkretionen der Aufklärung (Stundenbücher 89), 1969; vgl. hierzu M. LAUBE, Theologie und neuzeitliches Christentum. Studien zu Genese und Profil der Christentumstheorie Trutz Rendtorffs, 2006.

Der Kardinal Girolamo Seripando

Augustiner-Eremit, Theologe und Kirchenreformer in der Reformationszeit[*]

Von Michele Cassese

Ich kann es nicht unterlassen, einen meiner Gedanken zu äußern, auch wenn er weit von der unendlichen Hoheit der Vorsehung Gottes entfernt ist. Gott hat uns in diesem Fall die Reform (der Kirche) zeigen und uns an sie heranführen wollen – und hat uns unverhofft diese so große Hoffnung abgeschnitten. Er hat uns zu verstehen gegeben, dass die Reform kein menschliches Werk sein kann, auch nicht auf den von uns erwarteten Wegen voranschreitet, sondern auf eine von uns unerwartete Weise und durch eine wirksame Hand, die als von Gott bewegt erscheinen wird – gegen die Feinde und zum Lob derer, die wahrhaft gut sind, [also] Menschen gut vor Gott und nicht in den Augen von Menschen. Von dieser Reform hat uns Gott zeigen wollen, dass die Zeit noch nicht gekommen ist, da unsere Bosheit noch nicht zu Ende gegangen ist.[1]

Dieser Abschnitt entstammt einem Brief, der an den apostolischen Nuntius in Neapel geschickt wurde, acht Tage nach dem Tod von Marcellus II.,

---

[*] Dieser Aufsatz ist der Text des Vortrags, der im Rahmen der Ringvorlesung *Ökumene einer Streitkultur? Luthers katholische Kontrahenten* am 10. November 2014 gehalten wurde. Die Ringvorlesung war von der Guardini-Stiftung an der Humboldt-Universität zu Berlin organisiert. Der Text ist unveröffentlicht. Die Übersetzung aus dem Italienischen besorgte Johannes Hampel.

[1] »Non lascerò di dire un mio pensiero, anche se modesto e molto lontano dall'infinita altezza della provvidenza di Dio. Egli ha voluto casualmente mostrarci e avvicinarci tanto alla riforma (della chiesa) e improvvisamente toglierci così grande speranza. Ci ha fatto capire che la riforma non deve essere opera umana, né verrà attraverso le vie attese da noi, ma in modo da noi inaspettato e attraverso una mano valida che apparirà veramente suscitata da Dio, contro gli empi e a lode di coloro che saranno veramente buoni, uomini buoni al cospetto di Dio e non agli occhi degli uomini. Di questa riforma (Dio) ha voluto mostrarci che non è ancora il tempo, non essendo ancora finite le nostre iniquità«. Brief Girolamo Seripandos an Pietro Camaiani, Salerno 9. Mai 1555; M. CASSESE, Girolamo Seripando e i vescovi meridionali 1535–1563, Bd. 2: La corrispondenza, 2002, 106.

dem Cervini-Papst (gest. am 1. Mai 1555). Geschrieben hat diesen Brief der Erzbischof von Salerno, Girolamo Seripando,[2] einer der bedeutendsten Protagonisten in der konfliktreichen italienischen und europäischen Kirchengeschichte des 16. Jahrhunderts. Er hatte, wie viele andere Kirchenmänner und Laien seines Jahrhunderts, große Hoffnungen auf diesen energischen und fähigen Papst gesetzt, von dem eine Reform der Kirche erwartet wurde. Leider war er nach nur 21 Tagen im Amt plötzlich verstorben.[3]

Der Brief lässt die Persönlichkeit Girolamo Seripandos in vollem Umfang erkennen: er ist ein Reformer der Kirche des 16. Jahrhunderts. Aus seinen wenigen Worten, so sehr sie auch durch den Gedanken der göttlichen Vorsehung geprägt sind, tritt klar seine bittere Einsicht hervor, dass trotz seines Einsatzes und seiner Hoffnungen die angestrebte Reform nicht eintreten würde – oder doch mindestens nicht so, wie er dies wünschte.

I Zur Lebensgeschichte Girolamo Seripandos

Seripando (1493–1563) entstammte einer adligen Familie in Neapel. In sehr frühen Jahren trat er in den Augustinerorden ein, und zwar im selben Jahr 1507, in dem Martin Luther in Erfurt zum Priester geweiht wurde. Seine

---

2 Vgl. hierzu H. JEDIN, Girolamo Seripando. Sein Leben und Denken im Geisteskampf des 16. Jahrhunderts, 2 Bde., (1937) ²1984; A. MARRANZINI, Il cardinale Girolamo Seripando. Arcivescovo di Salerno legato pontificio al Concilio di Trento, 1994; Geronimo Seripando e la chiesa del suo tempo. Nel V centenario della nascita. Atti del convegno di Salerno, 14–16 ottobre 1994, hg. v. A. CESTARO, 1997; CASSESE, Seripando (s. Anm. 1); DERS., Girolamo Seripando e la sua teologia nei »Discorsi salernitani« (RSLR 1, 2007, 173–201); DERS., Seripando Troiano (in religione Girolamo) (DBI, 92, 2018, 148–151); C. THEKKEKARA, In the Service of the Word of God. Cardinal Seripando, an Exegete and Biblical Theologian, 2008; G.C. CASSARO, Girolamo Seripando. La grazia e il metodo teologico, 2010; M. SCARPA, Le omelie sul ›Pater noster‹ nella predicazione di Girolamo Seripando. Un'analisi storico-critica in prospettiva catechetica. Estratto della Tesi di Dottorato, 2015; DERS., Le predicazioni sul ›Pater noster‹ di Girolamo Seripando. Una prospettiva catechetica, 2017. Für die weitere Bibliographie siehe: A.M. VITALE, Materiali per lo studio della figura e dell'opera di Girolamo Seripando. Bibliografia ragionata delle opere e della letteratura secondaria dal 1937 (AAug 74, 2011, 9–67).

3 Zu Marcellus II. vgl. W.V. HUDON, Marcello Cervini and ecclesiastical Government in Tridentine Italy, 1992; Papa Marcello II Cervini e la Chiesa della prima metà del '500, hg. v. C. PREZZOLINI / V. NOVEMBRI, 2003.

Laufbahn innerhalb der Kirche verlief völlig anders als in jener Zeit üblich. Damals vergaben ja die Päpste und die römische Kurie Ämter, Bischofssitze und Kardinalstitel aufgrund von politischer Nützlichkeit und hohen Geld-Zuwendungen an die Sprösslinge adliger Familien. Im Alter von knapp 21 Jahren wurde Seripando durch den Augustinergeneral Ägidius von Viterbo[4] zum Sekretär bestellt, wurde Dozent für das Theologiestudium in Bologna, Vikar der bedeutenden Ordensprovinz Neapel, Generalvikar und schließlich General des Ordens von 1539 bis 1551, als er aus gesundheitlichen Gründe von seinem Amt zurücktreten musste.[5] 1553 wurde er von Kaiser Karl V. zum Erzbischof von Salerno ernannt; er besaß das Recht des Bischofsvorschlags für die Stadt und hatte Seripando als Botschafter in Brüssel kennengelernt, wo er für die Bevölkerung Neapels eintrat, die vom dortigen Vizekönig unterdrückt worden war.

Seripando leitete persönlich sieben Jahre lang die Diözese Salerno.[6] Danach rief ihn Papst Pius IV. nach Rom, wo er dem Inquisitionsgericht vorzustehen und die Vatikanische Druckerei zu gründen hatte.[7] Im Auftrag des Papstes widmete er sich zusammen mit Kardinal Ercole Gonzaga der Vorbereitung und Leitung des Konzils von Trient in dessen dritter Periode.[8] Diese Aufgabe konnte er nicht zu Ende führen, denn er verstarb

---

4 Vgl. J.W. O'MALLEY, Giles of Viterbo on Church and Reform. A Study on Renaissance Thought, 1968; F.X. MARTIN, Giles of Viterbo. Bibliography, 1510–1982 (Biblioteca e Società 1–2, 1982, 45–52); DERS., Friar, Reformer, and Renaissance Scholar. Life and Work of Giles of Viterbo, 1469–1532 (AugS 18), 1992; G. ERNST / S. FOÀ, Egidio da Viterbo (DBI 42, 1993, 341–353); Egidio da Viterbo O.S.A. e il suo tempo. Atti del V Convegno dell'Istituto Storico Agostiniano (Roma-Viterbo 20–23 ottobre 1982) (AAug 46), hg. v. Augustinian Historical Institute, 1983; Egidio da Viterbo, cardinal agostiniano tra l'Italia e l'Europa del Rinascimento, Atti del Convegno (Viterbo, 22–23 settembre 2012–Roma, 26–28 settembre 2012), hg. v. M. CHIABÒ / R. RONZANI / A.M. VITALE, 2013.

5 Vgl. Acta et epistolae Generalatus Seripandi (in: Hieronymi Seripandi O.S.A. Registra generalatus (1538–1551), hg. v. D. GUTIERREZ / A. DE MEIJER, 1982–1996), 1–6 und Index generalis.

6 Vgl. JEDIN, Seripando (s. Anm. 2), Bd. 2, 1–31; A. BALDUCCI, Girolamo Seripando, Arcivescovo di Salerno (1554–1563), 1963; A. MARRANZINI, Ministero episcopale del cardinale Girolamo Seripando, 1993.

7 Vgl. JEDIN, Seripando (s. Anm. 2), Bd. 2, 85–120.

8 Vgl. aaO., 120–228.

am 17. März 1563, aufgerieben durch die Last der Arbeitspflichten und die Streitigkeiten innerhalb der Versammlung der Konzilsväter.[9]

II Ausbildung und kulturelle Aktivitäten

Dank seiner umfassenden Bildung darf Seripando zu den wichtigsten Intellektuellen der katholischen Kirche im frühen 16. Jahrhundert gezählt werden. Er studierte Grammatik[10] und Jurisprudenz sowie nach seinem Eintritt in den Augustinerorden klassische Literatur, Philosophie und Theologie, aber ebenso auch Hebräisch, Aramäisch und Griechisch. Nach der Priesterweihe eignete er sich innerhalb und außerhalb seines Ordens weitere kulturelle Erfahrungen und Kenntnisse an, wodurch er eine reich ausgebildete Persönlichkeit entfalten konnte. Bei Seripando kam zu der Prägung durch den klassischen Humanismus diejenige durch den christlichen Humanismus hinzu, der die klassische Antike und den christlichen Glauben durch das Studium der frühen Quellen der Heiligen Schrift verband und in Erasmus von Rotterdam seinen Stammvater gefunden hatte; in Italien ragte als ein führender Vertreter Marsilio Ficino[11] hervor. Auch dem Studium des Neuplatonismus trat Seripando näher, befasste sich mit der Kabbala[12] und der prophetisch-geschichtstheologischen Literatur, insbesondere des Joachim von Fiore, der eine Erneuerung der Welt und der Kirche wünschte. Während seiner Dozentenjahre studierte Seripando die Theologen der sogenannten *Augustinerschule*,[13] als deren Haupt Ägidius Romanus (1243–

---

9 Vgl. aaO., 228–238.

10 Das ›grammatische Studium‹ vertiefte die Beschäftigung mit der lateinischen Sprache und lehrte das Griechische; außerdem lehrte man die Literatur beider klassischer Sprachen sowie die Grundbegriffe der Geschichte, der Geographie, der Physik und der Astronomie.

11 Zu Marsilio Ficino vgl. MARSILIO FICINO, Fonti, testi, fortuna, hg. v. S. GENTILE / ST. TOUSSAINT, 2006; Marsilio Ficino e il ritorno di Platone. Studi e documenti, Bd. 2, hg. v. G.C. GARFAGNINI, 1986.

12 Vgl. F. SECRET, Girolamo Seripando et la Kabbale (Rinasc. 14, 1963, 251–268); A.M. VITALE, Cristianesimo, Qabbalah, platonismo. L'umanesimo cristiano di Girolamo Seripando nella letteratura critica (L'Era di Antigone 4, 2010, 338–348).

13 Vgl. A. TRAPÉ, Scuola teologica e spiritualità nell'ordine Agostiniano (in: Sanctus Augustinus vitae spiritualis magister, Settimana internazionale di spiritualità agostiniana,

1316)[14] galt. Dieser vertrat eine »Theologie des Gefühls«, die nicht nach Erkenntnis Gottes an sich, sondern nach der Liebe zu Gott strebte und deshalb vorrangig auf das tätige Leben und den seelsorgerlichen Dienst zielte.[15] Diese Schule führte Seripando noch näher an das Denken Augustins heran und bestärkte ihn darin, die Bibel in der Interpretation durch die Kirchenväter zur Quelle der theologischen Forschung und des geistlichen Lebens zu machen. So gelangte er vom Neuplatonismus zum Augustinismus, wobei Paulus besondere Beachtung fand. Die *Augustinerschule* wird für sein theologisches Denken und für seine geistlich-seelsorgerliche Persönlichkeit der wichtigste Perspektivengeber und Bezugspunkt.[16]

In seiner beständigen, sorgfältigen persönlichen Weiterbildung las Seripando Gelehrte und Theologen der vergangenen Jahrhunderte, was ihm auch seine persönliche, mit wertvollen Schätzen versehene Bibliothek im Kloster zu Neapel ermöglichte, die zahlreiche Codices aus dem Osten und Sachtexte unterschiedlichster Fächer enthielt; doch auch die Zeitgenossen

Roma 22–27 ottobre 1956, Bd. 2, 1959, 5–75); A. Zumkeller, Die Lehrer des geistlichen Lebens unter den deutschen Augustinern vom Dreizehnten Jahrhundert bis zum Konzil von Trient (in: aaO., 239–337); G. Ciolini, Scrittori spirituali agostiniani dei secoli XIV e XV in Italia (in: aaO., 339–387); A. Zumkeller, Die Augustinerschule des Mittelalters, Vertreter und philosophisch-theologische Lehre (AAug 27, 1964, 167–262); Ders., Erbsünde, Gnade, Rechtfertigung und Verdienst nach der Lehre der Erfurter Augustinertheologen des Spätmittelalters, 1984; A.M. Vitale, A un crocevia filosofico-teologico. La scuola platonico-agostiniana del Cinquecento a ottant'anni dalle ricerche di Hubert Jedin (in: Ritornare a Trento. Tracce agostiniane sulle strade del concilio Tridentino, hg. v. S. Zeni / C. Curzel, 2016, 71–85).

14 Vgl. J.R. Eastman, Das Leben des Augustiner-Eremiten Aegidius Romanus (c. 1243–1316) (ZKG 100, 1989, 318–339); F. Del Punta / S. Donati / C. Luna, Egidio Romano (DBI 42, 1993, 319–341); A Companion to Giles of Rome, hg. v. C.F. Briggs / P.S. Eardley, 2016.

15 Zum Einfluss Egidio Romanos auf Seripando vgl. A.M. Vitale, Il »De summo bono« di Girolamo Seripando tra umanesimo meridionale e tradizione platonica, Kritische Ausgabe des Textes, 2016, 37–40; R. Kuiters, The Development of the Theological School of Aegidius Romanus in the Order of St. Augustine. Specimen of Synthesis between Constitutions and Praxis (Aug[L] 4, 1954, 157–177).

16 Vgl. V. Grossi, Indicazioni sulla recezione-utilizzazione di Agostino d'Ippona nella teologia post-tridentina (Lateranum 62, 1996, 225–246).

las er eifrig.[17] Über Erasmus hinaus sind hier zwei Italiener zu nennen: der Thomist Tommaso de Vio, genannt Cajetan,[18] und der christliche Humanist Gasparo Contarini,[19] Vertreter der katholischen Seite bei mehreren bilateralen Begegnungen von Katholiken und Protestanten, etwa beim Regensburger Religionsgespräch von 1541. In Neapel stand er mit Männern, kulturellen Zentren und geistlichen Bewegungen von großer Bedeutung in Kontakt, darunter der *Accademia Pontaniana*. Diese war ein Gelehrtenzirkel, in dem die wichtigsten Vertreter des humanistisch und philosophisch gebildeten Neapel zusammenfanden. Der berühmte deutsche Humanist und Orientforscher Johann Albrecht Widmannstetter (1506–1557), Kenner des Arabischen, Hebräischen, Syrischen und der klassischen Philologie, gehörte zu seinem regelmäßigen Umgang und ermöglichte ihm, die Bibel direkt aus den hebräischen und griechischen Quellen zu lesen und den starren Aufbau der spätmittelalterlichen Scholastik zu überwinden; die Heilige Schrift wurde zur Quelle geistlicher und existenzieller Inspiration.[20]

In diesen Jahren, die er in Neapel verbrachte, zeigte sich Seripando auch durchaus empfänglich für die neuen Gedanken, welche die Reformatoren verbreiteten. Mit der Erlaubnis von Papst Clemens VII. (1531) war es ihm möglich, die Schriften der Reformatoren zu lesen und ihr Gedankengut

---

17 Die Bibliothek Seripandos war eine der berühmtesten Bibliotheken des 16. Jahrhunderts, auch dank des Bücherschatzes, den Antonio Seripando, der Bruder Girolamos, und der Humanist Aulo Giano Parrasio ihm hinterlassen hatten: biblische und patristische Bücher, Werke der klassischen, griechischen und römischen, Autoren, der mittelalterlichen Theologen und von Autoren des 15. und 16. Jahrhunderts. Vgl. D. GUTIERREZ, La biblioteca di S. Giovanni a Carbonara di Napoli (AAug 29, 1966, 59–212); A. DELLE FOGLIE, Nuove ricerche sulla biblioteca di San Giovanni a Carbonara a Napoli e sul mecenatismo di Girolamo Seripando (AAug 71, 2008, 187–202).

18 Vgl. J. WICKS, Cajetan und die Anfänge der Reformation, 1983; E. STÖVE, De Vio, Tommaso (DBI 39, 1991, 567–578).

19 Vgl. G. FRAGNITO, Contarini, Gasparo (DBI 28, 1983, 172–192); S. TRAMONTIN, Profilo di Gasparo Contarini (in: Gaspare Contarini e il suo tempo. Atti del Convegno [Venezia, 1–3 marzo 1985], hg. v. F. CAVAZZANA ROMANELLI, 1988, 17–38).

20 Vgl. H. STRIEDL, Der Humanist Johann Albrecht Widmanstetter als klassischer Philologe (in: Festgabe der Bayerischen Staatsbibliothek für Emil Gratzl, 1953, 96–120); C. DE FREDE, Religiosità e cultura nel Cinquecento italiano, 1999, 165–171.

aufzunehmen; er trat in engen Kontakt mit der heterodoxen Gruppe der Valdesianer oder ›Spiritualen‹,[21] die von Juan de Valdés[22] begründet worden war, der sich ab 1535 nach Neapel zurückgezogen hatte. Nach dem Tod von Valdés (1541) wurde Reginald Pole[23] zur Leitfigur der Bewegung, der berühmte englische Kardinal, der nach dem Schisma von König Heinrich VIII. ins italienische Exil gegangen war und im Konklave 1549 mit nur einer Stimme die Wahl zum Papst verfehlte.[24] Diese Bewegung fand innerhalb weniger Jahre in Italien weite Verbreitung und zählte mehr als dreitausend Anhänger, darunter auch einige Prälaten; die Inquisition beschuldigte sie der Häresie, und so wurden ihre Mitglieder seit den frühen 1550er Jahren verfolgt. Mit einigen von ihnen führte Seripando theologisch-geistliche Gespräche und setzte sich mit ihnen zu Fragen der Lebensführung und der Kirchenreform auseinander.

Überaus reich, aber nur zum Teil veröffentlicht sind die philosophischen, theologischen und homiletischen Schriften Seripandos.[25] Zu nennen sind seine zahlreichen Beiträge anlässlich des Konzils von Trient, seine

21 Vgl. M. CASSESE, Seripando e gli »spirituali« (in: DERS., Seripando [s. Anm. 1], Bd. 1: Saggio storico e profili dei corrispondenti, 69–108).

22 Vgl. J.C. NIETO, Juan de Valdés y los orígenes de la Reforma en España e Italia, ²1979; M. FIRPO, Tra alumbrados e »spirituali«. Studi su Juan de Valdés e il valdesianesimo nella crisi religiosa del '500 italiano, 1990; DERS., Dal Sacco di Roma all'inquisizione. Studi su Juan de Valdés e la Riforma italiana, 1998; DERS., Juan de Valdés and the Italian Reformation, 2015 (= Juan de Valdés e la Riforma nell'Italia del Cinquecento, aus dem Ital. übers. v. R. BATES, 2016); M. IACOVELLA, Dall' ›Alfabeto cristiano‹ al ›Beneficio di Cristo‹. Ricerche su Juan de Valdés e il valdesianesimo (1536–1544) (RSIt 128, 2016, 177–215).

23 Vgl. P. SIMONCELLI, Il caso Reginald Pole. Eresia e santità nelle polemiche del Cinquecento, 1977; TH.F. MAYER, Reginald Pole. Prince and Prophet, 2000; DERS., Cardinal Pole in European context. A via media in the Reformation, 2000; The Correspondence of Reginald Pole, 4. Bde., hg. v. TH.F. MAYER / C.B. WALTERS, 2002–2008; M. FIRPO, Inquisizione romana e Controriforma. Studi sul cardinal Giovanni Morone (1509–1580) e il suo processo d'eresia, 2005; D. ROMANO, Reginald Pole tra Erasmo e Valdés. Dal De Unitate Ecclesiae alle meditazioni sui Salmi (1536–1541) (RSIt 124, 2012, 831–875).

24 Vgl. TH.F. MAYER, Il fallimento di una candidatura: il partito della riforma. Reginald Pole e il conclave di Giulio III (AISIG 21, 1995, 41–67).

25 Vgl. Jedin, Seripando (s. Anm. 2), Bd. 2, 335–439; CASSESE, Seripando (s. Anm. 1), Bd. 1: Saggio storico e profili dei corrispondenti, 163–168; CASSARO, Seripando (s. Anm. 2), 109–145.

Kommentare zu den Paulusbriefen an die Römer und an die Galater,[26] seine Schrift *De iustitia et libertate*[27] über das Problem der Gnade und des Heils, eine Erwiderung auf die Reformatoren, insbesondere auf Luther,[28] ferner seine in Salerno zum Credo und zum Vaterunser gehaltenen *Predigten.*[29] Seine umfangreiche Korrespondenz schließlich ermöglicht es, einen erheblichen Teil der Religionsgeschichte des 16. Jahrhunderts nachzuzeichnen.[30]

Seripando war über sein ganzes Leben hinweg ein leidenschaftlicher, aufrechter Wahrheitssucher.[31] Er war ein wesentlicher Mitgestalter von Ereignissen und Auseinandersetzungen, die das kirchliche Leben, die Kultur und die Theologie seiner Zeit prägten; seine Arbeit als Denker und Prediger verschränkte sich mit den Leitungsaufgaben in seinem Orden, in der Diözese Salerno und schließlich im Vorstand des Konzils, ohne dass die beiden Wirkungskreise Theologie und Kirche voneinander getrennt worden wären; in ihm haben wir sowohl einen Mann der Besinnung wie einen Mann der Tat in der Kirche des 16. Jahrhunderts zu sehen. Seripando ist eine

---

26 Vgl. GIROLAMO SERIPANDO / FELICE MILENSIO, Hieronymi Seripandi S.R.E. Card. In D. Pauli Epistolas ad Romanos, et Galatas commentaria, 1601.

27 Vgl. GIROLAMO SERIPANDO, De iustitia et libertate christiana, hg. v. A. FORSTER (CCath 30), 1969.

28 Das Werk Seripandos ist eine genaue Antwort auf *De libertate christiana* M. Luthers; vgl. A. MARRANZINI, Dibattito Lutero-Seripando su »Giustizia e libertà del cristiano«, 1981.

29 Vgl. Prediche del Rever^mo Mons. Girolamo Seripando, Arcivescovo di Salerno Sopra il Simbolo degli Apostoli, Al segno della Salamandra, Venetia 1567; neue Auflage: GIROLAMO SERIPANDO, Prediche di Girolamo Seripando [sul Simbolo degli Apostoli], hg. v. F. LINGUITI, 1858. Für Predigten zum Vaterunser vgl. R.M. ABBONDANZA BLASI, Tra evangelismo e riforma cattolica. Le prediche sul Paternoster di Girolamo Seripando, 1999, 99–317.

30 Seripandos Briefwechsel besteht aus mehr als fünftausend Briefen, die jedoch nur zum Teil veröffentlicht sind; für die veröffentlichten Briefe vgl. besonders: G. CALENZIO, Documenti inediti e nuovi lavori letterari sul Concilio di Trento, 1874, 255–280; JEDIN, Seripando (s. Anm. 2), Bd. 2, 542–647; D. GUTIÉRREZ, Testi e note su l'ultimo quadriennio del generalato di Seripando (AAug 28, 1965, 281–382); DERS., Il carteggio tra Girolamo Seripando e Guglielmo Sirleto (AAug 48, 1985, 113–168 und 49, 1986, 5–64); CASSESE, Seripando (s. Anm. 1), Bd. 2.

31 Vgl. H. JEDIN, Seelenleitung und Vollkommenheitsstreben bei J. Seripando (in: Sanctus Augustinus vitae [s. Anm. 13], Bd. 2, 389–410), 390.

komplexe Persönlichkeit, die sich nicht auf eine der damals in der katholischen Kirche ringenden Parteien verrechnen lässt. Er spielte eine wichtige Rolle innerhalb jener Welt, die hin- und her wogte zwischen den Plänen für eine katholische Kirchenreform, divergenten theologischen Strömungen, der Reformation, dem Konzil, der Gegenreformation, der Inquisition, der »Disziplinierung« und Überwachung der christlichen Gesellschaft, den Reformbemühungen in Kurie und Kirche, den Beziehungen zum Kaiserreich, zu Fürsten und der Missionierung in der Neuen Welt.

In meinem Beitrag möchte ich mich nun – ohne Anspruch auf Vollständigkeit – nur mit drei Aspekten in der Gestalt Seripandos befassen: seiner Beteiligung am Konzil von Trient, seiner theologischen und existenziellen Stellung zur protestantischen Reformation und schließlich seiner Vorstellung von einer Reform der Kirche.

III Seripando und das Konzil von Trient

1. Mitwirkung und Leitung

Seripando war »Leitender Architekt« des Konzils,[32] das einen dramatischen Verlauf nahm und für die katholische Kirche der Neuzeit entscheidende Weichenstellungen traf. Bereits an den ersten Vorplanungen, an der Ausarbeitung der Sitzungen und der den Konzilsvätern vorzulegenden Fragestellungen war Seripando beteiligt.[33] In der ersten Tagungsperiode (1545–1548) war er in einer Doppelrolle als Augustinergeneral mit Stimmrecht und als persönlicher theologischer Berater des Kardinals Marcello Cervini anwesend; wegen schwerer Krankheit fehlte er in der zweiten Periode (1551–1552) und in der dritten Periode (1561–1563) hatte er eine herausragende Rolle als einer der beiden Vorsitzenden. Er nahm an den Ausschusssitzungen teil, meldete sich bei nahezu allen in der Vollversammlung behandelten Fragen zu Wort und leistete Zuarbeiten bei der Abfassung des endgültigen

---

32 P. Sforza Pallavicino, Istoria del Concilio di Trento, Teil 3, Buch 20, Kap. 7, 1757, 293.
33 Seripando traf Papst Paul III. oft vor dem Konzil: im August, Oktober 1542; am 25. Febr. 1543; am 17. Nov. 1544; am 11. April 1545; vgl. Girolamo Seripando, Diarium I (Hieronymi Seripandi Diarium de vita sua. 1513–1562, hg. v. D. Gutiérrez [AAug 26, 1963, 5–193], 52–60). Der zweite Teil des H.S. Diarium 1493–1513 ist zu finden in AAug 27, 1964, 334–340.

Wortlauts einiger Dekrete. In der frühen Periode hatten einige seiner Vorschläge Erfolg, doch fanden seine zahlreichen Wortmeldungen, obwohl sie aufmerksam gehört wurden, bei den Abstimmungen keine Mehrheiten; so waren also seine persönlichen Erfolge auf kleine Teilbereiche beschränkt. Ein echter Sieg Seripandos – und auch ein Sieg der Gruppe, die zum christlichen Humanismus gehörte –, ist hingegen die Verabschiedung der Dekrete über die Heilige Schrift und das Predigen der Schrift. In diesen Konzilsbeschlüssen wird die Inspiration der heiligen Bücher, ihre Autorität zur Bestätigung der Kirchenlehren und zur Dienlichkeit für die Erbauung des Gottesvolkes behauptet. Die biblischen Bücher werden zusammen mit der Überlieferung als Quellen der Offenbarung bestimmt. Was die Seelsorge angeht, so werden mit einem für damalige Verhältnisse bahnbrechenden Beschluss die auf die Schrift gestützte Sonntagspredigt in allen Kathedral-, Pfarr- und Klosterkirchen und die Unterweisung in der Schrift durch einen ausgebildeten Lektor zur Norm erhoben.

Das Tridentinum hat der neuzeitlichen Kirche zwei Eckpunkte vermacht:»Das Evangelium ist Quelle jeder Heilswahrheit und jedes sittlichen Gebots« und ist als solche allen Geschöpfen zu verkünden; die Heiligen Schriften müssen, auch wenn sie von der Amtskirche ausgelegt werden, die Quellen für die Suche nach der christlichen Wahrheit und für die Verkündigung sein.[34] Leider wurde dieses Dekret in der Kirche der Gegenreformation häufiger hintergangen als treu angewandt, denn schon bald erfolgte die Rückkehr zu einer Verkündigung, die sich auf die kirchliche Morallehre stützte.

Unter den spannendsten Auseinandersetzungen des Trienter Konzils war Seripando vor allem in zwei verwickelt: die zur Rechtfertigungslehre in der ersten Tagungsperiode und zur Residenzpflicht der Bischöfe in der dritten Periode.

---

34 Vgl. COD 663; 1991,15–22: »Tridentina synodus, [...] hoc sibi perpetuo ante oculos proponens, ut sublatis erroribus puritas ipsa evangelii in ecclesia conservetur, quod promissum ante per prophetas in scripturis sanctis dominus noster Iesus Christus Dei Filius proprio ore primum promulgavit, deinde per suos apostolos tamquam fontem omnis et salutaris veritatis et morum disciplinae omni creaturae praedicari iussit«.

2. Der Konflikt um die Rechtfertigungslehre

Monatelang war der Streit so erbittert, dass er die Konzils-Versammlung geradezu zerriss, zumal sie ohnehin durch territorial-politische Herkünfte, Fraktionsbildungen innerhalb der Kurie und kulturelle bzw. geistliche Lagerbildung gespalten war. Mehrfach schien das Konzil am Abgrund des Scheiterns zu stehen. Das Problem der Rechtfertigung war für die katholische Kirche das Hauptproblem, das die lutherische Reformation ihr aufgegeben hatte.[35] Die lutherische Definition der Rechtfertigung wertete die Führungsrolle der Kirche bei der Lebensführung der Gläubigen und folglich bei der Bestimmung des rechten Lebenswandels dramatisch ab. Dennoch stellte auf dem Konzil die Rechtfertigung nur durch den Glauben (*sola fide*) eher ein Kriterium für Gegnerschaft zur Kirche Roms als eine echte Irrlehre (Häresie) dar. Wer die Rechtfertigung allein aus dem Glauben verkündete, galt bei der römischen Hierarchie und dem neuen Inquisitionsgericht als Feind der Kirche und des römischen Papsttums.

Auf dem Konzil schien noch eine schmale Öffnung zu einer unvoreingenommenen Diskussion möglich, wie sie einige Konzilsväter vertraten. Zu ihnen gehörte auch Seripando.[36] So traten drei theologische Sichtweisen an den Tag, die bereits seit vier Jahrzehnten in der Christenheit im Umlauf waren: die Rechtfertigung durch den Glauben, die Rechtfertigung durch die Werke, wie sie die Scholastik vertrat, und die zweifache Rechtfertigung, d.h. aus dem Glauben und den Werken, seit Jahren schon durch Theologen wie den Kölner Johannes Gropper, den Naumburger Julius von Pflug und den Italiener Gasparo Contarini vertreten. Seripando trug eines der von ihm vorbereiteten Schemata vor; ausgewählt hatte es Cervini, redi-

---

35 Vgl. etwa V. SUBILIA, La giustificazione per fede, 1976; F. BUZZI, Il Concilio di Trento (1545–1563). Breve introduzione ad alcuni temi teologici principali, 1995, 71–119.

36 Zur Auffassung Seripandos über die Rechtfertigung in den tridentinischen Debatten vgl. JEDIN, Seripando (s. Anm. 2), Bd. 1, 364–426; V. GROSSI, La giustificazione secondo Girolamo Seripando, nel contesto dei dibattiti Tridentini (AAug 41, 1978, 7–24); A. MARRANZINI, Il problema della giustificazione nell'evoluzione del pensiero di Seripando (in: CESTARO [Hg.], Geronimo Seripando e la chiesa [s. Anm. 2], 227–269); M. CASSESE, Un agone a distanza tra Giovanni Calvino e Girolamo Seripando sulla giustificazione. Affinità e diversità (in: Giovanni Calvino e la Riforma in Italia. Influenze e conflitti, hg. v. S. PEYRONEL RAMBALDI, 2011, 275–313).

giert worden war es von der engeren Kommission der Theologen, die insbesondere die Unterschiede zu den Positionen der Protestanten hervorhoben. In der Generalversammlung entzündete sich eine lange, heftige Debatte, in deren Verlauf persönliche Beleidigungen und Angriffe vorfielen, die dem Bischof Giovanni Tommaso Sanfelice sogar die Exkommunikation und eine Haftstrafe eintrugen. Das Lehrschema wurde wegen des protestantischen Tonfalls von der Versammlung abgelehnt. Auch gegenüber Seripando fehlte es nicht an Anklagen; mehrere Väter erblickten bei ihm Positionen, die Luther, Calvin und Martin Bucer nahestanden.

Seripando wirkte an einer weiteren Umformulierung eines neuen Textes mit, nicht jedoch an der endgültigen Fassung, in der er sein Denken nicht mehr wiedererkannte; es gelang ihm dank eines Zugeständnisses von Kardinal Cervini immerhin, seine Meinung in einem leidenschaftlichen Wortbeitrag (26.–27. November 1546) darzulegen, um damit seine Rechtgläubigkeit, die einige Väter bezweifelt hatten, anerkennen zu lassen und seine ›persönliche Frömmigkeit‹ zu verteidigen. Aus seiner schriftlichen Eingabe treten seine bis dahin als rechtgläubig gewertete theologische Position, sein frommer Lebenswandel sowie seine Art, die Gottesbeziehung zu leben, hervor. Es handelt sich um die Lehre von der doppelten Rechtfertigung (*duplex iustitia*), hier jedoch anders dargestellt als dies Contarini 1541 auf dem Regensburger Reichstag tat.[37] Hinsichtlich der Formel des Regensburger Buches (*Liber Ratisbonensis*) hob die Bestimmung Seripandos mehr auf die interpersonelle Beziehung zwischen Christus und dem Menschen und weniger auf die Werke des Menschen ab. Er erklärte, dass er die tatsächliche Lage behandeln wolle, in der sich der Gläubige im Augenblick des Urteils im Angesicht Gottes befinden werde; Seripando wollte also das Rechtfertigungsproblem aus existenzieller Sicht betrachten, ohne in theologische Formeln zurückzufallen, die Streitigkeiten zwischen den Debattenteilnehmern hervorriefen.[38]

37 Zum *Liber Ratisbonensis* (1541) vgl. CR 4; 190–238, bes. 198–201; auf französisch: Les Actes de Regespourg (= CR 4; 515–562, bes. 524–527); I colloqui di Ratisbona: l'azione e le idee di Gaspare Contarini, Tavola Rotonda con A. MARRANZINI / P. PRODI / P. RICCA (in: CAVAZZANA, Gaspare Contarini [s. Anm. 19]), 167–242.

38 Vgl. Sententia [Hieronymi Seripandi] (de duplice iustitia) in congregatione dicta partim 26., partim 27. novembris (1546) (CT 5; 668,28–32): »[Loquor] de magna Christianorum hominum portione, qui in gratia bene quandoque operantur, sed saepe in graviora cadunt

Wer, so fragt sich Seripando, darf sich an jenem Schicksalstag gänzlich vollkommen fühlen, so dass er das Heil in vollem Umfang verdienen würde? Niemand! Niemand dürfe sich aufgrund guter Werke vollkommen gerecht fühlen, ohne noch einmal die Gerechtigkeit Christi anzurufen.[39] Deshalb bleibe nichts anderes übrig als die These, dass die Rechtfertigung von zweifacher Gestalt sei und im Wesentlichen angerechnet (*imputata*) werde. Diese angerechnete Rechtfertigung dürfe nicht auf ›lutherische‹ Art verstanden werden, welche die Gerechtigkeit Christi als förmlich uns innewohnend ansehe (*nobis formaliter inhaerens*), so dass es keiner zweiten Rechtfertigung bedürfe, die sich in guten Werken ausdrücke.[40] Der Augustiner erläutert die Frage mit der Metapher von Sonne und Licht. Die Sonne sei Quelle des Lichts für die Welt, das Licht sei Wirkung der Sonne und hänge von ihr ab; der Mensch bedürfe sowohl der Sonne wie des Lichtes, um zu sehen.[41] Dieser existenzielle Prozess verlange ein volles Bewusstsein

peccata. Et de iis erat quaestio proponendo theologis, ut discuteretur de facto, non de possibili, practice, non theoretice, et non dimitteretur sensus propter intellectum in negotio et scientia salutis. Proposuissem ego theologis, ut unusquisque de se loqueretur, et de proprio, non alieno, corio luderent«.

39 Vgl. CT 5; 667,21–24: »Utrum omnes, qui iustificati sunt, apud divinum tribunal iudicandi sunt? Statutum est hominibus semel mori. Et post hoc iudicium mox morituri confidere debeant in una tantum iustitia, operum sc., ex divina gratia prodeuntium, an in duplici iustitia, operum sc. ex divina gratia prodeuntium, et iustitia Christi, passione sc., merito et satisfactione eius«.

40 Vgl. CT 5; 668,37–47: »Iustitia Christi et nostra duae sunt iustitiae. Re ipsa hoc verum esse constat. Nam passio Christi, quae eius iustitia dicitur, qua nos redemit et pro nobis satisfecit, etsi sit causa gratiae nobis inhaerentis, differt tamen ab illa, sicut quaecumque causa a suo effectu. Iustitiam autem Christi nobis imputari duobus modis intelligi potest. Primo ut ex ea tantum nos iusti denominemur et simus absque aliqua alia iustitia nobis formaliter inhaerente, ex qua iusti intrinsece denominetur et simus. Et haec sententia eorum, qui unam tantum agnoscunt Christi iustitiam, falsa quidem et aliena a sensu ecclesiae catholicae. Secundo ut ex Christi iustitia nostra in nobis formaliter inhaerens derivetur, ex qua intrinsice iusti denominamur et sumus. Et hoc modo Christi iustitiam nobis imputari seu communicari, et verum et catholicum est; quae tamen iustitia nobis inhaerens semper coniuncta cum Christi iustitia intelligitur, cum ab eo pendeat in fieri, esse et conservari«.

41 Vgl. CT 5; 668,48–669,6: »Datum est exemplum aptissimum: Visio mea non potest nisi auxilio solis, quod auxilium non habet a sole nisi per lumen, qui est effectus solis et ab eo pendet in fieri, esse et conservari. Haec omnia bene dicta sunt, sed in his perficitur

der eigenen Unvollkommenheit und mache die Anrufung der Barmherzigkeit Gottes notwendig.

In der Rede Seripandos ist darüber hinaus bemerkenswert, dass die über die Sakramente ausgeteilte Rechtfertigung eine Einung mit Christus, eine interpersonale Beziehung des Gläubigen zu ihm ist. Es ist eine Rechtfertigung, die nicht zur bequemen Nachlässigkeit führt und auch nicht die Pflicht zu guten Werken aufhebt, sondern den wahren Gläubigen in der Gewissheit der ihm mitgeteilten Gerechtigkeit Christi dazu antreibt, ein Leben in Buße zu führen und »das eigene Lager jede Nacht mit Tränen zu spülen« (Ps 6,7).[42]

Seripando ist überzeugt, dass er mit seiner Darlegung, die grundlegend in der *Augustinerschule* wurzelt und durchaus keinen Kompromiss mit protestantischen Positionen versucht, nicht in eine Häresie verfällt; vielmehr geht es ihm um eine sehr umfassende Sichtweise, welche die unterschiedlichen theologischen Schattierungen und Erfahrungen der Kirche zu umspannen versucht. Er war, wie viele Denker seiner Zeit, überzeugt, dass »die Rechtfertigungslehre der Bug und das Heck des gesamten Evangeliums ist«,[43] wie er sich gegenüber den Konzilsvätern äußerte; sie sei das Zentrum der christlichen Verkündigung, gerade deswegen, weil die Vergebung der Sünden – wie er in einer Predigt zu Salerno sagen wird – »jene heilige Ruhe der Seelen darstellt, die der Erlöser der Welt versprach, als er die unter der Last des Gesetzes stöhnenden Mühseligen und Beladenen zu sich einlud«.[44]

negotium salutis. Quia quaero, in quo mihi salutis fiducia collocanda est, in iustitia Christi solum – et hoc reiectum est, – an in mea inhaerente, et hoc non, quia haec non potest prescindi ab illa, semper est cum ea alligata, pendet ab ea in fieri, esse et conservari. Haec omnia bene dicta sunt, sed non his periicur negotium salutis. Quia quaero, in quo mihi salutis fiducia collocanda est, in iustitia Christi solum – et hoc reiectum est – an in mea inhaerente, et hoc non, quia non potest prescindi ab illa, semper est cum ea alligata, pendet ab ea in fieri, esse et conservari; ergo in utraque. Facit ad hoc exemplum supra positum. Meae namque visionis fiduciam non in sole solum pono neque in lumine solum, sed in utroque«.

42 Vgl. CT 5; 673,39–45.674,1–12.

43 Vgl. CT 5; 671,46f: »Quid docere Tridentini patres potuere suos greges, si iustificationis doctrinam hactenus ignoraverunt, quae totius evangelii prora est et puppis?«

44 Vgl. SERIPANDO, Prediche sul Simbolo (s. Anm. 29), 289: »Questo è quel santo riposo delle anime, che prometteva il Salvator del Mondo, quando invitava a sé gli affaticati e travagliati sotto il grave peso della legge, la quale mostrava loro i lor peccati, senza dar loro rimedio alcuno efficace per ottenere la remissione«.

Die Stellungnahme Seripandos wurde nicht angenommen, sehr zu seinem Leidwesen, aber verschiedene Elemente seines Denkens über die Rechtfertigung sind in das definitive tridentinische Dekret eingegangen.[45]

3. Der Konflikt um die Residenzpflicht der Bischöfe

Der zweite dramatische Augenblick ereignete sich in der dritten Sitzungsperiode, als Seripando bezichtigt wurde, die Vorrangstellung des Papstes zu untergraben; eine Anklage, die einige Bischöfe vor den Ohren des Papstes selbst vortrugen. Die Streitfrage betraf die Residenzpflicht der Bischöfe in ihren Diözesen[46] und war scheinbar bereits in der ersten Periode des Konzils gelöst worden;[47] freilich so, dass verschiedene Bischöfe die Lösung nicht recht verstehen wollten oder konnten und den Beschluss nicht einhielten. Auch hier war der Streitpunkt von entscheidender Wichtigkeit. Viele Vertreter der Amtskirche erblickten in der mangelnden Präsenz der Bischöfe vor Ort den Hauptgrund für viele Missstände der Kirche, da den Gläubigen die seelsorgerische Leitung fehlte, während die Bischöfe lieber in Rom, in den großen Städten oder an einem Fürstenhof residierten, um dort besser eigenen materiellen Interessen oder ihrer Karriere nachzugehen. 1556 wohnten in Rom nicht weniger als 113 Bischöfe.[48] Bereits 1547

---

45 Zum Beispiel: der Glaube als Anfang, Grund und Wurzel jeder Rechtfertigung (»[...] per fidem ideo iustificari dicamur, quia fides est humanae salutis initium, fundamentum et radix omnis iustificationis«; Concilium Tridentinum, sess. VI, Decretum de iustificatione, Kap. VIII; COD 674,15–17) und Mitarbeiter bei den guten Werken (»in ipsa iustitia per Christi gratiam accepta, cooperante fide bonis operibus«, COD 675,6); und auch die Aussage, dass der gerechtfertigte Mensch bis zum Ende seines Lebens Gott demütig und ehrlich um die Vergebung der Sünden anrufen muss (»Nam iustorum illa vox est, et humilis et verax: Dimitte nobis debita nostra«, COD 675,24).

46 Vgl. H. Jedin, Der Kampf um die bischöfliche Residenzpflicht 1562/63 (in: Il Concilio di Trento e la Riforma tridentina, Atti del convegno storico internazionale, Trento 2–6 settembre 1963 [I], 1965, 1–25).

47 Das Residenzdekret der Session VI sagt: Der Bischof, der sich ohne schwerwiegenden Grund sechs Monate hintereinander außerhalb seiner Diözese aufhält, verliert ein Viertel seiner Einkünfte; wenn er ihr weitere sechs Monate fernbleibt, ein zweites Viertel. Wenn er von seiner Diözese abwesend bleibt, ist der Metropolit verpflichtet, diesen Bischof binnen eines Monats dem Papst anzuzeigen; vgl. aaO., 7; für das ganze Dekret vgl. COD 682,21–36.

48 Vgl. Jedin, Kampf (s. Anm. 46), 9.

hatte der Theologe Bartolomeo Carranza aufgrund der Schrift und des Ritus der Bischofsweihe von der bischöflichen Residenzpflicht gesprochen, da Gott sie gewollt habe (*iure divino*). Ihm widersprechend legte Ambrosius Catharinus in seinem Traktat *Quo iure episcoporum residentia debeatur* Argumente gegen das Ius divinum dar. Für ihn ist das Gebot der Residenzpflicht nur kanonisches Gesetz, nicht göttliches Gebot, weil es von derselben Autorität ausgeht wie die Übertragung des Bistums, nämlich vom Papst.[49]

In der dritten Phase des Konzils wurde die Frage von den Präsidenten Gonzaga und Seripando wieder vorgelegt, die die Residenzpflicht an das *ius divinum* knüpften.[50] Die Kurienbischöfe und andere Italiener fassten dies als einen Angriff auf die übliche Praxis auf, und die Diskussion zog sich über nicht weniger als neun Generalkongregationen bis zur Abstimmung am 20. April 1562 hin, bei der 67 Väter, die Mehrheit, für das *ius divinum* der Residenzpflicht votierten, während die Minderheit von 35 Vätern die Stimmabgabe verweigerte und den Papst anrief; dabei erklärten sie mit offenkundiger Täuschungsabsicht, die Vertreter des *ius divinum* planten einen Angriff auf die Oberherrschaft des Papstes über das Konzil.[51]

Pius IV. war grundsätzlich nicht gegen das *ius divinum* eingestellt, misstraute aber dem Konzil und dessen Vertretern einschließlich der Präsidenten, denen er vorwarf, sie hätten die Diskussion ausarten lassen. In der Bildung entgegengesetzter Lager und in wechselseitigem Misstrauen geriet die Diskussion zum Stillstand. Seripando beklagte sich bei dem Kardinal Karl Borromeo, Staatssekretär und Enkel von Pius IV., dass viele Konzilsväter keine »Gottesfurcht« hätten und kein Gesetz mochten.[52] Nach einigen Monaten wurden die Verhandlungen auf derart nervenaufreibende Weise

---

49 Vgl. aaO., 10.
50 Vgl. CT 3,1; 184,40–42: »A me piacevano coloro che dicevano et provavano residentiam esse iuris divini, perché sono stato sempre di quest'openione, ma senza pensiero però che mai per tal cosa si fusse per scemare o minuire punto dell'auttorità della sede apostolica«, schrieb Seripando an Karl Borromeo, Trient, 17 Mai 1562.
51 Vgl. Jedin, Kampf (s. Anm. 46), 15 f.
52 Vgl. Brief Seripandos an Borromeo, Trient 17. Mai 1562 (CT 3,1; 185,5 f): »Et in questo concilio, Mons.r mio Ill.mo, sono cervelli che hanno lasciati il timore di Dio nel ventre delle loro matri et tanto più s'accendono, quanto più vedeno che si cerca di mettergli briglia«.

wiederaufgenommen, dass die Gesundheit beider Präsidenten, Gonzaga und Seripando, Schaden nahm und beide im März 1563 verstarben. Die Kompromisslösung wurde durch den neuen Präsidenten Giovanni Morone[53] gefunden, der ein allgemeines Dekret zur Residenzpflicht der Bischöfe verabschieden ließ, ohne die Art dieser Verpflichtung genauer zu bestimmen.[54]

IV Seripando und die Reformation

Das Konzil hatte sich zur Aufgabe gestellt, eine klare Abgrenzung zwischen dem dogmatisch-katholischen Glauben und dem »neuen« Glauben der Reformatoren zu ziehen, und es trat als ein Verdammungskonzil gegenüber den Lehren auf, die gegen die katholische Sichtweise gerichtet waren; dies zeigen bereits die Kirchenbann-Urteile, die in verschiedenen Konzilsdekreten enthalten sind. Die dogmatischen Entscheidungen resultierten überwiegend aus der Scholastik der vorhergehenden Jahrhunderte, der großen Inspirationsquelle für die Streitschriften der antilutherischen Theologen. Seripando meinte dagegen, man müsse die Fragen der kirchlichen Lehre ohne Vorurteile betrachten:

> Die Wahrheit kommt vom Heiligen Geist her, wer auch immer sie ausspricht, und niemand kann Jesus den Herrn nennen außer durch den Heiligen Geist [1 Kor 12,3]. Deshalb darf die Wahrheit, auch wenn sie von Rebellen und Häretikern ausgedrückt wird, nicht [allein] deshalb bekämpft werden [...]. Man muß sich überdies vorsehen, das nicht Häretische dennoch als häretisch zu verurteilen. Und man darf auch nicht, was dem einen oder dem anderen als falsch erscheint, sogleich als häretisch verurteilen.[55]

---

53 Vgl. M. Firpo / G. Maifreda, L'eretico che salvò la Chiesa. Il cardinale Giovanni Morone e le origini della Controriforma, 2019.

54 Vgl. CT 3,1; 683s; Jedin, Kampf (s. Anm. 46), 22f; H. Jedin, Storia del concilio di Trento, Bd. 4/2, 1981, 75–115.

55 Vgl. Seripandi Commentariolus de modo in examinandis rebus observando legatis oblatus, 7. Januar 1546 (CT 2; 417,3–14): »Nam cum veritas, a quocumque ea dicatur, a spiritu sancto sit, et nemo possit dicere Dominum Jesum, nisi in spiritu sancto, si qua veritas ab iis, qui rebelles ac haeretici censentur, dicta sit, ea quidem oppugnanda non est [...]. Cavendum praeterea est, ne quod haereticum non est, tamquam haereticum damnetur. Neque enim quod uni aut alteri falsum videtur, statim tamquam haereticum damnandum est.«

Diese öffentliche Aussage Seripandos nimmt die Lehre des Thomas von Aquin wieder auf[56] und geht einer ganz ähnlichen Empfehlung Reginald Poles um wenige Monate voraus, die dieser im Juni 1546 zum Thema der Erbsünde ausgesprochen hatte: man müsse die Schriften der Protestanten lesen und in Betracht ziehen, wobei man vermeiden solle, sie als häretisch zu bezeichnen, ehe man nicht ihren Inhalt kennengelernt habe.[57] Die Aufforderung der beiden Kirchenmänner fand im Rahmen des Konzils keine Gefolgschaft.

Alle Beiträge Seripandos zum Konzil zeigen eine konstruktive Haltung. Seine Theologie ist eine positive Theologie. Sie strebt danach, offene Fragen zu klären und zur Bestimmung der Dogmen beizutragen, ohne die sogenannten »Neuerer« oder andere, von der eigenen Schule abweichende Theologen anzugreifen. Die Unterweisung durch die *Augustinerschule* und die Denkfiguren des christlichen Humanismus sind in seinem Rückgriff auf biblische und patristische Quellen und in seiner Verwendung methodischer Hilfsmittel der Philologie und der Exegese präsent. Die Wiederentdeckung des Reichtums der biblischen Schriften und der Kirchenväter zeigt sich in seinen Beiträgen zur Heiligen Schrift[58] und Tradition,[59] zur Erbsünde,[60] zur Rechtfertigung,[61] zu den Sakramenten im allgemeinen sowie insbeson-

---

56 Vgl. THOMAS DE AQUINO, Super Evangelium Ioannis, cap. I, lectio 3: »Omne verum a quocumque dicatur a Spiritu Sancto est«.

57 Vgl. V. MENGOZZI, »Tenenda est media via«. L'ecclesiologia di Reginald Pole (1500–1558), 2007, 91.

58 Vgl. CT 12; 483–496: *De libris Sacrae Scripturae.*

59 Vgl. CT 12; 41–43: *De traditionibus.*

60 Vgl. CT 12; 541–549: *De peccato originali tractatus.*

61 Zu diesem Thema gibt es verschiedene Beiträge Seripandos: CT 5; 332–336: Sententia de iustificatione dicta in congregatione generali die 13 iulii 1546; CT 5; 371–375: [Sententia] in congregatione generali die 23 iulii 1546 [Super 2. et 3. statibus iustificationis]; CT 5; 485–490: Sententia generalis Eremitarum de decreto iustificationis dicta in congregatione generali die 8.octobris 1546; CT 5; 663–676: Sententia de duplici iustitia; CT 5; 821–833: Decreti de iustificatione forma prima et altera. Für eine zusammenfassende Vorstellung vgl. V. GROSSI, La giustificazione secondo Girolamo Seripando, nel contesto dei dibattiti Tridentini (AAug 61, 1978, 7–24); A. MARRANZINI, Il problema della giustificazione (in: CESTARO [Hg.], Geronimo Seripando e la chiesa [s. Anm. 2], 227–269); CASSESE, Un agone [s. Anm. 36].

dere der Taufe und Konfirmation,[62] der Eucharistie,[63] der Beichte,[64] der Priesterweihe[65] und der Ehe.[66] Seripando war auch die ›bessere‹ Scholastik geläufig, die sich an Thomas von Aquin und an anderen zeitgenössischen Theologen hohen Rangs wie Cajetan (Thomas de Vio) ausrichtete. Seine theologische Position ließe sich *cum grano salis* und mit den nötigen Differenzierungen in die Strömung einordnen, die man in aller Vielfalt *Evangelismus*[67] nennt und die wegen ihrer Brückenfunktion als eine ›Theologie des Mittelwegs‹[68] einzuschätzen ist zwischen den Neuerern der protestantischen Reform einerseits und der ›Kontroverstheologie‹[69] andererseits.

62 Vgl. CT 5; 962–967: De sacramentis in genere, Baptismo et Confermatione; CT 6,2; 201–203: Sententia super canonibus de abusibus baptismi et confirmationis (Bologna, 3. Oktober 1547); CT 12; 747–760: De sacramentis in genere, Baptismo et Confermatione.

63 Vgl. CT 6,2; 3–5: Sententia, quae Tridentini dicenda erat de sacramento eucharistiae (März 1547); CT 6,2; 67–69: Sententia [super canonibus abusuum eucharistiae] (Bologna 25. Oktober 1547); CT 12; 732–735: De oblatione Christi in ultima coena.

64 Vgl. CT 6,2; 67–69: Sententia super abusibus sacramenti poenitentiae (Bologna 12. November 1547); CT 13; 82–85: Sententiae de canonibus abusuum sacramenti poenitentiae [Januar 1548]).

65 Vgl. CT 6,2; 108–110: Sententia de abusibus ordinis tollendis (Bologna, 28. November 1547); CT 9; 41–43: Praefatio canonum de sacramento ordinis per Seripando revisa et accomodata (Oktober 1562).

66 Vgl. CT 6,2; 148–152: Sententia de canonibus matrimonii (Bologna 22. September 1547); CT 6,2; 157–159: Sententia de matrimonio clandestino (Bologna 12. Oktober 1547); CT 6,2; 162–164: Solutio propositorum a R.do D. de Nobilibus circa solutionem vinculi coniugalis (Bologna 15. Oktober 1547); CT 6,2; 164–165: Sententia super quinto et sexto canone de matrimonio (Bologna 4. November 1547); CT 6,2; 165–168: Sententia de abusibus matrimonii (Bologna 23. Dezember 1547).

67 Vgl. A. PROSPERI, Evangelismo di Seripando? (in: CESTARO [Hg.], Geronimo Seripando e la chiesa [s. Anm. 2], 33–49). Zur Debatte über den Evangelismus vgl. E.-M. JUNG, On the nature of Evangelism in sixteenthcentury Italy (JHI 14, 1953, 511–527); P. SIMONCELLI, Evangelismo italiano nel Cinquecento,1979; S. PEYRONEL RAMBALDI, Ancora sull'evangelismo italiano: categoria o invenzione storiografica? (StSo 5,1982, 935–967).

68 Vgl. etwa M. CASSESE, La prima Controversistica cattolica del Cinquecento e la sua concezione della chiesa nella lotta contro Lutero (in: Figure moderne della teologia nei secoli XV–XVII, hg. v. I. BIFFI / C. MARABELLI, 2007, 87–136), 95–97.

69 Vgl. S.H. SMOLINSKY, Im Zeichen von Kirchenreform und Reformation. Gesammelte Studien zur Kirchengeschichte in Spätmittelalter und früher Neuzeit, hg. v. K.-H. BRAUN / B. HENZE / B. SCHNEIDER, 2005. Zu den Kontroverstheologen zählt Wilbirgis Klaiber

Seripando verließ das Konzil als Besiegter, denn die Theologie der *Augustinerschule* erschien allzu ›neuartig‹, allzu nahe an der Gefühlswelt der Reformatoren, als dass sie in den dogmatischen Dekreten hätte aufgenommen werden können. Lieber berief man sich zur Bestimmung neuer katholischer Dogmen auf die Tradition der Scholastik,[70] die das altbewährte ›katholische‹ Denken bot, selbst wenn es in vielen Fällen nicht lehramtlich durch ein Konzil oder die Päpste festgelegt war; zur Verdammung der protestantischen Thesen hingegen griff man auf die aktuelle Kontroverstheologie zurück.

Nach der zweiten Tagungsperiode des Konzils (1551–1552) fühlte sich Seripando verpflichtet – er wurde geradezu gezwungen – alles von dem Konzil in Fragen der Dogmatik und der Kirchendisziplin Behauptete aufrecht zu halten. Dabei gab er sein augustinisches Erbe keineswegs auf. Das wird besonders in den Schriften und in einigen Passagen der nach 1553 erfolgenden Predigttätigkeit deutlich. Obwohl das Konzil vom Papst weder amtlich abgeschlossen noch ratifiziert worden war, hatte es sich zu einigen grundlegenden dogmatischen Fragen geäußert; zugleich hatte das Tribunal der Heiligen Inquisition[71] unter Führung des furchtbaren Kardinals Gian Pietro Carafa sein Wirken aufgenommen – Carafa hatte die Wahl Reginald Poles zum Papst 1549 verhindert, da dieser der Häresie verdächtig sei. Carafa hatte auch die ersten Unterdrückungsaktionen gegen Heterodoxe, also dog-

---

355 Autoren mit 3456 Werken; vgl. Katholische Kontroverstheologen und Reformer des 16. Jahrhunderts. Ein Werkverzeichnis, hg. v. W. KLAIBER, 1978. Die hauptsächlichen Vertreter der Kontroverstheologie waren Johannes Eck, Johannes Cochlaeus, Johann Fabri, Konrad Wimpina; vgl. Katholische Theologen der Reformationszeit, 5 Bde., hg. v. E. ISERLOH, 1984–1985, Bd. 6 hg. v. H. SMOLINSKY / P. WALTER, 2004.

70 Vgl. H. JEDIN, Riforma cattolica o controriforma?, Tentativo di chiarimento dei concetti con riflessioni sul Concilio di Trento, ⁵1995, 77–79 (Original: DERS., Katholische Reformation oder Gegenreformation? Ein Versuch zur Klärung der Begriffe nebst einer Jubiläumsbetrachtung über das Trienter Konzil, 1946).

71 Vgl. A. PROSPERI, L'inquisizione in Italia. In Clero e società moderna nell'Italia moderna, hg. v. M. ROSA, 1992, 275–320; DERS., Tribunali della coscienza. Inquisizione, confessori, missionari, 1996; E. BRAMBILLA, Alle origini del Sant'Uffizio: penitenza, confessione e giustizia spirituale dal Medioevo al XVI secolo, 2000; G. ROMEO, L' Inquisizione romana nell'Italia moderna, (2002) ²2004; A. DEL COL, L'Inquisizione in Italia dal XII al XXI secolo, 2006.

matische Abweichler, angeordnet und war damit beschäftigt, inquisitorische Ermittlungen gegen Kardinal Morone und andere prominente Kirchenfürsten anzustrengen, denen dann unter seinem Pontifikat (1555–1559) der Prozess mit nachfolgenden Gefängnisstrafen gemacht wurde.[72] Ein neues Klima des Schreckens und der Unterdrückung zeichnete sich hier bereits umrisshaft ab.

So erklärt sich wohl auch die Art zweier Werke, um die Seripando bereits am Ende der ersten Konzilsphase von Cervini als Erwiderung an Luther und andere Reformatoren gebeten wurde: zum einen ein Kommentar zum Römerbrief und zu den Galaterbriefen (*In D. Pauli Epistolas ad Romanos et Galatas Commentaria*), zum anderen eine Antwort (*De iustitia et libertate christiana*) auf die berühmte Denkschrift Luthers *Von der Freyheith einisz Christen menschen* (1520), in der Luther seine soteriologischen und ethischen Grundthesen knapp zusammengefasst vortrug. Seripando widmete sich der Abfassung der beiden Schriften insbesondere zwischen 1553 und 1557; veröffentlicht wurden sie erst postum.[73] In diesen Schriften tritt – bei aller Tiefe der Argumentation und in stetem Bezug auf Paulus und Augustinus – eine überraschende, mit Händen zu greifende kontroverstheologische Haltung an den Tag, und zwar auch in der Art der Gedankenentfaltung: die Schrift bietet abwechselnd Thesen Luthers und anderer Reformatoren zur Gnadenlehre, zum durch Christus bewirkten Heil und zu den Werken des Menschen, auf die dann jeweils eine Widerlegung folgt.

In seinem *Dialog* über Freiheit und Rechtfertigung bekräftigt Seripando auf Schritt und Tritt seinen Vorwurf, die Gegenseite betreibe die Entwertung der guten Taten und leugne deren Verdienstlichkeit; genau das scheint ihm der grundlegende Missgriff Luthers zu sein. Ebenso klar ist in der Vor-

---

72 Vgl. M. FIRPO / D. MARCATTO, Il processo inquisitoriale del cardinal Giovanni Morone. Edizione critica, Bd. 1–4, ²2011–2014; M. FIRPO / D. MARCATTO, I processi inquisitoriali di Pietro Carnesecchi. Edizione critica, 2 Bde., 1998–2000; M. FIRPO / S. PAGANO, I processi inquisitoriali di Vittore Soranzo (1550–1558). Edizione critica, 2 Bde., 2004; M. FIRPO, Inquisizione romana e Controriforma. Studi sul cardinal Giovanni Morone e il suo processo d'eresia, ²2005.

73 Die *Commentaria* wurden 1601 veröffentlicht, *De iustitia et libertate christiana* erst 1969, wie schon gesagt. Zu *De iustitia et libertate christiana* vgl. A. FORSTER, Gesetz und Evangelium bei Girolamo Seripando, 1963; MARRANZINI, Dibattito (s. Anm. 28).

rede wie in den Kommentaren zu den Paulusbriefen seine strenge, oft auch polemische Verurteilung der Schriften und Gedanken der nach seiner Auffassung ›Irrgläubigen‹[74]; in seinen Predigten aus Salerno, in denen wir seine positive Theologie, gewissermaßen seine Pastoraltheologie, wiederfinden, tadelt er – wenn auch nur hier und da – die Gedanken und das Wirken der ›Irrgläubigen‹ seiner Zeit; er warnt die katholischen Gläubigen vor all jenen, die anders predigen, als es die Lehren der Kirche besagen.

Seripando beschuldigt die Häretiker, die »Ketzer«, der Inkonsequenz, denn »die Häretiker bieten nicht das, was sie in ihren Kommentaren verheißen, sie setzen nicht ins Werk und führen nicht aus, was sie behaupten«; sie seien in der Anwendung ihrer hermeneutischen Grundsätze inkonsequent, weil sie vorgeben, den »reinen schlichten wortwörtlichen Sinn der Heiligen Schriften anwenden zu wollen«, setzten stattdessen aber den Lesern ihre eigenen »eingebildeten« Gedanken in den Kopf, die sie bunt und prachtvoll ausmalten.[75]

In ihren Erklärungen verhüllten sie mit ihren Worten die in den heiligen Büchern enthaltene Wahrheit, und deshalb seien ihre Lehren trügerisch und heuchlerisch, ihre Dogmen schädlich für das Heil.[76] Sie schmähen – so meint Seripando – die Kirche und ihre Lehren, werten die Kirchenväter und die Konzilien ab, indem sie sich rühmen, selber die Weisen zu sein, sie maßen sich das ausschließliche Verständnis der rechten Verkündigung des Evangeliums und der Treue zur uralten Lehre der Väter an, während sie es doch gerade erneut abändern;[77] sie haben das Studium der Schrift entstellt und Schande über die Christenheit gebracht.[78] Die Häretiker sind unter dem Vorwand, katholische Christen zu sein, »die schärfsten Gegner« der

---

74 Vgl. F. LAUCHERT, Die italienischen literarischen Gegner Luthers, 1912 [ND 1972], 536–556.

75 Vgl. H. SERIPANDUS, In D. Pauli Epistolas ad Romanos, et Galatas Commentaria, Praefatio, 4: »Non praestant [...] in suis commentariis haeretici, quod pollicentur; non agant quod profitentur: pollicentur purum, ac simplicem et germanum divinorum voluminum sensum tradere, et verborum vim interpretari [...]. Verum nihil omnino est, quod minus agant: cum non auctorum, quos explanandos suscipiunt; sed quos ipsi somniaverint sensus, lectoribus obtrudant.«

76 Vgl. aaO., 5–6.

77 Vgl. aaO., 7.

78 Vgl. aaO., 8.

katholischen Kirche,[79] sie haben »die ganze kirchliche Ordnung verachtet, um straffrei zu tun, was sie [gerade] mögen«.[80] Sogar die Art, in der die Ketzer beten, frommt ihnen nicht, denn wie Augustinus sagt, geschieht das wahre Gebet »im Frieden der Kirche«, d.h. Frucht trägt nur das Gebet, das im Einklang mit der katholischen Kirche in der Nächstenliebe und in der Wahrheit geäußert wird, nicht das Gebet der Schismatiker, nicht das Gebet der Häretiker.[81]

Nach Seripandos Urteil sind diese Häretiker wie die glühende Lava, die aus dem Krater des Ätna ausgebrochen ist, wie eine Pest, die sich in der Kirche ausgebreitet hat,[82] sie sind »Menschen, die ein zügelloses Leben führen«,[83] »gehässige Füchse«, »Amtleute des Teufels«, der sie benutzt, »um den Gläubigen den Glauben an die Sündenvergebung zu rauben und um sie zur Verzweiflung zu treiben«.[84]

Und Luther? Seripando nennt ihn unter den Häretikern »den monströsesten Menschen, den die Welt geboren« habe[85]; seine Lehre sei »wie die

79 Vgl. SERIPANDO, De iustitia (s. Anm. 27), 36,27–37,2: »Tertia de iustificatione controversis nostris temporibus orta est [...] inter bonos malosque christianos alio quodam genere bonitatis et malitiae, hoc est, inter christianos simulatos catholicae ecclesiae acerrimos oppugnatores et veros eiusdem ecclesiae fidos propugnatores«. Vgl. auch A. MARRANZINI, Dibattito (s. Anm. 28), 182.
80 Vgl. SERIPANDO, De iustitia (s. Anm. 27), 37,13–15: »Omni quoque deposito timore disciplinam omnem ecclesiasticam contempsere, ut impune sibi committere liceret, quicquid liberet«.
81 SERIPANDO, Prediche sul Paternoster (s. Anm. 29), 118.
82 Vgl. SERIPANDO, De iustitia (s. Anm. 27), 10,16–18: »Exortae sunt [...] in Christi ecclesia tot et tam pernitiosae haereses tamquam ex Aetnae vertice rapidi ignes eruperunt«; vgl. auch MARRANZINI, Dibattito (s. Anm. 28), 143.
83 Vgl. SERIPANDO, Prediche sul Simbolo (s. Anm. 29), 289: »Gli Eretici dei tempi nostri [sono] uomini di vita licenziosa«.
84 Die Häretiker sind »male volpi«, »ministri del diavolo, il quale in nessuna cosa tanto studia, quanto in torre a' fedeli la fede della remissione de' peccati, per condurli a disperazione« (aaO., 305).
85 Brief Seripandos an Cristoforo Fisthero, (Provinciali Rheni et Sueviae fratri Christophoro Fisthero), Rom, Oktober 1548 (H. Seripandi O.S.A. Registrum generalatus, 6 Bde., hg. v. D. GUTIERREZ, 1982–1990 [= Reg. Gen.], VI [1548–1551], 57): »Sed et hos et Caesarem ipsum fatigare non vereamini adversus singularem et inauditam temeritatem prioris Spirensis (Petro de Spira), qui dum hoc tempore adversus religionem bellum instaurat, Luthero ipso, quo nihil umquam mundus peperit monstruosius, deterior esse dignoscitur«.

Pest«,[86] weil er der hauptsächliche Vertreter der häretischen Lehre von der Rechtfertigung ist, wie man aus seiner Schrift *De libertate christiana* entnimmt.[87] Er sei »sogar Grund für den schlechten Ruf« Seripandos und des Augustinerordens, der »fast unter allen Völker und Fürsten verhaßt« sei.[88] Deshalb benötigen die pastorale Arbeit und die Predigt einen eifrigen Einsatz, um diesen Schaden von dem Orden und der ganzen katholischen Kirche abzuwenden.

Darin liegt, so meine ich, der Schlüssel zum Verständnis der Art und Weise, wie Seripando die Geschehnisse seiner Zeit deutet. Die Häresie, die Ketzerei, sei eine »unheilbare Krankheit«, die verschiedene Länder Europas befallen habe und gegen die noch keine passende »Medizin« gefunden sei;[89] die Schwere dieser Erkrankung bestehe im Wesentlichen darin, dass ein Bruch mit der vom Papst geführten Kirche vorgenommen werde.

Wenn wir heute diese so scharfen Behauptungen lesen, dann dürfen wir nicht vergessen, dass der dramatische Riss, den die Reformation auslöste, aus dem Inneren seines eigenen Ordens hervorging, bewirkt durch Augustinerbrüder wie Martin Luther in Deutschland und Agostino Mainardi, Giulio Della Rovere und Ambrogio Cavalli in Italien. Diese Augustiner, so sagte es ausdrücklich der Augustiner-General, waren »durch den Orden ernährt, erzogen und zu tüchtigen Menschen gemacht worden«, und trotzdem wurden sie »apostatae, transfugae, abiurati« (Abtrünnige, Überläufer,

---

86 Vgl. Reg. Gen. II (1540–1542), 256: »Congregatos fratres exhortati sumus ad veram pietatem et religionem, maxime ut caverent a pestilenti illa Lutheri et omni quavis alia suspecta doctrina«.

87 Vgl. SERIPANDO, De iustitia (s. Anm. 27), 37,27–29: »Quamobrem ego libellum de libertate christiana ab huius haeresis principe editum diligenter examinandum suscepi animadvertens eo libello, qui non latina tantum, sed Etrusca, gallica, germana, Hispana lingua legitur«. Seripando bezieht sich also darauf, dass Luthers *De libertate christiana* auf lateinisch, italienisch, französisch, deutsch und spanisch erschienen ist.

88 Vgl. Brief Seripandos an Hoffmeister, 24. Februar 1547 (Reg. Gen. V [1546–1548], 105): »Tu vero quod saepius ad te scripsimus, facis zelo tuo in catholica Ecclesia et assiduis contionibus ut nomen nostrum, quod fere omni populo et principibus erat invisum propter Lutherum, non sit adeo abominandum«.

89 Seripando schrieb an den Bischof Florimonte: in Spanien und in Frankreich »s'era scoverta tanta moltitudine infetta di questo morbo [Häresie]... Siche o questo morbo è incurabile, o vero non se è truovata la sua vera medicina« (Brief Seripandos an Florimonte, Salerno 28. Juni 1558, [in: CASSESE, Seripando {s. Anm. 1}, Bd. 2, 242]).

Abschwörende) und haben »es ihm mit der schlimmsten Schande vergolten«.[90] Dennoch müssen wir festhalten, dass Seripando bei der Bekämpfung der Ketzer nicht die Methoden des Inquisitionsgerichtes anwandte, wie es ihm am Anfang seiner Neuorganisation angebracht erschienen war (1542), sondern die Methoden der wahren Frömmigkeit und des christlichen Lebens[91] und besonders das Gotteswort, weil »mit dem Wort die Schäfchen und die Lämmer geweidet werden. Mit dem Wort werden die Brüder gekräftigt«. Die Abwesenheit des Gottesworts bringt »mit den Häresien [...] den Tod, nicht das Leben« hervor.[92] Zu andere Anlässen – wie etwa im Fall der Waldenser von Kalabrien – wird er sagen, dass die Ketzer doch »dummes Volk« seien, weil sie die Wahrheit der katholischen Glaubensinhalte nicht begriffen hätten, aber auch weil sie bei der offenen Herausforderung durch die säkularen und kirchlichen Mächte mit unbedachtem Leichtsinn zu Werke gegangen seien.[93]

Die wenigen Monate, in denen Seripando der Kongregation für das Heilige Offizium (oder dem *Tribunal der heiligen Inquisition*) vorsteht (September 1560 – März 1561), sind durch ein milderes Klima und eine gemäßigtere Praxis des Inquisitionstribunals geprägt. Seine klug bedachte Strategie befördert die Freisprechung zweier bedeutender Würdenträger, die der Häresie bezichtigt waren, des Patriarchen von Aquileia, Giovanni Grimani,[94]

90 In dem Brief an die italienischen Augustiner schrieb Seripando (Reg. Gen. V [1546–1548], 255): »Ordini a quo enutriti, edocti, exaltati sunt, quem maiore mihi videntur ignominia affecisse quam Lutheri, Pedemontani, Iulii atque Ambrosii [sc. Martin Luther, Agostino Mainardi, Giulio Della Rovere e Ambrogio Cavalli] homines apostatae, transfugae, abiurati, qui nobiscum quondam dulces capiebant cibos«.

91 Vgl. Reg. Gen. II (1540–1542), 247.256.

92 Vgl. SERIPANDO, Prediche sul Paternoster (s. Anm. 29), 230: »col Verbo si pascolano le pecorelle et gl' Agnelli. Col Verbo si confermano i fratelli«. »Questi giorni [wegen des Mangels des Worts] s'avvicinano, questa fame ci minaccia, perché in una parte del mondo è del tutto mancata la parola di Dio, in un'altra è talmente con l'heresie venuta che genera morte, non vita«.

93 Brief Seripandos an Placido di Sangro, Trient, 30. Juni 1561 (in: Cassese, Seripando [s. Anm. 1], Bd. 1, 105).

94 Über den Patriarchen von Aquileia Giovanni Grimani: G. DE LEVA, Giovanni Grimani, patriarca d'Aquileia. Atti del R. Istituto veneto di scienze, lettere ed arti, serie V, VII. 1881, 407-454; L. CARCERERI, Giovanni Grimani, Patriarca d'Aquileia imputato di eresia e assolto dal Concilio di Trento, 1907; P. PASCHINI, Tre illustri prelati del Rinasci-

und des Protonotars Pietro Carnesecchi,[95] mit der Begründung, dass ihre für häretisch gehaltenen Aussagen geäußert worden seien, als die von ihm so genannte ›Medizin‹ noch nicht verfügbar gewesen sei, d. h. als es noch keine endgültigen Erklärungen zu den aufgeworfenen Fragen, nämlich der Rechtfertigungslehre und Eucharistie, gegeben habe.[96] In den Gerichtsverfahren zu Fragen der Lehre gegen Personen seiner Erzdiözese oder der Suffragandiözesen übt Seripando sein Richteramt so aus, dass er sich vom Grundsatz der Balance zwischen Einhaltung des Rechts und Achtung der Person leiten lässt. Umsicht und Vorsicht seiner Amtsführung erlauben es uns, mit Genugtuung festzustellen, dass er niemals zu Zwangsmitteln greifen musste, weil die Angeklagten ohne Einsatz der Folter, bei Verhängung rein geistlicher Bußstrafen freiwillig abgeschworen hatten.[97]

Die Ambivalenz in der Haltung Seripandos gegenüber den Häretikern – zwischen dogmatischer Starre der letzten Jahre und pastoraler Zuwendung – tritt noch deutlicher in der langen Beziehung zu den ›Spiritualen‹ (oder Valdesianer) hervor.[98] Trotz einer gewissen Ferne zur Rechtgläubigkeit der Kirche, die die Spiritualen zeigten, hatte Seripando doch zu vielen von ihnen eine tiefe Beziehung geknüpft, vor allem zu dem Kardinal Reginald Pole, für den er so große Hochachtung hegte, dass er ihn sogar als Vor-

mento. Ermolao Barbaro, Adriano Castellesi, Giovanni Grimani (Lat. 23, 1957, 131–196); M. FIRPO, L'iconografia come problema storiografico. L'ambiguità della porpora e i »diavoli« del Sant'Ufficio. Identità e storia nei ritratti di Giovanni Grimani (RSIt 118, 2005, 825–870); A. DEL COL, Le vicende inquisitoriali di Giovanni Grimani, patriarca di Aquileia, e la sua lettera sulla doppia giustificazione (Metodi e ricerche. Rivista di studi regionali, 27, 2008, 81–100).

95 Vgl. A. ROTONDÒ, Carnesecchi, Pietro (DBI 20, 1977, 66–76).
96 Vgl. Parere di Girolamo Seripando indirizzato a Cristoforo Madruzzo, Pesaro, 3. April 1561; M. FIRPO / D. MARCATTO, I processi inquisitoriali di Pietro Carnesecchi, Bd. 1, 545f. Vgl. auch CASSESE, Seripando (s. Anm. 1), Bd. 1, 98–104.
97 Vgl. CASSESE, Seripando (s. Anm. 1), Bd. 2, 233: »Mando a V. S. Rev.ma qui alligata una abiuratione, la quale io veramente credo sia stata opera del spirito santo, perché non vi è concorso niente di violenza, neanco di necessità [...]. Quant'alla penitenza ho avuto riguardo alla complessione«. Brief Seripandos an Giulio Pavesi; Salerno, 12. Juni 1558. Giulio Pavesi war Kommissar des Tribunals der Inquisition von Neapel. Über den Bischof G. Pavesi, s. M. CASSESE, Pavesi, Giulio (DBI 81, 2014): http://www.treccani.it/ enciclopedia/giulio- pavesi_(Dizionario-Biografico)/ (Stand: 1.7.2020).
98 Vgl. CASSESE, Seripando (s. Anm. 1), Bd. 1, 69–108.

bild echten geistlichen Lebens sah; aus diesem Grund ließ er seine Schrift *De concilio* in der neuen Vatikanischen Druckerei veröffentlichen.[99] Nach Poles Tod setzte Seripando die engen Beziehungen zu anderen Mitgliedern dieser Bewegung fort und forderte einige von ihnen auf, an der dritten Tagungsperiode des Konzils von Trient teilzunehmen. Die Erklärung für diese Widersprüchlichkeit liegt wohl in der typischen Haltung Seripandos: er suchte eine Vermittlung zwischen katholischer Orthodoxie und den sogenannten Häretikern, zwischen amtlicher Lehre, katholischer Institution und ›neuartigen‹ Ausdrucksformen der Lehre und der geistlichen Praxis, die sich zu seiner geschichtlichen Zeit herausbildeten. Insbesondere hielt er wegen ihrer reichen geistlichen Formensprache die ›Spiritualen‹ für unverzichtbare Weggefährten und gute Mitstreiter bei einer Reform der Kirche.

V Seripando und die Reform der römisch-katholischen Kirche

Unter diesem Thema zeigt sich die Geschichte des Menschen Girolamo Seripando noch deutlicher. Die Reform der Kirche war nämlich seine Hauptsorge. Sie hatte er zum Ziel seines Daseins und seines Eifers gemacht – zu einer Zeit, als viele Stimmen sich erhoben, die nach einer Erneuerung verlangten. Im 15. Jahrhundert waren sie schon zahlreich gewesen: etwa die Mitglieder der Laienbewegung des Oratoriums der Göttlichen Liebe, die Brüder vom Gemeinsamen Leben, Girolamo Savonarola. Zu Beginn des 16. Jahrhunderts waren es noch mehr geworden, um nur einige zu nennen:[100] Mitglieder der geistlichen Orden, wie der Augustiner Ägidius von Viterbo mit seiner betrübten Rede zum V. Laterankonzil 1513,[101] die Zisterzienser P. Giustiniani und P. Querini in dem Brief an Leo X.,[102] Erasmus von

---

99 Vgl. REGINALD POLE / PAOLO MANUZIO, De Concilio Liber, 1562.

100 Vgl. S.M. MARCOCCHI, La riforma cattolica. Documenti e testimonianze, Figure ed istituzioni dal secolo XV alla metà del secolo XVII, Bd. 1, 1967, 63–354.

101 Egidio da Viterbo behauptete: »homines per sacra immutari fas est, non sacra per homines«; J.D. MANSI, Sacrorum conciliorum nova et amplissima collectio, Bd. 32, 1961, 669–676.

102 B. PAULI IUSTINIANI / PETRI QUIRINI, Libellus ad Leonem X (1513) (in: ACOSB 9, hg. v. G.B. MITTARELLI / A. COSTADONI, [1775] 1970, 612–719).

151

Rotterdam mit seinem *Stultitiae Laus* (*Lob der Torheit*),[103] ferner viele Anhänger des Humanismus, Papst Hadrian VI. selbst in seiner Erklärung über
die Missstände der Kirche an den Reichstag von Nürnberg (25. November
1522),[104] beginnend bei der römischen Kurie sowie schließlich die von
Paul III. eingesetzte Kardinalskommission im *Consilium de emendanda
ecclesia* (1537).[105] Einhellig war die Klage über den sittlich-geistlichen Ver-
fall, in den viele Zweige der Kirche geraten waren: Päpste als kriegerische,
oft korrupte und zur Vetternwirtschaft geneigte Renaissancefürsten; unter-
einander zerstrittene Kardinäle; Pfründenschacherei (Simonie) bei den Bischöfen und Pfarrern, die sich vom ihnen anvertrauten Volk fernhielten,
ungebildete Priester mit Konkubinen, zügellos und regelwidrig lebende
Mönche, Fehlen der echten Seelsorge, während das Christenvolk in häufig abergläubische, von Zauberei geprägte Frömmigkeit verfiel. Zahlreiche
Reformprogramme wurden den verschiedenen Päpsten unterbreitet. Bei Seripandos Urteil über die Päpste seiner Zeit legt er als Maßstab ihrer Amtsführung an, wie sehr sie sich für die Kirchenreform eingesetzt hätten; seine
Bilanz ist bitter: alle hatten enttäuscht, außer Marcellus II., der »in seinem
überaus kurzen Pontifikat tat, was er konnte, ohne Ankündigungen in die
Welt zu setzen«.[106] Ebenso bitter ist sein Urteil über das Konzil, das er eben

103 Moriae encomium. Erasmi Roterodami declamatio, Argentorati, in aedibus Matthiae
Schurerij, mense Augusto anno MDXI; ERASMUS VON ROTTERDAM, Lob der Torheit. Aus
dem Lateinischen übersetzt von H. HERSCH, 2006.

104 Instruktion des Papstes Hadrian VI. für Chieregati: was er den auf dem Reichstage zu
Nürnberg versammelten Ständen über die Luthersache und ihre Bekämpfung mitteilen soll; Deutsche Reichstagsakten unter Kaiser Karl V., Bd. 3, hg. v. A. WREDE, 1901,
390–399; der lateinische Text mit der italienischen Übersetzung in: N. DE MICO /
L. ŽAK, Lettere di Adriano VI su Martin Lutero e la riforma della chiesa, 2018, 215–235;
auf deutsch: Das Schuldbekenntnis Hadrians (25. November 1522) (in: KTGQ 3, ⁴1984,
92–94).

105 Vgl. CT 12; 134–145.

106 Vgl. SERIPANDO, Diarium I (s. Anm. 33), 109: »Die 25 [Maii] auditum est Ioannem Petrum
Carafam cardinalem Neapolitanum pontificem maximum creatum die 23 et Paulum
quartum nuncupatum. Det illi Deus agere de reformanda Ecclesia, quae Paulus tertius
ore habuit. Hic enim dixit et non fecit; Iulius nec dixit nec fecit. Marcellus fecit quae
temporis puncto quo vixit facere potuit, non dixit. Utinam Paulus dicat et faciat; immo
quae dixit faciat; et qui hactenus potens fuit in sermone, nunc potens sit in opere«.

diesem Papst sofort nach seiner Wahl (1555) vorlegte: die Versammlung sei auch zehn Jahre nach ihrer Einberufung noch nicht abgeschlossen und habe keinerlei greifbares Resultat hervorgebracht.[107] Er vertrete die Meinung, dass aus einer echten, durch das Konzil umgesetzten Reform »eine gewisse Hoffnung entstehen kann, den Glaubensstreitigkeiten ein Ende zu setzen«. Das Grundgefühl Seripandos wie das vieler anderer Prälaten war, dass Entstehung und Ausbreitung der Häresien eben diesem Ausbleiben einer Reform geschuldet waren. Nur eine Reform hätte das Geschick der Kirche seiner Zeit ändern können.[108]

Auch wenn Seripando eine providentielle Auffassung der Geschichte hat, in deren Zentrum die *Respublica christiana*[109] steht, so klagt er dieselben Missstände und Missbräuche an, die schon andere festgestellt hatten, insbesondere jedoch die weltliche und materielle Ausrichtung von vielen kirchlichen Würdenträgern,[110] der römischen Kurie, besonders der Dikasterien und des Kollegiums der Kardinäle,[111] ihre schlechten Lebenssitten und

---

107 [SERIPANDO], Ricordi richiesti da Marcello II di santa memoria (Avril 1555) (CT 13; 315,6–9): »Il concilio non sta ben così, perché pare che non habbi avuto null'effetto, né quant'alle cose della fede [...] né quant'alle cose della riforma, della quale non è seguito effetto alcuno«.

108 Vgl. GIROLAMO SERIPANDO, Istruttioni date al Pandasio mandato a Roma, 11. Avril 1562 (CT 2; 483,11–16): »[...] qui a Trento, ove quanto alla fede sono state decretate molte cose buone, vere et catholiche, ma quanto alla reforma cose poche, fiacche et assai debboli rispetto a i mali grandi che se veggono et a i buoni rimedii chel mondo aspettava, et da questo vogliono che sia nato l'accrescimento dell'heresie e massime che quelle poche cose di riforma non hanno avuto effetto alcuno«.

109 Vgl. JEDIN, Seripando (s. Anm. 2), Bd. 2, 32: »Seine kirchenreformerischen Bestrebungen und die kaiserliche Gesinnung konvergierten in einer höheren Einheit, eben im Mitleben des Lebens der Respublica christiana. Er deutet die Zeitgeschichte als Schicksal der Christenheit. So ist es ganz natürlich, daß Papst und Kaiser jeweils im Mittelpunkt seines Denkens stehen«.

110 Vgl. SERIPANDO, Prediche sul Simbolo (s. Anm. 29), 269: »Da queste Chiese materiali si vede spesse volte nascere discordie, odi e parzialità, e liti, non solo perché gli uomini d'una Chiesa vogliono difendere le ragioni di quella contra gli uomini di un'altra Chiesa; ma perché molti cercano importunamente con fraude ancora, con inganni e con violenze d'impadronirsi e di perpetuare nelle loro famiglie i beni temporali di queste Chiese«.

111 Vgl. SERIPANDO, Istruttioni date (s. Anm. 108), 483,21–31: »Non possa farse riforma vera, se non si toccano le cose di Roma senza rispetto et eccettuazione alcuna [...] porre le

Lebensstile,[112] ihr unfrommes Leben,[113] ihren »unvollkommenen Glauben«, der nur aus Schein bestehe und keine Früchte trage, Unwissenheit, Streitereien zwischen den Kirchenvertretern und ihre säkularen Bestrebungen;[114] er tadelt mit Nachdruck, dass die Verkündung des Wortes Gottes auf Seiten der Bischöfe und des Klerus seiner Zeit an den Rand gedrängt sei.[115]

Das Neuartige an Seripandos Anprangerung dieser Übel besteht darin, dass sie frank und frei ohne Umschweife an die Betroffenen gerichtet wird: an seine Ordensbrüder, die Konzilsväter, den Klerus und die Gläubigen, und zwar in einem persönlich geprägten Freimut, im Geiste des freien Wortes, der *Parrhesia*, auf deren Kraft er sich verlässt, um die Herzen anzurühren

mani al collegio de i cardinali et a tutti gli officii, da i quali se lamentano d'essere iniquamente trattati con provisioni ingiuste, ottenute solamente per denari [...]. (Si desidera) rimediar con la riforma le collazioni de i benefici et massime delle dignità ed degli altri curati, le appellationi che fanno andare i vitii impuniti; i nuntii, la fabrica et altre commissioni che tagliano le mano a gli ordinarii et causano grandi et alle volte giuste murmurationi contra la sede apostolica«.

112 Vgl. SERIPANDO, Prediche sul Simbolo (s. Anm. 29), 52: »Un gran difetto [...] è tra voi: che pochi di voi, e forse nessuno è in questa città [Salerno] che attenda a' fatti suoi, e che giudichi sé stesso, per non essere giudicato da Dio. Nessuno c'è, che esamini spesso la sua fede, e misuri le sue virtù co' suoi vizi [...]«.

113 Vgl. aaO., 284: »La seconda (fraude) è che i mali costumi, i peccati, gli eccessi ancora gravi sempre sono stati, e ancor oggi sono, infin alla fine del Mondo saranno in alcuni uomini, i quali, e per rispetto della fede, e per rispetto de' sacramenti appartengono alla Chiesa cattolica«.

114 Vgl. Le prediche sul Paternoster di Girolamo Seripando, hg. v. R. ABBONDANZA BLASI, 162: »[...] et mai confessiamo che di tutti i mali e molto peggiori siamo causa noi et non ci vergogniamo giustificar noi et accusar gl'altri [...]. Noi che dovremmo procurare che si santificasse il nome di Dio, siamo causa coi nostri cattivi esempi che sia dispregiato et vilmente trattato«; vgl. auch: SERIPANDO, Prediche sul Simbolo (s. Anm. 29), 104.119.127.

115 Vgl. SERIPANDO, Prediche sul Paternoster (s. Anm. 29), 102: »Questa quarta et ultima età della chiesa [das ist: die Zeit Seripandos], io non saprei assomigliarla ad altro metallo ch'al piombo, nero e grave et molle: conciò sia ch'el principal officio nostro, qual è di pascere con la parola di Dio, è tutto trasferito ad altri i nostri greggi non sono più nelle mani di noi pastori, ma de' bassi mercenarij et noi (o mortifero et grave sonno) à ch'attendemo? Ci siamo ingolfati nel governo et nell'augumento dei mali più presto che dei beni temporali.«

und die Gewissen wachzurütteln.[116] Denselben Freimut zeigt er auch im Konzil und in manchen Briefen, in denen er die politischen oder egoistischen Spiele einiger Prälaten enthüllt. Der freien Rede stellt er die *Paränese*, die aufmunternde Ermahnung zur Seite, mit der er den Glauben, die Seelsorge und das eigene geistlich-sittliche Leben erneuern will.

Die Reform der Kirche sollte die gesamte Christenheit, Amtsträger, Amtskirche und Gläubige einbeziehen. Es ging nicht um eine Rückkehr zum antiken Recht, wie es die *Curialisti*, die geschworenen Vertreter der Kurie wollten,[117] nicht um die Wiederherstellung des kanonischen Rechts, die auf einer juristischen Wesenheit der Kirche beruhen sollte, wie es Torquemada vertrat.[118] Gemäß Hubert Jedin ist das Grundprinzip des Reformgedankens bei Seripando metaphysisch-geistlicher Art.[119] Die Gesetze der Kirche dienen ihrer Lenkung und Leitung, insbesondere aber dienen sie zur Regelung von Leben und Sitten der Gläubigen. Die Reform[120] hingegen sollte eine Rückkehr zur Kirche der Ursprünge in allen Gremien und Gliederungen sein, eine Form-Angleichung an die Kirche der Apostel, eine Gemeinde-Kirche, die in vollkommener Nächstenliebe lebt,[121] eine Rückkehr zum unbeugsamen Eifer eines Petrus, zu »jener Reinheit und Armut, mit der er in Jerusalem begann«, und zu einer wahren, innerlichen »tatsächlich bestehenden und nicht nur scheinbaren Kreuzesdemütigung«.[122]

---

116 Vgl. die Predigt Seripandos: *Formatio, conformatio, deformatio, reformatio* (1541, 1547); JEDIN, Seripando (s. Anm. 2), Bd. 2, 507–509.

117 Vgl. H. JEDIN, Storia del Concilio di Trento, Bd. 2, 109.

118 Vgl. K. BINDER, Wesen und Eigenschaften der Kirche bei Kardinal Juan de Torquemada O.P., 1955; H. KÜNG, Strutture della chiesa, (dt.: Strukturen der Kirche, 1962) 1965, 284–287.

119 Vgl. JEDIN, Seripando (s. Anm. 2), Bd. 2, 276f.

120 Seripando definiert die *deformatio*, »Deformari dicitur aliquid, cum formam seu perfectionem amittit suam et similitudinem eius, cui conforme factum erat«; und die *reformatio* »Reformari dicitur aliquid, quando post deformationem renovatur suaque sibi forma redditur et similitudo eius, cui fuerat conforme«; JEDIN, Seripando (s. Anm. 2), Bd. 2, 507f.

121 Seripando sagte an seinen Augustiner: »(Status monachorum) formatus fuit, quando institutus a sanctis hominibus Spiritu Sancto illustratis, conformis factus est apostolorum a primae ecclesiae statui in fine proposito adipiscendo, charitatis perfectione«. AaO., 508.

122 Vgl. SERIPANDO, Prediche sul Simbolo (s. Anm. 29), 267: »(La chiesa) certo oggi avrebbe bisogno del zelo di Simone [...], d'essere ridotta a quella purità e povertà, con la quale co-

Das sich abzeichnende Programm reicht vom *dogmata purgare*, wie er an Hoffmeister, den Ordensvikar in Deutschland schreibt,[123] also dem Bereinigen der kirchlichen Lehre auf Grundlage einer authentischeren, stärker auf der Schrift und der Lehre der Väter beruhenden Theologie, wie etwa seiner eigenen *Augustinerschule*, zum Zwecke einer religiösen Wiedererweckung, die sich von der Verkündung des Gotteswortes nährt.[124] Doch erfordere dies eine hinreichende Vorbildung in den Studien und geistliche Bildung bei Klerus und Ordensleuten, eine tiefgreifende Erneuerung des institutionellen Gefüges der Kirche, insbesondere bei der Wahl des Papstes, bei der Ernennung von Kardinälen und Bischöfen, bei der Zuweisung von Pfründen, eine Überprüfung des Ablass- und Reliquienwesens, eine Regelung der Riten und der Liturgie und schließlich eine neuartige Anlage der Seelsorge, insbesondere seitens der Bischöfe und Pfarrer, wobei der Wohnsitz in den ihnen zugewiesenen Orten, die Verkündung des Gotteswortes und unermüdliche Sorge um die Seelen ins Gewissen zu rufen wären. Hier lag somit ein umfassendes, komplexes Programm vor, das seiner Meinung nach nur durch ein Konzil oder durch einen Papst mit gefestigter sittlich-geistiger Statur wie etwa Marcello Cervini zu verwirklichen war.[125]

minciò in Gerusalemme [...], di una vera e non finta, interiore e non esteriore, esistente e non apparente mortificazione di croce«.

123 Aus dem Konzil von Trient schrieb Seripando: »Nos enim, hoc est, sancta ist synodus quid potest? Dogmata purgare. In hoc iam tot mensibus laboratur et donec omnia ad umbilicum, ut aiunt, redacta sint, non cessabitur«; Brief Seripandos an Johannes Hoffmeister; N. PAULUS, Der Augustinermönch Johannes Hoffmeister. Ein Lebensbild aus der Reformationszeit, 1891, 419.

124 Vgl. Decreti de iustificatione forma prima per Fratrem Hieronimym Seripandum, Die 11. Augusti 1546 (CT 5; 825,36–42): »Igitur fideles verbi dispensatores iuxta sanctorum patrum catechismum, in quo integra et perfecta iustificationis doctrina contineri videtur, instruere debent populum Christi, ut scilecet audiendo credant, credendo sperent, sperando ament, et ut memoriam eorum, quae ante susceptum baptismatis sacramentum didicerunt et promiserunt, pie inviolateque servent, in quo fidem petiere vitam aeternam praestantem, quae sine spe esse potest, et verbum Christi audiere: Si vis ad vitam ingredi, serva mandata, quod sine caritate fieri potest«.

125 Vgl. M. CASSESE, Girolamo Seripando, il Concilio di Trento e la riforma della chiesa (in: CESTARO [Hg.], Geronimo Seripando e la chiesa [s. Anm. 2], 189–225), 200–206.

In der Überzeugung, dass die Reform nicht nur hinausposaunt gehört, sondern in die Praxis umzusetzen wäre, versuchte er in den ihm übertragenen Funktionen ein Reformprogramm auszuführen. Bereits als einfacher Bruder und als Dozent hatte er sich stets auf dem neuesten theologischen Stand gehalten und sich der Predigt auf dem gesamten italienischen Territorium gewidmet, so dass er sogar als einer der vier besten Prediger im Italien des 16. Jahrhunderts galt. In seiner Amtszeit als Ordensgeneral (1539–1551) hatte er alle Klöster in Italien, Frankreich, Spanien und Portugal visitiert. Dabei bemerkte er Missstände, beseitigte sie und verlieh der Reform des klösterlichen Lebens, der Rückkehr zum Leben in der Klausur und zur persönlichen Mittellosigkeit der Ordensbrüder neuen Schwung. Mit einer neuen *Ratio studiorum* hatte er die Ausbildung der Kandidaten für ein klösterliches Leben neu geordnet und eine neue Ordensverfassung erlassen, die die lokale Selbständigkeit verringerte – bei gleichzeitiger Stärkung der Rolle des Generals. Schließlich förderte er die Entsendung von Missionaren in die Neue Welt jenseits des Atlantiks, die unter den Besten seines Ordens ausgewählt wurden.

Als Erzbischof versuchte er, das von Augustinus aufgewiesene Vorbild eines Hirten zu verkörpern, wie es auch Gian Matteo Giberti,[126] der Bischof von Verona, vorgelebt hatte, einer Diözese, die in den 1530er Jahren eine »fruchtbare Werkstatt für Initiativen, Auseinandersetzungen, Diskussionen auch über die großen theologischen Probleme wurde, die die protestantische Reform aufgeworfen hatte«.[127]

In den sechs Jahren seines Episkopats wuchs Seripando dank seiner fleißig schaffenden, fortwährenden Präsenz in Salerno selbst zum Urmuster eines Seelenhirten und zum Orientierungspunkt für den personell so zahlreichen italienischen Episkopat heran, vor allem im Königreich Neapel; die Kardinäle, spanische Vizekönige (Pedro Pacheco und Bartolomé De La Cueva) und die beiden Nuntii in Neapel (Pietro Camaiani und Giulio Pavesi) schätzten ihn und zogen ihn zu Rate. Er steuerte zahlreiche Maßnahmen und Arbeiten in Salerno, einer Erzdiözese mit sechs Suffragandiözesen, die jahrzehntelang in die Hand von oftmals unfähigen oder untauglichen Vi-

---

126 Vgl. A. Prosperi, Tra Evangelismo e Controriforma G. M. Giberti (1495–1543), 1969.
127 M. Firpo, Vittore Soranzo, vescovo ed eretico. Riforma della chiesa e Inquisizione nell'Italia del Cinquecento, 2006, 218.

karen gegeben war. Er stand den zahlreichen Feiern des liturgischen Jahres vor und hielt lange Predigtkurse für seine Gläubigen und den Klerus ab. In Befolgung der Richtlinien des IV. Laterankonzils und derjenigen, die vom Tridentinum schon verabschiedet waren, berief er eine Diözesan-Synode (1554) ein, um Richtlinien für die Gemeindepraxis und das Leben der Gläubigen zu erteilen. Einen seiner Vikare (Orazio Greco, Bischof von Lesina) ließ er Visitationen in den Gemeinden seiner Diözese abstatten, um die unterschiedlichen lokalen Verhältnisse angemessen einschätzen zu können. Er legte fest, dass Ernennungen und Ämter nur an solche zu vergeben und dass nur solche Personen zu ordinieren seien, die über eine entsprechende Bildung und einen sittlich einwandfreien Lebenswandel verfügten; er prüfte persönlich die zu ernennenden und zu ordinierenden Personen. Er rief Pfarrer, Ordensleute, Priester, ja selbst Suffraganbischöfe zur Ordnung, wenn diese nicht ihren Seelsorgepflichten nachkamen oder sonst Missbrauch trieben und er ermutigte sie, stets ihre Aufgabe zu erfüllen, auch wenn es mühselig war.

Seripando verkörpert somit – wie vor ihm Giberti und etwas später Borromeo in Mailand – das Leitbild eines Seelenhirten, wie ihn das Konzil von Trient zeichnete.[128] Zweifellos war er eine komplexe Persönlichkeit auch mit Ecken und Kanten, einerseits stets dialogbereit und tolerant, andererseits aber auch unbeugsam und dem Meinungsstreit nicht abgeneigt; seine Strenge erwies sich insbesondere gegenüber dem Teil des Klerus, der Pflichten versäumte oder unfähig und korrupt war. Lieber entzog er Ämter völlig, als den riesigen Schaden hinzunehmen, der dem Christenvolk zugefügt wurde, sofern solche Personen im Amt blieben.

Mehrfach zeigte er sich wegen der schwierigen religiösen Situation in Deutschland besorgt, auch noch nach dem Augsburger Frieden (*Pax Augustana*) von 1555.[129] Was ihn am meisten bekümmerte, war die Tatsache, dass in Rom, dessen »Luft ihm allmählich schwer zu schaffen machte«, die verschiedenen Fraktionen innerhalb der Kurie die Versöhnung der ver-

---

128 Vgl. JEDIN, Seripando (s. Anm. 2), Bd. 2, 35–37; CASSESE, Seripando (s. Anm. 1), Bd. 1, 122–124.
129 Vgl. Brief Seripandos an Placido di Sangro, Trient, 25. August 1561; CASSESE, Seripando (s. Anm. 1), Bd. 1, 107.

schiedenen Standpunkte unmöglich machten, und dass man sich in Rom, während die kirchliche Lage nördlich der Alpen einen dramatischen Verlauf nahm, in Ränkespielen erging statt an die Zukunft der Kirche zu denken, und dass keine angemessenen Reaktionen auf die Krise erfolgten, da die Kurienmitglieder nicht genug moralische Statur hatten und nicht die nötige Aufmerksamkeit aufbrachten.

Die Reform der Kirche musste in enger Verbindung mit dem Papst durchgeführt werden, der für Seripando immer das Haupt der Kirche blieb, wie es Christus gewollt hatte. Jedoch bedurfte es seiner Meinung nach für eine in Struktur und Lehre, in Lebensform und im Dasein erneuerte Kirche eines wiedergewonnenen direkten Kontakts mit dem Volk der Christen, das die Kirche bildet, die ihrerseits nach seiner Auffassung aus den über die Welt verstreuten Gläubigen zusammengesetzt ist, die von Gott zur Freiheit und zum ewigen Leben gerufen sind.[130] In einer Zeit, in der die geltende katholische Ekklesiologie die Laiengemeinde als »Untertanen« des Klerus und der Kirchenobrigkeit ansah,[131] wandte sich Seripando an seine Ortskirche mit folgenden Worten:

> Dieser Name »Kirche« bedeutet diejenigen, die treu an Jesus Christus glauben. Deshalb seid ihr gläubigen Seelen die Kirche von Salerno. Euch sage ich es, wie es der Hl. Paulus zu den Korinthern [1. Kor 3,16] sagte: Der Tempel Gottes ist heilig, und der seid ihr.[132]

---

130 Vgl. SERIPANDO, Prediche sul Simbolo (s. Anm. 29), 271.273: »Intendiamo dunque in questa parola: *Ecclesiam*, tutti i fedeli, che sono in qualsivoglia parte del Mondo, i quali, come dice S. Agostino, si dicono Chiesa, perché sono chiamati da Dio [...] alla compagnia del Figliuolo di Dio [...] e partecipare i tesori in lui nascosti della sapienza e della scienza di Dio [...] alla libertà [...] alla vita eterna. La vera chiesa [...] è [...] l'unione dei veri fedeli, che in ogni luogo laudano e adorano Dio: la donna seconda di tanti figliuoli spirituali, quanti ne sono nel mondo«.

131 Vgl. JOHANNES ECK, Enchiridion locorum communium adversus Lutherum et alios hostes ecclesiae (1525–1543), hg. v. P. FRAENKEL, 1979, 32: »Fatemur ecclesiam esse omnium fidelium congregationem, qui sunt de corpore Christi. Ut quando primate seu potiores alicuius provinciae aliquid statuunt, tota provincia dicitur statuisse, sic praelati ecclesiae dicuntur ecclesia, quia repraesentant eam et subditos suos«. Vgl. auch CASSESE, Controversistica cattolica (s. Anm. 68), 120–124.

132 Vgl. SERIPANDO, Prediche sul Simbolo (s. Anm. 29), 270: »Adunque questo nome Chiesa significa i fedeli di Gesù Cristo. Laonde la chiesa di Salerno siete voi anime fedeli. A voi dico, come disse Paolo a' Corinti. Il tempio di Dio è santo, e voi siete quello«.

Der geistliche Leib Christi, der die Kirche ist, besteht also in der Einheit des predigenden Hirten mit der Herde, die dem Wort Gottes in der Gemeinschaft des Sinnes lauscht. Aus jenem verkündeten *Wort* kommt das Heil, und in der Nachfolge jenes Wortes – so der Gedanke Seripandos – wird ein neues Antlitz der Kirche hervortreten, das von Christus gewollt wird.[133]

133 Über die Ekklesiologie Seripandos und die Beziehung zwischen Wort und Kirche: M. CASSESE, Parola e Chiesa. Appunti di ecclesiologia nel Card. Girolamo Seripando (1493–1563) (RSEc 27, 2009, 161–183).

Gräfin Dorothea von Mansfeld-Vorderort

Luthers judenfreundliche Apothekerin

Von Ferdinand Ahuis

I Hinführung

»Die greffin von Mansfeld, witwe von Solmis, wird geachtet als der Juden Schutzerin. Ich weis nicht, obs war sey.«[1] Dies schrieb Martin Luther seiner Ehefrau Katharina am 7. Februar 1546 aus Eisleben in der Grafschaft Mansfeld, elf Tage vor seinem Tode. Der Reformator spricht von der »greffin von Mansfeld, witwe von Solmis« und kann damit niemand anders gemeint haben als Dorothea von Mansfeld-Vorderort, geborene von Solms-Lich *(Abb. 1)*.[2]

---

[1] Luther an seine Frau, 7.2.1546 (WAB 11; 286–288, Nr. 4201), hier 287,21–23. Dieser Brief ist in der Forschung kaum berücksichtigt; Ausnahmen: P. Assion, Die Gräfin von Mansfeld als ärztliche Ratgeberin Luthers (Medizinhistorisches Journal 6,2, 1971, 160–174), hier 160–165; A. Rankin, Panaceia's Daughters. Noblewomen as Healers in Early Modern Germany, 2013, 99f.

[2] Diese ist zu unterscheiden von der Gräfin Dorothea von Mansfeld-Hinterort, geb. von Pommern-Stettin (1528–1558). Vgl. D. Gehrt / V. von der Osten-Sacken (Hg.), Fürstinnen und Konfession. Beiträge hochadliger Frauen zu Religionspolitik und Bekenntnisbildung (VIEG.B 104), 2015, 284f. In diesem Aufsatzband wird Gräfin Dorothea von Mansfeld-Vorderort nicht berücksichtigt, ebensowenig in P. Freybe (Hg.), Frauen fo(e)rdern Reformation, 2004. Zu Dorotheas Biographie vgl. J. Vötsch, Dorothea Gräfin von Solms-Lich, Gräfin von Mansfeld-Vorderort (in: Sächsische Biografie, hg. v. Institut für Sächsische Geschichte und Volkskunde e.V., Online-Ausgabe: http://www.saebi.isgv. de/biografie/Dorothea_von_Solms-Lich_(1493-1578) (Stand 23.7.2020). Bezeichnenderweise gibt es einen wikipedia-Artikel bislang nur in englischer Sprache: https:// en.wikipedia.org/wiki/Dorothea_of_Mansfeld (Stand 23.7.2020). Vgl. auch A. Rankin, The Recipes Project. Food, Magic, Art, Science (https://recipes.hypotheses.org/tag/ dorothea-of-mansfeld) (Stand 23.7.2020).

Abb. 1: Dorothea Gräfin von Solms-Lich Gräfin von Mansfeld-Vorderort C. Matsijs, Kupferstich (Ausschnitt, seitenverkehrt), © Staatliche Kunstsammlungen Dresden, Kupferstich-Kabinett, Inv.-Nr. A 125412.[3]

Für die Verifikation des von Luther angeführten Gerüchts stellen sich verschiedene Fragen: Wer war Dorothea von Mansfeld-Vorderort? Hebt Luther auf Juden im Allgemeinen oder auf Juden in der Grafschaft Mansfeld ab? Was verbirgt sich hinter der Bezeichnung »der Juden Schutzerin«? Ist damit lediglich gemeint, dass Dorothea judenfreundlich war, oder steht dahinter der politische Akt der Unterschutzstellung von Juden?[4] Welche Interessen verbanden sich mit ihrem Verhalten? Hatte Dorothea von Mansfeld politische Macht, Juden unter Schutz zu stellen, oder waren hierfür die Grafen von Mansfeld zuständig? Gab es in den drei Linien der Grafen von Mansfeld unterschiedliche Positionen gegenüber Juden? Lassen sich historische Fixpunkte für das Verhältnis der Grafen von Mansfeld zu Juden

---

3 Vötsch, Dorothea (s. Anm. 2).
4 Im Sinne eines Rechtsinstituts, welches »die Juden in den Frieden der Stadt ein(schloss)« und ihnen »Sicherheit nach innen und außen (gewährte)«, H.-H. Ebeling, Israel von Halle. Ein Braunschweiger Jude aus dem 15. Jahrhundert (Braunschweigisches Jahrbuch 1980, 17–35), 20.

ausmachen? Welche Rolle spielte hierbei die Reichsunmittelbarkeit der Grafschaft? Warum erwähnt Luther die Gräfin von Mansfeld überhaupt? Woher kannten sie sich und seit wann? Welche Bedeutung hatte sie für ihn während seiner Krankheit?

Aus dieser Vielzahl von Fragen ergeben sich folgende an der Gräfin von Mansfeld orientierte Leitthemen, die zugleich den Aufbau der Untersuchung darstellen: Dorothea von Mansfeld-Vorderort, geborene von Solms-Lich – ihre Lebensgeschichte (II); Dorothea von Mansfeld-Vorderort als Apothekerin (III); Dorothea von Mansfeld-Vorderort und die Juden (IV); Dorothea von Mansfeld-Vorderort und Martin Luther (V).

Als Quellen wurden für die Studie Leichenpredigten, Briefe, Tischreden, Rezepte, Auslegungen biblischer Texte, ein lutherisches Gebetbuch Dorotheas, Stammbäume,[5] Urkunden, Chroniken, Monographien sowie Beischriften zu Stichen und Gemälden konsultiert.[6]

II Dorothea von Mansfeld-Vorderort, geb. von Solms-Lich – ihre Lebensgeschichte

Dorothea von Mansfeld-Vorderort wurde am 25. Januar 1493 als Tochter des Grafen Philipp von Solms-Lich und seiner Ehefrau Adriana von Hanau-Münzenberg als eines von zwölf Geschwistern geboren.[7] Das Datum von Dorotheas Geburtstag war schon anlässlich ihrer Beisetzung umstritten. In seiner Leichenpredigt vom 20. Juni 1578[8] in der St. Andreaskirche zu Eis-

---

5 Dazu wird einschränkend bemerkt: »Die mangelhafte, oft fehlerhafte, Quellenlage betrifft den gesamten Zeitraum aller Familienzweige. Gesicherte Daten sind urkundlich genannt, Geburts- und Sterbedaten o. g. Zeiträume jedoch oft ungesichert und nach höchstmöglicher Wahrscheinlichkeit der oft abweichenden Datenquellen unter Vorbehalt zu betrachten. Es bleiben genealogische Details, sogar die Zuordnung von Mitgliedern des Hauses, ungeklärt.« (https://de.wikipedia.org/wiki/Stammliste_des_Hauses_Mansfeld) (Stand 23.7.2020).

6 Die Vernichtung des Mansfelder Archivs im 19. Jahrhundert hat schmerzhafte Lücken hinterlassen.

7 F. RUDOLPH, Art. Philipp von Solms-Lich, Graf, * 15. August 1468 in Lich, † 3. Oktober 1544 in Frankfurt (BBKL 28, 2007, 1259–1263, 1259).

8 HIERONYMUS MENCELIUS, Zwo Predigten Von der Thabea / welche S. Petrus von den todten erwecket / Actor. 9. Bey der Christlichen Begrebnis Der Wolgebornen / vnd Edlen Frawen / Frawen Dorothea / geborner Gräffin und Frawen zu Mansfelt / vnd Edler

leben[9] ging Hieronymus Mencelius, der Generalsuperintendent der Graf-schaft Mansfeld, noch von einem Alter von 101 Jahren aus,[10] korrigierte dieses aufgrund eines Fundes auf 96 Jahre,[11] verwechselte dabei aber das Geburtsjahr Dorotheas – wie viele andere nach ihm – mit demjenigen der ersten Ehefrau Graf Ernsts II. von Mansfeld-Vorderort, Gräfin Barbara von Querfurt (1482–1511). Tatsächlich wurde Dorothea 85 Jahre alt. Sie starb am 8. Juni 1578.[12]

Seit dem 14. Juni 1512 war sie mit Ernst II. von Mansfeld-Vorderort ver-heiratet. Aus erster Ehe brachte dieser acht Kinder mit.[13] Dorothea schenkte

Frawen zu Heldrungen etc. Durch M. Hieronymum Mencelium der Grafschaft Mansfelt Superintendenten, 1578, [ND o. J.] (in: HIERONYMUS MENCELIUS, Christliche Leychpre-digten Bey vieler hoher und niedriger Personen Begräbnissen der dritte und letzte Teil. Aus der Apostelgeschichten, den Episteln der heiligen Apostel und aus St. Johannis Offenbarung getan durch Herrn Mag. Hieronymus Mencelius der löblichen Grafschaft Mansfeld gewesenem Generalsuperintendent, 1589; 1591; 1595 u. ö., 1ʳ–18ᵛ), G 2ᵛ–G 3ʳ; L. BERNDORFF, Die Prediger der Grafschaft Mansfeld. Eine Untersuchung zum geist-lichen Sonderbewusstsein in der zweiten Hälfte des 16. Jahrhunderts, 2010, 33. – Die an unmittelbare Verwandte Dorotheas (namentlich: Johann Georg [Sohn], Johann Albrecht [Sohn], Johann Hoyer II. [Sohn], Bruno I. [II.][Stiefenkel]) gerichtete Leichpredigt des Diakons CYRIACUS NICOLAI auf Schloss Mansfeld, Eine Predigt || Vber der Grefflicheñ || Leiche/ der Wolgebornen [...] || Fraw Dorothea/ Geborne Greffin || von Solms [...] || So || den achten Junij [...] || ent=||schlaffen.|| Gethan auffm Hause Mansfelt/|| den 15 gemeltes Monats/|| ANNO 1578.|| Durch || Cyriacum Nicolaj/|| Diaconum daselbst.||, 1578, be-stätigt die lebensgeschichtlichen Bezugnahmen von Mencelius. Nicolai widmete sie den Verwandten am 20. Juni 1578 (aaO., A 4ᵛ).

9 Die Beisetzung fand am 16. Juni 1578 statt: H. GRÖSSLER / F. SOMMER (Hg.), Chronicon Is-lebiense. Eisleber Stadt-Chronik aus den Jahren 1520–1738, 1883, 45. Hier hatte 32 Jahre zuvor Luther seine letzten vier Predigten gehalten.

10 Vgl. MENCELIUS, Predigten (s. Anm. 8).

11 So auch F. ROTH, Restlose Auswertungen von Leichenpredigten und Personalschriften für genealogische und kulturhistorische Zwecke, Bd. 2, 1961, 378 und Einleitung zu: Dorothea, Gräfin von Mansfeld an Luther, 26. 8. 1543 (WAB 10; 373 f, Nr. 3905), hier 373. Vgl. auch G. JANKOWSKI, Mansfeld. Gebiet – Geschlecht – Geschichte. Zur Familien-geschichte der Grafen von Mansfeld, 2005, 157. Zutreffend aber BERNDORFF, Prediger (s. Anm. 8), 33; RANKIN, Daughters (s. Anm. 1), 97.229, Anm. 16: »1493«.

12 So auch VÖTSCH, Dorothea (s. Anm. 2).

13 Ein weiteres Kind, Margarete (I.), war schon bald nach der Geburt gestorben, (http://saebi. isgv.de/biografie/Ernst_II._von_Mansfeld-Vorderort_(1479-1531)) (Stand 23. 7. 2020).

Abb. 2 a) und b): Hans Döring (1527), Ehebildnisse Ernst Graf zu Mansfeld und Dorothea Gräfin zu Solms Foto (um 1932/1940?), Schloss Laubach, Inv.-Nr. 64 921 und 65 921, © Bildarchiv
Foto Marburg, fm 64923 und fm 64925.

ihm 13 weitere Kinder.[14] Zu ihrem 15. Hochzeitstag ließen Dorothea und
Ernst sich von Hans Döring, dem von Dorotheas Vater Philipp von Solms-
Lich in Wittenberg entdeckten Hofmaler, auf Pendantbildern[15] darstellen
(Abb. 2). Ernst II. starb am 9. Mai 1531 im Alter von 51 Jahren auf Schloss
Artrungen,[16] wurde zunächst auf Schloss Heldrungen bestattet, nach dem

---

14 Vgl. Mencelius, Predigten (s. Anm. 8), G 2ᵛ–G 3ʳ; Berndorff, Prediger (s. Anm. 8), 33.
15 Vgl. dazu grundsätzlich: F. Ahuis, Das Porträt eines Reformators. Der Leipziger Theologe Christoph Ering und das vermeintliche Bugenhagenbild Lucas Cranachs d. Ä. aus
  dem Jahre 1532 (VB 31, 2011, 91–104).
16 Mencelius, Predigten (s. Anm. 8), G 3, geht fälschlich von dem Sterbeort Haus Heldrungen und dem Sterbejahr 1530 aus, richtig ist Artrungen (Grössler / Sommer [Hg.], Chronicon Islebiense [s. Anm. 9], 10) und 1531, so auch L.F. Niemann, Geschichte der Grafen
  von Mansfeld, 1834, 350, anders noch aaO., 139; noch einmal anders: R. Seidel, Die

Abb. 3 a) und b): Dorothea und Ernst II. von Mansfeld-Vorderort, um 1578 Pfarrkirche St. Andreas, Eisleben, südlicher Nebenchor, Foto: Gaasch, Uwe (2010.01.14/2010.01.16), © Bildarchiv Foto Marburg.

Tode Dorotheas 1578 aber nach Eisleben umgebettet *(Abb. 3)*.[17] Dorothea war 47 Jahre lang Witwe.[18]

Grafen von Mansfeld. Geschichte und Geschichten eines deutschen Adelsgeschlechts, 1998, 234: »Ernst II. starb im Mai 1532.«
17 Vgl. MENCELIUS, Predigten (s. Anm. 8), G 3r; C. JÄGGI / J. STAECKER (Hg.), Archäologie der Reformation. Studien zu den Auswirkungen des Konfessionswechsels auf die materielle Kultur (AKG 104), 2007, 177.
18 Vgl. ROTH, Auswertungen (s. Anm. 11), 378.

Sie sollte in diesen Jahren erleben, was es bedeutet, die Stammmutter[19] einer der seit der Erbteilung von 1501 drei Linien der Mansfelder Grafenhäuser (Mansfeld-Vorderort, Mansfeld-Mittelort und Mansfeld-Hinterort) zu sein. Die Gräfin übernahm nicht nur Verantwortung für ihre 13 Kinder, sondern auch für die acht Kinder aus der ersten Ehe ihres Mannes. Der Schmalkaldische Krieg vertiefte die vorhandenen familiären Gräben zwischen den drei Mansfelder Linien. 1546 nahm Albrecht IV. – später als Albrecht VII. bezeichnet –, der tatkräftige, eigenwillige und politisch nachhaltige Führer der Linie Mansfeld-Hinterort, den vorderortischen Besitz in Beschlag und ließ sich huldigen. Mit seinen Söhnen fiel er nach der Wittenberger Kapitulation Kurfürst Johann Friedrichs des Großmütigen (19. Mai 1547) in die Reichsacht. Die Vorder- und Mittelorter Grafen wurden mit Albrechts Besitz belehnt.[20] Eheschließungen zwischen Angehörigen der Vorderorter und der Hinterorter Linie konnten diese Verwerfungen kaum überbrücken, so symbolträchtig sie auch waren: 1541, zehn Jahre nach Gründung des Schmalkaldischen Bundes,[21] heiratete Dortheas ältester Sohn Johann Georg I. (Abb. 4) Katharina, eine Tochter Albrechts IV. (VII.), 1555, im Jahr des Erbschaftsvertrags der Mansfelder und des Augsburger Religionsfriedens, heiratete Dortheas jüngster Sohn Johann Ernst I. Albrechts Tochter Sara.[22]

Ihre nunmehr 18 Kinder[23] und die Stiefkinder, Schwiegerkinder, Enkelkinder und Urenkelkinder waren für sie nicht nur ein Segen, sondern auch

---

19 Wie sehr sie sich als solche verstand, zeigt der Brief Dortheas an Kurfürst August von Sachsen mit der Bitte, die Vormundschaft für ihre Söhne zu übernehmen. Dieser Brief wurde am 1. November 1570 geschrieben, acht Jahre vor Dortheas Tod; H. Grössler (Hg.), Eigenhändiges Schreiben der Gräfin Dorothea von Mansfeld an den Kurfürsten August von Sachsen (Mansfelder Blätter 15, 1901, 255–257).

20 Vgl. J. Vötsch, Albrecht IV. (VII.) (in: Sächsische Biografie, hg. v. Institut für Sächsische Geschichte und Volkskunde e.V., Online-Ausgabe: http://www.isgv.de/saebi/) (Stand 23.7.2020).

21 Vgl. hierzu auch die aus diesem Anlass in hoher Auflage gedruckte und 1542 sowie 1543 mit Widmungen von an die 20 Reformatoren versehenen Prachtbibeln, F. Ahuis / W. Ludwig (Hg.), Das Album Reformatorum Cygnaeum (1542/43) in der Prachtbibel des Zwickauer Bürgermeisters Oswald Lasan. Mit einer Einleitung von F. Ahuis, 2013.

22 Vgl. Niemann, Geschichte (s. Anm. 16), 110.

23 Von ihren leiblichen Kindern waren Johann Hoyer schon vor dem dritten Lebensjahr und Johann Ulrich im fünften Lebensjahr, ihr Stiefsohn Philipp I. (II.) 1546 verstorben.

Abb. 4: Werkverzeichnis CORPUS CRA-
NACH, Einzeldarstellung zu Werk-Nr. CC-
POR-305-001 (Hans Georg von Mansfeld,
Warschau), ca. 1550[24][1], © cranach research
institute (cri), Dipl. Des. Dr. Michael Hof-
bauer, Heidelberg; Muzeum Kolekcji im. Jana
Pawła II – Galeria Porczyńskich, Warschau.

eine Herausforderung besonders in Erbschaftsfragen und deren Finanzie-
rung. Diese stellten sich noch einmal neu, als die beiden Söhne Dorotheas,
der ständig auf Kredite angewiesene Kölner Erzbischof Johann Gebhard
(1524–1562) und ebenso dessen Bruder und späterer Statthalter Spaniens in
den Niederlanden Peter Ernst (1517–1604), noch im Jahre 1559 »das neue
Haus zwischen dem Mittelort und dem Tore auf dem Schloß Mansfeltt«[25]
bauten.

24 https://de.wikipedia.org/wiki/Datei:Cranach_the_Younger_Johann_Georg_von_Mans
feld.jpg (Stand 23.07.2020). Die vielfach verwendete Namensangabe »Johann Georg von
Mansfeld-Eisleben« gilt erst ab der Erbteilung von 1563 und dürfte daher falsch sein, oder
das Bild ist erst nach 1563 entstanden.
25 C. SPANGENBERG, Mansfeldische Chronica, Tl. 4, hg. v. R. LEERS (Mansfelder Blätter 30),
1916, 37. Im Jahre 1557 hatte die vorderortische Grafenlinie mit der Augsburger Firma

Dorothea erlebte 1563 die Neuaufteilung von Mansfeld-Vorderort unter den Erben Ernsts II. in sechs paritätische Teile[26] (Mansfeld-Vorderort-Bornstedt: Bruno I. [II.], Mansfeld-Eisleben: Johann Georg I., Mansfeld-Friedeburg: Peter Ernst I., Mansfeld-Arnstein: Johann Albrecht, Mansfeld-Artern: Johann Hoyer II. und Mansfeld-Heldrungen: Johann Ernst I., von denen Mansfeld-Heldrungen schon 1572 erlosch).[27] Dorothea lebte nach dieser Neuaufteilung noch 15 Jahre.

Im Anschluss an die Leichenpredigt von Mencelius bezeichnet Alisha Rankin die Gräfin Dorothea von Mansfeld-Vorderort als »a mother of the country, a praiseworthy, good example for elite and common people«[28] – »the image of the noblewoman healer in the later sixteenth century was greatly influenced by her example.«[29] Auf ihr dunkelrotes, seidenes Gewand, mit dem sie im Sarg bekleidet war, hatte sie selbst die Verse gestickt:

In Roth will ich mich kleiden,
Zum Denkmal Christi Leiden,
Mit Lust von hinnen scheiden,
Und gehen zu Gott mit Freuden.[30]

Manlich einen Kupferkaufvertrag über 300.000 Gulden abgeschlossen (vgl. M. PHILIPP, Das ›Regentenbuch‹ des Mansfelder Kanzlers Georg Lauterbeck. Ein Beitrag zur politischen Ideengeschichte im Konfessionellen Zeitalter, 1996, 59). Die Vorderorter hatten die Betriebsübernahme der Hütten erst im Jahre 1546 nach Luthers Tod vollzogen (vgl. A. SAMES, Luthers Beziehungen zu den Mansfelder Grafen [in: Leben und Werk Martin Luthers von 1526 bis 1546. Festgabe zu seinem 500. Geburtstag, hg. v.H. JUNGHANS, 1983, Bd. 1, 592–600], 595).

26 Mansfeld-Hinterort war schon 1561 nach dem Tode Albrechts IV. (VII.) in drei gleichmäßige Teile geteilt worden, während Mansfeld-Mittelort seit 1558 nur einen Erben hatte, vgl. BERNDORFF, Prediger (s. Anm. 8), 34. Zum Aufstieg der Grafschaft Mansfeld im 15. Jahrhundert und der ersten Hälfte des 16. Jahrhunderts vgl. die ausgezeichneten und höchst informativen »historische(n) Skizzen« bei Berndorff, aaO., 31–50.
27 Vgl. https://de.wikipedia.org/wiki/Stammliste_des_Hauses_Mansfeld (Stand 23.7.2020).
28 RANKIN, Daughters (s. Anm. 1), 126.
29 Ebd.
30 NIEMANN, Geschichte (s. Anm. 16), 140.

III Dorothea von Mansfeld-Vorderort als Apothekerin

Die neuere Erforschung der Lebensgeschichte Dorotheas begann im Jahre 1933 mit einem Aufsatz des Apothekers Heinz Peickert: »Gräfin Dorothea von Mansfeld und Kurfürstin Anna von Sachsen. Zwei deutsche Arzneimittelfabrikantinnen des 16. Jahrhunderts.«[31] Peickert stellte lediglich die pharmaziegeschichtliche Bedeutung Dorotheas (und Annas) heraus und erwähnte Luther nicht. Als Volker Wendland sich 36 Jahre später neu der »Gräfin von Mansfeld« zuwandte,[32] konnte man den Eindruck gewinnen, als habe Peickert seinen Aufsatz gar nicht geschrieben. So wurde die aus der Rezeptgeschichte bekannte »Gräfin von Mansfeld« noch einmal identifiziert »mit der Gräfin Dorothea von Mansfeld geb. von Solms (1482 [sic!]– 1578), die bis ins hohe Alter hinein im Mansfelder Schloß als Ärztin dilettierte und einen eigenen Kräutergarten mit Apotheke unterhielt.«[33] Zwei Jahre nach Wendland stellte der Philologe und Volkskundler Peter Assion fest: »Die ›Gräfin von Mansfeld‹ ist erst jüngst für die Medizingeschichte wiederentdeckt worden,«[34] und zwar als »Rezeptverfasserin« *(Abb. 5)*.[35]

Erstmals präsentiert Assion aber einen Brief der Gräfin an Luther, geschrieben am 26. August 1543 und herausgegeben 1859.[36] Dorothea wandte

---

31 H. PEICKERT, Gräfin Dorothea von Mansfeld und Kurfürstin Anna von Sachsen. Zwei deutsche Arzneimittelfabrikantinnen des 16. Jahrhunderts (Apotheker-Zeitung 6, 1933, 87–89). Vgl. zudem die Leipziger Dissertation 1932 von DEMS., Geheimmittel im deutschen Arzneiverkehr. Ein Beitrag zur Wirtschaftsgeschichte der Pharmazie und zur Arzneispezialitätenfrage, Diss. masch. 1932; DERS., Festschrift zum 400jährigen Jubiläum der Ratsapotheke in Halberstadt, 1938. Zu Anna von Sachsen grundsätzlich: K. KELLER, Kurfürstin Anna von Sachsen (1532–1585), 2010, zu ihrem Verhältnis zu Dorothea von Mansfeld aaO., 163f.

32 V. WENDLAND, Die Gräfin von Mansfeld, eine Verfasserin spätmittelalterlicher Rezepte (Medizinische Monatsschrift 23, 1969, 544–548).

33 ASSION, Gräfin (s. Anm. 1), 160.

34 Ebd.

35 Ebd.

36 Dieser Brief ist lange Zeit nur im Rahmen der Biographie Luthers und nicht Dorotheas gelesen worden, so auch die Erstveröffentlichung des Briefes: J. VOIGT, Zur Lebensgeschichte Dr. M. Luthers (AKDV.NF 6, 1859, 326f). Diese Ausgabe wurde wiederum in den Veröffentlichungen von Dorotheas Briefen an Luther in der WA (WAB 10; 373f, Nr. 3905; WAB 10; 396, Nr. 3913) übergangen, vgl. ASSION, Gräfin (s. Anm. 1), 160.

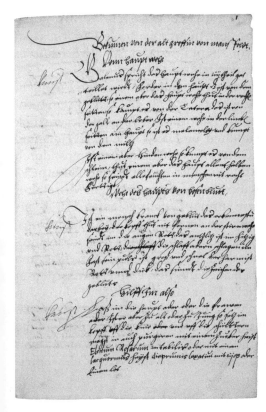

Abb. 5: Aus Dorotheas Rezeptsammlung (»Bekumen«), © https://digi.ub.uni-heidelberg.de/diglit/cpg223/0011.

sich darin an den Reformator, »um ihm, besorgt um seine ›leipleichen schwachheit‹, eigene Arzneien zur ›stirkunge des leibes‹ zu schicken und ihm verschiedene ärztliche Ratschläge zu erteilen.«[37]

Es sollte mehr als 40 weitere Jahre dauern, bis die US-Amerikanerin Alisha Rankin ihre medizin- und reformationsgeschichtlich orientierte, preisgekrönte und viel gepriesene Monographie *Panaceia's Daughters* veröffentlichte und damit die Forschung zu Dorothea von Mansfeld auf eine solide wissenschaftliche Basis stellte.[38] Die erste ihrer drei »Case Studies«

---

37 Ebd. Allerdings spricht und schreibt Dorothea nicht »in der typischen Diktion der Mansfelderin« (ebd.), sondern im hessischen Dialekt ihrer Heimat.
38 Vgl. RANKIN, Daughters (s. Anm. 1).

widmet sie Dorothea von Mansfeld: »Dorothea of Mansfeld: A Mirror and Example for Rich and Poor«.[39] Rankin legt nicht nur Briefe Dorotheas an Luther zugrunde, sondern auch und vor allem ihre Briefe an die Kurfürstin Anna von Sachsen, ihre Freundin, aus den Jahren 1557 bis 1575.

Durch diese Untersuchung ist Dorothea erheblich aufgewertet worden. Mit der Zuweisung zu »Panaceia's Daughters« hat sie gleichzeitig eine Anerkennung erfahren, die an der Erklärung Dorotheas zu einem Gegenstück der griechischen Göttinnen der Gesundheit und des Heilens, Hygieia und Panakeia, den Töchtern des großen Gottes der Medizin, Asklepios, durch Philipp Michael Novenianus, den Arzt von Dreien der Söhne Dorotheas, ihren Anhalt fand.[40] Hiermit wurden die Frauen gegenüber dem Mittelalter aufgewertet, die durch ihre Pharmazie immer Gefahr gelaufen waren, als Hexen verunglimpft zu werden. Anlass für die positive Beurteilung Dorotheas war vor allem ihre Zuwendung zu den Armen. Die Pflege ihres Interesses wurde ermöglicht durch den starken Anstieg der pharmazeutischen Literatur ab etwa 1500. So konnten sich auch die vom Universitätsstudium ausgeschlossenen Frauen[41] medizinische Kenntnisse aneignen.[42] Unter den Frauen des Mittelalters, die (angeblich) medizinische Literatur verfasst haben, bilden Hildegard von Bingen und Oliva Sabuco de Nantes Barrera die Ausnahme.[43] Umso höher sind Dorotheas Engagement und ihr umsichtiges Wirken zu werten. In der Forschung hingegen wird ihre Arbeit als »Dilettantismus« abqualifiziert.[44]

---

39 AaO., 93–127. Man wird es ihr nachsehen, dass sie die zitierten Luther-Zitate nicht ganz korrekt angibt: »WA« statt: »WAB«.

40 Vgl. PHILIPP MICHAEL NOVENIAMUS, Von den bösen vmbflechtenden bauchflüssen, Wittenberg 1558.

41 Eine Ausnahme bildete hier schon im 11. Jahrhundert die Medizinschule von Salerno: G. BAADER, Die Schule von Salerno (Medizinhistorisches Journal 13, 1978, 124–145).

42 Vgl. RANKIN, Daughters (s. Anm. 1), 1–22.

43 Vgl. aaO., 223f, Anm. 7.: Die Umstände, unter denen Hildegards theoretische Schriften (H. VON BINGEN, Causae et curae, hg. v. P. KAISER, 1903) entstanden, sind unbekannt. Möglicherweise hat der Vater von Oliva Sabuco de Nantes Barrera, der Apotheker Miguel Sabuco, das unter ihrem Namen veröffentlichte Werk The True Medicine verfasst (OLIVA SABUCO DE NANTES BARRERA, The True Medicine (1587), hg. u. übers.v. G. POMATA, 2010).

44 So ASSION, Gräfin (s. Anm. 1), 160 und JANKOWSKI, Mansfeld (s. Anm. 11), 160.

Dorotheas Leidenschaft für die Pharmazie war nicht vom Himmel gefallen. Ihr Bruder, Graf Reinhard I. von Solms-Lich, war ausgebildeter Mediziner.[45] Nach dem Tod ihres Ehemanns Ernst II. im Jahre 1531 gab die Pharmazie Dorothea einen neuen Lebensinhalt. Sie legte einen Kräutergarten
an und ließ vor dem Schloss Mansfeld eine Apotheke bauen[46] und zwar in
einer Zeit, da sie noch über genügend Kapital für diese beiden Maßnahmen
verfügte oder sich dieses beschaffen konnte.[47] Vielleicht haben ihr auch
Juden wie beispielsweise Hirsch dabei geholfen. Die Verwirklichung dieser
Pläne dürfte vor 1540 abgeschlossen gewesen sein. Danach wurde Dorothea
durch ihre pharmazeutische Kunst immer berühmter und war nach etwa
15 Jahren europaweit bekannt, wie ihre in Heidelberg aufbewahrte Rezeptsammlung zeigt *(Abb. 5)*.[48]

Ihr Kundenkreis ging bis an den Rhein.[49] Auf zahlreichen Wegen wurde
versucht, Dorotheas Medikamente zu erhalten. So schrieb am 2. Juni 1555
der Nordhäuser Bürgermeister Michael Meyenburg Johann Georg von
Mansfeld ein Gesuch, ob »sie« (scil. seine Mutter Dorothea, F.A.) »etzwas
wuste, das mich kont erretten,« und ihm das mitzuteilen.[50] Am 19. September 1558 übersandte Martin Obenrot, der oberste Handelsverwalter der
Mansfelder, in einem Brief an den Leipziger Kaufmann Martin Pfintzing
ein Rezept Dorotheas, der »altgrefin«, für weißen Aquavit anlässlich eines
»ehrenvest(es)«.[51]

1557 beschreibt Dorothea ihre Situation so: »[...] so konnen e k g niecht
glauben was ich anfordern habe von reichen und armen mins eisen aquafet-

45 Vgl. https://en.wikipedia.org/wiki/Dorothea_of_Mansfeld (Stand 23.7.2020).
46 Vgl. RANKIN, Daughters (s. Anm. 1), 126.
47 Vgl. die Veränderung der wirtschaftlichen Lage schon um 1530, s. unten Anm. 65 und
    71.
48 Vgl. RANKIN, Daughters (s. Anm. 1), 94: »From at least the late 1530s until her death in
    1578, Dorothea of Mansfeld's talents gained widespread acclaim throughout the Holy
    Roman Empire.«
49 Vgl. aaO., 232, Anm. 79; SHStA Dresden, Geheimer Rat (Geheimes Archiv), Loc. 8528/2,
    fol. 10ʳ, siehe auch fol 20ᵛ.
50 W. MÖLLENBERG (Hg.), Urkundenbuch zur Geschichte des Mansfeldischen Saigerhandels
    im 16. Jahrhundert, Geschichtsquellen der Provinz Sachsen und angrenzender Gebiete,
    1915, 379f, Nr. 237, hier 379.
51 AaO., 546f, Nr. 318, hier 515.

ten halben habe ich drin wochen ij stobgen vorgeben vnd mus in korczen tagen an neune ort ane rein schiegken.«[52]

Zur Kundschaft gehörten Reiche und Arme. Arme wurden kostenlos versorgt. Bei Reichen wie der Kurfürstin Anna von Sachsen erzielte Dorothea Einnahmen. Der Vertrieb von Aquavit dürfte eine nicht unwesentliche Einnahmequelle gewesen sein. Diese war dann aber doch so überschaubar, dass Anna ihr 1573 lebenslanges Wohnrecht im Dresdner Schloss anbot.[53] Dorothea nahm dieses Angebot nicht an. Sie hätte ihren Kräutergarten und die Apotheke, vor allem aber die armen Menschen verlassen müssen. Anna unterstützte Dorothea weiterhin finanziell. Die Sequestration von Mansfeld-Vorderort im Jahre 1570 hatte Dorothea bescheidene regelmäßige Bezüge gesichert. Z.T. skurrile Geschenke, »für die ihr die Kurfürstin offenbar über ihren im kursächsischen Hofdienst stehenden Sohn Johann Georg I. von Mansfeld-Eisleben [so seine Bezeichnung seit der Erbteilung von 1563, F.A.] eine regelmäßige finanzielle Unterstützung zuteil werden ließ.«[54]

Im Sommer 1572 wurde der Osten Deutschlands von einer (Wechselfieber-?)[55]Epidemie heimgesucht. An einem Tage kamen 111 kranke Menschen in Dorotheas Apotheke, um sich helfen zu lassen. Sie hatten zum Teil einen Weg von über 15 km zurückgelegt.[56]

[Auch als D.[orothea] altersbedingt ihre Gemächer nicht mehr verlassen konnte, setzte sie die Armenfürsorge fort[57] und ließ ihre Arzneimittel durch die Pfarrer verteilen.

---

52 RANKIN, Daughters (s. Anm. 1), 232, Anm. 79; SHStA Dresden, Geheimer Rat (Geheimes Archiv), Loc. 8528/2, fol. 10ʳ, siehe auch fol 20ᵛ. Weil Dorotheas Hessisch den heutigen Lesenden nicht ohne Weiteres verständlich ist, hier eine Übertragung: »so können Eure kurfürstlichen Gnaden nicht glauben, was ich an Bestellungen von reichen und armen Menschen des weißen Aquavit halber erhalte; ich habe in drei Wochen zwei Schoppen [ca. 1 Liter, F.A.] weggegeben und muss in wenigen Tagen an neun Orte am Rhein schicken.«

53 Vgl. VÖTSCH, Dorothea (s. Anm. 2).

54 Ebd. Auf dieses geschwundene finanzielle Vermögen spielt MENCELIUS, Predigten (s. Anm. 8), G 4ʳ, mit seiner Bemerkung, Dorothea sei im Alter etwas »schwach vnd vnuermöglich« geworden, kaum an.

55 Möglicherweise ist mit diesem Begriff die Malaria gemeint.

56 Vgl. RANKIN, Daughters (s. Anm. 1), 93.

57 Dazu gehörte auch die tägliche Speisung von sieben Armen im Siechenhaus außerhalb der Stadt Mansfeld »vom Vorderort des Hauses, bis daß die alte Grävin mit Tode abge-

Ebenso wurde sie von vielen Fürsten um die Übersendung von Arzneien und Rezepten ersucht.[58]]

Walther Schönfeld spricht treffend von der »bis in die Bewußtlosigkeit des Sterbelagers heillustigen« Mansfelder Gräfin.[59] Die Berühmtheit Dorotheas dürfte erheblich dazu beigetragen haben, dass sie für immer älter und schließlich sogar 101 Jahre alt gehalten wurde.[60] Sie umfasste damit mehr als drei Generationen.[61]

IV Dorothea von Mansfeld-Vorderort und die Juden

Die Glorifizierung Dorotheas als Apothekerin könnte auch ihr Bild von »der Juden Schutzerin« beeinflusst haben. Wenn ihr nachgesagt wird, dass sie sich für die 1493(!) aus dem Erzstift Magdeburg ausgewiesenen und in der Grafschaft Mansfeld ansässig gewordenen Juden eingesetzt habe,[62] so könnte sich hierin ein Interesse widerspiegeln, die Umsiedlung der Magdeburger Juden mit dem Geburtsjahr Dorotheas zusammenfallen zu lassen. Dabei ist die Ansiedlung von Magdeburger Juden genau in diesem Jahr nicht unwahrscheinlich; denn auf der einen Seite wurde Druck auf die Juden ausgeübt, den von ihnen bewohnten und betriebenen Bereich zu räumen, damit ein Tuchmarkt entstehen könne, und andererseits wurden sie

gangen«, SPANGENBERG, Mansfeld (s. Anm. 25), 71 mit Verweis auf Nr. 61 in der Pauskopie des Herausgebers zwischen 68 und 69.
58 VÖTSCH, Dorothea (s. Anm. 2).
59 W. SCHÖNFELD, Frauen in der abendländischen Heilkunde, vom klassischen Altertum bis zum Anfang des 19. Jahrhunderts, 1947, 90; vgl. H. GITTNER, Frauen im Dienste der Pharmazie (in: Festschrift zum 75. Geburtstag von Ernst Urban, hg. v. G.E. DANN, 1949, 85–99), 92; ASSION, Gräfin (s. Anm. 1), 160.
60 Vgl. GRÖSSLER / SOMMER (Hg.), Chronicon Islebiense (s. Anm. 9), 45.
61 Dass die Mansfelder Heimatforschung ihre eigenen (zutreffenden!) Akzente setzen kann, zeigt JANKOWSKI, Mansfeld (s. Anm. 11), 157: »Zu den bekanntesten Frauen des Mansfelder Grafenhauses gehörte zweifellos ›die alte Gräfin‹ Dorothea von Solms [...]. (Sie) ist [...] als Frau im Reformationszeitalter zu nennen, welche die komplizierte und schwierige Zeit mit Hingabe und Mut überstanden und mitbestimmt hat.«
62 TH. KAUFMANN, Luthers Juden, 2014, 8, ohne Quellenangabe und ohne Jahreszahl; R. SEIDEL, Zur Eisleber Synagoge (http://www.alemannia-judaica.de/images/Images%20221/Die%20Synagoge%20in%20Eisleben.pdf) (Stand 23.7.2020).

so gerecht behandelt, dass sie ihre Immobilien zu fairen Preisen verkaufen konnten und ihre Kredite zurück erhielten.[63] Somit waren diese Juden erwünschte Geldgeber[64] gerade in einer Zeit, da sich das Blatt immer höherer Einnahme-Überschüsse aus dem Mansfelder Kupfer- und Silberbergbau zu wenden begann,[65] die Aufwendungen der bisherigen Lebensführung in allen drei Linien der Mansfelder Grafen aber unverändert beibehalten oder noch gesteigert wurden.

Nach der Umsiedlung der Juden aus dem Erzstift Magdeburg (hierbei sind insbesondere die Juden in Halle zu berücksichtigen)[66] im Jahre 1493

63 Vgl. F. BACKHAUS, Judenfeindschaft und Judenvertreibungen im Mittelalter. Zur Ausweisung der Juden aus dem Mittelelbraum im 15. Jahrhundert (JGMOD 36, 1987, 272–332) 327f.

64 Vgl. ST. OEHMING, Kaspar Güttels Haltung zu den Juden. Beobachtungen anhand seiner »Judenschrift« von 1529 (in: Von Grafen und Predigern. Zur Reformationsgeschichte des Mansfelder Landes [Schriften der Stiftung Luthergedenkstätten 17], hg. v. A. KOHNLE / S. BRÄUER, 2014, 293–324), 298. Kreditgeschäfte von Grafen von Mansfeld mit Mitgliedern der jüdischen Familie Derenburg sind belegt für die Mittelorter Grafen Gebhard (VII.) (1478–1558) (Michel von Derenburg [† 17.5.1549], H. JAEGER, »Michel von Derenburg« [NDB 17], 1994, 440f (Online-Version); URL: https://www.deutsche-biographie. de/pnd138381453.html#ndbcontent) (Stand 23.7.2020) und Christoph II. (1558–1591) (D. LÜCKE, Die Grafenhäuser Mansfeld und ihre Reichskammergerichtsprozesse [in: Martin Luther und der Bergbau im Mansfelder Land, hg. v. R. KNAPE, 2000, 355–373], 361) sowie den Hinterorter Albrecht IV. (VII.) (1480–1560) (aaO., 356f.370, Anm. 20) (Lew Jud von Derenburg [Sohn des Michel von Derenburg] und Mosse Jud von Derenburg, aaO., 361).

65 Der Mansfelder Bergbau geriet wegen der Erschöpfung der Vorräte und der Konkurrenz aus Übersee schon um 1530 in eine schwierige wirtschaftliche Lage.

66 RÜDIGER SEIDELS für 2017 angekündigte »Geschichte der Juden im Mansfelder Land« ist leider noch nicht erschienen. Seidel, Oberlehrer für Sport und Geschichte am Martin–Luther–Gymnasium Eisleben und seit 2001 Vorsitzender des »Förderverein Eisleber Synagoge e.V.«, hat mir freundlicherweise einen Ausschnitt aus dem Manuskript für sein Buch zur Verfügung gestellt, im Folgenden zitiert als »Ausschnitt«.
Der in Halle geborene jüdische Kaufmann Israhel verließ Anfang der 1450er Jahre seine Heimatstadt, hielt sich 1457 in Braunschweig auf, wo er unter dem »Schutz der Stadt« (EBELING, Israhel [s. Anm. 4], 19), stand. Neben Geld- und Pfandgeschäften betrieb er auch den Handel mit Kupfer, insbesondere aus Mansfeld (aaO., 23), zu Mansfeld ferner aaO., 20f.28f. Bis ungefähr 1463 unterhielt er Geschäftsbeziehungen bis nach Magdeburg, Halle, Mansfeld und Zerbst, später in Braunschweig und Goslar. »Zu Israhels

wurde die Zahl der Juden in Eisleben und Umgebung erhöht. Es dürfte sich dabei um »ca. 150 bis 200 Personen«[67] gehandelt haben. Ernst II. war damals seit neun Jahren Regent.[68]

Der Wiederaufbau des Mansfelder Schlosses nach dem Brand von 1509 setzte neue Maßstäbe: Bis 1523 entstand ein prachtvolles Renaissance-Schloss,[69] das Aufsehen erregte *(Abb. 6)*.[70]

Zusätzliche Bauten wie das Heldrunger Schloss Ernsts II.[71] und die Stadtresidenz Albrechts IV. (VII.) am Markt in Eisleben trieben die Kosten in die Höhe. Technische und wirtschaftspolitische Gegenmaßnahmen Al-

Schuldnern gehörten der Erzbischof von Magdeburg, die Herzöge von Braunschweig-Lüneburg und weitere Adlige sowie mehrere Städte und deren Bürger. Bei verschiedenen Rechtsstreitigkeiten stand die Stadt Braunschweig auf seiner Seite und unterstützte ihn u.a. in zwei großen Prozessen gegen die Grafschaft Mansfeld und dessen Bürger, die Städte Eisleben, Hettstedt und Querfurt,« (https://de.wikipedia.org/wiki/Israhel_von_Halle#cite_note-3) (Stand 23.7.2020). »Die Tatsache, dass sich die Magdeburger Richter mit Entscheidungen von Eisleber Christen und Juden befassen mussten, lässt die eventuelle Schlussfolgerung einer in dieser Zeit vorhandenen gesellschaftlichen Akzeptanz der jüdischen Bürger der Stadt zu,« SEIDEL, Ausschnitt.

67 BACKHAUS, Judenfeindschaft (s. Anm. 61), 281.
68 Vgl. TH. KAUFMANN, Luthers »Judenschriften«. Ein Beitrag zu ihrer historischen Kontextualisierung, 2011, 156.
69 Vgl. S. BRÄUER, Mansfeld. Grafschaft, Schloss, Stadt (in: Fundsache Luther. Archäologen auf den Spuren des Reformators, hg. v.H. MELLER / S. BRÄUER / J.CH. VON BLOH, 2008, 54–65), 59f.
70 W. SCHADE, Die Malerfamilie Cranach, 1974=1983, 389 [650], hält das Bild für »ein Epitaph für den 1546 auf einem Kriegszug Karls V. verstorbenen und in Stuttgart begrabenen Graf Wolff (I.) von Mansfeld,« einen Sohn Albrechts IV. (VII.) von Mansfeld-Hinterort.
71 Vgl. https://de.wikipedia.org/wiki/Festung_Heldrungen (Stand 23.7.2020). Hier wurde nach der Niederlage von Frankenhausen (15. Mai 1525) im Bauernkrieg Thomas Müntzer durch Ernst II. gefangen gehalten und gefoltert, bis er am 27. Mai 1525 vor den Toren der Stadt Mühlhausen enthauptet wurde, vgl. S. BRAUER / G. VOGLER, Thomas Müntzer. Neu Ordnung machen in der Welt. Eine Biographie, 2016, 369–384. In dieser Zeit wird sich auch Dorothea auf Burg Heldrungen aufgehalten haben (zur Vorgeschichte vgl. den Abschnitt »Müntzer und die Mansfelder Grafen« [aaO., 358–363]). Der Bauernkrieg tangierte die Grafschaft Mansfeld auch deshalb, weil die Mansfelder Bergleute sich mit den Bauern zu verbünden drohten. Auf einer anderen gesellschaftlichen Ebene lag die Enteignung der Hüttenmeister durch Albrecht IV. (VII.), welche Mitglieder der Familie Luther betraf und ein Grund für die Entfremdung Luthers und Albrechts war. Luthers Vater Hans war Hüttenmeister. Er starb 1530 in Mansfeld.

Abb. 6: Schloss Mansfeld mit den Teilen Vorderort, Mittelort und Hinterort, Ausschnitt aus der »Bekehrung des Paulus vor Damaskus« (1549) nach Lucas Cranach d. J., © Germanisches Nationalmuseum Nürnberg. Leihgabe WAF BStGS, Gm 226.[72]

brechts IV. (VII.) konnten diese Entwicklung nicht aufhalten, sondern führten zu Streit mit den jeweils anderen Linien und zu Verarmung.[73]

Auch wenn Dorothea seit ihrer Eheschließung vorrangig auf Schloss Heldrungen und nicht in Mansfeld lebte, wird sie diese Investitionen mitverfolgt haben. So kann sie schon in dieser Zeit bedingt der »Juden Schut-

72 Vgl. Bräuer, Mansfeld (wie Anm. 69), 59; Schade, Malerfamilie (s. Anm. 70), 389 [650], hält das Bild für »ein Epitaph für den 1546 auf einem Kriegszug Karls V. verstorbenen und in Stuttgart begrabenen Graf Wolff (I.) von Mansfeld,« einen Sohn Albrechts IV. (VII.) von Mansfeld-Hinterort.
73 Vgl. A. Kohnle, Der Reformationsgraf Albrecht von Mansfeld (1480–1560) (in: Ders. / Bräuer [Hg.], Von Grafen und Predigern [s. Anm. 64], 69–93).

zerin« gewesen sein. In der Grafschaft Solms-Lich hatte sie möglicherweise Ähnliches erlebt; denn hier hatte nach und nach der Kaiser alle seine Rechte an den Grafen abgegeben[74] und so Raum gegeben für autarke Entscheidungen zugunsten von Juden.[75] Der dortige Silberbergbau legte dies auch nahe.

Nachhaltig ist die Feststellung Gustav Kaweraus: »Die Grafschaft Mansfeld gehörte damals [scil. 1527] zu den Gegenden, in denen Juden unbehelligt wohnen konnten.«[76] Der Abriss des Brauhauses auf dem Judenhof im Jahre 1523[77] kann ein Hinweis auf die Ansässigkeit von Juden in Eisleben in dieser Zeit sein.[78] Bier galt und gilt für Juden als koscher,[79] so dass der Abriss des Brauhauses andere als innerjüdische Gründe hatte: »das man [...] den Jüdenhof zum markte brauchen möge.«[80] Die Wohnungen der Juden

---

74 Vgl. https://de.wikipedia.org/wiki/Philipp_von_Solms-Lich (Stand 23.7.2020).

75 Nach dem derzeitigen Forschungsstand hat »Hesse der Jude von Solms« nichts mit der hessischen Grafschaft Solms zu tun, sondern mit Salm in den Vogesen oder Niedersalm in Wallonien, während »Hesse sein eigentlicher Name ist« (V. Bok, Einige Bemerkungen zum sog. Juden von Solms und den Handschriften seines Werkes [in: Fachtexte des Spätmittelalters und der Frühen Neuzeit. Tradition und Perspektiven der Fachprosa- und Fachsprachenforschung, hg. v. L. VAŇKOVÁ, 2014, 65–74], 66). Hierfür spricht, dass jüdische Namen zunächst den (Vor-)Namen und nicht den Herkunftsnamen enthalten, dann »Jud« oder »Jude« und schließlich den Herkunftsort. Doch bleiben hier Fragen: Ist statt »Hesse« »Mosse« (=Mose) zu lesen? Der Herkunftsort eines Juden ist nicht immer deckungsgleich mit dem Ort seines Wirkens. Er ist vielleicht zwischen 1340 und 1350 geboren (ebd.) und »wohl mehr als achtzigjährig, wohl bald nach 1430, wahrscheinlich auf der Grevenburg, gestorben« (aaO., 68). Haben Dorothea und ihr Bruder Reinhard (hierzu s. oben Anm. 45) ca. 80 Jahre später sein Kompendium der medizinischen Schriften gelesen und sich für ihren medizinischen Werdegang zu eigen gemacht?

76 G. KAWERAU, Caspar Güttel. Ein Lebensbild aus Luthers Freundeskreise (ZHVG 14, 1881, 33–132), 101.113, XIV., Verweis auf »Von den straffen / und plagen, die etwan Gott vber die Jüden, vnd auch lang / zeit, ytzt aber yn sonderheit vber uns Christen, hat verhangen / vnd angehen lassen. Ein / kurtze liebliche vnterrede .'. / Das Christus wahrer Gott vnd Menschen sey // CASPAR GUTHEL, Ecclesiastes zu Eisleben 1527, Zwickau 1529«.

77 Vgl. GRÖSSLER / SOMMER (Hg.), Chronicon Islebiense (s. Anm. 9), 3.

78 Vgl. SEIDEL, Ausschnitt (s. Anm. 66).

79 Vgl. H. REISTER, Zwei neue Ausstellungen widmen sich der jüdischen Geschichte des Getränks (Jüdische Allgemeine, 08. Juli 2020 – 16. Tamus 580).

80 GRÖSSLER / SOMMER (Hg.), Chronicon Islebiense (s. Anm. 9), 3. Im Jahre 1533 »hatt man das Wasser im Brauhaus auffm iudenhofe gefast vnd durch röhren yns brauhaus bei Santt Peter geleitt,« (aaO., 11).

waren keineswegs auf den Judenhof begrenzt. Die Gründung der Neustadt durch Graf Albrecht IV. (VII.) im Jahre 1511 dürfte im alten Eisleben Wohnkapazitäten freigemacht haben, möglicherweise auch für Juden.

[Das von Luther immer wieder erinnerte Gespräch mit den zwei oder drei Rabbinern vor dem 27. November 1526[81] dürfte in Wittenberg stattgefunden haben.[82] Wenn Luther ihnen zum »Abschied [...] ein Geleitschreiben ausstellte, das den Besuchern eine ungehinderte Durchreise durch Kursachsen gewähren sollte,«[83] so lässt dies darauf schließen, dass ihr Reiseziel außerhalb von Wittenberg lag. Waren die Rabbiner in Eisleben ansässig?]

Mehr noch aber hat Graf Ernst II., der Ehemann Dorotheas, sich als Förderer von Juden erwiesen.[84] Am Palmsonntag 1531 wurde dem Juden Hirsch von den vorderortischen Grafen Hoyer IV. (VI.) und Ernst II. ein Haus am Schloßplatz verliehen.[85] Ist dieses gemeinsame Handeln der überlebenden Söhne Graf Albrechts III. gar ein Zeichen dafür, dass auch der Vater schon eine judenfreundliche Politik betrieben hatte? Dieser Kontakt weitete sich auf Dorothea aus: Hirsch kannte sich in pharmazeutischen und medizinischen Dingen aus und gab Dorothea Hinweise auf Wässerchen und Salben, die lebensverlängernd wirken sollten.[86] Damit ist klar, dass Ernst II. sich als Beschützer, wenn nicht gar Unterschutzsteller der Juden betätigte.

[Im Sommer 1537 führte Luther einen persönlichen Briefwechsel mit dem »weithin bekannten« Rabbiner Joseph ben Gershon Roschaim, genannt Josel von Rosheim. Dieser

81 Vgl. KAUFMANN, Luthers Juden (s. Anm. 62), 36–38; J. WALLMANN, Martin Luthers Judenschriften (Studienreihe Luther 18), 2018, 73. Es handelt sich hier um den terminus ante quem.

82 KAUFMANN, Luthers Juden (s. Anm. 62), 36, spricht missverständlich einmal von »Wittenberg« und einmal von Luthers »Heimatort« (aaO., 37).

83 Ebd.

84 In seiner Polizeiordnung von 1512, vgl. NIEMANN, Geschichte (s. Anm. 16), 133–137, nimmt Ernst II. auf Juden nicht Bezug!

85 Vgl. http://www.alemannia-judaica.de/images/Images%20221/Die%20Synagoge%20in%20Eisleben.pdf (Stand 23.7.2020). Das Schloss ist nicht zu verwechseln mit der Stadtresidenz Albrechts IV. (VII.) am Markt; die Straßenbezeichnung »Schloßplatz« gibt es bis heute. Wenn Juden sich in der »Niclasgasse« ansiedelten, so erinnert daran die heutige »Nicolaistraße«. Sie befindet sich in der Nähe des Schloßplatzes. Hat Albrecht dieser Verleihung dieses Hauses in exponierter Lage zugestimmt?

86 Vgl. SEIDEL, Ausschnitt (s. Anm. 66).

war Fürsprecher und ›Patron‹ der Judengemeinden vor dem Kaiser und anderen Herr-schern.[87] Anlass war ein Edikt, das Kurfürst Johann Friedrich von Sachsen erlassen hatte, »das alle Juden aus seinem Herrschaftsgebiet auswies und sogar Durchzug und freies Geleit verweigerte.«[88] Möglicherweise spielten Veränderungen im Montangewerbe, vielleicht »ökonomische Transaktionen« eine Rolle.[89] Von der sächsischen Grenze aus richtete Josel von Rosheim an Luther die Bitte, sich beim Kurfürsten für eine Mäßigung des Edikts einzusetzen.[90] Die Tatsache, dass Josel zwar (kur)sächsisches Gebiet nicht be-trat, dass andererseits Johann Friedrich der Großmütige schon im Jahre 1543 ein weiteres Edikt erließ, das den Juden das Wohn-, Handels- und Durchzugsrecht entzog, zeigt, wie begrenzt derlei Edikte wirkten.]

Auch Ernsts Söhne Philipp und Johann Georg wurden als judenfreund-lich angesehen. Kaspar Heydenreich, Nachschriften-Verfasser von Luthers Tischreden und seit Oktober 1543 Hofprediger Katharinas, der Witwe Hein-richs des Frommen, erinnert sich an folgende Szene im Frühjahr 1543:

> Über die Juden. Als jemand sagte, dass auch die jüngeren Herren von Mansfeld die Ju-den verehrten, nachdem die beiden Bücher des Doktors gegen die Juden herausgegeben worden waren, und dass die Söhne eines gewissen Eisleber Juden den Eisleber Prediger Magister Simon[91] gerufen hätten, der an den Häusern jener Heiden (Goim) vorbeiging, sagte der Doktor: Wenn ich an der Stelle von Coelius[92] oder des Magisters Simon gewe-sen wäre, wäre ich sofort weggegangen und hätte nicht einem solchen Herrn gedient.[93]

87 Vgl. KAUFMANN, Luthers Juden (s. Anm. 62), 38.

88 AaO., 38 f.

89 AaO., 39. Stand im Hintergrund die Verpfändung seines Anteils an den Bergwerken durch Gebhard VII. von Mansfeld-Mittelort im Jahre 1536 (http://saebi.isgv.de/biografie/ Gebhard_VII.,_Graf_von_Mansfeld-Mittelort_[1478-1558]) (Stand 23.7.2020)? Diese wirkte sich besonders negativ auf die Verwandtschaft Luthers aus. Luther leistete Wi-derstand.

90 Vgl. KAUFMANN, Luthers Juden (s. Anm. 62), 40.

91 Es handelt sich um Simon Wolfram (Wolferinus), WAT 5; 257, Anm. 4. Er war 1534 in Wittenberg Magister geworden und 1540 an die Andreaskirche in Eisleben berufen wor-den, vgl. K. ALAND (Hg.), Luther Deutsch, Bd. 10, 1983, 430.

92 Michael Coelius war von 1525 bis 1548 Schlossprediger, ab 1548 Stadtpfarrer von Mans-feld, s. dazu auch unten Anm. 130.132.

93 Übersetzung nach WAT 5; 257,11–16, Nr. 5576: »De Iudaeis. Cum quidam diceret etiam iuniores dominos a Mansfeld fovere Iudaeos post editos duas libellos Doctoris contra Iu-daeos, et filios Iudaei cuiusdam Eislebii vocasse praedicatorem Eislebiensem Magistrum Simonem praetereuntem ades illorum goim, dixit Doctor: Si ego essem loco Coelii et Magistri Simonis, abirem statim nec inservirem tali domino.«

Hier nennt der Reformator den möglichen Anknüpfungspunkt für das Gerücht, von welchem er am 7. Februar 1546 seiner Frau schreibt.[94] Heydenreich hebt hier darauf ab, dass auch »die jüngeren Herren von Mansfeld,« wohl die Grafen Philipp und Johann Georg, die Juden verehrten.[95] In dem »Auch« ist wohl die judenfreundliche, achtungsvolle Haltung Dorotheas gegenüber Juden eingeschlossen. Ihre Haltung wird gleichzeitig in einen scharfen Kontrast zu Luthers judenfeindlichen Schriften des Jahres 1543 gesetzt.

Dass die Nachfahren Ernsts II. noch nach 1543 Juden »verehrten«, spricht für sich. Sie setzen damit eine judenfreundliche Haltung fort, die schon für ihren Vater Ernst II. zu konstatieren und für ihren Großvater Albrecht III. zu vermuten war. Wenn Dorothea in Luthers Brief an Katharina vom 7. Februar 1541 als »der Juden Schutzerin« bezeichnet wird, so ist damit mehr gemeint als ›Verehrung‹. Macht Luther damit unter der Hand Dorothea als Landesmutter zur Garantin für den Schutz der Juden?

Es lässt sich also für die Grafen von Mansfeld-Vorderort eine judenfreundliche Linie ausmachen, die von Ernst II. und seinem Bruder Hoyer IV. (VI.) und möglicherweise noch eine Generation weiter zurück und nach vorn bis zu seinen Söhnen Philipp und Johann Georg reicht und Dorothea mit umfasst. Dorothea stand in ihrer Judenfreundlichkeit nicht allein.

Bei diesen Beobachtungen zur Judenfreundlichkeit des Grafenhauses Mansfeld-Vorderort ist nicht übersehen, dass in der Forschung für die Frage nach dem Verhältnis der Grafen von Mansfeld zu den Juden und gleichzeitig zu Luther Graf Albrecht IV. (VII.) und damit auch sein Herrschaftsbereich Mansfeld-Hinterort die zentrale Rolle spielt. Wenn nach Thomas Kaufmann Luther kurz vor seinem Tode den Grafen Albrecht IV. (VII.) dazu anhielt, die Juden in seinem Herrschaftsbereich »preiszugeben«, was angeblich erst 1547 im Anschluss an den Schmalkaldischen Krieg nach einigem Zögern geschah,[96] so ist auch dies ein Beleg dafür, dass bis zu diesem Zeitpunkt Juden in der Grafschaft Mansfeld ansässig waren. Dabei spielte die Stadt Eisleben wegen ihrer gemeinsamen Verwaltung durch die drei Mansfelder

---

94 Vgl. oben Anm. 1.
95 Vgl. Luthers Briefe an sie vom 14.3.1542 (WAB 10; 9–12, Nr. 3724) und vom 7.10.1545 (WAB 11; 189–192, Nr. 4157).
96 KAUFMANN, Luthers Juden (s. Anm. 62), 8.

Linien eine besondere Rolle. Luther spricht in seinem forschungsgeschichtlich viel beachteten Brief vom 1. Februar 1546 an seine Ehefrau Katharina von 50 sesshaften Juden in Eisleben.[97] Damit aber dürften nicht alle Juden in der Grafschaft Mansfeld erfasst sein.

Dieser Brief ist auch für die Haltung Luthers zum Judentum in dieser Zeit wichtig: »[...] war ists, do ich bey dem Dorff fuhr, gieng mir ein solcher kalter wind hinden zum wagen ein auff meinen kopff, Durchs Parret, als wolt mirs das Hirn zu eis machen. Solchs mag mir zum schwindel geholffen haben.«[98] Er fährt fort mit einer Unterstellung an Katharina: »Aber wenn du werest da gewest, so hettestu gesagt, Es were der Juden oder ires Gottes schuld gewest.«[99] Warum überlässt Luther seiner Ehefrau das Urteil? Er fügt hinzu: »Wenn die Heubtsachen geschlichtet werden, so mus ich mich dran legen, die Juden zu vertreiben.«[100]

Am 7. Februar 1546 geht er in dem am Anfang dieses Aufsatzes zitierten Brief an seine Frau davon aus, dass »zu Risdorff, hart vor Eisleben gelegen, daselbs ich kranck ward ym einfaren, sollen aus und ein reiten und gehen bey vierhundert Jüden,« und er fügt hinzu: »Graff Albrecht, der alle grentze vmb Eisleben her hat, der hat die Juden, so auf seinem Eigentum ergriffen, Preis geben. Noch will yhnen niemand nichts tun.«[101] Hier differenziert Luther im Blick auf die Juden also zwischen dem Verantwortungsbereich Albrechts IV. (VII.) und der übrigen Grafschaft Mansfeld und gleichzeitig der Stadt Eisleben, die seit der Erbteilung von 1501 von den drei Grafenhäusern gemeinsam verwaltet wurde. Und: Luther macht einen Unterschied zwischen seinem Vorhaben der »Vertreibung« und der »Preisgabe«, wobei das eine wie das andere in den Händen des oder der Grafen lag. Die Preisgabe

---

97 Vgl. Luther an seine Frau, 1.2.1546 (WAB 11; 275,4–276,12, Nr. 4195). Differenziert Luther im Blick auf Eisleben zwischen den drei Mansfelder Linien?

98 WAB 11; 275,9–276,2.

99 WAB 11; 275,5–7. Vgl. hierzu J. Birkenmeier, »Wo Luther fror«, Die »kalte Stelle« und der Tod des Reformators (Luther 84, 2013, 8–14).

100 WAB 11; 276,17f.

101 Luther an seine Frau, 7.2.1546 (WAB 11; 287,17–21, Nr. 4201). Es schließt sich unmittelbar das Eingangszitat an: »Die greffin von Mansfeld, witwe von Solmis, wird geachtet als der Juden Schutzerin. Ich weis nicht, obs war sey.« Wird hier ein Zusammenhang zwischen Dorothea und dem Ergehen der Juden gar auch im Herrschaftsbereich Albrechts IV. (VII.) hergestellt?

der Juden in Albrechts Hoheitsgebiet hat noch nicht zu Tätlichkeiten gegen die Juden, geschweige denn, einer Vertreibung geführt.

Das Verhältnis Albrechts IV. (VII.) speziell zu dem Juden Hirsch, dem »Sprecher der Eisleber Judenheit«,[102] war in Eisleben[103] nicht spannungsfrei. Hirsch werden seine Ränke bei Johann Georg I., Dorotheas ältestem Sohn, und namentlich seine Erpressungen vorgeworfen, für die Albrecht IV. (VII.) eine unbarmherzige Hand habe.[104] Dass Albrechts Hände aber durch die politische Entwicklung gebunden waren,[105] steht auf einem anderen Blatt. Immerhin ist zu vermerken, dass er zusammen mit Graf Christoph von Oldenburg Ende Mai 1547 die letzte siegreiche Schlacht des Schmalkaldischen Bundes schlug.[106]

Mögen diese Entwicklungen das Zögern Albrechts gegenüber den Juden erklären, so hinderte ihn das nicht an Maßnahmen gegen den Juden Hirsch, sobald seine Hände dazu frei waren und vor allem, wenn es um persönliche Interessen ging. Hirschs an exponierter Stelle vor dem Eisleber Schloss[107]

---

102 SEIDEL, Die jüdische Gemeinde zu Eisleben (http://data.synagoge-eisleben.de/item/Mitteilungsblatt-02.pdf) (Stand 23.7.2020).

103 Vgl. unten Anm. 108.

104 Vgl. SEIDEL, Ausschnitt (s. Anm. 66).

105 Vgl. oben Anm. 20.

106 Vgl. G. WARTENBERG, Die Grafschaft Mansfeld in der Reformationszeit (in: Philipp Melanchthon und das städtische Schulwesen 1497–1997 [Veröffentlichungen der Lutherstätten Eisleben 2], hg. v. G. SCHLENKER / R. KNAPE / St. RHEIN, 1997, 35–46), 41.

107 Hier handelt es sich nicht um die Stadtresidenz Albrechts IV. (VII.) am Eisleber Markt, sondern das Eisleber Schloss im eigentlichen Sinne des Wortes. Es befand sich am heutigen Schloßplatz (heutige Grundschule), vgl. B.K. ECKE, Eisleben. Das ehemalige Schloss und seine Geschichte (http://www.harz-saale.de/eisleben-das-ehemalige-schloss-und-seine-geschichte/) (Stand 23.7.2020). Hier ließ Albrecht IV. (VII.) sich am 27. Dezember 1547 erneut huldigen (GRÖSSLER / SOMMER [Hg.], Chronicon Islebiense [s. Anm. 9], 17). Da auch die Stadtresidenz Albrechts IV. (VII.) immer wieder als »Schloss« bezeichnet wird, hier einige Klarstellungen: Albrechts Stadtresidenz befand sich am Markt 58, laut Inschrift im Sitznischenportal aus dem Jahre 1500 (vgl. A. STAHL, Art. Eisleben [in: Höfe und Residenzen im spätmittelalterlichen Reich. Grafen und Herren, Bd. 15/4,2, hg. v. W. PARAVICINI, bearb. v. J. HIRSCHBIEGEL / A.P. ORLOWSKA / J. WETTLAUFER, 2012, 973f], 973). Luther ist weder in der Stadtresidenz Albrechts noch im Haus der jetzigen Gedenkstätte, Andreaskirchplatz 7, gestorben, das sich 1546 im Besitz von Barthel Drachstädt befand, sondern in dem Hause Markt 56 (heute Hotel Graf von Mansfeld) in unmittelbarer Nachbarschaft von Albrechts Stadtresidenz (vgl. richtig: ebd.; falsch zitiert bei M. STEFFENS,

gelegenes stattliches Haus wurde 1547 auf Veranlassung Albrechts IV. (VII.) geplündert und abgerissen.[108] Hirsch widerfuhr aber Wiedergutmachung.[109] Dies ist ein Zeichen für den gesellschaftlichen Status von Juden in Eisleben auch noch in dieser Zeit.[110] Auch andere Juden wohnten am Schloss und in

Das Luthersterbehaus. Die älteste und zugleich jüngste Gedenkstätte [in: Luthers Tod. Ereignis und Wirkung (Schriften der Stiftung Luthergedenken in Sachsen-Anhalt 23), hg. v. A. KOHNLE, 2019, 341–369], 341: »Markt 55«.). Das Haus Markt 56 wurde 1546 von dem Stadtschreiber Johann Albrecht und wohl auch von Graf Bruno von Mansfeld-Vorderort (vgl. SPANGENBERG, Mansfeld [s. Anm. 25], 252), dem Sohn des 1546 verstorbenen Grafen Philipp II., bewohnt und gehörte dem Vater von Barthel Drachstädt, dem Hüttenmeister Dr. Philipp Drachstädt, nach dessen Tod 1539 es zur Schuldentilgung an den Magistrat übertragen wurde (vgl. STEFFENS, Luthersterbehaus, 345; DERS., Luthergedenkstätten im 19. Jahrhundert. Memoria – Repräsentation – Denkmalpflege, 2008, 93–144, hier 95; anders J. BIRKENMEIER, Luthers Land. Eine Zeitreise nach Sachsen-Anhalt und Thüringen, ²2016, 55: Barthel Drachstädt sei Besitzer des Hauses Markt 56, Dr. Philipp Drachstädt sei dessen Neffe und Besitzer des Hauses am Andreaskirchplatz gewesen). Im Hause Markt 56 fanden auch die Schlichtungsverhandlungen Luthers im Erbstreit der Mansfelder Grafen statt (vgl. STEFFENS, Luthergedenkstätten, 95).

Das Haus war 1506 von dem wohlhabenden Hüttenmeister Thilo Rinck, dem Schwiegervater von Dr. Philipp Drachstädt, gebaut worden und wurde 1563 nach der Erbteilung von Mansfeld-Vorderort an Graf Johann-Georg I. verkauft (verallgemeinernd: ebd.; DERS., Luthersterbehaus, 342: »Mansfelder Grafen«), der sich in kurfürstlichen Diensten in Dresden befand und 1563 Graf von Mansfeld-Eisleben wurde. Er ließ bis 1570 das Haus neu aufbauen. Es befand sich an exponierter Stelle am Markt und zeugt von dem Repräsentationsbedürfnis gerade in der Zeit der Sequestration von Mansfeld-Vorderort. In diesem Hause fand Gräfin Dorothea ein Domizil, wenn sie im hohen Alter von über 77 Jahren den Abendmahls-Gottesdienst in der benachbarten St. Andreas-Kirche besuchte. Hier befinden sich denn auch die Epitaphien von Ernst II. und Dorothea (s. *Abb. 3*). Bruno wurde mit der Erbteilung von 1563 Graf von Mansfeld-Bornstedt. Albrecht IV. (VII.), dem Eisleben den durchaus eigenmächtigen Bau der Neustadt für Bergleute, dort auch des Augustiner-Klosters, später Schule, sowie der St. Annen-Kirche verdankt, wurde in der St. Annen-Kirche beigesetzt. Er verstarb 1560 und kommt daher für den Erwerb des Hauses Markt 56 im Jahre 1563 nicht in Frage (gegen: https://de.wikipedia.org/wiki/Albrecht_VII._von_Mansfeld). Das Haus Markt 58 wurde noch weiter von der Linie Mansfeld-Hinterort bis zu deren Aussterben im 17. Jahrhundert genutzt (vgl. STAHL, Eisleben, 973).

108 Vgl. SPANGENBERG, Mansfeld (s. Anm. 25), 451b.
109 Vgl. SEIDEL, Ausschnitt (s. Anm. 66).
110 Zu Dorothea von Mansfelds Interesse an den medizinischen und pharmazeutischen Kenntnissen des Juden Hirsch s. oben Anm. 86.

der Niclasgasse[111] nördlich des Marktes, während der Judenhof sich südlich davon befand. Juden wohnten aber wohl über die ganze Stadt verstreut.[112] 1548 ist von einem Feuer »in der Juden Wohnungen« die Rede, dessen Folgen aber ohne großes öffentliches Aufheben abgemildert werden konnten.[113]

Nicht mit Dorotheas Tod im Jahre 1578,[114] sondern mit der Aufhebung der durchaus umstrittenen Reichsunmittelbarkeit[115] für alle drei Mansfelder Linien dürfte dem Schutz der Mansfelder Juden die Grundlage entzogen gewesen sein. Nach ihrem Tode hätte ihr Sohn Johann Georg noch kurz die judenfreundliche Politik Dorotheas fortsetzen können. Doch bleiben hier Unsicherheiten.

V Dorothea von Mansfeld-Vorderort und Martin Luther

Es ist das Verdienst der Medizin-Geschichte des 20. Jahrhunderts, auf die Beziehungen zwischen Dorothea von Mansfeld-Vorderort und Martin Luther hingewiesen zu haben.[116]

Längst bevor Dorothea von Solms-Lich Ernst II. von Mansfeld-Vorderort heiratete, gab es Berührungspunkte zwischen dem Grafenhaus Solms-Lich und dem Wirkungskreis Martin Luthers. Das betrifft schon die Zeit des ersten Wirkens Luthers in Wittenberg, wo er am 19. Oktober 1512 promoviert worden war; denn »wohl von 1506 bis 1514«[117] war ihr Vater, Philipp von

111 Vgl. SEIDEL, Ausschnitt (s. Anm. 66).

112 Vgl. ebd.

113 Ebd.

114 Gegen SEIDEL, Gemeinde (s. Anm. 102), der mit dieser Datierung eine Beziehung zwischen der Ansässigkeit von Juden in Eisleben und Dorotheas Lebensgeschichte von der Wiege bis zur Bahre konstruieren zu wollen scheint.

115 Vgl. dazu die Klarstellungen durch U. SCHIRMER, Die Lehensbeziehungen der Grafen von Mansfeld (1215–1539/40) (in: KOHNLE / BRÄUER [Hg.], Von Grafen und Predigern [s. Anm. 64], 13–44), 37–42.

116 VÖTSCH, Dorothea (s. Anm. 2), erwähnt Luther nicht – ein Zeichen dafür, dass Kirchengeschichte und Pharmaziegeschichte hier getrennte Wege gehen.

117 F. RUDOLPH, Philipp von Solms-Lich, Graf, * 15. August 1468 in Lich, † 3. Oktober 1544 in Frankfurt (BBKL 28, 2007, 1259–1263), 1259. Er hatte sich 1520 bei Franz von Sickingen für Luther eingesetzt. Als Luther sich auf dem Heimweg vom Reichstag in Worms befand, bot Philipp ihm für eine Nacht sicheres Quartier in Lich an.

Solms-Lich, kurfürstlicher Rat bei Friedrich dem Weisen, und 1521 soll Philipp Luther auf der Rückreise vom Reichstag zu Worms Nachtquartier in Lich angeboten haben.[118]

Wie Friedrich der Weise blieb Philipp bis kurz vor seinem Tode altgläubig, um dann auf dem Sterbebett das Abendmahl in beiderlei Gestalt zu nehmen. Auch Dorothea entschied sich erst im Jahre 1540 dazu, sich zusammen mit Philipp II. (1502–1546), dem ältesten Sohn aus erster Ehe Ernsts II., sowie ihren vier Söhnen Johann Georg I. (1515–1579), Johann Albrecht VI. (1522–1586), Johann Hoyer II. (1525–1585) und Johann Ernst I. (1530–1572),[119] offen zum lutherischen Glauben zu bekennen.[120] Das bedeutete allerdings nicht, dass sie jetzt konfessionell zwischen Katholiken und Protestanten Stellung bezog. Sie blieb auch den beiden katholisch gebliebenen Söhnen Peter Ernst I., seit 1572 Statthalter der Niederlande, und Johann Gebhard, dem Erzbischof und Kurfürst von Köln, verbunden und besuchte Letzteren auf Schloss Brühl.[121]

118 Vgl. ebd.
119 Vgl. D. Schwennicke, Europäische Stammtafeln. Neue Folge, Bd. 19, Tafel 86, 2000.
120 C. Krumhaar, Versuch einer Geschichte von Schloß und Stadt Mansfeld, 1869, 10. Rankin, Daughters (s. Anm. 1), 119, verzichtet auf die Annahme einer Konversion. Peter Ernst I. (1517–1604) und Johann Gebhard blieben berufsbedingt katholisch. Früh verstorben waren die Söhne Johann Hoyer I. († ca. 1521) und Johann Ulrich I. (im Alter von fünf Jahren). Von ihren vier leiblichen Söhnen war zu diesem Zeitpunkt nur Johann Georg volljährig.
121 Vgl. Rankin, Daughters (s. Anm. 1), 120. Danach verbrachte Dorothea den größten Teil des Jahres 1562 auf Schloss Brühl. Johann Gebhard starb am 2. November 1562. W. Eichelmann, Die rheinischen Münzvereine 1383–1583, ²2017, 123 verlegt den Tod des Erzbischofs nach Frankfurt/M. Dort habe er noch Maximilian II. zum Kaiser gekrönt. Mit Recht geht aber M. Bock, Johann Gebhard von Mansfeld (http://www. rheinische-geschichte.lvr.de/Persoenlichkeiten/johann-gebhard-von-mansfeld/DE-2086/lido/57c92e28020d95.15751217) (Stand 23.7.2020) von Schloss Brühl als Sterbeort aus. Wegen Johann Gebhards Krankheit konnte die Kaiserkrönung erst am 26. November 1562 in Frankfurt stattfinden, und zwar durch den Mainzer Erzbischof, da der Kölner Nachfolger für Johann Gebhard noch nicht geweiht war (https://de.wikipedia. org/wiki/Kr%C3%B6nung_der_r%C3%B6misch-deutschen_K%C3%B6nige_und_ Kaiser#Entwicklungen_im_15._und_16._Jahrhundert) (Stand 23.7.2020). Johann Gebhards Mutter überlebte ihren Sohn um mehr als 15 Jahre.

Martin Luther wurde in seiner Krankheit Nutznießer der pharmazeutischen Tätigkeit Dorotheas.[122] Im August und September 1543 schrieb Dorothea dem Reformator zwei Briefe[123] mit einer Schilderung seines von ihr wahrgenommenen Krankheitsbefundes und der von ihr für richtig gehaltenen Therapie. Luthers Zwischenantwort ist leider bei einem Brand des Mansfelder Archivs im 19. Jahrhundert verloren gegangen. Die Tatsache, dass Dorothea in kurzem Abstand zwei Briefe schrieb, zeigt, wie sehr sie sich in Luthers Krankheitszustand einzufühlen versuchte. Sie hatte ihre Informationen von Johann Vlia, einem Diener ihrer Kinder, erhalten. Er war in Wittenberg gewesen und hatte Luther besucht. Luther war wohl zur Entlastung von seinen Kopfschmerzen eine Öffnung ins Bein gelegt worden. Vlia berichtete davon Gräfin Dorothea. Sie zeigte sich skeptisch gegenüber dieser Behandlungsmethode. Sie sei zwar wohlgemeint gewesen, Luther solle aber die Wunde in Ruhe heilen lassen, es sei denn, dass die Wunde schon seit längerer Zeit bestehe. Johann (Vlia) habe ihr auch von Luthers Schwindelanfällen berichtet. Obwohl Dorothea als Ursache mangelnde Bewegung diagnostiziert, schickt sie ein »gleslein« (Fläschchen) mit der Aufschrift »vor schwindel« sowie ein Niespulver mit. So könne ein Schlaganfall verhindert werden. Dorothea hatte »grosse und vielle erfarunge«, führte diese aber auf Gott zurück. Außerdem schickt sie »czu stirgkunge des leibes je eine Flasche gelben und weißen Aquavit mit – als Notfallmedizin es sey in tottes notten aber sonst«[124] – die hessische Mundart klingt durch. Sie bat Luther, ihrer im Gebet zu Gott zu gedenken.

Der zweite, wesentlich kürzere Brief antwortet auf Luthers Brief. Dorothea erwartete von Luther nähere Informationen über die Lage seiner Schmerzen. Auch habe er ihr von seinem (Nieren)Stein-Leiden geschrieben. Sie hoffe, ihm auch bei diesem Leiden mit Gottes Hilfe zu helfen. Eine Fortsetzung des Briefwechsels ist nicht belegt. Die genannte Medizin musste wohl erst ihre Wirkung zeitigen. Zu einer Begegnung zwischen Luther und

---

122 Vgl. H.-J. NEUMANN, Luthers Leiden. Die Krankheitsgeschichte des Reformators, ²2016, 134.

123 Dorothea, Gräfin von Mansfeld, an Luther, Mansfeld, 26.8.1543 (WAB 10; 373f, Nr. 3905); Dorothea, Gräfin von Mansfeld, an Luther, [Mansfeld,] 14.9.1543 (WAB 10; 396, Nr. 3913).

124 J. VOIGT, Zur Lebensgeschichte (s. Anm. 36).

Dorothea scheint es nicht gekommen zu sein. Luther trieb weiterhin mit seinem Körper Raubbau.

Zwei Jahre und fünf Monate nach dem zweiten Brief Dorotheas starb Luther. Elf Tage vor seinem Tode war die Achtung Dorotheas als »der Juden Schutzerin« ihm noch Anlass, davon seiner Frau Katharina zu schreiben.

[Dorothea war nicht die Einzige, die sich um Luthers Gesundheitszustand kümmerte: »Nach zweijährigem Intervall machte sich im Juli dieses Jahres erneut ein Steinleiden bemerkbar und führte am 27. August 1543 zu einer schweren Steinkolik. [...] Vergeblich mühten sich die zugezogenen Ärzte mit den Mitteln der damaligen Schulmedizin um Hilfe für den prominenten Patienten, und ebenso versagten die Hausmittel der in der Volksmedizin bewanderten Hausfrau Luthers. Nachrichten vom schlechten Gesundheitszustand Luthers scheinen sich rasch in ganz Deutschland verbreitet zu haben, [...].«[125] Medikamente kamen von Herzog Albrecht von Preußen, dem Nürnberger Stadtarzt Dr. Johannes Magenbuch und dessen Apotheker Johannes Kölderninus, Rezepte von Dorothea.[126] So ist es nicht verwunderlich, wenn auch jüdische Mediziner[127] die Nähe Luthers suchten, aber: »Er (Luther) und seine Frau Katharina von Bora verdächtigten jüdische Mediziner, ihn ermorden zu wollen.«[128] Dorothea findet nach 1543 nicht mehr als Luthers Apothekerin Erwähnung.]

Dorothea sollte den Reformator um 32 Jahre überleben. Ihr lutherischer Glaube fand auch literarische Gestalt. Aus der Zeit bald nach dem Tode Luthers ist ein Lutherisches Gebetbuch Dorotheas überliefert *(Abb. 7)*.[129] Sie las täglich im Psalter.[130]

125 ASSION, Gräfin (s. Anm. 1), 162.
126 Vgl. aaO., 162f.
127 Vgl. dazu Cod. Pal. germ. 830, Medizinische Rezeptsammlungen und Rechnungsbücher (https://digi.ub.uni-heidelberg.de/diglit/cpg830), Tl. 1, 2ʳ–51ʳ: »Der Jude, Medizinische Rezeptsammlung.« (Stand 23.7.2020).
128 https://de.wikipedia.org/wiki/Martin_Luther_und_die_Juden#cite_note-6 (Stand 23.7. 2020). Vgl. auch KAUFMANN, Judenschriften (s. Anm. 68), 9f.156–158.
129 Vgl. http://www.handschriftencensus.de/23225 (Stand 23.7.2020). A.M.W. As-Vijvers, Tuliba Collection. Catalogue of Manuscripts and Miniatures from the Fifteenth and Sixteenth Centuries, 2014, 324–337 (Nr. 32). Titel: Die Speisung der 5000 – entsprechend der kostenlosen Versorgung der Armen durch Dorothea.
130 Vgl. S. BRÄUER, »Wie man über die Verstorbenen in Christo trauern und sich wiederum trösten soll«. Die Leichenpredigten von Michael Coelius auf Mitglieder des Grafenhauses Mansfeld (in: KOHNLE / BRÄUER [Hg.], Von Grafen und Predigern [s. Anm. 64], 197–227), 200.

Unser teglich brot gib uns heut ..
himlischer Vater, erwecke in uns durch
einen heyligen Gast einen wahren

hunger nach einer Götlichen Gerechtigkeit, gibe uns unser leibblichs
eigens brot, das überwesentlich wirt.

Abb. 7: Die Speisung der 5000. Gebetbuch
der Gräfin Dorothea von Mansfeld, 1551,
mit Bildern von Sebald Beham/Sebastian
Glockendon, Mettingen, Draiflessen Collection (Tuliba), Inv.-Nr. Ms. 19, © Christie's
Images Ltd/ARTOTHEK, Bild Nr. 44814.

Dorothea wurde in diesen Jahren in den Streit zwischen »Gnesiolutheranern« und »Akzidenzern« hineingezogen, als Stadtpfarrer Michael Coelius, ein Gnesiolutheraner,[131] ihr 1565 die zweite, in Straßburg gedruckte
Auflage einer Auslegung des 103. Psalms widmete, die 1549 in erster Auflage in Erfurt[132] im Druck erschienen war. Die einen betrachteten die Erbsünde als zur Natur des Menschen gehörig (»Substanzer«), die anderen als
etwas zum Menschen Hinzukommendes (»Akzidenzer«).[133] Mencelius

131 S. unten Anm. 133f.
132 MICHAEL COELIUS, Der Hundert und dritte Psalm: Welcher leret wie man Gott dancken
   sol für die Vergebung der Sünde Aufferstehung des Fleisches und das Ewige leben, 1549.
133 RANKIN, Daughters (s. Anm. 1), 120. MENCELIUS, Predigten (s. Anm. 8), F 2ᵛ–F 3ʳ, spricht
   ohne Namensnennung die aus seiner Sicht falsche Lehre von der Erbsünde durch die

behauptete nicht ohne Grund, Dorothea habe die Lehre der von ihm als Manicheer bezeichneten Gnesiolutheraner »weder billichen / noch loben können, ja, sie verhönet / schimpfflich gehalten / vnd verachtet.«[134] Diese Beurteilung steht in Spannung zu Dorotheas konfessioneller Ausgeglichenheit in den früheren Jahren.[135] Ist Dorothea im Laufe ihres Lebens parteiischer geworden? Ausführlich beschreibt der US-Amerikaner Robert J. Christman die Auseinanderentwicklung zwischen den Gnesiolutheranern im »Thal« Mansfeld und den Akzidenzern in Eisleben.[136] Dorothea nahm am Abendmahl in Eisleben und nicht mehr in Mansfeld teil und bezog damit klar Position, der sich auch ihr Sohn Johann Georg anschloss.[137] Spangenberg schloss sie daher von der Übernahme des Patenamts in seinem

»Gnesiolutheraner« (»Flacianer«) an, während SPANGENBERG, Mansfeld (s. Anm. 25), 56, sich auf den Lobpreis des »weit und breit« bekannten Gartens (dieser enthielt nicht nur Kräuter, sondern auch »allerlei fruchtbare Bäume«), die Apotheke und andere Gebäude beschränkt, ohne hier ein theologisches Urteil abzugeben; vgl. dazu auch RANKIN, Daughters (s. Anm. 1), 96. Spangenberg war »Gnesiolutheraner«, vgl. dazu S. BRÄUER, Cyriakus Spangenberg als mansfeldisch-sächsischer Reformationshistoriker (in: Reformatoren im Mansfelder Land. Erasmus Sarcerius und Cyriacus Spangenberg [Schriften der Stiftung Luthergedenkstätten 4], hg. v. ST. RHEIN / G. WARTENBERG, 2006, 171–189). Zum Ganzen vgl. das Projekt »Controversia et Confessio« unter Federführung von I. DINGEL (http://www.controversia-et-confessio.de/cc-digital/personen/register/eintraege/a/akzidenzer.html) (Stand 23.7.2020).

134 MENCELIUS, Predigten (s. Anm. 8), C 3[r et v]. Mencelius weiß auch, dass Spangenberg Dorothea wegen ihrer Ansicht und ihres Verhaltens, nicht am Abendmahl in Mansfeld, sondern in Eisleben teilzunehmen, vom Patenamt ausgeschlossen habe, ja, Dorothea sei damit als »Unchristin verurteilt und verdampt« worden (aaO., C 3[v]). Indem Mencelius Dorothea eine Ausführung zur falschen Lehre der Manichäer in den Mund legt (vgl. aaO., F 3[v]–F 4[r]), rundet er ihr theologisches Bild ab. Vgl. dazu ausführlich R.J. CHRISTMAN, Doctrinal Controversy and Lay Religiosity in Late Reformation Germany. The Case of Mansfeld (SMRT 157, 2012, 174f). Ihre Freundin Anna von Sachsen bekannte sich zu der Lehre der Gnesiolutheraner (https://de.wikipedia.org/wiki/Anna_von_D%C3%A4nemark_(1532%E2%80%931585)) (Stand 23.7.2020). MENCELIUS hatte seine »Weihnacht Predigte / Von der Geburt und waren Menschwerdung unsers lieben Herrn Jhesu Christi. Wider die neue Schwermerey Illyrici und seines Manicheischen Anhanges die da vertheidigen / Christum assumpsisse carnem alterius speciei &c, 1575«, Johann Georg I. von Mansfeld gewidmet.

135 S. oben Anm. 121.

136 Vgl. CHRISTMAN, Controversy (s. Anm. 134), 174f.

137 Vgl. ebd.

Wirkungsbereich aus.[138] Im Jahre 1572 hatte eine Disputation zum Thema in Eisleben stattgefunden. Auch die übrigen Lebensjahre Dorotheas waren von diesen Auseinandersetzungen geprägt.[139] Dass Dorothea sowohl von den Gnesiolutheranern als auch deren Gegnern theologisch in Anspruch genommen wurde, zeigt, welches Gewicht man ihr auch in diesen Fragen beimaß.

Dorothea stand Luther auch nahe in ihrer Beurteilung Albrechts IV. (VII.). Die endgültige Zerrüttung des beiderseitigen Verhältnisses dokumentiert Luthers abschließendes Urteil: »Dieser graffe hat sich an Gott versundiget sua sapientia, arrogantia et avaritia, [...]. Was ihm wiederfuhr, ist daher nur gerecht.«[140] Gemeint ist die kurzzeitige Inhaftierung Albrechts durch Moritz von Sachsen 1543/44, nachdem Albrecht auch die Herrschaft über Mansfeld-Mittelort auszuüben begonnen hatte.[141]

In den komplizierten Erbstreitigkeiten richtete Luther 1545 einen weiteren Brief an die Grafen Philipp II.[142] und Johann Georg I., die an dem Feldzug gegen Heinrich von Braunschweig teilnahmen, mit der Bitte, in die Schlichtung einzuwilligen, und bot sich selbst als Vermittler an.[143] In diesem Brief wird auch deren »Mutter«, eben Dorothea von Mansfeld, erwähnt. Sie habe ebenso wie Graf Albrecht und »beyderseits Herrschaften, beyde herren und frewlin« Willen zur Einigung erkennen lassen.[144]

138 Vgl. MENCELIUS, Predigten (s. Anm. 8), C 3^r et v.
139 Vgl. KRUMHAAR, Versuch (s. Anm. 120), 13f. Zur Disputation (»Colloquium Islebiense«) vgl. GRÖSSLER / SOMMER (Hg.), Chronicon Islebiense (s. Anm. 9), 41.
140 WAT 5; 500,36–501,5, Nr. 6127, bes. 501,2. Dies schloss nicht aus, dass Albrecht bei der Schlichtung der Erbstreitigkeiten unter den Grafen von Mansfeld Verhandlungspartner Luthers wurde. Aber Albrecht war nur ein Verhandlungspartner neben Dorothea und ihren beiden Söhnen Philipp II. und Johann Georg I, und Luther hatte als Verwandter enteigneter Hüttenmeister über die Aufgabe des Schlichtens hinaus seine eigenen Interessen. Er war nicht unbefangen.
141 Vgl. VÖTSCH, Albrecht (s. Anm. 20).
142 Philipp II. starb schon am 9. Juni 1546; Nachfolger wurden seine Söhne Hugo und Bruno I. (II.), ab 1558 nur noch Bruno, der 1563 als der eigentliche Gründer der Bornstedter Linie galt.
143 Vgl. Luther an die Grafen Philipp und Johann Georg von Mansfeld, 7. 10. 1545 (WAB 11; 189,15–190,30, Nr. 4157); A. SAMES, Luthers Beziehungen (s. Anm. 25), 597.937 (Dorothea findet in diesem Werk keine Erwähnung).
144 WAB 11; 189f.

Dorothea scheint sich 1560 anlässlich des Todes Albrechts dessen negativer Beurteilung durch Luther anzuschließen und sie zu verschärfen: »[...] aber er wirtt von keinem Menschen geklaget sintt alle frohe das er hinwegk ist gott wollt sin sele trosten.«[145] Dabei ist Albrechts Rolle ebenso wie diejenige Luthers schillernd: Luther war es nicht gelungen, Albrecht 1546 zu einer sofortigen Vertreibung oder »Preisgabe« der Juden aus seiner Grafschaft zu bewegen, wie auch Albrechts Maßnahmen gegen den Juden Hirsch und die anschließende Wiedergutmachung im Jahre 1547 zeigen.[146] Die Verwerfungen zwischen Luther und Albrecht führten nicht zum totalen Bruch zwischen beiden.[147] Albrecht und seine Frau, im Nachbarhaus Markt 58 wohnend, waren bei Luthers Tod anwesend.

Es gibt bislang keinen Beleg für ein persönliches Treffen Dorotheas mit Luther. Man kommunizierte brieflich miteinander oder durch Boten. Aber Dorothea blieb noch elf Tage vor seinem Tode in Luthers Erinnerung. Die Verwerfungen zwischen Albrecht und Dorothea, aber auch zwischen Luther und Dorothea, aber auch der Weg von etwa zehn Kilometern zwischen Schloss Mansfeld und Eisleben dürften erklären, weswegen nicht auch Dorothea in seiner letzten Lebensphase zu ihm gerufen wurde, es war vielmehr Anna, die Ehefrau Albrechts, die in der Todesstunde des Reformators mit Heilkräutern zu Luther eilte.[148] Dorotheas große Zeit als Apothekerin stand aber noch bevor.

Nicht Luther und auch nicht Albrecht IV. (VII.) hatten die Vertreibung der Juden aus Mansfeld durchsetzen können; vielmehr hatten Dorothea und ihre Söhne sie verhindert – wenigstens für die Zeit bis etwa 1580.

---

145 RANKIN, Daughters (s. Anm. 1), 229, zu Anm. 20.
146 S. oben Anm. 106.
147 Vgl. https://www.luther-erleben.de/en/luther-was-here/ort/mansfeld-schloss-mansfeld-und-schlosskirche/ (Stand 23.7.2020): »Martin Luther diente Graf Albrecht als Gutachter in theologischen und gesellschaftlichen Fragen. Er war mehrfach Gast auf Schloss Mansfeld, zuletzt vom 3. bis 11. Oktober und vom 24. bis 26. Dezember 1545.«
148 Vgl. A. KOHNLE, Einleitung: Luthers Tod. Ereignis und Wirkung (in: DERS. [Hg.], Luthers Tod [s. Anm. 107], 15–31), 19.

VI Resümee

Luthers Zweifel an der Achtung der Gräfin Dorothea von Mansfeld-Vorderort als »der Juden Schutzerin« konnten zerstreut werden. Nicht erst in der Zeit ihrer Regentschaft,[149] sondern schon während der Regentschaft ihres Ehemannes Ernst II. wurden wahrscheinlich schon ab 1493 Magdeburger Juden, vor allem wohl aus Halle, in der reichsunmittelbaren Grafschaft Mansfeld angesiedelt. Ernst II. hatte 1531 kurz vor seinem Tode zusammen mit seinem Bruder Hoyer IV. (VI.) dem Juden Hirsch ein stattliches Haus gegenüber dem Eisleber Schloss verliehen. Möglicherweise betrieb schon ihr Vater Albrecht III. (um 1450–1484) eine judenfreundliche Politik. Juden stellten nicht nur Kredite für den Mansfelder Kupferschiefer-Bergbau und dessen Verhüttung zur Verfügung, sondern Hirsch hatte auch pharmazeutisch-medizinische Kenntnisse, die er Gräfin Dorothea vermittelte. Während Luther und seine Ehefrau Katharina von der Angst besessen waren, jüdische Ärzte könnten den Reformator vergiften, teilte Dorothea offenbar diese Befürchtungen nicht. Gleichwohl kam es zu einem Briefwechsel zwischen Dorothea und Luther über den einzuschlagenden Behandlungsweg und später zu der von diesem an seine Ehefrau Katharina gerichteten Frage, ob es »war sey«, dass Dorothea als »der Juden Schutzerin« »geachtet«[150] werde.

Gräfin Dorothea stand in ihrer Judenfreundlichkeit nicht nur in einer Linie mit ihrem Ehemann Ernst und ihrem Schwager Hoyer, sondern auch ihre Söhne »verehrten« die Juden.

[Die differenzierte Wahrnehmung der drei Linien der Mansfelder Grafen benennt mit Dorothea von Mansfeld-Vorderort und ihren beiden Söhnen drei weitere Beteiligte an der Schlichtung der Mansfelder Erbstreitigkeiten über Albrecht IV. (VII.) hinaus.[151]]

---

149 Die Tatsache, dass sie just im Jahre 1493 geboren war (Germania Judaica III/2, 778; III/3, 1955 [https://en.wikipedia.org/wiki/Dorothea_of_Mansfeld] [Stand 23.7.2020]), hat zu der Mythenbildung geführt, dass Dorothea alleiniges Subjekt der Ansiedlung Magdeburger Juden in der Grafschaft Mansfeld gewesen sei.

150 S. oben Anm. 1.

151 So jetzt auch L. BERNDORFF, Ein folgenreicher Erbfall. Martin Luthers Vermächtnis an die Mansfelder Kirche (in: KOHNLE [Hg.], Luthers Tod [s. Anm. 107], 89–101). Von Dorothea von Mansfeld-Vorderort ist in keinem der Aufsätze dieses Bandes die Rede. In Berndorffs

Dorothea von Mansfeld-Vorderort war diejenige, die ihr Lebenswerk ausgerichtet hat auf die pharmazeutische Armenfürsorge. Ihr Widerpart Albrecht IV. (VII.) hingegen hatte schon sehr früh (1525) eine lutherische Schule in Eisleben gegründet.[152] Die Verabschiedung einer Schule und Gottesdienst umfassenden Kirchenordnung gehört zu den Hinterlassenschaften Luthers kurz vor seinem Tode.[153] Wenn in ihr aber im Unterschied zu Bugenhagens Kirchenordnungen Ausführungen zur Armenfürsorge fehlen,[154] so hat Gräfin Dorothea von Mansfeld-Vorderort nachhaltig zur Stärkung der Armenfürsorge beigetragen. Indem sie angesichts ihres Alters die Versorgung der Armen in die Hände von Pfarrern legte, bettete sie ihr Handeln in die allgemeine Armenfürsorge ein. Dorothea stand Luther in seiner Krankheit durch ihre pharmazeutische Kompetenz nahe, verwirrte ihn aber durch ihre Judenfreundlichkeit.

Aufsatz (aaO., 99) findet allerdings die Gräfin Margareta von Mansfeld-Hinterort, seit 1558 Schwiegertochter Albrechts IV. (VII.), Erwähnung.
152 Vgl. WARTENBERG, Grafschaft Mansfeld (s. Anm. 106), 42.
153 Vgl. BERNDORFF, Prediger (s. Anm. 8).
154 S. AREND, Die Kirchenordnungen der Grafschaft Mansfeld im 16. Jahrhundert (in: KOHNLE / BRÄUER [Hg.], Von Grafen und Predigern [s. Anm. 64], 45–67), 66. Man beachte aber die Bestimmungen über das Spitalwesen, BERNDORFF, Erbfall (s. Anm. 151), 100. Dabei ist nicht übersehen, dass es außerhalb der Grafschaft Mansfeld Kastenordnungen gab, welche die Armenfürsorge regelten. Zu Bugenhagens Kirchenordnungen vgl. T. LORENTZEN, Johannes Bugenhagen als Reformator der öffentlichen Fürsorge (SMHR 44), 2008.

Evangelische Erinnerungsorte im atheistischen Staat

Martin Luthers Geburts- und Sterbehaus in Eisleben in der SBZ / DDR[1]

Von Jan Scheunemann

I Luther oder Lenin? Erinnerungskonflikt in lokaler Perspektive

Als Ende Juni 1945 die amerikanischen Truppen gemäß alliierter Verein-
barungen aus Eisleben abzogen, suchte die provisorische kommunistische
Stadtleitung nach einer Möglichkeit, der neuen sowjetischen Besatzungs-
macht einen gebührenden Empfang zu bereiten. Die Gruppe um den Kommu-
nisten Robert Büchner stellte zu diesem Zweck am 2. Juli 1945 an zentraler
Stelle ein Lenindenkmal auf. Die Bronzestatue war im Sommer 1943 nach
Einnahme der russischen Stadt Puschkin von der Deutschen Wehrmacht
als Kriegsbeute demontiert und zur Metallgewinnung in die Krughütte der
Mansfeld AG nach Eisleben gebracht worden. Aufgrund ihrer Größe und
Massivität blieb sie von einem Einschmelzen verschont und überstand die
Kriegszeit unbeschadet. Zum Kriegsende erfuhren Eisleber Kommunisten
von der Existenz des Denkmals. Sie ergriffen die Chance, mit seiner sym-
bolträchtigen Errichtung ihren Widerstand gegen die NS-Diktatur gleichsam zu monumentalisieren. Büchner begann bereits zu diesem Zeitpunkt,
die Legende von dem unter Lebensgefahr von kommunistischen Bergleuten
und sowjetischen Zwangsarbeitern geretteten Lenin zu verbreiten. Das Le-

---

[1] Der Beitrag basiert auf Ergebnissen eines Forschungsprojektes bei der Stiftung Luthergedenkstätten in Sachsen-Anhalt, das mit Unterstützung der Fritz Thyssen Stiftung durchgeführt werden konnte.

196

nindenkmal wurde so zum Kernstück sozialistischer Erinnerungsanstrengungen in der Stadt Eisleben.[2]

Das Lenindenkmal in Eisleben zeigt, wie politische Akteure nicht nur auf Bereiche wie Wirtschaft, Verwaltung, Kultur und Bildung Einfluss nehmen, sondern auch versuchen, die öffentliche Gedenkkultur in ihrem Sinne zu gestalten. Gerade für die mit dem Leben Martin Luthers eng verbundene Stadt Eisleben ergibt sich daraus für die Zeit der Sowjetischen Besatzungszone und der DDR die Frage, in welchen Formen und unter welchen Bedingungen sich die lokale Erinnerung an den Reformator in Konkurrenz zur ›proletarisch-antifaschistischen‹, auf die Tradition des »roten Mansfeld« rekurrierenden Geschichtsnarrative vollzog und welche Konflikte sich durch die Kirchenpolitik des sich offen zum Atheismus bekennenden SED-Staates ergaben. Die beiden Lutherhäuser in Eisleben bieten sich schon deshalb für eine lokalperspektivische Untersuchung an, weil 1.) die städtische Erinnerungskultur viel unmittelbarer vom Lebensalltag der Menschen, von Orts- und Heimatbezügen und viel stärker von Kontinuitäten und Traditionsdenken geprägt wird, als dies auf nationaler Ebene der Fall ist; zudem ergab sich 2.) in Eisleben eine besondere Situation dadurch, dass sich alle drei Museen der Stadt – das Heimatmuseum,[3] Luthers Geburtshaus und Luthers Sterbehaus zwar in städtischem bzw. staatlichem Eigentum befanden, die Stadt aber nur für das Heimatmuseum und das Geburtshaus in-

---

2 Das Lenin-Denkmal von Matwej Genrichowitsch Maniser (1891–1967) wurde 1991 in Eisleben abgebaut und dem Deutschen Historischen Museum in Berlin als Dauerleihgabe zur Verfügung gestellt. Es ist im Foyer des Museums in der Straße Unter den Linden ausgestellt. Zur Geschichte des Denkmals vgl. M. Tullner, Das Lenin-Denkmal von Eisleben und seine Stellung im Traditionsverständnis der DDR (in: Deutsche Erinnerungslandschaften II: »Rotes Mansfeld« – »Grünes Herz« [Beiträge zur Regional- und Landeskultur Sachsen-Anhalts 40], hg. v. J.H. Ulbricht, 2005, 117–137); A. Stedtler, Die Akte Lenin. Eine Rettungsgeschichte mit Haken, 2006.

3 Das Heimatmuseum entstand aus der Sammlung des 1864 gegründeten Vereins für die Geschichte und Altertümer der Grafschaft Mansfeld. Die Sammlung war bis 1894 in den oberen Räumen des Sterbehauses untergebracht. 1911 erhielt der Verein das ehemalige Schulgebäude im Hof des Sterbehauses, in dem er 1913 das Museum eröffnete. 1945 ging das zunächst weiterhin ehrenamtlich betreute Museum in die Trägerschaft der Stadt über. Vgl. M. Ebruy / H. Lohmeier, 80 Jahre Heimatmuseum (Neue Mansfelder Heimatblätter 3, 1993, 6–10).

haltliche Gestaltungsrechte geltend machen konnte, während die evangelische Kirchengemeinde St. Andreas gemäß eines 1868 mit dem Magistrat der Stadt ausgehandelten Statutes ihre Zuständigkeit für das Sterbehaus beanspruchte; schließlich enthalten 3.) die für diesen Aufsatz benutzten Bestände im Archiv der Stiftung Luthergedenkstätten in Sachsen-Anhalt in Eisleben (Archiv StLu Eisleben), im Stadtarchiv Eisleben (StA Eisleben), im Kreisarchiv Mansfeld-Südharz in Sangerhausen (KrArch Mansfeld-Südharz), im Landesarchiv Sachsen-Anhalt, Abt. Magdeburg und Merseburg (LASA), im Bundesarchiv Berlin (BArch Berlin) sowie in der Stiftung Archiv der Parteien und Massenorganisationen der DDR im Bundesarchiv Berlin (SAPMO-BArch), im Evangelischen Zentralarchiv Berlin (EZA), im Archiv der Evangelischen Kirche in Mitteldeutschland in Magdeburg (Landeskirchenarchiv Magdeburg), im Archiv der Evangelischen Kirchengemeinde St. Andreas-Nicolai-Petri in Eisleben (Kirchenarchiv Eisleben) und beim Bundesbeauftragten für die Unterlagen des Staatssicherheitsdienstes in der ehemaligen DDR (BStU) eine dichte und für die skizzierte Fragestellung äußerst ergiebige Quellenüberlieferung.

II »Das Andenken Dr. Martin Luthers ist in seiner Geburts- und Sterbestadt nie erloschen«[4] – Eisleber Lutherhäuser vor und nach 1945

Die Eisleber Lutherhäuser zählen neben der Lutherstube auf der Wartburg und dem Lutherhaus in Wittenberg zu den bekanntesten protestantischen Erinnerungsorten; sie gelten darüber hinaus als älteste Personengedenkstätten Deutschlands.[5] Die bereits im 16. Jahrhundert einsetzende Musealisierung der beiden Lutherhäuser hat ein ebenso breites wissenschaftliches Interesse auf sich gezogen wie die im Zeichen preußischer Lutherverehrung erfolgte denkmalpflegerische Rekonstruktion und innere Umgestal-

---

4 C. RÜHLEMANN, Luthers Geburtshaus bis zum Reformationsjubeljahre 1917. Ein Beitrag zur Erinnerung an die Eröffnung des Luthermuseums am 10. November 1917, ²1930, 5.
5 Vgl. S. RHEIN, Am Anfang war Luther. Die Personengedenkstätten und ihre protestantische Genealogie. Ein Zwischenruf (in: Häuser der Erinnerung. Zur Geschichte der Personengedenkstätte in Deutschland [Schriften der Stiftung Luthergedenkstätten in Sachsen-Anhalt 18], hg. v. A. BOHNENKAMP u.a., 2015, 59–70).

tung im späten 19. und frühen 20. Jahrhundert.[6] Demgegenüber liegt die Museumsgeschichte nach der Epochenzäsur des Jahres 1945 weitestgehend im Dunklen, wobei zunächst festzustellen ist, dass beide Museen auch während des Zweiten Weltkrieges durchgehend geöffnet blieben. Der Zustrom an Besuchern war zwar in den Kriegsjahren »nicht so zahlreich wie sonst, aber immerhin beachtlich«, heißt es im Geschäftsbericht für das Jahr 1940: »Insbesondere besuchten die in den hiesigen Reservelazaretten untergebrachten Verwundeten und deren zum Besuch weilenden Angehörigen die Lutherhäuser regelmäßig, auch viele Soldaten der hier einquartierten Truppenteile suchten die Lutherhäuser auf.« In den Jahren 1940 und 1941 lassen sich zahlreiche Neuerwerbungen nachweisen, insbesondere Bücher aus dem 19. Jahrhundert, aber auch lutherzeitliche Drucke. Die wertvollsten Stücke der Sammlungen, wie Urkunden, Handschriften, Gemälde und Münzen, wurden 1942 aus der Stadt gebracht, um sie vor möglichen Luftangriffen zu schützen. Diese Entnahmen veränderten die musealen Inszenierungen jedoch kaum, denn zentrale Ausstellungsstücke wie das in Luthers vermeintlichem Sterbezimmer gezeigte Gemälde »Luthers letztes Bekenntnis« von William Pape aus dem Jahr 1905 waren auch weiterhin zu sehen und wurden »von den Besuchern stark beachtet«.[7] Größere Kriegschäden an den Museumsgebäuden blieben aus, allerdings war Eisleben im April 1945 vor dem Einmarsch amerikanischer Truppen beschossen worden. Ein Granateneinschlag im Hof des Sterbehauses hatte durch Splitter und Luft-

---

6 Vgl. M. STEFFENS, Die Gestaltung und Musealisierung der Eisleber Lutherhäuser im 19. Jahrhundert (in: Preußische Lutherverehrung im Mansfelder Land [Kataloge der Stiftung Luthergedenkstätten in Sachsen-Anhalt 8], hg. v. R. KNAPE / M. TREU, in Zusammenarbeit mit M. STEFFENS, 2002, 55–93); DERS., Luthergedenkstätten im 19. Jahrhundert. Memoria – Repräsentation – Denkmalpflege, 2008; DERS., Das Luthersterbehaus. Die älteste und zugleich jüngste Gedenkstätte des Reformators (in: Luthers Tod. Ereignis und Wirkung [Schriften der Stiftung Luthergedenkstätten in Sachsen-Anhalt 23], hg. v. A. KOHNLE, 2019, 341–359); CH. MATTHES, Die archäologische Entdeckung des originalen Luther-Geburtshauses (in: Martin Luther und Eisleben [Schriften der Stiftung Luthergedenkstätten in Sachsen-Anhalt 8], hg. v. R. KNAPE, 2007, 73–86); A. NESER, Luthers Geburtshaus in Eisleben. Ursprünge, Wandlungen, Resultate (in: aaO., 87–119).
7 Geschäftsbericht über die Lutherhäuser, die städtischen Museen, das Archiv des Altertumsvereins und des Stadtarchivs für die Rechnungsjahre 1940, 1941 und 1942 (StA Eisleben, D XVI 31).

druck das Dach und die Fensterscheiben in Mitleidenschaft gezogen. Verluste am Sammlungsbestand traten dadurch aber nicht ein.[8]

Die kurze Periode der amerikanischen Besatzungszeit von Mitte April bis Ende Juni 1945 ist in den Quellen kaum fassbar, sieht man einmal von der Information ab, dass amerikanische Soldaten reges Interesse an den Lutherhäusern zeigten und wiederholt Gruppen oder Einzelpersonen des Militärs an Führungen teilnahmen. Die ausgelagerten Museumsstücke kehrten nach dem Ende des Krieges rasch an ihre angestammten Plätze zurück und schon im Mai 1945 stiegen die Besucherzahlen in den Lutherhäusern wieder an. Mit dem Anfang Juli 1945 vollzogenen Besatzungswechsel änderte sich die politische Situation in Eisleben zwar grundlegend, die Lutherhäuser blieben von den neuen Verhältnissen zunächst aber unberührt. Allerdings musste nun eine Genehmigung der lokalen Sowjetischen Militäradministration zur Eröffnung bzw. Weiterführung des Museumsbetriebes eingeholt werden. Grundlage hierfür bildete der am 2. Oktober 1945 von der SMAD erlassene Befehl Nr. 85 über die Wiedereröffnung der Museen, der eine sofortige politische Überprüfung der Museumsmitarbeiter vorschrieb und die Beseitigung aller aus der NS-Zeit herrührenden völkischen, rassistischen und antisemitischen Inhalte aus den Ausstellungen verfügte.[9]

Die beiden Lutherhäuser standen damals unter ehrenamtlicher Betreuung des pensionierten und sich um die Eisleber Stadtgeschichtsschreibung verdient gemachten Konrektors Carl Rühlemann.[10] Nach dessen Auskunft waren die Eisleber Museen nicht für propagandistische Zwecke im Sinne der nationalsozialistischen Ideologie missbraucht worden. Auch in den Führungen, so hielt es ein im Oktober 1945 verfasster Bericht fest, wurden keine diesbezüglichen Themen behandelt. Für Rühlemann, der nicht

---

8 Vgl. Schreiben von Carl Rühlemann an den Präsidenten der Provinz Sachsen, Abt. Volksbildung, vom 22.10.1945, betr. Bericht über das Sterbehaus Luthers in Eisleben (StA Eisleben, E XIII D/1).

9 Vgl. Befehl Nr. 85 des Obersten Chefs der SMAD über die Erfassung und den Schutz der Museumswerte und die Wiedereröffnung und Tätigkeit der Museen vom 2.10.1945 (in: Um ein antifaschistisch-demokratisches Deutschland. Dokumente aus den Jahren 1945–1949, 1968, 165–167).

10 Vgl. Bescheinigung des Volksbildungsamtes Eisleben vom 1.10.1945 (StA Eisleben, D XVI 33). Zu Rühlemann vgl. H. LOHMEIER, Carl Rühlemann. Pfleger und Förderer Mansfelder Altertümer (Neue Mansfelder Heimatblätter 3, 1993, 13–16).

Mitglied der NSDAP gewesen war und sich zwischen 1933 und 1945 auch nicht politisch betätigt hatte,[11] bestand die Aufgabe des Geburtshauses seit jeher darin, »dem Andenken Dr. Martin Luthers als größtem Sohne der Stadt Eisleben zu dienen und dessen Persönlichkeit und Bedeutung [...] den Besuchern [...] näher zu bringen«; im Sterbehaus sollte der »Aufenthalt Luthers in Eisleben und sein segenreiches letztes Wirken für das Mansfelder Grafenhaus und sein hier erfolgtes Abscheiden dem Besucher lebendig« gemacht werden.[12]

Da entsprechend dieser Grundsätze inhaltliche Veränderungen zunächst ausgeblieben waren, zeigten sich die Lutherhäuser nach dem Ende des Krieges auch weiterhin im Gewande des späten 19. bzw. frühen 20. Jahrhunderts. Das Sterbehaus präsentierte im Inneren die 1892 von dem Nürnberger Kunstgewerbeprofessor Friedrich Wanderer entworfene Rekonstruktion und »stilgerechte« Möblierung. Zur Besichtung standen zwei Räume offen: das sogenannte Sterbezimmer, in dem sich ein »altes Ruhebett, auf dem der Reformator starb« befand, ferner einige Stühle, ein Ofen, das bereits erwähnte Gemälde von William Pape und zwei Portraits aus der Cranach-Werkstadt, die Luther und seine Frau Katharina zeigten. Das sogenannte Arbeits- und Schlafzimmer beinhaltete einen Arbeitstisch, das Bett Luthers, einen Kleiderschrank, eine Waschtoilette und eine Truhe. Im Korridor fanden die Besucher schließlich das in einer Glasvitrine ausgestellte Bahrtuch, das im Februar 1546 Luthers Sarg bei der Überführung von Eisleben nach Wittenberg bedeckt hatte.[13] Das Geburtshaus bot die von Carl Rühlemann zusammengetragene, erstmals anlässlich des 400. Reformationsjubiläums im Jahr 1917 ausgestellte und auf zwei Etagen verteilte Luthersammlung. Im Erdgeschoss betrat man das »Geburtszimmer« des Reformators, in welchem Tische, Stühle und Cranach-Bilder zu sehen waren; außerdem präsentierte man hier den aus Lindenholz geschnitzten

11 Vgl. Schreiben des Oberbürgermeisters der Stadt Eisleben an den Präsidenten der Provinz Sachsen, Abt. Volksbildung, vom 23.10.1945 (LASA, Abt. Magdeburg, K10, Nr. 6113, Bl. 415).

12 Schreiben von Carl Rühlemann an den Präsidenten der Provinz Sachsen, Abt. Volksbildung, vom 22.10.1945, betr. Bericht über das Luthermuseum zu Eisleben bzw. Bericht über das Sterbehaus Luthers in Eisleben (StA Eisleben, E XIII D/1).

13 Bericht zu Luthers Sterbehaus vom 6.2.1946 (LASA, Abt. Magdeburg, K 10, Nr. 6113, Bl. 493).

und in Silber gefassten Schwan, in dem man Luthers Lesepult zu erkennen glaubte. Im zweiten Raum waren Portraits von Luthers Eltern und Freunden zu sehen, ferner einige Schriften Luthers. Im zweiten Oberschoss betrat man zunächst den »Balkon«, auf dem lebensgroße Portraits der sächsischen Kurfürsten ausgestellt waren; im Korridor war sodann die »Ablasstruhe des Mönchen Tetzel« zu sehen. In den beiden nachfolgenden Zimmern befanden sich Bilder der »Landesväter der Provinz Sachsen« sowie »Sakralgemälde«, bei denen es sich um die im frühen 19. Jahrhundert vom Stadtgottesacker ins Geburtshaus überführten Epitaphe gehandelt haben dürfte. In mehreren Schaukästen konnten Kupferstiche, Bibeln des 15. bis 18. Jahrhunderts sowie Erinnerungsplaketten an die Reformations- und Lutherjubiläen vom 16. bis zum 20. Jahrhundert betrachtet werden.[14]

Zeitgenössischen Beobachtern wie dem Eisleber »Altertums-Architekten« und Denkmalpfleger Georg Kutzke galten die Lutherhäuser als »einmalige und unmittelbare Luthererinnerungen [...] von tiefster bekenntnismäßiger und kulturgeschichtlicher Bedeutung«; ihm war aber gleichfalls bewusst, dass der Anteil originaler Substanz in den Gebäuden denkbar gering war, wenn er im Februar 1946 in einem Vortrag meinte:

> Längst verschwunden freilich ist alles, was beide Häuser einmal an lutherzeitlicher Originalausstattung besessen haben. Das mag bedauerlich erscheinen, praktisch ist es ohne Belang [...], denn man liebt nun einmal zeitgemäße Füllungen, Möbelstücke, Bilder, Hausgerät, die uns gleichsam zu Gedächtnisstützen unserer stilgeschichtlichen Vorstellung werden.[15]

Kutzke wusste, dass Luthers Geburtshaus ein ›Neubau‹ aus dem Jahr 1694 war, den die Stadt auf dem Grundriss des ursprünglichen, im großen Stadtbrand von 1689 aber vollständig zerstörten Originalgebäudes hatte errichten lassen. Dass es sich schließlich auch beim Sterbehaus nicht um das Haus handelte, in welchem Luther am 18. Februar 1546 sein Leben beschloss, war im Vorfeld der Feierlichkeiten zum 500.Geburtstag des Reformators 1983 von Kirchenhistorikern der Martin-Luther-Universität Halle-Witten-

---

14 Bericht zu Luthers Geburtshaus vom 6.2.1946 (aaO., Bl. 479).
15 G. KUTZKE, Original und Phantasie an Luthers Sterbehaus. Vortrag in der Heimatgeschichtlichen Forschungsstelle des Städtischen Volksbildungsamtes der Lutherstadt Eisleben am 27.2.1946 (Sammlung StLu Eisleben, Lu 1287).

berg bereits vermutet worden;[16] erst 2004 konnte es aber überzeugend bewiesen werden.[17] Die Eisleber Lutherhäuser sind deshalb als »Orte inszenierter Authentizität« bezeichnet worden.[18]

III »... ein Urbild von Kraft und Treue ...«[19] – 400. Todestag Luthers 1946 und der Widerstreit der Erinnerung

In der preußischen Provinz Sachsen, in welcher auch Eisleben lag, gehörten 95 % der Bevölkerung der evangelischen Kirche an.[20] Spätestens im 19. Jahrhundert hatten sich in der Stadt verschiedene Formen der kirchlichen und öffentlichen Erinnerung an Luthers Geburts- und Sterbetag etabliert. So begingen etwa die Eisleber Schulen jährlich am 10. November Luthers Geburtstag mit einer Feier, für die die Stadt die »äußeren Voraussetzungen – Verpflichtung einer Musikkapelle, Schmückung der Lutherhäuser und des Lutherdenkmals« schaffte.[21] Auch der 10. November 1945 wurde in diesem Sinne gestaltet. An diesem unterrichtsfreien Tag hielt man zunächst Schulgottesdienste in allen Kirchen der Stadt ab. Um 11 Uhr kamen die Schüler auf dem Marktplatz zusammen, um dort gemeinsam das

16 Vgl. Protokoll über die Zusammenkunft mit Kirchenhistorikern im Büro des Heimatmuseums am 9.10.1981 (Archiv StLu Eisleben, Nr. 14).

17 Vgl. A. STAHL, Zur Authentizität des Luther-Sterbehauses in Eisleben (in: Denkmalpflege in Sachsen-Anhalt 12,1, 2004, 77f); DERS., Cyriakus Spangenberg als Chronist. Zur Authentizität des Sterbehauses von Martin Luther (in: Reformatoren im Mansfelder Land. Erasmus Sarcerius und Cyriakus Spangenberg [Schriften der Stiftung Luthergedenkstätten in Sachsen-Anhalt 4], hg. v. S. RHEIN / G. WARTENBERG, 2006, 191–216).

18 Vgl. S. RHEIN, »Martin Luther«. Variationen des (Nicht-)Authentischen (in: Konzepte des Authentischen, hg. v. H. KÄMPER / C. VOIGT-GOY, 2018, 75–90), 81.

19 Aufruf des Ausschusses für die Ausgestaltung der Luther-Gedächtnisfeier der Stadt Eisleben im Jahre 1946 (Volks-Zeitung [Beilage], 18.2.1946).

20 Vgl. Bericht des Chefs der Propaganda-Abteilung der SMA der Provinz Sachsen Major Demidow an den Chef der Propagandaverwaltung der SMAD Oberst Tjulpanow über die Tätigkeit der Kirchen vom 2. September 1946 (in: Die Politik der Sowjetischen Militäradministration in Deutschland [SMAD]. Kultur, Wissenschaft und Bildung 1945–1949. Ziele, Methoden, Ergebnisse. Dokumente aus russischen Archiven [Texte und Materialien zur Zeitgeschichte 150], hg. v. H. MÖLLER / A.O. TSCHUBARJAN, 2005, 106–110), 109.

21 Schreiben des Schulamtes Eisleben an das Volksbildungsamt Eisleben vom 24.10.1946 (StA Eisleben, D XVI 35).

Lutherlied »Ein' feste Burg ist unser Gott« zu singen. Statt eines Brötchens erhielten die Schüler an diesem Tag ein Martin-Hörnchen.[22]

Auch die schon im Mai 1945, also noch unter amerikanischer Besetzung, gemeinsam von Stadt und Kirche begonnenen Planungen für eine Festwoche anlässlich des 400. Todestages Martin Luthers im Jahr 1946 zeigten,[23] dass der Jubiläumsmechanismus über die Zäsur des Jahres 1945 intakt geblieben war und die in der Stadt fest verankerte Lutherfeiertradition eine Fortsetzung fand. Im Gegensatz zum Jahr 1933, als man den 450. Geburtstag des Reformators gleichfalls mit einer Festwoche beging und dabei die Verschmelzung der »zielbewussten Energie eines Adolf Hitler und der weltaufwühlenden Tiefe eines Martin Luther« zu propagieren versuchte,[24] waren die Feierlichkeiten des Jahres 1946 angesichts des gerade erlebten Zusammenbruchs sowie der Frage nach der eigenen Verantwortung und Mitschuld am Geschehen in einem anderen Duktus gehalten. Die Eisleber Zeitung berichtete schon am 5. Juli 1945, »daß die Stadt Eisleben, in enger Zusammenarbeit mit den evangelischen Kirchengemeinden, das Gedenken an den Tod des Reformators gebührend feiern will«[25]. Luthers Name erschien in Eisleben unbeschädigt und so richteten sich die Hoffungen der kirchlichen Organisatoren vor allem darauf, »das innere religiöse Anliegen der Reformation zu seinem Recht kommen [zu] lassen.« Für Pfarrer Johannes Weiske von St. Annen war das Jubiläum jedenfalls Anlass dazu, »in den Stürmen und der Unruhe unserer Zeit die Frohbotschaft in unser Volk hineinzurufen, um deren Verkündigung es allein dem

22 Vgl. Schreiben des Schulamtes Eisleben an das Volksbildungsamt Eisleben vom 6.11.1945 (aaO., D XVI 31). Die Feiern fanden in dieser Form bis 1948 statt. Im Oktober 1949 hieß es vom Schulamt: »Der 10. November 1949 ist kein schulfreier Tag. Desgleichen ist geschlossener Kirchenbesuch untersagt. Gestattet werden lediglich Schulfeiern an diesem Tag.« Schreiben des Schulamtes Eisleben an das Volksbildungsamt Eisleben vom 28.10.1949 (aaO., D XVI 35).

23 Vgl. 2. Sitzung des geschäftsführenden Ausschusses der Lutherfestwoche am 24.5.1945 (Kirchenarchiv Eisleben, Nr. 1296).

24 Zitiert bei S. Bräuer, Die Lutherfestwoche vom 19. bis 27. August 1933 in Eisleben. Ein Fallbeispiel en detail (in: Lutherinszenierung und Reformationserinnerung [Schriften der Stiftung Luthergedenkstätten in Sachsen-Anhalt 2], hg. v. S. Laube / K.-H. Fix, 2002, 391–451), 391.

25 Eine Luther-Festwoche wird vorbereitet (Eisleber Zeitung, 5.7.1945).

Reformator ging. Martin Luther selbst soll zu uns sprechen [...].« Das Vermächtnis Luthers als »heiliges Erbe« zu hüten und sich innerlich zu Eigen zu machen, konnte im Verständnis Weiskes freilich nicht nur Aufgabe der evangelischen Kirchen in Eisleben sein: »Die Augen der Welt werden trotz allem oder sagen wir: nun erst recht im Lutherjahr 1946 nach Deutschland gerichtet sein. Deutschland ist das Land der Reformation: ein solches Erbe kann man nicht von sich tun!«[26]

Als Pfarrer Weiske diese Sätze veröffentlichte, lag die eingangs beschriebene Errichtung des Lenindenkmals nur wenige Tage zurück. Bezeichnend für die »Bipolarität«, die Martin Onnasch bezüglich der Erinnerungskultur nach 1945 in Eisleben diagnostiziert hat,[27] war der Umstand, dass die Ausgabe der Eisleber Zeitung vom 7. Juli 1945, in der Weiskes Bericht erschien, auf ihre Titelseite in fetten Lettern die Schlagzeile trug: »Der Gedenktag: 12. Februar 1933«. Das Datum markiert den »Blutsonntag von Eisleben«, der nach 1945 zu einem zentralen Element der »Geschichte der revolutionären Arbeiterbewegung« avancierte und verstärkt in die öffentliche Wahrnehmung drängte. Die in der organisierten Arbeiterschaft etablierten ›linken‹, bis auf den Bauernkrieg und Thomas Müntzer zurückgreifenden Traditionsbezüge standen immer in Konkurrenz zu einer bürgerlichen Luthererinnerung, die ihre Manifestation insbesondere in den Reformations- und Lutherfeiern von 1817 sowie von 1883 mit der damit verbundenen Einweihung des Lutherdenkmals auf dem Marktplatz gefunden hatte.[28]

In der Zeit der Weimarer Republik galten Eisleben und das Mansfelder Land als Hochburgen der USPD bzw. der KPD, die bei Land- und Reichstagswahlen überdurchschnittliche Ergebnisse erzielten. Viele Arbeiter und vor allem die führenden Köpfe der KPD standen Kirche und christlichem Glauben fern, was wiederum auf das städtische Erinnerungsgefüge zurückwirkte. So mussten beispielsweise zwischen 1919 und 1921 die anlässlich der Luthergeburtstage in der Stadt üblichen Schulfeiern ausfallen, »weil

---

26 Eisleber Lutherfestwoche 1946. Eine Vorschau von Pfarrer Weiske (Eisleber Zeitung, 7.7.1945).

27 Vgl. M. ONNASCH, Waren die Existenzbedingungen in beiden Diktaturen vergleichbar? Die Evangelische Kirche im Mansfelder Land (in: Kirche in der Diktatur. Drittes Reich und SED-Staat, hg. v. G. Heydemann / L. Kettenacker, 1993, 345–363), 357.

28 Vgl. M. TREU, Lutherfeiern in Eisleben im 19. Jahrhundert (in: KNAPE / TREU [Hg.], Preußische Lutherverehrung [s. Anm. 6], 33–54), 41.

Eisleben ›rot‹ regiert wurde«, wie ein deutsch-nationaler Kirchenvertreter 1933 feststellte.[29] Am Pfingstwochenende 1925 organisierte die KPD zum 400. Jahrestag des Bauernkrieges in Eisleben »Rote Müntzer-Tage«, an denen 15.000 mit Sonderzügen angereiste Parteianhänger teilnahmen.[30]

Die Radikalisierung der politischen Kultur mündete im Mansfelder Land schon früh in bürgerkriegsähnlichen Zuständen. Der im März 1921 begonnene und bewaffnete Arbeiteraufstand, der einen letztlich gescheiterten politischen Umsturz zum Ziel hatte, war nur ein Beispiel für ›revolutionäre Aktionen‹, zu denen u. a. Brandstiftungen, Banküberfälle, Sprengstoffanschläge und auch Geiselnahmen von Pfarrern gehörten. Das Erstarken der NSDAP und die Ernennung Adolf Hitlers zum Reichskanzler im Januar 1933 führten dann zu offenen Konfrontationen zwischen Kommunisten und Nationalsozialisten. Beide Seiten organisierten in der Stadt wiederholt Kundgebungen. Als sich am 12. Februar 1933 mehrere hundert Mitglieder der SA und SS aus dem Bezirk Halle-Merseburg zu einem »Propagandamarsch« in Eisleben versammelten, kam es zu blutigen Auseinandersetzungen. Die Nationalsozialisten stürmten, bewaffnet mit Pistolen, Äxten und Spaten, das Parteihaus der KPD sowie die Turnhalle des Arbeitersportvereins. Bei dem brutalen Überfall wurden drei KPD-Mitglieder getötet und zahlreiche schwer verletzt.

Mit der Erinnerung an den »Blutsonntag« verband sich jedoch nicht nur die Absicht, der Opfer der nationalsozialistischen Gewaltherrschaft zu gedenken. Das historische Ereignis konnte auch mit aktuellem Sinn gefüllt und für Gegenwartsfragen beansprucht werden. Wenn Kurt Lindner – als KPD-Mitglied selbst an den Ereignissen beteiligt – das »Vermächtnis der Toten und Blutzeugen des 12. Februar 1933« in der »Einheit der Arbeiterklasse« erfüllt sah,[31] verweist dies auf die beabsichtigte historische Legitimation der schließlich im April 1946 erzwungenen Verschmelzung von KPD und SPD zur SED.

---

29 Zitiert bei BRÄUER, Lutherfestwoche (s. Anm. 24), 392.
30 Vgl. K. KINNER, Marxistische deutsche Geschichtswissenschaft 1917 bis 1933. Geschichte und Politik im Kampf der KPD (Schriften des Zentralinstituts für Geschichte der Akademie der Wissenschaften der DDR 58), 1982, 385 f.
31 K. LINDNER, Der Blutsonntag von Eisleben. Einheit der Arbeiterschaft – das Vermächtnis der Toten vom 12. Februar 1933 (Volks-Zeitung, 13.2.1946).

Ambivalent erscheint vor diesem Hintergrund das Verhältnis der KPD zur evangelischen Kirche und damit auch zu Luther. Denn genauso vehement wie Kurt Lindner den »Blutsonntag« in der kommunistischen *Volks-Zeitung* vom 13. Februar 1946 zur Rechtfertigung aktueller politischer Handlungsweisen benutzte, genauso nachdrücklich warb er in seiner Funktion als Oberbürgermeister am 18. Februar 1946 an gleicher Stelle als Mitunterzeichner eines Aufrufes für die an diesem Tag stattfindenden Luthergedächtnisfeiern.[32] Es mag einigermaßen überraschen und der in der Forschung immer wieder vorgetragenen Erkenntnis entgegenstehen, aber der Befund, in der SBZ habe von Beginn an die auf Friedrich Engels' Bauernkriegsschrift von 1850 zurückreichende Ansicht dominiert, die in Luther nur einen »Fürstenknechten« erblicken konnte, lässt sich für das Jahr 1946 aus den hier herangezogenen lokalen Quellen eher widerlegen als bestätigen. So liest man beispielsweise in dem eben genannten Aufruf:

> Die gesamte Christenheit gedenkt am 18.2. d. J. in Dankbarkeit der Persönlichkeit und des Werkes des glaubensstarken Mannes, der nicht nur Reformator auf religiösem Gebiet war, sondern das gesamte Geistesleben innerhalb der deutschen Grenzen und darüber hinaus befruchtete, der durch seine Schriften, insbesondere durch seine Bibelübersetzung, der Neuschöpfer der deutschen Sprache wurde und der durch sein unerschrockenes Eintreten für Wahrheit und Gerechtigkeit als ein Urbild von Kraft und Treue vor uns steht. Die Not der Zeit verbietet uns, Gedenkstunden in glänzendem Rahmen abzuhalten. Eisleben ist sich aber auch in solcher Zeit seiner Verpflichtung bewußt, das Bild des Gottesstreiters an seinem Tagestage in hellem Lichte erstrahlen zu lassen. In Eisleben begann der Lebensweg Martin Luthers, und hier endete nach schwerem Ringen um reine Erkenntnisse seine irdische Laufbahn. Das hebt unsere Stadt weit hinaus aus der Reihe der durch den Reformator geweihten Orte. Sie ist nicht die glänzendste unter den Lutherstätten, aber sie birgt Luthervermächtnisse von unvergleichlicher Innigkeit. Vergangene Geschlechter haben diese Vermächtnisse durch Jahrhunderte hindurch mit rührender Treue gehegt und gepflegt und haben Eisleben dadurch zum Weltrufe verholfen. Wir wollen ihnen [...] nicht nachstehen, damit unsere Stadt auch fernerhin ein Hort des evangelischen Glaubens sei.[33]

Glauben und christliches Bekenntnis standen selbstredend auch im Mittelpunkt der kirchlichen Feierlichkeiten, die sich vom 16. Februar bis auf den eigentlichen Sterbetag am 18. Februar 1946 erstreckten. Eingeleitet wurden

---

32 Vgl. Aufruf des Ausschusses für die Ausgestaltung der Luther-Gedächtnisfeier der Stadt Eisleben im Jahre 1946 (Volks-Zeitung [Beilage], 18.2.1946).
33 Ebd.

die »Tage der Erinnerung« am 16. Februar mit der Uraufführung des von Pfarrer Georg Galle eigens verfassten Gedenkspiels »Mit Fried und Freud ich fahr dahin« in St. Andreas. Das Stück beschrieb die Ereignisse rund um den Tod Luthers und bestach vor allem dadurch, »dass es fern von jeder Effekthascherei durch den geschickten Aufbau der Handlung den Zuschauer immer mehr in seinen Bann« zog. Die *Volks-Zeitung* schrieb weiter:

> Wenn am Schluss die Melodie des gewaltigen Lutherliedes durch die Hallenkirche von St. Andreas braust und die Zuschauer mit in das Lied einstimmen, dann vergisst man Zeit und Stunde und glaubt Zeuge jenes Geschehens zu sein, das 400 Jahre zurückliegt und das uns in dem Gedenkspiel so meisterlich vor Augen geführt wird.[34]

Am Sonntag, dem 17. Februar, hielten alle evangelischen Kirchengemeinden der Stadt feierliche Gedächtnisgottesdienste ab. In Luthers Taufkirche St. Petri-Pauli erklang geistliche Abendmusik. Auch in St. Andreas und St. Annen wurden musikalische Vespern gehalten. In der Nacht zum Montag erklangen in der Sterbestunde Luthers zwischen 2 und 3 Uhr sämtliche Glocken der evangelischen Kirchen Eislebens zum Gedächtnisgeläut. Den Höhepunkt des 18. Februar bildete der Festgottesdienst in St. Andreas. Pastor Galle hielt die Eingangsliturgie. Danach bestieg der Hallenser Theologieprofessor und Probst Julius Schniewind jene Kanzel, von der Luther seine letzten vier Predigten gehalten hatte. »Eindringlich und befreiend«, so ein überlieferter Bericht, »deutete die Festpredigt die Worte, die für Luthers Leben, Wirken und Sterben so bedeutungsvoll waren: ›Der Gerechte wird seinen Glauben leben.‹«[35] Ein Vortrag von Professor Ernst Barnikol in St. Petri-Pauli über Luther als Kirchenreformator und Glaubensprophet sowie eine geistliche Abendmusik in St. Annen bildeten den Abschluss der kirchlichen Feiern.[36]

Die städtischen Feierlichkeiten fanden am Nachmittag des 18. Februar 1946 in dem mit rotem Tuch (!) ausgeschmückten Saal des Filmtheaters *Capitol* statt. Hier verkündete Bezirkspräsident Siegfried Berger feierlich den

---

34 Mit Fried und Freud ich fahr dahin. Ein kirchliches Gedenkspiel zu Luthers 400jährigem Todestag (Volks-Zeitung [Beilage], 25.2.1946).

35 Bericht, undat. (Februar 1946) (Kirchenarchiv Eisleben, Nr. 1296). Die Festpredigt von Prof. Julius Schniewind am 18.2.1946 in der St. Andreaskirche ist ebd. überliefert.

36 Vgl. Zur Feier der 400jährigen Wiederkehr des Sterbetages Dr. M. Luther (Volks-Zeitung [Beilage], 16.2.1946).

Beschluss der Landesverwaltung, die Stadt Eisleben in »Lutherstadt Eisleben« umzubenennen.[37] Damit ging ein seit langem von der Stadt gehegter Traum in Erfüllung, denn bereits im Dezember 1925 hatte der Magistrat beschlossen, den amtlichen Namen »Eisleben Lutherstadt« zu führen. Die postamtliche Zustimmung für diese Bezeichnung konnte damals jedoch nicht erlangt werden. Auch der Preußische Minister des Innern erteilte dem Magistrat auf dessen wiederholten Antrag im Juli 1933 einen ablehnenden Bescheid.[38] Diese Absage hatte für die Stadt einen herben Rückschlag bedeutet, zumal sich mit den Umbenennungsplänen hohe Erwartungen verbunden hatten. In der Begründung des städtischen Antrages war zum einen auf die enge Verbindung Luthers zu seiner »Heimat und Vaterstadt« verwiesen worden; zum anderen hob man auf den Bestand der zahlreichen Orte ab, die sich mit dem Leben des Reformators verbanden. Dass die Stadt mit dem angestrebten Namenszusatz vor allem den Fremdenverkehr stärken wollte, zeigte das abschließende Argument: »Zweifellos wird die Bezeichnung ›Eisleben Lutherstadt‹ auch manchen Ortsfremden den Lutherstätten unserer Stadt zuführen und ihren Teil dazu betragen, daß Dr. Martin Luther in der Geschichte des deutschen Geistes als Vorbild und Kraft über die Jahrhunderte hin in unserem Vaterlande und der ganzen Welt fortwirkt.«[39] Siegfried Berger knüpfte in seiner Festrede im Februar 1946 unbewusst hier an, wenn er Luther ein »nationales Vorbild« und einen »der Großen unserer Nation« nannte, der »aus unserer nationalen Geschichte, aus unserer Geistes- und Kulturwelt gar nicht wegzudenken ist.«[40]

Neben Festreden, Gottesdiensten und musikalischen Darbietungen gehörte auch der Besuch der Lutherhäuser zum Programm der Feierlichkeiten. So versammelten sich in den Morgenstunden des 18. Februar 1946 die im Ornat gekleideten Geistlichen der Stadt, die Mitglieder der Gemeindekirchenräte sowie geladene Gäste im Sterbezimmer des Reformators, wo

---

37 Bericht des Chefs der Propaganda-Abteilung (s. Anm. 20), 109.
38 Vgl. BRÄUER, Lutherfestwoche (s. Anm. 24), 393.
39 Amtliche Bezeichnung »Eisleben Lutherstadt« [Abschrift], undat. [1925] (Archiv StLu Eisleben, Nr. 3).
40 Zum 400. Todestag Dr. Martin Luthers. Feierlichkeiten in der »Lutherstadt Eisleben« (Volks-Zeitung, 20.2.1946).

Superintendent Ernst Füg[41] den zweiten der von Luther 1537 verfassten *Articuli Smalcaldici* und den Bericht von Justus Jonas über das Sterben Luthers vorlas. Die beiden Museen blieben bis in die Abendstunden geöffnet und verzeichneten hohe Besucherzahlen. Im Sterbehaus, das an diesem Tag besonders viele ausländische Gäste willkommen hieß, gerieten die dort seit 1933 gezeigte Kopie der Totenmaske Luthers und vor allem die Abgüsse seiner Hände zur eigentlichen Attraktion. »Tief beeindruckt«, so hält es ein Zeitungsbericht fest, »ist jeder Besucher von der rechten Hand Luthers, einer ausdrucksvollen, abgearbeiteten Schreibhand.«[42]

Dass es sich bei der Totenmaske und den Abgüssen um fragwürdige Objekte handelt, deren Entstehung heute nur noch schwer nachvollzogen werden kann, ist unlängst quellenkritisch herausgearbeitet worden.[43] Der bereits erwähnte Georg Kutzke widersprach damals jenen Stimmen, die glaubten, in der Totenmaske und dem Abguss der Hände »die einzig wertvolle und zugleich tief erschütternde Luthererinnerung« erkennen zu können. Kutzke unterschied zwischen den Voraussetzungen einer populären Geschichtsaneignung und einer intellektuell anspruchsvollen Annäherung an historische Personen und Ereignisse. Dabei begegnete er der volkstümlichen Sehnsucht nach der ›Lutherzeit‹ nicht ohne Überheblichkeit:

> Schon seit unvordenklicher Zeit [...] ist dem wissenschaftlichen Forscher wie dem künstlerischen Lebenssucher jeder fremdenführerische Nippsachenkult ein Gräuel. Wir sind tolerant genug, dem Mann, der Frau, dem Kinde, denen mangels geeigneter Unterrichtung all die vermeintlich zeitgemäße Ausstattung geweihter Räume nötig zum Verständnis ist, auch wirklich zu belassen. Uns, die wir uns ja die Kenntnis der Persönlichkeit, ihres Schicksals, ihrer Leistung angeeignet haben, bleibt wesentlich allein der Raum, das Haus, die Stadt.[44]

Räume, Häuser und Städte können Erinnerung jedoch nicht per se generieren. Hierzu ist es notwendig, diese Orte als historisch bedeutend zu kennzeichnen und dadurch sichtbar zu machen. Es wundert deshalb nicht,

41 Vgl. E. Füg, Luthers Todestag 400 Jahre später. Erinnerungen an den 18. Februar 1946 in Eisleben (Lutherische Monatshefte 22,2, 1983, 91 f).

42 Zum 400. Todestag Dr. Martin Luthers. Feierlichkeiten in der »Lutherstadt Eisleben« (Volks-Zeitung, 20. 2. 1946).

43 Vgl. J. Birkenmeier, Luthers Totenmaske. Zum musealen Umgang mit einem zweifelhaften Exponat (LuJ 78, 2011, 187–203).

44 Kutzke, Luthers Sterbehaus (s. Anm. 15).

dass sich Kutzke im Vorbereitungsausschuss für die vom 29. September bis 6. Oktober 1946 angesetzte »Luther-Gedächtniswoche« dafür einsetzte, im Sterbehaus eine Schrifttafel anzubringen. Mit der Tafel sollte »die Erinnerung an die letzte und so weithin beachtenswerte Wirksamkeit des Reformators lebendig erhalten werden«, so Kutzke in seiner Begründung. Der Text rief den letzten Aufenthalt des bereits erkrankten Luther in Eisleben ins Gedächtnis, berichtete über die wiederholten Verhandlungen zur Schlichtung der Herrschaftsstreitigkeiten der Mansfelder Grafen und würdigte die vier Predigten, die Luther als letzte seines Lebens in St. Andreas gehalten hatte. Herausgehoben wurde schließlich die noch zwei Tage vor Luthers Tod von ihm und Justus Jonas unterzeichnete Stiftungsurkunde für die Eisleber Lateinschule.[45]

Die Enthüllung der Gedenktafel am 29. September 1946 war einer der ersten Veranstaltungspunkte im umfangreichen Programm der »Luther-Gedächtniswoche«.[46] Hieran schloss sich unmittelbar der vom Bischof der Evangelischen Kirche in Berlin-Brandenburg, Otto Dibelius, abgehaltene Festgottesdienst in St. Andreas an. Dibelius hob mehrfach auf die gegenwärtige Notsituation ab und warf dabei zugleich die Frage nach der »Schuld unseres Volkes« am verheerenden Krieg auf.[47] Die darauf folgenden Tage waren mit Konzerten, Arbeitstagungen von Theologen und Kirchenmusikern sowie Veranstaltungen der Lutherschule angefüllt. Besondere Beachtung muss dem städtischen Festakt am 30. September geschenkt werden, auf dem der Vorsitzende des Zentralvorstandes der SED und Ehrenbürger der Stadt Eisleben, Wilhelm Pieck, eine »grundlegende Erklärung« zum Thema Staat und Kirche abgab. Das Verhältnis zwischen beiden war in den Wochen vor der »Luther-Gedächtniswoche« einigermaßen angespannt. Grund dafür waren die für Oktober 1946 angesetzten ostzonalen Landtagswahlen, die im Vorfeld von einer Begünstigung der SED und einer Behinderung der bürgerlichen Parteien gekennzeichnet waren. Als sich der Landesverband

45 Schreiben von Georg Kutzke an Pfarrer Donder vom 24.4.1946 (Kirchenarchiv Eisleben, Nr. 1296).
46 Programm der Luther-Gedächtniswoche der Lutherstadt Eisleben vom 29. September bis 6. Oktober 1946 (StA Eisleben, D XVI 99).
47 Festpredigt von Bischof D. Dr. Dibelius zum Beginn der Luther-Gedächtniswoche 1946, gehalten am 29. September in St. Andreas, Lutherstadt Eisleben (Kirchenarchiv Eisleben, Nr. 1296).

der CDU der Provinz Sachsen im Juli 1946 schriftlich mit der Bitte an Pfarrer wandte, CDU-Ortsausschüsse zu gründen, die eine Voraussetzung für entsprechende Wahlvorschläge waren, und zwei Pfarrer daraufhin öffentlich erklärten, »daß es den Geistlichen überlassen bleiben müsse, selber zu entscheiden in welcher Partei und in welchem Rahmen sie sich betätigen wollen«, nahm die regionale SED-Zeitung *Freiheit* dies zum Anlass, um auf ihrer Titelseite gegen die Ost-CDU mobil zu machen.[48] Entgegen dieser Konfrontation erklärte Pieck auf dem Festakt in Gegenwart in- und ausländischer Kirchenmänner: »Die SED legt den größten Wert auf eine enge Zusammenarbeit mit den Kirchen im Sinne der Demokratisierung und Wiederherstellung der nationalen Einheit Deutschlands.«[49] Bischof Dibelius dankte im Namen der Evangelischen Kirche für diese »offenen und mannhaften Worte.«[50]

Piecks Ausführungen und die demonstrative Einvernehmlichkeit konnten freilich nur kurz einen Konflikt überdecken, der Ende der 1940er Jahre immer deutlicher zutage trat, der den Organisatoren der »Luther-Gedächtniswoche« aber schon deutlich gewesen sein muss. So wurde die Festwoche mehrfach verschoben, dann kurzfristig auf Veranlassung der zuständigen sowjetischen Militärverwaltung in Halle (Saale) abgesagt, schließlich aber doch genehmigt.[51] Aufmerksame Beobachter werden auch den Wandel in der offiziösen Lutherdeutung bemerkt haben. Im Spätsommer 1946 war Alexander Abuschs im mexikanischen Exil entstandene Schrift *Der Irrweg einer Nation* erschienen, ein Buch in dem hohe Parteifunktionäre eine »dialektisch-materialistische Darstellung der deutschen Geschichte« erblickten.[52] Das bei Abusch in Kontrast zu Thomas Müntzer gezeichnete Bild von Luther als »größte[r] geistige[r] Figur der deutschen Gegenrevolution« fand umgehend Verbreitung.[53] So brachte die SED-Tageszeitung *Freiheit* unmit-

---

48 Kirche und Gemeindewahlen (Freiheit, 9. 8. 1946).

49 Wilhelm Pieck erhält Ehrenbürgerbrief (Freiheit, 2. 10. 1946).

50 Die SED und die Kirchen (Neues Deutschland, 1. 10. 1946); Für enge Zusammenarbeit mit den Kirchen. Wilhelm Pieck über SED und Kirchen (Freiheit, 1. 10. 1946).

51 Schreiben von Landesbischof Dibelius an die Deutsche Zentralverwaltung für Volksbildung vom 8. 10. 1946 (BArch Berlin, DR 2/8467, Bl. 182).

52 P. MERKER, »Der Irrweg einer Nation« (Neues Deutschland, 7. 9. 1946).

53 A. ABUSCH, Der Irrweg einer Nation. Ein Beitrag zum Verständnis deutscher Geschichte, 1946, 23.

telbar vor der »Luther-Gedächtniswoche« eine Artikelserie heraus, die die letzten Tage Luthers in Eisleben beleuchtete und dabei die Streitigkeiten der Mansfelder Grafen ins Zentrum rückte.[54] Die Zeitung ließ es sich jedoch nicht nehmen, vorab das Verhältnis der Partei zu Luther darzulegen. Die Reformation erschien hier in einer ebenso klassenkämpferischen wie gegenwartsbezogenen Deutung:

> Wir Sozialisten sehen die große Tat Luthers vorwiegend nicht so sehr in der Uebersetzung der Bibel in die deutsche Sprache und in den theologischen Auseinandersetzungen mit der damaligen Zentralkirche, sondern in der Tatsache, daß sein Auftreten die gewaltigste soziale Revolution des 16. Jahrhunderts auslöste. Die Tragik der Zwiespältigkeit seiner Haltung gegenüber den von den Feudalherren maßlos geknechteten Bauern seiner Epoche konnte die Ausstrahlung seiner Persönlichkeit bis in die heutige Zeit nicht vermindern, wenn auch erst jetzt nach 400 Jahren schwerster Irrungen und Prüfungen das deutsche Volk wenigstens zu einem Teil die Lehren aus der Vergangenheit ziehen und die von seinen Vorkämpfern mutig erstrebte Bauernbefreiung zur Wirklichkeit werden lassen konnte.[55]

Die Rückschau in die Vergangenheit, so schloss der redaktionelle Beitrag, könne nach zwölfjähriger NS-Herrschaft dabei helfen, das deutsche Volk »dem erhabenen, unverrückbaren Ziel des Sozialismus – einem Leben in Freiheit, Frieden, Gerechtigkeit und Schönheit – entgegenzuführen.«[56]

IV »... daß man in Eisleben die Absicht hat, uns das Lutherhaus zu nehmen ...«[57] – Streit um Luthers Sterbehaus in den 1950er und 1960er Jahren

Auch wenn der Sozialismus 1946 noch eine ferne Zukunftsvision war, so machte sich der geschichtspolitische Kurswechsel in der Sowjetischen Besatzungszone sehr bald auch in den Eisleber Lutherhäusern bemerkbar. Im Dezember 1947 besuchte der für die Kultur- und Bildungseinrichtungen in der SBZ verantwortliche SMAD-Kulturoffizier Nikolai G. Tscherepanow

---

54 Vgl. F. Wöhlbier, Mansfeld zu Luthers Zeiten (Freiheit, 27.9.1946, 3.10.1946 und 5.10.1946).
55 Martin Luther, wie wir ihn sehen (Freiheit, 27.9.1946).
56 Ebd.
57 Schreiben von Arthur Mähnert an Pastor Fleischhack vom 3.12.1958 (Landeskirchenarchiv Magdeburg, Rep. A, Spec. G. Nr. A 23084).

eine Reihe von Museen des Landes Sachsen-Anhalt, um deren »neuzeitliche Ausgestaltung« zu überprüfen. In den Archivquellen erfahren wir zwar nicht, welche Ergebnisse seine Kontrolle erbrachte, der Hinweis allerdings, Tscherepanow habe bezüglich der Eisleber Lutherhäuser »Beanstandungen« gemacht,[58] lässt auf eine gewisse Unzufriedenheit mit diesen Museen schließen. Insbesondere die historischen Personen gewidmeten »Memorialmuseen«, zu denen die Lutherhäuser gehörten, galten als »kulturell aufklärende Institute«, die stärker in das politische Zeitgeschehen einzubinden waren.[59] Zu diesem Zweck wurden alle Museen des Landes Sachsen-Anhalt fachlich dem am 1. April 1948 bei der Landesregierung in Halle (Saale) eingerichteten Landesamt für Naturschutz und Kulturpflege unterstellt und von dort angeleitet.[60] Als der Museumsreferent des Landesamtes Heinz Arno Knorr im August 1948 mit dem Oberbürgermeister der Stadt Eisleben zu einer Besprechung zusammentraf, wurde übereinstimmend erklärt: »Die Lutherhäuser bleiben Luthererinnerungsstätten!«[61] Daran sollte sich auch so schnell nichts ändern, zumal »die Beachtung der beiden Lutherhäuser auf einer höheren Ebene liege«, wie es auf der Sitzung des Museumsbeirates im Januar 1949 hieß: »Hier [sind] wir der ganzen Kulturwelt verantwortlich.«[62] Allerdings gab der Oberbürgermeister auf der gleichen Beiratssitzung auch bekannt, die im Sterbehaus befindliche Wohnung der Familie Churs räumen zu lassen, um dadurch Magazinräume für das Museum zu schaffen. Der Küster der Andreaskirche Wilhelm Churs und seine Frau versahen den Kastellan- und Führungsdienst in Luthers Sterbehaus und bewohnten darin mehrere Räume. Beides, die Nutzung einer

58 Vermerk für den Landeskonservator Schubert vom 21.11.1947 (LASA, Abt. Magdeburg, K10, Nr. 43, Bl. 55).

59 Richtlinien für die Eröffnung von Museen in der Sowjetischen Besatzungszone Deutschlands vom Mai 1946, Anlage 3: Statut für staatliche und kommunale örtliche Memorialmuseen (StA Eisleben, E XIII D/1).

60 Vgl. Rundschreiben des Landesamtes für Naturschutz und Kulturpflege an die Räte der Kreise und kreisfreien Städte vom 19.5.1948, betr.: Museen (aaO., D XVI 33).

61 Protokoll über die Besprechung zwischen Herrn Referenten Dr. Knorr der Stadtverwaltung Eisleben vom 16.8.1948 (LASA, Abt. Magdeburg, K10, Nr. 6113, Bl. 359–364), Bl. 363.

62 Protokoll über die Sitzung des Museums-Beirates der Lutherstadt Eisleben am 14.1.1949 (aaO., Bl. 329–332), Bl. 330.

Wohnung in Luthers Sterbehaus und die Funktion eines Kastellans und Hauswarts, beruhten auf komplizierten Rechtsverhältnissen, die von Vertretern des Magistrates der Stadt Eisleben und der Andreaskirche in einem am 11. Mai 1868 unterzeichneten Statut geregelt worden waren. Hintergrund für dieses Statut bildete der Erwerb des Sterbehaus-Grundstücks am Andreaskirchplatz 7 durch den Preußischen Staat im Jahr 1862. Da die Andreasgemeinde damals ihr altes Küstergrundstück nebst Garten an das Königliche Gymnasium abgetreten hatten, erhielt sie als Entschädigung die im Sterbehaus eingerichtete Familienwohnung und den im Hinterhof befindlicher Garten »zu immerwährendem Nießbrauch«. Verbunden war damit die Verpflichtung, dem Küster der Andreaskirche die Funktion eines Kastellans und Hauswarts im Sterbehaus zu übertragen. Die Kirchengemeinde musste zur baulichen Unterhaltung ihrer Küsterwohnung einen jährlichen Betrag von 8 Talern zahlen. Von anderen Baulasten wurde die Kirche für immer befreit.[63]

Während sich die Eigentumsverhältnisse des seit jeher in kommunalem Besitz befindlichen Geburtshauses nicht verändert hatten, ergab sich nach der Auflösung Preußens im Februar 1947 hinsichtlich des Sterbehauses die Frage, wie künftig mit dem im Grundbuch als Eigentum des Preußischen Staates eingetragenen Gebäude umzugehen war und inwieweit die im Statut von 1868 festgeschriebenen Rechte und Pflichten der Kirche noch Gültigkeit besaßen, da sich hieraus weitreichende Regelungen ableiten ließen, vor allem die, wer dazu berechtigt war, im Sterbehaus Besucherführungen durchzuführen.

Das Grundstück mit Luthers Sterbehaus gehörte nun zum sogenannten Reichs-, Preußen- und Wehrmachts-Vermögen, das vom Finanzministerium des Landes Sachsen-Anhalt treuhänderisch verwaltet wurde. Das Finanzministerium hatte schon Anfang November 1948 erwogen, der Stadt Eisleben die Verwaltung des Sterbehauses zu übertragen. Da im Grundbuch aber das erwähnte Nießbrauchrecht der Kirche eingetragen war, sollte diese Übertragung jedoch nicht »uneingeschränkt«, sondern zunächst nur

---

63 Statut über die Regelung der Verhältnisse des Sterbehauses Dr. Martin Luthers zu Eisleben sowie der Beziehungen der Stadt Eisleben und der dortigen St. Andreas-Kirche zu demselben vom 11. Mai 1868 (Landeskirchenarchiv Magdeburg, Rep. A, Spec. G. Nr. A 23084).

»formell« vollzogen werden.[64] Am 27. Mai 1949 stellte die Stadt bei der Landesregierung den Antrag, ihr das Sterbehaus zu übereignen, was der Minister des Innern befürwortete, »da erfahrungsgemäß die Betreuung solcher Stätten durch die örtlichen Stellen liebevoller und ortsnäher erfolgt, als von einer zentralen Stelle.«[65] Am 15. Dezember 1949 wurde der Stadt das Sterbehaus dann zur »unentgeltlichen Nutzung und Verwaltung« übertragen.[66] Damit war Luthers Sterbehaus – zumindest aus Sicht der Stadtverwaltung – zu »Eigentum des Volkes« geworden.

Auf der Sitzung des Rates der Stadt am 22. Februar 1950 erklärte man dann die der Kirchengemeinde St. Andreas im Sterbehaus eingeräumten Nießbrauchrechte unter Berufung auf eine Entscheidung der Landesregierung für »nicht mehr existent«.[67] Damit rückte die bereits im Januar 1949 seitens der Stadt geforderte »Freimachung der Küsterwohnung« erneut auf die Tagesordnung.[68] Zudem wurde Küster Chrus aufgefordert, den auf dem Grundstück privat genutzten Garten zu räumen. Das Evangelische Konsistorium der Kirchenprovinz Sachsen in Magdeburg widersprach diesen Forderungen vehement und wies die Kirchengemeinde St. Andreas an, nichts von ihren Rechten an Luthers Sterbehaus aufzugeben.[69] Nachdem Konsis-

---

64 Schreiben des Rates der Stadt Eisleben, Abt. Kommunale Wirtschaft, an das Steueramt des Landes Sachsen-Anhalt vom 18.3.1949, betr. Grundstück Andreaskirchplatz 7 (StA Eisleben, E XIII D/15); Auszug aus dem Grundbuch von Eisleben, Band 42, Blatt 1373 (LASA, Abt. Magdeburg, K5, Nr. 1731, Bl. 2).

65 Schreiben des Rates der Stadt Eisleben an die Landesregierung Sachsen-Anhalt vom 27.5.1949, betr.: Luthers Sterbehaus (LASA, Abt. Magdeburg, K10, Nr. 6113, Bl. 327); Schreiben des Ministers des Innern an den Minister für Volksbildung, Kunst und Wissenschaft vom 11.6.1949 (aaO., Bl. 327).

66 Schreiben des Amtes zum Schutze des Volkseigentums an den Rat der Stadt Eisleben vom 15.12.1949, betr.: Ehem. Reichs-, Preuß.- und Wehrmachts-Vermögen / Grundstück Andreaskirchplatz 7 (Luther-Sterbehaus) (LASA, Abt. Magdeburg, K5, Nr. 1731, Bl. 94).

67 Auszug aus der Verhandlungsniederschrift über die Ratssitzung vom 22.2.1950 (StA Eisleben, E XIII D/15).

68 Schreiben des Rates der Stadt an die Landesregierung Sachsen-Anhalts vom 16.5.1950, betr.: Luthers Sterbehaus in Lutherstadt Eisleben (LASA, Abt. Magdeburg, K3, Nr. 8342, Bl. 92).

69 Vgl. Schreiben des Evangelischen Konsistoriums der Kirchenprovinz Sachsen an die Landesregierung Sachsen-Anhalt vom 20.3.1950, betr. Luthers Sterbehaus in Lutherstadt Eisleben (Landeskirchenarchiv Magdeburg, Rep. A, Spec. G. Nr. A 23084).

torialpräsident Erich Holdefleiß Mitte April 1950 persönlich nach Eisleben gereist war, um mit dem Oberbürgermeister zu sprechen und sich vor Ort ein eigenes Bild von der Situation im Sterbehaus zu machen, wandte sich das Konsistorium in einem ausführlichen Schreiben an die Landesregierung Sachsen-Anhalts, Referat Kirchenwesen. Man könne sich des Eindrucks nicht erwehren, hieß es darin, als ob »der Kirche fremd gegenüber stehende Kreise versuchen, das im Ausland als kirchengeschichtliche Sehenswürdigkeit bekannte Sterbehaus Luthers der kirchlichen Einflusssphäre zu entziehen.« Es sei nicht nur der Rechtsstandpunkt der Kirche, sondern müsse auch im gesamtdeutschen Interesse liegen, dass eine Luthergedenkstätte von einem kirchlichen Angestellten verwaltet werde, »da nur dadurch die Gewähr gegeben ist, dass das Andenken und Erbe Luthers nicht verfälscht wird.«[70]

Innerhalb des Ministeriums für Volksbildung und dem ihm nachgeordneten Landesamt für Naturschutz und Kulturpflege sah man dies erwartungsgemäß anders; eine museale Nutzung des Sterbehauses sei nur möglich, »wenn alle Rechte des Grundstücks der Stadt Eisleben übertragen werden.« Dies umso mehr, als die Streitigkeiten zwischen Stadt und Kirche die dringend notwendigen Instandsetzungsarbeiten an dem historischen Gebäude verzögerten und die dafür seitens der Denkmalpflege bereitgestellten Mittel nicht in Anspruch genommen werden konnten.[71]

Um die Reparaturen am Sterbehaus und weitere Bauarbeiten an dem unmittelbar hinter dem Sterbehaus gelegenen Heimatmuseum zügig durchführen zu können, begann die Stadt im September 1950 Verhandlungen mit der Kirche.[72] Die Kirchenvertreter zeigten sich kompromissbereit und legten der Stadt im Oktober 1950 einen Vertrag vor, der Zugeständnisse an die Stadt machte, an den im Statut von 1868 formulierten kirchlichen Rechten

---

70 Schreiben des Evangelischen Konsistoriums der Kirchenprovinz Sachsen an die Landesregierung Sachsen-Anhalt vom 24.4.1950, betr.: Luthers Sterbehaus in Lutherstadt Eisleben (LASA, Abt. Magdeburg, K3, Nr. 8342, Bl. 95).

71 Schreiben von H. A. Knorr an das Ministerium des Innern vom 25.5.1950, betr.: Luthers Sterbehaus in Eisleben, (aaO., Bl. 91).

72 Vgl. Vermerk der Abt. Bauwesen vom 6.9.1950, betr.: Heimatmuseum und Luthers Sterbehaus (StA Eisleben E XIII D/15).

aber ganz bewusst festhielt.[73] Als der Rat der Stadt daraufhin leicht verunsichert beim zuständigen Ministerium des Innern in Halle (Saale) erneut eine Bestätigung für die Richtigkeit seiner Rechtsauffassung ersuchte, erhielt man von dort im November 1950 die überraschende Auskunft, dass das Sterbehaus zwar der Stadt übertragen wurde, der Übertragungsbescheid aber lediglich »vorläufig« sei. Ferner könnten Gebäude und Grundstück noch nicht als »Volkseigentum« angesprochen werden, da eine hierzu notwendige Bestätigung seitens der Regierung der DDR zwar in Kürze erwartet werde, aber noch nicht vorliege.[74] Selbst das DDR-Innenministerium in Ost-Berlin konnte im Dezember 1950 keine eindeutige Aussage zur Rechtslage treffen, weshalb man dem Rat der Stadt empfahl, »sowohl den Anforderungen des Eisleber Heimatmuseums und Luthers Sterbehaus sowie denen der Kirche gerecht zu werden.«[75]

Anfang der 1950er Jahre ging der Staat auf Konfrontationskurs zur Kirche. Walter Ulbrichts Ruf nach einer »Verschärfung des Klassenkampfes« auf der II. Parteikonferenz im Sommer 1952, die den »planmäßigen Aufbau des Sozialismus« in der DDR dekretierte, traf besonders die Kirche. Abzulesen ist dies u.a. an zahlreichen Dokumenten im Archiv der Evangelischen Kirchengemeinde St. Andreas-Nicolai-Petri, die über das Schicksal verhafteter und verurteilter Pfarrer berichteten.[76] Zur gleichen Zeit forderte die SED allerdings auch, die heimatgeschichtliche Forschung auf Grundlage des Marxismus-Leninismus zu intensivieren. Deshalb plante der bereits erwähnte und im Mai 1954 zum hauptamtlichen Leiter der Eisleber Museen ernannte Kurt Lindner eine inhaltliche Umgestaltung des Heimatmuseums im Sinne einer materialistischen Geschichtserzählung. Vorgesehen war u.a. ein »Feudalzimmer« zur Geschichte der Klassenkämpfe im 16. Jahr-

---

73 Vgl. Vertrag zwischen der Lutherstadt Eisleben und der Kirchegemeinde St. Andreas in Lutherstadt Eisleben vom Oktober 1950 [Abschrift] (LASA, Abt. Magdeburg, K3, Nr. 8342, Bl. 86).

74 Schreiben des Amtes zum Schutz des Volkseigentums an das Museum in der Moritzburg in Halle vom 8.11.1950, betr.: Reichs-, Preußen- u. Wehrmachts-Vermögen, hier: Luthers Sterbehaus in Eisleben (aaO., Bl. 74).

75 Schreiben des Ministeriums des Innern der DDR an den Rat der Stadt Eisleben vom 7.12.1950, betr.: Grundstück Andreaskirchplatz 7 (StA Eisleben, E XIII D/15).

76 Liste der verhafteten Pfarrer und kirchlichen Amtsträger. Stand vom 31. Oktober 1953 (Kirchenarchiv Eisleben, Nr. 1335).

hundert mit einer Darstellung des Bauernkrieges und des Wirkens Thomas Müntzers.[77]

Im Zuge dieser museumspolitischen Initiative wurde auch Luthers Geburtshaus einer »völligen Renovierung« unterzogen.[78] Schon 1950 hatte es nach der Beseitigung von Feuchtigkeitsschäden Pläne für eine inhaltliche Neugestaltung der von Carl Rühlemann 1917 eingerichteten Ausstellung gegeben. Insbesondere sollten die dicht aneinander gedrängten, zusammenhanglos und ohne Beschriftung gezeigten Ausstellungsstücke und Bilder so präsentiert werden, dass Besucher das Geburtshaus auch ohne die obligatorische Museumsführung besichtigen konnten. Im Zuge dieser ›Verschlankung‹ wurden die im ersten Stockwerk aufgehängten Bilder der sächsischen Kurfürsten und kurfürstlich-sächsischen Beamten auf dem Dachboden ›magaziniert‹. Für Luthers »Geburtszimmer« war mit einer Lutherbüste sowie den Bildnissen von Luthers Vater und Mutter eine reduzierte Ausstattung vorgesehen: »An dieser Weihestätte soll kein weiterer Gegenstand ablenkend wirken.«[79]

Zu größeren inhaltlichen Veränderungen im Geburtshaus kam es dann 1958 mit der Zielsetzung: »Die Ausstellung soll nicht mehr die alte bleiben, vielmehr soll sie Luther zeigen, so wie wir ihn heute sehen. [...] Im Obergeschoss soll der Lebensweg Luthers aufgezeigt werden. Vorreformation, Reformation, Bauernkrieg, Gegenreformation [...].«[80] Auch wenn sich in den Archiven weder ein Ausstellungsdrehbuch noch andere Planungsunterlagen erhalten haben, so lässt diese kurze inhaltliche Skizze doch erkennen, dass Luther eine Neubewertung erfuhr und die von ihm ausgelöste Reformation nun vor allem als eine Voraussetzung für den Bauernkrieg gedeutet wurde.

Ähnliches lässt sich auch für das Eisleber Heimatmuseum beobachten, das wie alle Museen in der DDR gemäß einer kulturministeriellen Forde-

---

77 Protokoll über die Sitzung des Museumsbeirates vom 17.6.1954 (Archiv StLu Eisleben, Nr. 1).

78 Protokoll über die erweiterte Museumsbeiratssitzung am 29.8.1956 (ebd.).

79 Schreiben des Amtes für Volksbildung Eisleben an Landesmuseumspfleger Heinz A. Knorr vom 22.5.1950, betr.: Neugestaltung von Luthers Geburtshaus in Eisleben (Archiv Kunstmuseum Moritzburg Halle [Saale], Altakten Nr. 100).

80 Protokoll über die Museumsbeiratssitzung am 6.1.1959 (Archiv StLu Eisleben, Nr. 1).

Abb. 1: Staatsbesuch im Luthermuseum. Otto Grotewohl (Mitte), Ministerpräsident der DDR und Mitglied des SED-Politbüros, besucht im Mai 1956 Luthers Geburtshaus in Eisleben; links hinter ihm Kurt Lindner, Leiter der Eisleber Museen. (Foto: Stiftung Luthergedenkstätten in Sachsen-Anhalt)

rung verstärkt »politisch-agitatorisch an die Öffentlichkeit« treten sollte. Als hinderlich erwies sich allerdings, dass das versteckt im Hinterhof des Sterbehauses gelegene Heimatmuseum von potentiellen Besuchern kaum wahrgenommen wurde. Mitunter hielt man gar die zum Erreichen des Heimatmuseums notwendige hintere Eingangstür des Sterbehauses verschlossen. Schon 1954 hatte Kurt Lindner deshalb versucht, dem 1951 von der St. Andreasgemeinde bestellten Küster Arthur Mähnert auch den Verkauf der Eintrittskarten für das Heimatmuseum zu übertragen, da es so möglich wurde, einen geregelten Besucherverkehr für das Heimatmuseum zu etablieren.[81] Hemmend auf die Entwicklung des Heimatmuseums wirkten sich auch die beengten Platzverhältnisse aus. Deshalb unternahm die städtische Museumsleitung erneut den Versuch, »in Luthers Sterbehaus [...] durch die Lösung des Verhältnisses zum Küsteramt der Andreaskirche« neue Ausstellungs-, Magazin- und Arbeitsräume für das Heimatmuseum zu schaffen.[82] Ausgangspunkt dazu war eine im Oktober 1958 eingebrachte Ratsvorlage, die maßgeblich von der städtischen Museumsleitung unter Kurt Lindner erarbeitet worden war. Die 1868 zwischen dem Magistrat der Stadt und der Andreasgemeinde festgelegten Regelungen, so befand die Museumsleitung, seien »inzwischen längst überholt« und »heute nicht mehr vertretbar«. Man bat den Rat der Stadt deshalb, eine »endgültige Trennung zwischen den Belangen des Museums und dem Küsteramt von St. Andreas« zu vollziehen und »die notwendigen Schritte zur Lösung des Vertrages zu veranlassen.«[83] Mit der abschließenden Aufforderung an die Stadt, man möge der im Sterbehaus untergebrachten Familie Mähnert außerhalb des Museums neue Wohn- und Arbeitsräume zur Verfügung stellen, waren die nachfolgenden Schritte absehbar, doch geschah eineinhalb Jahre lang nichts.

Im April 1960 allerdings bat der Eisleber Bürgermeister die beiden Pfarrer der Andreasgemeinde in sein Dienstzimmer und erklärte ihnen gegenüber den Vertrag von 1868 kurzerhand für »nicht mehr rechtskräftig«. Er begründete dies mit der Feststellung, dass der Küster der Andreasgemeinde die Funktion des Kastellans und Hauswarts nicht mehr ausübe, stattdessen führe seine Frau als eine von der Stadt angestellte Halbtagskraft die Besucherführungen im Sterbehaus durch. Mit der geplanten Verlegung der städtischen Museumsverwaltung in die Küsterwohnung verband der Bürgermeister die Absicht, zukünftig eine »bessere Werbung für unser Heimatmuseum« machen zu können, um somit schließlich die Möglichkeit eines »verstärkten Besuches unseres Heimatmuseums zu erreichen«.[84]

81 Protokoll über die Sitzung des Museumsbeirates vom 13.9.1954 (ebd.).
82 Perspektivplan für die Eisleber Museen, um 1958 (aaO., Nr. 4).
83 Ratsvorlage vom 14.10.1958, betr.: Lösung des Vertrages zwischen ehemaligem Magistrat der Stadt und der Andreasgemeinde bzgl. Wohnung und Arbeitsraum des Küsters von St. Andreas (StA Eisleben, E XIII D/1).
84 Aktenvermerk über die am 6.4.1960 [...] geführte Aussprache mit den Vertretern der Kirchengemeinde St. Andreas, Herrn Pfarrer Otto und Herrn Pastor Sommer (aaO., D XVI 107).

Die Pfarrer der Andreasgemeinde brachten für diese Begründung erwartungsgemäß wenig Verständnis auf. Sie erkannten im Entschluss der Stadt »eine Maßnahme gegen die Kirche« und drangen unter Verweis auf die in der Verfassung der DDR garantierten Rechte der Kirche auf die Einhaltung des Vertrages.[85]

Das hielt die Stadt nicht davon ab, dem Küster zum 15. August 1960 das Wohnrecht im Sterbehaus zu entziehen und ihm die von ihm bewohnten Räumlichkeiten zu kündigen. Das Sterbehaus werde als »staatliche Einrichtung« von den örtlichen Organen verwaltet, so der zuständige Stadtrat, der in diesem Unterstellungsverhältnis die Voraussetzung dafür sah, »unter den neuen Perspektiven für staatliche Gedenkhäuser und Museen einen weiteren Ausbau dieser Einrichtung vornehmen lassen zu können.«[86] Hinter dem Aufruf »neuer Perspektiven« verbarg sich freilich der Wille zur inhaltlichen Veränderung der Museumsarbeit, denn aus Sicht der Stadt entsprach der Zustand des Sterbehauses bei weitem nicht dem, was man von einem staatlichen Ausstellungshaus erwarten musste. Im Kündigungsschreiben, das Anna Mähnert, die Frau des Küsters, Ende Juli 1960 erhielt, wird dies deutlich. Auch ihr Arbeitsverhältnis als Hausmeisterin und Führungskraft wurde seitens der Stadt aufgelöst, weil ihr Verhalten, ihre Arbeitsauffassung und – so ließe sich aus heutiger Sicht hinzufügen – ihre Weltanschauung als Christin nicht den Anforderungen an die »kulturelle Massenarbeit« entsprach. Im Kündigungsschreiben hieß es:

> Für alle staatlichen Museen, als bewußtseinsbildende und die Verbreitung der fortschrittlichen wissenschaftlichen Erkenntnisse fördernde Einrichtungen unseres Staates, ist es unerlässlich, daß alle Mitarbeiter, insbesondere die Führungskräfte, in ihrer eigenen Auffassung und Anschauung dieser Aufgabenstellung entsprechen. Ihre persönliche Einstellung läßt dieses vermissen.[87]

Der Gemeindekirchenrat wies die Kündigung nachdrücklich zurück, da dem Rat der Stadt eine rechtliche Grundlage für ein solches Vorgehen fehle. Da der Vertrag von 1868 bisher nie in Frage gestanden hätte und auch bei

---

85 Ebd.
86 Schreiben von Stadtrat Schmidt an Pfarrer Otto und Mähnert vom 15.7.1960 (aaO., D XVI 107).
87 Schreiben von Kaderleiter Lurz an Anna Mähnert vom 20.7.1960 [Abschrift] (aaO., E XIII D/1).

den zwischen 1950 und 1952 geführten Verhandlungen anerkannt wurde, konnte die Kirche in den nun von der Stadt unternommenen Schritten nur den Versuch erkennen, »das Sterbehaus Luthers ohne Rücksicht auf die Rechtslage durch einseitige Maßnahmen an sich zu bringen« und der »in aller Welt bekannten Lutherstätte ihr eigentliches Gepräge nehmen [zu] wollen.« In ihrer vehementen Verteidigung hob die Kirche jedoch weniger auf Rechtstandpunkte ab; hier ging es um grundsätzliche Fragen:

> Wir sehen hier einen ungerechtfertigten Angriff auf die Kirche mit den Mitteln ideologischer Diskriminierung. Es scheint uns, als ginge es Ihnen gar nicht in erster Linie um den Ausbau des Museums, sondern um die Liquidierung evangelischer Lutherehrung. [...] Alle ev[angelischen] Christen der Lutherstadt Eisleben und darüber hinaus der ganzen Welt würden in Ihrem Handeln lediglich einen Druck auf die Kirche erblicken, den Sie allerdings stets abzustreifen versuchen.[88]

Da der Gemeindekirchenrat seinen Widerspruch nicht nur an den Rat der Stadt sandte, sondern an einen 13 Adressen umfassenden Verteiler, auf dem neben dem Rat des Bezirkes Halle und der Kirchenkanzlei der Evangelischen Kirche der Union u. a. auch das Ministerium für Kultur der DDR, das Staatssekretariat für Kirchenfragen und der Präsident der Volkskammer Johannes Dieckmann erschienen, war die Aufregung nicht nur in Eisleben groß. Volkskammerpräsident Dieckmann bat den Rat der Stadt in einem Telegramm darum, dem Einspruch der Kirche Beachtung zu schenken: »Die demokratische Gesetzlichkeit muß unter allen Umständen gewahrt werden.«[89] Die Stadt indes konterte, indem sie eine maßgeblich von Kurt Lindner erarbeitete umfangreiche Gegendarstellung an die gleichen Empfänger sandte. Sie enthielt eine »Schilderung der wahren Sachlage« und schloss mit dem Wunsch, eine Lösung des Problems in »beiderseitigem Einvernehmen« zu erzielen.[90]

Werner Eggerath, seit 1957 Staatssekretär für Kirchenfragen der DDR, ließ indes keinen Zweifel an der Position des Staates in dieser Angelegen-

---

88 Schreiben des Gemeindekirchenrates St. Andreas an Stadtrat Schmidt vom 1. 8. 1960, betr. Luthers Sterbehaus (aaO., D XVI 107).
89 Telegramm von Johannes Dieckmann vom 12. 8. 1960 (ebd.).
90 Schreiben von Bürgermeister Müller u. a. an Johannes Dieckmann vom 9. 9. 1960, Anlage: Betr.: Schreiben des Gemeindekirchenrates von St. Andreas, undat. (August 1960) (ebd.).

heit. Eggerath war im Juli 1945 von der KPD als Landrat des Mansfelder Seekreises installiert worden und kannte Kurt Lindner persönlich. Unter Umgehung des offiziellen Dienstweges schrieb er seinem Duzfreund im September 1960: »Euer großes Memorandum ist vollständig in Ordnung, es fehlt nur einigen staatlichen Organen [...] die notwendige Entschiedenheit bei der Durchsetzung von notwendigen Maßnahmen.« Ein Vertrag aus der Mitte des 19. Jahrhunderts könne doch nicht für alle Ewigkeit gelten, so Eggerath weiter: »Notwendig ist, daß man sich hier nicht mit Paragraphen und Vertretern des Konsistoriums [in] Magdeburg herumärgert, sondern einfach Tatsachen schafft. Das Geschrei ›unseres‹ Küsters wird unsere Republik nicht umwerfen.«[91] Die Museumsleitung sah sich dadurch zu weiteren Taten ermutigt, sprach fortan von »unserer Luther-Gedenkstätte« und fühlte sich frei, ohne Absprache mit der Kirchengemeinde im Hausflur des Sterbehauses Ausstellungsgegenstände aufzustellen, was die Kirche als einen »brutalen Bruch« empfand.[92]

Die Rechtslage, in deren Eindeutigkeit sich der Rat der Stadt wähnte, war jedoch keineswegs so klar, wie man dies seitens staatlicher Stellen gern gesehen hätte. Ein vom Eisleber Kreisgericht bei der Deutschen Akademie für Staats- und Rechtswissenschaften in Potsdam in Auftrag gegebenes Gutachten, kam zwar zu dem Ergebnis, dass ein Recht auf Besucherführungen nicht aus dem Statut von 1868 abgeleitet werden könne; das im Grundbuch eingetragene Wohnrecht des Küsters besitze aber weiterhin Gültigkeit.[93] Für das Staatssekretariat für Kirchenfragen waren diese beiden strittigen Probleme jedoch »formal rechtlich unbedeutend« für die städtische Nutzung des Sterbehauses.[94] »Wir sind zu der Überzeugung gekommen«, so die Nachricht im November 1961 an den Rat der Stadt, »daß die [...] angestrebte Regelung – das Luthersterbehaus in Eigenverwaltung zu übernehmen und

---

91 Schreiben von Werner Eggerath an Kurt Lindner vom 29. 9. 1960 (ebd.).
92 Schreiben des Gemeindekirchenrates St. Andreas an den Rat der Stadt Eisleben vom 17. 1. 1961, betr.: Luthers Sterbehaus (ebd.).
93 Vgl. Schreiben von Drews (Deutsche Akademie für Staats- und Rechtswissenschaften Potsdam) an das Kreisgericht Eisleben vom 21. 2. 1961, betr.: Martin-Luther-Sterbehaus [Abschrift] (BArch Berlin, DO 4/1661).
94 Aktenvermerk vom 12. 6. 1961, betr.: Martin-Luther-Sterbehaus in Eisleben (ebd.).

zu einer den Grundsätzen unserer Kulturpolitik entsprechenden musealen Einrichtung auszugestalten – rechtlich einwandfrei und begründet ist.«⁹⁵

Wie man dem Gemeindekircherat dann am 29. Dezember 1961 mitteilte, war das Sterbehaus schon im Juni aufgrund eines entsprechenden Ratsbeschlusses in die Rechtsträgerschaft der Stadt übergegangen; die Umschreibung im Grundbuch war im Oktober erfolgt. Mit dieser Übertragung, so der Rat der Stadt, habe man über das gesamte Grundstück ein »uneingeschränkte[s] Verfügungsrecht« erlangt. Es wurde daraufhin festgelegt, 1.) ab Februar 1962 die Besucherführungen im Sterbehaus nur noch von Mitarbeitern der städtischen Museen durchführen zu lassen, 2.) den im Hof angelegten Garten für einen Erweiterungsbau des Heimatmuseums zu nutzen und schließlich 3.) die bisher vom Küster und vom Gemeindekirchenrat genutzten Räume für den Ausbau des Sterbehauses zu einer »Nationalen Gedenkstätte« zu nutzen, weshalb 4.) der Küster eine gleichwerte Wohnung erhalten sollte. All diese Maßnahmen, so versicherte man dem Gemeindekircherat, dienten »einzig und allein der Pflege und Erforschung des kulturellen Erbes und der großen geschichtlichen Tradition unseres Volkes und insbesondere der Würdigung der Verdienste des großen Reformators und gleichzeitig Sohnes unserer Stadt«.⁹⁶

Die Kirche sah sich durch diese Festlegungen »nicht nur bedroht, sondern auch gefährdet« und stellte im Januar 1962 beim Kreisgericht in Eisleben einen Antrag auf Erlass einer einstweiligen Verfügung.⁹⁷ Das Kreisgericht gab diesem Ersuchen zunächst auch statt, nach Prüfung durch das DDR-Justizministerium erhielt der Kreisgerichtsdirektor jedoch im März 1962 die Anweisung, den Antrag der Kirchengemeinde »wegen Unzulässigkeit des Rechtsweges« abzulehnen. Da die Kirchengemeinde aber auf ein Urteil bestand, kam es am 25. April 1962 zu einer richterlichen Entschei-

---

95 Schreiben von Kusch (Staatssekretariat für Kirchenfragen) an den Rat der Stadt Eisleben vom 9.11.1961, betr.: Luthers Sterbehaus in Eisleben (StA Eisleben, D XVI 107).

96 Schreiben von Bürgermeister Müller an den Gemeindekircherat von St. Andreas vom 29.12.1961, betr.: Klärung der Verhältnisse bzgl. Luthers Sterbehaus [Abschrift] (EZA 107/696).

97 Schreiben des Gemeindekircherates von St. Andreas an den Präsidenten der Volkskammer Johannes Dieckmann vom 22.1.1962, betr.: Luthers Sterbehaus (BArch Berlin, DA 1/3551); Antrag der Kirchengemeinde St. Andreas auf Erlass einer einstweiligen Verfügung gegen die Stadt Eisleben vom 22.1.1962 (ebd.).

dung. Das Gericht urteilte wie erwartet und wies den Antrag der Kirche ab.[98] Selbst Volkskammerpräsident Dieckmann, der sich bisher auf höchster Regierungsebene als Fürsprecher der Kirche erwiesen hatte, musste nach einem persönlichen Gespräch mit dem Staatssekretär für Kirchenfragen »den Rechtsstandpunkt des Staates in dieser Frage in vollem Umfange anerkennen«.[99] Dennoch ging das Magdeburger Konsistorium in Berufung, scheiterte damit aber im Mai 1962. Auch der 1963 beim Präsidenten des Obersten Gerichts der DDR eingebrachte Antrag auf Kassation des Urteils wurde abgewiesen. Trotz dieser Rechtssituation setzte die Stadt die am 29. Dezember 1962 angekündigten Maßnahmen, insbesondere die von ihr beanspruchten Besucherführungen, nicht um.

V »Zum ersten Mal diese Lutherstätten besucht. Der Wunsch meines Lebens ist somit in Erfüllung gegangen.«[100] – 450. Reformationsjubiläum 1967

Mitte der 1960er Jahre befanden sich die Eisleber Museen in einem »unverantwortlichen Zustand«. Dies legt zumindest der Bericht einer Arbeitsgruppe der Zentralen Fachstelle für Heimatmuseen aus Ost-Berlin vom Juni 1965 nahe. Es sei unbedingt erforderlich, in den Museen aufzuräumen, »die Bestände übersichtlich zu ordnen, das Museumsgut in den Ausstellungen zu sichern sowie den Staub in [...] den Lutherhäusern zu beseitigen.« Die Museumsgestaltung galt als überholt und bedurfte einer gründlichen Überarbeitung, so die Kritik.[101]

Doch das war nicht das einzige Problem. Am 17. Juni 1966 hatte sich die SED-Kreisleitung Eisleben mit den Lutherhäusern beschäftigt und fest-

98 Schreiben des Bürgermeisters der Stadt Eisleben an den Staatssekretär für Kirchenfragen vom 13.4.1962, betr.: Luthers Sterbehaus Eisleben (BArch Berlin, DO 4/1661); Urteil vom 25.4.1962 (StA Eisleben, E XIII D/1).

99 Aktenvermerk vom 30.5.1962, betr.: Besuch beim Präsidenten der Volkskammer der DDR Dr. Dieckmann am 17.5.1962 (BArch Berlin, DO 4/1661).

100 Eintrag eines polnischen Pfarrers im Besucherbuch des Geburthauses vom 10.8.1967. Besucherbuch Geburtshaus vom 9.5.1967–9.4.1972 (Sammlung StLu Eisleben, Inv.-Nr.: VI S-Lu 343).

101 Protokoll über die Untersuchung des Museums der Stadt Eisleben am 24.6.1965 (BArch Berlin, DR 141, Fachstelle für Heimatmuseen/Institut für Museumswesen, Nr. 157).

gelegt: »Wir müssen einen Schwerpunkt darauf legen, gute Führungskräfte auszubilden. Nicht, wie es vorgekommen ist, daß ein 12 oder 13-jähriger Junge die Führungen im Sterbehaus übernahm und sich gegenüber westdeutschen Besuchern ziemlich aggressiv verhielt.«[102] Hintergrund für das erhöhte Interesse der Staatspartei am Sterbehaus war die Vorbereitung der Feierlichkeiten zum 450. Reformationsjubiläum im Oktober 1967 und eine dazu diskutierte Vorlage, die neben zahlreichen Veranstaltungen auch die Verschönerung des Rathauses sowie die Renovierung und Erweiterung der Lutherhäuser vorsah.

Schon gut ein Jahr zuvor, im Mai 1965, hatte die SED-Bezirksleitung Halle das Reformationsjubiläum zum Thema einer Beratung gemacht, die den zentralen Planungsvorgaben aus Ost-Berlin folgte und dabei auch die »wichtigste Grundthese für die ideologische Vorbereitung« der staatlichen Feierlichkeiten aufgriff, nämlich »den Zusammenhang zwischen dem Wirken Luthers und der Rolle der Volksmassen nach der Reformation deutlich zu machen (Bauernkrieg, Thomas Müntzer).«[103] Dieses Reformationsverständnis fußte auf dem vom Leipziger Historiker Max Steinmetz begründeten Erklärungsmodell von Reformation und Bauernkrieg als Bestandteile eines einheitlichen historischen Prozesses, der »frühbürgerlichen Revolution«. In einem Strategiepapier des Staatssekretariats für Kirchenfragen las sich die säkulare Interpretation der Reformation dann so:

> Die sozialen Ideen und geistigen Ströme der Reformation flossen aus dem Volke. Sie waren Ausdruck der revolutionären Bereitschaft der unterdrückten und ausgebeuteten Volksmassen und vor allem der Bauern, sich aus den ökonomischen, sozialen und geistigen Fesseln zu befreien, die ihnen die Feudalherren im Bunde mit der römischen Kirche angelegt hatten.[104]

In der DDR galt es 1967 aber nicht nur, 450 Jahre Reformation zu feiern, sondern auch 900 Jahre Wartburg, 150 Jahre Wartburgfest der Deutschen Burschenschaften sowie 150 Jahre Vereinigung der Universitäten von Halle

---

102 Protokoll der Sekretariatssitzung der Kreisleitung der SED Eisleben vom 17.6.1966 (LASA, Abt. Merseburg, P 517, SED-KL Eisleben, IV/A-4/7/78, Bl. 32–44), Bl. 43 f.
103 Aktenvermerk über eine Beratung bei der Bezirksleitung der SED Halle am 12.5.1965 (LASA, Abt. Merseburg, Rat des Bezirkes Halle, Nr. 5013, Bl. 43–46), Bl. 44.
104 Begründung des Beschlusses des Ministerrates über den 450. Jahrestag der Reformation vom 18.1.1966 (BArch Berlin, DO 4/2417).

und Wittenberg; außerdem sollte auch der 50. Jahrestag der »Großen Sozialistischen Oktoberrevolution« in der Arbeit der Partei »unter allen Umständen eine Rolle spielen«.[105] In den zahlreichen archivalisch überlieferten »politisch-ideologischen Konzeptionen« wird deutlich, dass Eisleben weder in den zentralstaatlichen noch in den territorialen Planungen vorkam. Zwar war vorgesehen, den Bürgermeister der Stadt Eisleben Wilhelm Müller in das aus Vertretern des Staates und der Evangelischen Kirche zusammengesetzte Vorbereitungskomitee zu berufen,[106] doch stand von Beginn an die Stadt Wittenberg im Mittelpunkt. »Die Feierlichkeiten zum 450. Jahrestag der Reformation bleiben auf das Territorium des Kreises Wittenberg beschränkt«, hieß es beim Rat des Bezirkes Halle. Das zeigte sich dann vor allem auch hinsichtlich der touristischen Planung, in der sich Eisleben nun in einer Aufzählung zwischen Orten wie Lützen, Weißenfels, Naumburg und Mansfeld wiederfand.[107]

Bei der Durchsicht der Museumsakten gewinnt man den Eindruck, die Stadt habe vor dem Reformationsjubiläum alles versucht, um ihr Verhältnis zur Kirche zu verschlechtern. Streitpunkt war erneut das Sterbehaus. Kurt Lindner hatte in seiner Funktion als Leiter der städtischen Museen den zur Betreuung des Sterbehauses bestellten Küster Arthur Mähnert mehrfach ermahnt, bei dessen Abwesenheit nicht irgendwelchen fremden Personen die Museumsführungen zu übertragen. Dass dies geschehen war, konnte Mähnert nicht leugnen. Als Lindner im Juli 1966 mit einem Mitarbeiter der Abteilung Kultur beim Rat des Bezirkes Halle das Sterbehaus besichtigte, traf er dort erneut nicht Küster Mähnert an, sondern einen in dessen Vertretung mit den Führungen beschäftigten Organisten. Um diese unhaltbaren Zustände zu beenden und bei Abwesenheit der Familie Mäh-

---

105 Aktenvermerk (s. Anm. 103).

106 Plan zur Vorbereitung der zentralen Veranstaltungen anlässlich des 450. Jahrestages der Reformation und der 900-Jahrfeier der Wartburg sowie des 150. Jahrestages des Wartburgfestes der Deutschen Burschenschaften im Jahre 1967, Anlage zum Protokoll der Sitzung des Sekretariates des ZK der SED vom 10. 11. 1965 (SAPMO-BArch DY 30/J IV 2/3/1126, Bl. 21–26), Bl. 22.

107 Vorlage des Rates des Bezirkes Halle für das Sekretariat der Bezirksleitung der SED zur Vorbereitung und Durchführung der Feierlichkeiten anlässlich des 450. Jahrestages des Beginns der Reformation 1967 in Wittenberg vom 28. 7. 1966 (LASA, Abt. Merseburg, SED-BL Halle, IV/A-2/3, Nr. 116, Bl. 70–79), Bl. 77 f.

nert selbst die Führungen im Sterbehaus durchführen zu können, verlangte Lindner am 25. August 1966 von Mähnert die Herausgabe der Schlüssel. Da Mähnert dies mit der Begründung verweigerte, die Schlüssel seien Eigentum des Gemeindekirchenrates, drohte Lindner, die Schlösser auswechseln zu lassen.[108] Wie ein Beschwerdebrief des Bischofs der Evangelischen Kirche der Kirchenprovinz Sachsen, Johannes Jänicke, an den Rat des Bezirkes Halle zeigt, war Lindner dann tatsächlich mit einem Schlossermeister erschienen, der von den Türen des Sterbehauses Nachschlüssel anfertigte. Jänicke wertete dieses Vorgehen als Verstoß gegen die Rechte der Kirchengemeinde und im Hinblick auf die Vorbereitung des Reformationsjubiläums als »einen unerfreulichen Akt im Verhältnis zwischen Staat und Kirche«.[109]

Während sich die DDR zum Reformationsjubiläum als »Wahrerin und Hüterin der nationalen progressiven Traditionen« inszenierte, sollte die Evangelische Kirche in der DDR nicht im »Historismus stecken bleiben«, wie es der Präsident der Kirchenkanzlei der EKU Franz-Reinhold Hildebrand formulierte. Unter der Devise »Ecclesia semper reformanda« wollte man einen zeitgemäßen Zugang zum Reformationsgeschehen finden und durch eigens ausgebildete kirchliche Fremdenführer an die Besucher vermitteln: »Der Akzent unseres Reformationsjubiläums liegt weder (wie früher) auf der Anti-Rom-Front noch auf dem Nationalen, sondern es gilt, das Verständnis des reformatorisch ausgelegten Evangeliums den Gemeinden bewußt zu machen«, so Hildebrandt.[110]

Für die Eisleber Lutherhäuser bedeutete das Reformationsjubiläum ein erhöhtes Besucheraufkommen. Insbesondere für die Ende Oktober 1967 geplanten Hauptveranstaltungen rechnete man mit einem »Massenzustrom an kirchlichen Teilnehmern«. Dazu gehörten allein 2.000 Personen, die im Anschluss an eine kirchliche Veranstaltung in Halle (Saale) zur Besichtigung der Lutherstätten nach Eisleben gebracht werden sollten. Ob die zwi-

---

108 Vgl. Aktenvermerk über die Vorgänge im Zusammenhang mit der Abwesenheit der Familie Mähnert in der Zeit vom 26.–29. 8. 1966, gez. Lindner (StA Eisleben, D XVI 107).

109 Schreiben von J. Jänicke an den Stell. Vorsitzenden für Inneres beim Rat des Bezirkes Halle vom 30. 8. 1966, betr. Luthers Sterbebehaus in Eisleben (ebd.).

110 Bericht über die Teilnahme an der Tagung des Unterausschusses zur Vorbreitung der örtlichen Feiern aus Anlass des 450. Reformationsjubiläums beim Vorbreitenden Ausschuss für das Reformationsjubiläum in Berlin am 12. 1. 1967 (Kirchenarchiv Eisleben, Nr. 1062).

schen Stadt und Kirche minutengenau abgestimmte Taktung dieser auf
11 Stunden angelegten ›Durchschleusung‹ in der Praxis tatsächlich funktionierte, ist nicht überliefert. Der Weg der geplanten Führung von Luthers
Geburtshaus über die Taufkirche St. Petri-Pauli zum Marktplatz und von
dort weiter zu Luthers Sterbehaus und der Andreaskirche verband jedenfalls die wichtigsten Luthererinnerungsorte der Stadt. Bemerkenswert am
Ablauf war allerdings, dass die Gruppen nach der Besichtigung des Marktplatzes vor dem Sterbehaus von Kurt Lindner an Arthur Mähnert übergeben
werden sollten.[111] Mit dieser Regelung zur Führung hatten sich Stadt und
Kirche stillschweigend einverstanden erklärt.[112]

Wie sich die Lutherhäuser mit ihren Ausstellungen im Jahr 1967 den
Besuchern präsentierten, kann aufgrund fehlender archivalischer und fotografischer Quellen nur bruchstückhaft rekonstruiert werden. Wenn Kurt
Lindner in einem Zeitungsinterview von der DDR als »Erbin aller fortschrittlichen Ideen« und von Luther als Auslöser einer Bewegung sprach, die
»unserer Nationalgeschichte gemeinsam mit dem Bauernkrieg bedeutende
Impulse zur geistigen, kulturellen und politischen Entwicklung« gab,[113] so
ist dies zweifellos ein Beleg für sein parteiliches Geschichtsverständnis.
Daraus lassen sich aber ebenso wenig Aussagen über die museale Präsentation des Geburtshauses ableiten wie aus der kirchlicherseits gegebenen
Information, im Geburtshaus werde die Geschichte der Reformation von
Wyclif über Hus bis Luther einschließlich der Gegenreformation »in marxistischer Sicht« dargestellt. Immerhin erfahren wir, dass im Erdgeschoss
des Geburtshauses ein Lutherbildnis von Cranach, Kopien von Bildnissen
seiner Eltern, ein Stich des Stammhauses der Familie Luder im thüringischen Möhra, lutherzeitliche Grabgemälde, Ablassbriefe sowie der »unverbrannte Luther« – eine Holztafel aus dem 16. Jahrhundert mit der Darstellung Luthers – ausgestellt waren. Im Obergeschoss zeigte das Geburtshaus

---

111 Niederschrift über eine Aussprache mit dem Bürgermeister der Lutherstadt Eisleben am
   14.2.1967 (ebd.).
112 Vgl. Aktenvermerk über die am 23. Juni 1967 stattgefundene Besprechung von Vertretern des Rates der Stadt einerseits und dem Konsistorium und Vertretern des Gemeindekirchenrates andererseits (StA Eisleben, D XVI 107); Vermerk über eine Besprechung
   beim Rat der Stadt Eisleben am 23.6.1967 (EZA 104/476).
113 Zur 450. Wiederkehr der Reformation. 5000 kommen aus den USA (Freiheit, 16.6.1967).

Lutherschriften, kostbare Inkunabeln, die gesamte Weimarer Ausgabe von Luthers Schriften sowie die umfangreiche Münz- und Medaillensammlung zum Reformationsgedenken.[114]

Im Obergeschoss des Sterbehauses waren den Besuchern die beiden Räume zugänglich, die Luther nach damaligem Verständnis bei seinem letzten Aufenthalt in Eisleben im Februar 1546 benutzte. Im ersten Raum, dem so genannten Schlafgemach, sah man die Nachbildung eines Bettes, auf den Tischen fanden sich Briefe und Schriften Melanchthons, teils im Original, teils als Faksimiles ausgelegt. An den Wänden waren die Bildnisse des Landgrafen von Hessen und von Kaiser Karl V. angebracht. Ein Gemälde aus der Werkstatt Lucas Cranachs zeigte die letzte Amtshandlung Luthers, die Ordination zweier Pastoren in der Andreaskirche. Der Raum enthielt des Weiteren ein Trinkglas Luthers sowie die Kopie seiner Totenmaske und Abformungen seiner Hände. Der sich anschließende, größere Raum galt als eigentliches Sterbezimmer des Reformators. Das große Wandgemälde von William Pape mit der Darstellung des sterbenden Luther (1905) bildete den Mittelpunkt des Raumes. An der dem Gemälde gegenüberliegenden Wand stand die Nachbildung eines breiten ledernen Ruhebettes, darüber die Bildnisse von Luther und seiner Frau Katharina. Bilder von Friedrich dem Weisen, von Philipp Melanchthon sowie ein Holzschnitt Cranachs, der Luther als Junker Jörg auf der Wartburg zeigte, befanden sich ebenfalls im Raum. Weitere Briefe, Schriften und eine Ausgabe der 1567 in Eisleben gedruckten Tischreden wurden gezeigt. Für die Evangelische Kirche boten diese Räume und Objekte nicht nur einen Blick in die Vergangenheit, sondern sie waren auch Gegenwart:

> Die Lutherstätten in Eisleben sind Orte des Gedenkens an Leben und Werk des Reformators. Sie sollen und wollen nicht museale Requisiten einer vergangenen Zeit sein, sondern die Erinnerung an jene geistige Erneuerung der christlichen Gemeinde wach halten, die nach 450 Jahren noch lebendig ist [...].[115]

---

114 Lutherstadt Eisleben. 1517–1967. 450 Jahre Reformation. Informationsbroschüre der evangelischen Kirchengemeinden in Lutherstadt Eisleben.

115 Lutherstädte heute. Kirchliche Berichte aus Wittenberg, Eisenach, Erfurt, Eisleben, Mansfeld, Torgau und Halle. Zentrale Kirchliche Veranstaltungen der evangelischen Christenheit anlässlich des 450. Jahrestages der Reformation (1967) (BArch Berlin, DO 4/2426).

Die kirchlichen Veranstaltungen in Eisleben begannen am 24. September 1967 und beinhalteten Konzerte, Gemeindevorträge und Filmvorführungen. Sie fanden ihren Abschluss am 10. November 1967 mit einer Kranzniederlegung am Lutherdenkmal und einem Festgottesdienst zu Luthers Geburtstag mit Bischof D. Jänicke in der Petri-Pauli-Kirche.[116]

Für die Staatsführung der DDR stellte sich das Reformationsjubiläum 1967 vor allem in touristischer Hinsicht als Erfolg dar. Durch die Vermittlung des Reisebüros sei es gelungen 2.561 Touristen aus dem kapitalistischen Ausland in die DDR zu locken, was einen Erlös von 440.000 Valuta-Mark erbrachte.[117] Selbst Kurt Lindner konnte aus Eisleben stolz vermelden, dass durch den Kommissionsvertrieb von Reformationsmedaillen sowie den Verkauf von Lutherandenken ein Valuta-Ertrag von umgerechnet 3.400 DDR-Mark erwirtschaftet werden konnte. Das Geburtshaus wurde 1967 von 5.468 Personen besucht, das Sterbehaus von 7.645. Dazu gehörten auch Besucher aus den USA, aus Kanada, Frankreich, Belgien, Dänemark, Finnland und Schweden. Besuchergruppen aus der Bundesrepublik blieben aufgrund des von DDR-Behörden auferlegten Einreiseverbotes eine marginale Erscheinung. Ob den Besuchern die unterschiedliche Ausrichtung des Sterbehauses als kirchliche Gedenkstätte und des Geburtshauses als städtisches Museum bewusst wurde, kann nicht mit Bestimmtheit gesagt werden. Der Umstand allerdings, dass sich viele ausländische, aber auch einheimische Besucher am gleichen Tag mit jeweils gleichlautenden Einträgen, wie »Luther, der größte Deutsche, der je gelebt hat«,[118] im Besucherbuch des Sterbe- und des Geburtshauses verewigten und auch in sonstigen Bemerkungen nie auf den Inhalt des museal Dargebotenen eingingen,

---

116 Vgl. 450 Jahre Reformation 1517–1967. Veranstaltungen der Evangelischen Kirchegemeinden in der Lutherstadt Eisleben zum Reformationsgedenken (Kirchenarchiv Eisleben, Nr. 1062).

117 Vgl. Analyse der Vorbereitung und Durchführung des 450. Jahrestages der Reformation 1967 vom 22.2.1968 (LASA, Abt. Merseburg, Rat des Bezirkes Halle, 3. Ablage, Nr. 17219, Bl. 1–10), Bl. 4f.

118 Eintrag einer amerikanischen Lehrerin i. R., die am 5.4.1967 das Sterbe- und das Geburthaus besuchte. Besucherbuch Geburtshaus vom 26.3.1967–27.6.1968 (Sammlung StLu Eisleben, Inv.-Nr.: VI S-Lu 342); Besucherbuch Sterbehaus vom 5.6.1962–7.8.1967 (aaO., Inv.-Nr.: VI S-Lu 1066).

könnte zumindest ein Indiz dafür sein, dass die Unterschiede kaum wahrgenommen wurden.

VI »Lenin und Luther auf den Plätzen unserer Stadt, daß heißt für uns, die Mansfelder standen zu allen Zeiten auf der richtigen Seite der Geschichte ...«[119] – 500. Geburtstag Martin Luthers 1983 in Eisleben

Im Schatten der Vorbereitungen zum 450. Reformationsjubiläum 1967 war man in der Stadt Eisleben damit beschäftigt, das städtische Museumsnetz auszubauen und inhaltlich zu erweitern. Das 1967 unweit des Lenindenkmals eingerichtete »Kabinett der Freundschaft« verstand sich als »Stätte zur Pflege der Freundschaft zu den Völkern der Sowjetunion« und wurde vor allem von sowjetischen Delegationen, Schulklassen, Brigaden, NVA-Soldaten und anderen organisierten Gruppen besucht. Im Heimatmuseum schenkte man der Umgestaltung der Abteilung zur »Geschichte der neuesten Zeit«, d.h. der Zeit des sozialistischen Aufbaus in der DDR, besondere Aufmerksamkeit und auch bei der von der städtischen Museumsleitung geplanten Herausgabe einer heimatgeschichtlichen Schriftenreihe standen gegenwartsbezogene Themen wie »Die Revolutionären Traditionen der Mansfelder Bergarbeiter« oder »Das Röblinger Braunkohlegebiet« im Mittelpunkt.[120]

Beobachter aus der Bundesrepublik mussten so den Eindruck gewinnen, Luther werde in der städtischen Erinnerungskultur marginalisiert. So hatte ein Reporter der Hamburger Tageszeitung Die Welt im August 1973 Eisleben besucht und dafür einen DDR-Reiseführer aus dem volkseigenen Leipziger Brockhaus-Verlag benutzt, der ein ganz eigenwilliges regionalgeschichtliches Narrativ bot.[121] Für das Mansfelder Land, so der Reiseführer,

---

119 Entwurf für ein Vorwort von Bürgermeister Helmut Kunze, undat. (1983) (Archiv StLu Eisleben, Nr. 11).

120 Perspektivplan des Kreismuseums bis 1970 (aaO., Nr. 4); Die perspektivische Entwicklung der musealen Einrichtungen als Teil der Entwicklung kultureller Prozesse innerhalb des gesellschaftlichen Gesamtsystems im Territorium des Stadt Eisleben und des Kreises Eisleben, undat. (um 1970) (ebd.).

121 Vgl. G. BRÜGGEMANN, Wo ein Otto Gotsche den Reformator verdrängt (Die Welt, 28.8.1973).

sei der Kupferbergbau prägend. Auf den Hinweis, die Mansfelder Bergleute hätten 1525 im »Großen Deutschen Bauernkrieg« auf Seiten der Bauern gestanden, folgte der Verweis auf die »traditionsreichen Mansfelder Hüttenarbeiter«, die zur »Avantgarde der revolutionären deutschen Arbeiterschaft zählten.« Nachdem der Leser erfahren hatte, dass der »Staatsfunktionär und Arbeiterschriftsteller« Otto Gotsche mit seinen Romanen »Märzstürme« und »Die Fahne von Kriwoj Rog« der Mansfelder Arbeiterschaft ein literarisches Denkmal gesetzt hatte, dass nach dem Zweiten Weltkrieg mit Hilfe der Sowjetunion das Mansfeldkombinat erbaut wurde und neue Wohnsiedlungen entstanden waren, dass der Landkreis über hervorragende soziale und kulturelle Einrichtungen, Polikliniken, Schulen sowie Erholungsheime verfüge und Eisleben als erste Stadt in der DDR ein Lenindenkmal besitze, folgten am Ende des Reiseführer-Artikels eher beiläufig die beiden Sätze: »Eisleben ist der Geburts- und Sterbeort Martin Luthers (1483–1546). Geburts- und Sterbehaus sind als Gedenkstätte eingerichtet worden.«[122]

Tatsächlich standen in den 1970er Jahren jubiläumsbedingt die proletarischen Traditionsbestände des Mansfelder Landes im Zentrum. Der 50. Jahrestag des Mitteldeutschen Arbeiteraufstandes von 1921 war Anlass, eine Ausstellung im so genannten Bürgergarten zu gestalten, in dem sich seit 1961 eine »Gedenkstätte der Mansfelder Arbeiterbewegung« befand. Auch der Zusammenschluss von KPD und SPD 1946 wurde im Jahr 1971 mit der Ausstellung »25 Jahre SED« gewürdigt. Das »Kabinett der Freundschaft«, hatte schon 1970 anlässlich des 100. Geburtstages Lenins eine Ausstellung gezeigt, die über 18.000 Besucher anzog. Die Besucherzahlen im Heimatmuseum (6.657), in Luthers Geburtshaus (6.405) und in Luthers Sterbehaus (4.053) blieben im Vergleich dazu weit zurück.[123] Die Reformationsgeschichte war in den Eisleber Museen freilich weiterhin präsent – zumal in den Jahren 1974/75, als man im Gebäude der ehemaligen Lutherarmenschule die Sonderaustellung »450 Jahre Bauernkrieg – 30 Jahre

---

122 Vgl. H. Hartmann (Red.), Reiseführer Deutsche Demokratische Republik, ⁴1971, 200–202.

123 Bericht über die Arbeit der Museen und deren weitere Entwicklung im Fünfjahrplanzeitraum, undat. (1971) (Archiv StLu Eisleben, Nr. 5).

Bodenreform« organisierte, in der Luthers »zwiespältige Rolle und Haltung« gegenüber den aufständischen Bauern vermittelt werden sollte.[124]

Martin Luther zog dann allerdings wieder verstärkt Aufmerksamkeit auf sich, als sein 500. Geburtstag im Jahr 1983 näher rückte und die Staats- und Parteiführung der DDR sich anschickte, dieses Ereignis groß zu feiern. Um die Eisleber Lutherhäuser, aber auch andere Reformationserinnerungsorte in der DDR auf den »neuesten wissenschaftlichen Stand« zu bringen, entstand schon im September 1977 innerhalb des Ministeriums für Kultur eine Arbeitsgruppe »Luthergedenkstätten«.[125] Im Blickpunkt standen zuerst Fragen der Denkmalpflege. Gutachten des Stadtbauamtes hatten gezeigt, dass für die Erhaltung und bauliche Rekonstruktion der Eisleber Luthergedenkstätten »erhebliche Baumaßnahmen« notwendig waren. Dabei ging es nicht nur um den Zustand der Gebäude selbst, sondern auch um die Sicherheit der Besucher. So bildete etwa der Eingangsbereich zum Hof des Geburtshauses eine »starke Gefahrenquelle«, da das Eisentor jederzeit aus seiner Verankerung herauszubrechen drohte.[126] Doch das war nicht der einzige Problemfall. Denn die Stadt sah sich trotz des dringenden und offensichtlichen Bedarfs nicht in der Lage, Haushaltsmittel für Renovierungs- und Werterhaltungsmaßnahmen im benötigten Umfang zur Verfügung zu stellen. An den Ausbau und die Neugestaltung der veralteten Ausstellungen war unter diesen Umständen kaum zu denken.[127] Hinzu trat, dass sich die musealen Bestände der Eisleber Lutherhäuser in einem schlechten Zustand befanden und die Museumsmitarbeiter offenbar kaum über Kenntnisse zu den Sammlungen verfügten, was im Vorfeld der Lutherehrung gelegentlich für Überraschungen sorgte. Im Oktober 1978 stellte man bei der Besichti-

---

124 Konzeption zur Gestaltung einer Sonderausstellung »450 Jahre deutscher Bauernkrieg – 30 Jahre Bodenreform«, undat. (1974) (aaO., Nr. 6).

125 Schreiben von Werner Schmeichler an Rolf Kiau vom 6.7.1977 (BArch Berlin, DR 141/ BArch Berlin, DR 141, Fachstelle für Heimatmuseen/Institut für Museumswesen, Nr. 162).

126 Schreiben des amt. Stadtbaidirektors an die Abt. Volksbildung vom 7.3.1977, betr. Überprüfung der Eisleber Museen (Archiv StLu Eisleben, Nr. 14).

127 Vgl. Schreiben von Findeisen (Eisleber Museen) an Rolf Kiau (Rat für Museumswesen der DDR) vom 25.3.1977 (Archiv StLu Eisleben [Falls hier auch das Archiv gemeint ist bitte hier und in Fußnote 128 »Archiv StLu Eisleben« durch »aaO.« ersetzen., Nr. 5).

gung des Dachbodens im Geburtshaus beispielsweise fest, »daß dort neun Kurfürstenbilder evtl. aus dem Jahre 1693 stammend (scheinbar recht gute Gemälde) und im Rahmen unsachgemäß gelagert sind und demzufolge zahlreiche Schäden aufweisen. Diese Bilder sollen ehemals im Treppenhaus gehangen haben.«[128] Unzweifelhaft handelte es sich dabei um einen Teil der insgesamt zwölf Gemälde umfassenden Bildnisserie, die neben den Reformatoren Luther und Melanchthon auch die sächsischen Kurfürsten von Friedrich dem Weisen bis zu Johann Georg IV. sowie städtische Beamte zeigte und die man 1950 aus der Ausstellung entfernt hatte. Die lebensgroßen Ganzportraits waren 1693 von dem in Eisleben wirkenden Maler Christoph Ernst Rothe speziell für die Ausgestaltung des sogenannten ›Schönen Saales‹ im ersten Stockwerk angefertigt worden.[129]

Bis die Lutherhäuser 1983 in neuem Glanz erstrahlen konnten, war es ein langer Weg. Anspruch und Wirklichkeit der sozialistischen Erbepolitik fielen nicht nur in Eisleben weit auseinander, aber gerade im Brennglas des Lokalen tritt dieser Gegensatz besonders deutlich hervor. Vermutlich wird es auf die Beteiligten schon damals wie Hohn gewirkt haben, wenn es in einer Konzeption des Rates der Stadt Eisleben zum Lutherjubiläum 1983 heißt: »Die Lutherehrung setzt kontinuierlich die erklärte Politik der Partei der Arbeiterklasse und der Regierung der DDR zur sorgsamen Pflege und Aneignung und Verbreitung aller humanistischen und progressiven Werte der Vergangenheit fort«,[130] und zur gleichen Zeit in Luthers Sterbehaus der Hausschwamm bekämpft werden wusste, weil für die Anbringung einer neuen Dachrinne über Jahre hinweg kein Gerüst zur Verfügung stand.[131]

Zu den baulichen und denkmalpflegerischen Herausforderungen der Stadt traten die Wünsche der Kirche hinsichtlich der inhaltlichen Umgestaltung und Erweiterung des Sterbehauses. In Anbetracht des bevorstehen-

128 Vermerk über die Besichtigung des Luther-Geburtshauses am 25.10.1978, gez. Fehr (Oberkonservator des Instituts für Denkmalpflege, Arbeitsstelle Halle/Saale) (aaO., Nr. 15).

129 Vgl. M. Treu, »Von daher bin ich«. Martin Luther und Eisleben. Ein Rundgang durch die Ausstellung im Geburtshaus, ²2014, 88–90.

130 Konzeption zur Würdigung des 500. Geburtstages Martin Luthers im Jahr 1983 im Kreis Eisleben. Informationen über den Stand der baulichen Maßnahmen in den Luthergedenkstätten der Stadt Eisleben vom 6.6.1980 (Archiv StLu Eisleben, Nr. 18).

131 Vgl. Vermerk vom 17.8.1979: Hausschwamm in Luthers Sterbehaus (aaO., Nr. 14).

den Lutherjubiläums waren die Leitungen der Evangelischen Kirchen in der DDR schon im Februar 1978 gemeinsam mit der Bitte an staatliche Stellen herangetreten, »daß entsprechend der großen Bedeutung Martin Luthers für die evangelischen Christen unseres Landes [...] ein angemessenes Mitspracherecht kirchlicher Vertreter in Grundfragen der Ausgestaltung [...] des Luthergeburtshauses und des Luthersterbehauses in Eisleben bestehen sollte.«[132]

Nach Bildung des Lutherkomitees der Evangelischen Kirchen am 7. Dezember 1978 unter Vorsitz des Bischofs der Evangelisch-Lutherischen Kirche in Thüringen, Werner Leich, konkretisierte man die Überlegungen dahingehend, die im Sterbehaus bisher für Wohnzwecke des Küsters genutzten Räume für eine Vergrößerung der Ausstellungsfläche zu nutzen,[133] ein Anliegen, das die Stadt ja bereits seit den späten 1940er Jahren verfolgt hatte. Spätere Planungen sahen des Weiteren die Einstellung eines hauptberuflichen Kustos sowie eine neue reformationsgeschichtliche Ausstellung vor, für deren inhaltlich-konzeptionelle Erarbeitung Wissenschaftler der Sektion Theologie der Martin-Luther-Universität Halle-Wittenberg gewonnen werden sollten.[134]

Das Martin-Luther-Komitee der DDR, in dem der Generalsekretär des ZK der SED und Vorsitzende des Staatsrates der DDR Erich Honecker höchstpersönlich den Vorsitz übernahm und an dessen Konstituierung am 13. Juni 1980 auch die Bischöfe Werner Leich und Werner Krusche als Gäste teilnahmen, hatte nicht nur eine repräsentative Funktion. Um internationale Anerkennung und Aufmerksamkeit bemüht und das touristische Potential des Wittenberger Reformators im Auge, suchte die Staatsführung der

---

132 Schreiben von Joachim Rogge, Helmut Zeddies und Manfred Stolpe an den Staatssekretär für Kirchenfragen Hans Steigewasser vom 21.02.1978, betr.: Lutherjubiläum 1983 [Konzept] (EZA 101/3009).

133 Vgl. Vorschläge des Bundes der Evangelischen Kirchen in der DDR an die Regierung der DDR zu notwendigen Maßnahmen für die Vorbereitung des Lutherjubiläums 1983 vom 26.4.1979 [auszugsweise Abschrift] (Kirchenarchiv Eisleben, Ordner Sterbehaus / Martin Luther / Gedächtnisprotokolle).

134 Vgl. Schreiben des Evangelischen Konsistoriums der Kirchenprovinz Sachsen an das Sekretariat des Bundes der Evangelischen Kirchen der DDR vom 22.4.1980, betr.: Luthers Sterbehaus in Eisleben und an das Lutherkomitee des Bundes der Evangelischen Kirchen in der DDR vom 5.5.1980, betr.: Luthers Sterbehaus in Eisleben (EZA 101/432).

DDR im Vorfeld des Lutherjubiläums ein harmonisches und kooperatives Verhältnis zu den Evangelischen Kirchen zu gewinnen. Von dem Komitee sollte deshalb auch das Signal einer einvernehmlichen Zusammenarbeit bei der Würdigung eines »der größten Söhne des deutschen Volkes«, wie Honecker Luther nannte, ausgehen.[135]

In Eisleben war von diesem Anliegen zunächst aber nichts zu spüren, wie die erneuten Konflikte um Luthers Sterbehaus zeigten. Mit der Berufung von Heinz Frühling zum Direktor der Eisleber Museen im März 1980 hatten sich Stadt und Partei eine »Stabilisierung« in der Vorbereitung des Lutherjubiläums erhofft.[136] Diese trat jedoch nicht ein, ganz im Gegenteil. Frühling zeigte sich als museumspolitischer Rammbock, der beispielsweise im Juli 1980 unangemeldet mit einer Gruppe von Hilfsarbeitern ins Sterbehaus eindrang und Umräumarbeiten vornahm. Als der geschäftsführende Pfarrer der Kirchengemeinde St. Andreas-Petri Klaus Bretschneider dagegen einschritt, konnte die für Kulturfragen zuständige Stadträtin die Situation noch entschärfen, indem sie das Interesse der Stadt an einem guten Einvernehmen zur Kirchengemeinde betonte.[137] Für Bretschneider bedeutete dieser »Verfahrensfehler« zwar keine Beeinträchtigung des »positive[n] Klima[s]« zwischen Stadt und Kirchengemeinde, der Vorfall beschleunigte aber auf kirchlicher Seite die Erarbeitung einer eigenen Ausstellungskonzeption.[138] Als die Kirchenvertreter Ende Dezember 1980 bei einer gemeinsamen Sitzung beim Eisleber Bürgermeister ihre Ausstellungsplanungen für das Sterbehaus vorstellten, stieß das bei den Vertretern der Stadt auf Unverständnis, da man bisher davon ausgegangen war, gemeinsam eine Ausstellungskonzeption zu erarbeiten. Für Irritation sorgte auch, dass die

---

135 E. HONECKER, Unsere Zeit verlangt Parteinahme für Fortschritt, Vernunft und Menschlichkeit (in: Martin Luther und unsere Zeit. Konstituierung des Martin-Luther-Komitees der DDR am 13. Juni 1980 in Berlin, 1980, 9–18), 11.

136 Schreiben von Werner (Rat des Kreises Eisleben) an die Kreisleitung der SED Eisleben vom 7.3.1980, betr.: Informationsbericht zum Stand der Vorbereitungen der Luthergedenktage 1983 (KrArch Mansfeld-Südharz, Rat des Kreises Eisleben, Nr. 13975).

137 Vgl. Aktennotiz zu dem Vorgang am 1.7.1980 in Luthers Sterbehaus, gez. Bretschneider (EZA 101/432).

138 Schreiben von Klaus Bretschneider an das Luther-Komitee des Bundes der Evangelischen Kirchen in der DDR vom 10.7.1980 (ebd.).

Kirche von der Stadt erwartete, die gesamten Kosten für die neue Ausstellung zu tragen.[139]

Das Unbehagen, das die Vertreter der Stadt und besonders des städtischen Museums nach dieser Sitzung empfunden haben müssen, spricht auch aus einem Problemaufriss, den Fritz Ebruy, wissenschaftlicher Mitarbeiter der Eisleber Museen, am Beginn des Jahres 1981 verfasste. Ebruy sah zwischen Kirche und Stadt gravierende Gegensätze in der Methode, der praktischen Ausführung und nicht zuletzt in der inhaltlichen Aussage der zu gestaltenden Ausstellungen:

> Wir gestalten weitgehend eine weltliche Problematik auf der Grundlage des historischen und dialektischen Materialismus, die Kirche wird dies religiös und idealistisch tun. [...] Wir werden uns bemühen, durch museale Sachzeugen (viele Gegenstände etc.) die Ausstellung nach musealen Gesichtspunkten zu gestalten, die Kirche wird sicher nur viel Papier beschreiben und den religiösen Inhalt an die Wand hängen. Hat die Kirche überhaupt für diese Räume gegenständliches Material?[140]

Zu dieser Zeit lag der von Ebruy erarbeite Ausstellungsplan für das Sterbehaus mit dem Titel »Martin Luthers Wirken in Eisleben während seiner letzten Lebensjahre und sein Tod« bereits vor. Als Bildungs- und Erziehungsziel hatte er formuliert: »Einmündung von Tat und Leistung Luthers in eine europäische Bewegung der frühbürgerlichen Revolution«.[141]

Das gemeinsame Interesse von Staat und Kirche an einer würdigen Umgestaltung des Sterbehauses ließ dann – trotz einer Vielzahl sich über Jahre hinziehender rechtlicher Streitigkeiten – den Wunsch nach einer einvernehmlichen Lösung reifen. Entscheidend dafür war, dass nach Räumung der Küsterwohnung die gesamten im Sterbehaus zur Verfügung stehenden zwölf Räume für die Ausstellung genutzt werden konnten. Als dann nach langwierigen Verhandlungen auf höchster staatlicher und kirchlicher Ebene am 5. Oktober 1982 der Rat der Stadt und die Evangelische Kirchen-

---

139 Vgl. Aktennotiz über die Aussprache mit Vertretern der Evangelischen Kirche am 23. 12. 1980 im Dienstzimmer des Bürgermeisters (StA Eisleben, E XIII D/8).

140 Probleme die im Zusammenhang mit der Ausstellungsgestaltung im Sterbehaus Dr. Martin Luthers auftreten, undat. (1981) (LASA, Abt. Merseburg, M 501, Rat des Bezirkes Halle, 3. Ablage, Nr. 19241, Bl. 86f).

141 Plan der Ausstellung für die Gedenkstätte »Luthers Sterbehaus«, erarb. v. F. EBRUY, undat. (1979) (Archiv StLu Eisleben, Nr. 14).

gemeinde St. Andreas-Petri-Pauli eine Vereinbarung über Luthers Sterbehaus unterzeichneten, ergab sich die einmalige und wohl nur unter den
Bedingungen des Lutherjubiläums mögliche Konstellation, dass in der DDR
eine im »Eigentum des Volkes« und in Rechtsträgerschaft der Stadt befindliche Gedenkstätte von einer Kirchengemeinde verwaltet wurde, die
dafür auch noch einen eigenen Kustos berufen durfte. Das seit 1868 bestehende Nießbrauchrecht der Kirche wurde im beiderseitigen Einvernehmen
im Grundbuch gelöscht. Hinsichtlich der Ausstellungskonzeption und der
künftigen Fachberatung beschlossen Stadt und Kirche die Bildung einer gemeinsamen, paritätisch zusammengesetzten Arbeitsgruppe,[142] in der seitens der Kirche die Hallenser Kirchenhistoriker Friedrich de Boor und Arno
Sames sowie der 1981 zum Kustos des Sterbehauses bestellte Theologe
Jürgen Bolde und seitens der Stadt Museumsdirektor Heinz Frühling, sein
wissenschaftlicher Mitarbeiter Fritz Ebruy sowie der Hallenser Historiker
Hermann Schorr vertreten waren.

Die »Verschönerungskur für die Lutherstätten« begann im März
1980.[143] Zahllose Industriebetriebe beteiligten sich mit Baukapazitäten
und Handwerkern an der umfangreichen Werterhaltung und Rekonstruktion der Lutherhäuser, die nicht nur die historische Bausubstanz einschloss,
sondern auch die Einrichtung bisher nicht vorhandner Kassenräume und
Sanitäranlagen vorsah. Die für die Sanierungsvorhaben in und um die Eisleber Lutherhäuser bereitgestellten Mittel summierten sich schließlich auf
1,4 Millionen DDR-Mark. Im Geburtshaus wurden so beispielsweise die
gesamte Dachkonstruktion sowie die Fachwerkaußenwände erneuert, im
›Schönen Saal‹ die übertünchte barocke Deckenausmalung freigelegt, die
Luther symbolisierende Schwanenfigur gereinigt, das Sandsteinrelief über
der Eingangstür in der originalen Farbigkeit von 1683 wiederhergestellt,
die zwölf Gemälde mit den Kurfürsten und Reformatoren restauriert und
die acht großformatigen Epitaphe, die seit 1817 im oberen Stockwerk ausgestellt waren, aus Platzgründen und gegen den Willen der Denkmalpflege
ins Sterbehaus überführt, wo sie allerdings aufgrund der raumklimatischen

---

142 Vereinbarung zwischen dem Rat der Stadt und der Kirchengemeinde St. Andreas-Ni-
   kolai-Petri Eisleben über die Regelung der Verhältnisse in »Luthers Sterbehaus« vom
   5.10.1982 (StA Eisleben, E XIII D/13).
143 Verschönerungskur für die Lutherstätten von Eisleben (Freiheit, 9.8.1980).

Bedingungen nur bis Ende 1983 gezeigt werden konnten und danach in der Andreas- und später in der Petri-Pauli-Kirche zur Ausstellung kamen.[144]

Bei den Sanierungs- und Restaurierungsmaßnahmen an den Lutherstätten wurde ein typisches DDR-Problem sichtbar, nämlich der Mangel an Baustoffen und Material. Die Instandsetzungsarbeiten kamen nur schleppend voran – ein Umstand, den nicht nur das Ministerium für Staatssicherheit aufmerksam registrierte,[145] sondern der auch zu einem öffentlichen Ärgernis geriet, als die DDR-Satirezeitschrift *Eulenspiegel* die Situation bei einer »Stippvisite in Eisleben« aufs Korn nahm. Die humoristische Kritik am katastrophalen Zustand der städtischen Altbausubstanz und an der fehlenden Werterhaltung hatte einen mehrseitigen Bericht des Rates des Kreises Eisleben an die SED-Kreisleitung zur Folge.[146] Hinsichtlich des 500. Geburtstages Martin Luthers hieß es im *Eulenspiegel*:

> Kürzlich informierte sich eine Delegation des Lutherkomitees über den Stand der Vorbereitungen auf das große Ereignis. Wenige Stunden vor ihrem Eintreffen wuchs am Sterbehaus pfeilgeschwind ein Gerüst empor. Die Delegation hat die Stadt bald wieder verlassen. Das Gerüst ist geblieben und läßt hoffen.[147]

Tatsächlich hatte sich am 6. Januar 1981 das kirchliche Lutherkomitee zu einem Arbeitsbesuch in Eisleben aufgehalten und die Baustellen der Lutherstätten besichtigt. Neben den Bischöfen Werner Leich und Werner Krusche nahmen daran auch der stellvertretende Staatsratsvorsitzende der DDR und Vorsitzende der Ost-CDU Gerald Götting sowie der Sekretär des Martin-Luther-Komitees der DDR Kurt Löffler teil. Während sich Leich und Krusche wohlwollend über die bisherigen Anstrengungen äußerten, erhob Löffler gegenüber dem Rat der Stadt und dem Rat des Kreises Eisleben

---

144 Vermerk über eine Besprechung betr. Restaurierungen im Geburtshaus Luthers in Eisleben am 8. 5. 1980, gez. Findeisen (Oberkonservator beim Institut für Denkmalpflege der DDR, Arbeitsstelle Halle) (Archiv StLu Eisleben, Nr. 11); F. EBRUY, Epitaphbilder aus dem 16. und 17. Jahrhundert in den Museen der Lutherstadt Eisleben, 14. 3. 1983 (Archiv Staatliche Museen zu Berlin, VA 2558).

145 Vgl. Bericht über den Stand der baulichen Reparatur- und Sanierungsarbeiten an den Bauten des Museums Eisleben vom 1. 4. 1981 (BStU, MfS, BV Halle, Nr. 3435788, Bd. I, Bl. 67).

146 Schreiben des Rates des Kreises Eisleben an die Kreisleitung der SED Eisleben vom 3. 4. 1981 (KrArch Mansfeld-Südharz, Rat des Kreises Eisleben, Nr. 13897).

147 W. KLEINERT, Stippvisite in Eisleben (Eulenspiegel 28/8 1981, 4).

den Vorwurf, zu spät und ohne die nötige Vehemenz mit den Planungen und Vorbereitungen des Lutherjubiläums begonnen zu haben.[148]

Das geringe Interesse, das die lokalen Parteifunktionäre den Lutherfeierlichkeiten entgegenbrachten, lässt sich einerseits mit dem für viele überraschenden Alleingang Honeckers in Sachen Luther,[149] zum anderen mit einem grundsätzlichen Misstrauen gegenüber der Kirche erklären. Nicht ohne Grund finden sich in der staatlichen Aktenüberlieferung immer wieder »Argumentationshilfen«, die auf umständliche Weise versuchten, den 500. Geburtstag von Martin Luther mit dem gleichfalls 1983 in der DDR begangenen 100. Todestag von Karl Marx in Einklang zu bringen[150] – von der Martin-Luther-Ehrung im Karl-Marx-Jahr war bald die Rede. Zudem ließ sich auch der kollektivistische Anspruch, der staatlicherseits an die Luthererinnerung gestellt wurde, in der Bevölkerung nur bedingt einlösen. Wenn es in einem Konzeptionspapier heißt: »Die Lutherehrung der DDR widerspiegelt das gemeinsame gleichberechtigte Wirken aller Bürger unseres Landes, ungeachtet ihrer Weltanschauung und Religion, die politisch-moralische Einheit des Volkes auf Grundlage der vom VIII. und IX. Parteitag [der SED] formulierten Politik der weiteren Gestaltung der entwickelten sozialistischen Gesellschaft zu vertiefen«,[151] stand dem die Beobachtung gegenüber, dass die »Haltung zu den Luthervorbereitungen [...] in der Stadt Eisleben relativ negativ [ist], da durch die bisherigen propagandistischen Aktionen für Müntzer das Lutherbild in Misskredit gebracht wurde.«[152]

148 Vgl. Information. Konzeptioneller Aufenthalt des kirchlichen Vorbereitungskomitees im Rahmen der Vorbereitungsmaßnahmen zur Luther-Ehrung 1983 in Eisleben vom 7.1.1983 (BStU, MfS, BV Halle, Nr. 3435/88, Bd. I, Bl. 57f).

149 Vgl. P. MASER, Mit Herrn Luther alles in Butter? Das Lutherjahr 1983 im geteilten Deutschland (in: Reformation und Bauernkrieg. Erinnerungskultur und Geschichtspolitik im geteilten Deutschland [Schriften der Stiftung Luthergedenkstätten in Sachsen-Anhalt 11], hg. v. J. SCHEUNEMANN, 2010, 163–179), 166.

150 Warum würdigt die DDR den 500. Geburtstag Martin Luthers?, undat. (ca. 1982) (KrArch Mansfeld-Südharz, Rat des Kreises Eisleben, Nr. 13910/1).

151 Konzeption zur Würdigung des 500. Geburtstages Martin Luthers im Jahr 1983 im Kreis Eisleben. Informationen über den Stand der baulichen Maßnahmen in den Luthergedenkstätten der Stadt Eisleben vom 8.1.1980 (StA Eisleben, E XIII D/4).

152 Reisebericht zur Tagung der Untersektion Feudalismus vom 11.–13.11.1980 in Eisleben und Erfurt (BArch Berlin, DR 141, Bestand Rat für Museumswesen, Nr. 23).

Als Museumsdirektor Heinz Frühling und sein wissenschaftlicher Mitarbeiter Fritz Ebruy im Frühjahr 1982 eine Artikelserie zum Lutherjubiläum in der SED-Tageszeitung *Freiheit* veröffentlichten, beschwerte sich ein alter KPD-Genosse in einem anonymen, mit »Rot Front« unterzeichneten Brief an das ZK der SED über den ›Luther-Rummel‹. Ihm war es unverständlich, wie man in der DDR mit Luther einen Mann feiern konnte, dem es doch nur darum gegangen sei, die bestehenden Machtverhältnisse zu erhalten:

> Der Rummel um Luther ist eine Angelegenheit, die sich für einen Marxisten nicht geziemt! [...] Dass in der DDR sogar Städte und Universitäten einen Namen des Pfaffen Luther tragen, der den Totschlag der Bauern empfahl [...], ist diesen Kreaturen [gemeint waren die Chefredakteure von DDR-Medien] mit ihrem Spatzenhirn noch nicht aufgefallen.[153]

Bezeichnend für das uneinheitliche Verhältnis der Staats- und Parteiführung zu Luther war auch eine Episode, die sich während der gemeinsamen Begehung der Eisleber Lutherstätten durch das kirchliche und staatliche Lutherkomitee am 10. März 1982 ereignete. Den Teilnehmern[154] hatte man am Nachmittag einen neuen, von den Museen der Stadt erarbeiteten Informationsprospekt mit dem Titel »Lutherstadt Eisleben« überreicht, der Luthers Wirken als Theologe und Reformator völlig verschwieg. Sowohl die kirchlichen wie auch die staatlichen Vertreter bezeichneten eine solche Darstellung als »irreführend«; der Prospekt müsse zurückgezogen werden. »Den Vertretern des Staates lag daran«, so hält es ein Vermerk aus dem

---

153 Anonymer Brief vom Mai 1982 an die Zeitung »Freiheit« und das ZK der SED (in: Volkes Stimmen. »Ehrlich, aber deutlich« – Privatbriefe an die DDR-Regierung, hg. v. S. Suckut, 2016, 322–324).

154 Teilnehmer der Begehung waren u. a. Gerald Götting (Stellv. Vorsitzender des Staatsrates der DDR und Stellv. Vorsitzender des Martin-Luther-Komitees der DDR), Kurt Löffler (Sekretär des Martin-Luther-Komitees der DDR und Staatssekretär im Ministerium für Kultur), Klaus Gysi (Staatssekretär für Kirchenfragen), Siegfried Rakotz (Leiter des Organisationskomitees des Martin-Luther-Komitees der DDR), Helmuth Klapproth (Vorsitzender des Rates des Bezirkes Halle), Werner Leich (Landesbischof der Evangelisch-Lutherischen Kirche in Thüringen und Vorsitzender des Lutherkomitees der Evangelischen Kirchen), Werner Krusche (Bischof der Evangelischen Kirche der Kirchenprovinz Sachsen), Harald Schultze (Oberkonsistorialrat in Magdeburg) und Gottfried Zollmann (Sekretär des Lutherkomitees der Evangelischen Kirchen).

Abb. 2: Arbeitsbesuch des kirchlichen Lutherkomitees am 10. März 1982. V.l.n.r.: Bischof Werner Krusche, Pfarrer Klaus Bretschneider und Gerald Götting (Foto: Stiftung Luthergedenkstätten in Sachsen-Anhalt)

Magdeburger Konsistorium fest, »durch eigene scharfe Kritik an diesem Vorgang davon zu überzeugen, daß mit gleichen Zwischenfällen in der Zukunft nicht mehr gerechnet werden müsse.«[155]

Möglicherweise beschleunigte diese Begebenheit die oben bereits genannten Verhandlungen, die eine kirchliche Zuständigkeit für das Sterbehaus sicherten. Inhaltlich jedenfalls konnte die Kirche ihre Forderung nach einer theologisch-kirchengeschichtlichen Akzentuierung der Ausstellung

155 Vermerk über ein Gespräch anlässlich der Begehung von Lutherstätten am 10. März 1982 in Halle über Luthers Sterbehaus in Eisleben (EZA 101/433).

244

im Sterbehaus durchsetzen. Während man im Geburtshaus »deutlich erkennbar um eine marxistische Darstellung«[156] bemüht war und man sich dort Luthers Herkunft, seiner Kindheit und Jugend bis zum Klostereintritt sowie der Geschichte des Hauses widmete, betonte man im Sterbehaus explizit das kirchliche Anliegen einer musealen Luthermemoria, welche die Grundzüge der lutherischen Theologie zu veranschaulichen suchte. Da die Ausstellungen im Sterbehaus nun nicht mehr auf die Wohn- und Sterberäume beschränkt bleiben mussten, konnte Luthers letzter Aufenthalt und sein Tod in den größeren kirchengeschichtlichen Zusammenhang mittelalterlicher und reformatorischer Frömmigkeit eingebettet werden. Luther habe, so die Ausstellungskonzeption, bei seinem letzten Aufenthalt in Eisleben in Predigten, Gesprächen und Gebeten bis in die Stunden seines Sterbens hinein ein Zeugnis seines persönlichen Glaubens abgelegt. Darüber hinaus sei es ihm in den Verhandlungen mit den Mansfelder Grafen auch um die Regelung der kirchlichen Verhältnisse in der Grafschaft gegangen.

> Luthers letzter Aufenthalt in Eisleben diente dem Ziel, die kirchlichen und politischen Verhältnisse in seinem Vaterland im Interesse eines evangelischen Kirchenwesens zu ordnen. Dieses Bemühen ist einzubringen in die gesamtkirchliche Zielsetzung der Reformation: die Erneuerung der Kirche durch die Predigt des Evangeliums.[157]

Doch nicht nur bei der inhaltlich-konzeptionellen Ausgestaltung des Sterbehauses legte die Kirche Wert auf Eigenständigkeit. Als die gemeinsame Wiedereröffnung der beiden Eisleber Lutherhäuser im Beisein von Vertretern des staatlichen und kirchlichen Lutherkomitees verabredet wurde, betonte man:

> Die besondere Kompetenz der Kirche für das Sterbehaus darf durch die gemeinsame Eröffnung nicht verdeckt werden. Auch wenn eine gegenseitige Einladung der beiden Komitees zu der Eröffnung des jeweils andern Hauses durchaus möglich ist, muß der rechtliche Status deutlich bleiben.[158]

---

156 Bemerkungen von Günter Vogler zum Ausstellungsdrehbuch für die Gedenkstätte Luthers Geburtshaus in Lutherstadt Eisleben vom 24.10.1981 (StA Eisleben, E XIII D/8).
157 Stellungnahme von Friedrich de Boor zum Drehbuchentwurf für die Gedenkstätte Luthers Sterbehaus vom 10.2.1982 und Konzeption für Luthers Sterbehaus (September 1982) (Kirchenarchiv Eisleben, Konzeption Luthers Sterbehaus, o. Nr.).
158 Niederschrift über die Sitzung des Geschäftsführenden Ausschusses des Lutherkomitees der Evangelischen Kirchen am 20.9.1982 (EZA 101/3002).

Dem trug der Ablauf der Museumseröffnung am 18. Februar 1983 Rechnung. Am Geburtshaus wurde symbolisch der Schlüssel durch den VEB Denkmalpflege an den Bürgermeister Helmut Kunze übergeben. Nach einer Besichtigung des Museums zog die Festgemeinde weiter zum Sterbehaus. Auch dort gab es eine Schlüsselübergabe an den Bürgermeister, der den Schlüssel allerdings nach einer kurzen Ansprache an Pfarrer Klaus Bretschneider als Vertreter der St. Andreasgemeinde weiterreichte.[159]

Von der Eröffnung im Februar bis Mitte November 1983 konnten im Geburtshaus 79.218 Besucher und im Sterbehaus 76.974 Besucher gezählt werden, der Anteil ausländischer Besucher lag jeweils bei einem Drittel. Zu diesen hohen Besucherzahlen der Museen trug freilich auch bei, dass die Stadt Anfang Juni 1983 einen zehntägigen mittelalterlichen Markt veranstaltete, der tausende Besucher anzog, und vom 17. bis 19. Juni 1983 einer von sieben regionalen Kirchentagen der DDR in Eisleben stattfand. Nicht alle Museumsbesucher werden Eisleben allerdings mit guten Eindrücken verlassen haben, denn mitunter kam es während der Besichtigungen der Lutherhäuser zu Irritationen. So trat Museumsleiter Heinz Frühling im Juni 1983 bei der Führung einer Reisegruppe aus der Bundesrepublik, die sich aus Pfarrern, Theologieprofessoren und Dozenten eines theologischen Seminars zusammensetzte, mit seinem SED-Parteiabzeichen auf, was die Gruppe als Verhöhnung ihres Glaubens betrachtete und empört das Geburtshaus verließ.[160]

Mit den kirchlichen Abschlussfeiern des Lutherjahres am 10. November 1983 auf dem mit mehreren tausend Menschen gefüllten Eisleber Marktplatz kamen die kirchlichen Festlichkeiten in der DDR zu ihrem Ende.[161] Die Eisleber Lutherhäuser hatten vom Lutherjubiläum profitiert, zum einen von den hohen Investitionen, die umfassende Sanierungen und neue Ausstellungen ermöglichten und die Museen überhaupt erstmals in

---

159 Vgl. Ablaufplan der Begehung der Lutherstätten und Wittenberg und der Wiedereröffnung der rekonstruierten Museen und ihrer neu gestalteten Dauerausstellungen im Geburts- und Sterbehaus Martin Luthers in Eisleben vom 18.1.1983 (KrArch Mansfeld-Südharz, Nr. 13910/1).

160 Vgl. Information der Eisleben-Information vom 5.6.1983 (StA Eisleben, E XIII D/7).

161 Vgl. P. MASER, »Mit Luther alles in Butter?« Das Lutherjahr 1983 im Spiegel ausgewählter Akten, 2013, 314–326.

Abb. 3: Wiedereröffnung des Geburtshauses am 18. Februar 1983. V.l.n.r: Klaus Gysi, Staatssekretär für Kirchenfragen; Oberkonsistorialrat Harald Schultze; Eberhard Hohaus, Vorsitzender des Rates des Kreises Eisleben; Gerald Götting, Stellv. Vorsitzender des Staatsrates der DDR; Siegfried Wagner, Stellv. Minister für Kultur der DDR; Landesbischof Werner Leich; Fritz Ebruy, wissenschaftlicher Mitarbeiter der Eisleber Museen; Helmut Kunze, Bürgermeister der Stadt Eisleben (Foto: Stiftung Luthergedenkstätten in Sachsen-Anhalt)

ihrer Geschichte in einen modernen, besucher- und tourismusfreundlichen Zustand versetzten; zum anderen von den daraus resultierenden hohen Besucherzahlen.

In den Folgejahren fielen die Zahlen im Geburtshaus und im Sterbehaus zwar jeweils auf 29.000 im Jahr 1984 und auf knapp 15.000 im Jahr 1985 zurück, viel schwerer wogen allerdings die der Mangelwirtschaft im Spätsozialismus der DDR geschuldeten Einschnitte in die alltägliche Museumsarbeit. »Wir müssen uns von nun an auf einen sehr engen Gürtel einstellen«, meinte Museumsdirektor Frühling im März 1989, als ihm die

Stadt eine Kürzung seines Budgets um 89.000 DDR-Mark mitteilte.[162] Die Dynamik des politischen Umbruchs in der DDR 1989/90 hatte auf die inhaltliche Gestaltung der Luthermuseen indes keine Auswirkungen. Anders als im »Kabinett der Freundschaft«, in dem die Ausstellung im Herbst 1989 eilig den »durch die revolutionären Ereignisse hervorgerufenen neuen Gesichtspunkten anzupassen« war,[163] blieben die zum Lutherjubiläum 1983 entwickelten Präsentationen bis in die 1990er Jahre hinein bestehen. Im Jahr 1996 wurden die Eisleber Lutherhäuser ins UNESCO-Weltkulturerbe aufgenommen; heute gehören sie zusammen mit dem Lutherhaus und dem Melanchthonhaus in Wittenberg sowie Luthers Elternhaus in Mansfeld zur 1997 gegründeten Stiftung Luthergedenkstätten in Sachsen-Anhalt, in deren Verantwortung 2008 und 2013 für das Geburtshaus bzw. das Sterbehaus museale Erweiterungsbauten mit neuen Dauerausstellungen entstanden.

---

162 Schreiben von Heinz Frühling an Hanna Rößler vom 27.3.1989 (Archiv StLu Eisleben, Nr. 12).
163 Schreiben von Heinz Frühling an den Rat der Stadt vom 8.12.1989, betr.: Vorübergehende Schließung des »Kabinetts der Freundschaft« (ebd.).

Reformation im Spannungsfeld der deutenden Ein- und Zuordnungen

Ein orientierender Prospekt

Von Christian V. Witt

I Präludium

Der große geschichtliche, in sich vielfältige und spannungsreiche Ereigniszusammenhang und Phänomenbestand, der bündelnd mit dem Begriff »Reformation« bezeichnet wird, erfreut sich einer nicht zu verkennenden Aufmerksamkeit. Diese überschritt angesichts vergangener Erinnerungsveranstaltungen die Grenzen kirchlicher wie wissenschaftlicher Milieus, und die Reformation schaffte es im Zuge der Festivitäten rund um ihr 500. Jubiläum zuweilen bis in die deutschlandweite Tagespresse oder in bestimmte Formate des öffentlich-rechtlichen Rundfunks. Dabei kamen – das wurde rasch deutlich – ganz grundsätzliche Einordnungsfragen und Vergewisserungsanliegen aufs Tapet, und zwar durchaus kontrovers. Es wurde mitunter genauso öffentlichkeitswirksam wie wuchtig über historisches Verständnis und gegenwärtige Bedeutung der Reformation diskutiert. Die entsprechenden Auseinandersetzungen zu beobachten, war ungemein aufschlussreich. Denn die Herausforderung der geschichtlichen Interpretation der Reformation berührt offenkundig nach wie vor tiefgreifendere Orientierungsbedürfnisse von identitätspolitischer Tragweite in Theologie und Kirche(n). Nun behauptet die Reformation zwar anders als in der Tagespresse in Forschung und Lehre dauerhaft ihren festen Platz. Doch auch der ist keineswegs unumstritten: Bestimmte transdisziplinäre und internationale Forschungstrends einerseits, das verschärfte Ringen um spürbar knapper werdende Ressourcen andererseits sorgen auf verschiedenen Ebenen für Diskussionen um Bedeutung und Funktion des Themenkomplexes für die akademische Ausbildung sowie für die Selbstwahrnehmung protestantischer Kirchen und Gemeinden.

Die lediglich angeschnittenen Diskursfelder und die dort ausgetragenen Deutungsdebatten spiegelt nicht zuletzt der Buchmarkt: Im deutschsprachigen Raum ist in den letzten rund eineinhalb Jahrzehnten eine Fülle an wissenschaftlich fundierter Literatur erschienen oder neu aufgelegt worden, die gezielt Rezipientengruppen jenseits der engeren Fach- und Expertenkreise anspricht. Vor dem Hintergrund grundsätzlicher Orientierungs- und Deutungsfragen verspricht die Sichtung solcher (kirchen-)historischer Einführungs- und Überblicksliteratur besonders eines, nämlich einen umfassenden Eindruck, was das betreffende Publikum innerhalb wie außerhalb der akademischen Welt über die Reformation, ihre zugrunde- und vorausliegenden Dynamiken, ihre Akteure und ihre Ausgestaltung, ihre Reichweite, Dauer, Wirkung und Leistung, schließlich ihre historische Einordnung und Gegenwartsbedeutung nach Meinung der gelehrten Autorinnen und Autoren wissen soll. All jene Punkte sind für die wertende Erörterung von Gewesenem und Bleibendem hochgradig relevant – für ein Erörterungsfeld also, das aufgrund der nicht selten scharf geführten Debatten für die programmatische Profilierung der betreffenden Werke von zentraler Bedeutung ist. Insofern vermag die Durchsicht einer gewissen Auswahl an fachwissenschaftlich verantworteter Einführungs- und Überblicksliteratur in zuspitzender Art durchaus Aufschluss zu geben über den Stand, die Programme und die virulenten Debatten der reformationsgeschichtlichen Forschung. Deutungshoheit, Popularität und Beständigkeit sind eben auch und gerade im Bereich des hier im Mittelpunkt stehenden Genres der Historiographie nicht zu trennen.

Die folgenden Ausführungen nehmen nun im Sinne eines Forschungsberichts eine ganze Reihe von Einführungs- und Überblickswerken zur Reformation aus der Feder ausgewiesener Expertinnen und Experten in den Blick. Sollten mehrere monographische Darstellung aus einer Feder für diesen Bericht vorgelegen haben, wird nur eine näher betrachtet, weitere verfügbare werden in den Anmerkungen aufgeführt. Die getroffene Auswahl folgt dabei zum einen von Herausgeber und Autor dieses orientierenden Prospekts gemeinsam definierten Kriterien: Die konsultierten Einzeldarstellungen historischer und theologischer Provenienz sollten sich explizit mit der Reformation in umfassender Weise beschäftigen; sie sollten zumindest in der je aktuellen Neuauflage oder Übersetzung nicht älter als 15 Jahre sein, um einen bezüglich des gegenwärtigen Diskussionsstandes aussagekräftigen, aber aus Bewältigungsgründen nicht überdehnten Beobachtungszeitraum zu gewährleisten; sie sollten zwecks leichterer Rezipierbarkeit und daraus resultierender Breitenwirkung in deutscher Sprache vorliegen, was Übersetzungen fremdsprachiger Monographien für den hiesigen Buchmarkt einschloss; sie sollten schließlich sich nicht nur und nicht primär an die Gruppe der Fachspezialistinnen und -spezialisten richten, sondern an ein deutlich breiteres Publikum. Zum anderen war ein Koeffizient für die Auswahl bestimmend, der sich der Verantwortung von Herausgeber und Autor entzog: Einige Bücher, die der Berücksichtigung wert waren und die vielleicht bei der Lektüre des folgenden Forschungsberichts mal mehr, mal weniger schmerzlich vermisst werden, lagen nicht vor, sei es, weil sie vergriffen sind, sei es, weil sie vom jeweiligen Verlag angesichts des Publikationsdatums nicht mehr zur Verfügung gestellt wurden.

Die nun vorliegende Zusammenschau folgt in ihrem Zuschnitt als inhaltlich-thematisch fokussierender Forschungsbericht spezifischen Fragen, die das Spektrum der berücksichtigten Buchpassagen leitend durchdringen und subjektiven Lektüreeindrücken sowie dem Lutherjahrbuch, für das dieser Text entstand, geschuldet sind: Wie wird die Reformation warum gedeutet und historisch verortet? Welche Rolle wird Luther für sie und in ihr zugesprochen, und welches Lutherbild resultiert daraus? Und was macht eigentlich das Reformatorische an der Reformation aus? Diese aufs Engste verbundenen sowie erkennbar an Grundlegendem interessierten Leitfragen verleihen den nachfolgenden Ausführungen ihre Struktur, die vornehmlich dem Zusammenspiel von Zuordnungen und Einordnungen, von Bedeutungen und Deutungen nachspürt. Jene Leitfragen ermöglichen zudem einen kursorischen Vergleich von Publikationen, die mit Blick auf Umfang, Ausstattung, Format etc. ganz unterschiedlichen Voraussetzungen unterlagen, beispielsweise in Form spezifischer Reihen- oder Verlagsvorgaben. Entsprechend sollen im Folgenden die Autorinnen und Autoren selbst zu Wort kommen, wo immer es geht – durchaus auch ausführlich, wo immer es nötig ist. Doch nun vorerst nicht weiter zur Lage, sondern zur Sache.

II Bewältigung thematischer Komplexitätsreduktionen

Die qua Genre angestrebte Vermittlung reformationshistorischen Grundlagenwissens an ein wenig bis gar nicht informiertes, aber potentiell interessiertes Publikum erfordert notwendigerweise inhaltliche Komplexitätsreduktionen. Diese wiederum lassen Gewichtungen und Wertungen sichtbar werden, sie verlangen Zuspitzungen. Die unabdingbaren Komplexitätsreduktionen gehen nicht selten aufgrund externer, an den Publikationsort gebundener Vorgaben mit Beschränkungen des zur Verfügung stehenden Raums der ohnehin zuspitzenden Darstellung einher, was die Notwendigkeit der zeitlichen wie thematischen Strukturierung, ja der Schematisierung mit sich bringt. Die Ergebnisse reihen- oder verlagsbedingter Vorgaben in Form getroffener Beschränkungen oder Eingrenzungen beckmesserisch zu kommentieren, ist jedenfalls weder Aufgabe noch Anliegen der vorliegenden Beobachtungen. Vielmehr beeindrucken doch Einführungs- oder Überblickswerke, deren Qualität und Bewährtheit unbenommen jener doppelten Beschränkung von inhaltlicher Komplexität und verfügbarem Raum inklusive der daraus erwachsenden Zwänge aus der Tatsache gleich mehrerer Neuauflagen sprechen.

So brachte es die von Luise Schon-Schütte vorgelegte, mit Anhängen lediglich 128 Seiten umfassende und mittlerweile geradezu klassischen Rang behauptende Einführung *Die Reformation. Vorgeschichte – Verlauf – Wirkung* 2017 auf die stolze Zahl von sieben Auflagen in rund 20 Jahren.[1] Die Leistung des Büchleins im Kontext der Überwindung gegensätzlicher deutsch-deutscher Reformationsgeschichtsschreibung wird dereinst sicher nicht gering zu veranschlagen sein, doch das angesichts der angeführten Leitfragen dieses Forschungsberichts nur am Rande. Von der Voraussetzung ausgehend, dass die Vergangenheit »eine zeitgebundene Rekonstruktion generationenbezogener Erinnerungen und insofern durch die jeweils nachfolgenden Generationen neu beschreibbar« ist, geht es Schorn-Schütte grundsätzlich um die Entflechtung der »Deutungsvielfalt, die *die* Reformation hat über sich ergehen lassen müssen«, und zwar nicht ausschließlich zur ideologiekritischen Dekonstruktion überkommener Narrative, son-

---

1 L. SCHORN-SCHÜTTE, Die Reformation. Vorgeschichte – Verlauf – Wirkung (C.H.Beck Wissen 2054), (1996) ⁷2017, 128 Seiten.

dern auch in der Absicht, nach entsprechender Prüfung »– vielleicht – zur Weiterführung historischer Identifikationsmuster beizutragen«.[2] Das legt bereits die Einnahme einer ergebnisoffenen Perspektive und einen entsprechenden Umgang auch mit vorausgegangenen historiographischen Zugriffen nahe. Und tatsächlich ist die unaufgeregt konstruktive, auf kritische Distanzierungen keineswegs verzichtende Aufnahme wirkmächtiger Konzepte der Reformationsgeschichtsschreibung – nicht zuletzt desjenigen von Ernst Troeltsch – mindestens spürbar.[3]

»Eine Beschreibung der Reformation in Deutschland bedeutet stets Darstellung der wechselseitigen Verzahnung von weltlichen und geistlichen Ursachen, ohne daß die Dominanz eines einzigen Faktors zu behaupten wäre«, denn beide Bereiche sind vor dem Hintergrund der »Einheit einer zeitgenössischen ›Kultur‹« zu analysieren.[4] Diese Kultureinheit, verstanden als »einheitliche ›Kultur der Reformation‹«,[5] und die sich daraus ergebenden Wahrnehmungshorizonte der Zeitgenossen seien freilich kein Spezifikum des 16. Jahrhunderts, sondern Erbe der vorangegangenen Jahrhunderte. Das betrifft auch eine so entscheidende Persönlichkeit wie Luther, dessen Denken und Wirken nur im weiten Rahmen des Spätmittelalters adäquat erfasst werden könne.[6] Gleichwohl verbiete sich eine Verortung Luthers ausschließlich im Mittelalter; auch der beginnenden Epoche der Frühen Neuzeit sei der Reformator zuzurechnen: »Das ›entweder – oder‹ muß heute durch ein ›sowohl – als auch‹ ersetzt werden«, denn »Luthers Biographie ist diejenige des ›Wanderers zwischen den Welten‹«.[7] Die historische Beschäftigung mit ihm sei folglich dazu angetan, »auch das Nachdenken über die Epochengrenzen« wiederzubeleben.[8] Die Herausforderung der epochalen Zuordnung dürfte wesentlich an dem liegen, was Schorn-Schütte als »systemsprengende Kraft« am und im Denken Luthers ausmacht: »Luthers ›sola‹-Theologie [...] hatte weitreichende und kritische

---

2 AaO., 7.

3 Vgl. exemplarisch aaO., 8.46f.72f.77f; zur prägnanten Einordnung Troeltschs vgl. aaO., 93–95.

4 AaO., 10.

5 AaO., 73.

6 Vgl. aaO., 12.

7 AaO., 27.

8 Ebd.

Konsequenzen für Theologie *und* kirchliches Leben«, wobei »gerade durch die Verzahnung von Theologie und Zeitkritik die *systemsprengende* Kraft der Lutherischen Theologie greifbar« werde.[9] Aus seiner Theologie, deren immens kritisches Potential in Luthers Ablasskritik erstmals öffentlich zum Ausdruck gelangt, spreche eben Neues – Neues »auch in seiner sozialen und politischen Dimension«.[10]

So wird die systemsprengende Kraft in Luthers Theologie gesucht und zugleich konstatiert, die »enge Verzahnung von Religiösem und Sozialem, von Religiösem und Politischem« sei das »Charakteristikum des 16. Jahrhunderts; ohne diesen Grundzug der Zeit ist die Reformation nicht zu verstehen«.[11] Entsprechend müsse nicht nur eine massive Wirkung der theologisch in Wittenberg entfesselten Veränderungsdynamik in Gesellschaft und Politik angenommen, sondern auch die schwerlich zu überschätzende Bedeutung der Theologie für die Bestimmung der Reformation und ihrer Bedeutung ernstgenommen werden.[12] Das gelte auch bei allem »Changieren der Deutung zwischen Umbruch und Kontinuität« als »Ergebnis der je zeitgebundenen Blickrichtung auf die Reformation und die Reformatoren«.[13] Kurz: Die Wirkkraft der theologischen Einsichten Luthers »war offensichtlich so groß, daß trotz der den Zeitgenossen bewahrenswert erscheinenden Traditionen das Neue das Wichtige war. Und diese Verbindung ist entscheidend: Wenn die reformatorische Theologie nur in Gemeinsamkeit mit der erneuerten Tradition gemeindlicher Ordnung ihre ungestörte Entfaltung finden konnte, dann liegt darin der Kern der Reformation«.[14] Und die nahm ihren Anfang als komplexer Ereigniszusammenhang von erheblicher geschichtlicher Tragweite bei Luther und in Wittenberg:

> So unbestreitbar die überregionale Verzahnung historischer Abläufe auch in der ersten Hälfte des 16. Jahrhunderts bereits war, so unbestreitbar bleibt die Initiatorfunktion der Wittenberger Thesenpublikation, die ausstrahlende Wirkung ihres theologischen Anliegens.[15]

9 AaO., 30.
10 AaO., 36.
11 AaO., 77.
12 Vgl. aaO., 103.
13 AaO., 107.
14 AaO., 110.
15 AaO., 10f.

Auch der konzise, 2017 in dritter Auflage erschienene Überblick in Olaf Mörkes *Die Reformation. Voraussetzungen und Durchsetzung*[16] misst dem Jahr 1517 die Bedeutung eines Initialpunktes bei, ohne freilich seine historische Einbettung in umfassende Bedingungsgefüge und Entwicklungsprozesse in Abrede zu stellen. Damit orientiert sich seine Darstellung »am Gängigen, was nicht schon deshalb abgelehnt werden kann, weil es eben ›gängig‹ ist«.[17] Unbestreitbar trafen in der ersten Hälfte des 16. Jahrhunderts »die Diskursfelder von Theologie/Glauben, Gesellschaft und Politik aufeinander und bildeten einen Handlungszusammenhang von höchster Komplexität gegenseitiger Verweisungen«.[18] Dennoch lässt sich die Bedeutung des Thesenanschlags als Anfangspunkt begründen: Die schon im Vorfeld in Ansätzen von Luther entwickelte »*sola*-Theologie stellte nicht nur die Werkgerechtigkeit in Frage, sondern auch das Bußsakrament, das Priesteramt und damit wesentliche Elemente des Selbstverständnisses und der Organisation der Kirche. [...] Im Zusammenhang mit der ersten prägnanten Formulierung jener Axiome seiner Theologie stehen auch die fast zeitgleich entstandenen 95 Thesen Luthers zum Ablass«.[19]

In ihnen und durch sie verbreitete sich eine ungeheure Dynamik, die aus theologischen Erwägungen und Einsichten erwachsen und die wegen der angeführten »Verklammerung der Diskurse« nicht mehr einzudämmen war.[20] Schließlich mussten die »Leerstellen, die sich aus dem Zusammenbruch der päpstlichen und konziliaren Lehrautorität einerseits und aus der Ablehnung der Heilsnotwendigkeit der Guten Werke durch Luthers Rechtfertigungslehre andererseits ergaben, [...] sowohl durch weitere Pointierung des theologischen Zentralarguments der *sola*-Prinzipien als auch durch deren Zuführung auf den konkreten politischen und gesellschaftlichen Kontext gefüllt werden«.[21] Entsprechend hing der »wirkungsgeschichtliche Erfolg, die Durchsetzung der theologischen und organisatorischen Konzepte

---

16 O. MÖRKE, Die Reformation. Voraussetzungen und Durchsetzung (EDG 74), (2005) ³2017, XI + 192 Seiten.
17 AaO., 1.
18 AaO., 3.
19 AaO., 8.
20 AaO., 11.
21 Ebd.

von Reformation, [...] von deren Vernetzungs- und Integrationsfähigkeit im politisch-sozialen Handlungskontext ab«.[22]

Ein »genuin theologischer Ursprung«[23] jener Veränderungsdynamik sei unbestreitbar, doch konnte es vor dem Hintergrund der Verklammerung der Lebensbereiche und Diskurse nicht bei einer Begrenzung auf das theologische Milieu bleiben:

> Bei aller Differenz ging es den Protagonisten der theologischen Erneuerung um die innere und äußere Gestalt der Kirche als die die normativen Grundlagen des individuellen und kollektiven Seins setzende Instanz. Sie trafen zudem auf ein politisches und soziales Umfeld, das sich bereits im Wandel befand oder bereit war, normative Wandlungsimpulse aufzunehmen.[24]

Daher bleibe festzuhalten, dass sich »Kontinuitäten und Diskontinuitäten überlagerten«[25] und zugleich die »Frage nach dem Epochencharakter der Reformation, kreisend um entwicklungsqualifizierende Begriffspaare wie z.B. ›Kontinuität und Umbruch‹, ›Reform und Revolution‹ [...] zu den Kernpunkten der geschichtswissenschaftlichen Debatte« gehöre.[26] Insgesamt stelle die auf theologische Impulse zurückzuführende Reformation einen vielschichtigen »historischen Prozess« dar, in dessen Verlauf die »innertheologische Kritik an Glaubensgrundsätzen und kirchlicher Praxis, die von Wittenberg und Zürich ihren Anfang nahm«, auf Politik und Gesellschaft übergriff, wobei dieses Übergreifen wiederum durch den »Leitcharakter der Theologie für die normative Begründung von politischem und gesellschaftlichem Handeln« bedingt gewesen sei.[27]

III Problem inhaltlichen Differenzierungsverzichts

Auf die ganze von Schorn-Schütte und Mörke unzweideutig herausgestellte Komplexität der unter der Kategorie ›Reformation‹ versammelten Ereig-

---

22 AaO., 22.
23 AaO., 13.
24 AaO., 24.
25 AaO., 3.
26 AaO., 1. Vgl. dazu die knappe Sichtung des jüngeren reformationshistorischen Debattenstands aaO., 146–151.
27 AaO., 64.

nisse und Phänomene verweist gleich einleitend auch Alfred Kohler in *Von der Reformation zum Westfälischen Frieden* von 2011.[28] Kohler, der die einschlägige Darstellung von Heinrich Lutz in derselben Reihe erst betreut und schließlich durch eine eigene teils ergänzend aufgegriffen, teils ersetzt hat, erklärt, traditionelle Epochenbegriffe wie »Reformation« eigneten sich nach wie vor, »wenn dabei bedacht wird, dass damit komplexe Vorgänge in Gesellschaft und Staat erklärt werden können«.[29] Genau diesen Erklärungen widmet sich sein Buch, und sie geben in ihrer Knappheit offenbar wenig Anlass zu differenzierten Betrachtungen.

So nahm man beispielsweise im Laufe der Reformation sicher »subjektive Rückprojektionen vor, um das eigene reformatorische Anliegen zu begründen und zu rechtfertigen«, woraus sich jedoch nicht zwingend ergebe, dass »Zeitgenossen […] auf Seiten der Altgläubigen« stets »wenig Verständnis für die Forderungen der Reformation« hatten.[30] Allerdings stoßen solche Erklärungen – ungeachtet oder vielleicht gerade wegen ihres Mangels an Differenzierung – an ihre Grenzen: Die spätmittelalterlichen »Rahmenbedingungen der Reformation erklären wohl vieles, eines aber nicht: die Dynamik, die von den Persönlichkeiten, den Reformatoren und Predigern, welche die Reformation getragen haben, ausging. Prophetische Menschen mit großer Überzeugungskraft, mit Charisma, Konsequenz und Härte und mit einer großen Gefolgschaft«[31] – und möglicherweise ja auch mit erheblicher Bildung, scharfer Beobachtungsgabe, medialem Talent, bahnbrechenden Ideen und plausiblen Anliegen. Durch diese und andere Ergänzungen wäre der Blick nicht zuletzt auf die reformatorische Botschaft, auf die religiösen Inhalte und die theologischen Gehalte gelenkt, die man ihrerseits zumindest versuchsweise zur Erklärung der aus den spätmittelalterlichen Rahmenbedingungen in der Tat nicht gänzlich verständlichen Dynamik heranziehen könnte und sollte. Dass es bezüglich der bis dahin ungekannten Durchschlagskraft der Reformation »sowohl charismatischer

---

28 A. KOHLER, Von der Reformation zum Westfälischen Frieden (Oldenbourg Grundriss der Geschichte 39), 2011, XII + 253 Seiten.
29 AaO., 1.
30 AaO., 20.
31 AaO., 25.

Persönlichkeiten als auch eines aufgestauten Reformpotenzials« bedurf-te,[32] wäre damit ja keineswegs in Abrede gestellt.

Ganz außer Acht könne und dürfe die Theologie dann auch nicht blei-ben, ohne freilich inhaltlich größere Differenzierungsleistungen zu provo-zieren: »Das *sola fide*-Prinzip, das Luther entwickelte, sollte zum wich-tigsten Unterscheidungskriterium des Luthertums zu anderen Religionen bzw. Konfessionen werden«.[33] Jedenfalls fand die mit Luthers »Angriff auf die Ablasspraxis verbundene grundsätzliche Kritik am Bußsakrament [...] in breiten Kreisen der Bevölkerung im Reich eine bereitwillige Aufnahme, getragen von einer wohl national motivierten Romfeindlichkeit«.[34] Die damit implizierten »instabilen politischen Verhältnisse ermöglichten dem Luthertum seine Entfaltung in den Territorien und Reichsstädten – diese Phase wurde später nicht selten als ›Sturmjahre der Reformation‹ bezeich-net«,[35] an deren Ende auch »eine politische Koordination zwischen Zwing-lianismus und Luthertum [...] an theologischen Fragen« scheiterte.[36]

Der sich nicht nur, aber auch und vor allem in kategorialer Vereinfa-chung niederschlagende inhaltliche Differenzierungsverzicht ist unver-kennbar und lässt sich auch an *Das verlorene Paradies. Europa 1517 – 1648* von Mark Greengrass[37] beobachten, und zwar noch einmal deutlich poten-ziert, obgleich das Buch im Gegensatz zu den drei vorherigen keinen irgend-wie schwerwiegenden Verknappungszwängen aufgrund reihenspezifischer Vorgaben unterworfen ist. 2014 in englischer, 2018 schließlich in deutscher Sprache publiziert, entwirft es ein primär an sozial- und kulturgeschicht-lichen Leitlinien ausgerichtetes detailfreudiges Panorama, das seinen Aus-gang bei der Reformation nimmt. Eigentümlich programmatisch nimmt sich deren Charakterisierung als Akt der Destruktion inklusive der von Greengrass gewählten flankierenden Begrifflichkeiten aus:

---

32 AaO., 26.
33 AaO., 27.
34 AaO., 28.
35 AaO., 30.
36 AaO., 32f.
37 M. GREENGRASS, Das verlorene Paradies. Europa 1517–1648. Aus dem Englischen von Michael Haupt, 2018, 781 Seiten. Das 2014 erschienene englische Original trägt den Titel *Christendom Destroyed. Europe 1517–1648*.

Das westliche Christentum war ein großes Projekt, das auf die europäische Einheit zielte und ein Jahrtausend brauchte, um zur Reife zu gelangen – während seine Zerstörung sich ebenso schnell wie vollständig vollzog. Nach kaum mehr als einem Jahrhundert [scil. dem 16., C.W.] war von diesem Projekt nur noch der Traum übrig geblieben. Gewaltige Kräfte vollendeten das Zerstörungswerk und veränderten Europa von Grund auf.[38]

Dass die zerstörerischen Kräfte der Reformation zu einem Großteil Wurzeln in vorangegangenen Zeiten hatten, ist bereitwillig zugestanden:

»Viele der Elemente, die zum Ende des westlichen Christentums beitrugen, waren in Europa schon vor 1500 wirksam, doch erst, als sie vollzählig waren und interagierten, war das Schicksal des Christentums beschlossene Sache.«[39] Im Zentrum der damit angesprochenen massiven Wandlungsdynamik »stand die protestantische Reformation, ein Bruch im westlichen Christentum, der so spektakulär und dauerhaft war wie die Spaltung zwischen West- und Ostkirche im 11. Jahrhundert. Kompliziert wurde die Angelegenheit dadurch, dass sich der schmerzliche Bruch gewaltsam vollzog.«[40]

Wie hoch auch immer der Grad an Schmerzhaftigkeit bei historischer Betrachtung und Einordnung der Sachlage zu veranschlagen sein mag – wer nun hofft, diese gleichsam ergebnisorientierte Deutung der Reformation verdanke ihren bemerkenswerten Differenzierungsverlust einer mäßigen Übersetzungsleistung aus dem Englischen, wird bei einem Blick ins Original genauso eines Besseren belehrt wie jemand, der auf eine Entschärfung solch steiler Thesen und Begrifflichkeiten im Zuge der materialen Entfaltung wartet:

Luther wollte das Christentum stärken, nicht zerstören oder ersetzen. Doch indem er Autorität und Legitimation innerhalb des Christentums völlig neu verortete, traf er die vereinte Glaubensgemeinschaft an ihrer empfindlichsten Stelle.[41]

Es dämmert schnell, was verständniserschwerend oftmals hinter Greengrass' Christentumsbegriff steht, was er häufig, wenn auch nicht durchgängig eigentlich damit bezeichnet, nämlich die hierarchische römische Kirche als sichtbare, sakramentale und universale Heils-, Rechts- und Lehranstalt.

38 AaO., 13.
39 AaO., 14.
40 AaO., 18f.
41 AaO., 20.

Sie meint er meist, wenn er von »Christentum« spricht, es handelt sich faktisch um eine gleichermaßen auffällige wie folgenschwere Äquivokation. Das mag streckenweise der Wahrnehmung manch eines Zeitgenossen der Reformation und manch einem konfessionell präfigurierten Verständnis der Ereignisse entsprechen, dürfte jedoch in historisch-analytischer Stoßrichtung vorgetragen für manch eine Irritation sorgen. Festzuhalten bleibt jedenfalls, dass mittelalterliche Kirche und Christentum für Greengrass als Phänomene deckungsgleich sind oder zumindest eine signifikante Schnittmenge aufweisen, wobei sich Christentum nicht gänzlich in römischer Kirche des Mittelalters erschöpft:

> Die Reformation war ein religiöses Schisma wie das zwischen westlichem und östlichem Christentum im 11. Jahrhundert, nur verlief sie sehr viel stürmischer. [...] Die religiöse Revolte des 16. Jahrhunderts hatte nicht die Zerstörung des Christentums zum Ziel. Im Gegenteil sah ihr erster Protagonist, Martin Luther, seine Aufgabe darin, es von seinen inneren Feinden zu befreien.[42]

Unnachgiebig machte sich der Chefrevolutionär Luther also daran, das Christentum – und anfangs eben die sichtbare Heilsinstitution Kirche – zu retten, und entfaltete darüber eine destruktive Wucht ungekannten Ausmaßes. Das Ergebnis nach Greengrass:

> Das Christentum, das die Erdstöße der Reformation überlebt hatte, war geschwächt. Seine universalistischen Ansprüche wurden im Rahmen der gegenreformatorisch agierenden katholischen Kirche aufrechterhalten, um in neuem Gewand für eine globale Christenheit wirksam zu werden.[43]

In der postreformatorischen römisch-katholischen Konfessionskirche gelangten somit die einstmals stolzen Geltungsansprüche eines mittlerweile durch gewaltsame Revolte geschwächten Christentums zum Ausdruck, und unter diesen Voraussetzungen lassen sich die für das Christentum dann fatalen geschichtlichen Folgen wie folgt beschreiben:

> Die Reformation spaltete die christliche Kirche in Glaubensgemeinschaften, von denen jede behauptete, Erbin der »wahren Kirche« zu sein. Das verlieh den Auseinandersetzungen insofern eine besondere Schärfe, als die Errettung der Seele in den Augen der Zeitgenossen von der Zugehörigkeit zur wahren Kirche abhing. Die Alternativen wurden bald auch für die gewöhnlichen Leute zu einem ganzen konfessionellen »Glaubensapparat« –

42 AaO., 333.
43 AaO., 422.

bestehend aus Liturgien, Katechismen, Glaubensbekenntnissen, Bibelübersetzungen, Kirchenzuchten und religiöser Unterweisung – ausgearbeitet, sodass auch ihnen klar wurde, was da an Spaltungen heraufzog.[44]

IV Verdienst theologischer Anreicherung

Nun tritt zwar für Greengrass an die Stelle Einheit stiftender vormoderner religiös-institutioneller Geltungsansprüche schlussendlich das moderne Europa als Begriff und Bewusstseinsformation. Gleichwohl können seine inhaltlich wie begrifflich vereinfachenden, in der Pointe negativen Wertungen eines doch hochgradig komplexen Ereigniszusammenhangs und Phänomenbestands zumindest von ferne an Reformationsdeutungen vergangener Generationen erinnern, wie sie in erster Linie und lange Zeit katholische (Kirchen-)Historiker vorlegten. Dass und warum man allerdings der katholischen Reformationsgeschichtsschreibung schon mit solchen Verdachtsmomenten mittlerweile erhebliches Unrecht tut, verdeutlicht Rolf Decots *Geschichte der Reformation in Deutschland* von 2015.[45]

In durchgängig unaufgeregtem Ton und ausgewogenem Urteil verweist auch Decot in seinem Überblick auf eine für die Reformationsgeschichtsschreibung entscheidende Differenzierung, wenn er erklärt, die Reformation »war ein komplexes Zusammenspiel sehr unterschiedlicher Kräfte. Eindeutig standen damals als auslösende Faktoren die theologischen Fragen der Zeit im Vordergrund«.[46] Und für deren verstehende Rekonstruktion führt kein Weg vorbei an Martin Luther: Er war »nun einmal die entscheidende Gestalt, und seine theologische Fragestellung bestimmte den Gang der Geschichte. Unterscheiden muss man zwischen dem theologischen Anliegen Martin Luthers und den politischen, sozialen und gesellschaftlichen Implikationen dieses Anliegens sowie der praktischen Durchsetzung der Reformation«.[47] Diese Unterscheidung enthebt erst mal der Notwendigkeit der einlinigen Einordnung der Reformation in die gängigen Epochen (Spät-)Mittelalter und Neuzeit, deren Herausforderungsqualität bereits

44 AaO., 500.
45 R. DECOT, Geschichte der Reformation in Deutschland, 2015, 286 Seiten.
46 AaO., 13.
47 Ebd.

Schorn-Schütte und Mörke betont haben, und erlaubt einen differenzierteren Blick, der der immer wieder hervorgehobenen Komplexität des Ereigniszusammenhangs Rechnung trägt.

Denn die »Reformation ist einerseits Abschluss eines über 200-jährigen Reformprozesses, besser gesagt einer seit so langer Zeit erhobenen Forderung nach Reform von Kirche und Staat, an Haupt und Gliedern, andererseits manifestiert sie das irreversible Zerbrechen der mittelalterlichen Einheit zugunsten einer Parzellierung zunächst der europäischen Staatenwelt, sodann auch der alten aus der Antike überkommenen Kirche«[48] – wohlbemerkt: Sie *manifestiert* jenes Zerbrechen. Schließlich war auch die Kirche im Spätmittelalter »nur der Idee nach eine Einheit. Es gab durch Konkordate voneinander abgegrenzte Gebilde, die unter sich nicht gleich waren. In dieser Parzellierung der Kirche lag der Keim für eine geistige Spaltung. [...] Vielleicht stärker noch als im kirchlichen war im weltlich-politischen Bereich die Zersplitterung fortgeschritten«.[49] Mit anderen Worten: Die reformatorischen Impulse konnten allein deshalb geschichtsmächtig werden, weil in der scheinbar festgefügten religiösen und politischen Einheit Lateineuropas im Spätmittelalter längst Risse klafften. Entsprechend existierte einiges theologisch und kirchlich Zukunftsweisende längst vor Luther,[50] bevor dieser als »prägende Gestalt des Reformationszeitalters«[51] die weltgeschichtliche Bühne betrat, das den Reformator auf seinem Bildungsweg prägte und an das er dann mal bewusst, mal unbewusst anknüpfte. Allein: Einer »religiösen Urkraft wie Martin Luther«[52] kommt bemerkenswertes schöpferisches Potential zu, das seine existentiellen Erfahrungen und sein intensives Bibelstudium zum »Ausgangspunkt für die spätere Neuformulierung seiner Theologie«[53] werden ließ. Diese »neue [...] Theologie«[54] wurde schon im Rahmen seiner Vorlesungen vor dem Ablassstreit wahrnehmbar und hatte »das neue Verständnis der Gerechtigkeit Gottes« zum Kern, das so zum bestimmenden »Inhalt des Reformatorischen« wurde,

48 AaO., 14.
49 AaO., 18f.
50 Vgl. aaO., 32–40.
51 AaO., 13.
52 AaO., 48.
53 AaO., 60.
54 AaO., 63.

wodurch »Luther die Mitte des einen christlichen Glaubens für sich in radikaler Weise neu entdeckte«.[55] »Das Besondere bei ihm (scil. Luther, C. W.) ist, dass er die theologischen Fragen seiner Anfechtungen im Blick auf den Gottesbegriff mit rückhaltlosem Ernst durchlitt und durchdachte«.[56]

Demnach war, als Luther in seinen Ablassthesen sein »neues theologisches Programm«[57] exemplarisch entfaltete und im Zuge des Ablassstreits zunehmend breitenwirksam an die Öffentlichkeit trat, »seine Position klar. Es gibt kein Wanken und Schwanken bei ihm, so dass man davon ausgehen muss, dass er seine Mitte bereits gefunden hat. Einzelne Konsequenzen, die aus seiner Rechtfertigungslehre folgten, zog Luther dann im Lauf der ›Kampfjahre‹ und in seinem späteren Leben«.[58] Deutlich wurde hingegen schnell, dass sich in Luthers Ablasskritik »ein theologischer Grund« aussprach, »der eine Verständigung zumindest in damaliger Zeit kaum möglich machte, weil er eine völlige Systemerneuerung vorausgesetzt hätte«.[59] Über die Qualität einer Verständigung ermöglichenden Systemerneuerung kann man angesichts der theologischen Anliegen Luthers in ihrer ganzen von Decot offengelegten Tiefe sicher diskutieren; festzuhalten bleibt, dass die Theologie des Reformators »in all den Jahren erstaunlich konstant« blieb:[60] »Die wesentlichen Punkte der Rechtfertigungslehre behält er bei und von hier aus entwickelt er ein insgesamt neues Konzept der Theologie«.[61] So gehört Luther als Theologe »zu den großen Gestalten des Christentums«, und der »historische Verlauf der Reformation ist ohne Luthers Theologie nicht denkbar«, auch wenn »die konkreten Entscheidungen in Kirche und Politik [...] meist vielfältige andere Ursachen« hatten.[62] Schließlich erweist sich die Reformation »nicht nur als geistes- oder theologiegeschichtliche Bewegung, sondern verbindet sich in einer untrennbaren Symbiose mit politischen und sozialen Entwicklungen«.[63]

55 AaO., 67.
56 AaO., 66.
57 AaO., 75.
58 AaO., 69.
59 AaO., 75.
60 AaO., 90.
61 AaO., 91. Vgl. dazu auch die Ausführungen zu Luthers Theologie aaO., 92–108.
62 AaO., 108.
63 AaO., 251.

Das darin liegende Votum für einen differenzierten Zugriff teilt Martin H. Jungs 2012 vorgelegte Einführungs- und Überblicksdarstellung *Reformation und Konfessionelles Zeitalter (1517–1648)*:[64]

> Die Reformation entwickelte sich unter konkreten gesellschaftlichen, politischen und kirchlichen Rahmenbedingungen. Sie basierte auf ihnen und veränderte sie zugleich. Kirchen-, Theologie- und Frömmigkeitsgeschichte können, gerade im Reformationszeitalter, nicht ohne Kenntnis der politischen Geschichte sowie der Wirtschafts- und Sozialgeschichte reflektiert werden.[65]

Dessen eingedenk, verbietet sich konfessionsübergreifend jeder naive Rückbezug aufgrund irgendwelcher Repristinationsphantasien: »Die Kirche um das Jahr 1500, gegen die Luther aufstand, ist nicht identisch mit der katholischen Kirche heute. […] Und auch die evangelischen Kirchen erlebten im Laufe der Jahrhunderte Wandlungsprozesse«[66] – das mag banal klingen, ist aber angesichts des anvisierten Publikums durchaus der Erwähnung wert. Die Frage nach der Wertung der geschichtlichen Veränderungsdynamik ist freilich eine gänzlich andere.[67]

Genauso wenig lässt sich jedenfalls Luthers genanntes Aufstehen gegen die Kirche seiner Zeit mittels gleichermaßen eingeschliffener wie einliniger Meistererzählungen erklären: »Die Zeit um 1500 gehörte zu den kirchenfrömmsten Epochen der Christentumsgeschichte«.[68] Mehr noch: »Martin Luther war ein Mensch des Mittelalters. Er war kein geborener Modernisierer«.[69] Gleichwohl verbinden sich »die Anfänge der Reformation […] mit Wittenberg«, von wo aus sie »rasch zu einem europäischen Ereignis« wurde.[70] Somit sind die reformatorischen Auf- und Umbrüche in ihrer massiven Tragweite erklärungsbedürftig, und dazu bedarf es eines

---

64 M.H. JUNG, Reformation und Konfessionelles Zeitalter (1517–1648) (UTB Basiswissen Theologie und Religionswissenschaft 3628), 2012, 288 Seiten. Vorangegangen, wenn auch inhaltlich-strukturell anders zugeschnitten ist: DERS., Die Reformation. Theologen, Politiker, Künstler, 2008, 178 Seiten.

65 JUNG, Reformation und Konfessionelles Zeitalter (s. Anm. 64), 14.

66 AaO., 16.

67 Zu Jungs Einschätzung vgl. ebd.

68 AaO., 18.

69 AaO., 25.

70 AaO., 154.

ernsten, konzentrierten Blickes auf theologische Gehalte. Unverkennbar nah bei Luthers eigener Schilderung heißt es in diesem Zusammenhang:

> Plötzlich begriff Luther die Gerechtigkeit Gottes als eine schenkende, befreiende: Gott macht den Sünder zu einem Gerechten, indem er ihn trotz seiner Sünden annimmt und liebt. Luther fühlte sich verwandelt und seine Erkenntnis wurde ihm zum Ausgangspunkt einer neuen Theologie und bildete den Schlüssel zur Reformation. [...] Der Inhalt der Entdeckung ist mit dem Fachbegriff der Dogmatik die reformatorische Rechtfertigungslehre.[71]

Die Zentralstellung Luthers für das Verständnis der Reformation ist damit genauso betont wie die Bedeutung und Neuartigkeit eben seiner Theologie. Ob dabei die Rechtfertigungslehre mit dem Inhalt der Entdeckung identisch oder als lehrmäßig gefasstes Epiphänomen eben jenes Inhalts zu fassen ist, bliebe zu diskutieren.

Davon erst einmal unabhängig ist festzuhalten: »Die Unterscheidung von Gesetz und Evangelium war fundamental für Luthers Hermeneutik und Theologie. Luther schätzte die Bibel über alle Maßen, aber er war kein Biblizist«.[72] Die Impulse seiner theologischen Einsichten, wie sie sich dann prominent in jener Unterscheidung niederschlagen, gelangten in und durch Luther sukzessive, wenn auch in beeindruckend kurzem Zeitraum und bei erheblicher Arbeitsbelastung zur klärenden Ausformulierung. Neben seiner Tätigkeit als Universitätslehrer und Prediger verfasste er »nebenher, oft zu nächtlicher Stunde, zahlreiche Schriften, in denen er seine neuen Gedanken erklärte und weiter entfaltete«.[73] Seine bemerkenswerte Produktivität führte in wenigen Jahren zu einer ebenfalls bemerkenswerten Prominenzsteigerung: »Für die Anhänger der Reformation war Luther zum Helden geworden«.[74] Darüber wurde er insgesamt zu einer prägenden Gestalt, »prägender als alle anderen großen Reformatoren. Luther war aber auch eine ambivalente Gestalt, ambivalenter als alle anderen großen Reformatoren«[75] – eine Einschätzung, die einerseits historisch und biographisch zu erklären, andererseits der Zeit- und Kontextbindung jeder analytischen

---

71 AaO., 27.
72 AaO., 41.
73 AaO., 34.
74 AaO., 39.
75 AaO., 80.

Retrospektive geschuldet sein dürfte. Das gilt sicher auch für die Charakterisierung und Wertung der Reformation – »abgegrenzt durch die Jahre 1517 (›Thesenanschlag‹) und 1555 (Religionsfriede)« – überhaupt, zumal die »Betrachtung der Geschichte [...] immer auch von aktuellen Interessen und Fragestellungen geleitet« wird:[76]

> Für evangelische Christen ist die Reformation die wichtigste Epoche der zweitausendjährigen Geschichte des Christentums. In der Reformation wurzelt bis heute evangelische Identität. [...] Für die evangelische Kirchengeschichtsschreibung ist die Reformation eine eigenständige Epoche der Kirchen-, Theologie- und Frömmigkeitsgeschichte. Mit der Reformation endet das Mittelalter und beginnt die Neuzeit.[77]

Auf die Beschreibung der Reformation als eigenständige und zeitlich klar eingrenzbare Epoche legt auch Athina Lexutt in *Die Reformation. Ein Ereignis macht Epoche*, erschienen 2009,[78] höchsten Wert, wie bereits der Titel verrät. Die Perspektive auf die Reformation und die Antwort auf die Frage, ob ihr gar ein eigenständiger epochaler Charakter zukommt oder nicht, sei grundsätzlich bestimmt davon, »welches Gewicht man den theologischen Elementen des Phänomens ›Reformation‹ beimisst«.[79] Die mitschwingende Unterscheidung zwischen einerseits theologischen und andererseits politischen, institutionellen oder sozialen Aspekten, auf die nicht nur Decot großen Wert legte, ohne das komplexe Bedingungsgefüge und die Verflechtung jener Aspekte zu ignorieren oder zu unterschätzen, führt Lexutt zum Rekurs auf die Darstellung Schorn-Schüttes. In dieser bekomme »die theologische Komponente eine unmissverständliche und unwiderrufliche Relevanz für das, was Reformation ist«:

> Dieses Neue wird als wahrhaft neu deklariert und markiert dann tatsächlich einen Systembruch, der es verunmöglicht, die Reformation nicht als Epoche zu betrachten. Und zwar eben dann nicht mehr nur allein in theologiegeschichtlicher, sondern gesamtgeschichtlicher Perspektive.[80]

Mit Nachdruck insistiert Lexutt folglich vor dem Hintergrund jener Differenzierung auf den allgemeinen Epochencharakter, der zwar theologie-

76 AaO., 9.
77 Ebd.
78 A. Lexutt, Die Reformation. Ein Ereignis macht Epoche, 2009, 226 Seiten.
79 AaO., 10.
80 AaO., 19.

geschichtlich zu erklären, keineswegs aber auf die Theologiegeschichte zu beschränken sei.

Und damit nicht genug: »Ja, die Reformation ist eine Epoche. [...] Auch in europäischer, vielleicht sogar weltgeschichtlicher Perspektive stellt die Reformation einen in sich geschlossenen, klar definierten Zeitabschnitt dar«[81] – der vorsichtigen und begründeten Zurückhaltung aufgrund von attestierter Komplexität, notwendiger Differenzierung und historiographischer (De-)Konstruktion, wie sie bei Schorn-Schütte und anderen waltete, ist hier schwungvoll der Abschied gegeben. Komplexität, Differenzierung und klare Kante schließen sich für Lexutt offenkundig nicht aus, im Gegenteil: Komplexität und Differenzierung scheinen Eindeutigkeit geradezu zu fordern. Daher kann auch kurz und knapp definiert werden, was Reformation als Epoche eigentlich ist: Reformation sei »die theologische, religiöse, politische und soziale Bewegung des 16. Jahrhunderts, die in der über die Pauluslektüre gewonnenen Erkenntnis Martin Luthers von der Rechtfertigung des Gottlosen ihren Anfang nahm, in eine Kritik an Kirche und Theologie der Zeit mündete und sich in ihrer institutionellen und lehrhaften Konsolidierung mit den politischen und kirchlichen Strukturen einerseits und den althergebrachten Lehrmeinungen andererseits so sehr rieb, dass schließlich eine Trennung zwischen den Anhängern dieser Bewegung und den traditionellen Kräften unausweichlich wurde«.[82] Kurz: Der »Umbruch, den die theologische Entdeckung auslöste«,[83] erfasste die verschiedenen Lebens- und Organisationsbereiche der damaligen Gesellschaft und verleihe der Reformation ihre epochale Qualität im umfassendsten Sinn mit klar bestimmbarer innerer Kohärenz sowie genauso klar zu benennenden Anfangs- und Endpunkten. »Sie ist nicht mehr Mittelalter und sie entbehrt noch mancher Charakteristika der Frühen Neuzeit. Sie ist etwas Eigenes und Unvergleichliches«.[84]

Ausgangspunkt der Reformation als »Konglomerat aus politischen und religiös-theologischen Komponenten«[85] und gerade deshalb als ein-

---

81 AaO., 20.
82 AaO., 21.
83 Ebd.
84 AaO., 211.
85 AaO., 22.

schneidendem »Wandel auf allen Ebenen des privaten und öffentlichen Lebens«[86] war eine Erkenntnis Luthers, welcher »eine, wenn nicht *die* Hauptgestalt der Reformation, aber [...] nicht *die* Reformation« war.[87] Seine über die Pauluslektüre gewonnene Erkenntnis gab der Reformation unbenommen aller Pluralität doch auch Einheit, die »auf den von Luther als zum Heil notwendig herausgeschälten theologischen Fundamenten ruht«, weshalb letztlich der »Ausschließlichkeit der Lehrautorität, welche die Heilige Schrift und nichts und niemand anderes ist, und [...] der Bestimmung des Kerns der Botschaft der Schrift, nämlich der bedingungslosen und voraussetzungslosen Annahme des Sünders durch den gnädigen Gott«, die reformatorischen Bewegungen verbindende Bedeutung zukam.[88] Welche Schwerpunkte auch immer die theologischen Akteure im reformatorischen Lager lehrmäßig setzten: Suche man »nach *dem* Reformatorischen, dann wird man es in diesen beiden Punkten finden«, sie bilden den »gemeinsamen Kern«.[89] Und dieser Kern, eben das Reformatorische lässt sich zwar in Lehre überführen und wurde auch dogmatisch reflektiert; das Reformatorische ist aber eben nicht mit Lehre oder bestimmten Lehrgehalten identisch, sondern liegt seinen lehrmäßigen Fassungen und Äußerungen voraus bzw. zugrunde. Nach all dem ist Luthers »reformatorische Erkenntnis nicht *ein* Element neben vielen, sondern *das*, nämlich dasjenige, was die Reformation zunächst als theologische Bewegung, dann auch verquickt mit anderen Interessen, in Gang gesetzt hat«.[90]

Die Reformation als eigenständige Epoche, als kirchlich-theologischer System- und gesamtgeschichtlicher Umbruch, als Zäsur – diese von Jung und Lexutt vor dem Hintergrund primär theologischer oder kirchen- und theologiegeschichtlicher Beobachtungen mit Nachdruck vorgetragene Wahrnehmung und Darstellung des entsprechenden historischen Ereigniszusammenhangs und Phänomenbestands provoziert allerdings nicht minder entschiedenen Einspruch:

86 AaO., 21.
87 AaO., 23.
88 AaO., 145.
89 AaO., 146.
90 AaO., 210.

Man muss nicht von einer »Epoche« reden, um die Bedeutung dieser Veränderung herauszustreichen, und es ist auch nicht nötig, die Metapher eines »Bruchs« zu bemühen, um die Neuigkeit der Reformation zu beschreiben. Diese ergibt sich ganz selbstverständlich aus den unterschiedlichen Weisen, auf die die spätmittelalterliche Kirche und Gesellschaft transformiert wurden,

erklärt Volker Leppin in seinem reformationsgeschichtlichen Überblick *Die Reformation*, der 2017 in zweiter Auflage erschien.[91] Dem Epochen-, Bruch- oder Zäsurgedanken begegnet Leppin also mit der Vorstellung einer umfassenden, Unterschiedliches in unterschiedlichen Geschwindigkeiten und Intensitäten erfassenden Transformation, die von der Reformation ausgelöst wurde und die erhebliche Veränderungspotentiale barg sowie schwerwiegende Veränderungsprozesse freisetzte.

Gegründet ist diese Deutung auf die Annahme, dass letztlich nichts »zwangsläufig auf die Reformation« zuführte.[92] Gegen die überkommenen teleologischen Degenerations- oder Dekadenznarrative positioniert Leppin das Bild des aus Vielfalt resultierenden Spannungsreichtums:

Wer um 1500 in Deutschland lebte, bewegte sich in einer Welt, die nicht von einlinigen Entwicklungen geprägt war, sondern von einer Vielfalt von Möglichkeiten, die man – grob vereinfachend – als Spannungen oder Polaritäten beschreiben kann. Mindestens drei solcher Polaritäten waren bestimmend für das Leben im 14. und 15. Jahrhundert: in institutioneller Hinsicht die zwischen Zentralität und Dezentralität, in sozialgeschichtlicher Hinsicht die zwischen Klerikern und Laien und in frömmigkeitsgeschichtlicher Hinsicht die zwischen innerer und äußerer Frömmigkeit.[93]

Diese Polaritäten wirkten dauerhaft dynamisierend und bildeten »den Hintergrund für die Dissonanzerfahrung eines Martin Luther«, dessen Prägungen »im monastischen Umfeld [...] in hohem Maße von mystischer, innerlicher Frömmigkeit gekennzeichnet waren«.[94] Luthers »reformatorische Entwicklung« ist dann folgerichtig zu verstehen als »eine kontinuierliche Transformation spätmittelalterlicher Gedanken zu reformatorischen«.[95]

---

91 V. LEPPIN, Die Reformation (Geschichte kompakt), (2013) ²2017, 168 Seiten. Zitat: 158.
92 AaO., 9.
93 AaO., 10.
94 AaO., 18.
95 AaO., 19.

Sich »anfänglich noch ganz innerhalb des breiten Spektrums spätmittelalterlicher Möglichkeiten« bewegend,[96] entwickelte sich bei Luther

> die Überzeugung, dass das Heil dem Menschen *sola gratia*, allein aus Gnade, zukomme.
> Um 1516/17 dürfte dieser Gedanke für ihn Festigkeit gewonnen haben, der sich in unter-
> schiedlichen Schattierungen auch bei vielen maßgeblichen mittelalterlichen Denkern
> findet, von Luther aber, angestoßen durch seine Lektüre Augustins und der Mystiker,
> vor allem in Auseinandersetzung mit dem biblischen Text geformt wurde.[97]

Der Gedanke der Transformation führt den bestimmter Kontinuitätsmo-
mente notwendig mit sich:

> Vor dem Hintergrund der beschriebenen Polaritäten des späten Mittelalters wird rasch
> deutlich, dass Martin Luther sich an Überzeugungen orientierte, für die die innerliche
> Gottesbegegnung im Vordergrund stand – allein schon der starke Einfluss, den die Mystik
> auf ihn hatte, steht hierfür. [...] Schon bei Tauler ließ sich lernen, dass eine rechte, vor
> Gott gebrachte Reue, möglicherweise die sakramentale Buße ersetzen könne, dass also
> bei wahrer *contritio* die anderen Teile – *confessio* und *satisfactio* – sich erübrigen konn-
> ten. Diese antisakramentale Spitze bewegte Luther dann vor allem in der Auseinander-
> setzung mit dem Ablasswesen.[98]

Damit ließe sich dann ein zentraler »Anstoß für Luthers theologische Neu-
orientierung«[99] fassen: In und mit seinen Ablassthesen legte Luther offen,
»dass eine konsequente Betonung der innerlichen Frömmigkeit, wie sie tief
in einem Teil spätmittelalterlicher Frömmigkeit verankert war, geeignet
sein konnte, das System sakramentaler Heilsvermittlung, das tragend für
die mittelalterliche Kirche Kirchlichkeit war, infrage zu stellen«.[100] Luther
wirkte demnach zu Beginn keineswegs genuin schöpferisch, sondern erst
mal verstärkend.

Das macht freilich noch keine dann als reformatorisch zu bezeichnende
Transformation, weshalb hinzuzusetzen ist: »Dass diese Infragestellung
des herkömmlichen Gnadensystems dauerhaft und immer grundsätzlicher
wurde, macht den eigentlich reformatorischen Charakter der spezifischen
Transformation spätmittelalterlicher Theologie bei Luther aus. Im Herbst

---

96 AaO., 20.
97 AaO., 21.
98 Ebd.
99 AaO., 20.
100 AaO., 22.

1517 war diese Konsequenz aber noch keineswegs zwingend«.[101] Der reformatorische Charakter wäre folglich – gattungsbedingte Pointierungen Leppins noch einmal zuspitzend – nicht so sehr in der Frage nach dem ›Was‹ und ›Warum‹ der Ablasskritik und des ihr zugrundeliegenden Bußverständnisses zu suchen, sondern mehr in der Frage nach dem ›Wann‹ und dem ›Wie‹ ihrer inhaltlichen und später organisatorischen Äußerung, Vertiefung und Gestaltung. Darin und in den dahinter liegenden Wertungsentscheidungen ist die Leitdifferenz gegenüber der Deutung der Reformation als Epoche oder Umbruch zu suchen; Luthers Entwicklung lässt sich im Rahmen des Transformationsmodells eben »sehr einleuchtend vor dem Hintergrund der spätmittelalterlichen Tendenz zu affektiver Verinnerlichung erklären«.[102] Dies vorausgesetzt, beruht die öffentliche Wirkung auch im Falle der Ablassthesen und der sich anschließenden Publizistik Luthers »nicht einfach auf der Radikalität von Neuem, sondern gerade auf einer Mischung aus Vertrautheit und Neuheit«.[103] Insgesamt führte Luther bezüglich der Rechtfertigung in bald zunehmender Deutlichkeit »verschiedene Stränge seines Denkens zusammen: Die mystischen Konzeptionen der Notwendigkeit massiver Selbstdemütigung [...] und des Wirkens Gottes im Menschen verband er mit der klaren, auf Röm 1,17 gestützten Aussage, dass nicht die Werke des Menschen, sondern allein eingegossene Gnade und eingegossener Glaube das Heil des Menschen bewirken [...], freilich in der Weise mystischer Einigung«.[104] Die Rechtfertigungslehre erwuchs demnach aus einem »Ineinander von traditionellen Vorstellungen und der in der Zukunft prägenden paulinischen Begrifflichkeit von Glauben und Gerechtigkeit«.[105]

Mit der unzweideutigen Relativierung der schöpferischen Qualität der theologischen Einsichten Luthers geht bei Leppin – gleichsam als argumentatives Seitenstück – eine ebenfalls markante Relativierung einerseits auf der Ebene der Verhältnisbestimmung von Wittenberger und Zürcher Reformation, andererseits mit Blick auf die Stellung Luthers in Wittenberg

---

101 AaO., 22f.
102 AaO., 23.
103 Ebd.
104 AaO., 28.
105 Ebd.

einher. Denn ganz grundsätzlich gilt: »Luther und Reformation sind nicht eines«.[106] »Der Einfluss Luthers auf Zwinglis reformatorische Entwicklung ist [...] weniger kausal als katalysatorisch zu verstehen«.[107]

> [Doch auch] wenn Zwinglis Entwicklung sich nicht in Abhängigkeit von den Wittenberger Ereignissen vollzog, gehört doch diesen eindeutig der zeitliche Vorrang innerhalb der Reformation: Hier entwickelte sich die innermittelalterliche Erneuerung der Theologie durch eine Gruppe von Universitätsangehörigen nach und nach zu einer Bewegung, die sich im Gegensatz zur Kirche ihrer Zeit verstand. Tatsächlich hatte der Kreis um Luther, in dem dieser keineswegs von Anfang an die eindeutige Führungsgestalt war, zunächst nicht mehr vor als eine Neubestimmung der theologischen Lehre.[108]

Folgerichtig kommen dann die reformatorischen Erkenntnisse nicht als Bruch mit der Theologie des Mittelalters zu stehen, denn es geht vor allem um Lehrfragen und -fassungen in einem bereits vorhandenen Denk- und Diskursrahmen – nicht um irgendwie originelle und Gewohntes sprengende Verständnisse oder Formulierungen dessen, was vor und über aller Überführung in Lehre steht, nämlich des Christlichen entlang des Gott-Mensch-Verhältnisses. Die faktische Entfernung sowie schlussendliche Trennung vom Althergebrachten rührt vielmehr von bestimmten Selbst- und Fremdwahrnehmungsmustern her: Innerhalb der Wittenberger Reformbewegung zeichnete sich »eine Radikalität der Selbstdeutung ab, die dazu beitrug, dass der Riss bald sichtbarer und tiefer wurde«.[109] Dieser Radikalität vermochten letztlich auch Konsensbemühungen auf dem Feld der Lehre nicht mehr entgegenzuwirken, obgleich oder gerade weil der faktisch eintretende Bruch der Selbstdeutung geschuldet war und nicht etwa dem anfänglichen lehrmäßigen Reformprogramm. Daraus ergab sich eine massiv konfliktverschärfende Dynamik, und schließlich war »für jedermann, der lesen konnte, erkennbar: Hier tobte eine Konfrontation, in der es nicht um besser oder schlechter ging, sondern um wahr oder falsch«.[110] Luthers steigende Prominenz verschaffte ihm und seinen sich ausschärfenden Anliegen in ihrer eigentümlichen »Mischung aus Vertrau-

---

106 AaO., 38.
107 AaO., 24.
108 AaO., 25.
109 AaO., 27.
110 AaO., 28.

tem und Neuem« einen ungeheuren Resonanzraum, und diese »Entwicklung gewann an Kraft, als deutlich wurde, dass die verschiedenen schroffen Alternativen, die er aufmachte, nicht allein bestimmte Frömmigkeitsformen oder das akademische Leben betrafen, sondern die bestehende Kirche insgesamt«.[111] Ungeachtet der zeitgenössischen Wahrnehmungsmuster mit ihren charakteristischen Antagonismen vollzog sich die Trennung auf der Ebene der Theologie allerdings »schrittweise in einem allmählichen Ablösungsprozess«,[112] der »nicht allein einer inneren Logik des reformatorischen Denkens« folgte, sondern auch aufgrund der von Luthers Gegnern geleisteten »Hebammenhilfe« dazu führte, dass »aus einer akademischen Reformbewegung die reformatorische Bewegung« wurde, »welche das bislang gültige Autoritätengefüge im Grundsatz infrage stellte«.[113] Die Ernstnahme und Zurückweisung dieser Infragestellung auf römischer Seite drehte die Spirale der Konfrontation weiter, die schließlich in die Eskalation mündete, wobei der Weg dorthin an zwei Züge erinnert, »die mit hoher Geschwindigkeit aufeinander zurasen«.[114]

Die Vorstellung der Reformation als Transformationsprozess vertritt zwar grundsätzlich auch Irene Dingel, allerdings in einer gewissen Akzentverschiebung zugunsten des im Ergebnis liegenden schöpferischen Potentials. In ihrer Monographie *Reformation. Zentren – Akteure – Ereignisse*, vorgelegt 2016, charakterisiert sie die Reformation als

> historische[n] Prozess, der auf eine umfassende kirchlich-theologische Erneuerung zielte und zugleich tiefgreifende Wirkungen in Kultur, Gesellschaft und Politik hervorbrachte. [...] Auch wenn sie Elemente persönlicher Frömmigkeit und kirchlicher Erneuerungsbewegungen des Spätmittelalters aufgriff und weiterführte, wurden doch zugleich grundlegende Neuansätze geschaffen. Denn die Reformation transformierte christliche Theologie und Spiritualität sowie gesellschaftlich-politische Strukturen in Europa grundlegend.[115]

---

111 AaO., 31.
112 AaO., 29.
113 AaO., 32.
114 AaO., 39.
115 I. DINGEL, Reformation. Zentren – Akteure – Ereignisse, 2016, 308 Seiten. Zitat: 10. Eine gekürzte Fassung liegt vor mit: DIES., Geschichte der Reformation (Theologische Bibliothek 5), 2018, 306 Seiten.

Durch »die von den Reformatoren propagierte neue Bibelhermeneutik, durch ihre Kritik an herrschenden Autoritätsstrukturen, durch die massenhafte Verbreitung reformatorischer Ideen mit Hilfe neuer Medien und eine wirkmächtige Rezeption in allen gesellschaftlichen Schichten« traten Veränderungen ein, durch die wiederum »gesellschaftliches Leben und politisches Handeln, kirchliche Strukturen und individuelle Frömmigkeit eine neue Ausrichtung erhielten«.[116]

Angesichts der umfassenden, tiefgreifenden Wirkung, die Altes umformte und Neues schuf, hat man der Reformation zu Recht »eine ›epochale‹ Bedeutung zugesprochen und hier die Überwindung des Spätmittelalters und den Beginn der Frühen Neuzeit gesehen«.[117] Es ist demnach – anders als bei Leppin – gerade das Verständnis der Reformation als Transformationsprozess in Anbetracht der Transformationsergebnisse, das die Zuerkennung epochaler Bedeutung rechtfertigt; das Spätmittelalter wurde überwunden, die Neuzeit nahm ihren Anfang. Und so bezieht Dingel gleichsam in der Mitte zwischen Lexutt und Leppin sowie in positioneller Nachbarschaft von Jung Stellung: Der Reformation mit ihren vielfältigen Um- und Neuformungen mag mit Recht epochale Bedeutung zukommen, doch müssen Kontinuitäts- und Diskontinuitätsmomente in ein angemessenes Verhältnis gebracht werden, um einen sachgerechten Blick zu ermöglichen. Beide Perspektiven – die der Reformation als »kontinuierliche Entwicklung vom Spätmittelalter in die Frühe Neuzeit« oder die der Reformation als »Umbruch« – »können gute Argumente für sich geltend machen, sollten aber nicht gegeneinander ausgespielt werden. Denn sowohl was Theologie und Frömmigkeit der Reformation, als auch die durch sie geprägten rechtlichen, gesellschaftlichen und politischen Strukturen angeht«, sind Kontinuitäten und Brüche zu beobachten.[118]

Entscheidend für die Frage nach dem konkreten Verhältnis von Anknüpfung und Fortführung einerseits sowie Auf- und Umbruch andererseits »war die konsequente Orientierung der Reformatoren an den Ausschließlichkeitskriterien ›sola scriptura‹, ›solus Christus‹, ›sola gratia‹ und ›sola fide‹, die sie – auch wenn sie es nicht explizit formulierten – ihrer

116 DINGEL, Reformation (s. Anm. 115), 10.
117 Ebd.
118 AaO., 11.

Lehre und ihrer Position im politischen und gesellschaftlichen Miteinander normativ zugrunde legten«.[119] Auf diesem klar identifizierbaren normativen Fundament ruhten Werk und Selbstverständnis der reformatorischen Akteure; von ihm aus werteten sie das Überkommene, von ihm aus setzten sie »Transformationen [...] in Gang«.[120] Dem Plural der reformatorischen Akteure und Zentren und der damit einhergehenden theologischen Pluralität innerhalb der reformatorischen Bewegung kommt vor dem Hintergrund des Transformationsgedankens bei Dingel erhebliche Bedeutung zu: »Die Reformation ist [...], vor allem in ihrer Breitenwirkung, keineswegs auf einen einzigen Urheber zurückzuführen, auch wenn Luther eine tragende Rolle spielte. Vielmehr ist von einem Wittenberger Reformatorennetzwerk auszugehen«,[121] innerhalb dessen »durchaus eigenständige theologische Profile« sichtbar werden.[122] Das gilt auch und gerade auf der Ebene der Lehre: »Reformatorische Lehrbildung, theologische Klärung und langfristige bekenntnismäßige Konsolidierung waren kein einliniger, widerspruchsfrei verlaufender Prozess. Vielmehr trugen Auseinandersetzungen und Lehrstreitigkeiten [...] erheblich zur Präzisierung und Weiterentwicklung reformatorischer Positionen bei«.[123]

»Überragende Autorität aber kam in erster Linie Luther und Melanchthon zu«.[124] Luther, der bereits vor 1517 »allmählich neue theologische Überzeugungen« ausprägte[125] und der zu einer »sich allmählich herausbildenden neuen Bibelhermeneutik« fand, entwickelte eine »neue Einsicht in die Gerechtigkeit Gottes«, und die 95 Thesen führen dann bereits »seine neue reformatorische Erkenntnis« mit.[126] Luthers immense schöpferische Kraft verdankt sich aber nicht nur seiner theologischen Originalität:

[Nahezu] in Luthers gesamtem Schrifttum zeigt sich ein starkes seelsorgerliches Interesse [...]. Luther war überzeugt von der regelrecht sakramentalen Kraft des Wortes. In Bibelübersetzung und Predigt, in Briefen und zahlreichen (Gelegenheits-)Schriften,

119 Ebd.
120 AaO., 12.
121 AaO., 48.
122 AaO., 49.
123 AaO., 100.
124 AaO., 49.
125 AaO., 50.
126 AaO., 51.

erwies er sich nicht nur als Meister der Sprache, sondern auch als engagierter Mahner und einfühlsamer Seelsorger. Bibelübersetzung und Predigt, Seelsorge in Schriften und Briefen waren jeweils auf ihre Weise Pfeiler der evangelischen Verkündigung.[127]

Schließlich hatte Luther »in Rekurs auf das Evangelium das Verheißungswort Gottes in den Mittelpunkt seiner Theologie gestellt. Diese göttliche Anrede an den Menschen verstand er als aktives und performatives Wort, das Glauben schenkt und die Heilszusage Wirklichkeit werden lässt«.[128]

V Herausforderung struktureller Entkoppelung

Nun stehen somit zwei große – in der Durchführung sicher nicht immer ganz trennscharfe, im Kern wesentlich auf historisch-theologische bzw. theologiegeschichtliche Beobachtungen gestützte – Ansätze der historischen Verortung der Reformation in Verbindung mit der geläufigen Epocheneinteilung vor Augen, die sich als Alternativen stark zuspitzend folgendermaßen fassen lassen: Auf der einen Seite steht aufgrund der Annahme des (Um-) Bruchs und der damit einhergehenden Betonung des Schöpferisch-Neuen die Wahrnehmung der Reformation als eigenständige, ihrerseits zukunftsweisende Impulse freisetzende Epoche zwischen (Spät-)Mittelalter und Neuzeit. Dabei verweist gerade das Verständnis der Reformation als Zäsur auf die innovativen Momente, die mit jenem Um-, Auf- oder Durchbruch ins Leben traten. Auf der anderen Seite findet sich die Figur der Transformation, die (spät-)mittelalterliche und (früh-)neuzeitliche Aspekte in die Reformation, in die Entwicklungen, die sie aufnahm und freisetzte, integriert, Anteile beider klassischen Epochen also deutend in die Reformation hineinnimmt und innerhalb ihrer miteinander gleichsam genetisch ins Verhältnis zu setzen sucht. Dass in diesem Zusammenhang die Gewichtung mittelalterlicher und neuzeitlicher Anteile unterschiedlich ausfallen kann, um entweder theologisch Altes oder institutionell-ordnend Neues hervorzuheben, ohne freilich die integrative Stoßrichtung aufzugeben, ließ sich – man denke beispielsweise an Leppin und Dingel – ebenso aufzeigen wie die Tendenz zur Relativierung der Rolle und Bedeutung Luthers.

127 AaO., 65.
128 AaO., 164.

Beide Ansätze verbinden jedenfalls die Frage nach dem Verhältnis und der Qualität von Kontinuitäten und Diskontinuitäten mit Epocheneinordnungen und zugleich mit der Zuordnung der verschiedenen theologischen und institutionellen Spielarten des spezifisch reformatorischen Christentumsverständnisses zu ihrem spätmittelalterlich-kirchlichen Wurzelboden. Die Beurteilung der inhaltlichen und zeitlichen Qualität der Veränderung, theologische sowie institutionelle Verhältnisbestimmung und Diskussion um Grenzziehungen zwischen Mittelalter und Neuzeit sind aneinandergekoppelt. In dieser Koppelung ist dann – neben dem Befund, die Reformation verdiene als hochgradig komplexes und irgendwie dauerhaft wirkmächtiges geschichtliches Phänomen nach wie vor gesonderte Beachtung – nicht nur der kleinste gemeinsame Nenner zu sehen, sondern auch ein deutliches Signal der offenkundig nicht unerheblichen diskursiven Qualität der jüngeren Reformationsforschung bezüglich ganz grundlegender Einordnungs- und Interpretationsfragen. Bei aller Gleichförmigkeit der Oberflächen ist demnach unter denselben immer weniger ein Konsens auszumachen, je tiefer man blickt.

Das stellt jüngst in aller wünschenswerten Klarheit problematisierend noch einmal Nicole Grochowinas *Reformation*[129] vor Augen: Völlig unstrittig ist die Reformation als ein »heterogenes Geschehen«[130] aufzufassen, und die damit geforderte »breite Perspektivierung, die darauf verweist, in welchen Abhängigkeitsverhältnissen die kirchliche, politische, soziale, wirtschaftliche und kulturelle Dimension im Übergang zwischen Spätmittelalter und Früher Neuzeit gesehen werden muss, gilt inzwischen weitgehend als *opinio communis*«.[131] Das bestätigt auch der vorliegende Prospekt. Ebenso zustimmungsfähig ist unter den hier angeführten Titeln die Einschätzung, »dass das reformatorische Geschehen ohne die Publizistik, die Briefe, die Predigten und die direkten Auseinandersetzungen des Wittenberger Mönchs schwerlich zu denken ist«, wobei stets das »Abhängigkeitsverhältnis zu den zeitgenössischen Diskursen«[132] mitzuberücksichtigen ist. Disparater wird das Meinungsbild allerdings schon angesichts

---

129 N. Grochowina, Reformation (Seminar Geschichte. De Gruyter Studium), 2020, X + 221 Seiten.
130 AaO., 1.
131 AaO., 2f.
132 AaO., 1.

der Frage nach der historisch-chronologischen Verortung der Reformation, denn insgesamt ist »sowohl die Zäsur 1555 als auch der Einschnitt mit dem Jahr 1517 strittig«, obgleich derartige zeitliche Grenzziehungen »forschungspraktisch« letztlich unumgänglich sind,[133] was wiederum bei aller Umstrittenheit der gewählten Daten unmittelbar einleuchtet – besonders im Rahmen des hier in den Blick genommenen Genres.

Im Gegensatz dazu zeugen die angeführten Antworten auf die Frage nach epochaler Einordnung und Wertung der Reformation von nichts weniger als von der Existenz einer *opinio communis*. Mehr noch: Beide skizzierten Ansätze – die diskontinuitätsbetonende Rede vom Umbruch und die kontinuitätsunterstreichende von der Transformation – können für sich genommen nicht gänzlich überzeugen, beide werfen kritische Anfragen auf.

> Die Rede vom »Umbruch« – und sei es auch der kaum zu fassende »kulturelle Umbruch« – erscheint [...] in dem Sinne unspezifisch, als dass er nicht den Prozess zu erklären vermag, der zwischen Spätmittelalter und Früher Neuzeit im reformatorischen Geschehen stattgefunden hat und sowohl Kontinuitätslinien als auch Brüche aufweist. Dieser Vorwurf ist auch der Rede von der Reformation als »Systembruch« zu machen.[134]

Die Rede von der Reformation als Transformation hingegen geht

> über die Rede vom Bruch hinaus, denn so wird nicht allein die Epochenschwelle um 1500 nivelliert, sondern Martin Luther wird auch seiner ausschließlichen Protagonistenrolle beraubt. Gleichzeitig bedeutet dies aber nicht, Reformation als solche nicht mehr als neu und umwälzend zu verstehen.[135]

Doch auch der Transformationsansatz weist offene Flanken auf; »wie diese Neuheit jenseits der Frage nach Bruch oder Kontinuität, nach Zäsur oder Abschaffung der Epochengrenzen noch einmal anders akzentuiert werden kann«,[136] bleibt zu diskutieren, auch wenn die Reformation mit dem Spätmittelalter als Übergangsperiode erscheint, »in der das gesamte System in einen vollkommen« neuen Zustand übergegangen ist« und die betreffenden Veränderungsprozesse in »evolutionärer Weise« vonstattengingen.[137] Und das bei bestimmten Einzelerscheinungen erklärungsbedürftige Verhältnis

133 AaO., 18.
134 AaO., 19.
135 AaO., 20f.
136 AaO., 21.
137 Ebd.

von Persistenz und Abbruch verweist von sich aus auf die tieferdringende Frage, nämlich was eigentlich wo, wie und warum genau das Transformierende sein soll.[138] Um es vor dem reformationsgeschichtlichen Hintergrund der epochalen Zuordnungsversuche und der Frage nach dem Verhältnis von Kontinuität und Diskontinuität auf den Punkt zu bringen: »Bruch, Systembruch, Transformation oder doch Reformationen – die unterschiedlichen Versuche, das reformatorische Geschehen in seiner Komplexität, aber auch in seiner Diffusität zu erfassen, liefern allesamt vertiefende Ansätze, ohne die Reformation schlussendlich erklärbar zu machen und in eine festumrissene Zeitepoche einzupassen«.[139] Das damit benannte Problem, das sich mit und aus der Verbindung von Fragen der Epochenzuordnung und der grundsätzlichen historischen, gleichwohl gegenwartsorientierten Bewertung der Reformation – als Bruch oder als Transformation – ergibt, bleibt folglich virulent.

Nun ist die »Diskussion um die Zuordnung der Reformation zu Mittelalter oder Neuzeit, auch ihrer historiographischen Situierung ›zwischen den Zeiten‹, [...] stets mit besonderer Leidenschaft geführt worden. Dies hängt wesentlich mit den – nur selten explizit gemachten – geltungspolitischen Ansprüchen, die sich mit dieser Frage verbinden, zusammen«, attestiert Thomas Kaufmann in seiner *Geschichte der Reformation in Deutschland*, die er 2016 in einer überarbeiteten Neuausgabe vorlegte.[140] Dies vorausgesetzt, kommt auch und gerade das Genre der wissenschaftlichen Einführungs- und Überblickliteratur als Austragungsfeld jener geltungspolitischen Ansprüche zu stehen, dem auch Kaufmann sich nicht verweigert, ganz im Gegenteil: Mit seiner preisgekrönten Reformationsgeschichtsschreibung schaltet er sich mit Wucht in die entsprechenden Deutungsdebatten ein.

In bestimmten Periodisierungskonzepten begegnen also nicht selten dogmatische Geltungsansprüche, denen nicht zuletzt im Horizont aktueller Auseinandersetzungen um religiöse Konkurrenz und Ökumene Wirkungskraft zugeschrieben wird. In bezug auf die neuere allgemeinhistorische Epochendiskussion kann diese nicht selten bei protestan-

138 Vgl. dazu aaO., 23.
139 AaO., 24.
140 Th. KAUFMANN, Geschichte der Reformation in Deutschland, (2009) ²2016, 1038 Seiten. Zitat: 20. Eine eingängliche Skizze liegt vor mit: DERS., Reformation. 100 Seiten (Reclam 100 Seiten), 2016. Die europäische Verflechtung und Ausstrahlung der Reformation betont DERS., Erlöste und Verdammte. Eine Geschichte der Reformation, ³2017, 508 Seiten.

tischen Autoren begegnende Aufgeregtheit in der Frage ›Reformation: Mittelalter oder Neuzeit‹ inzwischen als entschärft gelten. [...] Wegen der allgemein üblich gewordenen Einführung des Epochenbegriffs der ›Frühen Neuzeit‹ kann die Diskussion über die ›Mittelalterlichkeit‹ oder ›Neuzeitaffinität‹ Luthers oder der Reformation also getrost jenen überlassen werden, die noch immer meinen, daraus Funken schlagen zu können.[141]

Dass der unverkennbar kritische Unterton auch manch einem der vorgestellten Ansätze gelten dürfte, bedarf wohl keiner gesonderten Erläuterung. Und Kaufmann setzt nach: »›Die Reformation‹ beginnt nicht an einem bestimmten kalendarischen Datum, etwa dem 31.10.1517 [...]. Sie endet auch nicht mit einem bestimmten Ereignis, etwa dem Augsburger Reichsabschied vom 25.9.1555«.[142] Überhaupt scheint ihm »eine skeptische Haltung gegenüber der Fixierung historischer Umbrüche auf einzelne Daten angemessen«.[143] Die entschiedene Absage an Debatten um Epochenzuordnung und an damit verbundene Fragen nach chronologischen Grenzziehungen hat freilich ein spezifisches Reformationsverständnis zur Grundlage und markiert ihrerseits einen Geltungsanspruch: »Die Reformation, wie sie in diesem Buch verstanden wird, stellt einen Prozeß der theologischen Infragestellung, der publizistischen Bekämpfung und der gestaltenden Veränderung des überkommenen Kirchentums dar«,[144] der sich »in bewusster Abgrenzung von der Kirche Roms und im Bruch mit den in ihr geltenden Rechtsgrundlagen des kanonischen Rechts« vollzog und qualitativ wie quantitativ erhebliche Konsequenzen auf rechtlicher, politischer, sozialer und kultureller Ebene mit sich brachte.[145]

Mit Reformation wird also nicht schon eine bestimmte theologische Erkenntnis Luthers im Zuge seiner prozessual zu deutenden theologischen Entwicklung bezeichnet; als ›reformatorische‹ ist Luthers Theologie im Sinne der hier verfolgten Perspektive nur insofern und ab jenem Zeitpunkt von Interesse, als sie auf eine *Veränderung des bestehenden Kirchenwesens* oder einzelner seiner Erscheinungen abzielte und sich kommunikativer und medialer Praktiken bediente, um diese zu erreichen.[146]

141 Kaufmann, Geschichte der Reformation (s. Anm. 140), 20f.
142 AaO., 21.
143 AaO., 156.
144 AaO., 21.
145 AaO., 22.
146 Ebd.

Im Zentrum des Reformationsbegriffs steht somit die Theologie, der gegenüber die Auswirkungen und Artikulationsweisen ihrer Infragestellungen sowie Neu- oder Umgestaltungen als Epiphänomene zu stehen kommen. Dieser Begriff von Reformation steht im Einklang mit Kaufmanns Votum zugunsten des Epochenbegriffs Frühe Neuzeit, das erste Konzept lässt sich gleichsam in das zweite schieben, ohne sein Profilierungspotential einzubüßen:

»Der Prozeß der Umgestaltung des bestehenden Kirchenwesens [...] brachte Wirkungen hervor, die auch dann als epochal oder jedenfalls zentral bedeutsam einzuschätzen sind, wenn man einen Epochenbegriff der Reformation verabschiedet und sie als hochwichtige *Etappe* innerhalb einer *Epoche* der *Frühen Neuzeit* verortet;« auch und gerade als Etappe in einer besonderen Epoche bleibt die Reformation ein »tiefgreifende[r] Einschnitt oder ›Umbruch‹ in der Kirchen- und Christentumsgeschichte.«[147]

Damit ist die Frage nach dem Verhältnis von Kontinuität und Diskontinuität vorgebracht, die allerdings durch das skizzierte Einordnungsmodell – Reformation als Etappe der Frühen Neuzeit als Epoche – von der Diskussion um die Zuordnung zu Mittelalter oder Neuzeit geschickt gelöst ist, die Kaufmann ja ohnehin als erledigt betrachtet, die besonders für das skizzierte Bild der Transformation aber charakteristisch ist.

Was die Kontinuitäten angeht, lebte in und mit der Reformation »freilich vieles dessen fort, was dem späten Mittelalter sein spezifisches Gepräge gegeben hatte. Einige wesentliche Aspekte und Erscheinungsformen der Reformation sind ohne die religiösen, mentalen, sozialen und politischen Voraussetzungen des späten 15. Jahrhunderts nicht zu verstehen«.[148] Demnach »lebte die Reformation von – und entstand unter – Voraussetzungen, die sie nicht selber geschaffen hatte«, wie Kaufmann in Anlehnung an ein hin-länglich bekanntes Diktum formuliert,[149] um dann zuspitzend zu fragen:

Läßt es die hier nur angedeutete [...] rückwärtige Bezogenheit der Reformation auf das Spätmittelalter nicht geraten erscheinen, die Kontinuitätslinien deutlich herauszustreichen und gegenüber den Vorstellungen eines Umbruchs oder eines ›Systembruchs‹, einer historischen ›Wetterscheide‹ zwischen Spätmittelalter und Reformation also, zu-

---

147 AaO., 23.
148 AaO., 24.
149 AaO., 25.

rückhaltend zu sein oder sie gar zurückzuweisen? [...] Diese Frage kann nur behutsam abwägend beantwortet werden. Auch wer die Kontinuitätslinien akzentuiert, wird die Momente der Diskontinuität nicht bestreiten können – und umgekehrt.[150]

Gleichwohl spricht sich Kaufmann mit Nachdruck für eine »Gewichtung zugunsten der Diskontinuität« aus, die es nicht nur allein rechtfertigt, »den historiographischen Begriff der Reformation auch weiterhin zu verwenden«,[151] sondern auch der Wahrnehmung der Zeitgenossen adäquat Rechnung trägt:

> Für die Diskontinuitätsperspektive spricht meines Erachtens ganz entschieden, daß sowohl die Protagonisten der Reformation als auch ihre altgläubigen Gegner, die Agenten der ›Gegenreformation‹, darin übereinstimmten, daß die Trennung zwischen der ›Papst-‹ und der ›Ketzerkirche‹ in ihrer Wahrnehmung von einer Tiefe und Abgründigkeit und die wechselseitigen Verwerfungen von einer Unversöhnlichkeit waren, daß sie eine einheitliche Geschichte der einen lateineuropäischen Kirche an ihr vorläufiges oder endgültiges Ende gekommen sahen.[152]

So gingen mit der Reformation »weite europäische Landschaften in papstfreie, von der Bindungskraft des kanonischen Rechts und der römischen Rechtsprechung unabhängige Kirchentümer über. Einen vergleichbaren institutions-, organisations- und kirchenrechtsgeschichtlichen Auflösungsprozeß hatte die lateineuropäische *christianitas* bisher nicht gekannt«.[153]
Neben der die Wahrnehmung bereits der Zeitgenossen auf allen Seiten mitbestimmenden qualitativen Dimension legt der gewählte Reformationsbegriff eine Fokussierung nahe, um die Rede von einem (Um-)Bruch unter Betonung der Diskontinuitätslinien zu rechtfertigen:

> Mit und durch die Reformation kamen eine Theologie und eine mit dieser korrespondierende Frömmigkeitspraxis zur Vorherrschaft, die das Heil des Menschen auf das persönliche Gottesverhältnis, auf den Glauben, gründete. Auch wenn diese Position ihre Wurzeln in Tendenzen spätmittelalterlicher Frömmigkeitstheologie gehabt haben mag – die Radikalität, die Allgemeinheit und die Ausschließlichkeit, mit der sie in der Reformation in den Vordergrund trat, veränderten das Verhältnis des frommen Menschen zur Kirche grundlegend.[154]

---

150 AaO., 26.
151 Ebd.
152 AaO., 26f.
153 AaO., 27.
154 Ebd.

Richtet man folglich den historisch-analytischen Blick auf die Ebene von Theologie, Frömmigkeitspraxis und Kirche, wie es die Kirchengeschichte gemeinhin tut – und gut beraten erscheint, es weiterhin zu tun –, steht die Dominanz der Diskontinuitätsmomente unzweideutig vor Augen, was freilich bei Betrachtung anderer Ebenen anders aussehen kann. Angesichts dessen konkretisiert Kaufmann unter direkter Aufnahme der für sein Reformationsverständnis bezeichnenden Hierarchisierung der Beobachtungsgegenstände: »Wo die Reformation vordrang, kam die Kirchengeschichte des Mittelalters in wesentlichen ihrer Erscheinungen an ein Ende«.[155]

Die Ausrichtung des Reformationsbegriffs auf Theologie und Publizistik einerseits, auf in der Theologie wurzelnden, mittels neuer Medien in ungekannter Masse, Weite und Tiefe verbreiteter und verstetigter Veränderungsabsichten und -dynamiken andererseits verschließt sich scharfen zeitlichen Grenzziehungen – nach vorne, besonders aber nach hinten; die Reformation »steht am Anfang einer fortschreitenden, bis heute unabgeschlossenen Differenzierungsgeschichte des lateineuropäischen Christentums«.[156] Jene Ausrichtung erlaubt und benötigt jedoch die Identifikation eines geschichtlichen Initialzusammenhangs. Schließlich muss »jede ›Geschichte‹, wenn sie denn eine ist, auch einen Anfang haben beziehungsweise von einem bestimmten, möglichst plausiblen Anfang her entwickelt oder konstruiert werden«.[157] Ergo: »Den Auftakt jener Ereignissequenzen, die zur Reformation wurden, stellt der Ablaßstreit dar«.[158] Damit gehört dann »die Geschichte der persönlichen, religiösen und theologischen Bildung des sächsischen Mönchs Martin Luther [...] zu den Voraussetzungen der Reformation. Denn sie vollzog sich selbstverständlich innerhalb des ›offenen Systems‹ der zeitgenössischen Kirche«.[159] Zwar sind in seinen frühen Vorlesungen »mit guten Gründen bahnbrechende theologische Erkenntnisse eines eigenständigen Buß- und Gnadentheologen wahrzunehmen«, doch »stellen diese imposanten Dokumente seiner akademischen Lehrtätigkeit [...] nicht den Beginn der Reformation, sondern eine ihrer unverzichtba-

---

155 AaO., 30.
156 AaO., 773.
157 AaO., 156.
158 AaO., 22.
159 AaO., 126.

ren Voraussetzungen dar«.[160] Vom Anfang der Reformation »ist sinnvoller
Weise erst von da an zu sprechen, wo Luther den Rahmen seiner akademischen und monastischen Tätigkeitsfelder in der Absicht überschritt, einen
das zeitgenössische Kirchenwesen als Ganzes betreffenden Mißstand vor
dem Forum der Öffentlichkeit der Lesekundigen zu erörtern«.[161]

Der sich auch darin niederschlagende Reformationsbegriff Kaufmanns
löst den identifizierbaren Anfang der Reformation von der Frage nach Datierung und Gestalt der theologischen Entwicklung Luthers, »denn die Reformation fing nicht mit einer Erkenntnis, sondern mit einer Entscheidung
beziehungsweise einer Handlung an, die zu einem Ereignis wurde«.[162] Und
hier schließt sich dann einer, wenn nicht der wichtigste der argumentativen Kreise der Überblicksdarstellung:

> Nicht als isolierter einzelner steht Luther am Anfang der Reformation, sondern als Zen-
> tralfigur einer bestimmten personellen und diskursiven Konstellation, als Person, an
> der sich, sobald sie auftrat, die Geister schieden. Um die Geschichte der Reformation
> als solche beginnen zu lassen, ist also mit dem Verweis auf spätmittelalterliche Konti-
> nuitätslinien [...] wenig gewonnen. Diese Kontinuitäten sind hinsichtlich der Voraus-
> setzungen, kulturellen Bedingungen und Mentalitäten, auf die die Reformation traf oder
> die in ihr fortlebten, zweifellos sehr wichtig; ja, diese Faktoren wirkten darauf ein, wie
> die Reformation zu ihrer Wirkung gelangte. Im Blick auf die Bestimmung des Anfangs
> der Geschichte der Reformation aber – soll denn dieser Begriff weiterhin einen historio-
> graphischen Sinn haben – tragen die spätmittelalterlichen Voraussetzungen unmittelbar
> nichts bei.[163]

Die Zentralstellung Luthers spiegelt sich wiederum im Fortgang der Ereignisse: »Die Entstehung der frühen reformatorischen Bewegung, die vor
allem in Luther ihren Leitstern fand, stellt den wohl entscheidenden historischen Faktor dieses chronologischen Zusammenhangs dar«,[164] wobei der
»Widerspruch, den Luther fand, [...] ihn zur Präzisierung seiner Positionen,
aber auch zu ihrer Weiterentwicklung und Radikalisierung« nötigte.[165] Die
diskursiv entbundene Dynamik lässt gerade die frühe Reformationszeit als

---

160 AaO., 127.
161 AaO., 128.
162 AaO., 150.
163 AaO., 157.
164 AaO., 160.
165 AaO., 163.

eine »Art ›Laboratorium‹ der religionskulturellen und theologischen Diversifikationen« erscheinen.[166] »*Die* Reformation gibt es insofern nur als den Zusammenhang diverser städtischer und territorialer Reformationen. Als diesen aber gibt es sie«.[167]

VI Reiz perspektivischer Weitung

Das unterstreicht eindrücklich der zwischen Singular und Plural changierende Versuch, die Perspektive der *Longue durée* einzunehmen, also die Reformation als einen irgendwie geschlossenen Ereigniszusammenhang zu deuten, der chronologisch in Form verschiedener, aber zusammenhängender Reformationen weit über die erste Hälfte des 16. Jahrhunderts hinausreicht, wie es Diarmaid MacCulloch in seiner kenntnisreichen Überblicksdarstellung zur Reformationsgeschichte tut.[168] Entsprechend umfassend ist der Reformationsbegriff:

> Genau genommen hat es viele verschiedene Reformationen gegeben, und fast alle hätten für sich reklamiert, dass sie lediglich das wahre katholische Christentum erneuern wollten. Der Einfachheit halber werde ich im Folgenden den Sammelbegriff »Reformation« verwenden, obwohl dieses Buch vielfältige Reformationen untersucht – auch solche, die vom Papst gelenkt waren. Der Begriff »Reformation« wird deshalb häufig sowohl den Protestantismus als auch jene religiösen Bewegungen umfassen, die allgemein als Tridentinischer Katholizismus, katholische Reformation oder Gegenreformation bekannt sind, also jenen wieder belebten Teil der alten Kirche, der dem Papst die Treue hielt.[169]

Mit der diachronen Perspektivweitung geht notwendig eine begriffliche einher, die erst mal als Relativierung auffällt.

Um den Zeitraum vom späten 15. bis Ende des 17. Jahrhunderts überhaupt unter ein und demselben Sammelbegriff, nämlich dem der Reformation, fassen zu können, scheinen derartige Relativierungsmaßnahmen schon heuristisch unerlässlich; schließlich erstreckt sich die Reformation

---

166 AaO., 773.
167 AaO., 32.
168 D. MacCulloch, Die Reformation 1490–1700. Aus dem Englischen von Helke Voß-Becher, Klaus Binder und Bernd Leineweber (dtv 34653), (2008) ²2010, 1022 Seiten. Das 2003 erstmals erschienene englische Original trägt den Titel *Reformation: Europe's House Divided 1490–1700*.
169 AaO., 13.

als Vielzahl der Reformationen im diffus anmutenden Sinne von sehr verschiedenartigen religiösen Erneuerungsbewegungen auf den größten Teil der Frühen Neuzeit, die auch MacCulloch als Epoche zugrunde legt.[170] Die dann unumgänglichen Relativierungsmaßnahmen zwecks Erlangung integrativer Weite betreffen auch das Gebiet der zu behandelnden Akteure: Personen wie Luther »sind nur Teil einer Geschichte, die auch von allgemeinen Stimmungsschwankungen, den allmählich sich wandelnden Lebensformen der einfachen Bevölkerung und den politischen wie dynastischen Interessen der Großgrundbesitzer-Eliten geprägt ist«.[171] Leitend bleibt dabei jedoch die gegenwartsdeutende Zielrichtung: »Man kann das moderne Europa nicht verstehen, wenn man die Umwälzungen im lateinisch-westlichen Christentum des 16. Jahrhunderts nicht versteht«.[172] Bei aller relativierenden Weitung ist demnach doch so etwas wie eine hermeneutische Fokussierung auszumachen, nämlich zeitlich auf das 16. Jahrhundert, räumlich auf das Erstreckungsgebiet des lateinisch-westlichen Christentums. Davon bleibt die Akteursebene nicht gänzlich unberührt: Dass »die Theologen der Reformation unbedeutend waren oder dass man sie vernachlässigen könne«, soll freilich nicht behauptet werden.[173]

Und in der Tat, ein entscheidender Initialfaktor für die vielfältigen religiösen Erneuerungsbewegungen, die MacCulloch unter dem Begriff Reformation sammelt, war bei allen sozialen, poltisch-dynastischen und gelehrten Auslösern und Voraussetzungen die Aneignung einer genuin theologischen Größe:

> Als Martin Luther und andere Theologen jener Zeit die Kirche zur Rückbesinnung auf Augustins Soteriologie mahnten, mussten die westlichen Christen darüber entscheiden, welcher Aspekt des augustinischen Denkens ihnen wichtiger war: seine Forderung nach Gehorsam gegenüber der katholischen Kirche oder seine Gnadenlehre. [...] So gesehen repräsentierte der mehr als hundertjährige Aufruhr in der Westkirche ab 1517 eine Auseinandersetzung im Geist des längst verstorbenen Augustins [sic!].[174]

---

170 Vgl. aaO., 18.
171 AaO., 17f.
172 AaO., 15.
173 AaO., 18.
174 AaO., 161.

Ob man sich dieser Einschätzung rundheraus anschließen will oder nicht, in der gedanklichen Vertiefung seiner Augustin-Lektüre ist neben seinen intensiven Bibel- und besonders Paulusstudien der maßgebliche Anstoß Luthers zur Entwicklung seiner schöpferischen theologischen Erkenntnisse zu sehen. An der Vorstellung eines punktuellen »Turmerlebnisses« festhaltend,[175] erblickt MacCulloch das theologisch entscheidende Moment in der Erkenntnis,

> dass Gott seinen richtenden Zorn bei jenen Menschen ablege, die er zu Auserwählten erkoren habe. Sie erhielten das Geschenk des Glaubens ohne irgendeinen Bezug zu ihrem sündigen Tun. Es stehe ganz im Belieben Gottes, dieses Geschenk zu gewähren – also jemanden als gerechtfertigt zu erklären: Das sei göttliche Gnade. Luther ist zu dieser beglückenden Erkenntnis allein gelangt, aber er hat offen bekundet, dass er auch bei Augustin darauf gestoßen ist.[176]

Schließlich war es dann der Ablassstreit, der Luther mit seinen neuen Einsichten an die Öffentlichkeit treten ließ[177] und so den Stein der Reformation(en) für die nächsten rund 180 Jahre ins Rollen brachte, und zwar erst in Europa und später vor dem Hintergrund religiöser Migrationsbewegungen auch in Nordamerika. Nordamerika betrachtet MacCulloch ausgehend von der Reformation auf den britischen Inseln als eines ihrer zentralen, wegen seines Reformationsbegriffs aber reformationsgeschichtlich letztlich eigenständigen Wirkungs- und Entwicklungsfelder, womit dann auch der von ihm gewählte weite zeitliche Rahmen begründet wird.[178]

So bleibt es insgesamt dabei: Reformation hat bzw. Reformationen haben Theologen und Theologie als – wenn auch wichtige, weil impulsgebende – Nebendarsteller, und sie hat bzw. sie haben nicht notwendig mit der Ablösung von der römischen Kirche zu tun, sondern stellen allgemein religiöse Erneuerungsbestrebungen und -maßnahmen breiter Trägerschichten auch jenseits des in sich pluralen Protestantismus dar. Insofern kann MacCulloch seinem Reformationsbegriff unter Inkaufnahme von Diffusität eine Weite verleihen, die das protestantische Lager, den europäischen Kontinent und das 16. Jahrhundert erheblich überschreitet, ohne das Ver-

---

175 Vgl. aaO., 171f.
176 AaO., 172.
177 Vgl. aaO., 176–178.
178 Vgl. aaO., 655–709.

bindende aus den Augen zu verlieren, das allein die Beibehaltung einer allen Erscheinungen, Zeiträumen, Regionen, Konfessionen gemeinsamen Kategorie rechtfertigt. Unabhängig von der Frage, ob ein solcher reformationsgeschichtlicher Zugang analytisch wirklich weiterhilft, bietet er doch aus deutscher Sicht einige eher unkonventionelle Perspektiven, die schon aufgrund ihrer Diskussionswürdigkeit anregend sind.

Genauso anregend wie die diachrone Perspektivweitung macht sich die synchrone aus: In *1517. Weltgeschichte eines Jahres*, 2017 in dritter Auflage vorgelegt,[179] zeichnet Heinz Schilling ein farbenprächtiges globales Panorama, das zweierlei verdeutlicht: Erstens geschah zu dem oder doch rund um den Zeitpunkt, an dem Luther mit den 95 Thesen, in denen sich seine Neubestimmung des Verhältnisses von Gott und Mensch entlang der Ablasskritik aussprach, folgenreich die weltgeschichtliche Bühne betrat, auch noch anderes Bemerkenswertes. Das mag erst mal banal klingen, verdient aber gerade in Bezug auf die Kontextualisierung der Thesenverbreitung und ihrer unmittelbaren Folgen Beachtung. Denn die von Schilling geschilderten Ereignisse und Entwicklungen um das »Epochenjahr«[180] 1517 waren mal mehr, mal weniger offensichtlich miteinander verflochten und bedingten daher einander mal mittelbar, mal unmittelbar. Bei aller gleichermaßen richtigen wie wichtigen Betonung der schwerlich zu überschätzenden Bedeutung der theologischen Wurzeln der Reformation für das adäquate Verständnis derselben wirkt es geradezu erfrischend, sich das oft herausgestellte wirtschaftliche, soziale, wissenschaftliche und politische Bedingungsgefüge, in das sie einzuzeichnen ist, in globalgeschichtlicher Dimension konkret vor Augen zu führen. Schillings Schlaglichter beispielsweise auf die werdenden Kolonialreiche auf dem amerikanischen Kontinent, auf die Lage in Norditalien und Rom, auf den Ostseeraum und Moskau, auf das aufstrebende Osmanische Reich und China vermitteln einen ersten Eindruck davon, dass und warum reformationsgeschichtliche Konzentrationen auf Lateineuropa zwar ihre Berechtigung haben können, aber aufgrund weit über den lateineuropäischen Raum hinausreichender Verflechtungen der Akteure und Ereignisse auch mit Umsicht zu genießen sind.

---

179 H. SCHILLING, 1517. Weltgeschichte eines Jahres, (2017) ³2017, 364 Seiten.
180 AaO., 18.

Doch die von Schilling gebotene synchrone Perspektivweitung zeichnet die Wittenberger Vorgänge in dieses farbenfrohe Panorama ein und weist darüber auch ihnen ihren weltgeschichtlichen Platz zu, womit der zweite Punkt berührt ist: 1517 nahm in Wittenberg eben ein »Aufbruch ›an den Grenzen der Zivilisation‹« seinen Anfang, der als Reformbewegung »alle bisherigen Ansätze sprengte und zur ›Reformation‹ wurde«.[181] Und der »erste Dominostein, der diese nicht mehr zu bremsende Bewegung auslöste, fiel am 31. Oktober in Wittenberg am nördlichen Ufer der Elbe – an den ›Grenzen der Zivilisation‹, wie der den Stein anstoßende Augustinermönch seine Stadt charakterisierte«.[182] Seine »ihn existentiell befreiende Gotteserkenntnis«,[183] errungen unter »Präzisierung und Verdichtung seiner Vorstellung der Rechtfertigung des Menschen [...], öffnete den Weg zu den großen Reformschriften des Jahres 1520 und damit zum endgültigen Durchbruch der Reformation«,[184] die ihrerseits auf verschiedenen Ebenen in einem globalen Zusammenhang stand, zugleich aber selbst in ihrer Wirkung über den europäischen Raum hinauswies.

> Es soll hier nicht behauptet werden, der 31. Oktober sei ein nachgeordnetes oder gar unbedeutendes Datum. Die an diesem Tag auf den Weg gebrachten fundamentalen Veränderungen in der Theologie samt ihren Konsequenzen für Kultur, Staat und Gesellschaft Europas behalten zusammen mit der Wirkung des antiken und neuen Weltwissens auch in globalgeschichtlicher Perspektive ihren universalhistorischen Rang.[185]

Jedoch war die »globale Ausstrahlung dieses Umbruchs [...] keine Einbahnstraße oder gar eine ›Europäisierung‹ der Welt«, im Gegenteil: Es hat sich »vieles von dem, was der Mönch am 31. Oktober angestoßen hat, über die Welt verbreitet, nicht als Unterwerfung oder Kopie, sondern jeweils als Anverwandlung zum Eigenen«.[186]

181 AaO., 258.
182 Ebd.
183 AaO., 270f.
184 AaO., 271.
185 AaO., 308.
186 AaO., 308f.

VII Abschließende Erwägungen

Ob nun in diachroner oder synchroner Weitung des Blicks, die Frage nach der Bestimmung des Verhältnisses von Peripherie und Mitte, von Marginalität und Zentralität, von Kontinuität und Diskontinuität bleibt letztlich eine Frage der Perspektive. Das gilt selbstredend auch für die wertende Ein- und Zuordnung der Reformation: Welche Bedeutung der Reformation zukommt, wie sie geschichtlich zu charakterisieren und zu bewerten ist, welche Rolle dabei Luther zugesprochen wird, ist und bleibt eine Frage der gewählten historischen Betrachtungsebene und des leitenden, disziplinär begründeten Erkenntnisinteresses. Das ist freilich ein Gemeinplatz, der nach dem lediglich kursorischen Durchgang durch einige Bündelungsorgane jüngerer Reformationsforschung und angesichts der eingangs genannten Einordnungsdebatten gleichwohl der Erinnerung wert zu sein scheint.

Seit dem Spätmittelalter erfassten tiefgreifende, hochgradig dynamische Wandlungsprozesse die europäischen Gesellschaften und führten auf kultureller, wirtschaftlicher, wissenschaftlicher, rechtlicher, politischer und sozialer Ebene zu mal zäsur-, mal transformationsartigen sowie dauerhaft und vielfältig wirksamen Veränderungen. Deren sachgemäße Erfassung erfordert je nach Fragestellung und Darstellungsanliegen dringend auch die Berücksichtigung von die Grenzen Lateineuropas überschreitenden Entwicklungen. Von diesen umfassenden Wandlungsprozessen betroffen war freilich auch die Ebene der institutionalisierten Religion in Form der sichtbaren Heils-, Rechts- und Lehranstalt der römischen Kirche als in sich plurales, offenes und zugleich omnipräsentes System. Ihre Stellung als religiös hegemoniale Institution gelangte mit und in jenen Wandlungsprozessen in der ersten Hälfte des 16. Jahrhunderts an ihr bleibendes Ende; fortan sollte es ›die Kirche‹ faktisch nur noch in der Mehrzahl der Kirchentümer geben. Vor diesem komplexen Hintergrund scheint die Koppelung der Diskussion um die Epochengrenze(n) zwischen Mittelalter und Neuzeit mit der Frage nach der Zuordnung der Reformation einerseits, mit der Bestimmung des Verhältnisses der verschiedenen theologischen und institutionellen Spielarten des spezifisch reformatorischen Christentumsverständnisses zu ihrem spätmittelalterlich-kirchlichen Wurzelboden andererseits genauso naheliegend wie letztlich herausfordernd. Allerdings hat diese Koppelung zu ihrer stillschweigenden Voraussetzung die Annahme disziplinär synchroner Epochengrenzen.

Bei Betrachtung auch der vorgestellten reformationshistorischen Einführungs- und Überblicksliteratur bleibt jedoch gerade die vorausgesetzte Synchronität kirchen- und allgemeinhistorischer Epochengrenzen sowie -einteilungen zu diskutieren. Nun machen sich die vielfältigen Übergänge vom Mittelalter zur Neuzeit ohnehin selten abrupt aus; die umfassenden Wandlungsprozesse zwischen dem 14. und dem 17. Jahrhundert verlaufen allmählich, je nach untersuchtem Kulturfeld in unterschiedlichen Geschwindigkeiten und Ausgestaltungen, in denen Neuaufbrüche und Transformationen sich keineswegs immer ausschließen, sondern einander durchringen und bedingen können. Entsprechende Beobachtungen lassen sich exemplarisch in der Rechts- und der Wissenschafts- oder auch in der Wirtschaftsgeschichte machen; die Frage nach dem Übergang vom Mittelalter in die Neuzeit bzw. nach der Grenze zwischen beiden Epochen ist je nach historisch Betrachtetem gesondert und gegebenenfalls anders zu beantworten. Nimmt man unter diesem Gesichtspunkt dann die kirchen- und theologiehistorische Ebene im Bewusstsein ihrer kaum zu überschätzenden Bedeutung für die Reformationsgeschichte in den Blick und stellt sich die zentrale Frage nach der geschichtlichen Zuordnung der reformatorischen Kirchentümer und Gruppierungen zu ihrem papstkirchlichen Wurzelboden, ergibt sich insofern ein eigentümliches Bild: Das mit der Reformation – die gerade dort, wo sie auf wesentliche Institutionen des christlichen Lebens traf und diese nachhaltig veränderte, ein grundlegend theologischer Vorgang war – ins Leben tretende innovative Christentumsverständnis vermag bereits in der Wahrnehmung der Zeitgenossen nicht mehr in die Strukturen der Papstkirche, aus deren Mitte es erwuchs, integriert zu werden. Unbenommen aller systembedingten Offenheit der spätmittelalterlichen hierarchischen Kirche musste die reformatorische Neubestimmung des Gott-Mensch-Verhältnisses mit all ihren theologischen und institutionellen Konsequenzen als massive Infragestellung der sichtbaren Heilsanstalt aufgefasst und ausgestoßen werden; umgekehrt suchten die werdenden reformatorischen Kirchentümer ihren Platz zunehmend bewusst außerhalb und gegenüber der römischen Kirche, mit deren Grundpfeilern sie theologisch, institutionell und rechtlich brachen.

Es scheint also nicht übertrieben, das Ende der religiösen Hegemonial-stellung der römischen Kirche durch die Entstehung und dauerhafte Etab-lierung neuer Kirchentümer auf der Basis eines genauso innovativen wie anti- und nachkatholischen Verständnisses der christlichen Religion als mindestens kirchen- und theologiegeschichtlichen Umbruch zu beschrei-ben, der sich wiederum je nach untersuchtem Phänomen durchaus auch in und durch Transformationen vollziehen konnte oder immerhin von solchen begleitet wurde. Bei aller unleugbaren Kontinuität markiert das durch die Reformation heraufgeführte dauerhafte Neben- und Gegeneinander mehre-rer konkurrierender geschichtlicher Glaubensformen und Lebensäußerun-gen lateineuropäischen Christentums die Folge dann auch analytisch ent-scheidender Diskontinuitäten, hervorgerufen durch wesentlich theologisch innovative Einsichten. Deren Einfluss blieb aufgrund der Eingewobenheit in die genannten großen Wandlungsprozesse der Zeit naturgemäß nicht auf das Gebiet von Kirche und Theologie beschränkt, sondern wirkte auf Ge-sellschaft und werdende Staaten, auf Politik, Recht, Wissenschaft, Kunst und Musik sowie Wirtschaft. Jener bestimmten innovativen theologischen Erkenntnissen geschuldete kirchen- und theologiegeschichtliche Umbruch entfaltete eine andere Wandlungsprozesse dynamisierende Breitenwirkung und wurde seinerseits wiederum durch die Entwicklungen auf anderen his-torischen Ebenen beeinflusst, ohne dort gleich eruptiv zu wirken oder gar als Zäsur historisch wahrnehmbar zu sein. Was so von der Reformation im Allgemeinen gilt, gilt auch für die Wertung Luthers im Besonderen: Dass in seinem Denken wirkmächtige religiös innovative Kernelemente liegen, die ihn aus der Reihe der mittelalterlichen Kirchenreformer hervor-heben, widerstreitet der historischen Zuordnung seiner Gedankenwelt und Wahrnehmungsmuster zum Mittelalter genauso wenig wie der Annahme, seine Theologie sei in wichtigen Teilen durch ältere Phänomene geprägt und führe in bestimmten Bereichen zu Transformationen des Überkomme-nen. Ebenso wenig heißt, Luthers schwerlich zu überschätzende Bedeutung für die Reformation und darüber für die Geistes- und Kulturgeschichte zu unterstreichen, Leben und Werk des Menschen Martin Luther zur allge-meingeschichtlichen Zäsur zu erheben. So vollzog sich der reformatorische Aufbruch in Gestalt spezifischer Innovationen und Transformationen und er ereignete sich selbstverständlich im lebensweltlichen Kontext und unter den kulturellen Bedingungen des Spätmittelalters.

Dessen und aller geschichtlichen Verflechtungen und Wechselwirkungen eingedenk, beginnt somit selbst in kirchen- und theologiehistorischer Perspektive mit der Formung und Etablierung der neuen reformatorischen Kirchentümer und Gruppierungen auf dem gemeinsamen Fundament eines schöpferischen Christentumsverständnisses nicht unbedingt die Neuzeit. Das unter den angeführten Gesichtspunkten doch angemessene Verständnis der Reformation als Um- oder Aufbruch bei gleichzeitiger Behauptung der Zentralstellung Luthers impliziert umgekehrt für die Kirchen- und Theologiegeschichte nicht in jeder Hinsicht das Ende des Mittelalters. Die kirchen- und theologiehistorische Epochenzuordnung der Reformation und deren Einordnung in allgemeinhistorische Epocheneinteilungen aufgrund komplexer Bedingungsgefüge könnten also zur gegenseitigen Entlastung durch entsprechende Differenzierungsleistungen entkoppelt werden, ohne der Reformation selbst gleich Epochencharakter zuschreiben zu müssen – ohne aber auch ihre schöpferischen Momente und Impulse zu negieren. Anders gesagt: Die an allgemeingeschichtlichen Epocheneinteilungen ausgerichtete Frage nach der Mittelalterlichkeit oder Neuzeitlichkeit der Reformation ist von der Diagnose und Begründung des Bruchs nicht zwangsläufig berührt und vor allem in kirchengeschichtlicher Sicht auch auf disziplinär spezifische Weise zu beantworten.

Dass und warum es lohnt, die Frage nach dem schöpferischen Potenzial reformatorischer Theologie von der epochalen Zuordnung der Reformation zu Mittelalter oder Neuzeit zu sondern, hat einst kein Geringerer als Ernst Troeltsch vorgeführt: In seiner bemerkenswerten Konzeption von Alt- und Neuprotestantismus – am materialreichsten durchgeführt in seiner Schrift *Protestantisches Christentum und Kirche in der Neuzeit*[187] – weist Troeltsch dem Altprotestantismus kirchengeschichtlich seinen Ort in der Kultur- und Vorstellungswelt des Mittelalters zu. Dabei ist jene Konzeption doch in erster Linie als Integrationsfigur innerprotestantischer Diversität auf der einen, leitender Kontinuitäts- und Innovationsannahmen auf der anderen Seite zu lesen. Die Reformation, ihre Akteure und Hervorbringungen stehen ungeachtet des Bruchs mit Rom noch ganz unter dem Einfluss

---

187 E. Troeltsch, Protestantisches Christentum und Kirche in der Neuzeit, hg. v. V. Drehsen in Zusammenarbeit mit Ch. Albrecht (Ernst Troeltsch. Kritische Gesamtausgabe 7), 2006, XVI + 648 Seiten.

mittelalterlicher Geltungsansprüche und Kulturideen, deren eigentümliche Entfaltung den Altprotestantismus ausmacht und die ihn gerade in ein strikt antagonistisches Verhältnis zur römischen Kirche treten lassen. Gleichwohl tritt mit der und durch die Reformation eine Theologie ins Leben, die bei sukzessiver Ausformung der ihr innewohnenden innovativen Momente durch Loslösung von ihren mittelalterlichen Grundlagen und durch Aufhebung derselben die Neuzeit mitheraufführt und schließlich in der Gestalt des Neuprotestantismus wesentlich seit dem 18. Jahrhundert die Moderne mitprägt. Die Reformation ist somit klar dem Mittelalter zuzuordnen und bleibt ihm genau wie ihre kirchlich-konfessionellen Folgegestalten in ganz grundsätzlichen Punkten lange verhaftet, bevor die in ihr anfangs noch schlummernden schöpferischen theologischen Potenziale nicht selten aufgrund externer Einflussfaktoren allmählich zum Tragen kommen und in Kirche und Theologie das Mittelalterliche überwinden helfen.

Die erwähnten konventionellen allgemeinhistorischen Epochen zugrunde gelegt, markiert die Reformation auf kirchlich-institutioneller und wahrnehmungsgeschichtlicher Ebene demnach mehr eine Fortführung des Mittelalters als dessen Ende oder gar Überwindung. Es sind ganz andere geistes- und ideengeschichtliche Strömungen neben ihr, die gegen sie und den genetisch unmittelbar auf sie folgenden Altprotestantismus die Neuzeit einläuten; in theologischer Hinsicht aber birgt sie uranfänglich innovative Kernelemente, die sie mit der Papstkirche brechen lassen und die schließlich mit einiger Verzögerung – als auf anderen Kulturfeldern längst andere, auf die Moderne verweisende Verhältnisse herrschen – das mittelalterliche Erbe protestantischerseits ablegen und überwinden sollten. Zugespitzt formuliert: Die Reformation stellt einen Umbruch von bemerkenswerter Tragweite dar, ohne in kirchen-, kultur- und wahrnehmungshistorischer Perspektive die Kultur- und Geisteswelt des Mittelalters unmittelbar hinter sich zu lassen; die Reformation gehört vielmehr ins Mittelalter, ohne deshalb der erheblichen theologischen Innovation zu entbehren, die unter diesen integrativen Ein- und Zuordnungen nach Troeltsch überhaupt erst in ihrer geschichtlichen Tragweite erfasst werden kann.

Troeltschs nur oberflächlich skizzierte mehrschichtige Integrationsfigur von Alt- und Neuprotestantismus hat freilich bis heute das *laudatur ab his, culpatur ab illis* auf sich gezogen, worin sich gerade die in höchstem Maße und bleibend anregende Wirkung seines Ansatzes aussprechen dürfte.

Dessen Differenzierungsleistung hat jedenfalls in einigen vorgestellten Reformationsdarstellungen ihre Spuren hinterlassen, ohne das Troeltsch dort irgendwie unkritisch nacherzählt oder fortgeschrieben würde, ganz im Gegenteil. Und auch in Decots zuvor zitiertem Votum, man müsse zwischen dem theologischen Anliegen Luthers und den politischen, sozialen und gesellschaftlichen Implikationen dieses Anliegens sowie der praktischen Durchsetzung der Reformation unterscheiden, schwingt mindestens ein ähnlich gelagertes Differenzierungsanliegen mit. In der Tat war und ist einiges an Troeltschs reformationshistorischem Ansatz zu kritisieren oder zu korrigieren, sei es auf materialer, sei es auf begrifflicher Ebene. Dennoch verdient der Zugriff als solcher Beachtung, die in der aktuellen Reformationsgeschichtsschreibung vielleicht noch mal zu steigern wert ist. Diese könnte insgesamt gut daran tun, ältere interdisziplinär vertretbare reformationshistorische Zugriffe und Deutungsangebote wie die Troeltschs und Rankes, aber beispielsweise auch heute vielleicht weniger bekannte, gleichwohl bemerkenswerte wie die Karl von Hases oder Heinrich Boehmers einer gründlichen Revision zu unterziehen und die kritisch gesichteten Ergebnisse vor dem Hintergrund des jüngeren zunehmend globalen Forschungsstandes verstärkt in ihre Überlegungen miteinzubeziehen.

So ließen sich möglicherweise die seit jeher immer wieder – und eben auch gegenwärtig in Einführungs- und Überblickswerken – ausgetragenen Debatten um Mittelalterlichkeit oder Neuzeitlichkeit der Reformation, um deren Verständnis im Singular oder Plural, um ihre Beschreibung als Bruch oder Transformation, um das sachgerechte Verhältnis von Kontinuität und Diskontinuität auf ihre darstellerisch notwendigen oder auch verzichtbaren Interdependenzen überprüfen und durch perspektivische und bestimmter Altlasten enthebende Differenzierungen anreichern – oder sich zumindest im (selbst-)kritischen Neben- und Miteinander verstehen. Denn die einschlägigen, noch heute nicht etwa um Nuancen, sondern um die herausgestellten und andere Grundsatzfragen geführten, Fächer- und Kulturgrenzen überschreitenden Diskurse und die dabei ausgetauschten Argumente im Kontext deutender Ein- und Zuordnung der Reformation können oftmals bedeutende reformationstheoretische Vorläufer und Kritiker aufweisen, und zwar weit über die jüngere Vergangenheit hinaus. Man denke in diesem Zusammenhang beispielhaft an die argumentativen Prägungen und Parallelen der auch in den hier angeführten Büchern immer wieder diskutierten Reformationstheorie Berndt Hamms. Jene älteren Vorläufer und Kritiker lassen jedenfalls ihre (erneute) Vergewisserung und Offenlegung geraten erscheinen, gerade um impulsgebende heuristische Distinktions- und Integrationsangebote für die jedwede konfessionelle Engführungen mit Gewinn hinter sich lassende und global vergleichend arbeitende Reformationsforschung einzuholen. Um diese muss einem bei allen laufenden Trends der religionsgeschichtlich affinen Forschung kaum Bange sein; schließlich dokumentieren die hier vorgestellten historischen Überblickswerke das insgesamt ungebrochen anregende Niveau und den ungemein lehrreichen Stand der Reformationsgeschichtsschreibung und mit ihr der Lutherforschung allesamt auf ihre Weise.

Australian Reformation Research Report 2020

By Maurice Schild

Luther's influence arrived in the Antipodes with his Catechisms and his German Bible translation. These were brought by the Old-Lutheran congregations and their pastors in the mid-nineteenth century. Input, continuity and personnel, so crucial for ethnic minority and churchly survival, were provided by confessional and awakened circles in Continental and British Protestantism, and indeed to some extent in conjunction with missions to the Aboriginal peoples. – The German Bible held sway in Church and home in Lutheran communities into the 20th century, then to be supplanted finally by the (English) King James version.

Lively intentional reception of the Reformation heritage was impeded by the ›tyranny of distance‹, geographical isolation, and two World Wars. This was true not only for the small Lutheran communities and their Synods, but also affected communication across the ecumenical spectrum and more generally. – Training a Lutheran pastorate within Australia fostered scholarly attention to Lutheran origins. Post-war immigration, and the presence of figures such as Dr. Hermann Sasse increased appreciation of confessional identity, as did wider contacts with Churches in the United States. The 450th anniversary of the Reformer's death (1996) further stimulated Luther studies. And globalization, ecumenical conversation and local Australian inter-church dialogue in the wake of Vatican II worked together to encourage interest and appreciation of ecclesiastical history and of the Reformation.

A noteworthy harvest of reformational studies matured during the Decade ending in 2017. Attempting to list and to group a representative number of such studies is not simple. Past and present both claim recognition. This report begins with biographical works on Luther's life and ways. Several collections of papers and essays linked with the observance of the 500-year anniversary follow. A further section centres on Christian life practice as affected by the Reformation (›spiritual exercises‹). A final grouping, difficult of definition, begins to reflect the diverse effects and reach of Luther's thought into our time. For, as the editors of the *Oxford Handbook of Martin Luther's Theology* wisely state in their Conclusion: »Scholars and students in schools in Adelaide and Aarhus to libraries in Beijing and Berlin, continue to turn to Luther for ideas for forming fresh perspectives on questions and problems that beset them in their contexts«[1].

I Biographical Studies

1. Luther

The English-speaking world has been well served with biographical studies of Luther. Works by Harold Bainton, Heinrich Bornkamm, Gordon Rupp and Martin Brecht readily come to mind. Such thoroughly researched postwar writing has been followed by studies of highly regarded, mainly continental Luther scholars, Peter Manns, Heiko Oberman and Volker Leppin among others. Will continuing strong interest in the Reformer's life and way lead to further productivity of similar worth? In Australasia the signs appear propitious – as the following three ›whole life‹ portrayals of Luther may well suggest. While the first was written and produced in Australia, the second and third are contributions that are mediated into or, at least, connected with the Australasian scene.

Martin Luther. A Wild Boar in the Lord's *Vineyard,*[2] is the anniversary creation of Mark Worthing. This is a brief biography, and a well-paced introduction to the man from late-medieval Saxony, Martin Luther, yet one which makes his impact 500 years later understandable. Importantly, and despite the subtitle (!), readers will light upon the firm ground of justification by faith alone in Christ, as so famously re-discovered by the cloistered

---

1 The Oxford Handbook of Martin Luther's Theology, ed. by L. BATKA / I. DINGEL / R. KOLB, 2014, 633 f.
2 M.W. WORTHING, Martin Luther: A Wild Boar in the Lord's Vineyard, 2017, 206 pages.

Wittenberg lecturer *in Biblia*. And the Bible remains closely interwoven with his remarkable career. But, Worthing states, »Luther was no precursor to today's fundamentalists«. – An Appendix supplies the text of a separate earlier essay by this author: *A Squabble among Monks: The Role of Augustinian and Dominican Rivalry in the Sixteenth Century Schism of the Western Church*, previously published as *German inter-monastic politics and the Reformation*[3].

Worthing's lively 32 chapters profile the Reformer's eventful life; they light up his character and identify the great highs and lows of his career. Readers are not diverted by over-many footnotes. Rather, this book will whet their appetites. They may in fact wish the author had given further space to more detailed unravelling of situational complexities, or to the weighing of major writings of this – but oh so prolific! – Reformer. Thus: the marriage of Luther and Katharina von Bora consisted of more than one event over the course of a fortnight; as L. Roper states: »On 13 June, Luther married Katharina, and on 27 June he held the wedding feast.«[4] Or, surely worthy of attention: the decisive debate with Zwingli on the Lord's presence in the Holy Supper resulted in the Marburg Articles which, drawn up by Luther himself, document agreement in fourteen out of fifteen points of doctrine! Further, the wish of Prince Philipp of Hesse to marry a second wife without divorcing his first: such was not completely unheard of prior to 1539, Luther having in 1520 himself written: »I so greatly detest divorce that I should prefer bigamy«[5].

To tell the story of Luther comprehensively, yet so briefly, requires consummate narrative skill, fine control, and real scholarship, qualities all well displayed in this readable book. The Reformer's ›extraordinary‹ life, which ›transformed Europe and the Christian church‹, triggers curiosity and renewed inquiry, and always leaves more to tell.

Martin Luther, A Late Medieval Life.[6] Translated into English by Rhys Bezzant and Karen Roe in Melbourne, this short biography is the work of

---

3 M.W. Worthing, German inter-monastic politics and the Reformation of the sixteenth century (LTJ 48, 2014, 115–127).

4 L. Roper, Martin Luther: Renegade or Prophet, 2016, 275.

5 LW 36,105.

6 V. Leppin, Martin Luther: A Late Medieval Life, 2017, xvii + 135 pages.

Tübingen church historian Volker Leppin. – For Leppin's perception the year 1525 is pivotal to the reformational story as a whole. Timothy Wengert states in his Foreword to the book: »it marks both the high point of Luther's influence and the beginnings of a new phase of the Reformation, in which others – princes and theologians – would increasingly influence its outcome.«[7] The author further appears to reject both an early and a late date for Luther's so-called theological breakthrough. The ›Scripture alone‹ principle was supported quite early by Melanchthon, whereas ›grace alone‹ only emerged fully with the Heidelberg disputation of 1518. The camaraderie of the Wittenberg Reformers was accommodating in this regard. Moreover, other questions, perhaps recently considered settled, are opened up at the edges in Leppin's compressed accounting of Luther's life. The book's importance is not diminished, however, by the fact that Leppin authored a *larger* biography on the same subject in 2006[8] – a circumstance surely allowing the possibility of following up some of the issues raised by the shorter book within the wider horizons of the larger work.

Lyndal Roper, *Martin Luther. Renegade or Prophet.*[9] The author, Australian, was appointed Regius Professor of Modern History at Oxford in 2011. Her book is a full-size biography of the Reformer, and her narrative skills make it ›a great read‹. Spending research time in Wittenberg and in its archives, she gained close contact with the city and its social history. The latter has been neglected in Western studies, due, in her view, to the postwar division of Germany. That may, on reflection, add unintended zing to her remark: »The old world of Wittenberg died with Luther«[10]. Roper emphasises the psychological and the relational factors in Luther's life and his conflicts, therewith somewhat underplaying, it may appear, his character and stature as genius Bible translator and towering Augustinian theologian – whose life, whatever else, was centred on the Gospel and its meaning. Luther's view of human nature, as Roper's work repeatedly indicates, escaped the traditional »split between flesh and spirit«.[11] No killjoy, he was

---

7 Loc. cit., xii.

8 V. LEPPIN, Martin Luther (Gestalten des Mittelalters und der Renaissance), 2006.

9 L. ROPER, Martin Luther: Renegade or Prophet, 2016, xiii + 577 pages.

10 Loc. cit., 410.

11 Loc. cit., 290.294.421.

»remarkably positive about the body and physical experience«[12]. Rowan Williams, former Archbishop of Canterbury, endorses her biography: »Lyndal Roper provides a fine scholarly narrative of Luther's extraordinary life [...]. She paints the picture of a ›difficult hero‹ with full attention to both light and shadow. A compellingly readable and richly documented study«[13].

2. Other Reformers – Brief Studies

To mark the 450th anniversary of the death of Luther's co-reformer, Dean Zweck produced an essay, *Philipp Melanchthon (†1560): ›Theologian and Servant of God‹.*[14] It lucidly sketches traits of the man's character and identifies theological controversies in which he, though known as the *tranquilla avis* (quiet bird) of the Reformation, became engagedly involved. One such issue concerns freedom of the human will, another pertains to the focus on justification by faith. Melanchthon's strongly forensic teaching (cogently expressed e.g. in Article IV of the Augsburg Confession) »became so dominant in the *Formula of Concord* and subsequent Orthodoxy, [that] a central feature of Luther's teaching [viz. ›in faith itself Christ is present‹] became neglected«[15]. While this has not divided the church, consciousness of the two dimensions may well add depth to faithful preaching and teaching.

In order to commemorate the Genevan Reformer's birth (1509) New Zealand scholars published *Calvin: The Man and the Legacy*.[16] Significant Luther references occur in Jason Goroncy's *John Calvin: Servant of the Word*.[17] The dynamic power of God is present in his Word in both Reformers. And – arresting thought – »they ascribe to the proclaimed Word the muscle and efficacy that the Medieval Church credited to the seven sacraments«[18]. – The volume also hosts R. Zachman, Professor of Reformation Studies at Notre Dame, with two substantial contributions that

---

12 Loc. cit., 421.
13 See back cover dust jacket.
14 D. Zweck, Philipp Melanchthon (†1560): ›Theologian and Servant of God‹ (LTJ 44, 2010, 154–163).
15 Loc. cit., 161.
16 Calvin: The Man and the Legacy, ed. by M. Rae / P. Matheson / B. Knowles, 2014, ix + 269 pages.
17 Cf. loc. cit., 13–40.
18 Loc. cit., 27.

also involve the thought of Luther. Other studies are as follows: Graham Redding: *Medicine for Poor Sick Souls? Calvin's Communion Service in Profile*;[19] Elsie McKee: *A Week in the Life of John Calvin*;[20] M. Rae: *Calvin on the Authority of Scripture*;[21] Peter Matheson: *The Reception of Calvin and Calvinism in New Zealand: Preliminary Trawl*;[22] Ian Breward: *Calvin in Australia and New Zealand*.[23]

Roland Boer writes on *John Calvin and the Paradox of Grace*.[24] He closely follows Calvin's discourse on grace through several passages in the *Institutes of the Christian Religion*. This at once entails uncovering »our utter corruption«[25], the »democratic depravity«[26] of all humanity. God's sheer grace alone is greater, is revolutionary indeed, a rushing stream, divine radical surgery. The reader might be reminded of Roland H. Bainton's statement: »The drive of Calvinism stems from optimism as to God despite pessimism as to man«[27]. What Boer terms the intriguing tension at the core in Calvin's writing becomes manifest. However, the »aristocracy of salvation«[28] and deep election remain; uncomfortably so, it would appear, also for Calvin. Boer's article is taut and economic. It shows the Genevan's thinking firmly anchored in crucial biblical texts. This is biography mainly in the sense of gaining insight into the essence of the Reformer's being. References to influences from the sixteenth century (or on it) are sparse.

Joe Mock, *Union with Christ and the Lord's Supper in Calvin*.[29] Mock concludes that union with Christ had priority in Calvin's thought from the beginning. The article also refers, though briefly, to the position of other reformers (Zwingli and Bullinger) and to recent literature on Cornelius Hoen and Karlstadt.

---

19 Cf. loc. cit., 3–12.
20 Cf. loc. cit., 61–78.
21 Cf. loc. cit., 79–98.
22 Cf. loc. cit., 171–188.
23 Cf. loc. cit., 235–257.
24 R. Boer, John Calvin and the Paradox of Grace (Coll[A] 41.1, 2009, 22–40).
25 Loc. cit., 24.
26 Loc. cit., 39.
27 R.H. Bainton, The Reformation of the Sixteenth Century, 1953, 112.
28 Boer, Calvin (see n. 24), 36.
29 J. Mock, Union with Christ and the Lord's Supper in Calvin (RTR 75, 2016, 106–129).

Phillip Scheepers, *Romans and the Reformation*.[30] Sophisticated as well as populist versions of Semi-Pelagian soteriology tend to ›dog‹ the history of Christianity. To gain salvation, the message in the late Middle Ages was: ›doing what was in you‹ will probably suffice! Today, somewhat analogously, many people think that *God helps those who help themselves* is divine Scripture! However, ›the purest Gospel‹, discovered by Luther in Paul's *Romans*, clearly contrasts with late-medieval Scholasticism; and is in continuity with the Early Church, as Scheepers briefly demonstrates. The conviction of the *Smalcald Articles*, that this faith alone justifies us, shaped the Reformation, and was greatly nourished and nurtured through the Romans commentaries produced by pivotal figures following Luther: Melanchthon, Bucer, Bullinger, Peter Martyr Vermigli, but none greater than John Calvin. And, »Calvin's contribution in embedding Romans in Protestant consciousness was profound«[31].

II Quincentenary Collections

Several theological or historico-ecclesial journals devoted generous space to Reformation studies in 2017. First among these were Zadok and Equip, whose autumn issue [October] bore the caption *Protestantism. Protest and Progress? The Reformation at 500*.[32] This publication contained the following studies.

Rhys Bezzant, *Luther's Two Kingdoms: Pastoral Encouragement not Political Quietism*.[33] This account is, though brief, balanced and well nuanced. Both feudal relationships and rapid historic changes result in Luther having to fight on two fronts (pope and princes on the one hand, Müntzer radicalism on the other). The Reformer's appreciation of Ockamist thought is noted as supportive of his stances. His *On Temporal Authority: To What Extent It Should Be Obeyed* (1523) opposes the obedient surrender of biblical Scriptures to Prince Georg of Ducal Saxony. Bezzant's

---

30 PH. SCHEEPERS, Romans and the Reformation (VR 83, 2018, 52–73).

31 Loc. cit., 69.

32 Zadok Perspectives, vol. 134, rev. by D. MITCHELL, 2017.

33 RH. BEZZANT, Luther's Two Kingdoms: Pastoral Encouragement not Political Quietism (in: loc. cit., 5 f).

statement: »Luther's social ethics cannot be reduced to reactionary defence of the princes« is worthy of due acceptance. – Maurice Schild: *Temporal Power and Christian Limits*,[34] counters the view that Luther is the reason for political quietism particularly among Lutherans, and even into the 20th century. A work published in 1976 by then Bishop Hermann Kunst (*Evangelischer Glaube und politische Verantwortung* [Evangelical Faith and political Responsibility])[35] is significantly pertinent in this matter. In the wake of its findings the position typified by A.J.P. Taylor – he reads Luther as virtually saying: »the State can do no wrong«[36] – would appear untenable. But, Schild maintains, »[...] the reformer defied, pleaded with, challenged and opposed the powerful and their actions and omissions, wherever he saw them flouting the will of Christ and the welfare of the poor«[37]. – Gordon Preece: *Business as Calling: Toward a Protestant Entrepreneurial Ethic*.[38] After describing the pre-Christian (and also medieval/ monastic) hierarchy of contemplation over action, Preece shows Luther and Calvin »universalizing«[39] the notion of calling. Their teaching on vocation achieved a revolution. Meanwhile, secularization and emerging capitalism led to Adam Smith and Karl Marx, to problems of mass production, and to regulation and more. However, »the concept of providential calling to serve God and the common good in satisfying work«[40] provides real spiritual spontaneity and motivation. Not to be forgotten, it remains »one of Protestantism's great distinctives«[41]. – Marita Rae Munro: *A Debt of Gratitude: Martin Luther, Anabaptists and Baptists*[42] sketches the emergence of Bap-

---

34 M. Schild, Temporal Power and Christian Limits (Zadok Perspectives 134, 2017, 7–10).
35 H. Kunst, Evangelischer Glaube und politische Verantwortung. Martin Luther als politischer Berater seiner Landesherrn und seine Teilnahme an den Fragen des öffentlichen Lebens, 1976.
36 A.J.P. Taylor, The Course of German History. A Survey of the Development of Germany since 1815, 1959, 19.
37 Schild, Temporal Power (see. n. 34), 9.
38 G. Preece, Business as Calling: Toward a Protestant Entrepreneurial Ethic (Zadok Perspectives 134, 2017, 11–15).
39 Loc. cit., 13.
40 Loc. cit., 15.
41 Loc. cit., 11.
42 M.R. Munro, A Debt of Gratitude: Martin Luther, Anabaptists and Baptists (Zadok Perspectives 134, 2017, 16–18).

tist groups in Holland and the spread of Puritans in Britain and beyond, after positively referencing Luther and highlighting religious tolerance as espoused by Balthasar Hubmaier in his *On Heretics and Those Who Burn Them*. At the heart of the Radical tradition, she affirms, »was a new understanding of church: a suffering community of adult believers who existed as a minority society within the dominant society«[43].

St Mark's College (affiliated with the Anglican Church, Canberra) has devoted a large part of its 2017 theological journal (issue 3) to: *The Reformation at 500: Australian Lutheran and Anglican Perspectives*.[44] Contributors representing different denominational perspectives (Anglican, Lutheran, Baptist, and Pentecostal) include John Henderson: *From Conflict to Communion*; Stephen Pietsch: *Planting the Re-formation*; Stuart Robinson: *The Anglican Debt to Luther: A personal episcopal perspective*; Michael Gladwin: *The Reformation at 500: tragedy, necessity, and hope*; Andrew Cameron: *Luther, prophet for modern Australians*; Thorwald Lorenzen: *Ecumenism starts at the »point of pain«: Luther and the victims of the Reformation*; Marcus Harmes: *Remembering 1517 within the Church of England*; and Paul Baker: *Martin Luther and the Pentecostal Spirit*. – Unfortunately space does not permit review of each of these listed contributions. Lorenzen's unusual essay title[45] implies the need for some overdue bridge building across a ›sorry‹ gap. Thus, whereas the Wittenberg Reformer laudably allowed for the personal and ›private‹ existence of *religious* dissent, »a far-reaching hermeneutical leap«[46] drew down the harsh *worldly* arm on Anabaptists preaching or publishing their *therewith* seditious views. Exemplary, in part, is the sad story of Fritz Erbe, spared execution, but languishing long years in the Wartburg's deep dungeon until dying there in 1548. Lorenzen's motives in commemorating at least a few of the Baptisers' names rightly draws in the future: »By looking back I want to point forward«[47]. Today – 500 years have passed! – the search for truth

---

43 Loc. cit., 18.
44 St Mark's Review, vol. 241, ed. by M. GLADWIN, 2017, 1–59.
45 Cf. TH. LORENZEN, Ecumenism starts at the »point of pain«: Luther and the victims of the Reformation (in: loc. cit., 15–34).
46 Loc. cit., 23.
47 Loc. cit., 17.

includes the ecumenical imperative. Add thereto all our inter-church dialogues and celebrations! The essayist agrees with H. Küng: »wir erwarten endlich Taten«[48] [we do finally expect deeds]. – Lorenzen's contribution is flanked on the one hand by Cameron's brief essay, *Luther, prophet for modern Australians*, and, on the other, by Harmes. Cameron highlights the first three of the Ninety-Five Theses and, via Kierkegaard's ›knight of faith‹, would link the Reformer's »clear-cut distinctions«[49] with the everyday world of Australian life. – Harmes' *Remembering 1517* reminds readers that English Protestants have no such memorable moment, when the Reformation is said to have begun. Nevertheless, this article supplies fascinating analogous evidence allowing the author to conclude: »Both German and English thought exhibited a lively and sensitive awareness that living in the time of Reformation meant expectation as much as retrospection.«[50] – The final article in this St Mark's Review reformation collection supports the pneumatological reality of remembrance today. In this vein Baker's paper on Martin Luther and the Pentecostal Spirit concludes: »[...] the Holy Spirit is both an Actor within history and an Author of history, whose narrative we are to discern in the past, so as to partake in that story in the present«[51].

The ›Australasian Catholic Record‹[52] devotes over 70 pages containing seven articles around the Reformation theme. The opening contribution is by Lutheran Dean Zweck. His *Luther@500: Reformation and Reconciliation*[53] is expressive of the gracious and committed tone which has been typical of the Australian inter-church dialogues. – Whereas Luther's ›righteousness of God‹ discovery did not make him an ›intentional reformer‹, the perennial danger that »the church [...] can fudge on the righteousness of faith«[54], forgetting its fruits, is memorably countered in his German Bible Preface

---

48 Ibd.; Lorenzen here cites Küng »in his recent *Weckruf* (March 2017)«.
49 A. CAMERON, Luther, prophet for modern Australians (St Mark's Review 241, 2017, 11–14), 12.
50 M. HARMES, Remembering 1517 within the Church of England (St Mark's Review 241, 2017, 35–46), 43.
51 P.S. BAKER, Martin Luther and the Pentecostal Spirit (St Mark's Review 241, 2017, 47–59), 58.
52 ACR 94,4, 2017.
53 D. ZWECK, Luther@500: Reformation and Reconciliation (loc. cit., 387–396).
54 Loc. cit., 394.

to Romans, as quoted by Zweck. – Guest writer Frank Posset, *Luther@500: Catholic Interest in Martin Luther*, has seen »the golden age of Catholic Luther research«[55]. This allows him to be hopeful and specific as to further work. He communicates this view skilfully in referring to St. Bernard, writing:

> Luther saw in Bernard primarily not a medieval ›mystic‹, but the last of the church fathers! This fact is generally overlooked. Bernard's theological insights may very well serve us today and tomorrow as our common ground – with Luther leading the way back to Bernard, and then forward toward biblically based, affective, Christ-centred theology and devotion.[56]

Posset had used very similar words in Melbourne.[57] His two different papers each incorporate Luther's own striking words from the 1535 Galatians lectures: »When the pope concedes to us that God alone out of pure grace justifies the sinner through Christ, then we wish not only to carry him on our hands, but also to kiss his feet.«[58] – William Emilsen, *The Reformation as ›Tragic Necessity‹ Revisited*,[59] weighs the phrase made famous in Jaroslav Pelikan's 1959 book, *The Riddle of Roman Catholicism*. How will it apply e.g. in view of C. Braaten's identification of Lutherans as »Catholics in Exile«[60], or R. Rittgers' question: »Should the Reformation finally be over?«[61] Thankfully, the context which impinges today (this »impossible possibility«[62]) is realised in the pain of being divided communities who also acknowledge belonging to the one body of Christ. – Robert M. Andrews, *Luther's Reformation and Sixteenth-Century Catholic Reform: Broaden-*

---

55 F. Posset, Luther@500: Catholic Interest in Martin Luther (ACR 94,4, 2017, 398–414).
56 Loc. cit., 409f.
57 Cf. Luther@500 and Beyond: Martin Luther's Theology Past Present and Future, ed. by S. Hultgren / S. Pietsch / J.G. Silcock, 2019, 57.
58 LW 26,99.
59 W.W. Emilsen, The Reformation as ›Tragic Necessity‹ Revisited (ACR 94,4, 2017, 415–426).
60 C.E. Braaten, Confessional Lutheranism in an Ecumenical World (CTQ 71,3, 2007, 219–231), 221.
61 R. Rittgers, Afterword (in: Protestantism after 500 Years, ed. by T.A. Howard / M.A. Noll, 2016, 333–340), 333.
62 Emilsen, Reformation (see n. 59), 426.

ing a Traditional Narrative,[63] poses several counterfactual questions. What would have occurred if Luther had in his spiritual struggles fully accepted Staupitz's profound witness to the grace of God? Without Luther, would there have even been a Reformation at all? There were, the author claims, spiritual forces within Medieval Christianity sufficient to affect deep internal reform; and such gain would have avoided the pain of lasting church division. – Josephine Laffin, *Teaching Reformation History*,[64] reflects recent scholarly changes of perception and possibilities that therewith emerge in doing church history. She concludes this lively presentation with one of Pope John XXIII's favourite aphorisms, used in his opening of Vatican II: »history is the teacher of life«.[65] – Dale Gosden, *Lutheran-Catholic Dialogue in the Family*.[66] Here a Lutheran pastor provides insight into the equal and successful marriage of two committed Christians, both active members of different church Communions. Sincerely heart-warming. – Gerard Kelly, *The Commemoration of the Reformation and the Path to Unity*,[67] echoes the call for renewal and reform of the Church, which Kelly also sees at the heart of the ecumenical movement. Luther's actions in 1517 were done out of a similar desire.

Luther@500 and Beyond.[68] Though appearing in book form in 2019, the 14 ›Melbourne papers‹ were all presented at the first ever international conference on Luther in the southern hemisphere, in 2016. Hosted by Lutherans, the five-day meeting, was held at the Catholic Leadership Centre in Melbourne. – In accord with conference planning, the published papers address three dimensions: historical exploration, engaging Luther's thinking with current contemporary concerns, and making proposals for the future. – Australian contributors include: Mark Thompson, *A Clarify-*

---

63 R.M. ANDREWS, Luther's Reformation and Sixteenth-Century Catholic Reform: Broadening a Traditional Narrative (ACR 94,4, 2017, 427–439).

64 J. LAFFIN, Teaching Reformation History (loc. cit., 440–450).

65 Loc. cit., 450; cf. P. HEBBLETHWAITE, John XXIII: Pope of the Council, 1984, 53 f.

66 D. GOSDEN, Lutheran-Catholic Dialogue in the Family (ACR 94,4, 2017, 451–456).

67 G. KELLY, The Commemoration of the Reformation and the Path to Unity (loc. cit., 457–465).

68 Cf. Luther@500 (see n. 57).

ing Moment? The Continuing Significance of the Leipzig Disputation;[69] –
Jeffrey Silcock, *A new Look at the Theology of the Cross: What it meant
for Luther and its significance for us today,*[70] distinguishes his early theology of the cross from his later reformational theology; – Maurice Schild,
Luther's Bible Prefaces and Their Contemporary Significance.[71] Following
the medieval tradition of the Vulgate, Luther wrote and published prefaces
to many of the biblical books of his German Bible translation as its parts
appeared in print (the New Testament 1522, complete Bible 1534). The
reformation message is alive in the Prefaces, often in briefest, most incisive and memorable form. In the essayist's opinion their removal from the
widely accessible printed Bibles soon after the Reformation is regrettable.
»The Prefaces [...] would have helped to establish a place for theology in
the midst of the congregation«[72]. And awareness of a biblical canon with
borders dynamically determined by the Gospel of justification might have
been retained, and debates over verbal inerrancy moderated; – Dean Zweck,
*Communion with Christ and All Saints: Reclaiming Luther's Early Eucha-
ristic Theology*: »Luther's early eucharistic theology of communion needs
to be reclaimed for the church in all its warmth and richness, and in a way
that is entirely true and faithful to the doctrine of justification.«[73] Zweck
quotes Hermann Sasse who concedes: the early Luther »is not quite able
to show why the *corpus mysticum* [mystical body] depends on the *corpus
sacramentale* [sacramental body]«[74]. Moreover, after 1519 – and in the wake
of Luther's evangelical breakthrough – the Reformer's overriding concern
was to defend the sacrament against being treated as sacrifice (Rome) or
reduced to symbol (Zwingli). But this development allowed a weakening

---

69 M. THOMPSON, A Clarifying Moment? The Continuing Significance of the Leipzig Dis-
    putation (in: Luther@500 [see n. 57], 25–50).
70 J.G. SILCOCK, A new Look at the Theology of the Cross: What it meant for Luther and its
    significance for us today (in: loc. cit., 75–104).
71 M. SCHILD, Luther's Bible Prefaces and Their Contemporary Significance (in: loc. cit.,
    167–187).
72 Loc. cit., 186.
73 D. ZWECK, Communion with Christ and All Saints: Reclaiming Luther's Early Eucharis-
    tic Theology (in: Luther@500 [see n. 57], 251–272), 271.
74 Loc. cit., 268.

of emphasis upon the »communion of saints«. [An earlier form of Zweck's findings was published as: *The communion of saints in Luther's 1519 sermon*, The blessed sacrament of the holy and true body of Christ].[75]

A set of three further articles[76] each focus on specific areas of pastoral interest deeply influenced by Luther: *On Weariness of Life: Luther's Letter to Jonas von Stockhausen as Pastoral Care for the Suicidal* (by Stephen Pietsch); *Faith into Context: Luther's* Small Catechism *as a Cross-Cultural Mission Resource* (Andrew Pfeiffer); and, *Luther as Educator: His Vision of Teaching and Learning and its Significance Today* (Thomas Kothmann). These essays light up with valuable insights for pastors and educators. While Pietsch reveals something of the power of the pastoral imagination in Luther, Pfeiffer points to the practical approaches »for those wanting to speak the Christian faith into different contexts«[77] as provided by Luther's *Small Catechism*. Kothmann concludes his comprehensive and many-faceted article with a statement by H. Kaufmann: »[...] for Luther, not only faith, but the success of the whole educational enterprise is a gift«[78].

Peter Matheson, *Luther beyond Lutheranism. The Reception of Luther's Theology and Life by Non-Lutherans*.[79] The writer has lived and taught in New Zealand and Australia. His remark is thus not lightly made: »[...] the task of commending Luther to the Australasian world is a formidably difficult one«[80], and especially so in times of »general amnesia about history«[81]. Thankfully his paper considerably expands the fields of vision and review in Luther studies: it ranges across several generations of scholarly discourse and research. Luther's skills as a wordsmith are freely acknowledged, as is the work of famous identities such as H. Bainton, G. Rupp, Birgit Stolt.

---

75 D. ZWECK, The communion of saints in Luther's 1519 sermon, The blessed sacrament of the holy and true body of Christ (LThJ 49,3, 2015, 116–125).

76 Cf. Luther@500 (see n. 57), 105–124.203–250.

77 A. PFEIFFER, Faith into Context: Luther's Small Catechism as a Cross-Cultural Mission Resource (in: loc. cit., 203–220), 203.219.

78 TH. KOTHMANN, Luther as Educator: His Vision of Teaching and Learning and its Significance Today (in: loc. cit., 221–250), 250.

79 P. MATHESON, Luther beyond Lutheranism: The Reception of Luther's Theology and Life by Non-Lutherans (in: loc. cit., 189–202).

80 Loc. cit., 190.

81 Ibd.

Their writings have helped Luther re-emerge »as the Wittenberg nightingale«[82]. For ordinary people too Luther is shown to have opened up »the gospel of a generous, understanding God«[83]. For many reasons therefore, »Luther is too important to be monopolised by Lutherans«[84].

International contributors to the book and the conference include Theodor Dieter, Kirsi Stjerna, Franz Posset, Oswald Bayer, James Nestingen and Risto Saarinen.

III Spiritual Exercises

Jeffrey Silcock, editor and translator (from German) of *A Year with Luther, Readings from the great reformer for our times*, selected by Athina Lexutt.[85] This work, translated from the original German, is billed as »a daily Luther breviary for pastors and laity, for use in college, seminary, and university, and for reading at home«[86]. Short Luther texts are succinctly commentated on facing pages, are generally arranged according to the church year, and are accompanied by fine artwork, a masterpiece in full-page colour preceding each month of the year.

John Kleinig, *Grace upon Grace*.[87] This book is a well-received and encouraging work on Lutheran spirituality. While drawing deeply upon biblical and reformational resources, it is down to earth with human experience and reality. Its central motif is identified in the author's confession: »Our whole life as the children of God is a life of reception«[88]. Between that and the further affirmation that »Christian spirituality is, quite simply, following Jesus«[89], there is no tension but rather a dynamic coherence which is welcoming, energising and humane – so vital in a time of weariness in

---

82 Loc. cit., 201f.
83 Loc. cit., 201.
84 Loc. cit., 193. Quotation from C. HELMER, The American Luther (Dialog 47,2, 2008, 114–124), 114, as here cited by Matheson.
85 A. LEXUTT, A Year with Luther: Readings from the great reformer for our times, ed. and transl. by J.G. SILCOCK, 2016, xiii + 470 pages.
86 Loc. cit., ii (Preface).
87 J.W. KLEINIG, Grace upon Grace: Spirituality for Today, 2008, 287.
88 Loc. cit., 10.
89 Loc. cit., 23.

Christian prayer and pilgrimage. Kleinig cites – and elucidates – Luther's famous three rules outlining the process of spiritual formation in the life of Christians: *oratio, meditatio, tentatio* (prayer, meditation, temptation). – The author describes his work as follows:

> It builds upon Luther's teaching on the work of God's Word in the Divine Service, on praying for the gift of the Holy Spirit as the teacher of eternal life, on meditating on God's Word for the reception of the Holy Spirit, and on experiencing God's grace in spiritual warfare. It assumes that in our spiritual journey we rely on Christ from first to last and borrow everything from Him.[90]

– In a subsequent essay: *Luther on the Practice of Piety*,[91] Kleinig focusses more specifically on Luther, presenting him directly as a profound teacher of the spiritual life. This piece will attune readers to Luther's tutoring in Christian devotion and Spirit-filled living. The Reformer's own voice is liberally quoted as sourced in the Large and Small Catechisms, his Devotional Writings, and his Preface to the Wittenberg Edition of his German Writings.[92]

J.G. Silcock, Art. *Hope and the Hope for Eternal Life*.[93] The writer, who maintains that little has been written directly on the topic of Christian hope in Luther, of course knows and appreciates Reinhard Schwarz's work of 1962 on faith, hope and love in the early Luther. But it was in the later Luther that, with the clear understanding of justification by faith alone, the uncertainty of hope gave way to the sure and confident hope in eternal life – based on God's Gospel promise. This allowed the Reformer to deal boldly with the troubling twin topics of death and the final judgement; for, on that day »the judge will be the savior [sic], the crucified and risen Lord«[94]. »This makes the Last Judgement more a welcome home than a day of reckoning«[95]. Luther's hope, however, Silcock points out, does not embrace the *apokatastasis* (universal restoration).

---

90 Ibd.
91 J.W. KLEINIG, Luther on the Practice of Piety (LThJ 48,3, 2014, 172–185).
92 Cf. LW 42 and 34,283–288.
93 J.G. SILCOCK, Art. Hope and the Hope for Eternal Life (The Oxford Encyclopedia of Martin Luther 1, ed. by D. NELSON / P. HINLICKY, 2017, 636–655).
94 Loc. cit., 644.
95 Ibd.

Earlier J. Silcock penned *Luther on the Holy Spirit and His Use of God's Word*.[96] In stark contrast to the earlier writings of R. Otto and E. Seeberg, R. Prenter's *Spiritus Creator* asserts: »the concept of the Holy Spirit completely dominates Luther's theology«[97]. Silcock's article shows how integral the Spirit is to that theology at all points, including of course inspiration of the Bible, yet privileging the oral over the written Word, together with the sacraments – outward physical means of the Spirit.[98] As for »the fruits of faith«[99], Luther's understanding of the believer's *vita passiva* and the Third Commandment prompt Silcock to state: It is imperative that we ›rest‹ from our work so that God can do his work in us. His concluding paragraph issues in a hopeful challenge:

> The Spirit's ongoing work in creation and preservation through the life-giving and life-sustaining Word of God is an insight that needs to be further developed as Luther's pneumatology is brought into engagement with theological thought in the twenty-first century.[100]

Silcock has also published *The truth of divine impassibility: a new look at an old argument*.[101] – His notable translations of scholarly Luther studies by Oswald Bayer are a continuing work in progress.

Malcolm Bartsch, *A God who speaks and acts: theology for teachers in Lutheran schools*.[102] This work presents the main loci of theology in nine chapters beginning with ›God‹ and ending with ›Worship‹; subsections expose rich material for reflective discussion. Thus e.g. the chapter headed »Sin and God's response of grace«[103] treats the topic from four angles: The origin of sin; God's response to sin; God speaks through law and gospel; and Confession and absolution. While the Bible is clearly fundamental, Luther

---

96 Cf. J.G. SILCOCK, Art. Luther on the Holy Spirit and His Use of God's Word (in: Oxford Handbook [see n. 1], 294–309).

97 Loc. cit., 295 quoting R. PRENTER, Spiritus Creator, 1953, ix.

98 Loc. cit., 304.

99 Ibd.

100 Loc. cit., 308.

101 J.G. SILCOCK, The truth of divine impassibility: a new look at an old argument (LThJ 45,3, 2011, 198–208).

102 M.I. BARTSCH, A God who speaks and acts: theology for teachers in Lutheran schools, 2013, n.d. xii + 266 pages.

103 Loc. cit., 75–106.

and the Confessional writings are generously and purposefully cited. Much less space is of course given to secondary literature or to academic debate, but the Iintersection between theology and learning is viewed with open eyes and a realistic optimism. Furthermore, in today's Australia the church-school situation compels a clear interest in communicability on the part of supporters and sponsors. Recognising this opportunity, Bartsch emphasises the »continuing dialog of theology and education«[104]. In this cultural context historic language usefully translates into friendly modern terms (e.g. ›the ambidextrous God‹, when discussion is of State and Church). At the same time »the saint/sinner anthropology provides the theological basis for interaction within the Lutheran school«[105]. Difficult as is the terrain within modern secular society,[106] Bartsch's friendly and encouraging work nowhere espouses offloading Christian content and doctrine.

Stephen Nuske, »*Our confession approves giving honour to the saints*« – *Really? Towards a calendar for ritual memory retention Downunder.*[107] The author strongly affirms recognition of Christian persons who are unique but also representative of the Church, the *communio sanctorum*. In a time of historical amnesia he would also revive the memory of accepted Lutheran practice reaching back to the Confessions (the title-quotation is from the *Apology* 21) and, indeed, to Luther's very first hymn, which honoured the Lutheran Netherlands martyrs of 1523. Intervening centuries have seen Christian hagiography penned by such as Hermann Bonnus, Ludwig Rabus and Wilhelm Löhe. Now, in a time threatened by loss of the »sanctoral cycle«[108] Nuske stands to the liturgical and ecumenical dimensions of

---

104 Loc. cit., 9.

105 Loc. cit., 164.

106 See J. MOSES, Anglicanism: Catholic Evangelical or Evangelical Catholic? Essays Ecumenical and Polemical, 2019, for a brief but sobering account of the current situation, with the Australian Curriculum and Reporting Authority »withholding from school children a balanced knowledge of the cultural impact of Christianity on our history and hence our society« (loc. cit., 57). It is there also made poignantly clear how the grievous faults and sins of the Churches contribute to this fraught scenario.

107 ST. NUSKE, »Our confession approves giving honour to the saints« – Really? Towards a calendar for ritual memory retention downunder (LThJ 52,2, 2018, 62–93) and the same title with the addition: *Part 2* (LThJ 53,3, 2019, 119–129).

108 Loc. cit. [Part 1], 62.

Church practice, suggesting an »evangelical approach to the saints which puts the spotlight on Christ«[109]. He suggests a calendar of some 125 names for the two months of January and February. These saints are identified from across all periods of church history, from all denominational sections, from both genders. The calendar is unfinished, and is open to other (or additional) perspectives.

»The sudden bursting forth of the Lutheran chorale is one of the most thrilling chapters in the history of the Reformation«, wrote the editors of *Luther's Works*, American edition.[110] Now the Dean of St Paul's Anglican Cathedral, Melbourne, Andreas Loewe, has published several sparkling essays on Luther and music. A year after the Luther Decade theme had celebrated Reformation and Music, Loewe published *Why do Lutherans sing? Lutherans, Music and the Gospel in the First Century of the Reformation*[111] and *Musica est optimum: Martin Luther's Theory of Music.*[112] These contributions were followed by *Martin Luther's »Mighty Fortress«*.[113]– During the 1520's Luther's love of music and song bonded, so Loewe, with his practical conviction, that »music would inspire and bring together many to sing God's praises«[114]. Much of Luther's reforming work opened up to this musical dimension; and in this way was carried among the people. It was given primal and lasting expression through reformational hymns written for believers, sung at home or in congregational worship. Hymns like »A Mighty Fortress« became integral to Luther's work with the Word (particularly the Psalter), whether in teaching and preaching, or in urging school teachers to lead the young toward catechetical *and* musical literacy. The establishment of Kantoreien in many Lutheran towns by the end of the 16th century points toward the great composers of the Barock, and even

---

109 Loc. cit. [Part 2], 118.

110 LW 53, 1965, 191.

111 J.A. LOEWE, Why do Lutherans sing? Lutherans, Music and the Gospel in the First Century of the Reformation (ChH 82,1, 2013, 69–89).

112 J.A. LOEWE, Musica est optimum: Martin Luther's Theory of Music (Music and Letters 94,4, 2013, 573–605).

113 J.A. LOEWE / K. FIRTH, Martin Luther's »Mighty Fortress« (LuthQ 32,2, 2018, 125–145).

114 J.A. LOEWE, »God's Capellmeister«: The Proclamation of Scripture in the Music of J.S.Bach (Pacifica: Australian Theological Studies 24,2 2011, 141–171), 141.149.

today is part of the answer to the Why-do-Lutherans-sing? question. Indeed, in 2011 Loewe had already published »*God's Capellmeister*«: *The Proclamation of Scripture in the Music of J.S. Bach*.[115] It demonstrated Luther's twofold influence on Bach, whose work was shaped as well by the Reformer's theology of vocation as by his insight into the usefulness of »spiritual songs in order to spread and disseminate the holy Gospel«[116].

Trevor Schaefer, *Luther Bible, 1551 edition*.[117] This Bible, an heirloom of the Reformation, is held in the Löhe memorial library, Adelaide. Created in the Wittenberg workshop of Hans Lufft, it is illustrated with 172 colour woodcuts by Hans Brosamer and Georg Lemberger. Australian Lutheran College published a glossy booklet – Luther Bible 1551 – reproducing 23 select images, a contribution to the Luther Decade, then in its eighth year (the focus was then on the visual arts and the Bible). – Maurice Schild, *Bibles and the Luther Bible: Scriptures at Lutheran Archives Adelaide*,[118] deals mainly with the influence range of Luther's work with the German Bible on other translations of the age, particularly the English Authorised (or King James) Version, A. Nicholson calling Luther »the grandfather of all Reformation translators«[119]. – David Moore, *Reformation, Lutheran tradition and missionary linguistics*.[120] The author states: »This paper explores the influence of Martin Luther and the Lutheran Reformation on the linguistic practices of the missionaries in Central Australia who undertook the first Bible translations into Australian Aboriginal languages«[121]. The missionaries' work served both the »graphization«[122] of the Dieri and other languages by Neuendettelsau and Hermannsburg missionaries and ensured the vernacularisation of mission worship and practice more widely – and lastingly. That work – and Luther's! – has ongoing consequences, the more

---

115 Loc. cit., 141–171.

116 Loc. cit., 141.

117 T. Schaefer, Luther Bible, 1551 edition (LThJ 49,3, 2015, 171–178).

118 M. Schild, Bibles and the Luther Bible: Scriptures at Lutheran Archives Adelaide (Journal of Friends of Lutheran Archives 19, 2009, 53–62).

119 A. Nicolson, God's Secretaries: The Makings of the King James Bible, 2005, 185.

120 D. Moore, Reformation, Lutheran tradition and missionary linguistics (LThJ 49,1, 2015, 36–48).

121 Loc. cit., 36.

122 See the dissertation by H. Kneebone referenced by Moore, loc. cit., 47.

so in the context of current Aboriginal language and culture reclamation efforts. In return, the painstaking work of Martin Luther's Wittenberg translator-team might well attract increasing interest from modern Reformation research and linguistic scholarship. Mutual and exciting challenges may appear on both sides. As Ricardo Rieth reflected thoughts of Hans-Peter Grosshans in the 2018 *Lutherjahrbuch*: »To explain the doctrine of justification, it is imperative to delve into the respective cultural heritages and use societies' and cultures' symbolic resources.«[123]

Basil Schild, *The radical Luther*.[124] This is an article series in the national magazine of the Lutheran Church of Australia. The author presents incisive statements from Luther's sermons and catechisms highlighting surprisingly significant linkages between human and divine action. Beneath this lies the mystery of the incarnation. And Luther's often poignant utterances reach deep into ethical life and ecclesial reality; thus e.g. the link between daily bread for the poor and the Holy Supper. Not infrequently the preaching of this ›reformer and activist‹ has a social and urgent critical edge. Thus, in a Christmas sermon he upsets normal holiness definitions: »The holier real holiness is, the closer it draws to sinners«[125]. Gender issues too are well within reach: when interpreting Galatians 3:28 in 1523 the Reformer states: »There we have the same faith, the same possessions, the same inheritance – everything is equal. One could even say: He who is called as a man is a woman before God. And she who is called as a woman is a man before God«[126].

IV Contact, Comfort, Connection. Luther and Others' Lives, Wellbeing and Salvation

In Luther@500 and Beyond Catholic Luther scholar David Tracy is quoted: »Martin Luther is one of those very rare theologians who belong to all

123 R.W. Rieth, Luther's Translation into Languages and Cultures of the 21st Century (LuJ 85, 2018, 383–386), 385.
124 B. Schild, The Radical Luther (The Lutheran 43, 2009, 14.56.96.136.174.216.256.296. 346.417.440).
125 Loc. cit., 440.
126 Loc. cit., 174.

Christian theology«[127]. That may serve to add meaning to the *diversity* of studies listed in the following pages.

1. *Melancholy and Mental Suffering; Freedom and Service*

In 2010 Stephen Pietsch drew on his doctoral research to present *Depression and the Soul: A Cook's Tour*[128] an introduction to premodern understandings of *melancholia* as well as to current views and meanings around depression. His further studies resulted in the publication of an acclaimed volume: *Of Good Comfort: Martin Luther's Letters to the Depressed and their Significance for Pastoral Care Today.*[129] Weight is given to all three realities named in the subtitle, and also to how they interrelate.

1. The 21 letters of Pietsch's select collection come from among a total of some 100 letters of comfort penned by Luther.[130] They constitute a newly (re)translated body of work in English (mostly performed by the author himself). Presented in one sizeable Appendix,[131] these texts provide the generative foundation of Pietsch's book. *Three* of these epistles were sent to Elisabeth and Johann Agricola, *seven* to Prince Joachim of Anhalt, *three* to Jerome Weller, *two* to Jonas and Mrs Stockhausen. The following six persons *each* received *one* letter of comfort from the Reformer: Mattias Weller, Elizabeth von Canitz, Queen Maria of Hungary, Barbara Lisskirchen, John Schlaginhaufen, and Georg Spalatin.
2. Pietsch's opening chapters cast light on Luther's world and reveal the frequency of melancholic / depressive illness in late medieval and renaissance Europe, a world with a correspondingly »broad semantic field of affect and emotion (*Gefühlswortschatz*)«[132]. Luther used this to advantage in his pastoral and consoling roles. ›Overviews‹ of all the letters are provided in chapter 2;[133] these deal with matters of underlying epis-

---

127 Luther@500 (see n. 57), 193.
128 ST. PIETSCH, Depression and the Soul: A Cook's Tour (LThJ 44,2, 56–76).
129 ST. PIETSCH, Of Good Comfort: Martin Luther's Letters to the Depressed and their Significance for Pastoral Care Today, 2016, xi + 307 pages.
130 Cf. loc. cit., 24.
131 Cf. loc. cit., 255–288.
132 Loc. cit., 20.
133 Cf. loc. cit., 33–100.

tolary construction, and with the particular shape, content and application of each epistle in view of what Luther knew of an addressee's life, situation and illness. There is much evidence here of the Reformer's »incisive simplicity«[134] when relating to the depressive melancholia of his greatly varied correspondence partners. His counsel is that of one who »learned the Gospel not at the level of intellectual assent, but through *experiencing its comfort* in the midst of deep *affective pain and distress*«[135].

3. The prevalence of mental illness and its treatment in the modern world are closely attended to in major sections and in the second half of the book. The author's knowledge of pertinent literature is obvious – and vital to his purposes. The result is a welcome contribution to interdisciplinary understanding and to pastoral care. Neal Nuske's perceptive review states:

> [...] this seminal research on depression, while limited by the themes in Luther's letters, creates further possibilities for reflection and dialogue on the pastoral care of families and acquaintances who have not only suffered together with a depressed person during their lifetime, but subsequently suffered loss due to the reality of suicide.[136]

Two further studies by Pietsch are to be noted here:

1. *Dangerous political propaganda or passionate prophetic speech? An alternative reading of Luther's 1520 treatise,* »To the Christian nobility of the German nation«.[137] Luther's widely disseminated Appeal has been read as a dramatic call to revolution – and as answered in 1525 by the Peasant Uprising (Burgard). This, Pietsch contends, is not good historiography. Rather, Luther's writing originated in »an existing culture of polemic«[138], and in the light of the extraordinary circumstances of 1520. Peter Matheson is cited referring to it as »one long stylized cry of

134 Loc. cit., 31.

135 Loc. cit., 61 (emphasis original).

136 N. NUSKE, Of Good Comfort: Martin Luther's Letters to the Depressed and their Significance for Pastoral Care Today [Book Review] (LThJ 51,1, 2017, 63–67), 66.

137 ST. PIETSCH, Dangerous political propaganda or passionate prophetic speech? An alternative reading of Luther's 1520 treatise, *To the Christian nobility of the German nation* (LThJ 48,2, 2014, 64–75).

138 Loc. cit., 74.

pain«[139], while Pietsch hears a »considered, *kairotic*, and much needed prophetic word«[140].

2. »Ego etiam sum doctor scripturae«: *An historical and contemporary reflection on Luther's life and work as »doctor of holy scripture«.*[141] The importance attached to the doctoral degree in the sixteenth century has not been generally recognized. Extremely difficult to achieve, it conferred a high level of teaching authority in the church universal. In Luther's case, Pietsch opines, this influenced the widespread, rapid reception of the Ninety-Five Theses of 1517. Furthermore, the public ecumenical obligation to uphold the doctoral vows fortified the Reformer's resolve at Worms. The doctoral degree thus undoubtedly helped shape the reformatory career of the Augustinian monk; and it implied ongoing academic biblical study as well as commitment to preaching and pastoral care. This essay concludes by addressing implications for theology and the Church today. »The false separation between academic theology and practical ministry, which still hangs over us from modernity, needs to be left behind [...]. The study of theology and the practice of ministry are reliant on one another«[142].

The central thesis of Richard Cole in his article *Martin Luther's Use of Rhetorical Masks for Jews, Princes, Clerics, and other Enemies: The Problem of Meaning in the Modern Age*[143] is that Luther may well have had a »communicative strategy«[144] in mind when using rhetorical masks (violent, crude and vulgar words) in dealing with enemies and opponents. Both the underlying need, as Luther saw it, and his strong will to influence public opinion deserve closer attention, as does the giant leap from oral and manuscript communication to oral and printing press; nor should the sense of humour

---

139 Loc. cit., 67.
140 Loc. cit., 72.
141 ST. PIETSCH, »Ego etiam sum doctor scripturae«: An historical and contemporary reflection on Luther's life and work as »doctor of holy scripture« (LThJ 48,3, 2014, 145–159).
142 Loc. cit., 158.
143 R. COLE, Martin Luther's Use of Rhetorical Masks for Jews, Princes, Clerics, and other Enemies: The Problem of Meaning in the Modern Age (JRH 37, 2013, 309–321).
144 Loc. cit., 309.

and playfulness in many of his sermons and letters be overlooked.[145] Cole concludes that

> Luther never intended to create modern racial anti-Semitism or even a new church, but his language was powerful and its impact and meaning are still open to debate. To blame Luther for the evils of the twentieth century demonstrates ignorance and lack of understanding of how he used language.[146]

2. Scripture and Interpretation

A chapter headed *Luther on Galatians* is a Peter Matheson contribution to the magnificent *Oxford Handbook of the Reception History of the Bible*.[147] Matheson's essay is itself reminiscent of the *lyricism* which he perceives in Luther's great commentary (based on his 1531 lectures) on Paul's Galatians – »pulsing along like a piece of Bach's music«[148]. These upbeat rhythms are prompted by the Reformer's repeated return to the heart of his teaching and pastoral work: justification by faith in Christ alone. Freedom and joy flow from Calvary. Matheson also identifies critical questions around Luther's reading of Paul. But: »After Luther the interpretation of Paul could never be the same again«[149].

Jillian Cox, *Martin Luther on the living word. Rethinking the principle of* sola scriptura[150] claims in her introductory abstract:

> [Luther] spoke of scripture alone when he was at his most defensive and polemical [...]. Certainly, Luther put scripture first and last, but what I suggest is the most telling characteristic of his hermeneutic is that he emphasized the nature of the gospel as a living word in distinction from the written text.[151]

She argues that the narrow biblicistic definition of *sola scriptura*, which still holds sway even in sections of Lutheranism, is a product of later efforts

---

145 Cf. loc. cit., 316.
146 Loc. cit., 321.
147 P. MATHESON, Luther on Galatians (in: The Oxford Handbook of the Reception History of the Bible, ed. by M. LIEB et al., 2011, 621–634).
148 Loc. cit., 624.
149 Loc. cit., 632.
150 J.E. COX, Martin Luther on the living word. Rethinking the principle of sola scriptura (Pacifica: Australian Theological Studies 29,1, 2016, 3–21).
151 Loc. cit., 3.

to systematize doctrine. Moreover, for Luther's understanding of the Word the written-oral distinction carries weight. The living Christ-centred Word – as critically expressed e.g. in his Bible preface to James – is the true foundation of faith and of the Church. Cox finds support from a series of modern theologians, including K. Stendahl and P. Hinlicky. Fascinating are the observations of the latter on reading *sola scriptura* either as ablative or nominative.

Stephen Haar, *The impact of postmodernism on Lutheran herme-neutics*,[152] demonstrates postmodernism's potential compatibility with Lutheran theology. This would result only from »a radical and comprehensive affirmation of the doctrine of justification«[153], in line with Luther's own earnest appeal. For in that doctrine, he states, »are included all other doctrines of faith; and if it is sound all others are sound as well«[154]. Haar summarises:

> Our confession of *sola gratia, sola fide, solus Christus, sola scriptura*, is still relevant in response to postmodern questions about the meaningfulness of God-talk, the historicity of Christian origins, the validity of truth claims and the contemporary challenge of meaning.[155]

Stephen Haar, *Putting the Gospel at risk: an Australian voice in the current refugee, asylum, border protection debate.*[156] Due in part to common but uncritical ›two kingdoms thinking‹, Lutherans in Australia have tended to shy away from overt involvement in social and political problems. They would in this way avoid putting the Gospel at risk.[157] Stephen Haar allows a truer reading of Reformation theology to confront recent unconscionably harsh and internationally illegal policies on the treatment of refugees by various – including Australian – governments. But Christians – living »in

---

152 St. HAAR, The impact of postmodernism on Lutheran hermeneutics (LThJ 49,3, 2015, 153–170).
153 Loc. cit., 165.
154 LW 26,283.
155 HAAR, Impact (see n. 152), 165.
156 St. HAAR, Putting the Gospel at risk: an Australian voice in the current refugee, asylum, border protection debate (in: Reflecting Reformation and the call for Renewal in a Globalized and Post-Colonial World, ed. by C. JAHNEL, 2018, 227–246).
157 Loc. cit., 228.

their context but not to be subservient to their context«[158] – are encouraged to act positively in terms of »advocacy, resistance, and reconciliation«[159].

Mateusz Oseka, *Reformation Exegesis Encountering the Jewish Legacy: Luther and Calvin Reading Genesis 4:1.*[160] The Hong Kong scholar deals with the study of Hebrew during the time of the two Reformers; and recalls their individual encounters with the biblical languages. He punctiliously reviews exegetical treatment of a crypt Hebrew expression in the Genesis verse (4:1) by early and by medieval Jewish and Christian interpreters. Sixteenth century scholarship and Luther's idiosyncratic interpretation are brought into focus against this background. Uniquely Luther accepts the view that Eve misidentified Cain as the awaited Saviour. This view was reliant on a solitary note of Reuchlin, and was of course not supported by Jewish exegesis. Osaka sees Luther's distrust of Judaism – despite variation in tone – as continuous across his working life; it also accords with the prevailing anti-Semitism of the age. Calvin appears much less dismissive of the Jewish exegetic legacy, as apparent also in his treatment of the Genesis text.

3. Law and Gospel – Theology and History – Ethos and Heresy

Stephen Hultgren, *Revisiting the third use of the law.*[161] Hultgren delineates the problem Lutherans have inherited as due in part to the variant views of Luther and Melanchthon (the *Formula of Concord* VI is »a compromise statement«[162]). The author, a New Testament scholar, reviews the issue from an exegetic biblical perspective (crucially Genesis 2 & 3; and Romans 6 & 7); but he takes into account current Western trends to replace »structures of existence«[163] hitherto seen as normative (law) by »new laws of human invention«[164], e.g. in matters of human sexuality. The conclusion is well argued: »the third use of the law can be a wholesome witness to the

---

158 Loc. cit., 242.
159 Loc. cit., 240.
160 M. Oseka, Reformation Exegesis Encountering the Jewish Legacy: Luther and Calvin Reading Genesis 4:1 (RTR 74,1, 2015, 34–65).
161 St. Hultgren, Revisiting the third use of the law (LThJ 49,2, 2015, 96–110).
162 Loc. cit., 101f.
163 Loc. cit., 110.
164 Ibd.

essential goodness of God's law as the proper form of our freedom«[165]. – Hultgren had earlier published an article, *Canon, creeds and confessions: an exercise in Lutheran hermeneutics.*[166] Growing out of discussions on the ordination of women, it intimated the Reformer being less conservative in regard to the inspiration of Scripture than some circles of current orthodox Lutherans. In the light of »the precedent of Luther's Christological criticism of the canon«[167] the Bible may not be a »perfect book«[168]. Rather, however, it is God's perfect revelation.

Mark Thompson, Art. *Luther on God and History.*[169] This thoughtful article is itself evidence that »[s]cholarly interest in Luther's approach to history shows no sign of abating«[170]. In the vanguard of prominent figures along this front are H. Bornkamm, J.M. Headley and W. Kastning. Luther's humanist training, his vocation as lecturer on the Bible and his struggles with historically informed Roman opponents during the early 1520's made him a deliberate and determined student of history. Salient quotations from the Romans lectures (1516), *De servo arbitrio* (1525) and the Genesis Commentary (1535–1545) show that Luther's hold on both historic biblical and secular narration is affirmative of a »unity of reality«[171] – which is grounded in his understanding of God's »intimate yet hidden involvement in the world«[172] by means of his Word. »It all adds up to this«, as Luther states: »histories are nothing else than a demonstration, recollection, and sign of divine action and judgement«[173].

David Mullan, *Martin Luther in Nineteenth-Century France.*[174] Luther reception was less than meagre in pre-Revolution France. This changed in

165 Ibd.
166 St. Hultgren, Canon, creeds and confessions: an exercise in Lutheran hermeneutics (LThJ 46,1, 2012, 26–50).
167 Loc. cit., 36.
168 Loc. cit., 47.
169 M. Thompson, Art. Luther on God and History (in: Oxford Handbook [see n. 1], 127–142).
170 Loc. cit., 131.
171 Loc. cit., 140.
172 Loc. cit., 137.
173 Loc. cit., 133.
174 D. Mullan, Martin Luther in Nineteenth-Century France (JRH 38,4, 2014, 499–515).

the 19th century, beginning in 1802 with results of an essay prize offered by the National Institute. It is a virtue of Mullan's paper to introduce the associated literature, beginning with the work of J. Michelet in 1835 and leading, via the products of such writers as J. Soury, J. Audin and E. Chastel, to J. Zeller's seven-volume *History of Germany* (»of which the final book treats John Hus and Martin Luther«[175]).

4. The Church, or Ecclesial Communities

Friedemann Hebart, *Identifying the true church: Lutheran profile or ecumenical obligation?*[176] The 1999 Augsburg Declaration on the Doctrine of Justification, which documented agreement between Roman Catholics and Lutherans, was followed in 2000 by stunning papal assertions that »ecclesial communities«[177] arising from the Reformation were not churches in »the real sense«[178]. Hebart addresses this situation (including the puzzlement of many church people in both major Communions) with a fine delineation of classic reformational teaching on the Church (crystallized e.g. in the 1530 Augsburg Confession, Article 7). He suggests that in relation to the ›una sancta‹ all denominations, including the Roman, are »ecclesial communities«[179]. This dare not mean Lutherans retiring into »the comfort of a closed-circuit Christianity«[180]; rather do they face a challenge to have an ecumenical orientation and with other such communities »to strive [...] to speak the gospel jointly with them«[181].

John Moses, *Anglicanism: Catholic Evangelical or Evangelical Catholic.*[182] This new volume – designated as ›Essays Ecumenical and Polemical‹ – bears the subtitle: *Homage to Dietrich Bonhoeffer, Hans Küng, Martin Luther and John Henry Newman.* Moses, who is a noted Bonhoeffer

---

175 Loc. cit., 514.
176 F. HEBART, Identifying the true church: Lutheran profile or ecumenical obligation? (LThJ 43,3, 2009, 155–166).
177 Loc. cit., 161.
178 Loc. cit., 155.
179 Loc. cit., 165.
180 Ibd.
181 Loc. cit., 166.
182 J.A. MOSES, Anglicanism: Catholic Evangelical or Evangelical Catholic, 2019, xxxiii + 155.

scholar, greatly values the agreement of Roman Catholics and Lutherans on the teaching of justification, which grew out of recent dialogues. Thus »Luther has been declared right on the great issue«[183]. And Moses speaks of implications for the Ecumenical Movement which are »enormous«[184] and which centrally involve his own Anglican Communion.[185] On the other hand, his knowledge of Prussian history and militarism prompts him to state: »Essentially, Hegel merely systematised Luther's ideas on the role of the State in history«[186]. – Earlier, Moses published *The Politicisation of Martin Luther in the German Democratic Republic.*[187] In this essay the Canberra historian details six stages in the rise and demise of the East German state. The efforts of the Communist regime to neutralise Protestant Christianity as a supine ›church in socialism‹ included the attempt – centred on the anniversary year 1983 – to instrumentalize Luther as »one of the greatest sons of the German People«[188], as Erich Honecker called him in 1980. But this failed. After Confessing Church experience (and Bonhoeffer's witness), the misunderstood – but widespread »neo-Lutheran«[189] – doctrine of the two kingdoms could no longer be invoked to quench the Churches' voice of protest,[190] and the candlelight revolution ensued.

Adam Cooper, *Fruit of divine mercy, mark of true faith: Luther on friendship in John 15:14–16.*[191] Sermons which Luther preached on John's

---

183 Loc. cit., 77.

184 Ibd.

185 He writes: »On the greatest single divisive issue in the history of the Church there is now complete agreement. We are not made righteous before God by ›good works‹ but by faith in the redemptive and salvific act of Christ. Does this mean that we all have to become Lutherans?« (ibd.). But Moses points to what he sees as historically already given: »since the Reformation the Church of England had taken on board the Lutheran formula. In a real sense, Anglicans have always been Lutherans as well as Catholics« (ibd.).

186 Loc. cit., 24.

187 J.A. Moses, The Politicisation of Martin Luther in the German Democratic Republic (Pacifica: Australian Theological Studies 24,3, 2011, 283–299).

188 Loc. cit., 285.

189 Loc. cit., 298.

190 Cf. ibd.

191 A.G. Cooper, Fruit of divine mercy, mark of true faith: Luther on friendship in John 15:14–16 (Pacifica: Australian Theological Studies 29,2, 2016, 117–126).

Gospel (1537/38) were published in commentary form[192] in what he is later said to have called »the best book I've written«[193]. Cooper listens closely to what the Reformer is prompted to proclaim on hearing Jesus assure his disciples of the Father's unearned gift of friendship, »a gratuitous, unilateral action on Christ's part«[194]. This is free justifying grace received in faith. »[N]othing is more important today than to bring to bear Christian theology's Pauline-Augustinian-Lutheran critique of Pelagianism«[195]. Yet – as Luther himself emphasises – with the gift of God's friendship comes the call to love the neighbour. Without this, faith is not alive, but rather »a sluggish, useless, deaf, or dead thing«[196]. True faith and love are bound together. Cooper expounds further, indicating both deep and wider/horizontal dimensions in Luther's ›simple‹ sermonic discourse:

> If Christ by his death has made ›God the Father our friend‹ and has proved himself to be the ›friend above all friends‹ then the requirement of love and ecclesial union is not something over and above this friendliness of Christ, that is, ethics is not extrinsic to justification, but belongs intrinsically to the new bond of community and redemptive friendship established by Christ's friendly action toward us.[197]

Christ's friendship, social and ecclesial in character, works counter to schism and division. And so, what Luther hears in the friendly voice of Jesus would affect our contemporary ecumenical need to give a truly united witness to the one gospel. Cooper precisely exposes the Reformer's opposition to schism in these sermonic texts, and further adduces findings of Paul Althaus:

> For Luther community includes the duty of preserving the unity of the church in spite of sin and degeneracy within it. He himself would never have separated himself from Rome if Rome had not impenitently thrown him out [...]. Luther constantly felt himself responsible for the one church.[198]

---

192 LW 24.
193 LW 24,x.
194 COOPER, Fruit (see n. 191), 125.
195 Loc. cit., 126. Cooper is citing P. Hinlicky here.
196 Loc. cit., 121.
197 Loc. cit., 123.
198 P. ALTHAUS, The Theology of Martin Luther, 1966, 313.

5. Lutheran Ethics

J. Silcock is one of the Australian scholars contributing Luther studies to an Asian volume: *Introduction to Lutheran Ethics*.[199] He treats three themes of Luther: on *Christian Freedom and Responsibility*,[200] on *The Law as Gift*,[201] and on *Justification and Sanctification*.[202] This third piece deals with its topic in view of the abiding danger of antinomianism, as countered by Luther. The Reformer perceived the fault of Agricola and his ilk as breaking the link between justification and sanctification. Silcock brings the insights of Finnish Luther research and of Regin Prenter into play: »All true Christian preaching leads people away from themselves to Christ«[203]. But the danger that persists would allow the Gospel of God's forgiveness to lull us into complacency, »so that we do not give much thought to Jesus' call to discipleship«[204]. Silcock further treats Luther's dispute with the Antinomians in an Appendix to the first of his essays in this volume,[205] emphasising the principle that faith and works must never be separated unless the question of justification is at stake. – In this volume of ethics studies the chapter headed *Law and Gospel in Luther's Listening to the Scriptures, with Special Reference to Christian Freedom* is the work of outstanding New Testament scholar Victor Pfitzner.[206] His insight that »[f]or Luther the scriptures are properly understood with the ear of faith rather than the eye of critical judgment«[207] leads into a nuanced presentation of Luther's deeply biblical and at the same time practical theology. Not that Luther is seen either uncritically or as beyond compare. Candidly Pfitzner writes:

> If we want to find an exegesis that carefully explains the text in terms of historical and literary context, grammar and logical progression of thought we often do better to turn

---

199 Introduction to Lutheran Ethics, ed. by M. Press, 2014.
200 J.G. Silcock, Christian Freedom and Responsibility (in: loc. cit., 29–45).
201 J.G. Silcock, The Law as Gift (in: Introduction [see n. 199], 46–53).
202 J.G. Silcock, Justification and Sanctification (in: Introduction [see n. 199], 93–108).
203 Loc. cit., 101.
204 Loc. cit., 108.
205 Cf. Introduction (see n. 199), 42–45.
206 V. Pfitzner, Law and Gospel in Luther's Listening to the Scriptures, with Special Reference to Christian Freedom (in: Introduction [see n. 199], 9–28).
207 Loc. cit., 9.

to Calvin rather than Luther. But if we want to get to the nut, the kernel, the substance of a text, and to hear the Spirit of God speaking, we do well to read Luther.[208]

Thomas Fudge, *In Praise of Heresy: Hus, Luther, and the Ethos of Reformation*.[209] This stimulating paper is based on a lecture given to the Theological Faculty of the University of Heidelberg in 2016. Contrary to the usual narrative, it contends that what is common to Hus and Luther is not theology but a shared ›ethos‹ of questioning authority, and that, rightly so, this is the essential determinant in the concept of heresy. Though Luther refers often to Hus, it appears there is little causal connection between Prague and Wittenberg. Readers may contrast this position with that of Amadeo Molnar in *Taschenlexikon für Religion und Theologie*[210] and as presented by H. Junghans.[211] Fudge's advice certainly deserves due observance: »Late medieval history and theology must not be forced into prefabricated Reformation categories«[212].

Camilla Russell, *Religious Reforming Currents in Sixteenth-Century Italy: The Spirituali and the Tridentine Debates over Church Reform*.[213] The Council of Trent managed to curb and contain the aims of this diverse and »mercurial group«[214], as shown in the body of the article. Spirituali members adhered to justification by faith alone, to ›sola scriptura‹, and to predestination.[215] But not all were directly influenced by the Northern Reformers. Russell writes: »Figures such as Contarini and the Cassinese Benedictines had developed a [similar] theology that both predated and survived the earliest years of Luther's challenge to the Roman Church, only to

208 Loc. cit., 21.
209 TH.A. FUDGE, In Praise of Heresy: Hus, Luther, and the Ethos of Reformation (JRH 43, 2019, 25–44).
210 Cf. A. MOLNAR, Art. Reformation (in: Taschenlexikon für Religion und Theologie 3, ed. by E. FAHLBUSCH, 238–245).
211 Cf. P.H. JUNGHANNS, Aus der Ernte des Lutherjubiläums 1983 (in: LuJ 53, 1986, 55–137), 87.
212 FUDGE, In Praise (see n. 209), 28.
213 C. RUSSELL, Religious Reforming Currents in Sixteenth-Century Italy: The Spirituali and the Tridentine Debates over Church Reform (JRH 38,4, 2014, 457–475).
214 Loc. cit., 460.
215 Ibd.

be defeated at the first sitting of the Council of Trent«[216]. The writer's main interest is then to follow the efforts of Spirituali leaders to enact practical reforms in the Tridentine Church.

* * * * * * * * *

Access to a small number of recommended studies has eluded me. Australian institutions and libraries remain closed at this time due to the Covid 19 virus. But I especially wish to point readers to contributions of GRAEME CHATFIELD:

1. Christendom as Luther understood it, and the Papacy and Anabaptists misunderstood it, in: More than Luther: The Reformation and the Rise of Pluralism in Europe, ed. by K. BOERSMA / H.J. SELDERHUIS, 2019, 103–112.
2. Models of Western Christian Education and Ministerial Training: Antecedents in the Sixteenth Century, in: Theological Education: Foundations, Practices, and Future Directions, 2018, 60–73.

---

216 Loc. cit., 474.

Buchbesprechungen

Matthieu Arnold: Martin Luther. Paris: Fayard, 2017. 686 S. mit Abb.

Historiker und Theologen der Straßburger Universität haben seit 1928 eine wesentliche Rolle in der französischen Lutherforschung gespielt. In jenem Jahr war das einflussreiche Buch *Martin Luther. Un destin*, von Lucien Febvre erschienen. Febvre, bekannt als einer der Gründerväter der Zeitschrift *Annales*, lehrte damals in Straßburg und stellte die These auf, dass der »junge Luther« (1516–1525) im Grunde der »ganze Luther« gewesen sei (»une étude du Luther d'avant 1525 [...] rend compte de tout Luther«). Das Leben Luthers nach 1525 beschrieb er als eine Zeit der »Selbstabkapselung« (vgl. Rudolf Vierhaus, in: https://www.zeit.de/1996/08/Der_gescheiterte_Reformator, Stand: 29.6.2020). Febvres Buch bestimmte lange Zeit das französische Lutherbild und wirkt bis heute nach, auch wenn es quellenmäßig längst überholt ist.

Es waren insbesondere elsässische Kirchenhistoriker, die sich darum bemühten, das von Febvre geschaffene Lutherbild zu korrigieren. An erster Stelle ist hier Marc Lienhard zu erwähnen, der von 1973 bis 1997 Professor für neuere Kirchengeschichte an der Evangelisch-Theologischen Fakultät der Universität Straßburg war.

1983 veröffentlichte er eine Biographie: *Martin Luther. Un temps, une vie, un message*, von der 1998 die vierte aktualisierte Auflage erschienen ist. Lienhard zeichnete ein Bild Luthers, das anders als bei Febvre auf profunder Quellenkenntnis beruhte und förderte auch die Ausgabe von Lutherquellen in französischer Sprache. Im Jahre 1999 veröffentlichte er zusammen mit seinem Schüler und Nachfolger Matthieu Arnold den ersten Band der *Œuvres* (Werke) Luthers in der renommierten Reihe *Bibliothèque de la Pléiade* des Pariser Verlagshauses Gallimard; 2017 erschien der zweite Band. Auf mehr als 2700 Seiten findet man hier zum ersten Mal alle wichtigen Werke Luthers in einer kommentierten französischen Übersetzung.

Auch Arnold ist ein profunder Kenner der Quellen, was seine 1996 erschienene umfangreiche Doktorarbeit *La correspondance de Luther* (Mainz) belegt. Anlässlich des Reformationsjubiläums 2017 veröffentlichte er seine große Lutherbiographie. Arnold setzte sich – in expliziter Abgrenzung von Febvre (11) – das Ziel, nun wirklich eine Biographie des »ganzen« Luther anzubieten (»présenter tout Luther«, 10). Das bedeutet erstens, dass seine Biographie auf einer breiten Quellenbasis beruht. Arnold beschränkt sich nicht wie Febvre auf einige Hauptwerke

Luthers, sondern behandelt auch ausführlich seine kleinen, erbaulichen, deutschsprachigen Schriften sowie seine Katechismen, Lieder und Predigten. Auch bezieht er Luthers Tischreden mit ein, natürlich auch den Briefwechsel sowie Briefe von Zeitgenossen wie Philipp Melanchthon oder Martin Bucer und Pamphlete von Anhängern Luthers. Das bedeutet zweitens, dass Arnold sich nicht auf den »jungen Luther« beschränkt. Fünf der 18 Kapitel beschäftigen sich mit Luthers Leben und Werk nach 1525 und verwahren sich gegen die »Karikatur«, die Febvre vom »alten Luther« gezeichnet hatte (421).

Arnolds Buch erschien beim Pariser Verlagshaus Fayard, das in Frankreich für die hohe Qualität der von ihm veröffentlichten Biographien bekannt ist. In ihnen verbinden sich Zugänglichkeit und Wissenschaftlichkeit. Arnold ist es gelungen, beiden Anforderungen zu genügen. Einerseits macht es Freude, seine französische Darstellung zu lesen, da Arnold bildhaft, schwungvoll und anregend schreibt, sowie immer wieder kurze Fragen stellt, welche sogleich klar beantwortet werden. So fragt er z. B.: Warum entschied sich Luther, Mönch zu werden? (35) und antwortet: Weil er den Tod fürchtete! (37). Arnold musste natürlich dem französischen Leserpublikum die deutschen Verhältnisse, die theologischen Diskussionen der ersten Hälfte des 16. Jahrhunderts sowie Luthers Zeitgenossen vorstellen und tut das immer kurz und deutlich. So werden auch alle Zitate nur in französischen Übersetzungen wiedergegeben und die Fundorte in den Anmerkungen belegt.

Andererseits legt Arnold eine wissenschaftliche Biographie vor, grenzt sich jedoch deutlich ab von Febvre und anderen, die Luther eher in ein theoretisches Korsett zwingen, wie z. B. Erik Erikson mit seinem psychoanalytischen Interpretationsmodell

(20). Die Wiederaufnahme eines solchen Modells durch Lyndal Roper im Jahre 2016 konnte Arnold nicht mehr berücksichtigen und hätte sie wahrscheinlich kritisch beurteilt. Seine Biographie ist vielmehr eine klassische, chronologische und quellenorientierte Lebensbeschreibung, die dazu dienen soll, die religiöse und theologische Entwicklung Luthers zu verstehen. Sie setzt ein mit Luthers Geburt (Kapitel 1) und endet mit seinem Tod (Kapitel 18), ist also streng chronologisch aufgebaut. Arnold konzentriert sich innerhalb dieses chronologischen Rahmens auf die kritische Auswertung signifikanter Aussagen Luthers selbst sowie auf die seiner Zeitgenossen.

Arnolds Biographie bietet keine ausführliche, methodische Einleitung, was aber nicht bedeutet, dass er theoriefeindlich wäre. Er verdeutlicht sein Anliegen in einem kurzen Vorwort (9–12) und beschränkt sich im *Épilogue*, auf eine ebenfalls knappe Erklärung, warum Luthers Theologie solch eine unglaubliche Wirkung entfaltete (533–540). Im Text selbst schlägt sich das durch historische Fragestellungen und Hypothesen nieder, was die Auseinandersetzung mit anderen Erklärungen und Interpretationen einschließt (auch wenn Hinweise darauf öfter in den Anmerkungen versteckt sind). Diese Debatten dienen immer der Aufhellung eines konkreten historisch-biographischen Tatbestandes. Arnold stützt sich dabei öfter auf Lienhard und weiter vor allem auf deutsche Autoren (so u. a. Martin Brecht, Berndt Hamm, Helmar Junghans und Volker Leppin), die er gut kennt, und bringt auch eigene Forschungsergebnisse ein (z. B. 28, Anm. 101).

Die Anmerkungen, die immerhin (neben der eigentlichen Biographie von 540 Seiten) mehr als 100 Seiten beanspruchen, sind wie bei Fayard üblich als Endnoten aufgenommen. Es gibt außerdem eine Auswahlbiographie (etwa 15 Seiten), die allerdings längst nicht alle Literatur erwähnt, mit der Arnold sich auseinander gesetzt hat. So tauchen Thomas Kaufmanns *Luthers »Judenschriften«* (2011) nur in den Endnoten (642f) auf. Ein Personen- und Ortsregister schließen das Buch ab.

Man versteht nach der Lektüre von Arnolds Buch viel besser, was Luther im Inneren bewog: er nahm sein Leben lang seine eigene Todesangst ernst und sprach dadurch vielen seiner Zeitgenossen aus dem Herzen (vgl. 539). Zugleich bietet diese Biographie eine zuverlässige Synthese der gegenwärtigen, vor allem theologischen Lutherforschung. Arnold scheut dabei auch heikle Themen wie Luthers Aussagen zu den Bauern und Juden nicht. Es ist zu hoffen, dass diese neue französische Lutherbiographie ihr Ziel erreicht und ein gegenüber dem alten sachgerechteres Lutherbild in Frankreich zu verbreiten hilft. Aber auch Leser in Deutschland werden viel von diesem Buch lernen können.

Karlsruhe   Albert de Lange

LOTHAR GRAF ZU DOHNA u. RICHARD WETZEL: Staupitz, theologischer Lehrer Luthers. Neue Quellen – bleibende Erkenntnisse. Tübingen: Mohr Siebeck, 2018. XII, 392 S. mit einem Porträt. (Spätmittelalter, Humanismus, Reformation; 105)

Den Verfassern Lothar Graf zu Dohna und Richard Wetzel sind Leben, Werk und Wirkung Johann von Staupitz' auf Grund ihrer jahrzehntelangen wissenschaftlichen Beschäftigung ein intensiv vertrautes Thema. Beide Autoren sind dabei über ihre Arbeit an der Staupitz-Gesamtausgabe im Rahmen des SFB Spätmittelalter und Reformation an der Universität Tübingen seit 1979 eng verbunden. Der vorliegende Band bietet inhaltlich eine ungewöhnliche dreiteilige Verbindung von Quellenedition, aktualisierter Neuausgabe bereits gedruckter Arbeiten und einer kritischen Forschungsbilanz bis 2016. Damit stellt er zugleich eine Art ›Arbeitsbuch zur Staupitz-Forschung‹ sowie die persönliche Bilanz der inzwischen schon drei bzw. zwei Jahrzehnte im Emeriti-Status Tätigen dar.

Die Quellenedition widmet sich zwischenzeitlich teilweise verschollenen, von Lothar Graf zu Dohna wieder aufgefundenen Dokumenten zum Fall des Stephan Kastenbauer (1491–1547 oder 1548), der sich selbst latinisiert Agricola nannte. Dieser ehemalige Augustiner-Eremit wurde zum Exponenten der frühen Reformation im Fürstbistum Salzburg. Im Rahmen seiner Verfolgung durch kirchliche und weltliche Instanzen, kam es zu einem Häresieprozess, in den auch Staupitz als Abt von St. Peter in Salzburg 1523/24 als theologischer Gutachter involviert war. Diese Dokumentensammlung zum Fall Stephan Agricola ist in Bezug auf Staupitz insofern interessant, als sie erst den konkreten Kontext für Staupitz' bereits 2001 und hier wieder publizierte *Consultatio super confessione [...] Agricolae* (1523) erkennen lässt. Damit trete jetzt »[...] die Kontinuität seines Denkens und Handelns« (29) deutlicher hervor. Zugleich erbringen die Prozessakten historisch endgültig belastbare Informationen zum Ausgang des Verfahrens, das nicht mit einer noch bis 2005 immer wieder tradierten Fluchtgeschichte endete, sondern mit einem Freispruch, der eine Urfede zum Verlassen des Landes beinhaltete.

An die Quellenedition schließen sich als formal zweiter Teil des Bandes »Studien« an, deren Zusammenstellung aber das Gesamtkonzept inhaltlich als dreiteilig erscheinen lässt. Die aktualisierte Neuausgabe von insgesamt sieben Einzelstudien (zwei von Dohna, vier von Wetzel und eine gemeinsame) bietet dem Leser durch ihre Zusammenfassung einen kompakten Zugang zu Staupitz als Ordensreformer, spätmittelalterlichen theologischen Lehrer und Prediger. Besondere Schwerpunkte liegen dabei auf seiner Bußtheologie, seinem eigenen geistigen Hintergrund in Gestalt der Rezeption der heidnischen Antike und der Rezeption Augustins sowie mit drei Beiträgen dezidiert bei seinem Verhältnis zu Luther, das ihn theologisch und personalpolitisch zum Wegbereiter Luthers werden ließ: »[...] schon Staupitz brachte Wesentliches von dem, was man die ›unerwartete Reformation‹ genannt hat. So war Luthers ›unerwartete Reformation‹ doch nicht ganz ohne Vorbereitung.« (187; siehe Dohna, »Staupitz und Luther« [Erstdruck: Pastoraltheologie 74/1985]). Die Grenzen dieses Verhältnisses umreißt Wetzel in: »›Meine Liebe zu Dir ist beständiger als Frauenliebe‹. Johann von Staupitz († 1524) und Martin Luther« (Erstdruck: Wittenberg 1998).

Gerahmt werden diese Einzelstudien von zwei Forschungsüberblicken: eingangs die Forschungsgeschichte bis 1978 (»Johann von Staupitz – Leben, Werk, Wirkung und Forschungsgeschichte bis 1978« [Erstdruck im Rahmen von *Johann von Staupitz, Sämtliche Schriften*. Bd. 2, 1979]) und zum Abschluss die Fortsetzung von 1979 bis 2016 (»Edition und Forschung seit 1979. Editionsstand«), jeweils von beiden Autoren erarbeitet. Schon der Unterschied im Umfang beider Berichte zeigt die Intensivierung der Forschungen zu Staupitz in Parallele zu einem verstärkten allgemeinen Forschungsinteresse an der spätmittelalterlichen ›Vor-Geschichte‹ der Reformation in den letzten Jahrzehnten, dessen Ergebnisse inzwischen auch ihren Niederschlag in der Luther-Biographik (Volker Leppin 2006) gefunden haben. Der Bericht folgt chrono-

logisch und selbst in einer Art Rezension den zahlreichen aber immerhin noch überschaubaren Beiträgen zu Staupitz' Umfeld, Leben, Werk und Wirkungen. Was aus Sicht der Autoren divergierende Ergebnisse betrifft, steht der Frankfurter Kirchenhistoriker Markus Wriedt besonders in ihrem kritischen Fokus.

Das Ende nach dem Ende, welches dieser Forschungsbericht natürlicherweise darstellen würde, bildet eine forschungsgeschichtlich akzentuierte Miszelle Lothar Graf von Dohnas, »Gesetz und Evangelium in Staupitz' frühreformatorischer Theologie«, die darauf aufmerksam macht, dass Staupitz auch der geistige Vater von Luthers Unterscheidung von Gesetz und Evangelium sei. Der Ort dieser vier Seiten im Gesamtkonzept des Bandes zeigt, dass dessen Schwerpunkt und gleichsam das forschungsgeschichtliche Vermächtnis der beiden Verfasser in der Betonung der theologischen Mentorenrolle von Staupitz für Luther liegt. Der kurze Text, und damit der gesamte Band, endet folgerichtig mit dem Satz: »Quod erat demonstrandum.« (334).

Dem angesprochenen Charakter als ›Arbeitsbuch zur Staupitz-Forschung‹ entspricht der vorbildliche Registerteil mit einem Verzeichnis zu den Bibelstellen und ein großes »Historisches Register« zu Personen im Kontext mit den ihnen zugeordneten Dokumenten, Orten und Sachbegriffen, davon getrennt ein »Register der modernen Autoren« ab 1837. Der Band entspricht in Inhalt, Gestaltung und Ausstattung dem hohen Niveau, das man von der Reihe »Spätmittelalter, Humanismus, Reformation« gewohnt ist.

Erfurt   Andreas Lindner

MARKUS HEIN u. ARMIN KOHNLE (Hg.): Die Leipziger Disputation 1519. Ein theologisches Streitgespräch und seine Bedeutung für die frühe Reformation. Leipzig: Evangelische Verlagsanstalt, 2019. 272 S. (Herbergen der Christenheit. Sonderband; 25)

Die Leipziger Disputation im Sommer 1519 gehört zweifellos zu den bedeutendsten Ereignissen der frühen Reformationsgeschichte. Wie Kurt-Victor Selge es formuliert hat, kann man gar von einem Ereignis mit welthistorischer Bedeutung sprechen. Denn das Streitgespräch auf der Pleißenburg führte aus theologischer Sicht zur endgültigen Trennung zwischen der altgläubigen Partei und den reformatorischen Protagonisten aus Wittenberg.

Im Jahr 2019 jährte sich das Zusammentreffen der Kontrahenten zum 500. Mal. Anlass genug, um in dem Jahr eine zweite Auflage des bereits 2011 veröffentlichten Sammelbands von Beiträgen unter einem leicht veränderten Titel erscheinen zu lassen. Im Vergleich zur älteren Ausgabe sind in der aktualisierten Neuausgabe zu den 14 Beiträgen zwei weitere hinzugekommen, um einige wichtige Forschungslücken zu schließen.

So beginnt der Band mit einem neuen Beitrag zur allgemeinen Einführung in das Disputationswesen im 16. Jahrhundert von *Irene Dingel*. Sie stellt die Entwicklung der *ars disputandi* in den Mittelpunkt und klärt zunächst deren Formen, Verfahren und Ziele, um dann die gewonnenen Erkenntnisse auf die Ereignisse in Leipzig anzuwenden. So gehören der Ort (Schloss statt Universität), der Veranstalter (Herzog statt Universitätslehrer), die Einbeziehung des nicht-akademischen Publikums und die Autorisierung der Argumente durch die Heilige Schrift als höchste Norm zu den Besonderheiten der Leipziger Disputation, die

zu einem Paradigmenwechsel in der Entwicklung des Disputationswesens führte.

Der aktualisierte Aufsatz von *Armin Kohnle* kann als das Zentrum des Sammelbandes angesehen werden, von dem aus die Linien in den nachfolgenden Beiträgen weiter ausgezogen werden. Er stellt die Kontrahenten vor, rekonstruiert die Vorgeschichte, beschreibt den Ablauf des Streitgesprächs und geht auf dessen inhaltliche Schwerpunkte ein. Ihm zufolge führte der ausgetragene Autoritätenkonflikt, wie Bibel und Papstamt im Verhältnis zueinander stehen, zur »Scheidung der Geister« in Alt- und Neugläubige (46).

Markus Hein widmet sich in seiner profunden Studie der Forschungsgeschichte der Leipziger Disputation. Dabei hebt er die Darstellung von Johann Karl Seidemann (1843) und die Edition der Disputationsakten von Otto Seitz (1903) als die wichtigsten Meilensteine hervor, wobei er hinsichtlich der neueren Forschung die Leistungen von Kurt-Victor Selge und Anselm Schubert inhaltlich noch eingehender hätte würdigen können (58f). Ihm zufolge fehlt immer noch eine umfassende Monografie zur Leipziger Disputation, die alle neueren Erkenntnisse bündelt.

Christian Winter konzentriert sich auf den Quellenbestand. Er unterscheidet zwischen Berichten sowie Briefzeugnissen über die Disputation einerseits und Protokollen sowie Mitschriften von der Disputation andererseits. Da die offiziellen Protokollhandschriften der Notare verschollen sind, gilt es, die damalig vermeintlich offiziellen Protokolldrucke kritisch zu überprüfen. Am zuverlässigsten kann das Notariatsprotokoll angesehen werden, das im Januar 1520 in Paris gedruckt wurde und dem authentischen Text sehr nahekommt, jedoch lediglich die Auseinandersetzung Ecks mit Luther referiert. Für die Konfrontation mit

Karlstadt sind andere Drucke heranzuziehen, die in der neuen Gesamtausgabe der Briefe und Schriften Karlstadts kritisch ediert werden.

Thomas Noack (in der Gliederung irrtümlicherweise als Axel Noack bezeichnet) untersucht die Baugeschichte der Pleißenburg. Historisch überliefert ist die Nachricht, Luther habe am 29. Juni in der Hofstube gepredigt und nicht, wie ursprünglich geplant, in der Schlosskapelle, weil der Andrang der Bevölkerung so groß gewesen sei. Noack bezweifelt dies, weil seiner Einschätzung nach die Hofstube nicht größer gewesen sei als die Kapelle (76). Jedoch reicht dieser Einwand, den er nicht weiter verfolgt, m. E. nicht aus, um die historischen Belege zu entkräften.

Auf das Umfeld der Leipziger Disputation geht *Enno Bünz* ein, der die territorialpolitischen, stadt- und universitätsgeschichtlichen Rahmenbedingungen kenntnisreich schildert. Dabei merkt er an, dass neben dem Widerstand der Theologen auch praktische Gründe eine Rolle spielten, weshalb man die Disputation nicht in einem Universitätsgebäude abhielt. Es fehlte schlichtweg ein Auditorium maximum (106).

Heiko Jadatz fokussiert die religionspolitische Wende von Herzog Georg. Dieser war zunächst der Reformation aufgeschlossen, wurde aber während des Auftretens Luthers zu seinem entschiedenen Gegner. Das Schlüsselerlebnis war die Behauptung Luthers, nicht alle hussitischen Artikel seien häretisch. Diese Aussage soll Herzog Georg veranlasst haben, von seinem Stuhl aufzuspringen mit dem Ausruf »Das walt' die Sucht!«. Die Brisanz dieser Auffassung bestand u. a. darin, dass 1464 Georgs Großvater, der Böhmenkönig von Podiebrad, von Papst Paul II. aufgrund seiner hussitischen Politik zum Ketzer erklärt worden war, was

die Familie schwer belastete. Die zuvor bestandene Offenheit gegenüber der Reformation bestimmt Jadatz zum einen durch Georgs Vorgehen gegen fremde Ablässe, um allerdings den eigenen Ablasshandel in Annaberg nicht zu schwächen, und zum anderen durch sein Bemühen, die Leipziger Universität humanistisch zu profilieren.

Helmar Junghans konzentriert sich auf das wichtigste theologische Thema der Disputation, dem Primatsanspruch des Papstes. Er hebt hervor, dass Luther während der Disputation sein »sola scriptura« formuliert, womit die kritische Überprüfung der kirchlichen Tradition auf der Grundlage der Heiligen Schrift gemeint ist.

Neu hinzugekommen ist ein Aufsatz von *Stefanie Salvadori*, die über die Rolle Karlstadts referiert. Der ursprüngliche Hauptakteur erlebte nach der Disputation das Schicksal einer fortschreitenden Marginalisierung. Dabei geht Salvadori auf die theologische Entwicklung Karlstadts ein. Während dieser 1517/18 noch scholastische Autoritäten miteinander verglich, bestätigte die Disputation seine bereits zuvor vollzogene theologische Neuausrichtung, die darin bestand, als methodisches Verfahren die Heilige Schrift als Quelle göttlicher Wahrheit zu statuieren und als theologisches Prinzip die Zentralität der göttlichen Gnade als einzige Quelle des Heils hervorzuheben (135.158).

In Parallelität beleuchtet *Johann Peter Wurm* Johannes Eck. Dieser stand zunächst mit Luther in freundschaftlichem Briefkontakt und wurde dann zu seinem vehementen Gegner. Während die Wittenberger die Disputation als Zeitverschwendung ansahen, konnte Eck sich als Sieger fühlen, da er Luther – jedenfalls in den Augen Georgs – als Ketzer überführen konnte.

Das Agieren des Merseburger Bischofs Adolf beleuchtet *Markus Cottin*, indem er zunächst den Widerstand des Bischofs gegen die Disputation nachzeichnet und dann Georgs Handeln in seine allgemeine Kirchenpolitik einordnet. Er verdeutlicht, wie sehr Bischof Adolf vom ›landesherrlichen Kirchenregiment‹ abhängig war (179) und zeigt auf, dass er gleichwohl zahlreiche reformorientierte Hebel in Bewegung setzte, den gemeinen Mann durch Predigten direkt zu unterweisen (185).

Volker Leppin widmet sich in seinem lesenswerten Beitrag der Autoritätenfrage, die während der Disputation verhandelt wurde. Er unterscheidet dabei treffend zwischen einem spätmittelalterlichen Harmoniemodell und einem reformatorischen Differenzmodell. Beiden Modellen gemein ist die Unterscheidung zwischen einer »auctoritas maior« und einer »auctoritas minor«. Jedoch versucht das erstere die übergeordnete Wahrheit aus den abgestuften Autoritäten zu gewinnen, das letztere erhebt die Abstufung als Kriterium, um die Differenzen zu beseitigen (191f). Die Konsequenz für Luther war die Relativierung weltlicher Autoritäten zugunsten der Heiligen Schrift, dem Prinzip »sola scriptura«.

Einen systematischen Durchgang der Erinnerungen Luthers an die Leipziger Disputation nimmt *Michael Beyer* vor. In den Tischreden sind drei Rückblicke erhalten. In einem erwähnt Luther auch die Leipziger Disputation als besondere Station in seinem Leben. Hinzu kommen Luthers Berichte an den Kurfürsten, bei der das Motiv der Ehrsucht Ecks immer wieder eine Rolle spielt.

Christoph Volkmar nimmt die Perspektive der Zeitgenossen ein, wenn er deren Flugschriften und Briefe betrachtet. Allen Lagern war deutlich, dass die Ereignisse in Leipzig eine Zäsur bedeuteten. Gleichwohl interpretierten die Augenzeugen die Disputation weniger im Hinblick auf die reformatorische Bewegung, sondern bewer-

teten das Streitgespräch in Bezug auf andere Kontexte: dem Richtungsstreit zwischen Humanismus und Scholastik, der Konkurrenzsituation zwischen den sächsischen Landesuniversitäten Leipzig und Wittenberg oder der Hussitenfrage (214).

Eine kenntnisreiche Übersicht der Illustrationen aus verschiedenen Epochen bietet *Doreen Zerbe*. Dabei unterscheidet sie zwei Szenen, die zumeist die Bilder darstellen. Die eine bezieht sich auf das Abhalten der Disputation und zeigt den Moment, als Herzog Georg empört seinen Ausruf tätigt (»das walt' die Sucht«-Motiv). Die andere Szene spielt vor der Disputation und verbildlicht die Anekdote, dass bei der Ankunft in Leipzig, das Rad von Karlstadts Wagen gebrochen sei, weshalb er beim Ausstieg stürzte, was als Omen gedeutet wurde (»Einzug der Reformatoren«-Motiv).

Abgerundet wird der Sammelband durch einen Beitrag von *Christoph Münchow* über die ökumenische Bedeutung der Disputation in der Gegenwart. Hierzu diskutiert er aus evangelischer, katholischer und orthodoxer Sicht die aktuellen Stellungnahmen zu Kernthemen der Leipziger Disputation: das Schriftverständnis, das Papstamt, den Ablass und das Fegefeuer. Neben kritischen Fragen an die Gesprächspartner sei es auch notwendig, kritische Fragen an die eigene Konfession zu stellen, beispielsweise wie das Schriftverständnis verbunden mit einer aktiven Bibelkenntnis lebendig gehalten werden kann.

Insgesamt bietet der Sammelband einen aufschlussreichen Überblick über die Forschungslage und eröffnet neue interessante Perspektiven. Es bleibt zu wünschen, dass die Beschäftigung mit der Leipziger Disputation weiter voranschreitet.

Jena   Roland M. Lehmann

Malte van Spankeren: Islam und Identitätspolitik. Die Funktionalisierung der »Türkenfrage« bei Melanchthon, Zwingli und Jonas. Tübingen: Mohr Siebeck, 2018. XV, 342 S. (Beiträge zur Historischen Theologie; 186)

»Der Begriff ›Identitätspolitik‹ hat Konjunktur.« Mit dieser Feststellung eröffnet Malte van Spankeren seine kirchenhistorische Habilitationsschrift, die 2015 an der Evangelisch-theologischen Fakultät der Westfälischen Wilhelms-Universität Münster eingereicht wurde und sich mit der Wahrnehmung des Islams durch drei Reformatoren befasst. Hatte bisher Martin Luther im Fokus der Forschung über Reformation und Islam gestanden, geht Sp. deutlich darüber hinaus, indem er Äußerungen und Bewertungen von Philipp Melanchthon, Huldrych Zwingli und Justus Jonas in den Mittelpunkt der Untersuchung rückt. Dabei verknüpft er deren Urteile über den Islam mit der Frage nach einer spezifisch reformatorischen Identitätspolitik, die er in zweierlei Hinsicht für besonders aufschlussreich hält. Einerseits lasse sich an den untersuchten Autoren nachweisen, wie Identitätspolitik in Abgrenzung zum »fremdreligiösen Gegenüber« (V) betrieben werde. Andererseits könne dargestellt werden, wie bestimmte Distinktionsmerkmale gegenüber innerprotestantischen »Abweichlern« in identitätspolitischer Absicht entwickelt und diese als »turkisiert« aus der protestantischen Gemeinschaft ausgeschlossen werden. Auch wenn die Erkenntnis nicht neu ist, dass evangelische Identität besonders durch Abgrenzung gestärkt wurde, so ist die Verbindung mit der sogenannten »Türkenfrage« ein besonderes Verdienst dieser Studie.

Nach einer knappen Einführung (I.) über Problemstellung, Zielsetzung und Begrifflichkeiten sowie Methodik, Auto-

renauswahl und Untersuchungszeitraum – dieser erstreckt sich zurecht auf die Jahre zwischen 1520 und 1546 –, wird eine ausführliche, die Thematik gut kontextualisierende Einleitung (II.) geboten. Akribisch und kritisch analysiert Sp. dabei den Forschungsstand zum Thema Reformation und Islam. Die einschlägigen vorreformatorischen Quellenschriften über den Islam werden umsichtig vorgestellt und in ihren zeitgenössischen Publikationshorizont eingeordnet, so dass der Leser grundlegende Orientierungen über die Ausgangslage und den Adressatenkreis erfährt. Eine wertvolle Bereicherung stellt auch die historische Einleitung dar, in welcher der Autor den Bogen von den realpolitischen und mentalitätsgeschichtlichen Hintergründen bis hin zur Belagerung Wiens 1529 und zu den Auseinandersetzungen im Mittelmeer bis 1547 spannt. Kurzweilig geschrieben und auf das Wesentliche konzentriert, regen allein diese Ausführungen zum vertieften Studium an, was dank eines umfangreichen Anmerkungsapparates problemlos möglich ist.

Den Mittelpunkt der Studie bilden die drei Kapitel zu den einzelnen Reformatoren, von denen die Ausführungen über Melanchthon nicht allein wegen des Umfanges an erster Stelle stehen. Unter der Überschrift »Mohammed und seine Nachfolger in der Interpretation Melanchthons« (III.) würdigt Sp. den Humanisten als »wichtigste[n] protestantische[n] Autor« zur Thematik der Osmanen neben Luther, begründet die Einschränkung des Untersuchungszeitraumes bis 1546 und nähert sich der Problematik humorvoll durch die Nacherzählung eines Traums. Melanchthon berichtete 1541 seinem Freund Joachim Camerarius, er habe geträumt, dass sie beide auf dem Rücken eines Walfisches sitzend und Demosthenes lesend die Elbe hinunter geschwommen seien. Gebrochen wird die Idylle allerdings schon im folgenden Satz, wenn Melanchthon unvermittelt feststellt, nichts »beunruhige ihn gegenwärtig mehr als die Angst vor einem Krieg mit den ›Türken‹« (74). Einer der Beweggründe, warum Melanchthon häufig auf die »Türken« anspiele, sei die Furcht vor einem Türkenkrieg. Hinsichtlich der Osmanen und ihrer Religion stellt Sp. eine Interessenverschiebung bei Melanchthon fest. Standen in den 1520er Jahren außenpolitische Informationen im Vordergrund, rückte seit den 1530er Jahren zunehmend die sogenannte »Türkenfrage« ins Zentrum, um hieran geschichtstheologische Positionsbestimmungen vorzunehmen und die evangelische Kirche als die einzig »wahre« Kirche zu erweisen (die Wendung »die protestantische Bewegung« [so Sp. 79] sollte nicht für die 1540er, sondern für die Frühzeit der Reformation in Anspruch genommen werden).

Nach der Beschreibung der ausgewählten Quellen folgt die Darstellung der Entwicklung von Melanchthons Interessenschwerpunkten, die von der Wahrnehmung der Osmanen als politische Bedrohung bis zur Funktionalisierung der »Türkenfrage« (169) und der Interpretation der Gegenwart als apokalyptische Entscheidungssituation für den evangelischen Glauben (174) reichen. Dass zwischenzeitlich neuere Forschungen zum »Türken« im *Unterricht der Visitatoren* (1528) erschienen sind (siehe J. Ehmann, *Der Artikel vom Türken im »Unterricht der Visitatoren«* [in: J. Bauer / S. Michel (Hg.), Der »Unterricht der Visitatoren« und die Durchsetzung der Reformation in Kursachsen, 2017, 255–264]), mindert nicht die von Sp. hervorgehobene Bedeutung, die von diesem »Kooperationsprojekt« (122) für die Wahrnehmung der Osmanen in der Wittenberger Theologie ausging. Insgesamt wird ein facettenreiches Bild über Melanchthons

realpolitische, exegetische und theologische Deutungen des »Türken« gezeichnet, welche für den Prozess der lutherischen Kirchwerdung identitätsstiftend wurden.

Einen anderen Zugang zum Thema wählte der Zürcher Theologe Huldrych Zwingli, den Sp. unter der Überschrift »Der pragmatische Umgang mit der ›Türkenfrage‹« (IV.) verhandelt. Aufgrund der chronologischen und systematischen Analyse der durch Zwinglis frühen Tod 1531 zeitlich gegenüber Melanchthon beschränkten Quellenzahl resümiert Sp., dass sich »theologische Innovationen inhaltlicher Art« infolge der Auseinandersetzung mit dem Islam bei Zwingli nicht feststellen lassen. Als Gründe nennt der Verfasser, Zwinglis Kenntnis islamischer Theologie sei erstens gering, während sein Wissen über die Militärmacht der Osmanen ausgeprägt sei; zweitens habe er den Islam nicht als »theologisches Alternativkonstrukt« (217) wahrgenommen; drittens konzentriere er sein Interesse an den Osmanen nur auf die binnenchristlichen Konflikte zwischen Evangelischen und Altgläubigen und »vereinnahme« (220) sie ausschließlich für diese Problematik. Die Integration der Islamwahrnehmung in die konfessionellen Auseinandersetzungen sollte – so Sp. – den protestantischen Islamdiskurs in den folgenden Generationen dominieren. Ein Eigeninteresse an den Osmanen und ihrer Religion zeigte Zwingli nicht. Gegenüber anderen protestantischen Positionen in der »Türkenfrage« notiert der Verfasser beim Zürcher Reformator zugleich auffällige Abweichungen. So spiele die Furcht vor den militärisch mächtigen Osmanen kaum eine Rolle, werde die Diffamierung Mohammeds vermieden, eine Parallelisierung von »Türken« und Papsttum unterbunden sowie eine gemeinsame geschichtliche Herkunft angedeutet. Eine apokalyptische Deutung der militärischen Bedrohung war für Zwingli obsolet geworden.

Der dritte Reformator, Justus Jonas, lehnt sich in der »Türkenfrage« explizit an Luther an, setzt aber in Briefen, Schriften und Vorreden durchaus eigene Akzente. Der Verfasser rubriziert die Thematik unter der Überschrift »Außenpolitik und Geschichtstheologie« (V.). Hierbei wird einerseits die als Wittenberger Gemeinschaftsproduktion von Jonas und Melanchthon erarbeitete Schrift *Das sibende Capitel Danielis* (1530) als frühe Reaktion auf die durch die Belagerung Wiens entfachte Türkendiskussion (250) interpretiert, andererseits Jonas aufgrund seiner Korrespondenz als Informationsvermittler und »Multiplikator« außenpolitischer Entwicklungen (257) gewürdigt. Pointierter als Zwingli und Melanchthon kritisiert Jonas den »häretischen Ursprung« und den »synkretistischen Charakter« des Islam (269) und spricht ihm jegliche religiöse Eigenständigkeit ab.

Förderten die Einzelanalysen bereits wertvolle Details zu Tage, überführt Sp. seine Beobachtungen schließlich im letzten Kapitel in die Zusammenschau »Identitätspolitik und Türkentopik« (VI.), wofür er auch Luthers Positionsbildungen miteinbezieht. Nach einer überaus lesenswerten, differenzierten Darstellung resümiert der Verfasser in Ergänzung der Formel »Ohne Türken keine Reformation«: »Mehr Reformation, weniger Türken« (312). Auf diese Kurzformel lässt sich das Bemühen der Wittenberger und Zürcher Reformatoren im Blick auf die »Türkenfrage« und ihre Funktionalisierung konzentrieren. Denn den Reformationsakteuren ging es immer auch um die Durchsetzung und Festigung des evangelischen Glaubens und somit um eine spezifische Identitätspolitik.

Jena   Christopher Spehr

ARMIN KOHNLE (Hg.): Luthers Tod. Ereignis und Wirkung. Leipzig: Evangelische Verlagsanstalt, 2019. 386 S. mit Ill. (Schriften der Stiftung Luther-Gedenkstätten in Sachsen-Anhalt; 23)

Martin Luther ist am 18. Februar 1546 in Eisleben gestorben. Würde Geschichte aus ›bloßen Fakten‹ bestehen, wäre damit wohl alles gesagt. Dass sich allerdings ein ganzer Sammelband mit »Luthers Tod« beschäftigt – und dies keineswegs erschöpfend! –, zeigt pars pro toto, wie geschichtliche Ereignisse immer in vielfältigen Sinnzusammenhängen stehen. Aus zahlreichen Perspektiven wird hier in insgesamt 17 Beiträgen auf diesen Tod geblickt: auf seine Vorbereitung, seinen Ereigniszusammenhang, seine literarische Ausgestaltung und theologische Deutung, seine Bedeutung für unterschiedliche Personen und Personengruppen sowie exemplarisch auf die lange Wirkungsgeschichte.

Nach einer konzentrierten Einleitung zu ›Ereignis und Wirkung‹ des Todes Luthers (*Armin Kohnle*) werden die Tradition der Ars moriendi (*Harald Schwillus*) und Luthers eigener Umgang mit dem Tod (*Volker Leppin*) in den Blick genommen. Es folgt eine Analyse der drei sog. ›Testamente‹ Luthers (*Heiner Lück*) sowie ein regionalgeschichtlicher Blick auf Luthers ›erste Kirchenordnung‹ für Mansfeld, die aufgrund ihrer Offenheit zu einem ›schwierigen Erbe‹ in Zeiten des Konfliktes wurde (*Lothar Berndorff*). Wieder stärker biographisch ausgerichtet schließen sich Beiträge zu den Folgen für Luthers Witwe und seine Kinder (*Sabine Kramer*) sowie zum Verhältnis der Reformatorenkinder zu dem theologischen Erbe ihrer Väter (*Christopher Spehr*) an. Weitere drei Aufsätze widmen sich literarischen Ausdrucksformen: den quellenkritisch wichtigsten Berichten über Luthers

Tod im Horizont zeitgenössischer Vorstellungen von einem schlechten und einem guten, gesegneten Tod (*Jochen Birkenmeier*), Melanchthons Schriften zu Luthers Tod (*Christine Mundhenk*) und dessen vielfachen poetischen Thematisierungen (*Stefan Rhein*). Mit Luthers Totenbildnis (*Heinrich Dilly*) und dem Wittenberger Luthergrab (*Ruth Slenczka*) treten konkret anschauliche und plastische Gegenstände der Luthermemoria in den Fokus, bevor das Feld über Luther hinaus auf den Tod der Reformatoren Melanchthon, Jonas und Bugenhagen ausgeweitet wird (*Michael Beyer*) sowie auf die reformatorische Transformation eines Dramas im pädagogischen Zusammenhang durch die Übersetzung Cyriacus Spangenbergs, die auch vor dem Hintergrund der Ars moriendi interpretiert werden kann (*Siegfried Bräuer*). Die Erinnerungskultur um Luther und seinen Tod – inklusive der konfessionellen Kämpfe um diesen – thematisieren weitere Beiträge: Das ›Weiterleben‹ Luthers in einigen Gegenständen aus dessen Umfeld (*Stefan Laube*) wird dabei ebenso in den Blick genommen wie der Umgang mit Luthers Tod im Protestantismus über die Jahrhunderte (*Wolfgang Flügel*), die Gedenkstätte des Luthersterbehauses in Eisleben (*Martin Steffens*) und der Streit um den Tod Luthers im Kulturkampf des ausgehenden 19. Jahrhunderts (*Klaus Fitschen*). Der recht unterschiedliche Charakter der einzelnen Beiträge liegt in der Natur der Sache und stellt im Sinne der Interdisziplinarität und der Multiperspektivität eine ausgesprochene Bereicherung dar: Neben breit angelegten, eher überblicksartigen Artikeln (z.B. *Kohnle, Spehr, Flügel*) finden sich exemplarische Tiefenbohrungen zu umfassenderen Themen (z.B. *Leppin, Kramer, Bräuer, Fitschen*) und auf einzelne Dokumente oder Artefakte konzentrierte Studien (z.B. *Lück, Berndorff, Slenczka*).

Nahezu durchweg arbeiten die Autorinnen und Autoren nicht nur im Gespräch mit der Forschungsliteratur, sondern auch unmittelbar an und mit den Quellen. Lediglich der erste Beitrag von Schwillus fällt unter diesem Kriterium heraus, da hier über die Ars moriendi lediglich aus der Sekundärliteratur referiert wird. Manche Forschungserkenntnisse im Zusammenhang des Todes Luthers, die sich bis in die jüngere Literatur hinein (vgl. die Hinweise auf S. 150, Anm. 50 und 52) und zum Teil selbst innerhalb dieses Bandes (vgl. 213f) noch nicht allgemein verbreitet haben, wie die Nichtauthentizität der Totenmaske (vgl. 311) und der geringe Quellenwert des Sterbeberichtes »des angeblichen Apothekers Johann Landau« (17), werden sich in Zukunft auch dank dieses Buches in der Breite etablieren.

Neben diesen wichtigen Details kann summarisch festgehalten werden: Wer mehr über ›Ereignis und Wirkung‹ von Luthers Tod erfahren möchte, wird von nun an zu diesem Band greifen und dabei sowohl über den Forschungsstand zum Kern des historischen Geschehens informiert werden, als auch in einem bunten Strauß über Fragen und Zusammenhänge, die sich mit diesem Geschehen verbinden. Anhand des Todes Luthers, dies zeigt der Band in hervorragender Weise, lassen sich exemplarisch die komplexen Sinnzusammenhänge und multimedialen Dimensionen einer einzelnen Begebenheit der Reformationszeit studieren. Die vielen, hier gebündelten Zugänge könnten diesbezüglich auch für (kirchen-) historische Seminare eine Anregung sein.

Tübingen   Jonathan Reinert

HERDER – LUTHER. Das Erbe der Reformation in der Weimarer Klassik, hg. v. Michael Maurer und Christopher Spehr. Tübingen:

Mohr Siebeck, 2019. VIII, 236 S. (Colloquia historica et theologica; 5)

Das nicht nur als Beitrag zur Forschung lesenswerte Buch ist das Ergebnis einer Tagung, die unter demselben Titel im Februar 2017 in Weimar stattgefunden und in einer die Verbindung von Geschichtswissenschaft und Theologie programmatisch pflegenden Reihe ihren rechten Platz gefunden hat. Eine Einführung des Mitherausgebers *Michael Maurer* unter dem Titel »Herder – Luther. Das Erbe der Reformation in der Weimarer Klassik« (1–15) liefert eingangs die zentralen Stichworte, summiert die einzelnen Beiträge, verortet sie in ihren Forschungskontexten und berichtet über die Tagung und ihre Nachwirkung.

Die folgenden dreizehn Beiträge werden unter drei Abteilungen versammelt: »Teil I Der soziale Ort: Weimar – ›eine erbärmliche Apanage der Reformation zwischen den Gebürgen‹«; »Teil II Anspruch und Leistung: ›Ein neuer Reformator werden‹«; »Teil III Perspektiven auf Geschichte und Gegenwart«. *Hans-Werner Hahn* »Zwischen Bürgerideal und ›Marktfleckenrealität‹: Herder und die Stadt Weimar« (19–32) und *Stefanie Freyer* »Herder und der Weimarer Hof« (33–49) stecken den Raum ab, in dem sich Leben und Wirken des »Theologen unter den Klassikern« vollzog. Herders Stellung in der Stadt war schwierig, denn zum Stadtbürgertum gehörte er seiner Stellung nach nicht, aber auch seine Stellung am Hof war ambivalent; seine Präsenz an der fürstlichen Hoftafel etwa zeigt, wie schwankend das Interesse Herzog Carl Augusts an seinem Hoftheologen war. *Stefan Gerber* »Herder und die Kirche« (51–64) weiß – auch nach Martin Keßlers magistraler Studie – Herders Wirken im Weimarer Kirchenwesen positiv zu würdigen – in Abgrenzung und Korrektur der älteren Forschung: »Gerade das kirch-

liche Amt war [...] für ihn eine Quelle der philosophischen und theologischen Inspiration« (62). Seine vermittelnde Kirchlichkeit habe der Weimarer Kirche seiner Zeit gutgetan.

In *Michael Winkler*s Beitrag »Herders Schulpädagogik« (65–83) findet der Weimarer »Schulmann«, der er eben und gerade auch war, einen empathischen Fürsprecher. Zugleich richtet der Autor kritische Blicke auf die Vergesslichkeit der eigenen Disziplin und die Funktionalisierung von »Bildung« in der Gegenwart. Winklers »Rekonstruktion in systematischer Absicht« (68) ist sich ihrer Grenzen bewusst, überzeugt aber gerade durch ihre konzentrierte Darstellung, in der es um die große Theorie der Bildung, die Notwendigkeit der Schule, um die Bedeutung von »Übung« und um Dimensionen der Schule geht. Zahlreiche Verweise auf Zeitgenossen, Vorgänger und Nachfolger eröffnen einen Kosmos von Erziehung und Bildung, den man gern abschreiten würde – eine auf Grund ihres Ideenreichtums unbedingt lohnende Lektüre.

Johannes von Lüpke versteht in seinem dichten Beitrag »Rede Gottes in menschlicher Sprache. Herder als Sprachdenker in der Tradition Luthers« (87–99) mit Herder Sprache als Medium der creatio continua und stellt die »Bedeutung der Sprache als Handlung und Lebensform« (99) heraus. *Hans Jürgen Schrader* »Luthers Sprachleistung im Urteil Herders, Klopstocks und Heines« (101–119) erinnert daran, dass Herder, der sich vorgenommen hatte, ein zweiter Luther zu werden und diesem Ideal lebenslang nachstrebte, Luther auch als das »Genie [...] zur That«, den großen Neuschöpfer der Sprache rühmte. Klopstock pries Luthers Bibelübersetzung in hohen Tönen und dichtete zehn seiner Lieder um, wurde aber seinerseits von Herder nicht als Luther ebenbürtig erachtet. Und auch

Heine verlieh seiner Lutherverehrung hymnischen Ausdruck. *Martin Keßler*, der den Herder-Studien durch seine große Darstellung neuen Schwung verliehen hat, behandelt in »Herder und Luthers Katechismus« (121–132) dessen Bearbeitung von Luthers Kleinem Katechismus, ergänzt die Kenntnis seiner Ausgaben und bietet Reaktionen seiner Zeitgenossen: »Sei Luther Deiner Zeit! Du kannst nichts Bessres sein« (130), schrieb Gleim an den Weimarer Generalsuperintendenten.

Claas Cordemann, »Resonanztheoretische Betrachtungen zur Umformung des Rechtfertigungsglaubens. Luther und Herder als Prediger« (133–157) ist nicht nur seines Umfanges wegen ein Schwergewicht des Bandes. C. will das Verhältnis Herder – Luther »in einen modernitäts- und umformungstheoretischen Deutungsrahmen stellen« und bezieht sich dabei auf die Resonanztheorie Hartmut Rosas. Er versteht »Gottvertrauen als Resonanz in einem schlechthinnigen Sinne« (139); Sünde kann man dann mit Luther als »Resonanzunwilligkeit« (141) bzw. mit Herder als »ein verstummtes, resonanzloses Selbst- und Weltverhältnis« (148) begreifen. Rechtfertigung wird als Anerkennung durch Gott verstanden. Grundlage seiner Ausführungen sind je eine Predigt Luthers und Herders über das Gleichnis von der königlichen Hochzeit (Mt 22,1–14). Während für Luther »Gott als Resonanzraum der Welt« (146) noch selbstverständlich war, konnte Herder davon nicht mehr ausgehen. C. legt m.E. plausibel dar, warum sich Herder mit Recht als »lutherisch« verstehen konnte. Angesichts der Schwierigkeiten plädiert C. für ein für die Gegenwart angemessenes und akzeptables Verständnis der Rechtfertigung, das er als unbedingtes Anerkanntsein versteht. Darüber hinaus erkennt er in einem letzten Abschnitt die »Stärke des Resonanzbegriffs für eine gegenwarthermeneutische Umformung des Rechtfertigungsglaubens« (156). In diesem Beitrag steckt, auch ob seiner definitorischen Kraft und Klarheit, ein hohes Potential für einen gegenwärtigen Diskurs über iustificatio.

Corinna Dahlgrün stellt, in teilweise rhapsodischer Form, »Luther, Herder und das Kirchenlied« (159–171) vor. Ihre »Anmerkungen aus der Perspektive der Praktischen Theologie« entbehren der historischen Präzision, »aber sie muss ja nicht in allen Punkten gegeben sein« (171). Wirklich nicht? – *Henry Hope* »Luther, Herder und die Musik als ›zweite Theologie‹« (173–186) verbindet nicht ganz Zureichendes zu Luther mit Ausführungen zu Herder. Dessen Vorstellung von der Musik zielt auf die Sinne; er weist der Musik eine humanisierende Wirkmacht zu, betont die Eigenständigkeit der Stimmen der Völker in ihren Liedern und findet in den Liedern des Gesangbuchs »einen Schatz von Lehre und Unterweisung« (183) für das ganze Leben der Menschen. In den Liedern, gerade auch den älteren, komme das Wort Gottes »gleichsam näher zu uns« (ebd.), Lied und Bibel legten einander aus, und auch die Predigt könne man besser verstehen. Ein Schlussabschnitt notiert die bemerkenswerten Übereinstimmungen zwischen Luther und Herder im Hinblick auf die Musik als »domina et gubernatrix affectuum humanorum«, aber auch Herders Erweiterungen im Hinblick auf die wachsende Bedeutung der Instrumentalmusik (die bei Luther kaum eine Rolle spielt) und seine anthropologische Musikästhetik. *Martin Bollacher* zeigt in »Toleranz? Luther und Herder über Juden und Türken« (189–201), wenig überraschend, dass man »Toleranz« in neuzeitlichem Sinne bei Luther vergebens sucht; aber auch Herder hatte soziokulturelle Vorbehalte gegenüber den »Türken«. *Christopher Spehr* und *Roland M. Lehmann* verorten »Herders Stellung in der Theologiegeschichte« (203–216), eines Mannes, der selbst »ein würdiger Lehrer der Menschheit« sein wollte, »und zwar aus rezeptions- und wirkungsgeschichtlicher Perspektive« (204). Behandelt werden i.e. Karl Gottlieb Bretschneider, August Tholuck, der für Herder einen Sinn hatte, Emanuel Hirschs »Geschichte der neueren evangelischen Theologie« und Karl Barths »Geschichte der protestantischen Theologie« sowie die »Kirchliche Dogmatik« (beide formulieren, je auf ihre Weise, Kritik an Herders Verständnis der Offenbarung), und Wolfhart Pannenbergs »Anthropologie in theologischer Perspektive«, die Herder als den Vater der modernen Anthropologie würdigte.

Einen schönen, gelungenen, ja, in gewisser Hinsicht krönenden Abschluss des Buches bildet *Michael Maurer*s essayistischer, mit trefflichen Formulierungen versehener Beitrag »Epochenkonzepte als Identitätsangebote: Reformation und Weimarer Klassik« (217–231). Maurer fragt nach Epochencharakter und Epochenkonstruktion von Reformation und Weimarer Klassik und nach Herders Verhältnis zur Reformation, vor allem aber nach der inneren Berechtigung, beide Epochen zusammenzusehen. Diese findet er 1. in der »Konzentration auf das Wort«, 2. in der »Humanität«, 3. in der »Freiheit, verbunden mit Individualität und Subjektivität«. »Auf dem Boden der Reformation« (231) gibt es jedenfalls noch vieles zu entdecken. Es wäre nicht das Schlechteste, wenn solche Entdeckungen Herders Niveau und das seiner Nach-Denker erreichten.

Das Register hat vier kleine Schönheitsfehler: Augustin und Elisabeth von Thüringen muss man nicht als Heilige ausweisen, Caroline Flachsland war eine verheiratete (nicht einfach »sp.«) Herder, und Otfrid von Weißenburg setzt man – wie die beiden »Heiligen« – besser mit seinem Vornamen ins Register.

Etliche Beiträge rekurrieren auf *Günter Arnold*s Beitrag »Luther im Schaffen Herders« (in: Impulse 9, 1986). Angesichts der besonderen Bedeutung dieses großen Aufsatzes hätte es dem Band nicht übel angestanden, diese Arbeit, auch als Reverenz gegenüber dem bedeutenden Weimarer Gelehrten, dessen Lebenswerk, die Herausgabe von Herders Briefwechsel, bleiben wird, noch einmal abzudrucken.

Kiel   Johannes Schilling

HEINER LÜCK: Alma Leucorea. Eine Geschichte der Universität Wittenberg 1502 bis 1817. Halle a.d. Saale: Universitätsverlag Halle-Wittenberg, 2020. 368 S., 250 farb. Abb.

Eine Universitätsgeschichte als alleiniger Autor zu verfassen ist angesichts der monumentalen Aufgabe ein Wagnis. Gesteigert wird dieses Wagnis, wenn es sich bei der zu beschreibenden Hochschule mit ihren vier Fakultäten um die Universität Wittenberg handelt. Der emeritierte Jurist und Rechtshistoriker Heiner Lück ist dieses Wagnis eingegangen und hat es mit der kürzlich vorgelegten Universitätsgeschichte bravourös gemeistert. Nach Walter Friedensburgs über 100-jährigem Standardwerk *Geschichte der Universität Wittenberg* (1917) erzählt der an der Martin-Luther-Universität Halle-Wittenberg tätige Wissenschaftler erstmals die Geschichte der Leucorea neu, perspektivenreich, gelehrt und auf höchstem Wissenschaftsniveau.

Der voluminöse und gewichtige Band, den zahlreiche, zum Teil hier erstmalig gezeigte Abbildungen zieren, ist hochwertig produziert und in vier jeweils zweispaltig gedruckte Kapitel eingeteilt. Nach L. bildet das Werk den Versuch, exemplarisch »einen struktur- und institutionengeschichtlichen, vor allem aber akteursbedingten, personengeschichtlichen Einblick in die Geschichte der Leucorea als Ganzes zu vermitteln« (17). Insofern werden die einzelnen Personen mit ihrem akademischen Œuvre ins Zentrum gerückt, so dass eine »komprimierte Gesamtdarstellung der Universitätsgeschichte in Form eines chronologisch-prosopographischen Längsschnitts auf den aktuellen Forschungsstand« (18) entsteht, welcher zugleich die vier Fakultätsgeschichten und die etwas mehr als 300-jährige Geschichte der Universität als Gesamtorganismus umfasst. Exkurse vertiefen bestimmte Problem- und Fragestellungen. Als Gliederungsprinzip wählt der Verfasser die geistesgeschichtlichen Epochen und landesgeschichtlichen Zäsuren.

Nach einem Vorwort des Rektors der Martin-Luther-Universität Halle-Wittenberg, Christian Tietje, dem Geleitwort des Vorstandsvorsitzenden der Stiftung LEUCOREA, Ernst-Joachim Waschke, sowie einer den allgemeinen Forschungsstand reflektierenden Einleitung entfaltet L. im ersten Kapitel den »Humanistischen Aufbruch im Zeichen der Reformation: Die Leucorea von ihrer Gründung bis zur Überwindung des ›Philippismus‹« (27–119). Dass dieses Kapitel am grundlegendsten ist, versteht sich angesichts der historischen Bedeutung, welche von der Wittenberger Reformation und somit von der Leucorea ausging, von selbst. Luther wird dabei nicht monolithisch dargestellt, sondern im akademischen Kontext mit seinen Funktionen skizziert. Allerdings tituliert L. dessen von Staupitz übertragene Professur für Theologie fälschlicherweise als »Professur für Bibelauslegung« (61). Zudem hält es L. nach den Notizen

von Georg Rörer für unstrittig, dass Luther seine Thesen am Vorabend von Allerheiligen an »eine Kirchentür der Schlosskirche angeschlagen hat« (62). In der Deutung der theologisch-reformatorischen Entwicklung seit 1516 ordnet er Luther in die ihn umgebende Gruppe ein, welche L. mit Jens-Martin Kruse als »Wittenberger Diskussionsgemeinschaft« (38) bezeichnet. Die in erster Linie von Philipp Melanchthon, aber auch von Luther initiierte Universitäts- und Bildungsreform wird entsprechend gewürdigt und im Rahmen des von Friedrich dem Weisen gepflegten »Hofhumanismus« (37) sowie des »Universitätshumanismus« (40) und des »Schulhumanismus« (ebd.) interpretiert. Dass und wie Wittenberg seit 1519 zur »am meisten frequentierten Universität des Reiches« aufstieg (41), wird anhand der Studenten- und Absolventenzahlen (59–61) geschildert. Neben den zahlreichen Details, die der wissbegierige Leser erfährt, sei auf die Beschreibung des Gebäudebestandes hingewiesen (42f), weil dieser in Lutherbiographien immer wieder fehlerhaft benannt wird. Im späteren 16. Jahrhundert verfügte die Leucorea beispielsweise über drei Kollegiengebäudekomplexe (Collegium Fridericianum, Collegium Iuridicum und Collegium Augusteum) und somit über den »größte[n] Bestand an Universitätsneubauten, den eine Universität im Heiligen Römischen Reich besaß« (55). Überaus informativ ist schließlich der Exkurs über die Pest in Wittenberg (103–105).

Das zweite Kapitel steht unter der Überschrift »Einsatz für die ›wahre‹ Religion: Die Leucorea von der Etablierung der lutherischen Orthodoxie bis zum Vorabend der Aufklärung« (121–191). Hier wird das spätere 16. und 17. Jahrhundert, der Dreißigjährige Krieg, die lutherische Orthodoxie Wittenberger Prägung, die Entwicklung der Jubiläen, die Fakultäten mit ihren inhaltlichen Schwerpunkten und vieles, was darüber hinaus zu würdigen wäre, beschrieben. Das dritte Kapitel »Jenseits der Avantgarde: Die Leucorea im Jahrhundert der Aufklärung« (193–263) setzt mit dem Übertritt des sächsischen Kurfürsten Friedrich August I. (bekannt als August der Starke) zum römisch-katholischen Glauben und seiner Wahl und Krönung zum polnischen König ein. Es endet mit der landesgeschichtlichen Zäsur 1806 und beschreibt facettenreich die Entwicklung der Universität im 18. Jahrhundert. Insbesondere im vorangehenden und in diesem Kapitel konnte L. aufgrund neuer Forschungen zahlreiche bisher unbekannte Aspekte der Universitätsgeschichte zu Tage fördern. Relativ knapp, aber ebenso instruktiv werden im vierten Kapitel »Vom europäischen Krieg zur lokalen Krise: Das Ende der Leucorea« (265–289) die politischen Vorgänge beschrieben, die zur Schwächung der Leucorea, zur Fusion unter preußischer Führung mit der Universität Halle an der Saale und zur Einrichtung des Wittenberger Predigerseminars führten. Am 21. Juni 1817 erfolgte auf dem Generalkonzil in Halle die Vereinigung der beiden Universitäten unter der Bezeichnung »K. Pr. vereinigte Hallische und Wittenbergische Friedrichs-Universität« (284). Abgerundet wird die beeindruckende Universitätsgeschichte durch einen »Epilog« (291–300). Im Anhang werden schließlich noch die bis 1818 erschienenen und im Buch erwähnten Drucke, ein Quellen- und Literaturverzeichnis sowie ein Personen- und Ortsregister geboten.

Es steht zu wünschen, dass dieses mit 175 Euro für Studierende und Interessierte kaum erschwingliche Werk in einer günstigen Paperback-Ausgabe zugänglich gemacht wird. Der Inhalt ist es wert!

Jena   Christopher Spehr

MARTIN KESSLER: Luthers Schriften für die Gegenwart. Drei konkurrierende Editionsvorhaben in den 1930er und 1940er Jahren. Tübingen: Mohr Siebeck, 2019. X, 256 S.

Die Erforschung der Luthereditionen ist um eine gehaltvolle Studie reicher! Mit kriminalistischem Gespür, detektivischem Scharfsinn und professioneller Neugier gelingt es Martin Keßler drei volkssprachliche Editionsprojekte aufzudecken, die kurz vor und im Zweiten Weltkrieg in Deutschland betrieben wurden. Erstmals werden hier bisher unbekannte Vorhaben präsentiert, die nicht nur Luther- und kirchliche Zeitgeschichtsforscher aufhorchen lassen, sondern auch die Luther-Gesellschaft in besonderer Weise betreffen. Für diese ist die Johannes Schilling für seine 20-jährige Präsidentschaft zugeeignete Studie ein wissenschaftlicher Glücksfall, wird in ihr doch ein bisher verborgenes Kapitel ihrer mittlerweile über 100-jährigen Geschichte erhellt.

Während der Erarbeitung seines Eröffnungsvortrages zur Jubiläumstagung der Luther-Gesellschaft 2018 (vgl. Martin Keßler, *Das Luthertum um 1918 im Spiegel seiner Zeit* [LuJ 86, 2019, 174–228]) stieß K. im Archiv der Gesellschaft auf Quellen zur Vorbereitung einer großangelegten Lutherausgabe. Dieser Fund weckte das Interesse des Forschers, so dass sich der kürzlich nach Basel berufene Kirchenhistoriker auf die Spurensuche in verschiedene Archive begab. Das Ergebnis seiner Recherchen ist ein höchst lesenswertes Werk, das eine Fülle an feinen Beobachtungen und aufdeckenden Beschreibungen über die Akteure der Lutheredition enthält und zu einem differenzierten Bild von Theologen, Kirchenvertretern und Verlegern sowie Institutionen in den späteren 1930er und frühen 1940er Jahren beiträgt. Zugleich klärt die Untersuchung über die Vorgeschichte der von

Kurt Aland herausgegebenen und populären Ausgabe *Luther deutsch* auf. Für die bisher viel zu wenig von der Kirchengeschichtsforschung beachteten späteren Kriegsjahre bietet die Studie wertvolle Einblicke in die theologische und kirchenpolitische Stimmungslage.

Seit 1937 wurde von der Luther-Gesellschaft und ihrem Geschäftsführer, Theodor Knolle, ein großangelegtes Editionsvorhaben namens »Die kleine Weimarer Luther-Ausgabe« (14) verfolgt. Knolle, der 1924 zum Hamburger Hauptpastor an St. Petri berufen worden war, verfügte – so K.s zurecht kritische Bemerkung – »über eine bis heute wohl einzigartige Konzentration an amtlichen Einfluss- und publizistischen Gestaltungsmöglichkeiten« (8) in der Luther-Gesellschaft und hatte schon im Gründungsjahr 1918 eine leicht zugängliche volkssprachliche Lutherausgabe angeregt. Wie diese Projektidee von den ersten brieflichen Nachweisen 1937 bis hin zu Verlagsabsprachen und ersten Probedrucken entfaltet wurde, wird im ersten Kapitel (7–62) facettenreich und minutiös dargestellt. Für den Verlag Hermann Böhlaus Nachfolger entwarf Knolle 1937 ein erstes Editionskonzept, welches eine thematische Anordnung der Lutherschriften in die Rubriken »Kampf«, »Ordnung«, »Lehre« und »Leben« im Umfang von 30 Bänden vorsah (15). 1938 konzentrierte er die Ausgabe auf drei Teile, wobei die Rubrik »Leben« wegfiel. Ein erstes Typoskript für den Probedruck erhielt der Verlag 1938. Die Bemühungen, umfangreichere Fördergelder für die Ausgabe zu erlangen, scheiterten. Auch die von Böhlau angeregte Kooperation mit dem Verlag J.C. Hinrichs unter der Leitung von Leopold Klotz verlief im Sande. Überraschenderweise stoppte Knolle im Mai 1939 die Editionsbemühungen bei Böhlau und wechselte mit seinem Projekt zum C. Bertelsmann-Verlag nach Gütersloh, wo er beim geschäftstüchtigen Verleger Heinrich Mohn auf großes Interesse stieß. Dass Mohn, der u.a. Mitglied der Luther-Gesellschaft war und zugleich auch die SS unterstützen konnte, zusätzlich bereit war, die Periodika der Luther-Gesellschaft zu übernehmen, belegt K. eindrucksvoll. Der geplante Umfang der Lutherausgabe schrumpfte jetzt auf 18 große Bände. Ein Vertragsentwurf lag 1941 vor. Seit 1940 bemühte sich Bischof Theodor Heckel um Fördermittel bei Kirche und NS-Staat – allerdings ohne erkennbaren Erfolg. Mohn, welcher der größte Buchlieferant der Wehrmacht war, investierte in das »Prestige«-Projekt und sah besonders in den Bänden zu den Judenschriften ein gesteigertes Interesse in »weiteren Kreisen« (49). Knolles Verhalten war laut K. zumindest »fragwürdig«, wenn es um die Gehaltszahlungen der Mitarbeiterin am Editionsprojekt, »Fräulein Henry«, ging (56–60), die von 1942 bis 1945 in Hamburg arbeitete.

Dass Knolle während des Zweiten Weltkriegs doppelte Konkurrenz erhalten sollte, wurde ihm 1943 bewusst. Im zweiten Kapitel (63–194) entfaltet K. die Projektideen zu Erich Seebergs »echten« Lutherschriften und Kurt Alands »Werke Martin Luthers in neuer Auswahl für die Gegenwart«. Beide Akteure wirkten im kirchengeschichtlichen Seminar der Theologischen Fakultät der Berliner Universität. Dies nimmt K. zum Anlass, dem belasteten Verhältnis zwischen Seeberg und Aland sowie Seebergs umstrittener Rolle in der Fakultät nachzugehen und die Frage zu diskutieren, inwiefern Aland von Seebergs Projekt Kenntnis hatte (78–105). Während Aland durch sein »Verhandlungsgeschick« noch im Frühjahr 1943 Knolle davon überzeugte, dass seine Ausgabe auf eine »reine Popularisierung« ziele und somit keine Konkurrenz darstelle (107), rückte nun die Seebergsche Ausgabe als eigentliche wissenschaftliche Konkurrenz für Knolle in den Fokus. K. entfaltet im Folgenden, wie aus den konkurrierenden wissenschaftlichen Editionsprojekten sukzessiv eine Zusammenarbeit erwächst, woran ein vermutlich von Paul Althaus arrangiertes Treffen in Dresden Ende Mai oder Anfang Juni 1943 zwischen Knolle und Althaus seitens der Luther-Gesellschaft sowie Seeberg und Friedrich Schulze-Maizier als dessen Verlagsberater wesentlichen Anteil hat. Als »wichtigsten wissenschaftlichen Mitarbeiter Seebergs« identifiziert K. aber Rudolf Hermann (113), was insofern überraschend ist, da Hermann sich eine Zeit lang für die Bekennende Kirche engagiert hatte, Seeberg aber den DC nahestand. Bei der Anfrage an Hermann zur Mitarbeit hatte dieser 1943 konstatiert, er sei bereit mitzuwirken, wenn keinerlei kirchenpolitische Motive für die Ausgabe bestimmend seien: weder vom »Eisenacher Institut« (gemeint ist das sog. »Eisenacher Entjudungsinstitut«), noch von den »Deutschen Christen« oder der »Bekennenden Kirche« (124). Ob es nicht doch politische und kirchenpolitische Motive waren, die zum Plan der Seebergschen Ausgabe führten, lässt immerhin das Engagement des DC-Theologen OKR Friedrich Buschtöns vermuten. Er hatte eine finanzielle Förderung von Knolles Projekt durch den Berliner Evangelischen Oberkirchenrat (EOK) 1941 abgelehnt, stellte aber 1943 eine Förderung des Seeberg angetragenen Editionsprojekts von Anfang an in Aussicht (127). Seeberg war von Rolf Voigt vom A. Metzner Verlag in Berlin das Projekt vermittelt worden, welcher mit Buschtöns und Johannes Hymmen, dem Geistlichen Vizepräsidenten des Berliner EOK, »liiert« war (126). Es liegt somit nahe, dass das Editionsprojekt der Luther-Gesellschaft durch die von Buschtöns angeregte Konkurrenzausgabe untergraben werden sollte, was letzt-

lich gelang. Im Juni 1944 erklärte Knolle sich bereit, an der Seebergschen Ausgabe mitzuarbeiten und für die vierte Abteilung der Ausgabe die Verantwortung zu übernehmen (187). Insgesamt sollte die Ausgabe 20 Bände in vier Abteilungen umfassen, wobei sich die Abteilungen auf I. Theologische Schriften, II. Schriften, die Geschichte sind, III. Lebensfragen und IV. Kirchliche Fragen (144) bezogen. Mit dem Eintreten Knolles in das Seebergsche Projekt endeten die Bemühungen um die »Kleine Weimarer Luther-Ausgabe« der Luther-Gesellschaft.

Ein drittes Kapitel befasst sich schließlich mit der weiteren Entwicklung in der Nachkriegszeit (185–226). Nach Seebergs Tod im Februar 1945 gelang es Knolle nicht, das Editionsprojekt erfolgreich voranzutreiben. Mit dem Erscheinen von Alands *Luther deutsch* 1948 verlieren sich die Spuren des wissenschaftlichen Projektes.

Ein Rückblick und Ausblick (227–237) bietet nicht nur eine konzise Zusammenfassung, sondern benennt auch die Editionsprinzipien der jüngsten Luther-Studienausgaben, welche nun nicht mehr von der Luther-Gesellschaft als Institution, wohl aber von deren Mitgliedern herausgegeben wurden. Dass neben den drei hier ausführlich vorgestellten Lutherausgaben auch Otto Dilschneider für die Bekennende Kirche eine 14-bändige Lutherausgabe 1944 plante (189, Anm. 695) und Hans Freiherr von Campenhausen 1939 im Ernst Steiniger Verlag Berlin eine Lutherausgabe unter dem Titel *Luther. Die Hauptschriften* edierte (231f), sei der Vollständigkeit wegen angefügt. Abgerundet wird die Studie durch ein präzises Personen- und Verlagsregister. K.s Werk sei zur Lektüre empfohlen.

Jena   Christopher Spehr

FRANK HOFMANN: Wie redet Gott mit uns? Der Begriff »Wort Gottes« bei Augustin, Martin Luther und Karl Barth. Druckausgabe und Online-Ressource. Zürich: TVZ, Theologischer Verlag; Ann Arbor, MI: ProQuest, 2019. 274 S.: Ill.

Theologie vom Wort Gottes her zu denken mutet auf den ersten Blick nicht gerade als ein besonders neues Unterfangen an, lässt vielleicht sogar die Frage aufkommen: Wozu noch ein Werk zu diesem Thema, und dann auch noch als Begriffsgeschichte anhand so bekannter Autoren wie Augustin, Luther und Barth? Das Buch weckt jedoch bereits mit einem Hinweis auf der hinteren Coverseite das Interesse, dass nämlich diese drei Theologen den Begriff »›Wort Gottes‹ konsequent als ein sprachliches Phänomen gedeutet« hätten. Mit Semiotik, Semantik und Pragmatik werden die drei speziellen Herangehensweisen für das konkrete göttliche Reden mit und durch Menschen beschrieben und den drei Theologen in dieser Reihenfolge zugeordnet. Nach Ansicht des Verfassers haben sie »interessanterweise einander ergänzende sprachtheoretische Aspekte des Wortes Gottes beleuchtet, die sich […] in den Debattenstand der aktuellen sprachanalytischen Philosophie transponieren lassen« (14f). Den drei speziellen Untersuchungen (47–97.99–145.147–198) ist ein eigener Abschnitt über »Das Wort Gottes in der Bibel« vorgeschaltet (23–45).

In Bezug auf Luther arbeitet der Verfasser heraus, dass sich Gott in seinem Wort vollständig, wenn auch unter dem Gegensatz zu seiner unhintergehbaren und für Menschen nicht zu durchschauenden Majestät, in Christus, dem Gekreuzigten offenbart. Und diese Offenbarung erfolgt durch sein aus Bibel und Verkündigung vernehmbares, äußerliches Wort, das sich mit Hilfe des Heiligen Geistes aktualisiert,

aber zugleich immer dessen Referenzraum bildet und damit schwärmerische Vorstellungen ausschließt. Gottes Wort ergeht als Gesetz und Evangelium. Gottes Wort ist schöpferisch, es tut, was es sagt. Und so, wie sich Gott in Jesus Christus im Wort in seine Schöpfung inkarniert, ist dieser aufgrund seines klaren Wortes im Sakrament gegenwärtig. Die Ideomenkommunikation gilt auch für Brot und Wein als Leib und Blut Christi. Mit Christus ist eine neue Sprache, eine himmlische Sprache in die Welt gekommen. War es für Augustinus ein echtes Problem, dass sein Zeichensystem nicht dazu ausreichte, die ganze Fülle von Gottes Wort in menschliche Sprache zu bringen, war es Luther klar, das Gottes Wort in Christus eine den Menschen veränderte, ihm das Leben schenkende Anrede ist.

Am Ende steht ein »Systematischer Ertrag«, in dem »Augustins Thema: das Wort als Zeichen«, »Luthers Thema: die Sprache des Glaubens« und »Barths Thema: das Wort als Sprachereignis« miteinander und mit modernen sprachphilosophischen Konzepten (z.B. Wittgestein, Ramsey: »Sprachspiel«, Riceur: »Metapher«, Tillich: »Symbol«, Austin: »Sprechakt«) konfrontiert werden (199–234). Der diesen Abschnitt abschließende »Rückblick und Ausblick« bietet eine »kompakte Charakterisierung des ›Wortes Gottes‹« und nimmt noch einmal die »sprachtheoretischen Aspekte« Augustins, Luthers und Barths sowie die »biblischen Traditionslinien« in den Blick. Das »Wort Gottes« wird als »Sprachgeschehen« innerhalb menschlicher Kommunikation bzw. Textrezeption bezeichnet und als »Sprechakt ›verkündigen‹« beschrieben, der Gottes »erlebbare Gegenwart« verspricht, auf andere überlieferte Gotteserfahrungen verweist und hier als »Verheißung« verstanden wird. Ihre Deutung als sprachliche Gotteserfahrung geschieht mittels metaphorischer Sprachform, die ein »neues Sprachspiel« beginnt, dessen christliches Muster sich im Satz: »Gott ist Mensch geworden« artikuliert. Wird es akzeptiert, teilt man seinen Inhalt als Wirklichkeit, was sich zunehmend auch auf eine neue Lebensform auswirkt. »Wenn der Sprechakt ›verkündigen‹ gelingt, wird in diesem Sprachspiel die umfassende Neuausrichtung von Selbst-, Welt- und Gottesverständnis als persönliche Ansprache Gottes erfahren: als Wort Gottes« (235f). Auch in den anfangs vorgestellten Stufen der biblischen Überlieferung lässt sich diese Struktur erkennen, ebenfalls in der »späteren, nachbiblischen Unterscheidung des Wortes Gottes in Evangelium und Gesetz«. Durch die nähere Bestimmung des »Sprechaktes ›verkündigen‹« mittels des Begriffs »Verheißung« und dessen Nähe zum Evangelium, dessen Annahme dazu führe, sich auch auf das Gesetz einzulassen, wird Karl Barths Deutung gegenüber der lutherischen Unterscheidung von Gesetz und Evangelium der Vorzug gegeben, was nicht recht einsichtig ist, weil »Verkündigen« ebenso gut durch die lutherische Abfolge »Gesetz und Evangelium« gedeckt wäre (vgl. 238).

Mit dem deutlichen Hinweis auf »eine Neubesinnung der Theologie auf das Wort Gottes« fragt der Ausblick nach dessen »aktueller Relevanz« und bietet Korrektive für derzeit unbefriedigende Kommunikationsformen an. Unter den sieben aufgelisteten Möglichkeiten sei auf das »Wort Gottes als Resonanzgeschehen« hingewiesen, das auf ein Sprachgeschehen abziele, in dem persönliche Anrede, deren Aufnahme und nachhaltige Wirkung den solipsistischen Vorstellungen im Internet entgegengestellt wird. Das »Wort Gottes als frohe Botschaft« biete ein weiteres Korrektiv im endlosen Meer der schlechten Nachrichten. Angesichts des Phänomens »Fake news« könnte das Wort Gottes, das keine »alternativen Fakten« kenne, zum »Maßstab« wahrhaftiger Kommunikation werden. Das »Wort Gottes als Geschenk« verweist darauf, dass für Augustinus, Luther und Barth die Sprache »das herausragende Kennzeichen der Menschlichkeit, für Luther sogar das entscheidende Indiz für die göttliche Ebenbildlichkeit des Menschen« gewesen sei. Das Buch schließt mit einem Zitat aus Martin Walsers »Über Rechtfertigung: eine Versuchung«, in dem dieser darauf verweist, dass Gott »wahrscheinlich das reinste Wort [sei], das es gibt. Die pure Wortwörtlichkeit. Das vollkommene Sprachwesen. Das Sprachliche schlechthin.«

Der Verfasser hat sich bemüht, das auf einer breiten Literaturkenntnis beruhende und aufgrund der komplizierten Thematik nicht leicht zu lesende Buch durch eine intensive Binnengliederung und viele sachdienliche Verweise zwischen den Kapiteln leichter erschließbar zu machen. Das ausführliche Quellen- und Literaturverzeichnis bietet darüber hinaus einen verlässlichen Zugang zu der einschlägigen Literatur.

Schönbach   Michael Beyer

Lutherbibliographie 2020

Bearbeitet von Michael Beyer

Ständige Mitarbeiter

Professor Dr. Knut Alfsvåg, Stavanger (Norwegen); Professor Dr. Matthieu Arnold, Strasbourg (Frankreich); Professor Dr. Ľubomír Batka, Bratislava (Slowakei); Professor em. Dr. Christoph Burger, Amsterdam (Niederlande); Professor Dr. Zoltán Csepregi, Budapest (Ungarn); Professor Dr. Jin-Seop Eom, Kyunggi-do (Südkorea); Pfarrer Dr. Luka Ilić, Ravensburg (Deutschland); Professor Dr. Pilgrim Lo, Hong Kong (China); Kaisu Leinonen Th.M., Helsinki (Finnland); Professor Dr. Ricardo W. Rieth, São Leopoldo (Brasilien); Professor Dr. Maurice E. Schild, Adelaide (Australien); Prof. Dr. Karl Schwarz, Wien (Österreich); Librarian Rev. Robert E. Smith, Fort Wayne, IN (USA); Studienlektor Lars Vangslev PhD, København (Dänemark), Dozent Dr. Martin Wernisch, Praha (Tschechien) sowie Eike H. Thomsen M.Ed., Leipzig (Deutschland).

Herrn Dipl.-Theol. Steffen Hoffmann (Universitätsbibliothek Leipzig); sowie Herrn Dr. Matthias Meinhardt (Leiter der Reformationsgeschichtlichen Forschungsbibliothek Wittenberg) danke ich für ihre Unterstützung herzlich.

LuB online

Die »Lutherbibliographie« wird seit 2011 unter der Bezeichnung »LuB online« als ein gemeinsames Projekt weiterentwickelt. Partner des Projekts sind seitens der Universität Leipzig die Theologische Fakultät, Institut für Kirchengeschichte: Abt. Spätmittelalter und Reformation und die Fakultät für Mathematik und Informatik, Institut für Informatik, Betriebliche Informationssysteme. Weitere Partner sind die Luther-Gesellschaft e. V., Lutherstadt Wittenberg, sowie die Stiftung Luthergedenkstätten in Sachsen-Anhalt, Lutherstadt Wittenberg. »LuB online« dient der Sammlung und Aufnahme der Titel sowie der Erarbeitung der jeweils aktuellen Bibliographie für das Lutherjahrbuch und soll zukünftig alle Titel der Lutherbibliographie seit ihren Anfängen öffentlich zugänglich machen.

Korrespondenzadresse

Pfarrer Dr. Michael Beyer, Schönbach, Kirchweg 14, D-04680 Colditz; Tel. 0049-(0)34381-53676; Mobile 0049-(0)1746112191; E-Mail: michaelbeyer@t-online.de – c/o Universität Leipzig, Theologische Fakultät, Institut für Kirchengeschichte, Abt. Spätmittelalter und Reformation, Martin-Luther-Ring 3-327, D-04109 Leipzig; E-Mail: mbeyer@uni-leipzig.de.

ABKÜRZUNGSVERZEICHNIS

1 Verlage und Verlagsorte

ADVA	Akademische Druck- und Verlagsanstalt	BR	Bratislava
		BThZ	Berliner theol. Zeitschrift (Berlin)
AnA	Ann Arbor, MI	CV	Calwer Verlag
B	Berlin	DA	Darmstadt
BL	Basel	dtv	Deutscher Taschenbuch Verlag
BP	Budapest	EPV	Evangelischer Presseverband

EVA	Evangelische Verlagsanstalt	NV	Neukirchener Verlag
EVW	Evangelisches Verlagswerk	NY	New York, NY
F	Frankfurt, Main	P	Paris
FR	Freiburg im Breisgau	PB	Paderborn
GÖ	Göttingen	Phil	Philadelphia, PA
GÜ	Gütersloh	PO	Portland, OR
GVH	Gütersloher Verlagshaus	PR	Praha
HD	Heidelberg	PUF	Presses Universitaires de France
HH	Hamburg	PWN	Pánstwowe Wydawníctwo Naukowe
L	Leipzig	Q&M	Quelle & Meyer
LO	London	S	Stuttgart
LVH	Lutherisches Verlagshaus	SAV	Slovenská Akadémia Vied
M	München	SH	Stockholm
MEES	A Magyarországi Evangélikus Egyház Sajtóosztálya	StL	Saint Louis, MO
		TÜ	Tübingen
MP	Minneapolis, MN	UMI	University Microfilm International
MRES	A Magyarországi Református Egyház Zsinati Irodájának Sajtóosztálya	V&R	Vandenhoeck & Ruprecht
		W	Wien
MS	Münster	WB	Wissenschaftliche Buchgesellschaft
MZ	Mainz	WZ	Warszawa
NK	Neukirchen-Vluyn	ZH	Zürich

2 Zeitschriften, Jahrbücher, Reihen

AG	Amt und Gemeinde (Wien)	Cath	Catholica (Münster)
AGB	Archiv für Geschichte des Buchwesens (Frankfurt, Main)	ChH	Church history (Chicago, IL)
		CJ	Concordia journal (St. Louis, MO)
AKThG	Arbeiten zur Kirchen- und Theologiegeschichte (Leipzig)	CThQ	Concordia theological quarterly (Fort Wayne, IN)
AKultG	Archiv für Kulturgeschichte (Münster; Köln)	CTM	Currents in theology and mission (Chicago, IL)
ALW	Archiv für Liturgiewissenschaft (Regensburg)	DLZ	Deutsche Literaturzeitung (Berlin)
		DPfBl	Deutsches Pfarrerblatt (Essen)
ARG	Archiv für Reformationsgeschichte (Gütersloh)	DTTK	Dansk tidsskrift for teologi og kirke (Århus)
BEDS	Beiträge zur Erforschung der deutschen Sprache (Leipzig)	EÉ	Evangélikus Élet (Budapest)
		EHSch	Europäische Hochschulschriften: Reihe …
BGDS	Beiträge zur Geschichte der deutschen Sprache und Literatur (Tübingen)	EP	Evanjelickì Posol spod Tatier (Liptovsky Mikuláš)
BiKi	Bibel und Kirche: die Zeitschrift zur Bibel in Forschung und Praxis (Stuttgart)	EvD	Die Evangelische Diaspora (Leipzig)
		EvTh	Evangelische Theologie (München)
BlPfKG	Blätter für pfälzische Kirchengeschichte und religiöse Volkskunde (Otterbach)	GTB	Gütersloher Taschenbücher [Siebenstern]
		GuJ	Gutenberg-Jahrbuch (Mainz)
BlWKG	Blätter für württembergische Kirchengeschichte (Stuttgart)	GWU	Geschichte in Wissenschaft und Unterricht (Offenburg)
BPF	Bulletin de la Societé de l'Histoire du Protestantisme Fançais (Paris)	HCh	Herbergen der Christenheit (Leipzig)
		HThR	The Harvard theological review (Cambridge, MA)
BRGTh	Beiträge zur Reformationsgeschichte in Thüringen (Jena)	HZ	Historische Zeitschrift (München)
BW	Die Bibel in der Welt (Stuttgart)	IL	Igreja Luterana (Porto Alegre)

ITK	Irodalomtörténeti Közlemények (Budapest)
JBKRG	Jahrbuch für badische Kirchen- und Religionsgeschichte (Stuttgart)
JBrKG	Jahrbuch für Berlin-Brandenburgische Kirchengeschichte (Berlin)
JEH	Journal of ecclesiastical history (London)
JEKGR	Jahrbuch für Evangelische Kirchengeschichte des Rheinlandes (Bonn)
JGPrÖ	Jahrbuch für Geschichte des Protestantismus in Österreich (Wien)
JHKV	Jahrbuch der Hessischen Kirchengeschichtlichen Vereinigung (Darmstadt)
JLH	Jahrbuch für Liturgik und Hymnologie (Kassel)
JNKG	Jahrbuch der Gesellschaft für Niedersächsische Kirchengeschichte (Blomberg/Lippe)
JWKG	Jahrbuch für Westfälische Kirchengeschichte (Lengerich/Westf.)
KÅ	Kyrkohistorisk Årsskrift (Uppsala)
KD	Kerygma und Dogma (Göttingen)
KI	Keresztýen igaszag (Budapest)
KR	Křestanská revue (Praha)
LF	Listy filologické (Praha)
LiKu	Liturgie und Kultur (Hannover)
LK	Lut:ersk kirketidende (Oslo)
LKWML	Lutherische Kirche in der Welt (Erlangen)
LP	Lelkipásztor (Budapest)
LQ	Lutheran quarterly N. S. (Milwaukee, WI)
LStRLO	Leucorea-Studien zur Geschichte der Reformation und der Lutherischen Orthodoxie (Leipzig)
LThJ	Lutheran theological journal (Adelaide, South Australia)
LThK	Lutherische Theologie und Kirche (Oberursel)
Lu	Luther: Zeitschrift der Luther-Gesellschaft (Göttingen)
LuB	Lutherbibliographie (in LuJ)
LuBu	Luther-Bulletin (Amsterdam)
LuJ	Lutherjahrbuch (Göttingen)
MD	Materialdienst des Konfessionskundlichen Institutes (Bensheim)
MDEZW	Materialdienst der Evangelischen Zentralstelle für Weltanschauungsfragen (Berlin)
NAKG	Nederlands archief voor kerkgeschiedenis (Leiden)
NTT	Norsk teologisk tidsskrift (Oslo)
NZSTh	Neue Zeitschrift für systematische Theologie und Religionsphilosophie (Berlin)
PBl	Pastoralblätter (Stuttgart)
PL	Positions luthériennes (Paris)
Pro	Protestantesimo (Roma)
PTh	Pastoraltheologie (Göttingen)
QFIAB	Quellen und Forschungen aus italienischen Arciven und Bibliotheken (Berlin)
QFRG	Quellen und Forschungen zur Reformationsgeschichte (Gütersloh)
QFSG	Quellen und Forschungen zur sächsischen Geschichte (Leipzig)
QFTZR	Quellen und Forschungen zu Thüringen im Zeitalter der Reformation (Köln)
RE	Református Egyház (Budapest)
RHE	Revue d'histoire ecclésiastique (Louvain)
RHEF	Revue d'histoire de l'Eglise de France (Turnhout
RHPhR	Revue d'histoire et de philosophie religieuses (Strasbourg))
RoJKG	Rottenburger Jahrbuch für Kirchengeschichte (Sigmaringen)
RSz	Református szemle (Kolozsvár, RO)
RuYu	Ru-tu yun-ku (Syngal bei Seoul)
RW	Rondom het woord (Hilversum)
SCJ	The sixteenth century journal (Kirksville, MO)
SStLu	Schriften der Stiftung Luthergedenkstätten in Sachsen-Anhalt
STK	Svensk theologisk kvartalskrift (Lund)
SVRG	Schriften des Vereins für Reformationsgeschichte (Gütersloh)
TA	Teologinen aikakauskirja / Teologisk tidskrisft (Helsinki)
TE	Teológia (Budapest)
ThLZ	Theologische Literaturzeitung (Leipzig)
ThR	Theologische Rundschau (Tübingen)
ThRe	Theologische Revue (Münster)
ThSz	Theológiai szemle (Budapest)
ThZ	Theologische Zeitschrift (Basel)
TTK	Tidsskrift for teologi og kirke (Oslo)
US	Una sancata (München)
Vi	Világosság (Budapest)
VIEG	Veröffentlichungen des Instituts für Europäische Geschichte Mainz
ZBKG	Zeitschrift für bayerische Kirchengeschichte (Nürnberg)
ZEvE	Zeitschrift für evangelische Ethik (Gütersloh)

3 Umfang der Ausführungen über Luther

L"	Luther wird wiederholt gestreift.
L 2-7	Luther wird auf diesen Seiten ausführlich behandelt.
L 2-7+"	Luther wird auf diesen Seiten ausführlich behandelt und sonst wiederholt gestreift.
L*	Die Arbeit konnte nicht eingesehen werden.

SAMMELSCHRIFTEN

01 **1517–2017:** 500 Johr Reformatschoon/ hrsg. von Dieter Andresen ...; Redaktion: Wilko Burgwal. Soltau, 2017. 216 S.: Ill. (De Kennung: Zeitschrift für plattdeutsche Gemeindearbeit – Tiedschrift för plattdüütsch Arbeit in de Kark [2017]; 40/2) – Siehe Nr. 245. 410. 817.

02 **Adel – Macht – Reformation:** Konzepte, Praxis und Vergleich/ hrsg. von Martina Schattowsky. L: Universitätsverlag, 2020. 503 S.: Ill., Kt. (Schriften zur sächsischen Geschichte und Volkskunde; 60) – Siehe Nr. 382. 396. 400. 409. 442. 520. 529. 537. 540. 542. 546. 550. 554. 562.

03 **Apprehending love:** theological and philosophical inquiries/ hrsg. von Pekka Kärkkäinen; Olli-Pekka Vainio. Helsinki: Luther-Agricola-Society, 2019. 400 S. (Schriften der Luther-Agricola-Gesellschaft; 73) – Siehe Nr. 148. 184. 188. 190. 352. 769.

04 **Augustinus und Luther:** zur Verwandtschaft zweier „Kirchenväter": Beiträge des 15. Würzburger Augustinus-Studientages vom 19. Mai 2017/ hrsg.f von Christof Müller; Guntram Förster. Würzburg: Echter, 2020. 122 S. (Cassiciacum: Forschungen über Augustinus und den Augustinerorden; 39 XV) (Res et signa; 15) (Augustinus bei echter) – Siehe Nr. 129. 183. 341. 367. 370.

05 **Confessio im Konflikt:** religiöse Selbst- und Fremdwahrnehmung in der Frühen Neuzeit; ein Studienbuch/ hrsg. von Mona Garloff; Christian Volkmar Witt. Druckausgabe und Online-Ressource. GÖ: V&R, 2019. 305 S.: Ill. (VIEG, Beiheft; 129: Abteilung für Abendländische Religionsgeschichte) – Siehe Nr. 585. 641. 644. 663f. 690.

06 **Entdeckungen des Evangeliums:** Festschrift für Johannes Schilling/ hrsg. von Jan Lohrengel ... Druckausgabe und Online-Ressource. GÖ; Bristol, CT: V&, 2017. 163 S.: Ill. (Forschungen zur Kirchen- und Dogmengeschichte; 107) – Siehe Nr. 80. 314. 355. 511. 657. 676. 853.

07 **Das ernestinische Wittenberg:** Residenz und Stadt/ im Auftrag der Stiftung LEUCOREA hrsg. von Leonhard Helten; Enno Bünz; Armin Kohnle ...; unter Mitarbeit von Tilman Pfuch; Marianne Schröter. Petersberg: Imhof, 2020. 546 S.: Ill., Kt. (Wittenberg-Forschungen; 5) – Siehe Nr. 52. 55. 59. 421. 447. 525. 543.

08 **Evangelische Identitäten:** das Reformationsjubiläum aus freikirchlicher und landeskirchlicher Sicht; Tagung der Evangelischen Akademie zu Berlin und der Theologischen Hochschule Elstal, 9.–10. 12. 2016/ Vorwort: Eva Harasta; Martin Rothkegel; Texte: Thomas Hahn-Bruck-

art; Dorothea Wendebourg … F: Gemeinschaftswerk der Evangelischen Publizistik (GEP), 2017. 74 S. (Evang. Pressedienst: Dokumentation [2017]; 39) – Siehe: https://www.eaberlin.de/nachlese/dokumentationen/2017-39-epd-evangelische-identitaeten/2017-39-epd-evangelische-identitaeten.pdf. – Siehe Nr. 253. 273. 604. 629. 736. 746. 768.

09 **Fra Wittenberg til verden:** Martin Luther dengang og i dag (Von Wittenberg in die Welt: Luther damals und heute)/ hrsg. von Michael Agerbo Mørch; Jonas Møller-Rasmussen und Carsten Elmelund Petersen. Fredericia: Kolon, 2019. 232 S. – Siehe Nr. 122. 144. 152. 209. 214. 272. 302. 760. 794.

010 **Friedrich Myconius (1490–1546):** vom Franziskaner zum Reformator/ hrsg. von Daniel Gehrt; Kathrin Paasch. Druckausgabe und Online-Ressource. S: Steiner, 2020. 392 S.: Ill. (Gothaer Forschungen zur Frühen Neuzeit; 14) – Siehe Nr. 70. 175. 357. 381. 437. 450. 453. 468. 517. 519. 521f. 528. 547. 645. 840. 846.

011 **Grosses vollständiges Universal-Lexicon aller Wissenschafften und Künste, Welche bißhero durch menschlichen Verstand und Witz erfunden und verbessert worden: …/** von Johann Heinrich Zedler. Layoutgetreue Digitalisierung der Mikrofiche-Ausgabe von Halle; L: Zedler, 1732-1754. Bd. 1–64, 4 Suppl.-Bde. M: Bayerische Staatsbibliothek, Münchener Digitalisierungszentrum, 2000, 2007; letzte Änderung Mai 2018. (Archiv der europäischen Lexikographie: Abt. 1, Enzyklopädien; 32) Siehe: https://www.zedler-lexikon.de//index.html?c=startseite&l=de. – Siehe Nr. 107. 395. 426.

012 **… der größte Gottesdienst ist die Predigt:** Festgabe der Luther-Akademie für Oswald Bayer zum 80. Geburtstag/ hrsg. von Rainer Rausch; Frank Otfried July; Maximilian Rosin. Druckausgabe und Online-Ressource. TÜ: Eberhard-Karls-Universität Tübingen: Tübingen Library, 2019. 302 S.: Ill. (Luther-Akademie Sondershausen-Ratzeburg) – https://publikationen.uni-tuebingen.de/xmlui/bitstream/handle/10900/92402/LutherakademieSonderbandBayerOA.pdf?sequence=1&isAllowed=y – Siehe Nr. 271. 785. 793. 795. 803. 806. 809.

013 **Herder – Luther:** das Erbe der Reformation in der Weimarer Klassik/ hrsg. von Michael Maurer; Christopher Spehr. Druckausgabe und Online-Ressource. TÜ: Mohr Siebeck, 2019. VIII, 236 S.: Ill. (Colloquia historica et theologica; 5) – Siehe Nr. 668-670. 674. 677. 679. 681. 702. 708.

014 **„Hier stehe ich und kann nicht anders!":** Martin Luther, Martin Luther King und die Musik/ hrsg. von Michael Haspel; Peter Reif-Spirek. Druckausgabe und Online-Ressource. L: EVA, 2017. 140 S. – Siehe Nr. 206. 315. 330. 724.

015 **Juden, Christen und Muslime im Zeitalter der Reformation = Jews, Christians, and Muslims in the Reformation era/** hrsg. von Matthias Pohlig. GÜ: GVH, 2020. 344 S.: Ill. (SVRG; 219) – Siehe Nr. 298. 384. 393. 475. 478. 494. 551. 575. 635. 638. 656. 659.

016 **K výročí Martina Luthera:** reformační teologie po pěti staletích (Zum Jubiläum Luthers: reformatorische Theologie nach fünf Jahrhunderten)/ hrsg. von Martin Prudký. Druckausgabe und Online-Ressource. PR: Univerzita Karlova, Evangelická teologická fakulta, 2018. 240 S. (Studie a texty Evangelické teologické fakulty; 30 [2018/1]) – Siehe: https://docplayer.cz/111445864-Studie-a-texty-evangelicke-teologicke-fakulty-k-vyroci-martina-luthera-reformacni-teologie-po-peti-staletich-ridi-martin-prudky.html. – Siehe Nr. 86. 133. 151. 232. 238f. 260. 328. 404. 773. 810. 851.

017 **Die Leipziger Disputation von 1519:** ein theologisches Streitgespräch und seine Bedeutung für die frühe Reformation/ hrsg. von Markus Hein; Armin Kohnle. 2., korr. und erw. Aufl. Druckausgabe und Online-Ressource. L: EVA, 2019. 268 S.: Ill., Kt. (HCh: Sonderband; 25) – Siehe Nr. 6. 68. 73. 78f. 89. 158. 401. 439. 443f. 455. 516. 518. 757. 844.

018 **Liederkunde zum Evangelischen Gesangbuch/** im Auftrag der Evang. Kirche in Deutschland gemeinschaftlich mit Ansgar Franz … hrsg. von Martin Evang; Ilsabe Seibt. Lfg. 21. GÖ: V&R, 2015. 97 S. (Handbuch zum Evang. Gesangbuch; 3 XXI) (Liederkunde zum Evang. Gesangbuch; 21) – Siehe Nr. 256. 265.

019 **Liederkunde zum Evangelischen Gesangbuch/** im Auftrag der Evang. Kirche in

Deutschland gemeinschaftlich mit Ansgar Franz ... hrsg. von Martin Evang; Ilsabe Alpermann. Lfg. 24. GÖ: V&R, 2018. 95 S.: Noten. (Handbuch zum Evang. Gesangbuch; 3 XXIV) (Liederkunde zum Evang. Gesangbuch; 24) [Auch als Online-Ausgabe] – Siehe Nr. 254. 682.

020 **Luther in Melanchthon o šoli, učitelju in izobraževanju** (Luther und Melanchthon über Schule, Lehrer und Bildung)/ eingel. und in das Slowen übers. von Marko Kerševan. Stati in obstati 15 (Koper, Izola, Portorož 2019) Heft 29, 193–203. – Siehe: http://www.hippocampus.si/ISSN/2590-9754/29-2019/2590-9754.15(29)193-203.pdf. – Siehe Nr. 7. 427.

021 **Der Luthereffekt im östlichen Europa:** Geschichte – Kultur – Erinnerung/ hrsg. von Joachim Bahlcke; Beate Störtkuhl; Matthias Weber. B: De Gruyter Oldenbourg, 2017. 379 S.: Ill. (Schriften des Bundesinstituts für Kultur und Geschichte der Deutschen im Östlichen Europa; 64) – Siehe Nr. 378. 394. 555. 557. 560. 564f. 570. 572f. 583. 586. 593f. 598. 600. 608. 630. 654.

022 **Lutherische Identität:** protestantische Positionen und Perspektiven; Herbsttagung der Luther-Akademie 2013/ hrsg. von Rainer Rausch. Hannover: LVH, 2016. 253 S. (Dokumentationen der Luther-Akademie Sondershausen-Ratzeburg; 12) – Siehe Nr. 154f. 251. 282. 309. 351. 715. 751.

023 **Lutherjahrbuch:** Organ der internationalen Lutherforschung/ im Auftrag der Luther-Gesellschaft hrsg. von Christopher Spehr. 86. Jahrgang. GÖ: V&R, 2019. 408 S. – Siehe Nr. 16. 78. 137. 197. 216. 667. 699. 725. 750. 766. 784. 850.

024 **Lutherske perspektiver på liturgisk musikk** (Luth. Perspektive auf liturgische Musik)/ hrsg. von Harald Rise. Oslo: Novus, 2019. 238 S. – Siehe Nr. 252. 258.

025 **Martin Luther in context**/ hrsg. von David M. Whitford. Druckausgabe und Online-Ressource. NY: Cambridge University, 2018. XVI, 425. – Siehe Nr. 1f. 72. 92. 98. 120. 149. 193. 202. 224. 231. 247. 266. 281. 284. 292. 329. 335. 339. 342. 354. 371f. 390. 392. 398. 406–408. 424. 445. 451f. 457f. 460. 462. 466. 469. 477. 513. 576. 592. 607. 623.

026 **Martin Luther in Rom:** die Ewige Stadt als kosmopolitisches Zentrum und ihre Wahrnehmung/ hrsg. von Michael Matheus; Ar-

nold Nesselrath; Martin Wallraff. Druckausgabe und Online-Ressource. B; Boston, MA: De Gruyter, 2017. XVII, 534 S.: Ill., Kt., Noten. (Bibliothek des Deutschen Historischen Instituts in Rom; 134) – Siehe Nr. 69. 71. 74–76. 81–83. 85. 87. 90f. 93. 95f. 325. 446. 454.

027 **Märtyrerbücher und ihre Bedeutung für konfessionelle Identität und Spiritualität in der Frühen Neuzeit:** interkonfessionelle und interdisziplinäre Beiträge zur Erforschung einer Buchgattung/ hrsg. von Andrea Strübind; Klaas-Dieter Voß. Druckausgabe und Online-Ressource. TÜ: Mohr Siebeck, 2019. VI, 258 S.: Ill., Kt. (Spätmittelalter, Humanismus, Reformation; 108) – Siehe Nr. 301. 308. 463. 504. 647. 651. 658. 661.

028 **Melanchthon:** der Reformator zwischen Eigenständigkeit und Erkenntnisgemeinschaft/ hrsg. von Rainer Rausch; Tobias Jammerthal. Druckausgabe und Online-Ressource. L: EVA, 2018. 248 S. (Dokumentationen der Luther-Akademie Sondershausen-Ratzeburg; 13) – Siehe Nr. 159. 417. 422f. 438. 441.

029 Melanchthon, Philipp: **Opera omnia:** opera philosophica/ hrsg. von Günter Frank; Walter Sparn. Bd. 2/2: **Schriften zur Dialektik und Rhetorik / Principal writings on dialectic and rhetoric** [Teil-Bd. 2]: **Principal writings on rhetoric**/ hrsg. von William P. Weaver; Stefan Strohm; Volkhard Wels. B; Boston: De Gruyter, 2017. LIV, 594 S. – Siehe Nr. 428–431.

030 **Das Netz des neuen Glaubens:** Rostock, Mecklenburg und die Reformation im Ostseeraum/ Katalog: Konzept, Texte: Steffen Stuth; Beiträge von Sabine Pettke ... Rostock: Hinstorff, 2017. 128 S.: Ill. (Schriften des Kulturhistorischen Museums Rostock: NF; 17) – Siehe Nr. 49. 538. 544f. 553.

031 **Nicholas of Cusa and the making of the early modern world**/ hrsg. von Simon J. G. Burton; Joshua Hollmann; Eric M. Parker. Leiden [u.a.]: Brill, 2019. XXIV, 512 S.: Ill. (Studies in the history of Christian traditions; 190) – Siehe Nr. 143. 160.

032 **On the legacy of Lutheranism in Finland:** societal perspectives/ hrsg. von Kaius Sinnemäki; Anneli Portman; Jouni Tilli; Robert H. Nelson. Druckausgabe und Online-Ressource. Helsinki: Finnish Li-

terature Society, 2019. 346 S.: Ill. – Siehe: https://oa.finlit.fi/site/books/e/10.21435/sfh.25. – Siehe Nr. 388. 581. 602f. 605. 609. 614–616. 619. 621. 627. 775.

033 **Person und Erzählung**/ hrsg. von Lu Jiang; Michael Neecke. B: Parodos, 2019. 194 S. (Schriftstücke: Beiträge zur Philosophie und Literaturwissenschaft; 2) – Siehe Nr. 189. 804.

034 **Reformaatio 500 vuotta** (500 Jahre Reformation)/ hrsg. von Piia Latvala; Olli Lampinen. Helsinki: Suomen kirkkohistoriallinen seura, 2017. 326 S. (Suomen kirkkohistoriallisen seuran vuosikirja; 106) – Siehe LuB 2019, Nr. 1176; LuB 2020, Nr. 297.

035 **Reformacija u Europi i njezini odjeci:** povodom 500. obljetnice Lutherovih teza, zbornik radova sa znanstvenog skupa održanog u Osijeku 19. i 20. listopada 2017 (Die Reformation in Europa und ihre Echos: aus Anlass des 500. Jubiläums von Luthers Thesen)/ hrsg. von Dubravka Božić Bogović. Osijek: Filozofski fakultet u Osijeku: Visoko evanđeosko teološko učilište u Osijeku, 2019. 516 S. – Siehe Nr. 235. 236. 696. 828.

036 **Reformation:** historisch-kulturwissenschaftliches Handbuch/ hrsg. von Helga Schnabel-Schüle. Druckausgabe und Online-Ressource. S: Metzler, 2017. X, 378 S. – Siehe Nr. 5. 230. 268. 280. 299. 332. 383. 389. 399. 403. 425. 509f. 531f. 541. 556. 559. 566–569. 577. 590f. 595f. 626.

037 **Die Reformation 1517:** zwischen Gewinn und Verlust/ hrsg. von Cezary Lipiński; Wolfgang Brylla. Druckausgabe und Online-Ressource. GÖ: V&R, 2020. 332 S.: Ill. (Refo500 academic studies; 66) – Siehe Nr. 94. 225. 286. 306. 327. 348. 508. 613. 625. 637. 639. 745. 816. 822. 833.

038 **Reformation 2017 – eine Bilanz**/ hrsg. vom Kulturbüro des Rates der Evang. Kirche in Deutschland (EKD) und Stiftung Luthergedenkstätten in Sachsen-Anhalt; Johann Hinrich Claussen; Stefan Rhein. L: edition chrismon, 2017. 192 S.: Ill. – Siehe Nr. 38. 50f. 58. 313. 331. 717f. 723. 727–730. 734. 737. 740. 744. 755. 764. 765. 767. 780. 818. 829. 841.

039 **Reformation im Kontext:** eine Bilanz nach fünfhundert Jahren/ hrsg. von Wolf-Friedrich Schäufele. Druckausgabe und Online-Ressource. L: EVA, 2018. 195 S. – Siehe Nr. 116. 191. 263. 283. 288. 295. 334. 486. 514. 571. 805. 811.

040 **Reformation ins Bild bringen:** ein interdisziplinäres Kolloquium zum Themenjahr Reformation und Bild 2015/ hrsg. von Stephan Schaede. Rehburg-Loccum: Evang. Akademie, 2013. 152 S.: Ill. (Loccumer Protokolle; [20]12, 81: Kirche, Religion) – Siehe Nr. 505. 512. 515. 620. 752. 779. 819.

041 **The reformation of philosophy**/ hrsg. von Marius Timmann Mjaaland. Druckausgabe und Online-Ressource. TÜ: Mohr Siebeck, 2020. VIII, 279 S. (Religion in philosophy and theology; 102) – Siehe Nr. 130. 138. 194. 291. 300. 305. 495. 692. 704. 720. 738. 758.

042 **Reformation und Militär:** Wege und Irrwege in fünf Jahrhunderten/ im Auftrag des Zentrums für Militärgeschichte und Sozialwissenschaften der Bundeswehr hrsg. von Angelika Dörfler-Dierken. Druckausgabe und Online-Ressource. GÖ: V&R, 2019. 320 S.: Ill. – Siehe Nr. 198f. 204. 207f. 211. 597. 655. 680. 698. 701. 706. 759. 776.

043 **Staupitz, theologischer Lehrer Luthers:** neue Quellen – bleibende Erkenntnisse/ von Lothar Graf zu Dohna; Richard Wetzel. Druckausgabe und Online-Ressource. TÜ: Mohr Siebeck, 2018. XII, 392 S. (Spätmittelalter, Humanismus, Reformation; 105) [Rezension siehe unten Nr. 839] – Siehe Nr. 343–346. 362–365. 842. 852.

044 **Traditionelles und Innovatives in der geistlichen Literatur des Mittelalters**/ hrsg. von Jens Haustein … Druckausgabe und Online-Ressource. S: Kohlhammer, 2019. XVIII, 486 S. (Meister-Eckhart-Jahrbuch: Beihefte; 7) – Siehe Nr. 140. 642.

045 **Verstandenes verstehen:** Luther- und Reformationsdeutungen in Vergangenheit und Gegenwart/ im Auftrag der Vereinigten Evang.-Luth. Kirche Deutschlands (VELKD) hrsg. von Notger Slenczka; Claas Cordemann; Georg Raatz. Druckausgabe und Online-Ressource. L: EVA, 2018. 290 S. – Siehe Nr. 624. 628. 697. 705. 719. 721f. 742. 754. 774.

046 **Von Meister Eckhart bis Martin Luther**/ hrsg. von Volker Leppin; Freimut Löser. S: Kohlhammer, 2019. XII, 304 S. (Meister-Eckhart-Jahrbuch; 13 [2019]) – Siehe Nr. 150. 167. 337. 353. 358. 366. 368.

047 **Das Wartburgfest von 1817 als europäisches Ereignis**/ hrsg. von Joachim Bauer; Stefan Gerber; Christopher Spehr. S: Steiner, 2020. 340 S.: Ill. (Quellen und Beiträge zur Geschichte der Universität Jena; 15) – Siehe Nr. 618. 693–695. 700. 703. 707. 709f.

048 **Were we ever Protestants?**: essays in honour of Tarald Rasmussen/ hrsg. von Sivert Angel; Hallgeir Elstad; Eivor Andersen Oftestad. Druckausgabe und Online-Ressource. B; Boston, MA: De Gruyter, 2019. XIV, 364 S.: Ill. (Arbeiten zur Kirchengeschichte; 140) – Siehe Nr. 165. 294. 326. 549. 563. 601. 610. 612. 622. 632. 636. 665. 675. 716. 731. 783.

049 **Die „Wittenberger Sau"**: Entstehung, Bedeutung und Wirkungsgeschichte des mittelalterlichen Reliefs der sogenannten „Judensau" an der Stadtkirche Wittenberg/ Vorworte: Harald Meller; Jörg Bielig und Johannes Block; Ernst-Joachim Waschke. Halle (Saale): Landesamt für Denkmalpflege und Archäologie Sachsen-Anhalt, Landesmuseum für Vorgeschichte, 2020. 128 S.: Ill. (Kleine Hefte zur Denkmalpflege; 15) – Siehe Nr. 480. 482f. 485. 496. 499. 500.

050 **Kontexty Lutherovy reformace** (Kontexte der Reformation Luthers)/ hrsg. von Adriána Biela ... PR: Lutherova společnost, 2017. 276 S.: dt. und engl. Zusammenfassungen. (Lutheranus: studie a texty k teologii a dějinám luterské reformace; 6) – Siehe Nr. 127f. 153. 168. 182. 200f. 246. 336. 472. 747.

A QUELLEN

1 Quellenkunde

1 Evans, Alyssa Lehr: **English editions of Martin Luther's works.** In: 025, 366–372.

2 Evener, Vincent: **German and Latin editions of Luther's works:** from the sixteenth century to the Weimar edition. In: 025, 358–365.

3 Klitzsch, Ingo: **Redaktion und Memoria:** die Lutherbilder der „Tischreden". Druckausgabe und Online-Ressource. TÜ: Mohr Siebeck, 2020. XII, 635 S. (Spätmittelalter, Humanismus, Reformation; 114) – Zugl.: TÜ, Univ., Evang.-Theol. Fak., Habil. 2019.

4 Luther, Johannes: **Vorbereitung und Verbreitung von Martin Luthers 95 Thesen.** Reprint der Originalausgabe B, 1933. Faksimile-Druck und PDF-Datei. B; Boston, MA: De Gruyter, 2019. 41 S. (Greifswalder Studien zur Lutherforschung und neuzeitlichen Geistesgeschichte; 8)

5 Przybilski, Martin: **Reformationsliteratur.** In: 036, 331–340.

6 Winter, Christian: **Die Protokolle der Leipziger Disputation.** In: 017, 61–72: Ill.

2 Wissenschaftliche Ausgaben und Übersetzungen der Werke Luthers sowie der biographischen Quellen

7 Luther, Martin: **Mestnim svetnikom vseh mest nemške dežele, da morajo ustanavljati in vzdrževati krščanske šole, 1524** (*An die Ratherren ...* <slowen.> [Auszug])/ übers. von Marko Kerševan. In: 020, 194–200.

8 Luther, Martin: **Dopisy blízkým** (Briefe an Nahestehende) (*Briefe* <tschech.>)/ übers. von Alexandr Flek; Pavel Moskala; Mikuláš Vymětal; Tomáš Živný; Vorwort: Martin Wernisch. PR: Biblion, 2017. 176 S.

9 Luther, Martin: **Geistliche Lieder:** nach dem Babstschen Gesangbuch 1545/ hrsg. und komm. von Johannes Schilling. L: EVA, 2019. 238 S.: Faks. (Große Texte der Christenheit; 7)

10 Luther, Martin: **Menší a Větší katechismus** (*Der kleine Katechismus; [Deutsch] Großer Katechismus* <tschech.>)/ übers. von Ondřej Macek. PR: Kalich, 2017. 248 S.

11 Luther, Martin: **Kurtz Bekenntnis vom heiligen Sacrament (1545):** Faksimile und Übertragung in heutiges Deutsch (*Kur-*

zes *Bekenntnis von dem heiligen Sakra-*
ment <Faks./neuhochdt.>]/ hrsg. von Jobst
Schöne. Druckausgabe und Online-Ressource. GÖ: Edition Ruprecht, 2017. 106 S.

12 [Luther, Martin]: **Martin Luthers 95 The-**
sen: nebst dem Sermon von Ablaß und
Gnade 1517; Jubiläumsheft/ hrsg. von
Otto Clemen. Reprint der Originalausgabe
Bonn, 1917. Faksimile-Druck und PDF-Da-
tei. B; Boston, MA: De Gruyter, 2020. 34 S.
(Kleine Texte für Vorlesungen und Übun-
gen; 142)

13 [Luther, Martin]: **Martin Luthers 95 The-**
sen: nebst dem Sermon von Ablaß und
Gnade 1517; Sonderdruck aus der Luther-
ausgabe von O. Clemen/ hrsg. von Kurt
Aland. Reprint der Ausgabe B, 1962. Fak-
simile-Druck und PDF-Datei. B; Boston:
De Gruyter, 2018. 26 S. (Kleine Texte für
Vorlesungen und Übungen; 142)

14 [Luther, Martin]: **Martin Luthers geistliche**
Lieder/ hrsg. von Albert Leitzmann. Reprint der Originalausgabe Bonn, 1907. Faksimile-Druck und PDF-Datei. B; Boston,
MA: De Gruyter, 2017. 31 S. (Kleine Texte
für Vorlesungen und Übungen; 24/25)

15 Luther, Martin: **95 teesin selitys:** aneiden
voimaa koskevat väittämät selityksineen
(**Resolutiones disputationum de indulgen-**
tiarum virtute <finn.>]/ übers. von Timo
Salmela. Vihti: Aurinko Kustannus, 2019.
383 S. – Siehe Nr. 64.

16 [Luther, Martin]: „**Apophthegmata aliquot**
Lutheri": Tischreden Luthers in der Fried-
länder Sacon-Bibel von 1521 (*Tischreden*
<lat. und dt.>]/ eingel. und ediert von Jo-
hann Peter Wurm. LuJ 86 (2019), 11–17
[Einleitung]. 18–26 [Edition].

17 Luther, Martin: **Tractatus de libertate**
Christiana 1520/ hrsg. von Josef Svennung.
Reprint der Originalausgabe B, 1932. Fak-
simile-Druck und PDF-Datei. B; Boston,

MA: De Gruyter, 2020. 16 S. (Kleine Texte
für Vorlesungen und Übungen; 164)

18 [Luther, Martin]: **Un écrit de Martin Lu-**
ther destiné à réconforter les femmes qui
ont perdu un enfant en couches (1542). (*Ein*
Trost den Weibern, welchen es ungerade
gegangen ist mit Kindergebären <fran-
zös.>]/ übers. und komm. von Matthieu Arnold. PL 68 (2020) 117–123 [Kommentar].
124–127 [Übersetzung].

19 Luther, Martin: **Von der Freiheit eines**
Christenmenschen/ komm. und hrsg. von
Jan Kingreen; mit einer Einl. von Ruth
Slenczka; im Auftrag des Hauses der Bran-
denburgisch-Preußischen Geschichte in
Potsdam anlässlich der Sonderausstellung
„Reformation und Freiheit. Luther und
die Folgen für Preußen und Brandenburg",
8. September 2017–21. Januar 2018. Druck-
ausgabe und Online-Ressource. TÜ: Mohr
Siebeck; S: UTB – Mohr Siebeck, 2017. XI,
103 S. (UTB; 4884)

20 Luther, Martin: **Výbor z díla** (Werkauswahl
aus lat. und dt. Texten <tschech.>]/ hrsg.
von Martin Žemla; eingel. von Martin Wernisch [S. 9–109]; übers. von Ondřej Macek;
Hana Volná; Pavel Moskala; Filip Outrata;
Dan Török; Ruth J. Weiniger … PR: Vyše-
rad, 2017. 355 S.: Ill. (Edice Reflexe)

21 Luther, Martin: **Luthers Sprichwörter-**
sammlung/ nach seiner Handschrift zum
ersten Male hrsg. und mit Anmerkungen
versehen von Ernst Thiele, Prediger in
Magdeburg. Online-Fassung der Ausgabe
Weimar, 1900. HH: Spiegel Online; Projekt
Gutenberg-DE [erstellt 2014]. Online-Ka-
pitel 1–483. – Siehe: https://gutenberg.spie
gel.de/buch/luthers-sprichwortersamm
lung-7927/1.

22 **Der Unterricht der Visitatoren (1528):** Kommentar – Entstehung – Quellen/ von Joachim Bauer; Dagmar Blaha; Stefan Michel.
GÜ: GVH, 2020. 376 S. (QFRG; 94)

3 **Volkstümliche Ausgaben und Übersetzungen der Werke Luthers sowie der biographischen**
Quellen

a) Auswahl aus dem Gesamtwerk

23 **Evangelisches Gottesdienstbuch:** Agende
für die Union Evangelischer Kirchen in der

EKD (UEK) und für die Vereinigte Evangelisch-Lutherische Kirche Deutschlands

(VELKD), nach der „Ordnung gottesdienstlicher Texte und Lieder" (2018), überarbeitete Fassung 2020/ hrsg. von Union Evangelischer Kirchen in der EKD (UEK); Vereinigte Evangelisch-Lutherische Kirche Deutschlands (VELKD). Rev. Ausgabe. Bielefeld: Luther; L: EVA, 2020. 752 S.: Noten.

24 Luther, Martin: **Ahdistuksesta ylösnousemukseen:** sata sananselitystä; antologia (Von der Angst zur Auferstehung: 100 Worterklärungen; eine Anthologie)/ ges. und hrsg. von Ossi Kettunen; übers. von Ahti Hakamies; Teivas Oksala. Helsinki: Sley-Media Oy, 2019. 269 S.

25 Luther, Martin: **Der Kleine Katechismus. Der Große Katechismus.** Neu bearb. Ausgabe. Druckausgabe und Online-Ressource. Norderstedt: Books on Demand, 2017. 203 S. (ofd edition) (Klassiker Wissen)

26 [Luther, Martin]: **Luther zum Nachdenken:** ein Begleiter durch das Jahr/ zsgest von Hans-Jörg Voigt; mit Abbildungen von Marie-Luise Vogt. Druckausgabe und Internetressource. GÖ: Edition Ruprecht, 2017. 125 S.: Ill.

27 [Luther, Martin]: **Luthers kleine Teufeleien/** hrsg. von Thomas Kluge. 3. Aufl. B: Insel, 2017. 135 S. (Insel-Taschenbuch; 4561)

28 Luther, Martin: **Riemuvoitto** (Freudiger Sieg [ausgew. Zitate]). Vihti: Aurinko Kustannus, 2019. 62 S.: Ill.

b) Einzelschriften und Teile von ihnen

29 **Die Bibel:** Altes und Neues Testament; Lutherübersetzung/ ungek. Lesung mit Rufus Beck. S: Deutsche Bibelgesellschaft; [B]: DAV, 2019. 9 CDs. (mp3).

30 **Die Bibel:** Altes und Neues Testament; Lutherübersetzung/ ungek. Lesung mit Rufus Beck. Hörbuch und Online-Ressource. B: Der Audio Verlag, 2019. 86 CDs.

31 **Die Bibel:** Altes und Neues Testament; Lutherübersetzung/ ungek. Lesung mit Rufus Beck. S: Deutsche Bibelgesellschaft; [B]: DAV, 2019. 86 CDs & Beilage (1 Booklet, 12 S. unpag.).

32 [Luther, Martin]: **Luther für heute:** Überleben mit dem Vaterunser; Auszüge aus der Auslegung des Vaterunsers vom 5. April 1519 (*Auslegung deutsch des Vaterunsers für die einfältigen Laien* <neuhochdt.>)/ aufbereitet und hrsg. von Karoline Küfner. Druckausgabe und Internetressource. B: epubli, 2017. 48 S.

33 Luther, Martin: **O zotročené vůli** (*De servo arbitrio* <tschech.>)/ übers. von Ivana Kultová; bearb. von Martin Wernisch. Žandov: Poutníkova četba, 2019. 262 S.

34 Luther, Martin: **Der Große Katechismus** (*Deutsch [Großer] Katechismus* <neuhochdt.>)/ Lizenzausgabe. Köln: Anaconda, 2017. 159 S.

35 Luther, Martin: **Die vierzehn Bilder:** der Text der Tessaradecas consolatoria in deutscher Übersetzung (*Tessaradecas consolatoria pro laborantibus et oneratis* <neuhochdt.>)/ übers. von Burkhart Mecking. In: 178, 31–70: Ill.

36 Luther, Martin: **Von der Freiheit eines Christenmenschen/** mit Einführung zu Luthers Leben. Doppel-Edition: Urfassung und Textversion in heutigem Deutsch. Druckausgabe und Online-Ressource. Norderstedt: Books on Demand 2015. 67 S.: Portr. (ofd edition) (Klassiker Wissen)

37 **Lutherbibel 2017:** Daisy-Volltextbuch/ ungek. Lesung mit Rufus Beck. Kassel: DeBess; S: Deutsche Bibelgesellschaft, 2019. 4 CD-ROMs.

4 Ausstellungen, Bilder, Bildbiographien, Denkmäler, Lutherstätten

38 **Ausstellungen:** „Am Vorabend der Reformation" ... Magdeburg. „Eine Starke-Fauen-Geschichte" ... Rochlitz. „Luthermania" in ... Wolfenbüttel. „Der geteilte Himmel" ... Essen. „Ketzer, Spalter, Glaubenslehrer" ... Eisenach. „Sie können nicht anders" in Burg Ziesar. „Reformation im östlichen Europa" vom Deutschen Kulturforum öst-

liches Europa. „Luther und die Avantgarde" in Wittenberg. In: 038, 151–168.

39 Birkenmeier, Jochen: **Von Hitler zu Luther:** Sonderausstellung zum kirchlichen „Entjudungsinstitut" im Lutherhaus Eisenach. Lu 91 (2020), 45 f.

40 **A book more precious than gold:** reading the printed book alongside its previous

owners and readers; an exhibition at Pitts Theology Library, August 19 – November 30, 2019/ kuratiert von Armin Siedlecki; Ulrich Bubenheimer unter Mitarb. von Eric More. [Atlanta]: Emory University; Candler School of Theology; Pitts Theology Library, [2019]. 123 S.: Ill., Faks. – Siehe: http://pitts.emory.edu/files/exhibits/more preciousthangold/MorePreciousThan GoldCatalog_ForWeb.pdf.

41 Boshkovska, Elena: **Wagner, Bach und Luther vereint:** Hobbymaler Eckhard Sieber setzt berühmte Personen der Leipziger Geschichte ins moderne Stadtbild. Leipziger Volkszeitung 125 (2019) Nr. 248 (24. Oktober), 17: Ill. (Leipzig).

42 Bourqueney, Jean-Marie: **Regarder Luther en face** [Lithographie: Life of Martin Luther and the heroes of the Reformation. NY, 1874]. Évangile & liberté: penser, critiquer et croire en toute liberté (2017) Nr. 312 (Oktober), 11: Ill. – Abb. und Beschreibung siehe: https://www.loc.gov/resource/pga.00297/.

43 **Himmelsluken:** eine Reise zu reformatorischen Orten im Kirchenkreis Wittenberg/ hrsg. vom Öffentlichkeitsausschuss des Evang. Kirchenkreises Wittenberg; Geleitwort: Christian Beuchel. Wittenberg: Elbe-Druckerei, 2017. 98 S.: Ill. & Beilage (1 Tourenkarte mit QR-Codes).

44 Hokkinen, Lauri: **Lutherin jalanjäljillä:** matkaopas reformaation syntysijoille (Auf den Spuren Luthers: ein Reiseführer zum Geburtsort der Reformation). Helsinki: Aue-Stiftung, 2019. 140 S.: Ill.

45 **Die Inschriften der Stadt Wittenberg:** Teil 1: **Einleitung, Register, Quellen und Literatur, Zeichnungen und Abbildungen/** ges. und bearb. von Franz Jäger; Jens Pickenhan; unter Mitarb. von Conelia Neustadt; Katja Pürschel. Wiesbaden: Reichert, 2019. 184 S.: Ill., Kt. auf 68 zus. Tafeln. (Die Deutschen Inschriften; 107; Leipziger Reihe; 6)

46 **Die Inschriften der Stadt Wittenberg:** Teil 2: **Die Inschriften/** ges. und bearb. von Franz Jäger; Jens Pickenhan; unter Mitarb. von Conelia Neustadt; Katja Pürschel. Wiesbaden: Reichert 2019. 660 S. (Die Deutschen Inschriften; 107; Leipziger Reihe; 6)

47 Jaissle, Jürgen; Fermor, Gotthard: **Luther flashs:** ein Projekt von Kollegtiv 17/ mit Beiträgen von Udo Di Fabio; Christoph Schreier; Harald Schroeter-Wittke. Bielefeld: Luther, 2017. 112 S.: Ill. – Siehe Nr. 57. 97. 726.

48 Kalivoda, Jan; Smrčka, Jakub; Zilynská, Blanka: **Labuť, husa a církev:** Martin Luther a Jan Hus v duchovním odkazu Evropy = Schwan, Gans und Kirche: Martin Luther und Jan Hus im geistlichen Vermächtnis Europas = Swan, Goose and the Church: Martin Luther and Jan Hus in spiritual legacy of Europe/ Übers: Libuše Rösch; Eva Vybíralová. Tábor: Husitské muzeum v Táboře, 2017. 128 S.: Ill.

49 **Katalog** [Das Netz des neuen Glaubens]/ bearb. von Steffen Stuth ... In: 030, 33–128: Ill.

50 Knapp, Gottfried: **Geschichte zeigen:** Ausstellungen rund um die Reformation. In: 038, 91–95.

51 **Lutherstätten:** Eisleben, Coburg, Mühlberg/Elbe, Torgau, Eisenach, Erfurt. In: 038, 86–90.

52 Neugebauer, Anke: **Mors ultima linea rerum est:** die Wittenberger Schlosskirche als akademische Grablege. In: 07, 297–322: Ill.

53 Pastor, Ludwig von: **Die Stadt Rom zur Zeit der Reformation/** neu hrsg. und eingel. von Martin Wallraff. Neuausgabe der 4.-6 Aufl. von „Die Stadt Rom zu Ende der Renaissance". FR, 1925. FR; BL; W: Herder, 2016. 207 S.: Ill.

54 Pastor, Ludwig von: **Die Stadt Rom zur Zeit der Reformation/** neu hrsg. und eingel. von Martin Wallraff. Neuausgabe der 4.-6. Aufl. von „Die Stadt Rom zu Ende der Renaissance". FR, 1925. Lizenzausgabe für die WB. DA: WB, 2016. 207 S.: Ill.

55 Rähmer, Uwe: **Generalsanierung der Schlosskirche Wittenberg – Annäherung an ein Nationaldenkmal.** In: 07, 149–161: Ill.

56 Rhein, Stefan: **Maria in Wittenberg:** eine Ausstellung im Rückblick. Lu 91 (2020), 41–44: Ill.

57 Schreier, Christoph: **Luther flashs Kultur – Luther Bilder.** In: 47, 86–91.

58 Tietz, Jürgen: **In die Zukunft gebaut:** Bauen rund um Luther. In: 038, 78–85.

59 Wendebourg, Dorothea: **Kultboom:** die Wittenberger Schlosskirche vor der Reformation. In: 07, 235–249.

B DARSTELLUNGEN

1 Biographische Darstellungen

a) Das gesamte Leben Luthers

60 Beutel, Albrecht: **Martin Luther:** uvedení do života, díla a odkazu (Martin Luther: eine Einführung in Leben, Werk und Wirkung <tschech.>)/ übers. von Petr Gallus; Ondřej Macek. PR: Kalich, 2017. 184 S.

61 Delau, Reinhard: **Martin Luther:** Rebell und Reformator. Dresden: Saxophon, 2016. 194 S.: Ill.

62 Raich, Ulrike: **Martin Luther:** seine Zeit – sein Wirken – die Folgen. W: Österr. Landsmannschaft, 2017. 112 S.: Ill. (Eckartschrift; 229)

63 White, Ellen G.: **„Je mehr jene drohen, desto getroster bin ich":** Martin Luther und die Reformation/ mit Ill. von Tina Eißner. Merseburg: Kokko, 2019. 144 S.: Ill.

b) Einzelne Lebensphasen und Lebensdaten

64 Arffman, Kaarlo: **Ajattelukehys aneisiin ja tohtori Martti Lutherin ratkaisuun** (Der intellektuelle Rahmen zu den Ablässen und zur Entscheidung Doktor Martin Luthers). In: 15, 9–15.

65 Arnold, Matthieu: **Les 95 thèses de Martin Luther, un texte réformateur?** Comptes rendus de l'Académie et Inscriptions et Belles-Lettres (2018), 1389–1404.

66 Bergmeier, Roland: **Martin Luthers Thesenanschlag und Erwin Iserlohs Fehldiagnose.** [B: epubli, 2018]. 42 S.

67 Beutel, Albrecht; Wiggermann, Uta: **Luther:** reformatorische Hauptschriften des Jahres 1520. Bielefeld: Luther, 2017. 156 S. (Studienreihe Luther; 12)

68 Beyer, Michael: **Luthers Erinnerungen an die Leipziger Disputation.** In: 017, 197–204: Ill.

69 Bölling, Jörg: **Reformation und Renaissance:** Martin Luthers Romaufenthalt und die Reform des Papstzeremoniells. In: 026, 223–256: Ill.

70 Bollbuck, Harald: **Die Reformationsgeschichte des Friedrich Myconius.** In: 010, 225–244.

71 Brunelli, Giampiero: **Die Soldaten des Papstes zu der Zeit Luthers.** In: 026, 257–273.

72 Carlsmith, Christopher: **Education in early sixteenth-century Europe.** In: 025, 22–29.

73 Dingel, Irene: **Die Leipziger Disputation 1519 in ihrem historischen Kontext:** Verfahren – Realisierung – Wirkung. In: 017, 9–24: Ill.

74 Esch, Arnold: **Luthers römische Nachbarschaft:** Campo Marzio, das Viertel zwischen den beiden Augustinerkonventen. In: 026, 57–89., Kt.

75 Esposito, Anna: **Die Augustinerkonvente von Rom während Luthers Aufenthalt in der Stadt.** In: 026, 91–105.

76 Hubert, Hans W.: **Luther und die Peterskirche.** In: 026, 435–470: Ill.

77 Joestel, Volkmar: **Luthers Mönchskutte.** LuJ 86 (2019), 27–51.

78 Junghans, Helmar: **Martin Luther und die Leipziger Disputation.** In: 017, 125–134: Ill.

79 Kohnle, Armin: **Die Leipziger Disputation und ihre Bedeutung für die frühe Reformation.** In: 017, 25–46: Ill.

80 Korsch, Dietrich: **Das Evangelium in der Geschichte der Frömmigkeit:** Konturen eines Konzepts der Kirchengeschichte. In: 06, 11–26.

81 Leppin, Volker: **„Salve, Sancta Roma":** Luthers Erinnerungen an seine Romreise. In: 026, 33–53.

82 Matheus, Michael: **„Sola fides sufficit":** ,deutsche' Akademiker und Notare in Rom 1510/12. In: 026, 379–405: Ill.

83 Meine, Sabine: **Musikleben jenseits der Kurie:** weltliche Klänge der Palazzi und Straßen Roms im frühen 16. Jahrhundert. In: 026, 497–516: Noten.

84 Meister, Ralf: **Per Federstrich zur Freiheit** [reformatorische Schriften 1520]. Der Sonntag: Wochenzeitung für die Evang.-Luth. Landeskirche Sachsens 75 (2020) Nr. 32 (9. August), 1: Ill.

85 Modigliani, Anna: **Die römische Gesellschaft und ihre Eliten zu Zeiten Luthers.** In: 026, 133–151.

86 Morée, Peter: **Od Jana Husa k Martinu Lut-**

herovi: o tom, jak se stal Jan Hus součástí luterské reformace (Von Hus bis Luther: wie Hus ein Teil der luth. Reformation wurde). In: 016, 153–165: summary.

87 Nesselrath, Arnold: **Mirabilia Urbis Romae 1511.** In: 026, 345–377: Ill.

88 Nicol, Martin: **Turmfrei und geistvoll:** zur Spiritualität in Luthers „Turmerlebnis". PTh 109 (2020), 103–118.

89 Noack, Thomas: **Der Ort der Disputation – die Pleißenburg.** In: 017, 73–84: Ill., Kt.

90 Pagliara, Pier Paola: **Rom in den Jahren 1510/11:** Abriss und Aufbau. In: 026, 471–495: Ill.

91 Palermo, Luciano: **Wirtschaft und Finanzen in Rom zu Beginn des 16. Jahrhunderts.** In: 026, 107–131.

92 Rasmussen, Tarald: **Monastic life and monastic theology in early modern Germany.** In: 025, 30–37.

93 Rehberg, Andreas: **Martin Luther und die Wege zum Heil in den Frömmigkeitspraktiken in Rom um 1500.** In: 026, 277–307.

94 Schilling, Heinz: **Der Mönch und das Rhinozeros.** In: 037, 17–27.

95 Schmugge, Ludwig: **Luther in Rom und das deutsche kuriale Umfeld.** In: 026, 205–220: Ill.

96 Schneider, Hans: **Luthers Romreise.** In: 026, 3–31: Kt.

97 Schroeter-Wittke, Harald: **Luther flashs Theologie – Am Anfang stand Liebe.** In: 47, 74–79.

c) Familie

98 Hiebsch, Sabine: **Luther's family and home life.** In: 025, 14–22.

d) Volkstümliche Darstellungen seines Lebens und Werkes, Schulbücher, Lexikonartikel

99 Eder, Manfred: **Kirchengeschichte:** 2000 Jahre im Überblick. 2., aktual. Aufl. 2020 der Neuausgabe. Ostfildern: Matthias Grünewald, 2020. 255 S.: Ill., Kt.

100 Férová, Lydie; Macek, Ondřej; Ridzoňová, Lenka: **O bouřce, Bibli a Martinu Lutherovi** (Über ein Gewitter, die Bibel und Martin Luther). PR: Kalich, 2017. 84 S.

101 Gombrich, Ernst H.: **Eine kurze Weltgeschichte für junge Leser.** 7. Aufl. Überarb.

und erg. Neuausgabe der 1. Ausgabe 1936. Köln: DuMont, 2016. 350 S.: Ill., Kt. L 229–234 ([DuMont-Taschenbücher]; 6109)

102 Gombrich, Ernst H.: **Eine kurze Weltgeschichte für junge Leser.** 8. Aufl. Köln: DuMont, 2017. 352 S.: Ill., Kt. ([DuMont-Taschenbücher]; 6109)

103 Gombrich, Ernst H.: **Eine kurze Weltgeschichte für junge Leser.** 9. Aufl. Köln: DuMont, 2018. 352 S.: Ill., Kt. ([DuMont-Taschenbücher]; 6109)

104 Gombrich, Ernst H.: **Eine kurze Weltgeschichte für junge Leser.** 10. Aufl. Köln: DuMont, 2019. 352 S.: Ill., Kt. ([DuMont-Taschenbücher]; 6109)

105 Hiebsch, Sabine: **Luther voor leken:** reformator in een veranderende wereld (Luther für die Laien: Reformator in einer sich verändernden Welt). Hilversum: Vuurbaak, 2018. 135 S.

106 Lang, Heinrich: **Martin Luther:** ein religiöses Charakterbild. Reprint der Originalausgabe B, 1870. Faksimile-Druck und PDF-Datei. B; Boston: De Gruyter, 2018. VIII, 339 S.

107 Luther, (Martin). Online-Ressource. Bd. 18 **(Lo-Lz).** In: 011, 659–694 (Sp. 1283–1345). – Siehe: https://www.zedler-lexikon.de//index.html?c=blaettern&id=168391&bandnummer=18&seitenzahl=0659&supplement=0&dateiformat=1)

108 **Luther und so … mal kurz erklärt!**/ von Ulrike Martin; Hendrik Meisel; Udo Bußmann. 3. Aufl. Druckausgabe und Online-Ressource. Schwerte: Amt für Jugendarbeit der EKvW, 2017. 23 S.: Ill. (Juenger: Evangelische Jugend von Westfalen) – Siehe: https://www.juenger-einfach-frei.de/fileadmin/inhalte/pdf/Luther_Booklet_Pixi_dritte_Auflage.pdf.

109 **Luther und so … mal kurz erklärt!**/ von Ulrike Martin; Hendrik Meisel; Udo Bußmann. 4., erw. Aufl. Druckausgabe und Online-Ressource. Schwerte: Amt für Jugendarbeit der EKvW, 2017. 27 S.: Ill. (Juenger: Evangelische Jugend von Westfalen) – Siehe: http://docplayer.org/54748968-Luther-und-so-mal-kurz-erklaert-erweiterte-auflage.html.

110 Mayer, Thomas: **Hier stehe ich, ich kann nicht anders …** Praxis Gemeindepädagogik 69 (2016) Heft 2, 51–53.

111 Meyer, Michel: **Dictionnaire amoureux de**

l'Allemagne/ Ill. von Alain Bouldouyre. P: Plon, 2019. 869 S.: Ill. L 566–573.

112 **Religion in Geschichte und Gegenwart:** Handwörterbuch für Theologie und Religionswissenschaft/ hrsg. von Hans Betz; Eberhard Jüngel; Bernd Janowski; Don Browning. Sonderausgabe der 4., völlig neu bearb. Aufl. TÜ, 1998–2004. DA: wbg Academic in WB, 2020. 9046 S. – Für die Einzeltitel siehe LuB 2002, Nr. 045f; LuB 2004, Nr. 067–069; LuB 2005, Nr. 055f; LuB 2006, Nr. 065; LuB 2009 Nr. 963.

113 Vaorin, Britta: **Stationenlernen Religion:** Martin Luther; mit Lehrerbegleitheft und Kopiervorlagen; mit Memo-Karten, Dominos, Puzzles und zahlreichen Arbeitsblättern; in drei Niveaustufen für den differenzierten Unterricht; abgestimmt auf das Kamishibai-Bildkartenset; mit Bilderbuchkino für den Beamer/ Ill. von Petra Lefin. 1. Aufl. dieser Ausgabe. M: Don Bosco Medien, 2020. 47 S.: Ill., Noten.

114 Weber, Nicole: **Lernstationen Religion:** Martin Luther. 3. Aufl. HH: Persen, 2016. 59 S.: Ill. (Bergedorfer Unterrichtsideen)

115 Weber, Nicole: **Lernstationen Religion:** Martin Luther. 4. Aufl. HH: Persen, 2017. 59 S.: Ill. (Bergedorfer Unterrichtsideen)

2 Luthers Theologie und einzelne Seiten seines reformatorischen Wirkens

a) Gesamtdarstellungen seiner Theologie

116 Ohst, Martin: **Reformation und Theologie:** eine Skizze. In: 039, 22–37.

117 Rieger, Reinhold: **Martin Luthers theologische Grundbegriffe:** von „Abendmahl" bis „Zweifel". Druckausgabe und Online-Ressource. TÜ: Mohr Siebeck, 2017. IX, 378 S. (UTB; 4871)

118 Roth, Michael: **Für dich gegeben:** lutherische Theologie. Hannover: Amtsbereich der VELKD im Kirchenamt der EKD, 2017. 93 S.

119 Roth, Michael: **Für dich gegeben:** lutherische Theologie. 2. Aufl. Druckausgabe und Online-Ressource. Hannover: Amtsbereich der VELKD im Kirchenamt der EKD, 2018. 93 S.

120 Vind, Anna: **The solas of the Reformation.** In: 025, 267–271.

121 Wüthrich, Serge: **Martin Luther théologien.** Namur; P: Lessius, 2020. 201 S.: Ill. (Donner raison: théologie; 67)

b) Gott, Schöpfung, Mensch

122 Alfsvåg, Knut: **Guds allmakt og korset:** hva betyr Jesu død for vår forståelse av første trosartikkel? (Die Allmacht Gottes und das Kreuz: Was bedeutet der Tod Jesu für unser Verständnis des ersten Glaubensartikels?). In: 09, 211–225. L".

123 Alfsvåg, Knut: **Guds uerkjennbarhet som** teologi – og religionskritikk (Die Unerkennbarkeit Gottes als Kritik von Theologie und Religion). Theofilos 10 (Kristiansand 2018), 133–144. L 136–137.

124 Alfsvåg, Knut: **"With God all things are possible"** – Luther and Kierkegaard on the relation between immutability, necessity and possibility. NZSTh 60 (2018), 44–57.

125 Arnold, Matthieu: **Le concret au service de la vérité de Dieu.** RHPhR 99 (2019), 401–412.

126 Bähr, Andreas: **Der grausame Komet:** Himmelszeichen und Weltgeschehen im Dreißigjährigen Krieg. Reinbek bei HH: Rowohlt, 2017. 302 S.: Ill. L 65.

127 Biela, Adriána: **Metafora „homo incurvatus in se"** v Lutherovej teologickej antropologii (Die Metapher „homo Incurvatus in se" in Luthers theol. Anthropologie). In: 050, 9–31: dt. und engl. Zusammenfassung.

128 Brown, Christopher B.: **"Deus Ludens":** hrající si Bůh v Lutherově teologii („Deus ludens": in Luthers Theologie spielt Gott) In: 050, 100–117: dt. und engl. Zusammenfassung.

129 Dietz, Thorsten: **Furcht bei Augustin und Luther.** In: 04, 75–88.

130 Ebert, Patrick: **A phenomenological inquiry about transcendence as radical alterity.** In: 041, 145–161.

131 Eikrem, Asle: **God as sacrificial love:** a sys-

tematic exploration of a controversial notion. Druckausgabe und Online-Ressource. LO; NY: Bloomsbury T&T Clark, 2018. VI, 304 S. (T&T Clark studies in systematic theology)

132 Eikrem, Asle: **God as sacrificial love:** a systematic exploration of a controversial notion. Taschenbuchausgabe. LO; NY; Oxford; New Dehli; Sydney: Bloomsbury Academic, 2019. VI 304 S. (T&T Clark studies in systematic theology)

133 Gallus, Petr: **Co je člověk?:** teologická antropologie ve světle reformační teologie (Was ist der Mensch?: theologische Anthropologie im Lichte der reformatorischen Theologie). In: 016, 139–151: summary.

134 Lang, Bernhard: **Der religiöse Mensch:** kleine Weltgeschichte des homo religiosus in sechs kurzen Kapiteln; mit Beispielen aus Bibel und Christentum In: Homo religiosus: Vielfalt und Geschichte des religiösen Menschen/ hrsg. von Jan Assmann; Harald Strohm. PB: Fink, 2014, 11–117. (Lindauer Symposien für Religionsforschung; 5)

135 Leppin, Volker: **„Worauff du nu dein hertz hangest":** zu Zwinglis Einfluss auf Luthers Auslegung des Ersten Gebots. Lu 90 (2019), 92–96.

136 Lüpke, Johannes von: **„... größer als unser Herz":** eine Besinnung auf den theologischen Komparativ. ZThK 116 (2019), 98–114.

137 Lüpke, Johannes von: **Magnificare Deum:** Aufgabe und Gegenstand der Theologie nach Luthers Auslegung des Magnificat. LuJ 86 (2019), 133–167.

138 Mjaaland, Marius Timmann: **On the path of destruction:** Luther, Kant and Heidegger on divine hiddenness and transcendence. In: 041, 61–74.

139 Wiese, René: **Seelenheil und Gemeindefrieden:** Enthaltung von Beichte und Abendmahl in der frühneuzeitlichen Kirchenzucht. Mecklenburgia sacra: Jahrbuch für mecklenburgische Kirchengeschichte 19 (2018), 28–44.

140 Wolf, Gerhard: **Schwierigkeiten mit der Kontingenz:** zum Gottesbegriff in literarischen Texten der Frühen Neuzeit. In: 044, 387–406.

c) Christus

141 Alfsvåg, Knut: **Christology as critique:** on the relation between Christ, creation, and epistemology. Eugene, OR: Pickwick, 2018. 252 S. L 32–52.

142 Cary, Phillip: **The meaning of Protestant theology:** Luther, Augustine, and the Gospel that gives us Christ. Druckausgabe und Online-Ressource. Grand Rapids: Baker Academic, 2019. XII, 371 S.

143 Hollmann, Joshua: **Nicholas of Cusa and Martin Luther on Christ and the coincidence of opposites.** In: 031, 153–172.

144 Højlund, Asger Ch.: **Luthers korsteologi og erfaringen** (Luthers Kreuzestheologie und Erfahrung). In: 09, 35–58.

145 Jackson, Christopher D.: **Luther's theologian of the cross and theologian of glory distinction reconsidered.** Pro ecclesia: a journal of catholic and evangelical theology 29 (2020), 336–351. – Siehe: https://journals.sagepub.com/doi/pdf/10.1177/1063851220914005.

146 Martikainen, Jouko N.: **Miten Lutherin teologia ratkaisee koko kristikuntaa heikentävän piilodoketismin** (Wie Luthers Theologie den versteckten Doketismus auflöst, der das gesamte Christentum schwächt). Perusta 46 (Helsinki 2019) Heft 1, 12–18.

147 Modeß, Johannes M.: **Skandal!:** in Gottesdienst und Predigt. PTh 108 (2019) 11 [Göttinger Predigtmeditationen], 5–12.

148 Nüssel, Friederike: **God's presence in Jesus Christ:** Schleiermacher's transformation of Luther's christological legacy. In: 03, 163–181.

149 Paulson, Steven D.; Hoyum, John W.: **Luther's theology of the cross.** In: 025, 283–289.

150 Roesner, Martina: **„Im Anfang war das Wort" – die christologische Dimension der Schriftauslegung bei Meister Eckhart und Martin Luther.** In: 046, 169–204.

151 Roskovec, Jan: **Pavlova teologie prismatem reformačních principů** (Die Theologie des Paulus durch das Prisma der reformatorischen Prinzipien). In: 016, 183–194: summary.

152 Teigen, Arne Helge: **Det systematisk teologiske potensial i Luthers tenkning om Guds Sønnse vige fødsel** (Das systematisch-theol. Potenzial von Luthers Denken

über die Geburt des Gottessohnes). In: 09, 19–34.

153 Ziegler, Roland: **Christologie osmého článku:** formule svornosti (Christologie des achten Artikels: Kohärenzformeln). In: 050, 147–164: dt. und engl. Zusammenfassung.

d) Kirche, Kirchenrecht, Bekenntnisse

154 Austadt, Torleiv: **Lutherische Identität:** eine systematische Stellungnahme. In: 022, 119–141.

155 Beutel, Albrecht: **„Wir Lutherischen":** zur Ausbildung eines konfessionellen Identitätsbewusstseins bei Martin Luther. (2013). In: 022, 25–67.

156 Burkhardt, Friedemann: **Erneuerung der Kirche:** Impulse von Martin Luther und John Wesley für die Gemeindeentwicklung. Druckausgabe und Online-Ressource. L: EVA, 2019. 258 S.: Ill.

157 Hiebsch, Sabine: **Luther en (kerk) recht:** een verkenning (Luther und das (Kirchen-) Recht: eine Erkundung). In: Geest of recht?: kerkrecht tussen ideaal en werkelijkheid (Geist oder Gesetz?: Kirchenrecht zwischen Ideal und Wirklichkeit)/ hrsg. von Leon van den Broeke; Redaktion: Hans Schaeffer. Kampen: Summum, 2019, 13–34. (Deddens kerkrecht serie; 3)

158 Leppin, Volker: **Papst, Konzil und Kirchenväter:** die Autoritätenfrage in der Leipziger Disputation. In: 017, 187–196: Ill.

159 Rausch, Rainer: **Melanchthons Confessio Augustana:** Fakten und Folgen für das Reichsrecht. In: 028, 191–244.

160 Serina, Richard J., Jr.: **„Papista Insanissima":** papacy and reform in Nicholas of Cusa's „Reformatio generalis" (1459) and the early Martin Luther (1517–19). In: 031, 105–127.

161 Slenczka, Notger: **Theologie der reformatorischen Bekenntnisschriften:** Einheit und Anspruch. Druckausgabe und Online-Ressource. L: EVA, 2020. 736 S.

162 Treu, Martin: **Vom Ausschluss aus der Gemeinschaft:** aus Luthers Sermon vom Bann (1520). Lu 90 (2019), 72–74.

163 Zschoch, Hellmut: **Luther zu Wesen, Leben und Ordnung der Kirche.** Bielefeld: Luther, 2019. 210 S.: Ill. (Studienreihe Luther; 19)

e) Sakramente, Beichte, Ehe

164 Beetschen, Franziska: **Alternative Taufe:** Möglichkeiten und Grenzen aktueller Taufpraxis. Druckausgabe und Online-Ressource. B: epubli, 2019. 236 S. – HD, Univ., Theol. Fak., Diss. 2018. – http:// archiv.ub.uni-heidelberg.de/volltext server/25979/1/Beetschen_Alternative_ Taufe_2019.pdf.1.

165 Hovda, Bjørn Ole: **„Worse than the papists":** the Lutheran „real presence" in the light of eucharistic adoration. In: 048, 91–118.

166 Kuller, Dieter: **Luther und die „Ehe für alle".** Lebendige Gemeinde München: Informationsbrief (2017) Nr. 3 (November), 2–4.

167 Leppin, Volker: **Ein Kuchen werden:** mystische Züge in Luthers Abendmahlslehre. In: 046, 205–219.

168 Metzger, Daniel: **Lutherovo učení o Večeři Páně:** zachování tajemství (Luthers Lehren über das Abendmahl: ein Geheimnis bewahren). In: 050, 166–195: dt. und engl. Zusammenfassung.

169 Reinhardt, Henning: **„… mit hertzlichem gebet vnd geistlichem seufftzer":** Martin Luthers Weg zur Wittenberger Konkordie (1536). Lu 90 (2019), 97–105.

170 Schubert, Anselm: **Gott essen:** eine kulinarische Geschichte des Abendmahls. Druckausgabe und Online-Ressource. M: Beck, 2018. 271 S.: Ill. [Siehe die Rezension Nr. 173]

171 Schubert, Anselm: **Pasto divino:** storia culinaria dell'eucaristia (Gott essen <ital.>)/ übers. von Alice Barale. Roma: Carocci, 2019. 227 S.: Ill. (Sfere; 144)

172 Slenczka, Notger: **Teilhabe am ekklesiologischen Leib Christi statt Realpräsenz?:** Luther – heute gelesen; der Abendmahlssermon von 1519. Lu 90 (2019), 142–149.

173 Wenz, Gunther: **Ursprung und Sinn des Herrenmahls:** eine Besprechung der These des Kirchenhistorikers Anselm Schubert. ZBKG 87 (2018), 292–296. [Rezension zu Nr. 170]

174 Ziegler, Roland: **Das Eucharistiegebet in Theologie und Liturgie der lutherischen Kirchen seit der Reformation:** die Deutung des Herrenmahles zwischen Promissio und Eucharistie. Druckausgabe und On-

line-Ressource. GÖ: Edition Ruprecht, 2013. 504 S. (Oberurseler Hefte: Erg.-Bde.; 12) – TÜ, Univ., Evang.-Theol. Fak., Diss., 2011.

f) Amt, Seelsorge, Diakonie, Gemeinde, allgemeines Priestertum

175 Beyer, Michael: „Wie man die Einfältigen, und sonderlich die Kranken im Christentum unterrichten soll", 1539/40: der „Christliche Unterricht" des Friedrich Myconius und Luthers Vorrede. In: 010, 207–221: Faks.

176 Cottin, Jérôme: Les pasteurs: origines, intimité, perspectives/ Ill.: Werner Tiki Küstenmacher. Genève: Labor et Fides, 2020. 290 S.: Ill. L 45–54. (Practiques; 35)

177 Goertz, Harald: Allgemeines Priestertum und ordiniertes Amt bei Luther. 2. Aufl. L: EVA, 2020. XVIII, 364 S. (Marburger theol. Studien; 136) – HD, Univ., Theol. Fak., Diss., 1996.

178 Mecking, Burkhart: Die Vierzehn und die Rückseite Gottes: Luthers vierzehn Bilder – mit Worten gemalt; Blickwechsel des Trostes – von den Heiligen zu Christus. [Mit neuhochdt. Übersetzung der „Tessaradecas consolatoria pro laborantibus et oneratis"]. B: LIT, 2019. III, 202 S.: Ill. (Arbeiten zur historischen und systematischen Theologie; 24) – Siehe Nr. 35.

179 Mumme, Jonathan: Die Präsenz Christi im Amt: am Beispiel ausgewählter Predigten Martin Luthers, 1535–1546. Druckausgabe und Online-Ressource. GÖ; Bristol, CT: V&R, 2015. 403 S. (Refo500 academic studies; 21) – Zugl.: TÜ, Univ., Evang.-Theol. Fak., Diss., 2013.

180 Mumme, Jonathan: The presence of Jesus Christ in the office of the ministry: rethinking Luther from his pulpit out. Pro ecclesia: a journal of catholic and evangelical theology 29 (2020), 352–380. – Siehe: https://journals.sagepub.com/doi/pdf/10.1177/1063851220924003.

181 Singer, Christophe: „La vraie théologie est pratique": réflexions à partir d'un aphorisme luthérien. Etudes théologiques et religieuses 94 (Montpellier 2019), 451–473.

182 Živný, Tomáš M.: „Odvážil bych se vraždy ..."(?): odvrácená strana Lutherovy teologie exorcismu („Ich würde es wagen zu töten ..."(?): die Kehrseite von Luthers Theologie des Exorzismus). In: 050, 229–237: dt. und engl. Zusammenfassung.

g) Gnade, Glaube, Rechtfertigung, Werke

183 Danz, Christian: Der unfreie Wille: Augustin und Luther über göttliche Gnade und Freiheit des Menschen. In: 04, 89–102.

184 Dieter, Theodor: Über Liebe und Glaube beim frühen Luther. In: 03, 18–44.

185 Hübner, Heidi: Martin Luther und die geschenkte Vergebung. B: epubli, 2017. 16 S.

186 Keßler, Martin: Zum theologischen und historischen Hintergrund von Luthers „Sermon von Ablass und Gnade". Lu 90 (2019), 150–173: Ill.

187 Leonhardt, Rochus: Ethik. L: EVA, 2019. XIII, 641 S. L 164–178. 300–308. 542–549+". (Lehrwerk Evang. Theologie [LETh]; 6)

188 Peters, Ted: Is God's grace really a gift?: unraveling a pseudo-problem. In: 03, 318–343.

189 Ramos Riera, Ignacio: Selbstrelativierung und Geschichtlichkeit: zum Begriff des Verstandes bei Jerónimo Nadal und Martin Luther. In: 033, 91–107. – Siehe: https://repositorio.comillas.edu/xmlui/bitstream/handle/11531/36034/RAMOSI.Selbstrelativierungund Geschichtlichkeit.Zum BegriffdesVerstandesbeiNadalundLuther.pdf?sequence=1&isAllowed=y.

190 Raunio, Antti: Luther on Christian unanimity in faith and love. In: 03, 275–291.

191 Schmoeckel, Mathias: Reformation und Recht: Glaube ohne Werke?; das Problem des Rechts in der frühen Theologie der ersten Reformation. In: 039, 38–57.

192 Sinner, Rudolf von: Glaube und Werke – Indifferenz, Polemik oder Befreiung? Glaube und Lernen 32 (2017) Heft 1, 71–85. – Siehe: https://www.academia.edu/34575783/Glaube_und_Werke_Indifferenz_Polemik_oder_Befreiung.

193 Stjerna, Kirsi: Law and Gospel. In: 025, 272–283.

194 Søvik, Atle Ottesen: Are the Lutheran confessions inconsistent in what they say on free will?. In: 041, 233–239.

195 Vestrucci, Andrea: Theology as freedom: on Martin Luther's „De servo arbitrio". Druckausgabe und Internetressource. TÜ: Mohr Siebeck, 2019. XII, 355 S. (Dogmatik

in der Moderne; 24) [Auch als Online-Ressource]

h) Sozialethik, politische Ethik, Geschichte

196 Arnold, Matthieu: **Deux conceptions du rôle des autorités civiles en 1523: Martin Luther et Martin Bucer.** Revue d'histoire du Protestantisme 4 (P 2019), 189–203. L".

197 Bahl, Patrick: „**... das sie Christen und Christus eyn herr bleyben sollen**": Fürsten- und Untertanenperspektive in Luthers Obrigkeitsschrift und Erasmus' Querela Pacis. LuJ 86 (2019), 52–84.

198 Beckmann, Klaus: **Ist Gehorsam eine Tugend?:** ethische Anstöße, ausgehend von Martin Luther und der Theologie der Bekennenden Kirche. In: 042, 37–45

199 Bosch, Gabriele: **Der „gute" Soldat:** Entstehung und Charakteristika protestantischer Militärethik. In: 042, 153–164: Ill.

200 Brown, Christopher B.: **Luther o dvou říších** (Luther über die zwei Reiche). In: 050, 196–209: dt. und engl. Zusammenfassung.

201 Brown, Christopher B.: **Luther o třech stavech** (Luther über die drei Stände). In: 050, 210–321: dt. und engl. Zusammenfassung.

202 Carty, Jarrett A.: **Two kingdoms / political theology.** In: 025, 299–306.

203 Grigore, Mihai-D.: **Neagoe Basarab:** princeps christianus; christianitas-Semantik im Vergleich mit Erasmus, Luther und Machiavelli (1513–1523). Druckausgabe und Internetressource. F: Peter Lang Edition, 2015. 433 S.: Ill. (Erfurter Studien zur Kulturgeschichte des orthodoxen Christentums; 10) – Zugl.: Erfurt, Univ., Philos. Fak., Habil., 2013.

204 Großhans, Hans-Peter: **Religion und Politik:** der Beitrag der Reformation zur Entspannung eines spannungsvollen Verhältnisses. In: 042, 291–306.

205 Heckel, Martin: **Luther und die Toleranz.** KD 65 (2019), 3–46.

206 Käßmann, Margot: **Gewissensfreiheit und ziviler Widerstand:** von Martin Luther bis Martin Luther King, Jr. und heute. In: 014, 23–38.

207 Lehmann, Kai: **Der Schmalkaldische Bund:** militärischer Schutzpanzer der Reformation. In: 042, 63–80.

208 Lohmann, Friedrich: „**Gott mit uns":** die lutherische Geschichtstheologie und ihre militaristische Vereinnahmung. In: 042, 211–231.

209 Olsen, Peter: **Tvang til tro:** Martin Luther og religionsfrihed (Glaubenszwang: Martin Luther und Religionsfreiheit). In: 09, 94–127. – Appendiks: Om kristne fyrster er skyldigeat bekæmpe gendøbernes ukristeligesekt med korporlige straffe og med sværdet (Anhang: Ob christliche Fürsten schuldig sind, die nichtchristliche Sekte der Täufer mit körperlicher Bestrafung und mit dem Schwert zu bekämpfen).

210 Schindling, Anton: **Luther und die Freiheit:** Religionsfreiheit und religiöse Toleranz im Zeitalter der Reformation. Druckausgabe und Online-Ressource. Opera historica: journal of early modern history 18 (České Budějovice 2017), Nr. 2, 173–189. – Siehe: http://www.ff.jcu.cz/ustavy/hu/opera-historica/predchozi-cisla-previous-issues/opera-historica-20152013/opera-2017-nr-2.pdf.

211 Stümke, Volker: **Der Soldat:** freier Herr und dienstbarer Knecht. In: 042, 19–26.

212 Zsugyel, János: **Lesújt-e ránk a babiloni átok?:** gondolatok Laborczi Pál írása kapcsán (Wird uns Babels Fluch treffen?: Gedanken zu Pál Laborczis Artikel). LP 93 (2018) Heft 6, 223–225.

i) Gottes Wort, Bibel, Predigt, Sprache

213 Alfsvåg, Knut: „**Disse ting skjedde som eksempel for oss":** om den teologiske og økumeniske betydning av det lutherske prinsipp Sola Scriptura ("These things took place as examples for us" <norweg.>) In: Klassisk tro – kirke i endring: FBB ved 100-årsjubileet (Klassischer Glaube – Kirche im Wandel: FBB zum 100-jährigen Jubiläum)/ hrsg. von Eirik-Kornelius Garnes Lunde; Boe Johannes Hermansen. Oslo: efrem/FBB, 2019, 13–32. [Vgl. LuB 2017, Nr. 418]

214 Andersen, Børge Haahr: **Forståelse af erfaring i Luthers prædikener** (Erfahrung in Luthers Predigten verstehen). In: 09, 59–75.

215 Arnold, Matthieu: **Les péchés ignominieux des païens:** Martin Luther et Jean Calvin commentateurs de Romains 1, 18–32. In: Romains 1, 18–32: les fautes des païens/ hrsg. von Matthieu Arnold; Gilbert Dahan;

Annie Noblesse-Rocher. P: Cerf, 2020, 191–211. L 191–204+". (Études d'histoire de l'exégèse; 15)

216 Bamberger, Gudrun: **Luther, Äsop und die Fabel.** LuJ 86 (2019), 023, 85–107.

217 Grohmann, Marianne: **Zur Bedeutung jüdischer Exegese der Hebräischen Bibel für christliche Theologie.** EvTh 77 (2017), 114–131.

218 Haustein, Jens: **„Meinen lieben Deutschen":** Randbemerkungen zu Luthers frühem Übersetzungswerk. In: Krise und Zukunft in Mittelalter und (Früher) Neuzeit: Studien zu einem transkulturellen Phänomen; Festschrift für Gerhard Wolf zum 60. Geburtstag/ hrsg. von Nadine Hufnagel ... Druckausgabe und Online-Ressource. S: Hirzel, 2017, 223–238.

219 Heymel, Michael: **Die Johannesoffenbarung heute lesen.** ZH: TVZ, Theol. Verlag, 2018. 138 S.: Ill. L 16. (bibel heute lesen)

220 Hickel, Pascal: **Luther et ses lecteurs dans ses préfaces à la Bible.** PL 68 (2020), 129–150.

221 Hofheinz, Marco: **„Stille schweigen soll man nicht" (Martin Luther):** eine Anregung zur politischen Predigt aus ethischer Perspektive In: Ethische und politische Predigt: Beiträge zu einer homiletischen Herausforderung/ hrsg. von Helmut Schwier. L: EVA, 2015, 87–116. (Eine Veröffentlichung des Ateliers Sprache e.V., Braunschweig)

222 Hofmann, Frank: **Wie redet Gott mit uns?:** der Begriff „Wort Gottes" bei Augustin, Martin Luther und Karl Barth. ZH: TVZ, Theol. Verlag 2019. 274 S.: Ill.

223 Hofmann, Frank: **Wie redet Gott mit uns?:** der Begriff „Wort Gottes" bei Augustin, Martin Luther und Karl Barth. Online-Ressource. ZH: TVZ, Theol. Verlag; AnA: ProQuest, 2019. 276 S.

224 Klitzsch, Ingo: **Luther's table talk. In: 025,** 344–349.

225 Kotin, Michail L.: **Luthers deutsches Sprachschaffen und Sprachwandel in der binnendeutschen Standardvarietät.** In: 037, 305–317.

226 Kuller, Dieter: **War Martin Luther ein Biblizist?** Lebendige Gemeinde München: Informationsbrief (2018) Nr. 1 (März), 2–4.

227 Kuntze, Simon: **Die Mündlichkeit der Schrift:** eine Rekonstruktion des lutherischen Schriftprinzips. Druckausgabe und Online-Ressource. L: EVA, 2020. 181 S. – Zugl.: Bochum, Ruhr-Universität, theol. Diss., 2018.

228 Kupsch, Alexander: **Martin Luthers Gebrauch der Heiligen Schrift:** Untersuchungen zur Schriftautorität in Gottesdienst und gesellschaftlicher Öffentlichkeit. TÜ: Mohr Siebeck, 2019. XIV, 443 S. (Hermeneutische Untersuchungen zur Theologie; 77) – Zugl.: TÜ, Univ., Evang.-Theol. Fak., Diss., 2018.

229 Langelier, S. Elise-Mariette: **Les préfaces de Luther aux Psaumes.** PL 68 (P 2020), 151–169.

230 Lexutt, Athina: **Schlüsseltexte.** In: 036, 46–56.

231 Mattox, Mickey L.: **Martin Luther's university lectures and biblical commentaries. In: 025,** 326–334.

232 Mrázek, Jiří: **Lutherův výklad Podobenství o Samařanu a o Družičkách** (Luthers Interpretation der Gleichnisse vom Samariter und den Brautjungfern). In: 016, 195–212: summary.

233 Niggemann, Andrew J.: **Martin Luther's Hebrew in mid-career:** the Minor Prophets translation. Druckausgabe und Online-Ressource. TÜ: Mohr Siebeck, 2019. XIV, 411 S. (Spätmittelalter, Humanismus Reformation; 108)

234 Oorschot, Frederike van: **Die Krise des Schriftprinzips als Krise der theologischen Enzyklopädie.** EvTh 76 (2016), 386–400.

235 Pavičić, Ena; Zelić, Tomislav: **Die Nachklänge der Reformation in den lutherischen Bearbeitungen der Äsopischen Tierfabeln.** In: 035, 57–72.

236 Thellman, Gregory S. **Uniting presence:** Luther and Calvin and the command-promise of Matthew 28:18–20. In: 035, 41–56.

237 Plathow, Michael: **„Dies eine Bild muss in unsere Herzen dringen":** Wort und Bild bei Martin Luther. KD 65 (2019), 253–271.

238 Pokorný, Petr: **Sola scriptura:** smysl Lutherovy teze (Sola scriptura: die Bedeutung von Luthers These). In: 016, 167–181: summary.

239 Roskovec, Jan: **Janovo evangelium v reformaci** (Das Johannesevangelium in der Reformation). In: 016, 213–232: summary.

240 Schäufele, Wolf-Friedrich: **Luther und die lateinische Bibel.** Lu 90 (2019), 174–186.

241 Schmid, Hans Ulrich: **Einführung in die**

deutsche Sprachgeschichte. 2., aktual. Auflage. S: Metzler, 2013. IX, 299 S.: Ill. L 46–49. 106–110+".

242 Schmid, Hans Ulrich: **Einführung in die deutsche Sprachgeschichte.** 3., aktual. und überarb. Aufl. S: Metzler, 2017. IX, 314 S.

243 Schön, Christian: **Illustrierte Geschichte der deutschen Literatur:** Epochen – Autoren – Werke. Druckausgabe und Online-Ressource. S: Metzler: Poeschel, 2016. 191 S.: Ill.

244 Stein, Hartmut: **Chronik deutscher Schlüsseltexte:** literarische Sachtexte von Luther bis Henning Richter S: Kröner, 2012. XIII, 465 S. L 3–7. (Kröners Taschenausgabe; 320) [Auch als E-book 2013]

245 Stellmacher, Dieter: **Martin Luther in der Sprachgeschichtsschreibung des (Nieder-) Deutschen.** In: 01, 21–46.

246 Török, Dan: **Luthorovo užití Septuaginty v „Operationes in Psalmos"** (Luthers Gebrauch der Septuaginta in den „Operationes in Psalmos"). In: 050, 222–228: dt. und engl. Zusammenfassung.

247 Visser, Arnoud: **The Luther bible. In: 025,** 350–357.

248 Wollbold, Andreas: **Predigen:** Grundlagen und praktische Anleitung. Druckausgabe und Online-Ressource. Regensburg: Pustet, 2017. 408 S. L".

249 Zeller, Kinga: **Luthers Schriftverständnis aus rezeptionsästhetischer Perspektive:** eine Untersuchung zu Anknüpfungspunkten, Transformationsmöglichkeiten und bleibenden Differenzen. Druckausgabe und Online-Ressource. L: EVA, 2020. 244 S. (Arbeiten zur systematischen Theologie; 15)

k) Gottesdienst, Gebet, Spiritualität, Kirchenlied, Musik

250 Ammermann, Norbert: **Luther und die Musik.** Bielefeld: Luther, 2017. 103 S. (Studienreihe Luther; 13)

251 Arnold, Jochen: **Lutherische Identität im Blick auf den Gottesdienst.** In: 022, 165–200.

252 Christoffersen, Svein Aage: **Musikk og metafysisk undring i Luthers Teologi** (Musik und metaphysische Verwunderung in Luthers Theologie). In: 024, 13–33.

253 Dahlgrün, Corinna: **Gottesdienst und Spiritualität:** Gemeinsamkeiten, Anknüp-

fungen, Unterschiede aus evangelisch-lutherischer und evangelisch-freikirchlicher Perspektive. In: 08, 66–72.

254 Franz, Ansgar; Marti, Andreas: **214 Gott sei gelobet und gebenedeiet.** In: 019, 10–18.

255 Haga, Joar: **„Han jagar djevelen på dør":** Martin Luthers forståing av musikken sin verknad („Er vertreibt den Teufel": Luthers Verständnis von der Wirkung der Musik). Kirke og kultur 123 (Oslo 2018), 250–264.

256 Hahn, Gerhard; Lauterwasser, Helmut: **215 Jesus Christus, unser Heiland, der von uns den Gotteszorn wandt.** In: 018, 15–22.

257 Herrmann, Heiko: **Der Teufel im Gesangbuch:** eine hymnologisch-satanologische Studie über das Evangelische Gesangbuch und ausgewählte Lieder. Druckausgabe und Online-Ressource. TÜ: Narr Francke Attempto, 2020. 613 S. (Mainzer hymnologische Studien; 29) – Zugl.: L, Univ., Theol. Fak., Diss. 2018.

258 Holter, Stig Wernø: **Reformasjonens betydning for gudstjenestens musikk** (Die Bedeutung der Reformation für die Musik des Gottesdienstes). In: 024, 35–57. L".

259 Korth, Hans-Otto: **Zwischen Martin Luther und Paul Gerhardt:** der schlesische Kirchenliederdichter Johann Heermann. Jahrbuch für schlesische Kirchengeschichte 97/98 (2018/19 [gedr. 2020]), 119–140: Ill., Noten.

260 Landová, Tabita: **Vnější slovo a víra v srdci:** k teologii bohoslužby a liturgické reformě Martina Luthera (Das äußere Wort und der Glaube des Herzens: zu Luthers Theologie des Gottesdienstes und der liturgischen Reform). In: 016, 69–88: summary.

261 Lehnert, Christian: **Herab und hinauf:** vom lutherischen Gottesdienst. Hannover: Amtsbereich der VELKD im Kirchenamt der EKD, 2017. 99 S.

262 Lehnert, Christian: **Herab und hinauf:** vom lutherischen Gottesdienst. 2., unv. Aufl. Druckausgabe und Online-Ressource. Hannover: Amtsbereich der VELKD im Kirchenamt der EKD, 2020. 99 S.

263 Lütteken, Laurenz: **Reformation und Musik.** In: 039, 85–97.

264 McNair, Bruce: **Martin Luther and Lucas Cranach teaching the Lord's Prayer.** Religions 8 (2017) 63: 12 S.: Ill. [Online-Ausgabe: https://www.mdpi.com/2077-1444/8/4/63]

265 Marti, Andreas: **193 Erhalt uns, Herr, bei deinem Wort.** In: 018, 3–8.

266 Maschke, Timothy H.: **Luther's sermons, catechisms, and worship aids.** In: 025, 335–343.

267 Medňanský, Karol: **Songwriting and chorale by Martin Luther.** Review of artistic education 17 (2019), 22–31. [Online-Ausgabe: https://rae.arts.ro/filecase/filetypes/documents/archive/rae17/02_paper.pdf]

268 Missfelder, Jan-Friedrich: **Musik.** In: 036, 340–345.

269 Möller, Christian: **„Gott, weil er groß ist, gibt am liebsten große Gaben" (EG 411):** Angelus Silesius als schlesischer Liederdichter. Jahrbuch für schlesische Kirchengeschichte 97/98 (2018/19 [gedr. 2020]), 141–156.

270 Rößler, Martin: **Liedermacher im Gesangbuch:** Liedgeschichte in Lebensbildern. 2. Aufl. S: CV, 2019. 1055 S.: Ill.

271 Schwinge, Monika: **„Ein feste Burg ist unser Gott"** [Liedpredigt]. In: 012, 49–54.

272 Sjaastad, Egil: **Forsoningen i Luthers salmetekster** (Das Sühnopfer in Luthers Liedern). In: 09, 76–93.

273 Spangenberg, Volker: **Frömmigkeitsstile und Gottesdienstformen:** eine freikirchliche Sicht. In: 08, 58–65.

274 Swarbick, John: **Martin Luther:** music and mission. Holiness 3 (Cambridge, UK 2017), 235–256. [Online-Ausgabe: https://www.wesley.cam.ac.uk/wp-content/uploads/2014/09/07-swarbrick.pdf]

275 Wiefel-Jenner, Katharina; Marti, Andreas: **280 Es wolle Gott uns gnädig sein.** In: Liederkunde zum Evangelischen Gesangbuch/ im Auftrag der Evang. Kirche in Deutschland gemeinschaftlich mit Ansgar Franz ... hrsg. von Martin Evang; Ilsabe Alpermann. Lfg. 23. GÖ: V&R, 2017, 28–36. (Handbuch zum Evang. Gesangbuch; 3 XXIII) (Liederkunde zum Evangelischen Gesangbuch; 23)

276 Zimmerling, Peter: **Evangelische Mystik.** 2., veränd. Neuaufl./ Geleitwort: Nikolaus Schneider. Druckausgabe und Online-Ressource. GÖ: V&R, 2020. 283 S.: Ill. L 37–57.

277 Zimmerling, Peter: **Evangelická mystika** (Evang. Mystik <tschech.>)/ übers. von Hana Jüptnerová. PR: Trigon 2018. 339 S.: Ill.

l) **Katechismus, Konfirmation, Schule, Universität**

278 Ahuis, Ferdinand: **Die Bedeutung des Hochdeutschen für die Entstehung der Northeimer Kirchenordnung von 1539.** JNKG 115 (2017), 47–66. L 50.

279 Lück, Heiner: **Alma Leucorea:** eine Geschichte der Universität Wittenberg 1502 bis 1817. Halle/Saale: Universitätsverlag Halle-Wittenberg, 2020. 368 S.: Ill., Kt.

280 Mühling, Andreas: **Theologen, Universitäten, Schulen, Höfe.** In: 036, 58–71.

281 Mumme, Jonathan: **The University of Wittenberg.** In: 025, 38–46.

282 Plasger, Georg: **Konvergenzen und Divergenzen:** ein Gespräch zwischen Luthers Kleinem Katechismus und dem Heidelberger Katechismus. In: 022, 99–118.

283 Schäufele, Wolf-Friedrich: **Reformation und Bildung:** die Universität Marburg und der reformatorische Bildungsauftrag. In: 039, 9–21.

m) **Weitere Einzelprobleme**

284 Buck, Lawrence P.: **Apocalypticism in the sixteenth century.** In: 025, 170–178.

285 Causse, Jean-Daniel: **Luther et l'angoisse de l'enfer.** (1994). Etudes théologiques et religieuses 94 (Montpellier 2019) Sonderheft u. Beilage: **Jean-Daniel Causse, une pensée de l'ouvert:** articles publiés dans ETR (1993–2019), 515–528.

286 Czarnecka, Mirosława: **Reformation und Geschlechterdiskurse:** eine Re-Vision. In: 037, 273–287.

287 Feik, Catherine: **In Erwartung des Endes:** Offenbarung und Weissagung bei Martin Luther und in seinem Umkreis. In: Abendländische Apokalyptik: Kompendium zur Genealogie der Endzeit/ hrsg. von Veronika Wieser; Christian Zolles; Catherine Feik ... Druckausgabe und elektronische Reproduktion. B: Akademie, 2013; B; Boston, MA: De Gruyter, 2013 (PDF), 411–430. (Cultural History of Apocalyptic Thought / Kulturgeschichte der Apokalypse; 1)

288 Gause, Ute: **„Die" Reformation und „die" Frauen:** Domestizierung oder Emanzipation? In: 039, 98–110.

289 Gessler, Philipp: **Abschied von der Him-**

melskönigin: eine spektakuläre Ausstellung in Wittenberg zeigt „Maria zwischen den Konfessionen". ZZ 19 (2018) Heft 7, 18–20: Ill.

290 Kaufmann, Thomas: **Pest und Cholera:** wie Seuchen und Pandemien die europäische Geschichte prägten. ZZ 21 (2020) Heft 5, 15–17: Ill.

291 Kloster, Sven Thore: **Community of conflict:** towards an agonistic theology with Chantal Mouffe and Kathryn Tanner. In: 041, 241–257.

292 Leonard, Amy E.: **Women and gender.** In: 025, 160–169.

293 Lienhard, Marc: **Sola experientia facit theologum:** Luther et l'expérience. In: Connaissance et expérience de Dieu: modalités et expression de l'expérience religieuse/ hrsg. von Christian Grappe; Marc Vial. Strasbourg: Presses Universitaires, 2019, 211–222. (Écriture et société; 8)

294 Marshall, Peter: **Was there a Protestant death?.** In: 048, 143–160.

295 Methuen, Charlotte: **Reformation und Naturwissenschaften:** Gotteserkenntnis, Schöpfung und Astronomie. In: 039, 58–68.

296 Mikkola, Sini: **Rakkaat sisaret, riehaantuneet rouvat:** Martin Lutherin naiset (Liebe Schwestern, aufrührerische Frauen: die Frauen um Luther). Helsinki: Kirjapaja, 2019. 315 S.: Ill.

297 Mikkola, Sini: **Sukupuolen merkitys:** Martin Lutherin käsityksessä Argula von Grumbachista reformaation edistäjänä (Die Rolle des Geschlechts: Luthers Eindruck von Argula von Grumbach als Förderin der Reformation). In: 034, 41–69.

298 Miller, Gregory J.: **The road to Armageddon:** Gog and Magog in Luther and the Lutheran tradition. In: 015, 236–252.

299 Missfelder, Jan-Friedrich: **Mündlichkeit und Schriftlichkeit.** In: 036, 298–311.

300 Mjaaland, Marius Timmann: **Introduction** [The reformation of philosophy]. In: 041, 1–16.

301 Ohst, Martin: **Transformationsversuche und ihre Grenzen:** der Begriff des Martyriums im lutherischen Protestantismus. In: 027, 27–45.

302 Olsen, Jakob Valdemar: **Martin Luthers syn på filosofiens teologiske anvendelighed:** med udgangspunkt i nyere læsninger af Heidelbergteserne (Luthers Sicht auf die theologische Anwendbarkeit der Philosophie: nach jüngsten Beschäftigungen mit den Heidelberger Thesen). In: 09, 163–187.

303 Rota, Stefano Fogelberg; Hellerstedt, Andreas: **Heroische Tugend (Herrschertugend).** Online-Ressource (Version 1.0; zuletzt bearb.: 26. Februar 2020). – Siehe: https://www.compendium-heroicum.de/lemma/heroische-tugend-herrschertugend/#katholischeundprotestantischebegriffsgeschichte3.

304 Saarinen Risto: **Heroische Tugend (Protestantismus).** Online-Ressource (Version 1.0; zuletzt bearb.: 29. Mai 2019). – Siehe: https://www.compendium-heroicum.de/lemma/heroische-tugend-prot/.

305 Stoellger, Philipp: **Reformation as reformatting religion:** the shift of perspective and perception by faith as medium. In: 041, 19–47.

306 Szmorhun, Arletta: **Martin Luthers Auffassung von Weiblichkeit, Körperlichkeit und Sexualität.** In: 037, 289–302.

307 Thiede, Werner: **Lust auf Gott:** Einführung in die christliche Mystik. B; MS: LIT, 2019. 232 S. L 139–143. (Einführungen / Theologie; 7)

308 Voß, Klaas-Dieter; Strübind, Andrea: **Einleitung** [Märtyrerbücher und ihre Bedeutung für konfessionelle Identität und Spiritualität in der Frühen Neuzeit]. In: 027, 1–11.

3 Beurteilung der Persönlichkeit und ihres Werkes

309 Blaszcyk, Sabine: **Martin Luther – ein Bild von einem Mann:** Meinungsäußerungen von Jugendlichen aus Sachsen-Anhalt zum Reformator. In: 022, 143–163.

310 Duchrow, Ulrich: **Radikale Reformation:** 2017 im Zeichen des Kampfes gegen das „westliche Ich". ZZ 17 (2016) Heft 3, 50–52: Ill.

311 Duffy, Eamon: **Reformation and the end of Christendom:** two visions. Holiness 3 (Cambridge, UK 2017), 161–180. [Online-Ausgabe: https://www.wesley.cam.ac.uk/

wp-content/uploads/2014/09/02-duffy.
pdf]

312 Eucken, Rudolf: **Martin Luther, Ulrich Zwingli, Johannes Calvin und die Reformation/** gelesen von Michael Kommant. Edewecht: Hierax Medien, 2019. 1 CD.

313 Geißler, Heiner: **Mit den Augen der Anderen betrachtet:** ein ökumenischer Zwischenruf. In: 038, 110–116.

314 Hahn-Bruckart, Thomas: **Die Entdeckung des Evangeliums und die Formierung reformatorischer Identitäten:** Kohäsion und Diffusion in der Wittenberger Reformation. In: 06, 65–80.

315 Haspel, Michael: **Hier stehe ich und kann nicht anders!:** Martin Luther und Martin Luther King, Jr. In: 014, 19–22.

316 Holder, R. Ward: **The Reformers and tradition:** seeing the roots of the problem. Religions 8 (2017) 105: 11 S. [Online-Ausgabe: https://www.mdpi.com/2077-1444/8/6/105]

317 Huthmacher, Richard A.: **Martin Luther – ein treuer Diener seiner Herren:** „Ebenso wie Erasmus habe ich auch Müntzer getötet; sein Tod lieg auf meinem Hals". Bd. 1: **„So lasset uns ... den Staub von den Schuhen schütteln und sagen: wir sind unschuldig an eurem Blut".** Saarbrücken: Satzweiss.com, 2019. Epub-Format (unpag.). – Siehe: https://owncloud.satzweiss.com/s/rlAT2gJnzW6FOH1.

318 Huthmacher, Richard A.: **Martin Luther – ein treuer Diener seiner Herren:** „Ebenso wie Erasmus habe ich auch Müntzer getötet; sein Tod lieg auf meinem Hals". Bd. 2: **„Luther:** polizeilich attestierter Volksverhetzer". Saarbrücken: Satzweiss.com, 2019. Epub-Format (unpag.). Siehe: https://owncloud.satzweiss.com/s/rlAT2gJnzW6FOH1.

319 Huthmacher, Richard A.: **Martin Luther – ein treuer Diener seiner Herren:** „Ebenso wie Erasmus habe ich auch Müntzer getötet; sein Tod lieg auf meinem Hals". Bd. 3: **Hexen, Hebammen, weise Frauen – Luthers Feindbild kennt keine Grenzen.** Saarbrücken: Satzweiss.com, 2019. Epub-Format (unpag.). – Siehe: https://owncloud.satzweiss.com/s/rlAT2gJnzW6FOH1.

320 Huthmacher, Richard A.: **Martin Luther – ein treuer Diener seiner Herren:** „Ebenso wie Erasmus habe ich auch Müntzer getötet; sein Tod lieg auf meinem Hals". Bd. 4: **Luther, (Früh-)Kapitalismus und protestantische Arbeitsethik.** Saarbrücken: Satzweiss.com, 2019. Epub-Format (unpag.). – Siehe: https://owncloud.satzweiss.com/s/rlAT2gJnzW6FOH1.

321 Huthmacher, Richard A.: **Martin Luther – ein treuer Diener seiner Herren:** „Ebenso wie Erasmus habe ich auch Müntzer getötet; sein Tod lieg auf meinem Hals". Bd. 5: **Luther, Judenhass und Nationalsozialismus.** Teilbd 1: **In den (evangelischen) Kirchen wehte das Hakenkreuz.** Saarbrücken: Satzweiss.com, 2019. Epub-Format (unpag.). – Siehe: https://owncloud.satzweiss.com/s/rlAT2gJnzW6FOH1.

322 Huthmacher, Richard A.: **Martin Luther – ein treuer Diener seiner Herren:** „Ebenso wie Erasmus habe ich auch Müntzer getötet; sein Tod lieg auf meinem Hals". Bd. 5: **Luther, Judenhass und Nationalsozialismus.** Teilbd 2: **Luther, Adolf Hitler und die Juden.** Saarbrücken: Satzweiss.com, 2019. Epub-Format (unpag.). – Siehe: https://owncloud.satzweiss.com/s/rlAT2gJnzW6FOH1.

323 Huthmacher, Richard A.: **Martin Luther – ein treuer Diener seiner Herren:** „Ebenso wie Erasmus habe ich auch Müntzer getötet; sein Tod lieg auf meinem Hals". Bd. 5: **Luther, Judenhass und Nationalsozialismus.** Teilb. 3: **Treppenwitz der Geschichte:** was Luther säte, müssen die Palästinenser ernten. Saarbrücken: Satzweiss.com, 2019. Epub-Format (unpag.). Siehe: https://owncloud.satzweiss.com/s/rlAT2gJnzW6FOH1]

324 Huthmacher, Richard A.: **Martin Luther – ein treuer Diener seiner Herren:** „Ebenso wie Erasmus habe ich auch Müntzer getötet; sein Tod lieg auf meinem Hals". Bd. 6: **Zusammenfassung:** Luther: schlichtweg ein schlechter Mensch. Saarbrücken: Satzweiss.com, 2019. Epub-Format (unpag.). Siehe: https://owncloud.satzweiss.com/s/rlAT2gJnzW6FOH1.

325 Kasper, Walter Kardinal: **Grußwort** [Martin Luther in Rom]. In: 026, IX f.

326 Leppin, Volker: **Was Luther ever a Protestant?:** some remarks on preconfessional identity. In: 048, 1–12.

327 Leśniak, Sławomir: **Warum sich Luther und der Essay schlecht vertragen?:** zur Re-

formation aus literaturwissenschaftlicher Perspektive. In: 037, 125–136.

328 Macek, Petr: **Problematické aspekty Lutherova odkazu** (Problematische Aspekte von Luthers Erbe). In: 016, 89–111: summary.

329 Maxfield, John A.: **Luther as a German hero.** In: 025, 409–417.

330 Meusel, Georg: **Der Thesenanschlag von Chicago:** Martin Luther und Martin Luther King, Jr. In: 014, 39–44.

331 Schaede, Stephan: **Angst vor Luther?:** vom Nutzen eines Heros für die Gegenwart und von seiner Schädlichkeit. In: 038, 4–14.

332 Schnabel-Schüle, Helga: **Kirchliche, politische und intellektuelle Voraussetzungen des reformatorischen Prozesses.** In: 036, 2–12.

333 Thomassen, Einar: **To profeter** (Zwei Propheten). Tidsskrift for religion og kultur 2 (Aarhus 2018), 57–74.

334 Walter, Peter: **Die Reformation und die römisch-katholische Kirche:** ein Blick zurück und nach vorne aus dem Abstand von 500 Jahren. In: 039, 111–126.

335 Wirrig, Adam L.: **Luther:** a life of successful struggle. In: 025, 7–13.

336 Žak, Ľubomir: **„Prijat ýalebo odmietnutý?":** postoj teologa a pápeža Josepha Ratzingera k Martinovi Lutherovi („Akzeptiert oder abgelehnt?": die Haltung des Theologen und Papstes Joseph Ratzinger zu Luther). In: 050, 65–99: dt. und engl. Zusammenfassung.

4 Luthers Beziehungen zu früheren Strömungen, Gruppen, Persönlichkeiten und Ereignissen

337 Connolly, John M.: **„Von den guten wercken":** Eckhart und Luther gegen die Werkgerechtigkeit. In: 046, 113–138.

338 Alfsvåg, Knut: **Sharing friends and foes:** on the relation between Nicholas Cusanus and Martin Luther In: Nicholas of Cusa and times of transition: essays in honor of Gerald Christianson/ hrsg. von Thomas M. Izbicki; Jason Aleksander; Donald Duclow. Druckausgabe und Online-Ressource. Leiden: Brill, 2018, 159–172. (Studies in the history of Christian traditions; 188)

339 Barr, Beth Allison: **Late medieval piety:** St. Anne, Martin Luther, and the salvific journey. In: 025, 58–65.

340 Barrett, Matthew: **Can this bird fly?:** repositioning the genesis of the Reformation on Martin Luther's early polemic against Gabriel Biel's covenantal, voluntarist doctrine of justification. Southern Baptist journal of theology 21 (Louisville, KY 2017) Nr. 4, 61–101.

341 Burger, Christoph: **Luthers Inanspruchnahme Augustins:** Vergleich mit Gregor von Rimini und Hugolin von Orvieto. In: 04, 47–73.

342 Cameron, Euan: **Calls for reform before Martin Luther.** In: 025, 74–84.

343 Dohna, Lothar Graf zu; Wetzel, Richard: **Die Reue Christi:** zum theologischen Ort der Buße bei Johann von Staupitz. (1983). In: 043, 151–175.

344 Dohna, Lothar Graf zu: **Gesetz und Evangelium in Staupitz' frühreformatorischer Theologie.** In: 043, 331–334.

345 Dohna, Lothar Graf zu: **Staupitz und Luther:** Kontinuität und Umbruch in den Anfängen der Reformation. (1985). In: 043, 176–189.

346 Dohna, Lothar Graf zu: **Von der Ordensreform zur Reformation:** Johann von Staupitz. (1989). In: 043, 138–150.

347 Eriksen, Kristoffer: **I enden av en rød tråd:** lange linjer i møter mellom renessanse og reformation (Am Ende einer roten Linie: große Linien in den Begegnungen zwischen Renaissance und Reformation). Fortid 15 (Oslo 2018), 30–37.

348 Godlewicz-Adamiec, Joanna: **Reformation und die mittelalterliche Tradition im Licht der didaktischen Literatur.** In: 037, 105–124.

349 Graßmann, Tobias: **Konflikt in Gott:** eine neue Sicht auf Anselm von Canterburys Satisfaktionslehre. ZZ 21 (2020) Heft 3, 37–39: Ill.

350 Halama, Ota: **Svatý Jan Hus:** stručný přehled projevů domácí úcty k českému mučedníku v letech 1415–1620 (Heiliger Jan Hus: ein kurzer Überblick über die einheimische Verehrung für den tschechi-

schen Märtyrer in den Jahren 1415–1620). PR: Kalich, 2015. 191 S.: Ill., Kt.

351 Hofius, Otfried: **„Extra nos in Christo":** Voraussetzung und Fundament des „pro nobis" und des „in nobis" in der Theologie des Paulus. In: 022, 69–97.

352 Holm, Bo Kristian: **Luther, Seneca, and benevolance in both creation and government.** In: 03, 292–317.

353 Jung, Christian: **Luther und die Intellekttrichotomie in Meister Eckharts Predigt 104.** In: 046, 43–68.

354 Leppin, Volker: **Implementing reform.** In: 025, 307–313.

355 Leppin, Volker: **Sola gratia – sola fide:** Rechtfertigung nach der Römerbriefauslegung des Petrus Lombardus. In: 06, 47–63.

356 Lopes Pereira, Jairzinho: **Augustine of Hippo and Martin Luther on original sin and justification of the sinner.** Druckausgabe und Online-Ressource. GÖ; Bristol, CT: V&R, 2013. 505 S. (Refo500 academic studies; 15) – Helsinki, Univ., Theol. Fak., Diss., 2012. [Vgl. LuB 2013 Nr. 265]

357 Salatowsky, Sascha: **Der Traum des Friedrich Myconius:** Prophetie vor der Reformation. In: 010, 245–259.

358 Schiewer, Regina D.: **Der „zagel" Luzifers und das Paradies in der Hölle:** Abstiegs-und Aufstiegsmystik von Mechthild von Magdeburg über Johannes Tauler und Meister Eckhart zu Martin Luther. In: 046, 221–244.

359 Schönau, Christoph: **Jacques Levèvre d'Etaples und die Reformation.** GÜ: GVH, die Vision einer neuen Welt, 2016. 260 S. (QFRG; 91)

360 Schönau, Christoph: **Jacques Levèvre d'Etaples und die Reformation.** 2. Aufl. GÜ: GVH, 2019. 260 S. (QFRG; 91)

361 Soukup, Pavel: **Jan Hus:** the life and death of a preacher. West Lafayett, IN: Purdue University, 2020. X, 223 S. (Central european studies)

362 Wetzel, Richard: **„Meine Liebe zu Dir ist beständiger als Frauenliebe":** Johann von Staupitz († 1524) und Martin Luther. (1998). In: 043, 266–282.

363 Wetzel, Richard: **Staupitz Antibarbarus:** Beobachtungen zur Rezeption heidnischer Antike in seinen Tübinger Predigten. (1989). In: 043, 204–222.

364 Wetzel, Richard: **Staupitz Augustinianus:** eine Bestandsaufnahme der Rezeption Augustins in seinen Tübinger Predigten. (1991). In: 043, 223–265.

365 Wetzel, Richard: **Staupitz und Luther.** (1986. 1991). In: 043, 190–203.

366 Witte, Karl Heinz: **Augustinische Theologie bei deutschschreibenden Autoren des 14. Jahrhunderts:** ein Brückenpfeiler zwischen Eckhart und Luther. In: 046, 1–18.

367 Wriedt, Markus: **Das Siegel der Orthodoxie:** Augustin und seine Bedeutung für die spätmittelalterliche Theologie. In: 04, 13–30.

368 Zecherle, Andreas: **Martin Luther und die „Theologia Deutsch".** In: 046, 19–42.

369 Zecherle, Andreas: **Die Rezeption der „Theologia Deutsch" bis 1523:** Stationen der Wirkungsgeschichte im Spätmittelalter und in der frühen Reformationszeit. Druckausgabe und Onlin-Ressource. TÜ: Mohr Siebeck, 2019. XII, 311 S. (Spätmittelalter, Humanismus, Reformation; 112) – Zugl.: Erlangen-Nürnberg, Univ., Diss., 2017.

370 Ziegler, Gabriele: **Luther und die Mönchsväter.** In: 04, 31–46.

5 Beziehungen zwischen Luther und gleichzeitigen Strömungen, Gruppen, Persönlichkeiten und Ereignissen

a) Allgemein

371 Close, Christopher W.: **The imperial diet in the 1520s.** In: 025, 127–134.

372 Creasman, Allyson F.: **Martin Luther and the printing press.** In: 025, 108–116.

373 Czaika, Otfried: **Boktryck och reformation:** att flytta fokus; från Luther till Gutenberg, från reformationen till boktryckarkonsten (Druckwesen und Reformation: den Fokus verschieben; von Luther zu Gutenberg, von der Reformation zum Druckwesen).

Teologisk tidsskrift 7 (Oslo 2018), 225–244.

374 Domröse, Sonja: **Gelehrte und Glaubensflüchtling:** Olympia Fulvia Morata – ein weibliches Wunderkind des 16. Jahrhunderts. ZZ 17 (2016) Heft 3, 22–24: Ill.

375 **Funke – Flamme – Feuer?:** zum europäischen Charakter der Reformation; Tagung der Evangelischen Akademie Sachsen-Anhalt der Evangelischen Akademie zu Berlin und der Evangelischen Kirche der Böhmischen Brüder, 7.–9. Oktober 2016, Lutherstadt Wittenberg/ Texte: Eva Dolezalová; Gerd Frey-Reininghaus; Albert de Lange; Matthias Krieg; Ulrich Oelschläger; Peter Vogt. F: Gemeinschaftswerk der Evangelischen Publizistik (GEP), 2017. 42 S.: Ill. (Evang. Pressedienst: Dokumentation [2017]; 41)

376 Habermas, Jürgen: **Auch eine Geschichte der Philosophie.** Bd. 1: **Die okzidentale Konstellation von Glauben und Wissen.** Druckausgabe und Online-Ressource. B: Suhrkamp, 2019. 918 S. L". [Rezension siehe Nr. 729]

377 Habermas, Jürgen: **Auch eine Geschichte der Philosophie.** Bd. 2: **Vernünftige Freiheit:** Spuren des Diskurses über Glauben und Wissen. Druckausgabe und Online-Ressource. B: Suhrkamp, 2019. 820 S. L 9–77+." [Rezension siehe Nr. 729]

378 Harasimowicz, Jan: **Protestantischer Kirchenbau der Frühen Neuzeit zwischen Stettin, Königsberg und Breslau.** In: 021, 181–196: Ill.

379 Huch, Ricarda: **Das Zeitalter der Glaubensspaltung:** Deutsche Geschichte. Bd. 2. Neusatz der Erstausgabe ZH, 1937. Druckausgabe und Online-Ressource. Grafrath: Boer, 2018. 496 S.: Ill.

380 Huch, Ricarda: **Das Zeitalter der Glaubensspaltung.** Reprint der Ausgabe ZH, 1937. Koblenz: Rhenania, [2019]. 543 S. (Huch, Ricarda: Deutsche Geschichte; 2) (Edition Kramer)

381 Hund, Johannes: **Modestia in docendo:** Friedrich Myconius bei den Religionsgesprächen und -verhandlungen in Marburg (1529), Wittenberg (1536), Schmalkalden (1537) und Hagenau (1540). In: 010, 183–195.

382 Jendorff, Alexander: **Religiöser Wandel, adliger Eigensinn und die politische Dimension des Reformatorischen.** In: 02, 29–81.

383 Jörgensen, Bent: **Konfessionelle Selbst- und Fremdbezeichnungen.** In: 036, 125–130.

384 Kaufmann, Thomas: **Judenfurcht und Türkenhoffnung – christliche Sichtweisen auf die fremden Religionen im Zeitalter der Reformation.** In: 015, 92–116: Ill.

385 Kaufmann, Thomas: **Die Mitte der Reformation:** eine Studie zu Buchdruck und Publizistik im deutschen Sprachgebiet, zu ihren Akteuren und deren Strategien, Inszenierungs- und Ausdrucksformen. TÜ: Mohr Siebeck, 2019. 846 S.: Ill. (Beiträge zur historischen Theologie; 187)

386 Kenny, Anthony: **Geschichte der abendländischen Philosophie** (A new history of western philosophy)/ aus dem Engl. übers. von Manfred Weltecke. Studienausgabe. 3., durchges. Aufl. Bd. 3: **Neuzeit** (The rise of modern philosophy). DA: WB, 2016. 364 S.: Ill.

387 Kenny, Anthony: **Geschichte der abendländischen Philosophie** (A new history of western philosophy)/ aus dem Engl. übers. von Manfred Weltecke. Jubiläumsausgabe. 4., durchges. Aufl. Bd. 3: **Neuzeit** (The rise of modern philosophy). DA: WB, 2019. 364 S.: Ill.

388 Laine, Tuija: **From learning the catechism by heart towards independent reading.** In: 032, 138–154.

389 Lexutt, Athina: **Differenzdiskurse.** In: 036, 14–45.

390 Luebke, David M.: **The Holy Roman Empire.** In: 025, 119–126.

391 Maissen, Thomas: **Geschichte der frühen Neuzeit.** 2. Aufl., Originalausgabe. M: Beck, 2018. 128 S. (Beck'sche Reihe; 2760: C. H. Beck Wissen)

392 Orr, Timothy J.: **Persecution, martyrdom, and flight in Luther's Europe.** In: 025, 204–212.

393 Pohlig, Matthias: **Einleitung [Juden, Christen und Muslime].** In: 015, 9–38.

394 Rasche, Anja: **Reformation im Hanseraum:** Kaufleute, Bücher und Sanktionen. In: 021, 135–146: Ill.

395 **Reformation.** Online-Ressource. Bd. 30 **(Q, R-Reh).** In: 011, 847–856 (Sp. 1676–1694). – Siehe: https://www.zedler-lexikon.de//index.html?c=blaettern&id=278766&bandnummer=30&seitenzahl=0847&supplement=0&dateiformat=1).

396 Schattkowsky, Martina: **Adel – Macht – Reformation:** eine Einführung. In: 02, 9–26.

397 Schuster, Susanne: **Dialogflugschriften der frühen Reformationszeit:** literarische Fortführung der Disputation und Resonanzräume reformatorischen Denkens. Druckausgabe und Online-Ressource. GÖ: V&R, 2019. 297 S.: Ill. (Forschungen zur Kirchen- und Dogmengeschichte; 118) – Zugl.: TÜ, Univ., Evang.-Theol. Fak., Habil., 2017.

398 Smith, William Bradford: **Origins of the Schmalkaldic league.** In: 025, 143–151.

399 Tschopp, Silvia Serena: **Flugschriften als Leitmedien reformatorischer Öffentlichkeit.** In: 036, 311–330.

400 Volkmar, Christoph: **Adelsbilder: Landadel und Reformation im Diskurs der lutherischen Öffentlichkeit.** In: 02, 83–102.

401 Volkmar, Christoph: **Von der Wahrnehmung des Neuen:** die Leipziger Disputation in den Augen der Zeitgenossen. In: 017, 205–218: Ill.

402 Walther, Sebastian: **bibite ex hoc omnes – Liturgisches Gerät aus St. Thomas zu Leipzig und der Nathanaelkirchgemeinde Leipzig als frühes Zeugnis des lutherischen Abendmahlsverständnisses.** Leipziger Stadtgeschichte: Jahrbuch 2017 [Druck: 2018], 5–14: Ill.

403 Weber, Hannah-Christina: **Buchdrucker.** In: 036, 93–109.

404 Wernisch, Martin: **Co je ona reformace, jejíž výročí si připomínáme?:** příspěvek k ujasnění pojmů (Was ist die Reformation, an deren Jahrestag wir erinnern?: ein Beitrag zur Klärung von Konzepten). In: 016, 1–33: summary.

405 Wernisch, Martin: **Evropská reformace, čeští evangelíci a jejich jubilea** (Die europäische Reformation, die böhmischen Evangelischen und ihre Jubiläen). PR: Kalich, 2018. 292 S.

406 Whitford, David M.: **The Importance of Luther in Context.** In: 025, 1–4.

407 Whitford, David M.: **Martin Luther's magisterial defenders.** In: 025, 215–223.

408 Wiersma, Hans: **Luther's treatises and polemics.** In: 025, 317–325.

409 Wunder, Dieter: **Zur Rolle Niederadliger in den Reformationen des 16. und 17. Jahrhunderts.** In: 02, 103–141.

b) Wittenberger Freunde, Philipp Melanchthon

410 Biber[d. i. Bieber]-Wallmann, Anneliese: **Johannes Bugenhagen und seine Bedeutung für „Plattdüütsch in de Kark".** In: 01, 48–86: Ill.

411 [Bodenstein von Karlstadt, Andreas]: **Kritische Gesamtausgabe der Schriften und Briefe Andreas Bodensteins von Karlstadt/** hrsg. von Thomas Kaufmann. Bd. 1: **Schriften 1507–1518/** bearb. von Harald Bollbuck; Ulrich Bubenheimer ... Teilbd. 1: **1507–1517.** GÜ: GVH, 2017. XXXVIII, 535 S. (QFRG; 90 I) – Siehe den elektronischen Zugang: http://dev2.hab.de/edoc/start.html?id=edoo0216.

412 [Bodenstein von Karlstadt, Andreas]: **Kritische Gesamtausgabe der Schriften und Briefe Andreas Bodensteins von Karlstadt/** hrsg. von Thomas Kaufmann. Bd. 1: **Schriften 1507–1518/** bearb. von Harald Bollbuck; Ulrich Bubenheimer ... Teilbd. 2: **1518.** GÜ: GVH, 2017. XI S., S. 538–1095. (QFRG; 90 II) – Siehe den elektronischen Zugang: http://dev2.hab.de/edoc/start.html?id=edoo0216.

413 [Bodenstein von Karlstadt, Andreas]: **Kritische Gesamtausgabe der Schriften und Briefe Andreas Bodensteins von Karlstadt/** hrsg. von Thomas Kaufmann. Bd. 2: **Briefe und Schriften 1519/** bearb. von Harald Bollbuck; Ulrich Bubenheimer ... GÜ: GVH, 2019. XXXI, 646 S.: Ill. & Beilage (1 Faltkt.). (QFRG; 93)

414 Frank, Günter; Lange, Axel: **Philipp Melanchthon:** Humanisme – Réforme; images vivantes de la Maison Melanchthon à Bretten. Ubstadt-Weiher; HD; Neustadt a. d. W.; BL: Regionalkultur, 2020. 80 S. L".

415 Georg III. von Anhalt: **Abendmahlsschriften/** hrsg. im Auftrag der Evang. Landeskirche Anhalts von Tobias Jammerthal; David Burkhart Janssen. L: EVA, 2019. 440 S. (ANHALT[ER]KENNTNISSE)

416 Jammerthal, Tobias: **Begabtenförderung im 16. Jahrhundert:** Johannes Reuchlin und Philipp Melanchthons Tübinger Studienzeit. JBKRG 13 (2019), 11–23.

417 Jammerthal, Tobias: **„medieval background noise":** Melanchthons Auslegung biblischer Abendmahlstexte 1519–1521. In: 028, 65–90.

418 Jammerthal, Tobias: **Philipp Melanchthons Abendmahlstheologie im Spiegel seiner Bibelauslegung 1520–1548.** Druckausgabe und Online-Ressource. TÜ: Mohr Siebeck, 2018. XVI, 297 S. (Spätmittelalter, Humanismus Reformation; 106)

419 Jerratsch, Anna: **Der frühneuzeitliche Kometendiskurs im Spiegel deutschsprachiger Flugschriften.** Druckausgabe und Online-Ressource. S: Steiner, 2020. 583 S.: Ill. [Melanchthon, 103–108] (Boethius; 71) – Zugl.: B, Humboldt-Univ., Diss., 2018.

420 Kohnle, Armin: **Kaiser Friedrich?:** die Königswahl Karls V. 1519 und ein Epigramm Martin Luthers. Lu 90 (2019), 75–91: Ill.

421 Kohnle, Armin: **vff dem schlosse gepredigt:** die Wittenberger Schlosskirche als Predigtort in der Reformationszeit. In: 07, 273–282.

422 Kolb, Robert: **Melanchthon – ein „Lutheraner"?:** zu Vielfalt und Einheit der Wittenberger Theologie. In: 028, 165–187.

423 Kuropka, Nicole: **Melanchthon, der Lutheraner – Melanchthon, der Schriftausleger.** In: 028, 19–32.

424 Lohrmann, Martin J.: **The Wittenberg circle.** In: 025, 249–256.

425 Lück, Heiner: **Juristen um Luther in Wittenberg.** In: 036, 71–92.

426 **Melanchthon, (Philipp).** Online-Ressource. Bd. 20 **(Mb-Mh)**. In: 011, 219–230 (Sp. 420–442). – Siehe: https://www.zedler-lexikon.de//index.html?c=blaettern&seitenzahl=219&bandnummer=20&view=100&l=de.

427 Melanchthon, Philipp: **Hvalnica šolskemu življenju, 1536** (De laude vitae scholasticae oratio <slowen.> [Auszug])/ übers. von Marko Kerševan In: 020 201–203.

428 Melanchthon, Philipp: **De rhetorica libri tres**/ hrsg. von Stefan Strohm unter Mitarb. von Hartmut Schmid. In: 029, 1–191.

429 Melanchthon, Philipp: **Dispositiones aliquot rhetoricae**/ hrsg. von William P. Weaver auf der Grundlage der Edition von Hanns Zwicker. In: 029, 415–560.

430 Melanchthon, Philipp: **Elementorum rhetorices libri duo**/ hrsg. von Volkhard Wels. In: 029, 255–407.

431 Melanchthon, Philipp: **Institutiones rhetoricae**/ hrsg. von William P. Weaver. In: 029, 195–254.

432 [Melanchthon, Philipp]: **Melanchthons Briefwechsel:** kritische und kommentierte Gesamtausgabe/ im Auftrag der Heidelberger Akademie der Wissenschaften hrsg. von Christine Mundhenk. Bd. 13: **Personen L-N/** bearb. von Heinz Scheible. S-Bad Cannstatt: Frommann-Holzboog, 2019. 582 S.

433 [Melanchthon, Philipp]: **Melanchthons Briefwechsel:** kritische und kommentierte Gesamtausgabe/ im Auftrag der Heidelberger Akademie der Wissenschaften hrsg. von Christine Mundhenk. Bd. T 18: **Texte 5011–5343 (Januar – Oktober 1548)**/ bearb. von Matthias Dall'Asta; Heidi Hein; Christine Mundhenk. S-Bad Cannstatt: Frommann-Holzboog, 2018. 628 S.

434 [Melanchthon, Philipp]: **Melanchthons Briefwechsel:** kritische und kommentierte Gesamtausgabe/ im Auftrag der Heidelberger Akademie der Wissenschaften hrsg. von Christine Mundhenk. Bd. T 19: **Texte 5344–5642 (November 1548 – September 1549)**/ bearb. von Matthias Dall'Asta; Heidi Hein; Christine Mundhenk. S-Bad Cannstatt: Frommann-Holzboog, 2019. 621 S.

435 [Melanchthon, Philipp]: **Melanchthons Briefwechsel:** kritische und kommentierte Gesamtausgabe/ im Auftrag der Heidelberger Akademie der Wissenschaften hrsg. von Christine Mundhenk. Bd. T 20: **Texte 5643–5969(Oktober1549–Dezember1550)**/ bearb. von Matthias Dall'Asta; Heidi Hein; Christine Mundhenk. S-Bad Cannstatt: Frommann-Holzboog 2019, 494 S.

436 [Melanchthon, Philipp]: **Philipp Melanchthon in 100 persönlichen Briefen**/ hrsg. von Christine Mundhenk; Matthias Dall'Asta; Heidi Hein. Druckausgabe und Online-Ressource. GÖ: V&R, 2017. 195 S.: Ill.

437 Mundhenk, Christine: **Friedrich Myconius' Beziehungen zu den Wittenberger Theologen.** In: 010, 73–87.

438 Preising, Helge: **Um Frieden und Wahrheit:** die Beziehung zwischen Luther und Melanchthon während des Augsburger Reichstages 1530, untersucht anhand ihres Briefwechsels. In: 028, 93–163.

439 Salvadori, Stefania: **Andreas Bodenstein von Karlstadt und die Leipziger Disputation.** In: 017, 135–158: Ill.

440 Stolzenau, Martin: **Der erste lutherische Bischof:** Nikolaus von Amsdorf. Der Sonntag: Wochenzeitung für die Evang.-Luth. Landeskirche Sachsens 75 (2020) Nr. 32 (9. August), 9: Ill.

441 Wengert, Timothy J.: „Mehr Licht" – Die letzte Exegese Philipp Melanchthons. In: 028, 33–63.

c) Altgläubige

442 Bünz, Enno: **Sächsische Adlige und der Papst, oder: wozu brauchte man die Römische Kurie vor der Reformation?** In: 02, 145–179: Ill.

443 Cottin, Markus: **Der Merseburger Bischof Adolf und die Leipziger Disputation:** Überlegungen zu Möglichkeiten und Grenzen kirchenpolitischen Handelns des Bischofs in Bistum und Hochstift. In: 017, 175–186: Ill.

444 Jadatz, Heiko: **Herzog Georg von Sachsen und die Leipziger Disputation.** In: 017, 109–124.

445 Keen, Ralph: **Luther and the papacy.** In: 025, 92–99.

446 Minnich, Nelson H.: **Luther, Cajetan, and Pastor Aeternus (1516) of Lateran V on conciliar authority.** In: 026, 187–204.

447 Oertzen Becker, Doreen von: **Wittenberg und der Schmalkaldische Krieg.** In: 07, 143–148: Ill.

448 Schildt, Gerhard: **Die Reformation in Deutschland und ihre nationalen Beweggründe.** ZBKG 87 (2018), 197–204. [Vgl. LuB 2019 Nr. 624]

449 Schilling, Heinz: **Karl V.:** der Kaiser, dem die Welt zerbrach; Biographie. Druckausgabe und Online-Ressource. M: Beck, 2020. 457 S.: Ill., Kt.

450 Schlageter, Johannes Karl: **Lebenserneuerung gegen Glaubensneuerung:** Franziskaner im Streit mit der frühen Reformation. In: 010, 55–70.

451 Soen, Violet: **Charles V.** In: 025, 232–239.

452 Tavuzzi, Michael: **Luther's catholic opponents.** In: 025, 224–331.

453 Weigel, Petra: **Friedrich Myconius und der Franziskanerorden am Vorabend der Reformation.** In: 010, 27–54.

454 Wernicke, Michael Klaus: **Egidio da Viterbo:** Humanist und Reformer des Augustiner-Eremitenordens. In: 026, 309–318.

455 Wurm, Johann Peter: **Johannes Eck und die Disputation von Leipzig 1519:** Vorgeschichte und unmittelbare Folgen. In: 017, 159–174: Ill.

d) Humanisten

456 Arnold, Matthieu: **La Réformation, fille ingrate de l'humanisme?** Annuaire des Amis de la Bibliothèque Humaniste de Sélestat 69 (Schlettstadt 2019), 45–56.

457 Kroeker, Greta Grace: **Erasmus:** humanist and theologian. In: 025, 290–298.

458 Price, David H.: **Northern humanism and its impact.** In: 025, 100–107.

e) Thomas Müntzer und Bauernkrieg

459 Baylor, Michael G.: **The German peasants' war.** In: 025, 135–142.

460 Luther-Akademie Sondershausen-Ratzeburg: **Luther-Courier/** hrsg. vom Vorstand der Luther-Akademie Sondershausen Ratzeburg; Redaktion/Gestaltung: Tim Reiter; Rainer Rausch. Ausgabe 2019, Nr. 1, Druckausgabe und Online-Ressource. Sine loco, 2019. 12 S.: Ill. [Enthält u. a.: Tagungsrückblick: **Müntzer und Luther: Revolution und Reformation?**] – Siehe: https:// www.luther-akademie.de/cms/upload/do kumente/luther-courier-19_1.pdf.

461 Vogler, Günter: **Müntzerbild und Müntzerforschung vom 16. bis zum 21. Jahrhundert.** Bd. 1: **1519 bis 1789.** B: Weidler, 2019. 534 S.

f) „Schwärmer" und Täufer

462 Brewer, Brian C.: **The Anabaptists.** In: 025, 375–382.

463 Grochowina, Nicole: **Gleichheit im Tod, Unterschied in der Erinnerung?:** Märtyrerinnen im Täufertum. In: 027, 185–201.

464 Kaufmann, Thomas: **Die Täufer:** von der radikalen Reformation zu den Baptisten. M: Beck, 2019. 128 S.: Ill., Kt. (Beck'sche Reihe; 2897: C. H. Beck Wissen)

465 Kaufmann, Thomas: **Der verdrängte Reformator:** Erinnerung an Andreas Karlstadt aus Anlass eines Textfundes. ZZ 19 (2018) Heft 8, 40–42: Ill.

466 [Keßler] Kessler, Martin: **Andreas Bodenstein von Karlstadt.** In: 025, 240–248.

467 MacGregor, Kirk R.: **Constructing a Bernard-Hubmaier trinitarian model of prevenient grace.** Pro ecclesia: a journal of catholic and evangelical theology 29 (2020), 68–88. – Siehe: https://journals.sagepub. com/doi/pdf/10.1177/1063851219878701.

468 Michel, Stefan: **Theologischer Aufseher und Informant des kurfürstlichen Hofes:** Beobachtungen zu Friedrich Myconius und der Täuferbewegung. In: 010, 155–167.

g) Schweizer und Oberdeutsche

469 Giselbrecht, Rebecca A.: **Huldrych Zwingli.** In: 025, 257–264.

470 Köhler, Walther: **Zwingli und Luther:** ihr Streit über das Abendmahl nach seinen politischen und religiösen Beziehungen. Bd. 1: **Die religiöse und politische Entwicklung bis zum Marburger Religionsgespräch 1529.** Faksimile der Ausgabe ZH, 1924. GÜ: GVH, 2017. XIII, 851 S. (QFRG; 6)

471 Köhler, Walther: **Zwingli und Luther:** ihr Streit über das Abendmahl nach seinen politischen und religiösen Beziehungen. Bd. 2: **Vom Beginn der Marburger Verhandlungen 1529 bis zum Abschluss der Wittenberger Konkordie von 1536.** Faksimile der Ausgabe HD, 1943. GÜ: GVH, 2017. XI, 534 S. (QFRG; 7)

472 Rast, Lawrence B., Jr.: **Luther a Zwingli:** stejný spor i dnes (Luther und Zwingli: der gleiche Streit heute). In: 050, 118–146: dt. und engl. Zusammenfassung.

473 Strohm, Christoph: **La réception de Luther par le jeune Calvin.** Revue d'Histoire du Protestantisme 5 (P 2020), 69–88.

h) Juden

474 Alfsvåg, Knut: **Hur kunde du, Luther?:** om Martin Luther, islam och judarna (Wie konntest du, Luther?: von Luther, Islam und den Juden), 244. [Schwed. Übersetzung eines Kapitels aus LuB 2018, Nr. 257]. In: Den mångfacetterade reformationen (Die facettenreiche Reformation)/ hrsg. von Rune Imberg; Torbjörn Johansson. Göteborg: Församlingsförlaget, 2019, 244.

475 Bell, Dean Phillip: **The rabbinate and Jewish communal structures in Reformation Germany.** In: 015, 255–274.

476 Bienert, Walther: **Martin Luther und die Juden:** ein Quellenbuch mit zeitgenössischen Illustrationen, mit Einführungen und Erläuterungen. Reprint der Originalausgabe F, 1982. Faksimile-Druck u. PDF-Datei. B; Boston, MA: De Gruyter, 2019. 240 S.: Ill.

477 Burnett, Stephen G.: **Jews and Judaism.** In: 025, 179–186.

478 Burnett, Stephen G.: **What Luther could have know of Judaism.** In: 015, 133–146.

479 Detmers, Achim: **Ein wenig Licht, viel Schatten:** die reformierten Reformatoren lehnten Juden ab, aber weniger heftig als Luther. ZZ 16 (2015) Heft 11, 42–44: Ill.

480 Germann, Michael: **Die „Sau an der Kirche" aus rechtlicher Perspektive.** In: 049, 96–102.

481 Gisel, Pierre: **Que peut nous apporter aujourd'hui la position de Luther sur les Juifs?** Revue de théologie et de philosophie 152 (Lausanne 2020), 51–67.

482 Grabbe, Hans-Jürgen: **Entsorgung von Geschichte aus dem Geist politischer Korrektheit.** In: 049, 103–118.

483 Hennen, Insa Christiane: **Juden in Wittenberg und lutherische Judenfeindlichkeit:** zur Wirkungsgeschichte des „schweinischen Steingemähldes". In: 049, 69–95: Ill.

484 Jütte, Kathrin: **Nein zur Judenmission gefordert:** die EKD-Synode vor dem Reformationsjubiläum – Luther und die Juden. ZZ 16 (2015) Heft 12, 16f: Ill.

485 Kaufmann, Thomas: **Einige Überlegungen zum Umgang mit der „Judensau".** In: 049, 9–12.

486 Kirn, Hans-Martin: **Die Reformation und die Juden:** Beispiele zu Antijudaismus und Antisemitismus im 16. Jahrhundert. In: 039, 127–142.

487 Köpf, Ulrich: **Konsequente Historisierung Martin Luthers:** zu Johannes Wallmann: Luthers „Judenschriften" und ihre Rezeption. ZBKG 87 (2018), 297–305. [Rezension zu LuB 2019, Nr. 727; vgl. unten, Nr. 497]

488 Kosch, Stephan: **Stein des Anstoßes:** erneut wird die Wittenberger „Judensau" vor Gericht verhandelt. ZZ 21 (2020) Heft 1, 43–45: Ill.

489 Lewin, Reinhold: **Luthers Stellung zu den Juden:** ein Beitrag zur Geschichte der Juden in Deutschland während des Reformationszeitalters/ hrsg. von Karsten Krampitz. Aschaffenburg: Alibri, 2018. 180 S.

490 McGinnis, Beth; McGinnis, Scott: **Luther, Bach, and the Jews:** the place of objectionable texts in the classroom. Religions 8 (2017) 53: 12 S.: Ill. [Online-Ausgabe: https://www.mdpi.com/2077-1444/8/4/53]

491 Meissner, Stefan: „**Wenn die Jüden wieder in ihr Land kämen wollt' ich …"**: Martin Luthers negative Geschichtstheologie. Vortrag. Internetressource: PDF. Wittenberg 2015. 13 S. – Siehe: https://www.acade mia.edu/15835169/Wenn_die_Juden_wie der_in_ihr_Land_kmen?auto=down load&email_work_card=download-paper.

492 Pak, G. Sujin: **The Protestant Reformers and the Jews: excavating contexts, unearthing logic.** Religions 8 (2017) 72: 13 S. [Online-Ausgabe: https://www.mdpi. com/2077-1444/8/4/72]

493 Savy, Pierre: **Publier Des Juifs et de leurs mensonges de Martin Luther:** retour sur un projet éditorial et scientifique. Revue de théologie et de philosophie 152 (Lausanne 2020), 17–35.

494 Schubert, Anselm: **Christliche Kabbala:** Transformationen der Religion zwischen Judentum und Christentum. In: 015, 117–130. L".

495 Svenungsson, Jayne: **Idealism turned against itself:** from Hegel to Rosenzweig. In: 041, 97–108.

496 Titze, Mario: **Die Sau an der Kirche:** kunsthistorische Fragen an ein viel diskutiertes mittelalterliches Bildwerk. In: 049, 17–56.

497 Wallmann, Johannes: **Martin Luthers Judenschriften.** 2., durchges. und erw. Auflage. Bielefeld: Luther, 2018. 213 S. (Studienreihe Luther; 18) [Vgl. die Rezension zur 1. Aufl., oben, Nr. 487]

498 Wendebourg, Dorothea: **Angst vor religiösen Gegensätzen:** die EKD zieht falsche Schlüsse aus Martin Luthers Antijudaismus. ZZ 17 (2016) Heft 7, 12–14: Ill.

499 Wendebourg, Dorothea: **Martin Luther und die Juden.** In: 049, 57–68.

500 Wolffsohn, Michael: **Zerrbild, Idealbild, Realbild:** auf der Suche nach „dem" Judenbild. In: 049, 13–16.

i) Künstler, Kunst, Bilderfrage

501 **Ars sacra:** christliche Kunst und Architektur des Abendlandes von den Anfängen bis zur Gegenwart/ Beiträge von Rainer Warland; Barbara Borngässer … Fotos von Achim Bednorz; hrsg. von Rolf Toman. Sonderausgabe. Potsdam: Ullmann, 2015. 800 S.: Ill. L".

502 Büttner, Nils: **Einführung in die frühneu-** zeitliche Ikonographie. Druckausgabe und Online-Ressource. DA: WB, 2014. 160 S.: Ill. L 32. 39–42. (Einführung Kunst und Architektur)

503 Büttner, Nils: **Einführung in die frühneuzeitliche Ikonographie.** Online-Ressource: epub. DA: WB, 2016. 160 S.: Ill. L 32. 39–42. (Einführung Kunst und Architektur)

504 Burschel, Peter: **Cultures of martyrdom in the early modern age.** In: 027, 13–26.

505 Grabenhorst, Gesche: **Reformation in und durch Räume.** In: 040, 27–30.

506 Gruber, Christiane: **Radikal-reformatorische Themen im Bild:** Druckgrafiken der Reformationszeit (1520–1560)/ Druckausgabe und Online-Ressource. GÖ: V&R, 2018. 344 S.: Ill. (Forschungen zur Kirchen- und Dogmengeschichte; 115)

507 **Kontroverse & Kompromiss:** der Pfeilerbilderzyklus des Mariendoms und die Kultur der Bikonfessionalität im Erfurt des 16. Jahrhunderts/ im Auftrag der Landeshauptstadt Erfurt, Stadtverwaltung, hrsg. von Eckhard Leuschner; Falko Bornschein; Kai Uwe Schierz. Dresden: Sandstein 2015. 400 S.: Ill.

508 Lipiński, Cezary: **Wider die „groben kunst vertrücker":** die Reformation und der Paradigmenwechsel in der Kunst. In: 037, 215–239.

509 Münch, Birgit Ulrike; Tacke, Andreas: **Kunst.** In: 036, 346–352.

510 Münch, Birgit Ulrike; Tacke, Andreas: **Künstler und Ateliers.** In: 036, 109–120.

511 Oelke, Harry: **Der Papst als Antichrist und die „Gute Nachricht":** Beobachtungen zur reformatorischen Papstkritik im Bild. In: 06, 107–130: Ill.

512 Schaede, Stephan: **Reformation und Bild.** In: 040, 11–26.

513 Silver, Larry: **Luther's artists.** In: 025, 187–203.

514 Slenczka, Ruth: **Reformation und Kunst:** die religiöse Dimension des künstlerischen Aufbruchs in der nordalpinen Renaissance; Dürer, Cranach und Holbein. In: 039, 69–84.

515 Stoellger, Philipp: **Bild als locus classicus reformatorischer Theologie?:** bildtheoretische Thesen. In: 040, 31–51.

516 Zerbe, Doreen: **Bilder der Leipziger Disputation:** Illustration und Interpretation. In: 017, 219–236: Ill.

j) Territorien und Orte innerhalb des Deutschen Reiches

517 Blaha, Dagmar: **Der Bericht des Friedrich Myconius über die Visitation im Amt Tenneberg im März 1526.** In: 010, 119–136.

518 Bünz, Enno: **Territorium – Stadt – Universität:** das Umfeld der Leipziger Disputation 1519. In: 017, 85–108: Ill., Kt.

519 Dietmann, Andreas: **Friedrich Myconius als Visitator und seine Bedeutung als Superintendent für das Schulwesen im ernestinischen Kurfürstentum.** In: 010, 137–154: Kt.

520 Flurschütz da Cruz, Andreas: **Orthodoxie, Kalkül, Indifferenz?:** kursächsischer und fränkischer Adel im konfessionspolitischen Vergleich. In: 02, 449–474: Ill.

521 Gehrt, Daniel; Paasch, Kathrin: **Einleitung** [Friedrich Myconius]. In: 010, 11–24.

522 Gehrt, Daniel: **Organisations- und Kommunikationsstrukturen der Wittenberger Reformation oberhalb der Ebene der Superintendenten in der historischen Landschaft Thüringen.** In: 010, 89–116: Kt.

523 Hermle, Siegfried: **Keine Chance für Luther – Vergebliche Reformationsimpulse in Köln bis 1530.** JEKGR 68 (2019), 37–60.

524 Hohenberger, Thomas: **Die Einführung der Reformation im Frankenwald:** Wirkungen der Lehre Luthers im nordwestlichen Markgrafentum Brandenburg-Kulmbach. ZBKG 87 (2018), 5–29.

525 Jähnigen, Saskia: **Im rechten erkenntnis des Euangelij [...] verschieden – Tod und Memoria Kurfürst Friedrichs des Weisen zwischen spätmittelalterlicher Tradition und reformatorischem Wandel.** In: 07, 283–296: Ill.

526 Kandler, Karl-Hermann: **Herzogin Ursula von Münsterberg flieht zu Luther nach Wittenberg.** Lu 91 (2020), 9–21.

527 Kaufmann, Thomas: **Norddeutsche Stadtreformation:** einige Beobachtungen und Überlegungen. JNKG 116 (2018), 103–124.

528 Kohnle, Armin: **Friedrich Myconius und die Reformation im albertinischen Sachsen 1539.** In: 010, 197–206.

529 Kohnle, Armin: **Herzog Georg von Sachsen und sein evangelischer Adel:** die Einsiedel, Schönberg und Hopfgarten. In: 02, 181–191: Ill.

530 Kroll, Frank-Lothar: **Geschichte Sachsens.** Original-Ausgabe. Druckausgabe und Internetressource (epub). M: Beck 2014. 128 S.: Kt. L". (Beck'sche Reihe; 2613) [Auch als Sonderausgabe der Sächsischen Landeszentrale für politische Bildung]

531 Kugel, Daniel: **Landstände und Reformation.** In: 036, 121–125.

532 Laux, Stephan: **Die Territorien, Städte und Regionen des Alten Reichs.** In: 036, 153–201.

533 Menzhausen, Joachim: **Kulturgeschichte Sachsens.** Erg. und aktual. Neuauflage. L: Edition Leipzig, [2014]. 344 S.: Ill. L". (Edition Leipzig)

534 Menzhausen, Joachim: **Kulturgeschichte Sachsens.** Sonderausgabe für die Sächsische Landeszentrale für Politische Bildung, erg. und aktualisierte Neuaufl. Dresden; L: Sächsische Landeszentrale für Politische Bildung, 2014. 344 S.: Ill. L". (Edition Leipzig)

535 Michel, Stefan: **Kurfürst Johann von Sachsen (1468–1532) und die von Sachsen ausgehende Reformation:** neue Beobachtungen zur Fürstenreformation. ThLZ 145 (2020), 493–508.

536 Mötsch, Johannes; Reißland, Ingrid: **Grimmenthal:** ein (fast) vergessener Wallfahrtsort und seine Geschichte. L; Hildburghausen: Salier, 2018. 80 S.: Ill. (Sonderveröffentlichung des Hennebergisch-Fränkischen Geschichtsvereins; 34)

537 Mütze, Dirk Martin: **Sächsische Adlige als (Ver-)Käufer von Klostergut:** Aspekte zur Sequestration und Säkularisation der Klöster im albertinischen Sachsen. In: 02, 269–298: Ill.

538 Pettke, Sabine: **Nachträge zu Joachim Slüter.** In: 030, 11–17.

539 Reller, Jobst: **Pfarrer in Hermannsburg von der Reformation bis Christian Harms.** In: 01, 87–101.

540 Schirmer, Uwe: **Adlige Rittergutsherrschaft und Kirchenpatronat:** die Ausbreitung und Festsetzung der lutherischen Lehre in den kursächsischen Ämtern Altenburg und Grimma (1521–1528/29). In: 02, 217–267.

541 Schnabel-Schüle, Helga: **Das Reich als informatorischer Raum.** In: 036, 132–152.

542 Sladeczek, Martin: **Adel und Dorfkirche im westlichen Thüringer Becken im 16. Jahr-**

hundert: die Ausbildung evangelischer Patronatskirchen. In: 02, 315–365: Ill.

543 Stahl, Andreas: **Die ernestinische Stadtfestung Wittenberg – eine frühneuzeitliche Fortifikation an der Elbe.** In: 07, 33–58: Ill., Kt.

544 Stuth, Steffen: **Mecklenburg und die Reformation.** In: 030, 18–22.

545 Thiessen, Hillard von: **Umbrüche.** In: 030, 23–27.

546 Wetzel, Michael: **Anarg Heinrich von Wildenfels (um 1490–1539):** kurfürstlicher Rat, Visitator und Liederdichter der Reformation. In: 02, 299–312: Ill.

547 Witting, Friedemann: **Friedrich Myconius und die Mittlere Ebene.** In: 010, 169–180.

548 Zeiß-Horbach, Auguste: **Bekennerin – Predigkäuzin – Gelehrte:** zur Rezeptionsgeschichte Argula von Grumbachs. ZKG 129 (2018), 341–369.

k) Länder und Orte außerhalb des Deutschen Reiches

549 Angel, Sivert: **Was there a Protestant fearlessness in face of death?:** the rhetoric of hell in Nordic 16th century preaching on the resurrection. In: 048, 15–35.

550 Arnold, Martin: **Cuius possessio, eius religio?:** der Adel in Nord- und Nordwestböhmen und die lutherische Reformation. In: 02, 411–448: Ill.

551 Ben-Tov, Asaph: „**Turks and Persians**": the Sunna-Shia-divide through early modern European eyes. In: 015, 198–211. L 201.

552 Charbonnier-Burkard, Marianne: **Luthériens et autres hérétiques à Lyon, dans la „danse des morts" des frères Frellon (1542).** Revue d'histoire du Protestantisme 5 (P 2020), 89–118. L 89. 97. 103. 107. 112.

553 Czaika, Otfried: **Nordeuropa.** In: 030, 28–32.

554 Dannenberg, Lars-Arne: **Reformation von unten?:** der Adel der Oberlausitz und das lutherische Bekenntnis. In: 02, 367–388: Ill., Kt.

555 Daugirdas, Kęstutis: **Zwischen Luther, Calvin und Antitrinitariern – Die frühe Entwicklung der Reformation im Großfürstentum Litauen.** In: 021, 107–115: Ill.

556 Delgado, Mariano: **Die Iberische Halbinsel: Spanien und Portugal.** In: 036, 218–226.

557 Eberhard, Winfried: **Reformation und Lu-**

thertum im östlichen Europa: Konflikte um konfessionelle und ständische Selbstbehauptung im 16. und 17. Jahrhundert. In: 021, 11–38: Ill.

558 **Evangelické církevní řády:** pro šlechtická panství v Čechách a na Moravě 1520–1620 (Evang. Kirchenordnungen für Adelsdomänen in Böhmen und Mähren 1520–1620)/ hrsg. von Josef Hrdlička; Jiří Just; Petr Zemek. České Budějovice: Historický ústav Filozofické fakulty, 2017. 497 S., 1 Bl. unpag. (Prameny k českým dějinám 16.–18. století: Serie B: Vita privata; 8)

559 Fata, Márta: **Die Länder der Stephanskrone.** In: 036, 289–293.

560 Haberland, Detlef: **Luther und der reformatorische Buchdruck im östlichen Europa.** In: 021, 147–160: Ill.

561 Hlaváček, Petr: **Johannes Mathesius:** opomíjený příběh z dějin wittenberské reformace (Johannes Mathesius: ein unterlassenes Kapitel aus der Geschichte der Wittenberger Reformation). PR: Lutherova společnost, 2019. 164 S.

562 Hrdllicka, Josef: **Zwischen Mähren und Wittenberg:** zur Kommunikation der Herren von Boskowitz und Grafen von Hardegg mit deutschen Reformatoren. In: 02, 389–410: Ill.

563 Ingesman, Per: **King, church and religion:** the ecclesiology of king Christian III of Denmark and Norway. In: 048, 73–90.

564 Jähnig, Bernhart: **Die Bedeutung von Königsberg für Annahme und Ausbreitung der Reformation im östlichen Mitteleuropa.** In: 021, 97–106: Ill.

565 Jurkowlaniec, Grażyna: **Konfessionelle Bilder?:** die Lutherbibel und die Bibelillustrationen des 16. Jahrhunderts in Polen. In: 021, 197–210: Ill.

566 Karstens, Simon: **Der amerikanische Doppelkontinent.** In: 036, 294–296.

567 Karstens, Simon: **Frankreich.** In: 036, 248–254.

568 Karstens, Simon: **Die Länder der Wenzelskrone:** Böhmen, Mähren, Schlesien und die Lausitzen. In: 036, 281–288.

569 Karstens, Simon: **Die Niederlande.** In: 036, 226–231.

570 Kodres, Krista: **Übersetzungen:** Reformatorischer Ideentransfer durch Architektur und visuelle Medien im östlichen Ostseeraum. In: 021, 211–226: Ill.

571 Lexutt, Athina: **Die Reformation und die Muslime:** „ein Buch voller Lügen, Fabeln und Gräuel". In: 039, 143–160.

572 Lichy, Kolja: **Wider Luthers „Satanismus"?:** katholische Reform und lutherische Reformation in Ostmitteleuropa. In: 021, 83–92: Ill.

573 Mańko-Matysiak, Anna: **Gedächtniskulturen auf der Spur – Das Lutherbild in Polen.** In: 021, 243–251: Ill.

574 Mehnert, Gottfried: **Der Türk ist der Lutherischen Glück …:** die Reformation in Südosteuropa; Luther – der Papst – der Kaiser – der Sultan. B; MS: LIT, 2019. 342 S.: Ill., Kt. (Arbeiten zur historischen und systematischen Theologie; 23)

575 Meserve, Margaret: **In praise of Persia:** shiites and sufis as „good Muslims" in the age of confessional divide. In: 015, 180–197.

576 Miller, Gregory: **The Turks.** In: 025, 152–159.

577 Mühling, Andreas: **Die Schweiz.** In: 036, 211–217.

578 Óze, Sandor: **Apocalypticism in early Reformation Hungary (1526–1566)** (Apokaliptikus időszemlélet a korai reformáció Magyarországá <engl.>)/ hrsg. vonTamás Karáth; Péter Pál Kránitz; übers. von Tamás Karáth … BP: Magyar Napló; L: Leipziger Universitätsverlag, 2015. 305 S.: Ill.

579 Otto, Arnold: **A matter of the learned:** ways of Reformation knowledge from Germany to the North. In: The protracted Reformation in the North: volume III from the project „The protracted Reformation in Northern Norway"/ hrsg. von Sigrun Høgetveit Berg; Rognald Heiseldal Bergesen; Roald Ernst Kristiansen. B; Boston, MA: De Gruyter, 2020. 11–33. (Arbeiten zur Kirchengeschichte; 144)

580 **Reformatio 500 Transilvaniae:** wichtige Urkunden zur Reformation der Evangelischen Kirche Augsburgischen Bekenntnisses in Rumänien = **Reformatio 500 Transilvaniae:** documente importante ale reformei privind Biserica Evanghelică de Confesiune Augustană din România/ zsgest. von Heidrun König; Texte: Heidrun König; Hermann Pitters. Hermannstadt: Honterus 2017. 144 S.: Ill.

581 Salonen, Kirsi: **Reformation and the medieval roots of the Finnish education.** In: 032, 101–112.

582 Šimková, Táňa: **„Hrad přepevný je Pánbůh náš":** Saská luterská šlechta severozápadních Čech ve světle raně novověké sakrální architektury („Ein feste Burg ist unser Gott": der sächsische lutherische Adel Nordwestböhmens im Lichte der frühneuzeitlichen sakralen Architektur). Ústí nad Labem; PR: Scriptorium, 2018. 333 S.: Ill., Kt., summary. (Acta Universitatis Purkynianae Facultatis Philosophicae: Studia historica; 19)

583 Skiba, Maria; Pschichholz, Frank (The Schoole of Night): **Polnische und litauische Lieder der Reformationszeit – Anmerkungen zur Geschichte und zur heutigen Aufführungspraxis.** In: 021, 287–293: Ill.

584 Spankeren, Malte van: **Islam und Identitätspolitik:** die Funktionalisierung der „Türkenfrage" bei Melanchthon, Zwingli und Jonas. Druckausgabe und Online-Ressource. TÜ: Mohr Siebeck, 2018. XV, 342 S. (Beiträge zur historischen Theologie; 186)

585 Spankeren, Malte van: **Konfliktträchtige Confessio:** der Türkendiskurs in Samuel Hubers Abfall zum Caluinischen Antichrist und Philipp Nicolais Historia deß Reichs Christi. In: 05, 53–75.

586 Szegedi, Edit: **Zur Lutherrezeption in Siebenbürgen:** die Klausenburger Antitrinitarier und der Wittenberger Reformator im 16. Jahrhundert. In: 021, 63–70: Ill.

587 Sødal, Helje Kringlebotn: **Skolen som reformasjonsprosjekt i Norge på 1500-tallet** (Die Schule als Reformationsprojekt in Norwegen im 16. Jahrhundert). Teologisk tidsskrift 8 (Oslo 2019), 156–171. L".

588 Voit, Petr: **Český knihtisk mezi pozdní gotikou a renesancí = Printing in the Bohemian lands between the late Gothic and the early Renaissance periods/** publiziert in Zsarb. mit der Association for Central European Cultural Studies, Prague. Bd. 1: **Severinsko-kosořská dynastie: 1488–1557.** PR: KLP – Koniasch Latin, 2013. 463 S.: Ill., summary (The Severin-Kosořský dynasty 1488–1557).

589 Voit, Petr: **Český knihtisk mezi pozdní gotikou a renesancí** (Der böhmische Buchdruck zwischen Spätgotik und Renaissance). Bd. 2: **Tiskaři pro víru i tiskaři pro obrození národa** (Drucker für den Glauben und die Wiederbelebung der Nation). PR: Academia: KPL – Koniasch Latin, 2017.

933 S.: Ill., Faks., summary (Printing in the Bohemian lands between the late Gothic and the early Renaissance periods).

590 Voltmer, Rita: **England (mit Wales), Irland und Schottland.** In: 036, 232–248.

591 Voltmer, Rita: **Die skandinavischen Königreiche:** Dänemark, Norwegen, Schweden, Island und die Färöer, Finnland. In: 036, 262–272.

592 Wabuda, Susan: **The English Reformation.** In: 025, 391–399.

593 Weber, Matthias: **Konfessionelle Koexistenz und Religionsfrieden in Ostmitteleuropa.** In: 021, 43–52: Ill.

594 Wetter, Evelin: **Abgrenzung und Selbstvergewisserung:** zur Rolle vorreformatorischer Kirchenausstattungen in Siebenbürgen. In: 021, 227–239: Ill.

595 Wijaczka, Jacek: **Polen.** In: 036, 273–281.

596 Zwyssig, Philipp: **Italien.** In: 036, 254–262.

6 Luthers Wirkung auf spätere Strömungen, Gruppen, Persönlichkeiten und Ereignisse

a) Allgemein

597 Anselm, Reiner: **Die Bedeutung der Reformation für das Militär:** zusammenfassende Bemerkungen und Anschlussfragen aus der Perspektive der theologischen Ethik. In: 042, 307–312.

598 Bahlcke, Joachim: **Bücherschmuggel:** die Versorgung ostmitteleuropäischer Protestanten mit Bibeln, Gesangbüchern und lutherischen Erbauungsschriften in der Zeit der Gegenreformation. In: 021, 161–176: Ill.

599 Barbier, Frédéric: **La bibliothèque de la Nation Germanique d'Orléans:** quelques balises pour une histoire. Revue d'histoire du Protestantisme 5 (P 2020), 11–43. L 11f. 18. 37–39.

600 Bömelburg, Hans-Jürgen: **Die Lutheraner in Polen-Litauen im 17. und 18. Jahrhundert:** Bedrohungskommunikation, nationale Zuschreibungen und kulturelle Positionierung. In: 021, 71–81: Ill.

601 Gilje, Nils: **The Lutheran ethic and the spirit of early modern science.** In: 048, 289–310.

602 Grönlund, Henrietta: **Between Lutheran legacy and economy as religion:** the contested roles of philanthropy in Finland today. In: 032, 237–253.

603 Hagman, Patrik: **What is this thing called Lutheranism anyway?:** a critical perspective on the construction of Lutheran Christianity in Sweden and Finland. In: 032, 69–80.

604 Hahn-Bruckart, Thomas: **Lutherbilder – eine freikirchliche Sicht.** In: 08, 12–19.

605 Helkama, Klaus; Portman, Anneli: **Protestant roots of honesty and other Finnish values.** In: 032, 81–98.

606 Hiebsch, Sabine: **Luther en Nederland:** verleden – heden – toekomst; rede, in verkorte vorm uitgesproken bij de aanvaarding van het ambt van bijzonder hoogleraar op de Kooiman-Boendermaker Leerstoel voor Luther en de geschiedenis van het (Nederlandse) lutheranisme (Luther und die Niederlande: Vergangenheit – Gegenwart – Zukunft). Druckausgabe und Online-Ressource. Kampen: Theologische Universiteit 2019. 27 S.: Ill. – Siehe: https://www.tu-kampen.nl/wp-content/uploads/2020/06/TU-boekje-Hiebsch-def.pdf

607 Holder, R. Ward: **John Calvin and Calvinism.** In: 025, 383–390.

608 Hüffmeier, Wilhelm: **Hilfe für Protestanten in Bedrängnis:** die Unterstützung der evangelischen Diaspora in Ostmitteleuropa durch das Gustav-Adolf-Werk im 19. und 20. Jahrhundert. In: 021, 253–266: Ill.

609 Huttonen, Niko: **Esivalta:** the religious roots of the Finnish moral view of society. In: 032, 257–272.

610 Jürgensen, Martin Wangsgaard: **Protestants and the uncomfortable sainthood.** In: 048, 37–71: Ill.

611 Kasten, Bernd: **Reformationsfeiern und Luthergedenken in Mecklenburg 1617–1945.** Mecklenburgia sacra: Jahrbuch für mecklenburgische Kirchengeschichte 19 (2018), 69–83: Ill.

612 Kaufmann, Thomas: **Protestant anti-Cat-**

holicism in early modern Germany. In: 048, 179–196.

613 Kałążny, Jerzy: **Martin Luther in der deutschen Erinnerungskultur.** In: 037, 197–214.

614 Knuutila, Jyrki: **Lutheran culture as an ideological revolution in Finland from the 16th century up to the beginning of the 21st century:** a perspective from ecclesiastical legislation. In: 032, 175–192.

615 **The legacy of Lutheranism in a secular Nordic society:** an introduction/ von Kaius Sinnemäki; Anneli Portman; Jouni Tilli; Robert H. Nelson. In: 032, 9–36.

616 Mangeloja, Esa: **Religious revival movements and the development of the twentieth-century welfare-state in Finland.** In: 032, 220–236.

617 Mikkola, Sini: **„Toinen otetaan, toinen jätetään":** reformaation tekstien käyttö kirkolliskokouksen perustevaliokunnan mietinnössä („Der eine wird mitgenommen, der andere zurückgelassen": Verwendung von Texten der Reformation im Ausschussbericht der Synode). Vartija 131 (Helsinki 2019) Nr. 3, 17–30. – Auch als Online-Ausgabe: https://www.-vartija-lehti.fi/wp-content/uploads/2019/01/19–1.pdf.

618 Müller, Winfried: **Völkerschlachtgedenken und Wartburgfest:** kein Erinnerungsort für Sachsen. In: 047, 129–141. L 134f.

619 Nelson, Robert H.: **Lutheranism and the equality of women in the nordic countries.** In: 032, 193–219.

620 Neumann, Thorsten: **Vom Flugblatt zum Clip:** Potentiale der Bildsprache von Clips und Verwandtem. In: 040, 71–78

621 Niemi, Hannele; Sinnemäki, Kaius: **The role of Lutheran values in the success of the Finnish educational system.** In: 032, 113–137.

622 Oftestad, Eivor Andersen: **Living as Adam and Eve:** How did people in the early modern Protestant cultures understand themselves as Protestants? In: 048, 161–178: Ill.

623 Pohlig, Matthias: **Discord and concord:** from the Wittenberg Reformation to Lutheranism. In: 025, 400–408.

624 Raatz, Georg: **Reformationsdeutungen von Albrecht Ritschl bis Ulrich Barth:** Schemata neuprotestantischer Geschichtshermeneutik. In: 045, 257–288.

625 Reinhard, Wolfgang: **Reformation global?** In: 037, 29–49.

626 Schnabel-Schüle, Helga: **Nachhaltige Folgen des reformatorischen Prozesses.** In: 036, 354–362.

627 Sinnemäki, Kaius; Saarikivi, Janne: **Sacred language:** Reformation, nationalism, and linguistic culture. In: 032, 39–68.

628 Slenczka, Notger: **Reformationshermeneutik:** die Reformation als Deutungsgeschehen. In: 045, 9–56.

629 Wendebourg, Dorothea: **Reformationsjubiläen und Lutherbilder.** (2016). In: 08, 6–11.

630 Zückert, Martin: **Abgrenzung und Integration:** lutherische Traditionen und evangelisch-lutherische Kirchen in der Tschechoslowakei. In: 021, 267–273: Ill.

b) Orthodoxie und Gegenreformation

631 Abendschein, Daniel: **Simon Sulzer:** Herkunft, Prägung und Profil des Basler Antistes und Reformators in Baden-Durlach. S: Kohlhammer, 2019. 697 S.: Ill. (Veröffentlichungen zur badischen Kirchen- und Religionsgeschichte; 9) – Zugl.: HD, Univ., Theol. Fak., Diss., 2017.

632 Amundsen, Arne Bugge: **Pastoral ideals and public sphere in Christiania (Oslo) in the seventeenth century.** In: 048, 219–241.

633 Andreae, Johann Valentin: **Gesammelte Schriften** in Zsarb. mit Fachgelehrten hrsg. von Wilhelm Schmidt-Biggemann. Bd. 15: **Deutschsprachige Dichtungen/** hrsg. von Volkhard Wels unter Mitarb. von Frank Böhling. Druckausgabe und Online-Ressource. S-Bad Cannstatt: Frommann-Holzboog, 2019. 588 S.

634 Bohnert, Daniel Wolfgang: **Wittenberger Universitätstheologie im frühen 17. Jahrhundert:** eine Fallstudie zu Friedrich Balduin (1575–1627). Druckausgabe und Online-Ressource. TÜ: Mohr Siebeck, 2017. XII, 399 S. (Beiträge zur historischen Theologie; 183) – Zugl.: F, Univ., Diss., 2016.

635 Brauner, Christina; Steckel, Sita: **Wie die Heiden – wie die Papisten:** religiöse Polemik und Vergleiche vom Hochmittelalter bis zur Konfessionalisierung. In: 015, 41–91.

636 Czaika, Otfried: **Despot, outlaw or king? – funeral sermons and the struggle for legitimacy in early modern Sweden.** In: 048, 119–141.

637 Dietl, Cora: **Reformationsjubiläum 1617**

in Stettin: Heinrich Kielmanns Komödie Tetzelocramia. In: 037, 91–104.

638 Ehrenpreis, Stefan: **Die Obrigkeit, die Bevölkerung und die Juden im frühneuzeitlichen Nürnberg:** ein Gutachten Johann Michael Dilherrs von 1668 und sein Kontext. In: 015, 297–315.

639 Fajt, Anita: **Das sprachliche Erbe der Lutherbibel bei Johann Arndt.** In: 037, 319–332.

640 Fromann, Conrad: **Collectanea Nordhusiana oder Vermische Nachrichten zur Nordhäuser Geschichte IV:** aus dem Alltag der Reichsstadt Nordhausen (Teil 2)/ nach dem Manuskript im Stadtarchiv Nordhausen bearb. von Peter Kuhlbrodt. Nordhausen: Atelier Veit 2015. 606 S.: Ill. auf Taf. L 19–21+". (Schriftenreihe der Friedrich-Christian-Lesser-Stiftung; 31)

641 Garloff, Mona: **Confessio et commercium:** konfessionelle Selbst- und Fremdwahrnehmung protestantischer Buchhändler in der Habsburgermonarchie (1680–1750). In: 05, 185–205.

642 Haustein, Jens: **Der Österreichische Bibelübersetzer, Martin Luther und Valentin Renner:** eine Miszelle. In: 044, 237–244.

643 Hovda, Bjørn Ole: **The controversy over the Lord's supper in Danzig 1561–1567:** presence and practice – theology and confessional policy. Druckausgabe und Internetressource. GÖ: V&R, 2018. 317 S. (Refo500 academic studies; 39) – Oslo, Univ., Diss., 2014.

644 Klug, Nina-Maria: **„Erhalt uns Herr bei deiner Wurst":** zur öffentlichkeitswirksamen Darstellung des konfessionellen Gegenübers im konfessionspolemischen Flugblatt zum Reformationsjubiläum 1617. In: 05, 119–143: Ill.

645 Koch, Ernst: **Friedrich Myconius-Memoria in vier Jahrhunderten.** In: 010, 261–291: Ill.

646 Kuhn, Reiner: **Bekennen und Verwerfen:** Westphals Ringen um Luther und Melanchthon. Druckausgabe und Online-Ressource. GÖ: V&R, 2019. 272 S. (Refo500 academic studies; 58)

647 Lange, Albert de: **Die Waldenser in Kalabrien:** Märtyrer zwischen Mythos und Realität. In: 027, 135–156: Ill., Kt. L 142. 152.

648 Lapp, Michael: **Konfessionsbegriffe im Werden:** die Verwendung und Vermeidung der Konfessionsbegriffe in der publizistischen Auseinandersetzung um die „Verbesserungspunkte" des Landgrafen Moritz in Hessen in der ersten Hälfte des 17. Jahrhunderts. DA: Verlag der Hessischen Kirchengeschichtlichen Vereinigung, 2018. 448 S.: Ill., Kt. (Quellen und Studien zur hessischen Kirchengeschichte; 26) – Wuppertal/Bethel, Kirchliche Hochschule, Diss., 2016.

649 Lapp, Michael: **„Lutheraner" und „Calvinisten":** die Konfessionsbegriffe in der publizistischen Auseinandersetzung um die „Verbesserungspunkte" des Landgrafen Moritz in Hessen in der ersten Hälfte des 17. Jahrhunderts/ Wuppertal, 2016. VI, 270 Bl.: Ill., Kt. – Wuppertal/Bethel, Kirchliche Hochschule, Diss., 2016.

650 Metzig, Gregor M.: **„Neben den päbstischen in ainer ringmauer":** konfessionelle Raumkonflikte in der Reichsstadt Regensburg während des Dreißigjährigen Kriegs (1618–1648). ZBKG 87 (2018), 205–235.

651 Müller-Oberhäuser, Gabriele: **„Great Persecutions and Horrible Troubles":** John Foxe, The Book of Martyrs und die englische Reformation. In: 027, 99–125.

652 Park, Jeung Keun: **Johann Arndts Paradiesgärtlein:** eine Untersuchung zu Entstehung, Quellen, Rezeption und Wirkung. Druckausgabe und Online-Ressource. GÖ: V&R, 2018. 269 S. (VIEG; 248: Abt. für Abendländische Religionsgeschichte)

653 Petzoldt, Martin: **Bach-Kommentar:** theologisch-musikwissenschaftliche Kommentierung der geistlichen Vokalwerke Johann Sebastian Bachs/ Redaktion: Norbert Bolin. Bd. 4: **Messen, Magnificat, Motetten/** hrsg. von Norbert Bolin unter Mitarb. von Jochen Arnold; Christfried Brödel; Michael Beyer. S: Internationale Bachakademie; Kassel; BL; LO; NY; PR: Bärenreiter, 2019. 496 S. L". (Schriftenreihe der Internationalen Bachakademie Stuttgart; 14 IV)

654 Ptaszyński, Maciej: **Der Anfang oder das Ende der Reformation?:** Reaktionen auf das Augsburger Interim von 1548 in Polen. In: 021, 53–62: Ill.

655 Reller, Jobst: **Gustav Adolf von Schweden:** Organisator evangelischer Militärseelsorge. In: 042, 129–139. L 138f.

656 Schunka, Alexander: **Zwischen Alltdorf und Jerusalem:** Salomon Schweigger im Kontext protestantischer Pilgerpraxis und

lutherischer Orientalistik um 1600. In: 015, 212–235. L".

657 Spehr, Christopher: **Geistlicher Biesemknopf und kräftiger Osterhonig:** lutherische Predigtkultur um 1600 am Beispiel des schlesischen Pfarrers Valerius Herberger. In: 06, 81–94.

658 Treu, Martin: **Märtyrer im Luthertum:** Ludwig Rabus: Historie der Märtyrer. In: 027, 47–59.

659 Ullmann, Sabine: **Bedingungen und Formen jüdisch-christlicher Koexistenz in der Hochphase der Konfessionalisierung am Beispiel Schwabens.** In: 015, 275–296.

660 Veselá, Lenka: **Die Rezeption von Luthers Werken in den böhmischen und österreichischen Adelsbibliotheken der Frühen Neuzeit (1550–1620).** Druckausgabe und Online-Ressource. Opera historica: journal of early modern history 18 (České Budějovice 2017), Nr. 2, 206–220. – Siehe: http://www.ff.jcu.cz/ustavy/hu/opera-his torica/predchozi-cisla-previous-issues/ opera-historica-20152013/opera-2017-nr-2. pdf.

661 Voß, Klaas-Dieter: **Adriaen van Haemstede und die Täufer:** zum Entstehungskontext und zur Autorschaft der ältesten „Emder" Märtyrerbücher. In: 027, 75–98.

662 Weiß, Julia D.: **Admonitio Christiana (1616):** Johann Georg Sigwart (1554–1618) und seine Absage an die Heidelberger Irenik. S: Kohlhammer, 2018. 422 S.: Ill. (Veröffentlichungen zur badischen Kirchen- und Religionsgeschichte; 11) – Zugl.: HD, Univ., Theol. Fak., Diss., 2018.

663 Werz, Joachim: **Pastorale Bedrohungskommunikation in Zeiten des Konflikts:** Befähigung zur konfessionellen Selbst- und Fremdwahrnehmung durch deß newlich außgegangnen Predicantenspiegels von Matthias Mairhofer SJ. In: 05, 77–100.

664 Witt, Christian V.: **Seelsorge im Konflikt:** zur konfessionellen Selbst- und Fremdwahrnehmng in Bellarmins Kontroversen. In: 05 21–51.

c) Pietismus und Aufklärung

665 Bach-Nielsen, Carsten: **Viborg in the hands of the Lord:** destruction and resurrection of a Reformation city 1726–1736. In: 048, 243–271: Ill.

666 Beutel, Albrecht: **Der junge Goethe als Zaungast der Neologie:** theologiegeschichtliche Bemerkungen zum Pastorbrief von 1773. ZThK 119 (2019), 290–321.

667 Beutel, Albrecht: **Die Topik des Protestantismus in Johann Heinrich Zedlers Universal-Lexicon:** vorläufige Stichproben, Bemerkungen und Analysen. LuJ 86 (2019), 108–132.

668 Bollacher, Martin: **Toleranz?:** Luther und Herder über Juden und Türken. In: 013, 189–201.

669 Cordemann, Claas: **Resonanztheoretische Betrachtungen zur Umformung des Rechtfertigungsglaubens:** Luther und Herder als Prediger. In: 013, 133–157.

670 Dahlgrün, Corinna: **Luther, Herder und das Kirchenlied:** Anmerkungen aus der Perspektive der Praktischen Theologie. In: 013, 159–171.

671 Ehinger, Siglind: **Glaubenssolidarität im Zeichen des Pietismus:** der württembergische Theologe Georg Konrad Rieger (1687–1743) und seine Kirchengeschichtsschreibung zu den Böhmischen Brüdern. Druckausgabe und Online-Ressource. Wiesbaden: Harrassowitz, 2016. IX, 275 S.: Ill. (Jabloniana; 7)

672 Ehinger, Siglind: **„... sie gehen [...] vor ihm her, wie der Morgen-Glantz vor der Sonne":** die Reformation Martin Luthers und ihre ‚Vorläufer' im Kirchengeschichtswerk des württembergischen Pietisten Georg Konrad Rieger (1687–1743). Pietismus und Neuzeit 42 (2016), 148–161.

673 Hiebsch, Sabine: **Het begin van een vernieuwende beweging:** Zinzendorf en Luther (Der Beginn einer innovativen Bewegung: Zinzendorf und Luther). In: Hernhutters in beweging: 250 jaar Grote Kerkzaal Broedergemeente Zeist (Hernhutter in Bewegung: 250 Jahre Großer Kirchensaal Brüdergemeine Zeist)/ hrsg. von Jakob van Heijst; Corinne Vuijk. Utrecht: KokBoekencentrum, 2019, 15–26.

674 Hope, Henry: **Luther, Herder und die Musik als „zweite Theologie".** In: 013, 173–186.

675 Jakobsen, Rolv Nøtvik: **Toleration, anti-Catholicism and Protestantism:** Ludvig Holberg and the eighteenth century politics of religious toleration. In: 048, 273–288.

676 Jakubowski-Tiessen, Manfred: „**Er ver-
einigt sich nicht eher mit mir, bis ich ein
Herrnhuter werde.**": ein religiöser Bruder-
zwist an der Wende zum 19. Jahrhundert.
In: 06, 131–148.

677 Keßler, Martin: **Herder und Luthers Katechismus.** In: 013, 121–132.

678 Krulic, Brigitte: **Luther, „le chérusque",
héros fondateur de l'imaginaire national
germanique.** Revue d'Histoire du Protestantisme 4 (P 2019), 569–581.

679 Lüpke, Johannes von: **Rede Gottes in
menschlicher Sprache:** Herder als Sprachdenker in der Tradition Luthers. In: 013,
87–99.

680 Marschke, Benjamin: **Militärseelsorge in
Preußen – Sozialdisziplinierung im Pietismus.** In: 042, 141–152. L 144.

681 Maurer, Michael: **Epochenkonzepte als
Identitätsangebote:** Reformation und Weimarer Klassik. In: 013, 217–231.

682 Meier, Siegfried; Marti, Andreas: **461 Aller Augen warten auf dich, Herre.** In: 019,
65–69.

683 Spener, Philipp Jakob: **Briefe aus der Dresdner Zeit:** 1686–1691/ hrsg. von Udo Sträter;
Johannes Wallmann in Zsarb. mit Klaus
vom Orde. Bd. 4: **1690–1691.** TÜ: Mohr
Siebeck, 2017. XLIV, 821 S.

684 Stallmann, Marco: „**Angefangene Kirchen-
verbesserung":** zur Reformationsdeutung
in der Christentumstheorie des Aufklä-
rungstheologen Gotthilf Samuel Steinbart.
ZThK 119 (2019), 402–431.

685 Stobart, Andrew: **What have the sermons
of John Wesley ever done for us?:** „justification by faith". Holiness 3 (Cambridge, UK
2017), 301–316. [Online-Ausgabe: https://
www.wesley.cam.ac.uk/wp-content/up
loads/2014/09/11-stobart.pdf]

686 Wendebourg, Valentin: **Debatten um die
Bibel:** Analysen zu gelehrten Zeitschrif-
ten der Aufklärungszeit. Druckausgabe
und Online-Ressource. TÜ: Mohr Siebeck,
2020. XIII, 351 S. (Beiträge zur historischen
Theologie; 193) – Zugl.: GÖ, Univ., Diss.,
2016.

d) 19. und 20. Jahrhundert bis 1917

687 Aschim, Anders: **Luther and Norwegian
nation-building.** Nordlit 43 (Tromsø 2019),
127–141.

688 [Beecher-Stowe, Harriet]: **Amerikanischer
Besuch 1853:** der Bericht von Harriet Be-
echer-Stowe/ eingel. und komm. von Martin Treu. Lu 91 (2020), 22–35.

689 Bering, Dietz: **Luther im Fronteinsatz:** Pro-
pagandastrategien im Ersten Weltkrieg.
GÖ: Wallstein, 2018. 299 S.: Ill.

690 Bienert, Maren: **Das 17. Jahrhundert als
Gegenstand theologischer Wahrnehmung:**
Albrecht Ritschls Geschichte des Pietis-
mus (1880–1886). In: 05, 279–305.

691 Bonkhoff, Bernhard H.: **Das Augustana-Ju-
biläum von 1830 im rechtsrheinischen und
linksrheinischen Bayern.** ZBKG 87 (2018),
237–291: Ill.

692 Disse, Jörg: **Immediate certainty and the
morally good:** Luther, Kierkegaard and cog-
nitive psychology. In: 041, 109–118.

693 Gerber, Stefan: **Das katholische Deutschland und das Wartburgfest.** In: 047, 179–
196. L 182. 195.

694 Greiling, Werner: **Das Wartburgfest als Me-
dienereignis.** In: 047, 199–214. L 200f.

695 Hahn, Hans-Werner: **Das Wartburgfest
1817 im deutschen und europäischen Kontext.** In: 047, 43–63. L".

696 Jug, Stephanie: **Luther und das Spiel mit
der Politik in Kleists Michael Kohlhaas.** In:
035, 329–350.

697 Kingreen, Jan: **Freie Subjektivität als Prinzip des Protestantismus:** die Reformations-
und Lutherdeutung Georg Wilhelm Friedrich Hegels. In: 045, 57–82.

698 Kleeberg-Hörnlein, Sylvia E.: „**Gott der Herr
hat unsere braven Truppen gesegnet":** Kaiser
Wilhelm II. als überzeugter Verfechter des
„gerechten" und „heiligen" Krieges 1914–
1918. In: 042, 193–200.

699 Korsch, Dietrich: **Das Gewissen als Weg
zur Religion:** die Spur von Karl Holls Lutherdeutung. LuJ 86 (2019), 229–247.

700 Lönnecker, Harald: **Das Wartburgfest in
der burschenschaftlichen Historiographie.**
In: 047, 301–332. L".

701 Lorentzen, Tim: **Reformationsjubiläum
und Völkerschlachtgedenken:** alternative
Erinnerungskulturen um 1817. In: 042,
167–182: Ill.

702 Maurer, Michael: **Einführung:** Herder – Luther; das Erbe der Reformation in der Weimarer Klassik. In: 013, 1–15.

703 Mößlang, Markus: „**The scene on that moun-
tain":** britische Pressereaktionen und dip-

lomatische Beobachtungen zum Wartburgfest. In: 047, 85–103. L".

704 Nonnenmacher, Burkhard: **Hegel's philosophy of religion and Luther.** In: 041, 77–
86.

705 Plaul, Constantin: **Affirmation und Kritik:**
Grundzüge der Lutherhermeneutik Wil-
helm Diltheys. In: 045, 83–108.

706 Potempa, Harald: **Der Löwe aus Mitternacht und Retter des Protestantismus:** Gustav II. Adolf von Schweden in der protestantischen Hagiografie. In: 042, 115–126: Ill.

707 Ries, Klaus: **Das Wartburgfest von 1817 als
die Geburtsstunde des „politischen Profes-
sorentums".** In: 047, 263–277. L 272–274.

708 Schrader, Hans-Jürgen: **Luthers Sprachleistung im Urteil Herders, Klopstocks und
Heines.** In: 013, 101–119.

709 Siemann, Wolfram: **Metternich und das
Wartburgfest.** In: 047, 11–25. L 11.

710 Spehr, Christopher: **Der Protestantismus
und das Wartburgfest.** In: 047, 155–178.

711 Wolf, Gerhard Philipp: **Löhe-Tagebücher:**
Werkstattbericht. ZBKG 87 (2018), 75–95:
Ill. L 77. 81f.

e) 1918–1996

712 **Vom Konflikt zur Gemeinschaft:** gemeinsames lutherisch-katholisches Reformationsgedenken im Jahr 2017; Bericht der
Lutherisch/Römisch-Katholischen Kommission für die Einheit und Ökumenischer
Gottesdienst zum gemeinsamen Reforma-
tionsgedenken/ verantwortlich für die dt.
Übers.: Theodor Dieter; Wolfgang Thönis-
sen; Vorwort von Karlheinz Dietz; Eero
Huovinen. 4., durchges. und erg. Auflage.
L: EVA; PB: Bonifatius, 2016. 122 S.

713 **Vom Konflikt zur Gemeinschaft:** gemeinsames lutherisch-katholisches Reformationsgedenken im Jahr 2017; Bericht der
Lutherisch/Römisch-Katholischen Kommission für die Einheit und Ökumenischer
Gottesdienst zum gemeinsamen Reforma-
tionsgedenken/ verantwortlich für die dt.
Übers.: Theodor Dieter; Wolfgang Thönis-
sen; Vorwort von Karlheinz Dietz; Eero
Huovinen. 5. Aufl. L: EVA; PB: Bonifatius,
2017. 122 S.

714 **500 let Lutherovy reformace:** sborník
příležitostných textů 500 Jahre Luthers Reformation: ein Sammelband gelegentlicher

Texte)/ hrsg. von Vladimír Šiler. Ostrava:
Ostravská univerzita, Filozofická fakulta
2017. 83 S.

715 Bayer, Oswald: **Predigt am 20. September
2013, Auslegung von 2. Mose 20,1–3.** In:
022, 15–20.

716 Berntson, Martin: **The Church of Sweden
and the Community of Protestant Churches in Europe.** In: 048, 329–350.

717 Bethge, Clemens W.: **Reformation neu denken?:** ein theologisches Dilemma. In: 038,
62–68.

718 Bials-Engels, Sigrid: **Zusammen arbeiten –
Miteinander feiern:** Staat und Kirche auf
dem Weg zum Reformationsjubiläum. In:
038, 26–31.

719 Blum, Daniela: **Fremd und trotzdem aktuell?:** die Luther-Hermeneutik von Walter
Kardinal Kasper. In: 045, 161–182.

720 Brekke, Øystein: **Critique of religion, critique of reason:** criticising religion in the
classroom. In: 041, 259–269.

721 Cordemann, Claas: **Rechtfertigung und
Resonanz:** lutherische Theologie im Anschluss an Hartmut Rosa. In: 045, 183–212.

722 Costanza, Christina: **Luther predigen:** Beobachtungen zu aktuellen Predigten am
Reformationstag. In: 045, 235–256.

723 Dieckmann, Christoph: **Deutschland, ei-
nig Lutherland?:** ein Sermon über die Ferne
der reformatorischen Ereignisse. In: 038,
15–19.

724 Dieckmann, Christoph: **Martin Luther
Soul:** aus der „festen Burg" ins „andere
Amerika"; biographische Reflexionen
eines ostdeutschen Protestanten (1968–
2008). In: 014, 69–84.

725 Dietz, Thorsten: **Krisis und Geschick –
Friedrich Gogartens Lutherlektüren.** LuJ
86 (2019), 248–271.

726 Di Fabio, Udo: **Luther flashs Gesellschaft –
Kompass für die Welt. (2014).** In: 47, 80–85.

727 Drobinski, Matthias: **Und der Glaube?:**
über den theologischen Ertrag und die pastorale Wirkung. In: 038, 105–109.

728 Dröge, Markus: **Predigt zur Eröffnung des
Reformationsjubiläums.** In: 038, 50.

729 **Du siehst mich:** Deutscher Evangelischer
Kirchentag, 24.–28. Mai 2017, Berlin und
Lutherstadt Wittenberg. In: 038, 189–192.

730 Duda, Sebastian: **Erinnerung und Abwesenheit:** fünfhundertstes Jubiläum der Reformation in Polen. In: 038, 41–49.

731 Elstad, Hallgeir: **Celebrating Protestantism?**: the Reformation anniversaries in Norway in 1917 and 1937. In: 048, 311–328.

732 Frisch, Ralf: **Alles gut:** warum Karl Barths Theologie ihre beste Zeit noch vor sich hat. ZH: Theol. Verlag, 2018. 200 S. L 173+".

733 Frisch, Ralf: **Alles gut:** warum Karl Barths Theologie ihre beste Zeit noch vor sich hat. 2., leicht bearb. Auflage. ZH: Theol. Verlag, 2019. 200 S. L 173+".

734 Gauck, Joachim: **Rede beim Festakt zum Reformationsjubiläum.** In: 038, 51–54.

735 Gilland, David: **What has Basel to do with Epworth?**: Karl Barth on Pietism and the theology of the Reformation. Holiness 3 (Cambridge, UK 2017), 191–206. [Online-Ausgabe: https://www.wesley.cam.ac.uk/wp-content/uploads/2014/09/04-gilland.pdf]

736 Hartmann, Christoph: **Freikirchliche Perspektiven auf das Jubiläum.** In: 08, 56f.

737 Hasselhorn, Benjamin: **Das Fremde vermitteln:** über die Vereinbarkeit von Historisierung und Aktualisierung der Reformation. In: 038, 69–77.

738 Henriksen, Jan-Olav: **The reformer in the eyes of a critic:** Nietzsche's perception and presentation of Luther. In: 041, 119–129.

739 **„Hier stehe ich, ich kann nicht anders!":** Dokumentation des akademischen Festakts zum Reformationsjubiläum 2017/ hrsg. von Isolde Karle. Bochum: Ruhr-Univ., Institut für Religion und Gesellschaft, 2018. 65 S.: Ill.

740 Hilger, Andreas: **Im Anfang war die Zahl:** Medien zwischen Euphorie und Enttäuschung. In: 038, 133–139.

741 Hirsch, Emanuel: **Hauptfragen christlicher Religionsphilosophie/** hrsg. von Hans Martin Müller; eingel. von Dietz Lange. Nachdruck der Originalausgabe B, 1963. Kamen: Spenner, 2019. XXXIV, 405 S. L". (Hirsch, Emanuel: Gesammelte Werke; 26)

742 Hoffmann, Anne Friederike: **Die Ethisierung dogmatischer Lehrstücke:** Transformationen des Protestantismus in den 1970/1980er Jahren. In: 045, 213–234.

743 Huber, Wolfgang: **Theodor Schober (1918–2010):** Erlanger Theologe und Pfarrer, Nachfolger Löhes und Bezzels als Neuendettelsauer Rektor und Diakonie-Präsident. ZBKG 87 (2018), 167–181. L 170.

744 Janssen, Claudia: **Luthergedenken mit Frauen?:** „Frauenfrage" und Geschlechtergerechtigkeit. In: 038, 117–123.

745 Jelitto-Piechulik, Gabriela: **Ricarda Huchs Lutherprojektionen.** In: 037, 167–178.

746 Jörgensen, Peter: **Reformationsjubiläum und Kirchenpolitik – aus freikirchlicher Sicht.** In: 08, 36.

747 Kaňuch, Marián: **Dôvody pre odmietanie angažovanosti v cirkvi a v spoločenských organizáciách ako výzva pre misiológiu na Slovensku** (Gründe für die Weigerung, sich in der Kirche und in sozialen Organisationen zu engagieren und Aufruf zur Missiologie in der Slowakei) In: 050, 238–267: dt. und engl. Zusammenfassung.

748 Keijzer, Josh I. de: **Bonhoeffer's theology of the cross:** the influence of Luther in „Act and Being". Druckausgabe und Online-Ressource. TÜ: Mohr Siebeck, 2019. XI, 185 S. (Dogmatik in der Moderne; 26) – St. Paul, MN, Luther Seminary, Diss. 2017.

749 Keßler, Martin: **Luthers Schriften für die Gegenwart:** drei konkurrierende Editionsvorhaben in den 1930er und 1940er Jahren. TÜ: Mohr Siebeck, 2019. X, 256 S.

750 Keßler, Martin: **Das Luthertum um 1918 im Spiegel seiner Zeit.** LuJ 86 (2019), 174–228.

751 Knuth, Hans Christian: **Wir sind doch evangelisch?!:** zur Aktualität unseres Themas. In: 022, 21–24.

752 Krüger, Malte Dominik: **Negative Theologie des Bildes:** zur Skizze einer zeitgenössischen Theologie. In: 040, 53–70.

753 Kuller, Dieter: **Kirche im Aufbruch:** mit Martin Luther zu Profil und Konzentration (PuK). Lebendige Gemeinde München: Informationsbrief (2017) Nr. 2 (Juli), 2–4.

754 Lademann, Arne: **Luther vs. Kant und der erste Weltkrieg:** Lutherdeutung im Frühwerk Emanuel Hirschs. In: 045, 109–132.

755 Läpple, Christhard: **Wo ist Luther?:** ein protestantisches Sommermärchen. In: 038, 20–25.

756 Moxter, Michael: **Reformation und Reform:** ein theologisch-politischer Traktat. In: Reform und Resonanzen: Beiträge zur Verabschiedung von Michael Beintker und Michael Wöller am 11. September 2015/ Redaktion: Hildrun Keßler. Dokumentation einer Veranstaltung der Gemischten Kommission für die Reform des Theolo-

giestudiums / Fachkommission I im Büro des Bevollmächtigten des Rates der EKD in Berlin. Hannover: Evang. Kirche in Deutschland, 2015, 7–16.

757 Münchow, Christoph: **Die Leipziger Disputation und die Ökumene heute.** In: 017, 237–255.

758 Nagel, Rasmus: **Continuing the discontinuity:** Luther, Badiou and the Reformation. In: 041, 133–143.

759 Napp, Anke: **Unter Luthers Führung zum Heldentod an die Front:** völkisches Christentum in Bildbandvorträgen 1921–1941. In: 042, 201–210: Ill.

760 Petersen, Carsten Elmelund: **Åndens kamp mod kødet:** med Lerfeldts og Horstmanns lutherske helliggørelsesforståelse imod strømmen i folkekirken og Tidehverv (Der Kampf des Geistes gegen das Fleisch: mit Lerfeldts und Horstmanns luth. Verständnis der Heiligung gegen den Strom in der dänischen Nationalkirche und in Tidehverv). In: 09, 188–210.

761 Petráček, Tomáš: **Západ a jeho víra:** 9,5 teze k dopadům Lutherovy reformace (Der Westen und sein Glaube: 9,5 Thesen zu den Folgen der Reformation Luthers). PR: Vyšehrad, 2017. 144 S. (Edice teologie)

762 **Reform der Reformation:** zum Stand und Stellenwert jüdisch-christlicher Lehrinhalte in der theologischen Ausbildung; Fachgespräch der Evangelischen Akademie zu Berlin, 5. Dezember 2016/ Geleitwort: Irmgard Schwaetzer; Beiträge: Alexander Deeg; Bernd Schröder ... F: Gemeinschaftswerk der Evang. Publizistik (GEP), 2017. 34 S. (Evangelischer Pressedienst: Dokumentation [2017]; 21)

763 **Reformationsjubiläum 2017 in Wittenberg, 31. 10. 2017**/ Texte: Margot Käßmann; Ilse Junkermann; Angela Merkel; Friedrich Schorlemmer ... F: Gemeinschaftswerk der Evang. Publizistik (GEP), 2017. 54 S.: Ill. (Evangelischer Pressedienst: Dokumentation [2017]; 45)

764 Reimann, Sandra: **Nun sag', wie hast du's mit der Religion?:** Werbekommunikation im Lutherjahr. In: 038, 124–132.

765 Rhein, Stefan: **Innenansichten:** aus dem Maschinenraum des Reformationsjubiläums. In: 038, 144–150.

766 Richter, Cornelia: **1918 Auf-Bruch 2018:** Eröffnung der Tagung der Luther-Gesellschaft e.V. zum hundertjährigen Bestehen. LuJ 86 (2019), 168–173.

767 Riesbeck, Peter: **Party wird gemacht:** zur Eventisierung der Erinnerungskultur in Deutschland. In: 038, 32–40.

768 Rothkegel, Martin: **Was und wie wir beim Reformationsjubiläum 2017 feiern – aus freikirchlicher Sicht.** In: 08, 20 f.

769 Ruokanen, Miikka: **Remarks on Tuomo Mannermaa's interpretation of Martin Luther's lectures on Galatians.** In: 03, 371–398.

770 Schuler, Ulrike: **Reconciled with one another:** commemorating the Reformation ecumenically in Germany. Holiness 3 (Cambridge, UK 2017), 257–270. [Online-Ausgabe: https://www.wesley.cam.ac.uk/wp-content/uploads/2014/09/08-schuler.pdf]

771 Söderblom, Nathan: **Evangelische Katholizität** (Evangelisk katolicitet. [1919] <dt>.)/ hrsg., übers. und komm. von Dietz Lange. Druckausgabe und Online-Ressource. L: EVA, 2020. 189 S.: Ill. (Große Texte der Christenheit; 9)

772 Staats, Reinhart: **„Kein Fürchten soll mich lähmen“:** Bonhoeffer, Luther und andere gute Christen im Geschichtswerk Ricarda Huchs. DPfBl 115 (2015) 437–441.

773 Štefan, Jan: **Deficity Lutherovy reformace, nebo luterské deficity českého evangelictví?** (Defizite der luth. Reformation oder luth. Defizite bei den tschechischen Evangelischen?). In: 016, 113–137: summary.

774 Tetzlaff, Karl: **Frei aus göttlichem Grund?:** Falk Wagners kritische Relektüre der Rechtfertigungslehre Luthers. In: 045, 133–160.

775 Tilli, Jouni: **„A storm might be brewing“:** the Lutheran church and secular authority in Finland, 1944–1948. In: 032, 273–291.

776 Töpelmann, Roger: **Gehorsam und Konspiration:** Dietrich Bonhoeffer, Theologe bei der Militärischen Abwehr. In: 042, 245–266.

777 Unterburger, Klaus: **Standortbestimmung zum NS-Staat und in der Ökumene:** der Briefwechsel Wilhelm Freiherr von Pechmanns mit Bischof Michael Buchberger. ZBKG 87 (2018), 141–149.

778 Wittenburg, Peter: **För de Gemeen:** Morgenandachten bei Radio MV im Oktober 2017. In: 01, 127–133.

779 Wolff, Jens: **Ausblicke in die Zukunft des Reformationsgedenkens 2017 – letzte Worte?** In: 040, 99–138.

780 Zimmermann, Olaf: **Bürgerschaftliches**

Reformationsgedenken?: die EKD hat das Reformationsjubiläum zu ihrem ganz per-

sönlichen Jubiläum gemacht, leider. In: 038, 140–143.

7 Luthers Gestalt und Lehre in der Gegenwart

781 Luther-Akademie Sondershausen-Ratzeburg: **Luther-Courier**/ hrsg. vom Vorstand der Luther-Akademie Sondershausen Ratzeburg; Redaktion/Gestaltung: Tim Reiter; Rainer Rausch. Ausgabe 2020, Nr. 2, Druckausgabe und Online-Ressource. Sine loco, 2020. 16 S.: Ill. [Enthält u.a.: **Auszug aus Luthers Großem Katechismus**, 1. Artikel] – Siehe: https://www.luther-akademie.de/cms/upload/downloads/2020–08–20-luther-courier-20_2.pdf.

782 Luther-Akademie Sondershausen-Ratzeburg: **Luther-Courier**/ hrsg. vom Vorstand der Luther-Akademie Sondershausen Ratzeburg; Redaktion/Gestaltung: Tim Reiter; Rainer Rausch. Ausgabe 2020, Nr. 1, Druckausgabe und Online-Ressource. Sine loco, 2020. 21 S.: Ill. [Enthält u.a.: Christian Silbernagel: **Biblische Tipps zur Stärkung unseres Immunsystems**; Thomas Berke: **Gedanken zum Aschermitttwochs-Urteil des Bundesverfassungsgerichts**] – Siehe: https://www.luther-akademie.de/cms/upload/downloads/2020–04–23-luther-courir-20_1.pdf.

783 **A brief biography of professor Tarald Rasmussen**. In: 048, IX–XII.

784 Cordemann, Claas: **Lutherische Theologie in einer Gesellschaft der Singularitäten**: Überlegungen zur Transformation des Lutherischen in der spätmodernen Gegenwartskultur. LuJ 86 (2019), 272–305.

785 Ehmann, Johannes: **Der Sprachraum des 73. Psalms ist der Denkraum von Luthers Heidelberger Disputation**: Predigt über Psalm 73,23–26. In: 012, 33–37.

786 Evangelisch-Lutherische Landeskirche Sachsens: **Bienvenue à l'Église Protestante Luthérienne = Willkommen in der Evangelisch-Lutherischen Kirche**/ Hrsg.: Evang.-Luth. Landeskirchenamt Sachsens; Andy Weinhold; Vorwort: Carsten Rentzing; Übers. ins Franzöz.: Katrin Heydenreich. Druckausgabe und Online-Ressource. Dresden: Evang.-Luth. Landeskirchenamt Sachsens, 2016. 23 S.: Ill.

787 Evangelisch-Lutherische Landeskirche Sa-

chsens: **Welcome to the Evangelical Lutheran Church = Willkommen in der Evangelisch-Lutherischen Kirche**/ Hrsg.: Evang.-Luth. Landeskirchenamt Sachsens; Andy Weinhold; Vorwort: Carsten Rentzing; Übers. ins Engl.: Christiane Hofmann. Druckausgabe und Online-Ressource. Dresden: Evang.-Luth. Landeskirchenamt Sachsens 2016. 23 S.: Ill.

788 Evangelisch-Lutherische Landeskirche Sachsens: اهلاً بكم في الكنيسة الإنجيلية اللوثرية = **Willkommen in der Evangelisch-Lutherischen Kirche**/ Hrsg.: Evang.-Luth. Landeskirchenamt Sachsens; Andy Weinhold; Vorwort: Carsten Rentzing; Übers. ins Arab.: Hikmat Noël Baly. Druckausgabe und Online-Ressource. Dresden: Evang.-Luth. Landeskirchenamt Sachsens 2016. 23 S.: Ill.

789 Frisch, Ralf: **Gott, das Virus und wir**: warum die Corona-Epidemie auch eine theologische Herausforderung ist. ZZ 21 (2020) Heft 4, 15–17: Ill.

790 Görtz, Hans-Jürgen: **Umwege zwischen Kanzel und Katheder**: autobiographische Fragmente. Druckausgabe und Online-Ressource. GÖ: V&R, 2018. 225 S.

791 Hinlicky, Paul R.: **Luther vs. pope Leo**: a conversation in purgatory. Druckausgabe und Online-Ressource. Nashville, TN: Abingdon, 2017. 175 S. [Rezension siehe unten, Nr. 798]

792 Huizing, Klaas: **Philosophischer Gipfelsturm**: das neue Werk von Jürgen Habermas ist Stachel im Fleisch der Theologie. ZZ 21 (2020) Heft 5, 21–23: Ill. [Rezension zu Nr. 376f]

793 Jammerthal, Tobias: **„Tut Buße!"**: das 500jährige Jubiläum des Thesenanschlags und die Ökumene: Predigt über 1. Korinther 1,10–13. In: 012, 167–171.

794 Kofod-Svendsen, Flemming: **Brugen af Luther i vækkelsesbevægelser de bærer hans navn** (Verwendung Luthers bei Wiederbelebungsbewegungen, die seinen Namen tragen). In: 09, 131–162.

795 Krause, Winfrid: **Dass das Evangelium von

Jesus Christus in der Kirche wieder zum Leuchten komme: Predigt über Matthäus 10,26b-33. In: 012, 155–159.

796 Kuropka, Nicole: **Über die Aktualität von Luthers Adelsschrift:** An den christlichen Adel deutscher Nation von des christlichen Standes Besserung (1520). Lu 91 (2020), 4–8.

797 Lasogga, Mareile: **Moral predigen – aber christlich!:** Predigt über Jak 2, 1–13 am 30. September 2018 (18. Sonntag nach Trinitatis) anlässlich des 100jährigen Jubiläums der Luther-Gesellschaft in der Wittenberger Schlosskirche. Lu 90 (2019), 121–125.

798 Levering, Matthew: **Paul R. Hinlicky, „Luther vs. pope Leo: a conversation in purgatory".** Pro ecclesia: a journal of catholic and evangelical theology 29 (2019), 98–101. – Siehe: https://journals.sagepub.com/doi/pdf/10.1177/1063851219831469. [Rezension zu oben Nr. 791]

799 Luther-Akademie Sondershausen-Ratzeburg: **Luther-Courier/** hrsg. vom Vorstand der Luther-Akademie Sondershausen Ratzeburg; Redaktion/Gestaltung: Tim Reiter; Rainer Rausch. Ausgabe 2019, Nr. 2, Druckausgabe und Online-Ressource. Sine loco, 2019. 12 S.: Ill. [Enthält u.a.: Stil Thomas: **Die Entsprechung von Gegenstand und Vollzug von Theologie bei Martin Luther**] – Siehe: https://www.luther-akademie.de/cms/upload/downloads/luther-courier-19_2.pdf.

800 **Lutherische Identität = Lutheran identity/** im Auftrag des Instituts für Ökumenische Forschung in Strasbourg hrsg. von Theodor Dieter. Druckausgabe und Online-Ressource. L: EVA, 2019. 138 S.

801 Mawick, Reinhard: **Lang, lang war's her:** Leibnitz-Preis 2020 für Thomas Kaufmann. ZZ 21 (2020) Heft 1, 39.

802 Meister, Ralf: **Aufbruch aus der Enge:** die Einsichten aus Martin Luthers Hauptschriften von 1520 formten eine neue Kirche und sind auch für heutige Zukunftsfragen relevant. Der Sonntag: Wochenzeitung für die Evang.-Luth. Landeskirche Sachsens 75 (2020) Nr. 32 (9. August), 3: Ill.

803 Milde, Jonas: **Es ist der verheißene Messias selbst, der den lebendigen Gott seinen Vater nennt:** Predigt zum Tag der Apostel Petrus und Paulus, 29. Juni 2019. In: 012, 189–196.

804 Neecke, Michael: **Zwischen Descartes und Luther:** Anmerkungen zu einer Wissensarchäologie des „Tösser Schwesternbuchs" In: 033, 108–139.

805 Osthövener, Claus-Dieter: **Was ist Protestantismus?:** 9,5 Thesen. In: 039, 178–189.

806 Raatz, Georg: **Der Friede mit Gott ist ein Friede im Gewissen und im Glauben:** Andacht zu Philipper 4,7. In: 012, 237–239.

807 Schilling, Johannes: **Hundert Jahre Luther-Gesellschaft:** Berichte und Gedanken zu den Jubiläumsfeierlichkeiten. Lu 90 (2019), 106–120: Ill.

808 Schilling, Johannes: **In memoriam** [Hartmut Hövelmann]. Lu 91 (2020), 48f.

809 Schöne, Jobst: **Vom Aufschließen des Himmels:** Predigt über 2. Samuel 12,7. In: 012, 223–226.

810 Štefan, Jan: **Ospravedlnění bezbožného člověka:** závisí na tomto článku všechno, co učí, jak jedná a na čem trvá evangelická církev v 21. století? (Rechtfertigung des Gottlosen: alle Lehre hängt von diesem Artikel ab; wie handelt und worauf besteht die evangelische Kirche im 21. Jh.?). In: 016, 35–67: summary.

811 Voigt, Friedemann: **Reformation und Moderne:** historisch-systematische Überlegungen zur Kulturbedeutung des Protestantismus. In: 039, 161–177.

8 Romane, Schauspiele, Filme, Tonträger, Varia

812 Aalto, Mika: **Minä Martti Luther eli miten pojanviikarista kasvoi uskonpuhdistaja** (Ich, Martin Luther: oder wie ein Bengel ein Reformator wurde). Pori: IB Media, 2019. 22 S.: Ill.

813 Ahlrichs, Theda: **Plattdüütsch Luther –** Leeder to Sünnermarten in Oostfreesland. In: 01 134–143.

814 Bechstein, Ludwig: **Luther:** ein Gedicht/ Vorwort und Bearb.: Susanne Schmidt-Knaebel; Nachwort: Kai Lehmann. Druckausgabe und Online-Ressource. Reprint der

1. Aufl. F: Sauerländer, 1834. Bad Langensalza: Rockstuhl, 2013. 158 S.

815 Bresgott, Klaus-Martin: **Ein Geschenk:** die Luther-Oper von Bo Holten in Malmö. ZZ 19 (2018) Heft 8, 72.

816 Brylla, Wolfgang: **Luther, Playmobil und Popkultur.** In: 037, 181–196.

817 Denker, Cord: **Luther-Spraak** [Gedicht]. In: 01, 14–16.

818 **Godspot – Gottspot:** Luther für Alles. In: 038, 186–188.

819 Helmke, Julia: **Reformation und bewegte Bilder – Oder: Was gibt es im zeitgenössischen Kino an Reformationsmotiven zu entdecken?** In: 040, 79–98.

820 Landgraf, Michael: **Der Protestant:** historischer Roman über die Zeit der Reformation. Druckausgabe und Online-Ressource. Mannheim: Wellhöfer, 2016. 421 S.: Ill., Kt.

821 Lausen, Bettina: **Die Reformatorin von Köln:** historischer Roman. Druckausgabe und Online-Ressource. Köln: Emons, 2017. 447 S.

822 Lindinger, Stefan: **Die andere Reformation:** Jan Hus und die Hussiten in der deutschen Literatur- und Kulturgeschichte; August von Kotzebues „vaterländisches Schauspiel" Die Hussiten vor Naumburg. In: 037, 137–151.

823 **Luthers Rose:** die Kraft der Natur; diesen trinke ich, ich kann nicht anders; aromatisierte Grün- und Weißteemischung. Worms: internet-connect, s.a. Packung zu 50 [100, 250, 500]g & Beilage (Booklet 4 S.: Ill). (Nibelungentee; NT1521) – Siehe: https://www.nibelungentee.de/luthers-rose.

824 **Martin Luther – Die Welt der Religion für Kinder erklärt/** hrsg. von Christiane Baer-Krause; Barbara Wolf-Krause; wiss. Beratung: Petra Freudenberger-Lötz; Friedhelm Kraft … Online-Ressource. Isernhagen: GbR religionen-entdecken, s. a. (religionen-entdecken.de) – Siehe: https://www.

religionen-entdecken.de/lexikon/m/martin-luther.

825 Mawick, Reinhard: **Edles Duell:** Weltwunder Brumel-Messe. ZZ 20 (2019) Heft 7, 61f: Ill. – Rez. zu LuB 2019, Nr. 1255.

826 [Luther, Martin]: **Ein menschlich Hertz ist wie ein Schiff auff eim wilden Meer:** Martin Luther und der Psalter/ Ensemble Cosmedin; Stephanie und Christoph Haas. L: Zweitausendeins, 2017. 1 CD & Beilage (Booklet 16 S.) (Zweitausendeins Edition: Alte Musik; 4)

827 Neubert, Kurt F.: **Brennpunkt:** Lutherstadt Eisleben; 500 Jahre Reformationsjubiläum; Erzählungen, Geschichtchen und Gedichte aus der Heimat. Druckausgabe und Online-Ressource. B: Neopubli, 2016. 112 S.: Ill.

828 Novak, Sonja: **Die Gestalt Martin Luthers im deutschen Drama ab der zweiten Hälfte des 20. Jahrhunderts.** In: 035, 385–402.

829 Pilz, Dirk: **Aus den Windeln gewickelt:** zum Umgang mit Martin Luther und der Reformationsgeschichte auf der Bühne und im Film. In: 038, 96–104.

830 Roch, Holm: **Alles in Butter dank Martin Luther:** Satiren zum Reformationsjubiläum. B: epubli, 2019. 40 S.

831 Schunk, Werner: **Genie zwischen Wahn und Witz:** von Luther bis Freud. Gotha: d/m/z Druckmedienzentrum Gotha, 2017. 148 S.: Ill.

832 Stüber, Gabriele: **„Ein treffliches Werk" von „ergreifender Anschaulichkeit":** das Lutherfestspiel von Hans Herrig und seine Wirkungsgeschichte (1883–1926). ZKG 129 (2018), 57–96: Ill.

833 Szybisty, Tomasz: **Prophet und Heiliger der Reformation?:** konfessionelle Aspekte des Dürer-Bildes in den Romanen von Armin Stein, Rudolf Pfleiderer und Hermann Clemens Kosel. In: 037, 153–165.

834 Wendebourg, Dorothea: **Luther war doch in Berlin!:** der Reformator auf der Bühne. ZThK 116 (2019), 153–192.

C FORSCHUNGSBERICHTE, SAMMELREZENSIONEN, BIBLIOGRAPHIEN

835 Alfsvåg, Knut: **Tysk helt eller økumenisk kirkelærer?:** hovedtrekk fra 250 års Luther-forskning (Deutscher Held oder ökumenischer Kirchenlehrer?: Hauptmerkmale von 250 Jahren Lutherforschung). DTTK 46 (2019), 5–19.

836 Arnold, Matthieu; Lienhard, Marc: **Bibliographie de Marc Lienhard (2016–2020)**/ bearbeitet von Matthieu Arnold. PL 68 (2020), 191–196.

837 Arnold, Matthieu: **Quelques ouvrages récents relatifs à Luther et à la Réformation (XXX)**. PL 67 (2019), 267–292.

838 Arnold, Matthieu: **La RHPR, passerelle entre la théologie allemande et la théologie française.** RHPhR 100 (2020), 272–306. L 287f. 293. 299. 301f.

839 Benad, Matthias: **Die Akten des Häresie-Verfahrens gegen den Augustinermönch Stephan Agricola 1522–1524 und die Korrektur des Staupitz-Bildes.** Journal of religious culture – Journal für Religionskultur (2019) Nr. 250, 1–9. [Rezension zu oben Nr. 043] – Siehe: http://www.irenik.org/wp-content/uploads/2019/10/relkultur250.pdf.

840 **Der Briefwechsel von Friedrich Myconius**/ bearbeitet von Ernst Koch. In: 010, 305–378.

841 Claussen, Johann Hinrich: **Das Jubiläum auf dem Buchmarkt:** ein Blick auf die publizistische Ernte des Reformationsjubiläums. In: 038, 55–61.

842 Dohna, Lothar Graf zu; Wetzel, Richard: **Johann von Staupitz – Leben, Werke, Wirkung und Forschungsgeschichte (bis 1978).** (1979). In: 043, 125–137.

843 Geisz, Martin: **Reformationsjubiläum 2017:** Thema für Schule und Bildungsarbeit – Auswahl und Hinweise auf das Informationsangebot im Internet und in Büchern; eine Handreichung für die Bildungsarbeit. B: epubli, 2017. 136 S.

844 Hein, Markus: **Die Leipziger Disputation in der Forschung.** In: 017, 47–60: Ill.

845 Koch, Christian: **1918 Auf-Bruch 2018:** Zukunft der Kirche; Zurückschauen, Innehalten und Weiterdenken; Tagung der Luther-Gesellschaft in Wittenberg, 28.–30. September 2018. Lu 90 (2019), 126–130.

846 König, Franziska: **Bibliographie der gedruckten und unveröffentlichten Schriften von Friedrich Myconius.** In: 010, 295–303.

847 Lapp, Michael: **Reformation in Brandenburg 1519–2019:** Tagung der Luther-Gesellschaft vom 20. bis 22. September 2019 in Jüterbog mit Exkursion nach Herzberg und Mühlberg/Elbe. Lu 91 (2020), 36–40.

848 Lienhard, Marc: **Comment je suis devenu historien de la Réforme:** esquisse d'une égo-histoire. PL 68 (2020), 104–114.

849 Lienhard, Marc: **La RHPR et les dissidents des XVIe et XVIIe siècles.** RHPhR 100 (2020), 85–108. L".

850 **Lutherbibliographie 2019**/ bearb von Michael Beyer mit Knut Alfsvåg ... sowie Eike H. Thomsen. LuJ 86 (2019), 331–407.

851 Macek, Ondřej: **Česká literární bilance Lutherova jubilejního roku** (Tschech. literarische Bilanz von Luthers Jubeljahr). In: 016, 233–238: summary.

852 Wetzel, Richard; Dohna, Lothar Graf zu: **Edition und Forschung seit 1979. Editionsstand** [Staupitz]. In: 043, 283–330.

853 **Wissenschaftliche Bibliographie von Johannes Schilling.** In: 06, 149–162.

399